D0787481

SEELENARBEIT AN DEUTSCHLAND

Martin Walser in Perspective

GERMAN MONITOR No. 60
General Editor: Ian Wallace

SEELENARBEIT AN DEUTSCHLAND

Martin Walser in Perspective

Edited by

Stuart Parkes and Fritz Wefelmeyer

Amsterdam - New York, NY 2004

The paper on which this book is printed meets the requirements of "ISO
9706:1994, Information and documentation - Paper for documents -
Requirements for permanence".

ISBN: 90-420-1993-X (Bound)
©Editions Rodopi B.V., Amsterdam - New York, NY 2004
Printed in the Netherlands

Table of Contents

3.
Speaking Out

4.
Controversial Remembering

5.
More Controversy or New Reading?

Fritz Wefelmeyer

Einführung: Martin Walser in Perspective

Die Arbeit an dem vorliegenden Band nahm ihren Ausgang von einer Konferenz, die Anfang Mai 2002 am Institute of Germanic Studies der Universität London anlässlich des 75. Geburtstages von Martin Walser stattfand. Die Beiträge wurden nach der Konferenz, zum Teil erheblich, überarbeitet, um auf kritische Reaktionen von Konferenzteilnehmern, Hinweise der Herausgeber und neuere Entwicklungen zu antworten. Der Beitrag von Stuart Parkes über Walsers Roman *Tod eines Kritikers* wurde erst nach der Konferenz geschrieben. Andere Beiträger sind auch auf diesen Roman, wenn auch nur am Rande, eingegangen. Der umstrittene Roman und seine Rezeption gehört in vieler Hinsicht in die Debatte, die Walser mit seiner Friedenspreisrede von 1998 ausgelöst hat, daher sollte er hier auch eigens behandelt werden. Eine Lektüre der beiden letzten Kapitel des vorliegenden Bandes dürfte wohl bestätigen, dass die Behandlung des Romans *Tod eines Kritikers* die hier vorgelegte Diskussion sinnvoll ergänzt und abrundet.

Die auf der Konferenz vortragenden Literaturwissenschaftler waren von den Organisatoren, Stuart Parkes and Fritz Wefelmeyer, mit folgendem Text gebeten worden, eine kritische Würdigung und Analyse zu versuchen:

Im Frühjahr 2002 wird Martin Walser 75 Jahre alt. Ein halbes Jahrhundert und etwas länger ist sein vielschichtiges Werk gewachsen! Mit diesem Werk ist eine Stimme laut geworden, die in Deutschland Ansehen und Gewicht hat. Auf sie hat man mehr als einmal gehört, wenn es darum ging, das Selbstverständnis der Republik und das Gewissen der Nation zu überprüfen. Auf sie hört, wer den Stand der zivilen Umgangsformen, ob vor oder nach der Wiedervereinigung, befragen will. Lebensnotwendige Artikulationsdienste hat diese Stimme geleistet, wenn politisches Ungenügen und seelisches Unvermögen den deutschen Bürgern die Sprache zu verschlagen drohten.

Doch waren und sind die Dienste dieses Schriftstellers nicht unumstritten – wofür zu danken ist in einem Lande, das sich eine Streitkultur erst erschaffen musste. Ein Rückblick auf Martin Walsers Werk wird darum nicht nur die Interpretation und Neuinterpretation wichtiger Texte umfassen müssen, sondern auch die Rezeption des Werkes in der Kritik und die öffentliche Auseinandersetzung des Autors mit Kritikern und, wie zum Beispiel im Falle von Hans Magnus Enzenzberger und Günter Grass, mit den Kollegen. Berücksichtigen wird man auch das, in einem engeren Sinne, politische Engagement des Autors von der Unterstützung der SPD in den sechziger Jahren bis zu den Sympathiebekundungen für die DKP und, in den späteren Jahren, den Bruch mit einer Reihe von liebgewonnenen Positionen im linken Spektrum. Unvollständig wäre eine Rückschau aber auch ohne eine Analyse von Walsers öffentlichen Reden, besonders der Rede zur Annahme des Friedenspreises des Deutschen Buchhandels, den Radio-Gesprächen mit Günter Grass und dem Fernsehauftritt mit Ignatz Bubis.

Soweit der Text, mit dem die Referenten aufgerufen worden waren, sich mit Martin Walser auseinanderzusetzen. Selbstverständlich können bei einem Lebenswerk, das so umfangreich angewachsen ist wie das von diesem Autor, nicht alle Veröffentlichungen, nicht alle Debatten, nicht jedes Engagement, nicht jede Stellungnahme entsprechend gewürdigt und kritisch beurteilt werden.[1] Vollständigkeit war nicht anvisiert. Aber ebensowenig sollten und wollten die Beiträger dort steckenbleiben, wo die literaturwissenschaftliche Arbeit ihren Lebenssinn verliert: in zusammenhangloser Einzelanalyse, im rein Anekdotischen, in persönlicher Erinnerung. Nein, der Zugang, den die Beiträger hier gewählt haben, sah anders aus. Es ging darum, neue, unterschiedlich breit und weit angelegte Perspektiven zu entwerfen, von denen aus eine fruchtbare und zu weiterer Forschung und Diskussion anregende Sicht möglich wird. Alle hier vorgelegten Arbeiten, die daher selbstverständlich auch Originalbeiträge sind, stehen dafür ein, auch diejenigen, die nicht ausdrücklich auf die Notwendigkeit einer solchen Sicht verweisen. Arbeiten, die in dieser Weise verfahren, lassen auch am ehesten etwas von dem lebendigen Interesse verspüren, das das Werk des zu ehrenden Autors angeregt hat.

Spricht man von Interesse, dann muss man allerdings vor einem Missverständnis warnen: Interesse bedeutet nicht Übereinstimmung mit den wie auch immer zu fassenden Ansichten des Autors. Bei einem literarischen Werk von den Ansichten des Autors zu sprechen, ist an sich schon ein schwieriges, vielleicht auch zweifelhaftes Unternehmen. Diese sogenannten Ansichten sind ja oft eher das Produkt von Interpretationen oder von Extrapolationen, die sich an Essays, Stellungnahmen, Interviews und Buchbesprechungen des Autors orientieren. Wo es um solche Ansichten geht, wird man gewiss unter den hier versammelten Beiträgen eine breite Palette von Reaktionen finden: von klarer Zustimmung über abwägende Vorsicht bis zu direkter Ablehnung. Aber das lebendige Interesse, von dem oben die Rede war, ist damit noch nicht betroffen. Ginge es nur um Walsers Ansichten, dann hätte es genügt, seine Essays und Aufsätze, seine Vorlesungen und Interviews zu veröffentlichen.[2] Es darf aber bezweifelt werden, ob diese Arbeiten allein das Echo ausgelöst hätten, das von dem gesamten Werk bisher hervorgerufen worden ist. Erst in den Romanen, Erzählungen, Theaterstückcn und anderen literarischen Arbeiten gewinnt Walsers Werk die Bedeutung, die bei seinen Lesern aus dem bloßen Schlagabtausch eine tiefschürfende Befragung literarischer und moralischer Standards und aus der simplen Solidaritätsbekundung eine leidenschaftliche Auseinandersetzung mit deutscher Nachkriegsliteratur und -literaturkritik macht. Von Heraklit soll das Wort stammen, dass Erziehung nicht das Füllen von leeren Eimern sei, sondern das Entfachen eines Feuers. Mit wieviel größerem Recht ließe sich dies von der Literatur sagen! Dass Walsers Werk von brennendem Interesse ist, haben das nicht gerade die Auseinandersetzungen der letzten Jahre, um die Friedenspreisrede, um die Romane *Ein springender Brunnen* und *Tod eines Kritikers,* gezeigt? Auch auf der Konferenz wurde gestritten, sogar recht kräftig, wie man es von Literaturwissenschaftlern eben nicht oft zu hören bekommt.

Es war oben davon die Rede, dass es darum geht, neue Perspektiven zu entwerfen, fruchtbare Sichtweisen anzuregen. Es darf dabei aber nicht vergessen werden, dass für solche Perspektiven das gleiche Gesetz der Standortbezogenheit gilt, das auch auf den Erzähler in modernen Romanen Anwendung findet. Martin Walser selbst hat einmal auf die notwendige Perspektivität im Erzählen hingewiesen und sie ein 'Urgesetz des Erzählens' genannt.[3] In der wissenschaftlichen Analyse hat die Standortbezogenheit vielleicht nicht das Gewicht eines 'Urgesetzes', eine Rolle spielt sie aber doch. Die Sicht zum Beispiel, die hier von einigen Beiträgern in der Auseinandersetzung mit Walsers Werk entwickelt wird, muss man vor dem Hintergrund einer langen, in einigen Fällen lebenslangen Beschäftigung mit diesem Werk sehen.[4] Aus der lebenslangen Beschäftigung erwächst aber nicht nur ein Reichtum an Perspektiven, sondern auch eine bestimmte Blickrichtung. Jedes neue Buch des Autors, jedes neue Thema, dem sich der Autor zuwendet, jede neue Stellungnahme, jedes neue Engagement, sei es in der Politik, in den Medien oder sei es sonstwo, wird vor dem Hintergrund einer Autorengeschichte verstanden, so wie man sie liebgewonnen, vielleicht auch abgelehnt, in jedem Falle kritisch analysiert hat und als Ausdruck dieser oder jener tieferen Kräfte oder Überzeugungen, zu recht oder zu unrecht, verstanden zu haben glaubt. Der Blick geht also zurück, er ist lebensgeschichtlich ausgerichtet. Er ist aber, obwohl allemal legitim, auch auf diesen Standort eingeschränkt. Deutlich wird dies nicht nur an dem interessanten Bericht über einen Aufenthalt Martin Walsers in Amerika in diesem Band, sondern auch an einer ganzen Reihe von Aufsätzen, die sich allein auf ein Vergleichen von neueren Arbeiten und Schreibweisen mit frühren konzentrieren.

Selbstverständlich lässt sich die gleiche Standortgebundenheit für solche Perspektiven ausmachen, die auf frühere Werke von Walser und Zeitumstände geworfen werden. Nicht selten werden dabei spätere Entwicklungen als Schlüssel zum Verständnis und zur Beurteilung des Früheren gemacht. Besonders bei der Behandlung des Frühwerks eines Autors ist das so auffällig, wie es als selbstverständlich gilt. Hier, am Beginn einer schriftstellerischen Laufbahn, ist vieles angelegt, was erst später zur Entwicklung kommt. Wem würde man daher nicht für Entdeckungen und konkrete Hinweise dankbar sein. Aber neben der noch zu klärenden Frage, welche besonderen Umstände der frühen Lebenszeit denn als prägend für die erwähnten Anlagen gelten können, steht die andere Frage, ob nämlich die frühere Leistung darin aufgeht, Anlage des Späteren zu sein? Ist sie nicht selber Erfüllung eines noch Früheren und daher gerade bedeutend in dem, was sie aus späterer Sichtweise vielleicht gerade ermangelt? Der Leser mag selbst entscheiden, inwieweit die hier relevanten Arbeiten ein Bewusstsein dieser Fragen entwickelt haben.[5]

Perspektiven sind natürlich auch festgelegt durch den Vergleich mit anderen Autoren. Eine ganze Reihe von Arbeiten haben ein komparatistisches Vorgehen gewählt. Gerechtfertigt sind diese Vergleiche zum Teil durch den Umstand, dass Martin Walser selber den Vergleich, wie zum Beispiel im Fall von Marcel Proust, gesucht hat. Meist ist von den Beiträgern der Vergleich gewählt worden, weil der herangezogene Autor und sein Text in der Gegenüberstellung die Eigenart, mit der Walser sich einem Thema nähert, klarer und prägnanter hervortreten lässt. Helmuth Kiesel hat in seinem Beitrag eine zur Lektüre empfohlene Begründung gegeben, warum ein vergleichendes Vorgehen gerechtfertigt ist.[6] Eine Bewertung der Autoren im Sinne eines Qualitätsurteils hat er für sein eigenes Vorgehen, ein Vergleich zwischen Grass und Walser, mit einsichtigen Gründen abgelehnt. Anders liegt der Fall bei Beiträgen, wo es den Autoren ausdrücklich darum zu tun war, Defizite oder Verdienste am Werk von Walser aufzuzeigen. Auch dieser Vergleich hat sein Recht, aber er wird aus einer anderen Perspektive vollzogen. In der Regel spielen politisch-ästhetische Überzeugungen oder Normen eine Rolle. Im Hinblick auf diese Normen sind die zu vergleichenden Texte ausgewählt worden. Die Texte anderer Autoren machen sinnfällig, worum es der normativ motivierten Kritik geht. Sie können der Kritik auch ein größeres Gewicht geben, indem sie zum Beispiel verdeutlichen, dass die Normen der Kritik nicht aus der Luft gegriffen sind, ihre Existenz nicht einem Akt willkürlicher Setzung verdanken: Die Normen sind ja aus einer Literaturpraxis geschöpft, für die die im Vergleich benutzten Texte einstehen. Der zum Vergleich herangezogene Text, sei er nun von Walser selbst oder einem anderen Autoren, wird daher auch gern zur Instanz und zum Beispiel einer anderen, alternativen Literatur oder Schreibpraxis erklärt. Es gilt aber: Texte anderer Autoren und Vergleichskriterien ermöglichen produktive Sichtweisen, aber legen den Text, von dem man ausgegangen ist, auch fest. Es wird an dem Leser sein, die relative Gültigkeit von Urteilen, seien sie positiv oder seien sie negativ, ins Auge zu fassen.

Die hier angestellten Überlegungen sind auch bei einer Beurteilung der Kapitelfassungen des vorliegenden Bandes zu berücksichtigen. Die Absicht war, durch eine bestimmte Zusammenstellung der Beiträge eine Art Spiegelung oder imaginäre Debatte unter den Aufsätzen herzustellen. Die Verteilung der Aufsätze auf die fünf Kapitel sollte allerdings nicht zu streng aufgefasst werden. Der eine oder andere Aufsatz hätte auch zu eincm der anderen Themen gepasst. Der Band beginnt mit einigen Aufsätzen zu Walsers Frühwerk, aber es ist offensichtlich, dass sich die weiteren Aufsätze bzw. Kapitel nicht an eine Chronologie der Lebensgeschichte oder der Veröffentlichungen halten. Alexander Mathäs geht Walsers Beschäftigung mit Kafka nach und zeigt die anhaltende Wirkung dieser Beschäftigung bis in das Alterswerk auf. Unter dem Gesichtspunkt von Kontinuität und Diskontinuität in der Lebensgeschichte ließe sich diese Arbeit mit der folgenden von Rhys Williams über Walsers Rolle beim Süddeutschen Rundfunk gut in Verbindung bringen. Für Williams zeigt das Ende von Walsers Mitarbeit beim Rundfunk auch einen Bruch mit einer älteren Generation von Schriftstellern, vor allem mit Alfred Andersch, an. Es sei vor allem Walsers zunehmende Politisierung, die zu dem Bruch geführt habe. Es wäre interessant zu untersuchen, in welchem Verhältnis Walsers Festhalten an Kafka und doch gleichzeitiges Modifizieren von dessen 'handlungsarmem Erzählmodell', das Mathäs beschreibt, zu der stärker werdenden politischen Orientierung steht. Hat Walser nicht auch eine Politisierung des Kafkaschen Erzählmodells unternommen – allerdings ohne politische Botschaft, wie Mathäs zurecht anmerkt – , als er seine Protagonisten, ausgerüstet mit Kafkascher Innenperspektive und Wirklichkeitsverzerrung, sich in die bundesdeutsche Gesellschaft verstricken ließ?

Auch Anthony Waines Untersuchung über das Theater der sechziger Jahre ließe sich mit Walsers Interesse an Kafka und dessen politischen Orientierung in einen interessanten Zusammenhang bringen. Auf dem Theater lässt Walser ebenfalls seine Figuren in dem Netzwerk der Gesellschaft sich verfangen. Und die politische Bezugnahme ist auch offensichtlich. Aber Waine macht auf wichtige Unterschiede im Vergleich zu Walsers Romanen aufmerksam. Hängen diese Unterschiede auch damit zusammen, dass sich die von Kafka übernommenen Motive, z. B. die radikale Innenperspektive, nicht ohne weiteres auf die Bühne übertragen lassen? In Timm Menkes Beitrag wird auch die Frage des Theaters kurz aufgenommen und Walsers politische und literaturpolitische Auffassungen dargestellt, so wie sie Mitte der siebziger Jahre von Walser vertreten wurden. Aber Menke macht auf einen neuen wichtigen Erfahrungsraum aufmerksam, der sich damals für Walser geöffnet hat: US-Amerika. Die neuen Erfahrungen haben sich dann, wie bekannt, in dem Roman *Brandung* niedergeschlagen. Zum ersten Mal hat sich damit eine Romanfigur aus der Verstrickung in die bundesdeutschen Verhältnisse gelöst. Der Blick ist weiter geworden und vielleicht hängt damit, das wäre eine weiterführende Frage, auch zusammen, dass Walser mit seinen späteren Theaterstücken, wie Waine beobachtet, aber anders erklärt hat, über den (engen) Rahmen, den die bundesdeutsche Realität seinen früheren Stücken gesetzt hatte, hinaus gegangen ist.

Keith Bullivant hat die große Bedeutung, die Beruf und Arbeit bei Walser haben, hervorgehoben und an einzelnen Werken, besonders eindrücklich in einer genauen Analyse von *Seelenarbeit,* belegt. Sein Aufsatz verdeutlicht, dass bei den einzelnen Protagonisten und deren Arbeitsverhältnissen wichtige Differenzierungen, was Status, Klassenzurechnung und Selbstwertgefühl angeht, zu machen sind. Das Zwangsgehäuse Bundesrepublik, in das, wie oben erwähnt, die Figuren aus ihrer Kafkaschen Allgemeinhistorie entlassen worden sind, erweist sich als äußerst komplex. Wobei übrigens im Hinblick auf den Beitrag von Andreas Meier anzumerken ist, dass die Figuren in die bundesdeutsche Wirklichkeit zwar entlassen worden sind, aber darin nicht aufgehen. Meier arbeitet in einer vielschichtigen Analyse die Ansätze zu einer literarischen Anthropologie bei Walser heraus.[7] Laut deren Pramissen kämpft das

Individuum um die Verfügungsgewalt über seine Identität, Gewissensverantwortung und individuelle Erinnerung. Bedroht ist das Individuum durch gesellschaftliche Agenturen der Unterdrückung und Entmündigung. Die Außensteuerung und Manipulation des Individuums durch eine medial dominierte Erinnerungskultur hat Walser, wie Meier genauer ausführt, in der Friedenspreisrede und anderen Texten gegeißelt. Meiers Analyse sollte mit Arnold Heidsiecks Untersuchung, die sich genauer mit der Möglichkeit authentischen Erinnerns beschäftigt, aber auch zusammen mit den Beiträgen im Kapitel *Speaking out*, die sich in der einen oder anderen Form mit Walsers öffentlichen Reden befassen, gelesen werden. Eine literarische Anthropologie käme wohl nicht ohne eine Untersuchung der Ironie aus, ist doch die Ironie eine notwendige Waffe der Selbstbehauptung und ein wichtiges Instrument der Selbstbeziehung. Walser selbst hat eine solche Untersuchung begonnen. Roman Luckscheiter hat diese Untersuchung kritisch analysiert und deutliche Einschränkungen an Walsers Versuch gemacht, sich von Thomas Manns Ironiekonzeption abzusetzen. Walser teile mehr mit Mann, als er zugeben möchte. Es wäre interessant, Luckscheiters Analyse mit den anregenden Arbeiten von Stefan Willer und Hans-Joachim Hahn in Beziehung zu setzen und danach zu fragen, ob der von Walser in seinen Frankfurter Vorlesungen an literarischen und philosophischen Texten entwickelte Ironiebegriff sich ohne größere Veränderungen auf das öffentliche Gespräch mit sich selbst, das Walser für sich in Anspruch nimmt, übertragen werden kann.

Die bisher wenig erforschte Beziehung zwischen den Generationen hat Matthias Uecker untersucht. Gerade im Hinblick auf ein tieferes Verständnis von *Verteidigung der Kindheit* und *Ein springender Brunnen*, um das sich Arnold Heidsiecks und Jane Wallings Aufsätze und dann mehrere Aufsätze des Kapitels *Controversial Remembering* bemühen, könnte Ueckers Arbeit, zusammen und in Diskussion mit den anderen Arbeiten, wichtige Aufschlüsse geben. Auch Gerald Fetz' Beitrag zu Walsers Heimatbegriff gewinnt noch größere Tragweite, wenn er in Zusammenhang mit der Friedenspreisrede und dem Roman *Ein springender Brunnen* gesetzt wird.[8] Eine interessante Frage wäre, ob der Übergang vom Heimat- zum Nationalgefühl, den Fetz bei Walser ausmacht, in Beziehung steht zu längeren Aufenthalten des Autors im Ausland, die ja zu einer größeren Öffnung anderen Ländern wie z.B. den USA (siehe Menkes Beitrag) gegenüber gefuehrt haben. Der größere Blickwinkel lässt vielleicht auch die eigene Nation klarer hervortreten.

Vielfältige Anregungen gehen auch von Steve Plumbs Beitrag über Walsers Verhältnis zu den Malern André Ficus und Horst Janssen aus. Der Aufsatz gehört zu den wenigen Versuchen, die Rolle der bildenden Kunst bei Walser zu verstehen. Er sollte zusammen gelesen werden mit der Untersuchung von Jane Walling, die sich mit Proust und Walser beschäftigt und dabei auch auf Bilder von Giorgione and Raffael eingeht. Die Arbeit von Maurizio Pirro über Beschimpfungsausbrüche gehört einerseits zu den Arbeiten, die sich, wie bei Mathäs, Bullivant, Meier und anderen, mit der Frage der Innenperspektive, Arbeitswelt und Identität auseinandersetzen, andererseits lässt sie sich zusammen mit den Arbeiten im Kapitel *Speaking out* mit großem Gewinn lesen.

Die Beiträge von Stefan Willer, Hans-Joachim Hahn, Volker Nölle und Wilfried van der Will befassen sich mit Walsers öffentlichen Reden, wobei die Arbeit von Hahn, aus einsichtigen Gründen, auch das essayistische Werk mit einschließt. Van der Will hat in seinem Beitrag auch auf längere, aber wenig bekannte Interviews mit Walser zurückgegriffen. Die Untersuchungen stellen eine Fülle von politischen, historischen, rhetorischen und rezeptions- und diskursanalytischen Gesichtspunkten vor, die besonders bei der im folgenden Kapitel von Matthias Lorenz und Robert Conard behandelten Walser-Bubis-Debatte Berücksichtigung finden sollte. Wie Willer beschäftigt sich auch van der Will mit *Ein springender Brunnen*; beide Arbeiten gehören daher auch in die Auseinandersetzung mit diesem Roman, die Kathrin Schödel, Michael Hofmann und Helmuth Kiesel führen. Diese Auseinandersetzung wird unter anderem dadurch äußerst fruchtbar, dass hier durch den Vergleich mit anderen Autoren der Gesichtskreis erweitert wird und ein Stück Literaturgeschichte in den Blick kommt. Matthias Lorenz und Robert Conard analysieren die Friedenspreisrede and Walser-Bubis-Debatte, wobei es Lorenz darum geht, den genauen Verlauf und die Facetten der Debatte zu skizzieren. Die von Lorenz untersuchte Frage, inwieweit es sich bei dieser Debatte um eine Vergangenheitsdebatte neuen Stils handelt, greift auch Conard auf und setzt sie, in breiterer Perspektive und mit kritischen Akzenten, mit der Um- und Neudefinition von Tradition in Beziehung. Ergänzt werden diese beiden Beiträge durch Caroline Gays Analyse einer Reihe von Post-Walser-Debatten, die Lorenz' Annahme einer Vergangenheitsdebatte neuen Stils bestätigen. Ihre Untersuchung kann die Wirkung, die von Walsers Rede und der anschließenden Diskussion ausgeht, bis in den Streit um den FDP-Politiker Jürgen Möllemann und den Roman *Tod eines Kritikers* nachweisen.

Gays Beitrag bildet die Brücke zu dem letzten Kapitel. Mit der Kapitelüberschrift *More Controversy or New Reading?* sollte auf die Möglichkeit hingewiesen werden, dass die heftigen Kontroversen, die Walser ausgelöst hat und vielleicht noch auslösen wird, abhängig von der Art der Lektüre sind, die der Leser macht. Stuart Taberner unternimmt in seiner Analyse von Walsers *Der Lebenslauf der Liebe* eine, wie er sagt, 'sympathetic reading' und fragt in einem Postskript zu seiner Analyse, ob es nicht an der Zeit sei, ein Werk wie *Der Lebenslauf der Liebe* in einen weiteren Kontext als den, der durch Nationalsozialismus und Vergangenheitsbewältigung festgelegt ist, zu setzen. Die Leser allerdings, die auf Walsers Roman *Tod eines Kritikers* mit empörter Kritik reagiert haben, hätten Taberners Frage wohl verneint. Die vielen, zum Teil heftigen Reaktionen der Kritiker, die Stuart Parkes in seinem Beitrag analysiert, legen diese Vermutung nahe. Diese Leser hätten wahrscheinlich darauf hingewiesen, dass Walser selbst auf einen engeren Kontext anspielt und eine Lektüre dieses Romans daher keinen Sinn ergibt, wenn man die jüngere deutsche Vergangenheit ausschließt. Damit ist natürlich nichts über die Berechtigung der Frage gesagt. Die Reaktionen machen aber deutlich, dass Versuche einer anderen Lesart bei bestimmten Texten und Autoren - und zu diesen Autoren gehört Martin Walser ganz entschieden - jederzeit unter Rechtfertigungsdruck geraten können. Ein merkwürdiges Paradox entsteht: Je mehr man die Lesart verändert, weil man andere Kontexte als den der Nazi-Vergangenheit heranziehen möchte, desto mehr wird man möglicherweise gerade in diesen Kontext hineingezogen. Isofern kann das 'or' in der letzten Kapitelüberschrift auch als 'oder auch' gelesen werden: Neue Lesarten sind mitunter kontrovers! Parkes selbst hat übrigens in seiner Analyse des Romans darauf hingewiesen, dass der Abschied von der jüngeren deutschen Geschichte schwieriger ist, als es manchmal den Anschein hat: 'What the novel's reception does show is that even a work with major elements of farce, which may even be deliberately unsubtle, can create a major stir in Germany, if it can be (mis-)interpreted as anti-Semitic.'[9]

Die Herausgeber möchten der Deutschen Botschaft, dem Goethe-Institut, dem Institute of Germanic Studies und der Universität Sunderland für die vielfältige Unterstützung der Konferenz danken. Ebenso möchten sie Dr Stephen Plumb für seine Hilfe bei der Vorbereitung der Aufsätze für den Druck danken.

Anmerkungen

[1] Einen ersten Hinweis auf das vielfältige Engagement Martin Walsers gibt bereits ein   Blick auf die in den Bänden 11 und 12   der *Werke in zwölf Bänden* gesammelten Arbeiten, vgl. Martin Walser, *Werke in zwölf Bänden*, herausgegeben von Helmuth Kiesel, Suhrkamp: Frankfurt am Main 1997.

[2] Diese Arbeiten sind größtenteils veröffentlicht in den Bänden 11 und 12 der *Werke in zwölf Bänden* (vgl. Anm. 1), in Martin Walser, *Auskunft. 22 Gespräche aus 28 Jahren*, herausgegeben von Klaus Siblewski, Suhrkamp: Frankfurt am Main, 1991 und in *'Ich habe ein Wunschpotential': Gespräche mit Martin Walser*, herausgegeben von Rainer Weiss, Suhrkamp: Frankfurt am Main, 1998. Weitere Angaben zu neueren Interviews auch in Ralf Oldenburg, *Martin Walser. Bis zum nächsten Wort. Eine Biographie in Szenen*, Dirk Lehrach: Meerbusch bei Düsseldorf, 2003, S. 218.

[3] Martin Walser,   *Erfahrungen beim Verfassen einer Sonntagsrede*, Suhrkamp: Frankfurt am Main, 1998, S.25. Vgl. auch zu diesem Thema die Arbeiten von Kathrin Schödel, Stuart Taberner und Stuart Parkes in diesem Band.

[4] Der jeweils vorgelegte Aufsatz kann nur in beschränkter Form, am Beispiel eben, zeigen, worum es dem Verfasser zu tun ist. Es lohnt daher, dies sei hier angemerkt, den Anmerkungsapparat der Aufsätze zu studieren, da die meisten Autoren bibliografische Angaben zu eigenen früheren Arbeiten aufgenommen haben.

[5] Anzumerken ist hier, dass sich eine Perspektivenveränderung natürlich auch durch einen Wechsel des Mediums der Darstellung ergeben kann, vgl. als Beispiel die ungewöhnliche Biographie von Ralf Oldenburg, *Martin Walser. Bis zum nächsten Wort. Eine Biographie in Szenen* (vgl. Anm.2)

[6] Vgl. seinen Beitrag in diesem Band, S. 343f.

[7] Die interessante Idee einer literarischen Anthropologie könnte neben den Buchhinweisen, die Andreas Meier selbst in den Anmerkungen gibt, noch durch Wolfgang Isers Buch *Das Fiktive und das Imaginäre. Perspektiven einer literarischen Anthropologie*, Suhrkamp: Frankfurt am Main 1993 ergänzt werden. Auch Patrick Harpur, *The Philosophers' Secret Fire. A History of the Imagination*, Penguin: London 2002 ist hier von Interesse.

[8] Siehe unter anderem Gerald Fetz' Anmerkungen zu *Ein springender Brunnen* in seinem Beitrag in diesem Band S.162.

[9] Vgl seinen Beitrag in diesem Band S.462.

Alexander Mathäs

Kafka-Metamorphosen:
Martin Walsers frühe Erzählungen und ihre Folgen

This analysis deals with the influence of Franz Kafka on Martin Walser's early stories, which appeared in the collection *Ein Flugzeug über dem Haus und andere Geschichten* (1955). The essay seeks to determine the possible causes of Walser's adaptation of Kafka's work and to explore how the influence of the author from Prague affected Walser's literary activities. Previous research has claimed that Walser gradually emancipated himself from Kafka's influence. The present analysis, however, discovers narrative patterns, constellations of characters and topics, which the author took over from Kafka and which have remained of major significance for his later work.

Der Beginn von Martin Walsers schriftstellerischer Laufbahn fiel mit den Anfängen der bundesrepublikanischen Nachkriegsliteratur zusammen. Zwar ist der 1927 in Wasserburg am Bodensee geborene Autor kein Mann der ersten Stunde, wie viele seiner älteren Kollegen der *Gruppe 47*, doch stand seine Entdeckung noch ganz im Zeichen einer literarischen Neuorientierung der sich erst formierenden bundesrepublikanischen Literaturszene.[1] Von der Suche nach innovativen Gattungs- und Stilarten und der Schwierigkeit, eine gegen den ideologischen Missbrauch resistente Sprache zu finden, zeugen viele Texte und Autorenäußerungen aus dieser Zeit.[2] Vor allem bemühte man sich um Erzählformen, die vom deutschtümelnden Pathos des Nationalsozialismus verschont geblieben waren.

Im Bereich der Prosa erwies sich die Kurzgeschichte als vorherrschende Gattung bis Mitte der fünfziger Jahre. Die Gründe für die Beliebtheit dieses Genres sind vielfältig. Zum einen bevorzugte man diese der anglo-amerikanischen Tradition entstammende Textsorte, weil deren Hauptvertreter, wie beispielsweise Ernest Hemingway oder Sherwood Anderson, sich einer nüchternen Alltagssprache bedienten, die jeglichem Pathos entbehrte und so einer möglichen ideologischen Vereinnahmung entgegenwirkte. Zum anderen war es ein Bedürfnis vieler deutscher Autoren nach Jahren der kulturellen Isolation, den Anschluss an die internationale Literatur zu finden; daher hielt man nach ausländischen Vorbildern Ausschau.[3] Ferner bot das Genre den Neulingen unter der jungen Schriftstellergeneration — und Neulinge waren damals sehr viele — aus verständlichen Gründen eine ideale Einstiegsmöglichkeit. Schließlich erfreute sich die Kurzgeschichte auch bei der Literaturkritik der Beliebtheit, denn sie ermöglichte es den Rezensenten, sich rasch ein Bild von der Schreibweise unbekannter Autoren zu machen. Insbesondere bei den Dichterlesungen der *Gruppe 47*, erwies sich die Kurzgeschichte als probates Mittel, eine Kostprobe des eigenen Schaffens zu geben, denn sie eignete sich, wie Martin Walser später in seiner Schilderung einer Gruppentagung ironisch bemerkte, als 'Literatur fürs Zuhören!' ('Brief an einen ganz jungen Autor,' WW 11, 40).[4]

Hinsichtlich der eigenen nationalen Kultur hielt man sich an Vorbilder, deren literarische Produkte während der Zeit des Nationalsozialismus der Zensur anheimfielen. Dazu gehörten nahezu alle bedeutenden Autoren der literarischen Moderne von Thomas Mann über Alfred Döblin bis Robert Musil. Insbesondere Franz Kafka entsprach dem existentialistischen Zeitgeist der ersten Nachkriegsjahre.[5] Der Prager Autor wurde ja erst nach dem zweiten Weltkrieg für den deutschsprachigen Raum wieder entdeckt, nachdem der Faschismus die Kontinuität der deutschen Kafka-Rezeption unterbrochen hatte.[6] Sein Hauptthema, das die Bedrohung des Menschen angesichts einer undurchschaubaren, bürokratisch-totalitären Ordnung anprangerte, entsprach auch dem Anliegen der jüngeren Autorengeneration.[7] Denn die *Gruppe 47* verstand sich als lose Vereinigung von Nonkonformisten, die es sich zur Aufgabe machte, der ideologischen, bürokratischen, wirtschaftlichen und gesellschaftlichen Vereinnahmung des Individuums entgegenzuwirken.[8]

Es sollte daher nicht überraschen, dass die Anfangsjahre von Martin Walsers schriftstellerischer Laufbahn unter dem Einfluss Kafkas standen. Schon vor der Veröffentlichung seines ersten Erzählbandes *Ein Flugzeug über dem Haus und andere Geschichten* im Jahr 1955 hatte der Verleger Peter Suhrkamp Bedenken geäußert wegen der allzu offensichtlichen Kafka-Bezüge. Er forderte den jungen Autor auf, die Titel dreier Erzählungen zu ändern, da diese 'nur schlecht die Herkunft von Kafka' verdeckten.[9] Walser kam dieser Forderung nach und benannte auch den Titel des Sammelbandes um, der ursprünglich 'Beschreibung meiner Lage' heißen sollte.[10] Einige der wichtigsten damaligen Rezensenten äußerten sich kritisch, wenn nicht missbilligend zu Walsers unverhohlener Kafka-Anlehnung.[11] Walser, der nur vier Jahre zuvor mit einer Arbeit über Kafka promoviert hatte, habe sich allzusehr von seinem großen Vorbild leiten lassen, ohne jedoch dessen 'unerschöpfliche Sinnfülle' zu erreichen, hieß es unter anderem.[12] Dieser Vorwurf der oberflächlichen, auf den bloßen Effekt bedachten Kafka-Nachahmung mag ein Grund dafür sein, dass die

Prosasammlung auch später wenig Beachtung fand und häufig als bloße Stilübung eines Anfängers abgetan wurde.[13]

Festzuhalten ist, dass Walser von den einflussreichsten Rezensenten des Feuilletons nach Erscheinen des Bandes als Nachwuchsautor eingestuft wurde, dessen zukünftiger Erfolg von der Entwicklung eines eigenen, von Kafka emanzipierten Stils abhing. Mit dieser Einschätzung wurde aber noch nichts über die möglichen Ursachen von Walsers Kafka-Verehrung ausgesagt. Man begnügte sich allenfalls mit dem Hinweis auf Walsers Dissertation und der allgemeinen Popularität des Prager Autors in den frühen fünfziger Jahren. Auch bleibt ungeklärt, welche inhaltlichen Aspekte von Kafkas Werk den jungen Autor faszinierten und seine Laufbahn prägten. Denn Kafkas Einfluss blieb, wie sich noch zeigen wird, auch für den späteren Walser bestimmend.

Für die Walser-Forschung hatte die Einstufung des Autors als Kafka-Epigone ebenfalls weitreichende Konsequenzen. Denn geradezu alle Publikationen, die sich mit Walsers früher Prosa beschäftigen, verweisen auf die Kafka-Nähe seines Erstlingswerks. Selbst noch nach Erscheinen von *Ehen in Philippsburg* im Jahr 1957 'versäumt kaum ein Rezensent, darauf hinzuweisen, daß Walser von Kafka herkomme, in seinem bisherigen Werk ihm streng verpflichtet gewesen sei, um in der Folge dann auszuführen, inwieweit er sich gelöst habe oder immer noch die Spuren erkennen lasse.'[14]

Was jedoch eine weitere Untersuchung zu diesem scheinbar hinlänglich ergründeten Thema rechtfertigt, ist die Tatsache, dass sich kaum eine der Forschungsarbeiten auf eine detaillierte Analyse der einzelnen Kurzgeschichten von *Ein Flugzeug über dem Haus* einlässt.[15] So weist Klaus Pezolds Monographie aus dem Jahr 1971 die bis heute ausführlichste Untersuchung des Erzählbandes auf.[16] Ungeachtet ihrer ideologischen Gegensätze waren sich Rezensenten aus Ost und West darin einig, dass Walsers literarisches Talent erst dann zur Geltung komme, wenn er sich von dem Vorbild Kafkas befreit habe. Damit äußerten sie eine Ansicht, die von der Walser-Forschung — von wenigen Ausnahmen abgesehen — häufig unhinterfragt übernommen wurde und der unvoreingenommenen Auseinandersetzung mit den Texten des Erzählbandes im Wege stand.[17] Aus heutiger Sicht erscheint diese wertende Kritik jedoch anachronistisch, da Walser im weiteren Verlauf seiner langen Karriere wiederholt literarische Anleihen bei seinem Prager Vorbild machte, ohne dass deshalb der Vorwurf des Kafka-Epigonentums erhoben wurde.[18] Auch wäre es ungerechtfertigt, das bewusste Zitieren

literarischer Vorbilder mit epigonalem Schreiben gleichzusetzen. Denn
wie Karlheinz Fingerhut bündig erklärt, ist 'der produktiv Rezipierende' im
Gegensatz zum Epigonen nicht darauf aus, 'sein Vorbild zu erreichen oder
gar zu übertreffen, indem er es zugleich kopiert und verheimlicht,' sondern
neue kontextuelle Bezüge zum zitierten Werk herzustellen.[19]

Es geht in diesem Beitrag darum, die möglichen Anstöße für
Walsers Kafka-Adaption anzugeben und zu erkunden, wie sich der
Einfluss des Prager Autors auf Walsers schriftstellerische Laufbahn
auswirkte. Es sollen also Entwicklungslinien in Walsers Prosa von den
Anfängen bis zu seinem ersten Roman *Ehen in Philippsburg* (1957)
aufgezeigt werden. Dabei lassen sich Grundprinzipien seines Schaffens
ermitteln, die es uns erlauben, Verbindungen zu seinen späteren Texten
herzustellen.[20] In Vorwegnahme meiner Analyse ließe sich die Hypothese
aufstellen, dass Walser sich zwar allmählich vom handlungsarmen
Erzählmodell kafkascher Provenienz entfernt, dabei seine an Kafka
geschulte Darstellung subjektiver Wirklichkeitsverzerrungen aber
keineswegs aufgibt, sondern diese immer mehr als Folgen der
gesellschaftspolitischen Gegebenheiten begreift. Anders gesagt beginnt
Walsers schriftstellerische Tätigkeit mit der Aneignung von Kafkas
Erzähltechnik, mit der er sich schon in seiner Dissertation
auseinandersetzte. Mit der Adaption der kafkaschen Erzählperspektive, bei
der er alles aus der Innenansicht der Charaktere schildert, entwickelt der
Autor nahezu zwangsläufig ein Gespür für die Psyche seiner Figuren.
Walsers Kafka-Adaption beschränkt sich also keinesfalls nur auf die
formalen Elemente, sondern erstreckt sich auch auf die soziale und
psychische Situation der Protagonisten, da die subjektive Wahrnehmung
bereits als Ausdruck einer gesellschaftlich bedingten Konstellation
geschildert wird. So handeln viele der frühen Erzählungen von
narzisstischen Selbstbehauptungsversuchen sozialer Außenseiter. Anhand
einiger, für den Erzählband charakteristischer Texte werde ich darlegen,
wie Walser Kafka in zunehmendem Maße für sein zentrales Anliegen,
nämlich die Darstellung der Auswirkungen zwischenmenschlicher und
wirtschaftlicher Machtverhältnisse auf die Psyche des Einzelnen, nutzbar
macht. Meine Analyse wird zeigen, dass Walser sich nicht, wie von der
Kritik häufig behauptet wurde, von Kafka löst, sondern immer bewußter
versucht, das kafkasche Modell zu variieren und auf die eigene Situation
in der bundesrepublikanischen Gegenwart der fünfziger Jahre zu
übertragen.

Bei der Betrachtung des Erzählbandes sollte man nicht vergessen, 'dass diese neun Geschichten während einer Zeitspanne von vier oder fünf Jahren entstanden sind,' also keiner stringenten Gesamtkonzeption unterliegen.[21] Trotzdem lassen sich formale und thematische Gemeinsamkeiten nachweisen, die sich auch in Walsers späterer Prosa finden. Zunächst fällt auf, dass die Handlung fast aller Geschichten damit einsetzt, dass eine unbegreifliche, groteske oder surreale Veränderung im ansonsten nicht weiter bemerkenswerten Alltag der Protagonisten eintritt oder bereits eingetreten ist.[22] Die ursprünglich als Titelgeschichte geplante Erzählung 'Gefahrenvoller Aufenthalt' beginnt beispielsweise damit, dass der Erzähler eines Tages aus unerfindlichen Gründen einfach im Bett liegen bleibt, ohne dieses je wieder zu verlassen (WW 8, 15). Diese Art der einschneidenden 'Störung' hat Walser auch in Kafkas Romanen festgestellt (WW 12, 96). Der Autor bedient sich also eines narrativen Verfahrens, das auf die 'Ausbreitung der Welt, in die der Vorgang dann hineingestellt wird,' verzichtet (WW 12, 96). Man erfährt im allgemeinen sehr wenig *über* die Protagonisten, sondern wird unmittelbar aus der Perspektive der Handelnden mit einem zumeist bedrohlichen Ausnahmezustand konfrontiert.

Diese Unmittelbarkeit wird durch die Bindung der Erzählperspektive an den Erzähler erreicht. Obwohl der Autor in den meisten Texten der Sammlung sich eines Ich-Erzählers bedient, vermeidet er die perspektivische Brechung des berichteten Geschehens. Das heißt, der Erzähler unterläßt jegliche Art des Kommentars. Dies kommt besonders deutlich in der Titelgeschichte zum Ausdruck. Es handelt sich um die Schilderung der Geburtstagsfeier eines siebzehnjährigen Mädchens aus der Perspektive eines ungefähr gleichaltrigen Jungen, der sich durch die Anwesenheit zahlreicher Mädchen eingeschüchtert, ja bedroht fühlt. Schon die der Handlung vorausgehende Beschreibung der Umgebung evoziert die drückende, bedrohliche Stimmung, der sich der Erzähler ausgesetzt sieht: 'Wo die Sonne Durchlaß fand, brannte sie weißglühende Flecken herab. Die breitgezogene Villa schützte den Garten zwar vor der Straße, aber die Insekten lärmten lauter als die Straßenbahn,' heißt es da (WW 8, 9).

Daß die Gefahr nicht vom Wetter oder den äußeren Umständen sondern der subjektiven Gefühlslage des Ich-Erzählers herrührt, geht aus der weiteren Entwicklung des Geschehens hervor. Die teils bedrohliche, teils überraschende Wirkung der Geschichte ist darauf zurückzuführen, dass der Erzähler den Vorgang völlig linear schildert. Selbst die einzelnen

Schreckensvisionen von den kampflustigen Mädchen, die sich hinterher als bloße Wahnvorstellungen des Erzählers erweisen, werden vergegenwärtigt, als durchlebe sie der Protagonist bei der Schilderung zum ersten Mal.

Laut Walsers Kafka-Dissertation macht der Prager Autor in seinen Romanen auch von dieser Erzähltechnik Gebrauch. Überhaupt gleichen die Hauptfiguren dieser Kurzgeschichten Kafkas Protagonisten, da sie ebenfalls keine Entwicklung durchmachen. Walser zwingt also die Leser durch die Kongruenz von erzählendem Ich und handelndem Ich, den geschilderten Vorgang aus der Innenperspektive des Protagonisten zu erleben. Wie bei Kafka so auch bei Walser 'wird der Leser in der gleichen Unwissenheit belassen wie der Held' (WW 12, 28-29). Diese Art der Vergegenwärtigung bewirkt, dass der Leser in die Handlung hineingezogen wird, da ihn die 'Enthüllungen im gleichen Augenblick und mit der gleichen Schwere' treffen wie den Protagonisten (WW 12, 29).

Walsers Titelgeschichte zielt mit ihren überraschenden Wendungen ganz deutlich auf die Verunsicherung des Lesers ab. Nichts in dieser Erzählung ist, wie es zunächst scheint. Das Geburtstagsfest verwandelt sich von einer formellen, fast steifen Feier zu einem ungezügelten, bedrohlichen Kampf der Geschlechter, der zunächst die Niederlage, wenn nicht gar die Vernichtung der Jungen ankündigt, sich dann aber unter der Einwirkung des ebenso plötzlichen wie zufälligen Auftauchens eines Flugzeugs zu einem Sieg der scheinbar unterlegenen männlichen Gäste wandelt. Die Verunsicherung der Leser, die sich aus der Kongruenz von erzählendem und handelndem Ich ergibt, entspricht der Verwirrung des Protagonisten. Die wahnhaften Züge seiner Wahrnehmung sind Ausdruck seiner Beklemmungen.

In 'Ein Flugzeug über dem Haus' wird die Wahrnehmung des jugendlichen Protagonisten von seiner argwöhnischen Befangenheit als Gast der offenbar sehr wohlhabenden Familie beeinflusst. Nicht umsonst erwähnt er die anfangs äußerst beklemmende Atmosphäre der Feier, 'bei der man sich dann und wann ein Wort über den Tassenrand zugelispelt' habe (WW 8, 9). Dass er sich als Außenseiter vorkommt, sieht man auch daran, dass er sich zur Gruppe 'recht vereinzelte[r] junger Männer' zählt, die von ihren Freundinnen 'mitgebracht worden' waren und als 'verlorene Holzstücke […] zum Scheitern und Stranden verurteilt und dazu noch schweigend' dahinschwammen (WW 8, 10). Während die Mädchen sich 'zu einem Strom' vereinten, der alles zu überfluten drohte, wirkten die Jungen 'in der weiblichen Turbulenz […] starr und eingefroren' (WW 8,

10). Das Gefühl der Fremdheit beflügelt die Phantasie des Erzählers und ruft schließlich paranoide Wahnvorstellungen hervor, die sich jedoch als trügerisch erweisen.

Der Protagonist produziert aufgrund seiner Fremdheit eine Fantasiewelt und übernimmt somit die Aufgabe des Autors. Sowohl Kafkas als auch Walsers Helden bedürfen dieser Außenseiterrolle, um im Sinne ihrer Autoren literarisch produktiv zu sein. Walser erklärt diese Kongruenz von Autor und Held in dem Essay 'Arbeit am Beispiel: Über Franz Kafka,' den er sieben Jahre nach Erscheinen von *Ein Flugzeug über dem Haus* verfaßte: 'Von Anfang an suchte er [Kafka] nach diesem „Grenzland" zwischen „Einsamkeit und Gemeinschaft"; man kann in diesem Grenzland nicht leben, aber man kann beobachten, wie gelebt wird' (WW 12, 178).

Nahezu alle Protagonisten des Erzählbandes leben in diesem Grenzland. Der Protagonist von 'Gefahrenvoller Aufenthalt,' zum Beispiel, ist ein Aussteiger, der nicht mehr handelt, sondern nur noch beobachtet. Auch hier ist die Perspektive an die Figur des Erzählers gebunden. Das heißt, der Leser lernt die Erfahrungen des Helden ebenfalls aus der Innenperspektive des Protagonisten kennen. Klaus Pezold hat auf die gemeinsame 'Grundstruktur' zwischen Kafkas Erzählung 'Der Bau' und 'Gefahrenvoller Aufenthalt' hingewiesen: 'Hier wie dort beginnt der Bericht des Ichs, nachdem es sich von den Fährnissen der Außenwelt, des Lebens, auf sich selbst zurückgezogen und alle Brücken nach draußen abgebrochen hat.'[23] Walser folgt also dem Beispiel Kafkas, indem er seine Protagonisten in eine Außenseiterposition versetzt, von der aus sie schärfer beobachten können.

Dagegen ließe sich jedoch einwenden, dass die Wahrnehmung der Protagonisten von Angstzuständen oder paranoiden Wahnvorstellungen getrübt wird, also alles andere als exakt ist. Durch die unmittelbare Schilderung des Erlebten aus der Innenansicht der Protagonisten erfahren wir mehr über die Lage des Helden selbst als über die von ihm geschilderten Vorgänge oder Handlungen. Denn die Welt, die wir als Leser zu sehen bekommen, existiert nur durch und für den Erzähler. Wenn der Protagonist von 'Ein Flugzeug über dem Haus' den Sieg der Jungen über die Mädchen auf das Erscheinen des Flugzeugs zurückführt, so besteht dieser Kausalzusammenhang nur im Kopf des Erzählers. Walsers Erklärung für die surreale Perspektive in Kafkas Werk darf auch als Begründung für den Mangel an Realismus in *Ein Flugzeug über dem Haus* gelten:

> Allein schon die Scham, dieser körperliche Ausdruck seines immer sich
> verschärfenden Gewissens, hat Kafka daran hindern müssen, sein Lebens-
> Beispiel in dem blutigen Ernst zu modellieren, in dem es sich mit ihm selbst
> vollzog. Das ist, glaube ich, ein Grund dafür, daß Kafka, dann doch ein
> Erzähler, von der Wirklichkeit keinen unmittelbar freudigen Gebrauch machen
> konnte (WW 12, 179-180).

Selbst wenn man Scham als Eigenschaft von Kafkas Persönlichkeit nicht
ohne weiteres auf den jüngeren Autor übertragen darf, so gab es doch auch
für Walser gute Gründe, Aspekte der eigenen Biographie zu kodieren bzw.
ins Phantastische zu transformieren. 1949 hatte er, wie das oft bei
Neulingen der Fall ist, mit einem autobiographisch gefärbten Prosatext
'Kleine Verwirrung. Eine Groteske' debütiert.[24] Der Text handelt von
einem Neuankömmling in einer großen Stadt, der, völlig eingeschüchtert
und isoliert, Schwierigkeiten hat sich zurechtzufinden. Walsers eigenen
Aussagen zufolge entspricht dies 'ungefähr seiner eigenen Verfassung als
er in Tübingen und Stuttgart angekommen war.'[25] Auch sein erstes
unveröffentlichtes Buchmanuskript mit dem Titel 'Schüchterne
Beschreibungen' befasste sich eigenen Aussagen zufolge mit einer
ähnlichen Thematik, obwohl es 'noch nichts mit Kafka zu tun hatte.'[26]

Die intensive Beschäftigung mit Kafkas narrativem Verfahren
ermöglicht Walser nun, von der eigenen Biographie zu abstrahieren und
die Fremdheitserfahrung zu variieren. Die Kontaktlosigkeit, der sich der
Autor in Tübingen und später in Stuttgart ausgesetzt sah, wurde nach dem
Kafka-Studium nicht mehr konkret als Folge der Ortsfremdheit
präsentiert, sondern als eine von einer feindlichen Ordnung ausgehende
existentielle Bedrohung. Dieses verinnerlichte Gefühl der Fremdheit wird
dann vom Ich-Erzähler in entstellter Form wieder auf die Außenwelt
übertragen. So fühlt sich der Protagonist in 'Ein Flugzeug über dem Haus'
aufgrund der sozialen Spielregeln bei der Geburtstagsfeier isoliert. Er
kann sich mit der gesellschaftlich untergeordneten Position nicht abfinden,
und empfindet diese als eine Art persönliches Versagen beziehungsweise
als drohende Niederlage im Kampf um sein gesellschaftliches Überleben.
Die surreale Entwicklung der Handlung von der ursprünglich
beklemmenden Geburtstagsfeier über die bedrohliche Herrschaft der
Frauen bis hin zum Sieg der Jungen kann somit als Prozess einer
narzisstischen Selbstrettung gelesen werden, bei dem der Ich-Erzähler eine
unannehmbare Demütigung seines Selbstbildes in einen Triumph
umdeutet.[27]

Kafkas Bildersprache ermöglichte Walser die literarische
Umsetzung der eigenen Biographie durch die Metaphorisierung

psychischer Prozesse. Trotz der surreal, oder phantastisch anmutenden Bilder, bleiben die dargestellten Handlungen zwar an die Biographie des Autors gebunden, verallgemeinern diese jedoch und schaffen dadurch Raum für die fiktive Erweiterung bzw. Variation der eigenen Biographie. Walsers metaphorisches Erzählen in 'Ein Flugzeug über dem Haus' befasst sich mit exemplarischen Reaktionen auf Situationen, die die Identität des Protagonisten bedrohen oder in Frage stellen. Diese von der konkreten Erfahrung abstrahierende Schreibweise erlaubt Walser, 'die zwischen Rollenerwartung und alltäglichem Verhalten, zwischen Lebenspraxis und Lebensentwurf entstehenden Widersprüche und Friktionen innerhalb der sozialen Realität' zu versinnbildlichen.[28]

Dass die Erzählung 'Gefahrenvoller Aufenthalt' stark von Kafka beeinflusst wurde, ist der Walser-Kritik nicht neu. In der Forschung wurde jedoch nicht genügend beachtet, dass Walsers Aneignung der Kafkaschen Schreibweise auf einer biographischen Verwandtschaft zu seinem Vorbild beruht. Anders formuliert, Walser bedient sich Kafkas Thematik vor allem deshalb, weil sie für ihn nachvollziehbar ist. Walser hat in Interviews und Essays immer wieder darauf hingewiesen, daß seine Helden einschließlich ihrer Gegenspieler alle mit ihm 'sehr verwandt sind' und daß er 'in der Auseinandersetzung dieser Hauptpersonen mit ihrer Umwelt versuch[t] […], sein Verhältnis zur Realität darzustellen.'[29] Auch vermutet der Autor selbst, daß seine Begeisterung für Kafka damit zusammenhing 'daß [er] in Tübingen anfangs keinen Austausch, keinen Gesprächspartner hatte, mit dem [er] hätte reden können.'[30] Es überrascht daher nicht, dass das 'kafkaeske' Außenseiterdasein und die sich daraus ergebende Bedrohung für das narzisstische Selbst zum Erfahrungshorizont des Autors gehören.

Im Unterschied zu 'Ein Flugzeug über dem Haus' wird jedoch die Vereinsamung des Ich-Erzählers in 'Gefahrenvoller Aufenthalt' teils als selbst verursacht, teils als schicksalhafte Wendung präsentiert. Der Protagonist, der sich eines Nachmittags auf sein Bett legt und einfach liegen bleibt, kann seinen eigenen Angaben zufolge 'nicht mehr sagen ob [er] freiwillig liegenblieb oder ob [ihn] eine Krankheit oder noch Schlimmeres dazu zwang' (WW 8, 15).[31] Sein Außenseiterdasein wird somit einerseits als eine Art Krankheit, andererseits als ein frei gewählter Lebensstil, 'ein[..] groß[er] Versuch,' wie er es selbst nennt, präsentiert (WW 8, 23):

> Ich lag doch freiwillig auf meinem Bett. Ich konnte mich zwar nicht mehr rühren, aber ich, ich selbst hatte mich doch hingelegt. Ich hatte nicht gerade beschlossen, mich nicht mehr zu bewegen, aber ich war es doch, der sich nicht mehr bewegte. Oder war ich es nicht (WW 8, 17)?[32]

Während der Held der Titelgeschichte unter seiner Außenseiterrolle leidet und infolgedessen alles daran setzt, sich aus seiner untergeordneten Position zu befreien, hat der Ich-Erzähler in 'Gefahrenvoller Aufenthalt' ein zwiespältiges Verhältnis zu seiner vereinsamten Lage. Unter keinen Umständen möchte er sein Außenseiterdasein aufgeben. Denn er identifiziert sich mit seiner liegenden Position. Die Preisgabe dieses Zustands käme seinen eigenen Aussagen zufolge seinem Tod gleich (WW 8, 23). Er fürchtet daher nichts so sehr wie den Amtsarzt, der ihn ganz einfach für gesund erklären und so seiner liegenden Existenz ein Ende bereiten könnte. Andererseits möchte er auch nicht 'als gelähmt erkannt werden' (WW 8, 17). Er lebt also in jenem 'Grenzland zwischen Einsamkeit und Gemeinschaft,' das laut Walser auch für Franz Kafka ein für das Schreiben notwendiges Refugium bot (WW 12, 178). Walsers Beschreibung von Kafkas Künstlerexistenz entspricht genau der Situation seines Ich-Erzählers in 'Gefahrenvoller Aufenthalt':

> Sicher ist ein solcher Aufenthalt nicht wählbar, etwa als ein Ort, der dem Schreiben besonders günstig wäre; auch wenn es Kafka zuweilen auch vorkam, er habe sich allen Ansprüchen der Welt nur entzogen, um sein Schreiben zu schützen. Es wird wohl so gewesen sein: der Rückzug hat das Schreiben gefördert und das Schreiben den Rückzug. Aber schon bevor er überhaupt an das Schreiben denken konnte, fiel auf, wie schwer er die Ansprüche der Umwelt empfand (WW 12, 178).

Walsers Ich-Erzähler versucht sich ebenfalls allen gesellschaftlichen Ansprüchen zu entziehen. Ganz wie der Prager Autor fühlt auch er sich von Ansprüchen 'förmlich umstellt' (WW 12, 178). Er wird umlagert von den Männern 'von der Eisfabrik,' von einem Kassierer des Elektrizitätswerks, vom Milchmann, von Hausierern, von seinen Mitbewohnern, vom Hausbesitzer, von den Männern der städtischen Müllabfuhr, von den ansässigen Geschäftsleuten und schließlich vom Amtsarzt. Alle diese Vertreter bestimmter Berufsstände wollen etwas von ihm. Sie arbeiten nach Meinung des Ich-Erzählers im Dienst einer feindlichen Ordnung, die seine Existenz als stummer Beobachter bedroht. Wie in 'Ein Flugzeug über dem Haus' versteht der Erzähler seine Auseinandersetzung mit der gegnerischen Macht als Kampf um Selbstbehauptung, allerdings mit dem Unterschied, dass er nun nicht mehr versucht, seiner Außenseiterposition zu entfliehen, sondern seine Unabhängigkeit als Außenseiter zu verteidigen.

Trotz dieser Abweichung geht es auch in 'Gefahrenvoller Aufenthalt' um die Rettung des narzisstischen Selbstbildes des Ich-Erzählers. Hier wie dort definieren sich die Protagonisten über ihr

Feindbild. Allerdings — und auch in dieser Beziehung lehnt sich der Autor an sein Prager Vorbild an — 'ist der Held nicht nur ein passives Medium, er ist ganz im Gegenteil sogar das Zentrum aller Aktivität. Alles geht von ihm aus oder richtet sich gegen ihn'. (WW12, 21). Das Verhältnis des Protagonisten zu seiner Umwelt, ist also ein Produkt seiner Furcht vor der gegnerischen Ordnung. Die Umwelt und die anderen Mitmenschen werden kaum mehr registriert: 'Die einen wohnten links von mir, die anderen rechts. Andere Unterscheidungen waren nicht mehr möglich' heißt es im Text (WW 8, 15). Die Wahrnehmung des Erzählers konzentriert sich völlig auf die Gesten und möglichen Hintergedanken der Repräsentanten der gegnerischen Ordnung. Dabei werden auch diese beargwöhnten Kontrahenten nicht als einzelne Individuen, sondern nur als Träger ihrer Funktion und als potentielle Feinde wahrgenommen. Der Erzähler registriert sofort den 'prüfenden Blick' und das feindliche Seufzen des Kassierers und weiß von vornherein, daß er jenem 'wohl noch nie besonders vertrauenswürdig erschienen' war (WW 8, 16). Da wird der Milchmann, der ihm 'schon seit Jahren' die Milch ins Haus liefert, plötzlich zu einem 'Heuchler' mit einem 'listigen Faltengesicht, der vorgab, mir [ihm] nur die Milch zu bringen' (WW 8, 17). Und als jener sich über den Erzähler beugt, um mit seiner Zunge dessen Stirn zu lecken und sie 'auf ihren Geschmack hin zu prüfen', entlarvt er sich als der Spion, für den ihn der Erzähler immer schon hielt (WW 8, 18).

Wie in 'Ein Flugzeug über dem Haus' stimuliert auch in 'Gefahrenvoller Aufenthalt' die Isolation die paranoide Phantasie des Erzählers. Die Verengung des Blickwinkels der kafkaschen Helden mußte laut Walser 'in letzter Konsequenz zu Reflexionen über das nicht mehr sichtbare führen… .' So rufen auch die eingeschränkten — und daher häufig verzerrten — Wahrnehmungen der Walserschen Figuren Spekulationen über die geheimen Absichten ihrer Gegenspieler hervor (WW 12, 29). In 'Gefahrenvoller Aufenthalt' werden alle Eventualitäten des vermuteten Handelns der Gegenspieler durchgespielt, jedoch mit dem für den Erzähler schon im Voraus feststehenden Ergebnis, dass der gefürchtete Amtsarzt schließlich den Weg zum Ich-Erzähler findet und ihn auffordert zuzugeben, dass er tot sei.

Schon der ursprüngliche Titel der Erzählung, 'Beschreibung meiner Lage', weist auf Walsers Kafka-Anlehnung hin. Sein offenes Bekenntnis, dass er Kafkas Werke als 'ganz direkte Mitteilungen an [s]ich'[33] auffasste, bestätigt, wie sehr sich der Autor in seiner literarischen Anfangszeit in Kafka wiedererkannte. Wir dürfen daher annehmen, dass 'Gefahrenvoller

Aufenthalt' Aussagen über Walsers eigenen Schaffensprozess enthält. So gesehen wäre die Furcht vor einer übermächtigen feindlichen Ordnung bzw. vor dem Amtsarzt eine notwendige Voraussetzung für das Entstehen von Literatur. Der Ich-Erzähler muss sich in eine Außenseiterposition begeben, um literarisch produktiv zu sein. Erst die Furcht vor der Entdeckung einer für ihn nicht akzeptablen Wahrheit regt seine Phantasie an und evoziert so die fiktive Beschreibung der eigenen Lage. Der Ich-Erzähler, der hier die Stimme des Schriftstellers vertritt, ist an der Aufrechterhaltung seines Außenseiterdaseins interessiert, da sein künstlerisches Schaffen davon abhängt.

Er fürchtet sich vor dem Amtsarzt, da dessen Diagnose ihn aus dem Grenzland der Ungewissheit vertreiben würde. Denn ganz gleich, wie die Diagnose des Amtsarzts ausfällt, sie beraubt den Erzähler seiner liegenden Existenz zwischen Krankheit und Gesundheit. Wie die absolute Instanz eines allwissenden Erzählers hat der Amtsarzt die Fähigkeit, die Figuren zu durchschauen und über ihr Schicksal zu verfügen. Seine Aufforderung an den Protagonisten zuzugeben, dass er tot sei, würde das Ende der Ungewissheit des Ich-Erzählers markieren und das Paradox seiner Schriftstellerexistenz zum Ausdruck bringen. Somit erhält des Ich-Erzählers abschließende Behauptung, dass der Amtsarzt an seiner Nicht-Existenz schuldig sei, eine doppelte Bedeutung. Denn des Erzählers Furcht vor dem Amtsarzt fördert zwar sein künstlerisches Schaffen, verhindert jedoch, dass er ein normales Leben führt. Paradox daran ist, dass der Protagonist weder ganz ohne den Amtsarzt noch in seiner Gegenwart existieren kann. Auf den Schriftsteller übertragen bedeutet dies, dass er zu jener Ungewissheit bzw. in jenes 'Grenzland' der Ungewissheit verdammt ist, von dem aus man besser beobachten kann.

Das eigentliche Motiv für die zwanghafte Beobachtertätigkeit des Schriftstellers ist, um mit Freud zu sprechen, 'Korrektur der unbefriedigenden Wirklichkeit'.[34] Walsers egozentrischen Helden geht es darum, die Wirklichkeit in eine für ihr Selbstgefühl akzeptable Ordnung zu versetzen. Sie versuchen daher mit allen Mitteln, ein ideales Selbstbild zu bewahren, vor dem sie bestehen können. Die genaue Beobachtung ihrer Feinde dient ebenfalls diesem Zweck.

Der kreative Impuls geht also auf einen Mangel an Selbstkenntnis zurück. Der Autor ist sowohl daran interessiert, diesen Mangel zu beseitigen als auch zu erhalten. Dieses Paradox kommt in 'Gefahrenvoller Aufenthalt' zum Ausdruck, wo der Protagonist einerseits versucht, sich in den Reaktionen seiner Umwelt zu erkennen, andererseits alles daran setzt, unerkannt zu bleiben. Daher rührt beispielsweise sein Wunsch, weder als krank noch als gesund eingestuft zu werden. Die eigentliche Ursache seiner Bettlägerigkeit muss ein Geheimnis bleiben und darf auf keinen Fall vom Amtsarzt festgestellt werden. Die Furcht vor dem Amtsarzt ist also nichts anderes als die Furcht des Ich-Erzählers vor der Auflösung seines Ideals und entspricht der Furcht des Autors vor der Vernichtung seiner kreativen Impulse. Walser kommt im Verlauf seiner langen Karriere immer wieder auf diese Dialektik zwischen Entblößung und Verbergung zurück.[35] Voraussetzung für die dialektische Selbstannäherung ist jedoch das Gefühl der Fremdheit, der Vereinzelung, der Unterlegenheit, der Ohnmacht der Einzelnen angesichts eines übermächtigen Ordnungsgefüges, das für nahezu alle Walsertexte charakteristisch ist, so auch für 'Templones Ende'.

Die 1955 mit dem Preis der *Gruppe 47* ausgezeichnete Erzählung handelt von einem älteren Eigentümer einer Villa, der sich von seinen neuen Nachbarn bedroht fühlt. Templone, der seine neuen Nachbarn überhaupt nicht kennt, weil die einzelnen Grundstücke des Villenviertels durch hohe Mauern getrennt sind, vermutet, dass es sich bei den Eindringlingen um eine ihm feindlich gesonnene Organisation handelt, die immer mehr Immobilien in seiner Nachbarschaft aufkauft und ihn schließlich aus seiner Villa verdrängen will. Ähnlich wie in 'Gefahrenvoller Aufenthalt' evozieren die paranoiden Ängste des Erzählers Handlungen und Phantasien, die sein Leben beherrschen, bis er ihnen schließlich in völliger Erschöpfung zum Opfer fällt.

Templone greift aus Furcht vor den ihm unheimlichen Vorgängen in den benachbarten Villen zu immer groteskeren Maßnahmen der Gegenwehr:

> Zuerst wurden nach allen Seiten reichende Beobachtungsstände eingerichtet. Sorgfältig bauten [Templone und seine Tochter] Fernrohre auf, drapierten sie mit Vorhängen, umgaben sie zur Tarnung mit harmlosen Vogelkäfigen, Blumentöpfen, Hirschgeweihen, Garderobeständern und verblichenen Gobelins. Abwechselnd hielten sie nun Wache, rannten von Fernrohr zu Fernrohr, um die Gewohnheiten und Geheimnisse ihrer neuen Nachbarn kennenzulernen, um gewappnet zu sein gegen alle Überraschungen, die sich jenseits ihrer Gartenmauern vorbereiten konnten (WW 8, 76).

Templones merkwürdige Handlungen werden durch Phantasien und Träume gespeist, die sein Bedürfnis erkennen lassen, im Mittelpunkt des Interesses zu stehen. Denn bei aller Furcht vor den Eindringlingen versucht er immer wieder, diese auf sich aufmerksam zu machen. In seinen scheinbar paradoxen Handlungen gleicht Templone dem Ich-

Erzähler in 'Gefahrenvoller Aufenthalt', der ebenfalls seinen Feind, den Amtsarzt flieht, ihn aber gleichzeitig durch sein Verhalten anlockt. In beiden Erzählungen richten die Protagonisten ihre Aufmerksamkeit ausschließlich auf ihre Feinde, so dass ihr Leben ohne diese gar nicht mehr denkbar ist.

Wie schon in 'Gefahrenvoller Aufenthalt' geht es in 'Templones Ende' ebenfalls um die Erhaltung eines idealen Selbstbildnisses. So wird ausdrücklich betont, dass Templone und seine Freunde sich nicht aus finanziellen Gründen — etwa wegen sinkender Grundstückspreise — gegen ihre Nachbarn zur Wehr setzen, sondern weil 'ihr Selbstbewußtsein und ihre Sicherheit' auf ihren Besitzungen beruhen (WW 8, 72). Die Erzähler in 'Templones Ende' und 'Gefahrenvoller Aufenthalt' projizieren die Bedrohung ihres Selbstwertgefühls auf die wenigen Menschen, mit denen sie noch Umgang haben. Beide identifizieren sich mit ihrem isolierten Dasein. Dabei genügt es ihnen aber nicht, das eigene Ideal zu bewahren, sondern sie bedürfen der Bestätigung ihrer Gegner. Genau deshalb versuchen sie, ihre Feinde auf sich aufmerksam zu machen.[36]

Abgesehen von den grotesken Elementen, die der Geschichte einen satirischen Anstrich geben, stellt Walser auch einen für Kafka untypischen Bezug zur Gegenwart her, indem er die Erzählung in der Nachkriegszeit spielen lässt. Allerdings ist der historische Rahmen nur schwach konturiert, so dass man nicht von einer gesellschaftskritischen Satire der Nachkriegszeit sprechen kann. Dennoch klingt schon ein Thema an, das in Walsers späteren Texten eine zentrale Bedeutung bekommt: der Einfluss der ökonomischen und sozialen Umstände auf die Psyche des Einzelnen.

In 'Templones Ende' wird das Innenleben eines ehemaligen Grundstücksmaklers geschildert, der befürchtet, mit dem Wertverlust seines Grundbesitzes auch sein soziales Ansehen einzubüßen, ein Thema, das sich beispielsweise in differenzierterer Form im Roman *Das Schwanenhaus* (1980) wiederfindet. Da sich Templone über seinen Beruf definiert und mit dem Wert seines Grundstücks identifiziert, kann er den — wenn auch imaginären — Verlust an Selbstwert psychisch nicht verkraften. Deshalb versucht er seinem sozialen Abstieg mit allen Mitteln entgegenzuwirken.

Der Einfluß des sozialen Umfelds auf die Psyche der Protagonisten kommt auch in 'Der Umzug', 'Die Klagen über meine Methoden häufen sich', und 'Die letzte Matinee,' zur Geltung. Obwohl auch hier die Figuren kaum individuelle Charakterzüge aufweisen, wird ihr Verhalten — in viel stärkerem Maß als in 'Templones Ende' — durch ihre berufliche Stellung motiviert. In einem Essay mit dem Titel 'Warum brauchen Romanhelden Berufe?' aus dem Jahr 1992 erörtert der Autor die Wichtigkeit des Berufs für das bürgerliche Selbstbewußtsein.[37] Berufe sind jedoch häufig nicht das Resultat einer freien Entscheidung, wie es das bürgerliche Ideal will. Walsers Protagonisten — und in dieser Beziehung ähneln sie Kafkas Helden — finden sich ebenfalls in Berufen, die sie nicht gewählt haben, sondern die sie ausüben müssen, um für ihren Lebensunterhalt zu sorgen. Für Walser ist 'die Figur des Autors […] eine Puppe, mit der er Erfahrenes umwerten kann.'[38] Das heißt, der Autor benützt seine Figuren, um unannehmbare Erfahrungen erträglich zu machen.[39] Walser interessiert sich also speziell für die Darstellung der Selbstlegitimation angesichts einer nicht frei gewählten Situation.[40] Wäre die Situation wählbar, gäbe es keinen Konflikt und somit auch keinen Grund, auf die nicht annehmbare Wirklichkeit zu reagieren. Dies erklärt auch, weshalb Walsers Helden immer Außenseiter, Abhängige, Untergebene, Aussteiger oder Aufsteiger, jedoch nie Chefs sind.[41] Denn die Zugehörigen der von ihm bevorzugten Berufsgruppen sehen sich einer unannehmbaren Wirklichkeit gegenüber, mit der sie sich arrangieren oder auseinandersetzen müssen. Seine Figuren sind auf Rechtfertigungsstrategien angewiesen, die es ihnen erlauben, ihre durchaus nicht zufriedenstellenden Lebensläufe ihren Idealen anzupassen. Solche Selbstrechtfertigungsversuche sind es, die der Autor mit seinen Helden gemein hat und auf die er seine Schreibmotivation gründet. Daher ist für Walser der Beruf 'der fundamentale Ausdruck dessen, was den Roman veranlaßt hat, worauf der Roman reagiert.'[42]

Am Beispiel der Geschichte mit dem Titel 'Die Klagen über meine Methoden häufen sich' lässt sich zeigen, wie Walser das kafkasche Modell erweitert und für seine eigenen Zwecke benutzt. Der Pförtner, der an den Türsteher aus Kafkas Parabel 'Vor dem Gesetz' erinnert, wird bei Walser nicht mehr nur von außen als Repräsentant der herrschenden Ordnung bzw. der Geschäftsleitung gezeigt, sondern von innen und als Untergebener, der sich seinen Vorgesetzten zu fügen hat. In der Erzählung besteht jedoch die Aufgabe des Pförtners gerade darin, psychische Affekte, wie die Wutausbrüche seiner Vorgesetzten abzumildern und in freundliche Konversation zu verwandeln. Die eigenen Affekte, Begierden und Bedürfnisse müssen also zugunsten äußerer Zwänge unterdrückt werden. Das gilt nicht nur für den Pförtner, der aus rein beruflichen Gründen eine Fassade aufrecht erhalten muss, das trifft auch beispielsweise auf Templone zu, der die sozialen Wertmaßstäbe soweit verinnerlicht hat, dass er nicht mehr auf sie verzichten kann und eine

Scheinwelt nach außen projiziert, um die Nachbarn zu beeindrucken. So sind einige der Protagonisten aufgrund unerfüllbarer gesellschaftlicher Anforderungen innerlich gespalten und ähneln schon den späteren Romanfiguren wie beispielsweise Hans Beumann, Anselm Kristlein, Franz Horn, Xaver und Gottlieb Zürn, die ja auch unter sozialen Zwängen leiden.

Im Gegensatz zu Kafka, der im Lauf seiner schriftstellerischen Entwicklung 'immer mehr den natürlichen Kontakt zur Wirklichkeit verliert' und in seinen späteren Texten zu solipsistischer Reduktion und Formelhaftigkeit neigt, entwickelt sich Walser in entgegengesetzter Richtung, indem er seine Geschichten allmählich mit aktuellen Bezügen zur bundesrepublikanischen Wirklichkeit anreichert (WW 12,17). Dies geschieht zunächst noch sehr subtil wie in 'Templones Ende', wo der Maklerberuf des Protagonisten Hinweise auf den Bauboom und die soziale Umverteilung des Wohlstands während der Nachkriegszeit erlaubt. In 'Die Klagen über meine Methoden häufen sich' wird auf die sich in den fünfziger Jahren rasch herausbildenden sozialen Unterschiede hingewiesen. 'Der Umzug' thematisiert den Aufstiegswillen des Mittelstands. Hier gelingt es dem Helden und geschickten Fahrradmechaniker jedoch, sich den Anpassungszwängen der gehobenen Schichten zu widersetzen, indem er sich deren zum leblosen Ritual erstarrten Konventionen entzieht. In 'Was wären wir ohne Belmonte' wird auf die Kommerzialisierung des Kulturbetriebs angespielt, da der Held und erfolglose Pianist, wie die meisten seiner Musikerkollegen, sich als Hotelportier verdingen muss. Die gescheiterten Künstler lassen sich vom sensationslüsternen Kulturbetrieb in der Hoffnung auf ein Comeback bis zur hündischen Ergebenheit erniedrigen. 'Die Rückkehr des Sammlers' nimmt die Wohnungsnot der Nachkriegsjahre zum Anlass, auf den inhumanen Amtsschimmel hinzuweisen. Daneben bringt der Autor mit der Manipulierbarkeit der öffentlichen Meinung ein Thema zur Sprache, das ihn immer wieder beschäftigt. 'Die letzte Matinee' setzt sich mit der Weltfremdheit pseudo-intellektueller Cineasten auseinander, die über der Anbetung der in den fünfziger Jahren in Mode gekommenen existentialistischen Filme den Kontakt zur Realität verlieren. Die Kritik an dem sektiererischen, sich bis zur Intoleranz steigernden Eifer der Intellektuellen ist ebenfalls ein Stoff, der in Walsers späterem Schaffen eine zentrale Stellung einnimmt.

Walsers Entwicklung bis zu seinem ersten Roman, *Ehen in Philippsburg*, ließe sich somit in drei Aspekte unterteilen: erstens, die

Aneignung von Kafkas einsinniger Erzähltechnik, durch die er sich von der eigenen Biographie distanziert, um sie dann auf einem existentiellen Niveau zu variieren, wie meine Analyse der Titelerzählung von *Ein Flugzeug über dem Haus* gezeigt hat; zweitens, die surrealistische Stilisierung autobiographischer Erfahrung zur Fremdheitsmetapher ermöglicht ihm die bewusste Identifikation mit Kafkas Schreibmotivation, die er beispielhaft in 'Gefahrenvoller Aufenthalt' verarbeitet; in einem dritten Schritt konkretisiert er dann diese Fremdheitserfahrung und überträgt sie auf den Kontext der bundesrepublikanischen Wirklichkeit der fünfziger Jahre.

All diese auf die Gegenwart der fünfziger Jahre bezogenen Themen bieten schon einen Vorgeschmack auf die weitere Entwicklung von Walsers Prosa, die sich nicht mehr mit der Realitätsarmut der Kurzgeschichten zufriedengibt, sondern über '[d]as Reine, von nichts Gesellschaftlichem mehr getrübte Bewußtseinsabenteuer' der Moderne hinausgeht und den Menschen in seinem gesellschaftlichen Umfeld zeigt.[43]

Sowohl die Erwartung der Literaturkritiker, dass Walser sich von dem Einfluss seines Prager Vorbilds befreien werde, als auch die hier angeführten Gegenwartsbezüge mögen dazu beigetragen haben, dass sein erster Roman, *Ehen in Philippsburg* (1957), als gesellschaftskritische Satire verstanden wurde. Man vergaß darüber jedoch, dass auch hier nicht die Kritik an den sozialen und politischen Verhältnissen per se, sondern die Darstellung der Auswirkungen gesellschaftlicher Machtverhältnisse und Konventionen auf den Einzelnen im Zentrum stand. Nur so läßt sich Walsers deutliche Distanzierung gegenüber der ihm von der Kritik unterstellten gesellschaftskritischen Absicht verstehen.[44]

Walsers Protagonisten sind nach wie vor Außenseiter, da sie entweder als Neulinge (Beumann), Emporkömmlinge (Alwin) oder sich selbst entfremdete Angepasste (Benrath) ihre narzisstischen Wünsche nicht mit den sozialen Anforderungen in Einklang bringen können. Diese Figuren werden sich aber der Ursachen ihrer Leiden nie ganz bewusst. Obwohl sie viel differenzierter und realistischer gezeichnet sind als die Protagonisten von *Ein Flugzeug über dem Haus*, teilen sie mit ihren Vorgängern die Unfähigkeit, sich selbst zu erkennen und aus ihren Fehlern zu lernen. Erst die Außenseiterperspektive motiviert sie zu handeln und macht sie für Walser zu literarisch produktiven Figuren.

Literatur entsteht also aus dem Versuch, die chaotische Wirklichkeit umzugestalten, bis sie für das narzisstische Selbstverständnis der

Protagonisten annehmbar ist. Dieser Prozess ist jedoch niemals abgeschlossen, da die Figuren auf diese Art der Sinnproduktion angewiesen sind. Das heißt, Walsers Protagonisten leben nach wie vor in dem oben erwähnten 'Grenzland zwischen Einsamkeit und Gemeinschaft', was ihre Wahrnehmung schärft und so ihre Existenz erst ermöglicht. Dieses Grenzland darf jedoch nicht, im Sinne der Thomas Mannschen Ironie, als eine höhere Warte verstanden werden, von der aus der Erzähler die Niederungen der empirischen Wirklichkeit überblickt. Walsers Grenzland — und auch in diesem Punkt orientiert er sich an seinem Vorbild Kafka — gewährt zwar Distanz aber keine Gewissheit oder Objektivität. So sind Walsers Figuren ständigen Selbsttäuschungen ausgesetzt, die sie zugleich am Leben erhalten.

Da die Protagonisten jedoch immer für ihr Außenseiter-Dasein mitverantwortlich sind, sind sie nie bloße Opfer einer übermächtigen gegnerischen Ordnung. Sie sind, wie man beispielsweise an den Protagonisten aus 'Ein Flugzeug über dem Haus', 'Die Klagen über meine Methoden häufen sich', 'Templones Ende', 'Die Rückkehr eines Sammlers' sieht, sowohl Verfolgte als auch Verfolger. Wer Täter und wer Opfer ist, lässt sich bei Walsers Figuren nicht mit Sicherheit feststellen, da der Leser die fiktionale Welt nur aus der verzerrten Perspektive ihres Personals kennenlernt. Es wäre daher verfehlt, den Geschichten eine eindeutige Moral oder politische Botschaft abgewinnen zu wollen. Denn Eindeutigkeit ist es ja gerade, was der Autor durch die subjektive Erzählperspektive vermeiden will. Selbst bei Walsers späteren Werken, die ganz konkret in der bundesrepublikanischen Wirklichkeit verankert sind, sind die Protagonisten in das undurchschaubare Machtgefüge verstrickt, das sie sowohl zu Geschädigten als auch Komplizen der herrschenden Ordnung werden lässt.

Anmerkungen

[1] Über den genauen Hergang, wie Walser zur *Gruppe 47* stieß, berichtet Anthony Waine, "'Templone's [sic] Ende' and Walser's Arrival," in: Stuart Parkes u. John White, Hg., *The Gruppe 47 Fifty Years On: A Reappraisal of its Literary and Political Significance*, Rodopi: Amsterdam, 1999, S. 127-137.

[2] Heinrich Böll spricht beispielsweise von der 'Suche nach einer bewohnbaren Sprache', zit. in: Volker Bohn, *Deutsche Literatur seit 1945*, Suhrkamp: Frankfurt/M, 1995, S. 139.

3
Heinrich Vormweg bemerkt, dass etwa seit dem Jahr 1953 der Einfluss der internationalen literarischen Moderne auf die deutsche Literatur spürbar wurde. "Prosa in der Bundesrepublik," in: Dieter Lattmann, Hg., *Kindlers Literaturgeschichte der Gegenwart. Autoren-Werke-Themen-Tendenzen: Bundesrepublik Deutschland seit 1945*. Bd.2, Kindler: München, 1973, S. 302.

4
Diese und nachfolgende, in der Walser-Werkausgabe (Martin Walser, *Werke in zwölf Bänden*, Helmuth Kiesel, Hg., Suhrkamp: Frankfurt am Main) enthaltenen Quellen werden parenthetisch im Text als WW, einschließlich der Band- und Seitenangabe, zitiert.

5
Außer Kafka erfreuten sich auch Beckett, Ionescu, Camus und Sartre großer Beliebtheit.

6
Peter U. Beicken, *Franz Kafka: Eine kritische Einführung in die Forschung*, Athenäum: Frankfurt/M, 1974, S. 52-55.

7
Waine, S. 130.

8
Helmut Peitsch, 'Die Gruppe 47 und das Konzept des Engagements', in: Parkes u. White, Hg., *The Gruppe 47*, S. 25-51.

9
Zit. nach: Klaus Pezold, *Martin Walser. Seine schriftstellerische Entwicklung*, Rütten & Loening: Berlin, 1971, S. 25; siehe auch Gerald A. Fetz, *Martin Walser*, Metzler: Stuttgart, 1997, S. 19; ebenso: Andreas Meier, 'Kafka und kein Ende? Martin Walsers Weg zum ironischen Realisten', in: Ulrich Ernst u. Dietrich Weber, Hg., *Philologische Grüße: Jürgen Born zum 65 Geburtstag*, Bergische Universität: Wuppertal, 1992, S. 56. Eigenartigerweise warb dann der Verlag selbst 'auf den Klappentext des Erzählbandes mit dem Reizwort "Kafka", und zwar in der sinnreichen Feststellung, Walser habe nicht "wie viele der Jüngeren in der Schule Hemingways gelernt, sondern in der noch schwierigeren Kafkas."' Zit. nach Wilfried Barner, 'Selbstgespräche? Über frühe Erzählprosa Martin Walsers', *Text und Kritik: Martin Walser*, 41/42 (2000), S. 81.

10
Die Geschichte 'Gefahrenvoller Aufenthalt' trug ursprünglich ebenfalls diesen Titel. Walser benannte 'Die Geschichte eines Pförtners' in 'Die Klagen über meine Methoden häufen sich' um, und aus 'Die Geschichte eines älteren Herrn' wurde nun 'Die Rückkehr eines Sammlers.'

11
Anthony Waine zufolge 'bescherte ihm [die Kafka-Anhängerschaft] im Jahre 1953 bei seinem ersten Auftreten vor der *Gruppe 47* beinahe einen totalen Verriß, und nur durch den Einsatz von Wolfgang Hildesheimer und dem jungen Komponisten

Hans Werner Henze in der Diskussion, die nach Walsers Lesung folgte, wurde er gerettet'. *Martin Walser*, Beck: München, 1980, S. 19.

[12] Hans Egon Holthusen, 'Ein Kafka-Schüler kämpft sich frei', *Süddeutsche Zeitung*, 31. Dezember 1955. Zit. in: Thomas Beckermann, Hg., *Über Martin Walser*, Suhrkamp: Frankfurt/M, 1970, S. 9. Siehe auch Paul Noack, 'Ein Kafka-Epigone', in: Thomas Beckermann, Hg., *Über Martin Walser*, S. 12.

[13] Marcel Reich-Ranicki, "Der wackere Provokateur," in: ders. *Martin Walser*, Ammann: Zürich, 1994, S. 13.

[14] Erhard Schütz, "Von Kafka zu Kristlein: Zu Martin Walsers früher Prosa," in: Klaus Siblewski, Hg., *Martin Walser*, Suhrkamp: Frankfurt/M, 1981, S. 60. Ähnliche Argumente finden sich in den literaturwissenschaftlichen Arbeiten zu Walsers früher Prosa. Siehe Waine, *Martin Walser*, Beck: München, 1980, S. 19; Fetz, S. 18-27; Pezold, S. 24-29; Meier, S. 55-59; Schütz, S. 59-73.

[15] Mit Ausnahme von Klaus Pezold und Gabriele Schweikert, "'… weil das Selbstverständliche nie geschieht." Martin Walsers frühe Prosa und ihre Beziehung zu Kafka,' *Text und Kritik: Martin Walser*, 41/42 (1983), S. 31-37, Thomas Kamla, 'Das Groteske in Martin Walsers Erzählung *Die Rückkehr eines Sammlers*', *Seminar*, 18.4 (1982), S. 261-270 und Wilfried Barner. Dabei lassen Schweikert und Barner den thematischen Einfluss Kafkas unberücksichtigt. Kamla beschränkt sich auf die Analyse einer der neun Erzählungen.

[16] Trotz vieler wertvoller Erkenntinisse enthält diese in der DDR veröffentlichte Studie eine ideologisch gefärbte Wertung, die den im Sinne einer Sozialkritik deutbaren Texten den Vorzug gibt. Pezolds Fazit, dass Walsers 'eigenständige literarische Leistung' sich immer dann ankündige, 'wenn die Gestaltung eigener Realitätserfahrung als Gegengewicht zu der Bindung an Kafka hinzutritt,' richtet sich gegen den Versuch der westdeutschen Literaturkritik, allen voran Hans Egon Holthusen, die sozialkritischen Elemente des Erzählbandes abzuwerten. Pezold, S. 49. Siehe auch Fetz, S. 20.

[17] Fetz, S. 27; siehe auch Wilfried Barner, der die Selbstreflexionen der Erzähler in *Ehen in Philippsburg* untersucht. Barner betont, dass Walsers Erzählweise trotz ihrer eingestandenen Nähe zu Kafka 'zu etwas Neuem [führte], das jedenfalls unter den westdeutschen Autoren um die Mitte der fünfziger Jahre kein genaues Pendant findet' (82).

[18] Siehe Karlheinz Fingerhut: 'Drei erwachsene Söhne Kafkas. Zur produktiven Kafka-Rezeption bei Martin Walser, Peter Weiss und Peter Handke', *Wirkendes*

Wort 30 (1980), S. 384-403; Volker Hage, 'Schwächen in Siege verwandeln. Martin Walser', in: *Alles erfunden. Porträts deutscher und amerikanischer Autoren*, Deutscher Taschenbuch Verlag: München, 1995, S. 292-293; Frank Pilipp, 'Zum letzten Mal Kafka? Martin Walsers Roman *Das Schwanenhaus* im ironischen Lichte der Verwandlung', *Colloquia Germanica* 22.3 (1989), S. 283-95; Alexander Mathäs, 'Copying Kafka's Signature: Martin Walser's *Die Verteidigung der Kindheit*', *Germanic Review* 69.2 (1994), S. 79-91.

[19] Fingerhut, S. 385.

[20] Thomas Anz hat beispielsweise auf den Einfluss Kafkas hinsichtlich der sozio-psychologischen Grundstruktur von Walsers Helden hingewiesen. Thomas Anz, 'Beschreibungen eines Kampfes. Martin Walsers literarische Psychopathologie,' *Text und Kritik: Martin Walser*, 41/42 (2000), S. 69-78.

[21] Fetz, S. 21.

[22] Schweikert, S. 32.

[23] Pezold, S. 27.

[24] Fetz, S. 13.

[25] Ebd.

[26] 'Gespräch mit Martin Walser,' [Interview mit Peter Roos] in: Klaus Siblewski, Hg., *Martin Walser: Auskunft*, Suhrkamp: Frankfurt/M, 1991, S. 49: 'Was ich geschrieben habe, ist einfach abstrakte, weltlose, inhaltsarme Prosa, mehr Attitüden als Etuden, die davon handeln, daß einer allein in einem Ort ist, in dem er zu wenig Leute kennt, also durch Menschenleere, durch Kontaktlosigkeit erzeugte Bewußtseinsbewegungen.'

[27] Dieser Art der Umdeutung einer nicht akzeptablen Wirklichkeit in eine annehmbarere Form der Fiktion begegnet man immer wieder in Walsers späterer Prosa. Als Beispiel hierfür könnte man Xaver Zürn, den Protagonisten von *Seelenarbeit* anführen, der die Geschichte des Bauernkriegs in der Hoffnung auf einen glücklicheren Ausgang immer wieder aufs Neue liest und dabei auf einen ihn zufriedenstellenden Ausgang hofft.

[28] Meier, S. 58.

[29] Josef-Hermann Sauter, "Interview mit Martin Walser," in: Siblewski, Hg., *Martin Walser: Auskunft*, S. 24.

[30] 'Martin Walser und Tübingen,' in: Siblewski, Hg., *Martin Walser: Auskunft*, S. 53.

[31] Hier handelt es sich natürlich um eine Anspielung auf Kafkas *Die Verwandlung*.

[32] In vielen von Walsers späteren Prosatexten sind die Protagonisten ebenfalls bettlägerig einschließlich *Halbzeit, Das Einhorn, Der Sturz, Jenseits der Liebe, Ein fliehendes Pferd, Das Schwanenhaus*. Einige dieser Texte beginnen in direkter Anlehnung an Kafkas *Die Verwandlung* damit, dass der Held bei seinem Erwachen eine unliebsame körperliche Veränderung feststellt (*Der Sturz, Das Schwanenhaus, Jenseits der Liebe*).

[33] 'Martin Walser und Tübingen,' *Auskunft*, S. 53.

[34] Denn wie jedes spielende Kind versetzt auch der Dichter, laut Freud, die Dinge seiner Welt in eine neue, ihm gefällige Ordnung und versucht, das Ideal, das ihm aus der Erinnerung an infantile Zeiten noch vertraut ist, in seinem Inneren wieder herzustellen. Sigmund Freud, 'Der Dichter und das Phantasieren', in: Alexander Mitscherlich u.a. *Studienausgabe*, Bd. 10, Fischer: Frankfurt/M, 1997, S. 171.

[35] Walser schreibt im Klappentext zu *Meßmers Gedanken* (Suhrkamp: Frankfurt/M, 1985): 'Wer bereit ist, sich zu entblößen, sucht sich zu verbergen. So kommt es, daß sich der Autor sich einer *Entblößungsverbergungssprache* bedient.'

[36] Templones Tochter versucht ebenfalls ihre Isolation durch paranoide Phantasien zu kompensieren: '...wenn sie nicht mehr das Gefühl gehabt hätte, daß ihr immer jemand zuschaute, hätte sich die Einsamkeit von den hohen Zimmerdecken der Villa, von den dunklen Flurwänden und den ausgedorrten alten Räumen herabgestürzt auf sie und sie erdrückt' (WW 8, S.74); siehe auch Pickar, S. 130.

[37] Martin Walser, 'Warum brauchen Romanhelden Berufe?' *Frankfurter Allgemeine Zeitung* 11.1.1992. Zit. in: *Vormittag eines Schriftstellers*, Suhrkamp: Frankfurt/M, 1994, S. 27-47.

[38] Ebd., S. 35.

[39] Ebd.

[40] Ebd., S. 34.

41 Mit Ausnahme von Gottlieb Zürn, dem Protagonisten von *Das Schwanenhaus*. Obwohl Gottlieb Zürn selbständiger Grundstücksmakler ist, ist auch er einem Konkurrenzdruck unterworfen, der ihn zum Abhängigen macht.

42 'Warum brauchen Romanhelden Berufe?' S. 36. Vor diesem Hintergrund wird nun auch verständlich, weshalb der Held von 'Gefahrenvoller Aufenthalt' vergessen hat, wie er dazu kam, einfach im Bett liegenzubleiben. Auch er befindet sich in einer Situation, die er aus Gründen der Selbstlegitimation nicht frei gewählt haben darf.

43 Ebd.

44 Walser wehrt sich in seiner Dankesrede bei der Verleihung des Hermann-Hesse-Preises, den er als Auszeichnung für *Ehen in Philippsburg* erhielt, gegen die Annahme, der Schriftsteller 'lebe in kritischer Distanz zur Gesellschaft' und könne von seiner überlegenen Warte aus die gesellschaftlichen Zusammenhänge überblicken und aburteilen (WW 11, S. 7-9).

Rhys W. Williams

Alfred Andersch, Martin Walser and the Süddeutscher Rundfunk

The collaboration of Martin Walser and Alfred Andersch at the Süddeutscher Rundfunk in Stuttgart, epitomised notably by their efforts to promote the work of Arno Schmidt, marked a high point in the creation of a specifically West German literature in the 1950s. The 'Radio-Essay' programme and the parallel publication of Andersch's periodical *Texte und Zeichen* brought together most of the significant figures of the Gruppe 47 and helped to shape the literary tastes of a generation of post-war West Germans. The period also witnessed the early literary successes of both Walser and Andersch, and the end of their collaboration signalled a shift of emphasis in post-war writing.

Martin Walser and Alfred Andersch first met, by chance it seems, at the Süddeutscher Rundfunk on 19 August 1952. The meeting was a propitious one. Arno Schmidt had come to Stuttgart to hear the radio version of his *Gadir oder Erkenne dich selbst*. Andersch, who had already reviewed Schmidt's *Leviathan* for the 'Bücherstunde' of the Hessischer Rundfunk under the title 'Ein Genie!', was anxious to acquire material for his 'studio frankfurt' series. Schmidt was just as anxious to place two works, 'Die Umsiedler' and 'Alexander', which had been turned down by Rowohlt.[1] Andersch returned to Frankfurt with two manuscripts which were to appear in 1953 as the sixth volume of his 'studio frankfurt' under the title *die umsiedler. 2 prosastudien*, and it was the unwillingness of Eugen Kogon to publish Schmidt's 'Kosmas' as a later volume in the series, together with the financial difficulties facing the Frankfurter Verlagsanstalt, which prompted Andersch's approaches to the Luchterhand Verlag and the eventual founding of the periodical *Texte und Zeichen*. Walser's involvement as a radio producer was a significant fact in Schmidt's reception and Walser's presence in Stuttgart must have been a factor in Andersch's decision to move from Hamburg to the SDR in May 1955. The discovery of Arno Schmidt was due in no small part to the combined efforts of Martin Walser and Alfred Andersch, and it seems entirely appropriate that Schmidt should have been the figure who presided over their first meeting in 1952.

The aim of this essay is not to argue that there was intense literary collaboration between Andersch and Walser; nor is it to assert the significant influence of one writer on another. Its aim is more circumscribed, namely to trace the brief overlap of their careers during the mid-1950s and to assert that their co-presence in Stuttgart, together, of course, with the many talents of others, helped to make that radio station a significant factor in post-war West German writing. The departure of Andersch and Walser from Stuttgart (stimulated in part by the removal of Fritz Eberhard as Intendant) marked a parting of the ways in other respects, politically and aesthetically. It also marked the end of what had been a highly productive phase in post-war West German writing in which the radio-play and feature offered writers unique opportunities, both financial and literary, even as they were developing their literary careers.

The relationship between Andersch and Walser was from the outset an unequal one, not least because of their respective ages and backgrounds. When they met, in 1952, Andersch, then in his late thirties, was already an established literary and media figure, a co-founder of the Gruppe 47 and author of *Die Kirschen der Freiheit*, which was to appear in October 1952, less than two months after their meeting. Andersch had begun his successful media career on 1 August 1948, when he joined Radio Frankfurt (later to become the Hessischer Rundfunk) as producer and editor of its Abendstudio programme. In 1949 he had edited a collection of essays entitled *Europäische Avantgarde*, and planned, early in 1950, to produce a special number of the *Neue Rundschau* in order to introduce to his radio audience texts by those contemporary German authors whom he admired: Schnurre, Krolow, Weyrauch, Böll, Arno Schmidt and Ernst Schnabel. This series failed to materialise, but it later formed the basis of the 'studio frankfurt' series, published in 1952 and 1953. The series included texts by Böll, Arno Schmidt, Weyrauch, Hildesheimer and Bachmann. Here Andersch was putting into practice the principles on which he had earlier elaborated in his 1947 pamphlet *Deutsche Literatur in der Entscheidung*, fusing the work of an older pre-war generation with one which genuinely began to publish after 1945, to create a new literary canon. This canon brought together those non-Nazi writers who had remained in Germany with some of those who had gone into exile, and looked to contemporary writing in France and Italy for inspiration. In 1952 Martin Walser, thirteen years younger than Andersch, was in his mid-twenties and had not yet emerged as a literary figure. He represented that younger generation which Andersch sought to adopt. Walser had been discovered by Helmut Jedele, who also worked part-time for Radio Stuttgart, later the Süddeutscher Rundfunk. The head of Radio Stuttgart, Dr Fritz Eberhard, had asked Jedele to scout for talented young recruits in Tübingen, and Walser fitted the bill. Walser, Hans Gottschalk and Helmut Jedele, all students at Tübingen, collaborated on Jedele's series *Das Funkstudio*, which sought to offer each month an experimental radio-play. Walser was himself a highly prolific author of radio-plays and moreover an outstanding producer, notably of the radio plays of Wolfgang Weyrauch. The focus of this group of young writers and producers lay not only on radio plays but also on contemporary political events, presented critically and illuminated by dramatic scenes. Their series, *Zeichen der Zeit*, marked a new development of the radio feature and Walser's immense contribution to this series is readily acknowledged by his peers. He was also a pioneer of German television, beginning his involvement in 1954 and ending it in 1957, when he chose to abandon his media work to concentrate on creative writing.

By the time Andersch moved to Stuttgart in 1955, Walser was an established and experienced radio producer and was beginning to make his literary mark. Walser had attended the Gruppe 47 meeting in Laufenmühle bei Ulm to comment on the proceedings for the SDR and, if the much quoted stories are true, had impressed Hans Werner Richter by criticising the quality of the texts.[2] Certainly, he was invited to the Mainz meeting in May 1953, as an understandably somewhat ingratiating letter to Richter of 5 April 1953 indicates:

> Walter Jens sagte mir schon des öfteren, ich soll einmal was vorlesen auf einer Ihrer Tagungen. Ich probiere seit Jahren in der Prosa herum und bin noch nicht allzuweit damit gekommen. Aber hier in Stuttgart fehlt jede Art von literarischer Gesellschaft. Es fehlt Förderung ebenso sehr wie Kritik.[3]

By 7 December 1953 Walser was on familiar terms with Richter, writing to remind him that he had promised 'eine Art literarische Bilanz für die Gruppe 47 zu machen' (*Briefe*, p. 162). This is followed by a long eulogy on Richter's book *Spuren im Sand*, which reinforces the impression that Richter's patronage really mattered to young writers. Both Walser and Andersch attended the fourteenth meeting of the Gruppe 47 in Cap Circeo in Italy, but Andersch was absent when Walser won the prize of the Group in Berlin in May 1955. The prize of DM 2,000, put up jointly by the Luchterhand Verlag and by Verlag Gebrüder Weiss, went to Walser for his short story 'Geschichte eines älteren Herrn', later published as 'Templones Ende' in *Ein Flugzeug über dem Haus* (1955). By the time Andersch appeared at the SDR, then, Walser had taken his first major step towards becoming a prose writer.

The fact that the Luchterhand Verlag was now offering literary prizes was a direct result of Andersch's involvement. Disappointed by the collapse of his special *Neue Rundschau* number, Andersch continued to dream of a high quality literary journal. The plan was certainly in his mind on 20 March 1953, when he wrote to Armin Mohler, Ernst Jünger's secretary: 'Ich plane ferner […] die Herausgabe einer großen repräsentativen (aber nicht langweiligen) Zeitschrift vierteljährlich, im Format und Umfang der *Neuen Rundschau*, aber ohne deren Grabesruhe. Hoffentlich gelingt mir die Finanzierung'.[4] Andersch's desperately needed financial backing was to come from Eduard Reifferscheid, owner of the Luchterhand Verlag, until that point a publishing house devoted exclusively to law and accountancy books. Reifferscheid was determined to establish a literary list and saw Andersch's editorial plans as meshing very well with his own desire to break into literary publishing. The project of a new literary journal was mutually beneficial: Reifferscheid would gain access to promising literary talent with which Andersch had excellent contacts, and Andersch would at last be able to fulfil his editorial ambitions. The arrangement was as follows: Andersch would take over full editorial control and full responsibility for dealing with authors in return for a modest monthly fee of DM 400. The financial arrangements for paying contributors were left entirely in Andersch's hands, as were the correction of proofs and the editorial policy. Andersch had a fixed sum at his disposal, but could exploit first his connection with the Nordwestdeutscher Rundfunk, where he was briefly feature editor, and later, from May 1955, his editorial work on the 'Radio-Essay' programme at the Süddeutscher Rundfunk in Stuttgart. Thus *Texte und Zeichen* was born.

It is important to stress that when Andersch arrived in Stuttgart, Walser was already a Gruppe 47 prize winner, while Andersch was in the unique position of being able to combine his work for the SDR with his editorial ambitions. It is not difficult to see the attraction of operating simultaneously in both media. A whole series of radio manuscripts could readily be adapted for publication in the periodical. This was particularly true of the literary reviews, which were largely derived from the radio series 'Ein Buch und eine Meinung'. The synergies offered by Andersch's unique position were exploited by Armin Eichholz, Helmut Heißenbüttel, Joachim Kaiser, Gert Kalow and Eugen Kogon. But the main beneficiaries, frequently earning a double fee, were Wolfgang Koeppen, Klaus Roehler and Arno Schmidt. The radio connection, then, served the interests of both editor and publisher: the former could offset the low fee paid by the journal with a much higher radio fee; the latter could attract talented authors for his journal without having to foot the whole bill.

The whole constellation, Gruppe 47, SDR and *Texte und Zeichen* functioned brilliantly from 1955 to 1958. Once again it was Arno Schmidt who was one of the main beneficiaries. The Andersch-Schmidt correspondence gives a clear impression of the vital role which Martin Walser played in this process. When Andersch received Schmidt's manuscript on Karl May he was as effusive in his praise as was Hans Magnus Enzensberger, a more recent recruit to the 'Genietrupp' at the SDR:

> Ich bin auch von diesem Manuskript entzückt — das Ganze ist von einer Perfektion, wie man sie sich als Nachtprogrammredakteur sonst nur träumt. Ich werde auch für diese Sache wieder Walser bitten, die Regie zu übernehmen. Er hat Ihre beiden vorhergehenden Sendungen wunderbar transparent inszeniert.[5]

Arno Schmidt appeared to share Andersch's high opinion of Walser's talents:

> Daß Dr. Walser auch den Karl May in Regie übernimmt, freut mich prächtig: er hat eine feine Hand für dergleichen! (Aber eben so geschickt, daß ich jedesmal meinen alten Glauben wieder neu bestätigt finde: Gott hat ihn für die Kritik und Literaturgeschichte prädestiniert. Weniger für eigene Produktion. – Aber sagen Sie ihm das ja nicht!).[6]

One detects here, with the emphasis on Walser's doctorate, and the praise for his critical acumen, something of the autodidact's suspicion of the academic, for, interestingly, both Andersch and Schmidt were autodidacts. But nothing appears to have shaken either man's faith in Walser's talents as a producer, for when, in December 1956, Schmidt submitted a manuscript *Dya-Na-Sore*, Andersch insisted: 'Natürlich werde ich Walser hinstellen müssen, um die Sache richtig inszeniert zu bekommen'.[7] Walser was obviously a key intermediary in maintaining good relations between the SDR and Arno Schmidt.

The close relationship between the editorial policy of *Texte und Zeichen* and the cultural values of the SDR 'Abendstudio' (and the Gruppe 47, for that matter) is best illustrated by Andersch's programmatic essay 'Die Blindheit des Kunstwerks', a work which he had read to general approbation at the Gruppe 47 meeting in Bebenhausen, near Tübingen, in 1955. Since the late 1940s Andersch had championed what he loosely described as the avantgarde. He was anxious to dispel the misconception, as he perceived it, that literature of formal experiment inevitably degenerated into an escapist aestheticism. His argumentation in the essay, which appeared in the fifth number of *Texte und Zeichen* in 1956, picks its way delicately between the extremes of politically committed literature (exemplified by much of what was being promulgated by the GDR) and formalism. The defence of abstract art is ingenious: 'die Abstraktion ist die instinktive oder bewußte Reaktion der Kunst auf die Entartung der Idee zur Ideologie'.[8] In opposition to totalitarian systems of the left or the right—and we should remember here that the Hungarian Uprising of 1956 sent shock waves through the fellow travellers of the Left in Western Europe—abstract art, Andersch argues, has the vital function of challenging, or resisting, attempts to make art subservient to ideology. His essay concludes with an often cited statement which could stand as a motto for *Texte und Zeichen*: 'Die Literatur ist Arbeit an den Fragen der Epoche, auch wenn sie dabei die Epoche transzendiert' (II, 75). His essay manages simultaneously to justify a literature of political awareness (provided that it is not subservient to ideology) and a literature of formal experiment (provided that it does not slide into 'l'art pour l'art.'). Andersch's theoretical position moreover has the allure of radicalism; it seems to embody a challenge to the prevailing restoration politics of the Adenauer era; at the same time, however, it is reassuringly conservative, defending the artist's right to oppose political interference by transcending it. It is a theory which encompasses Gottfried Benn, Ernst Wilhelm Eschmann, and Ernst Jünger, but also Arno Schmidt and Max Bense. It includes writers who remained in Germany between 1933 and 1945, but also some notable exiles, like Thomas Mann and Alfred Döblin; it nods towards a German radical tradition (Kleist, Büchner, Heine, Lichtenberg, Moritz, Nietzsche), but is resolutely modern; it offers a platform for a young generation of German writers, but also introduces to its readers the best contemporary French, Italian, Anglo-Saxon, and Swedish writing.

An illuminating illustration of Andersch's editorial position emerged during the second year of the periodical's publication. In the fourth number of 1956 the editorial team announced the not inconsiderable prize of DM 3,000 'für einen realistischen, zeit- und gesellschaftskritischen Roman' (II, 343). Once again, the criteria for the prize suggest that Andersch is picking his way carefully between the extremes of political commitment and aesthetic escapism:

> Wir setzen Realismus nicht mit Reportage gleich, sondern wir sprechen von Prosagebilden, die, wie sehr auch verfremdet, etwas von den heute bestimmenden gesellschaftlichen Zusammenhängen spürbar machen. Wir suchen nach dem Werk, das weder durch falsche Poetisierung von Prosa noch durch den Gebrauch abgegriffen-konventioneller Sprache die Realität verfehlt. (II, 343)

The jury consisted of Theodor W. Adorno, Max Bense, Wolfgang Koeppen, Karl Korn and Alfred Andersch himself. The successful novel was to be published, of course, by Hermann Luchterhand Verlag. The publisher, it is noted, 'behält sich vor, die Rechte anderer, nicht preisgekrönter Manuskripte aus den Einsendungen für das Preisaus-schreiben zu erwerben' (II, 343); authors who were committed to other publishers, it was expressly stated, would not be considered for the prize. The third number of 1957 rather coyly announced that the result of the competition would be announced, 'aus technischen Gründen' (III, 331) in the next number of *Texte und Zeichen*. When the announcement finally came, it was simply to report that the jury had decided that none of the forty-two entries met the stated criteria and that the prize would be withheld. Whether or not the prize was a genuine attempt to encourage young talent or merely a cynical ploy to further Eduard Reifferscheid's publishing strategy remains an open question. Certainly, when a round table discussion on the subject of realism was recorded for transmission on the SDR, Andersch reports that Erich Franzen, Joachim Kaiser and Martin Walser 'derartig [einander] in die Haare gerieten, daß man die Sache dann gar nicht senden konnte'.[9]

In many ways it was Martin Walser whose published work in the 1950s best embodied the values implicit in Andersch's competition. For while Andersch himself concentrated on a confrontation with the German past in *Sansibar* (1957), Walser was turning his attention to contemporary German society. His *Ehen in Philippsburg*, which appeared in the same year as *Sansibar*, dissects the indiscreet charmlessness of bourgeois society in a Philippsburg which bears more than a passing similarity to Stuttgart. The young Hans Beumann, a naïve outsider in Philippsburg society (rather reminiscent of Kafka's Hans Rossmann in *Der Verschollene*), seeks access to social advancement. His progress allows Walser to lay bare the power structures which operate in society and the deformations of personality which social conformism provoke. Each section of the text contains a death, underlining the destructive potential of social acceptance. Alwin diagnoses the social sickness thus: 'Das Auseinanderklaffen von Potenz und deren Aktualisierung … müsse zu einer Schizophrenie der Gesellschaft führen'.[10] Paradoxically, this schizophrenia turns out to be less destructive than it appears, indeed, it becomes a necessary psychological condition for success in a society which requires multiple role-playing. The work of the writer Berthold

Klaff embodies this 'Auseinanderklaffen' and he becomes a victim through his inability to play the social game.

Walser's novel marks a transition between his period of tutelage under the influence of Kafka and his discovery of an intensely personal voice in *Halbzeit*, arguably one of the five or six major German novels of the second half of the twentieth century. While the imagery and landscape of *Ehen in Philippsburg* is shaped by a social adaptation of what, in Kafka, is a spiritual quest, *Halbzeit* marks a new beginning. Especially interesting in *Ehen in Philippsburg* is the consistency in the patterns of imagery: Kafka supplies the complex of imagery of doors, keys and entrances; but the imagery of social climbing, of depths and heights, is more Nietzschean in origin and will reappear later in *Ein fliehendes Pferd*. Hans Beumann, reading Klaff's diaries, 'verlor den Grund unter den Füßen',[11] an image of falling which is epitomised by the setting in Philippsburg, and underlined by the names of the minor characters: Torberg (with its echo of door imagery), Tilli Bergenreuth, ten Bergen, and Alice Dumont.[12]

Walser's own contributions to *Texte und Zeichen* offer in miniature an insight into the literary and commercial strategy of the journal: a review of Jens Rehn's *Nichts in Sicht*, published, of course, by Luchterhand, 'Die Rückkehr des Sammlers', which was later to form part of the volume *Ein Flugzeug über dem Haus* (1955) and 'Ein Angriff auf Perduz', a version of a radio-play. This mixture of writing for radio, reviewing and prose, underlines the function of the periodical. The relationship of both the periodical and the SDR to the Gruppe 47 was a complex one. The early 1950s witnessed increasing literary and ideological differences between Andersch and Richter and a gradual cooling of Andersch's enthusiasm for the Gruppe 47. While Andersch wanted to give the Gruppe 47 'ein Programm […], ein literarisches natürlich, ein zeitgemäßes, mit Blick nach vorn natürlich, ein avantgardistisches Programm',[13] the more pragmatic Richter was determined to avoid any theoretical framework. Richter's reaction to the first number of *Texte und Zeichen* alludes to these growing differences of opinion: 'Alles in allem ist sie konservativer, als ich erwartet hatte. Ein Charakterzug, der mich in diesem Zusammenhang freut' (*Briefe*, p.147). Contrary to Richter's expectations, Andersch's periodical does not present a thoroughgoing programme for the literary avantgarde and retains something of the pluralism of the Gruppe 47. It is significant that Andersch chose to include in the first number a bibliography of the

Gruppe 47. Richter's reaction to this list of authors and works was mixed: his pleasure at the public affirmation of the Group gave way to doubt about whether the bibliography might not suggest to the unwary reader that the Group had a fixed membership. The connection between the Group and the journal was close enough to confuse some of Andersch's readership. In the fourth number Andersch felt moved to add a disclaimer, reminding his readers 'daß unsere Zeitschrift von allen literarischen Verbänden und Gruppen unabhängig ist und im Geiste solcher Unabhängigkeit redigiert wird' (I, 558). Interestingly, Andersch also had to assert the independence of his periodical from another institution, reminding one of his contributors (Robert Neumann) that his periodical was 'völlig unabhängig vom Funk'. Nevertheless, if one leaves aside the foreign authors, then nearly half of all contributors to the periodical were members of the Gruppe 47, and with a few exceptions these authors also contributed to the 'Radio-Essay' programmes. The list includes Helmut Heißenbüttel, Hans Magnus Enzensberger, Walter Jens, Joachim Kaiser, Walter Mannzen, Wolfgang Weyrauch, Erich Fried, and Martin Walser (all of whom made three or more contributions to the periodical), Heinrich Böll, Paul Celan, Arnim Eichholz, Janheinz Jahn, Karl Krolow, Klaus Roehler, and Ernst Schnabel (all with two contributions), and Günter Grass, Wolfgang Hildesheimer and Siegfried Lenz (who made one contribution). Others were not members of the Group, but were involved in the 'Radio-Essay': Erich Franzen, Max Frisch, Wolfgang Koeppen, Eugen Kogon, Golo Mann, Gustav Regler, Arno Schmidt and Nelly Sachs.

It was apparent, not least to Andersch himself, that a journal such as *Texte und Zeichen* (and the same applied to the 'Radio-Essay' of the SDR) could never aspire to attract a broad readership, for its *raison d'être* was as a flagship for an avantgarde minority. The final number closed with the words: 'Zuletzt dankt der Herausgeber den Lesern von *Texte und Zeichen*. Sie waren eine Minderheit in der Masse des geistigen Konformismus, der heute Deutschland beherrscht. Daß der Geist überhaupt lebt, hängt ausschließlich von der Existenz solcher Minderheiten ab' (III, 661). Despite these elitist cultural assumptions which made the demise of the journal a self-fulfilling prophecy, it was an extraordinary success. Andersch had managed, through his unique position, to attract some of the best young talent in West Germany. Even after the journal closed, the blossoming careers of this younger generation (of which Walser may be seen as a representative) brought it retrospective fame. The close relationship of the periodical and the 'Radio-Essay' helped to create a younger readership which came into its own in the 1960s and 1970s. Their tastes had been shaped by the radio, in particular, and their views on culture were to become mainstream a decade or so later. And the change in the political climate of Germany from the Adenauer years with the arrival of Willy Brandt altered cultural values; the rebellious minority found themselves accepted, their views sought, their rebelliousness even deemed moderate by contrast with angrier generations which followed. Whatever the explanation, the list of contributors to *Texte und Zeichen* reads today like a roll-call of the great and the good of West German literature. As for Luchterhand, thanks to Eduard Reifferscheid's inspired and modest investment, it gained unique access to the Gruppe 47, acquired the rights to Günter Grass's *Die Blechtrommel* and was thus able to establish itself as one of the major literary publishing houses of the Federal Republic.

The demise of *Texte und Zeichen* marked the beginning of the end of the unique role of the SDR and is epitomised by the growing distance between Andersch and the generation of younger writers of which Martin Walser may be deemed to be representative. While Andersch was insistent about the social relevance of literature, he was vehemently opposed to notions of 'littérature engagée'. The seeds of political discord could be found as early as 1956, when Hans Werner Richter wrote to Andersch and Walser inviting their involvement in a political movement of opposition to undemocratic tendencies in the Federal Republic. Andersch suspected that the invitation was orchestrated by the SPD, and passed on his suspicions to Walser. Richter regarded his Grünwalder Kreis as a 'demokratische Feuerwehr', countering what he saw as dangerously threatening tendencies in the CDU government position. Walser was proposed as the representative of this group in Stuttgart. While Walser remained sympathetic to these attempts at direct political action, Andersch became increasingly angered by attempts to harness writers for political ends. Walser's opposition to the plans of the Adenauer government for a second television channel funded by advertisements was to prompt him in 1960 to propose a declaration to be signed by members of the Gruppe 47 at their meeting in Aschaffenburg, threatening to boycott the television channel. Andersch's reaction to this proposal was negative. He was much more critical of the SPD and thought it dangerous to mix literature with day-to-day political issues. He vehemently opposed the boycott of the state television service. 'Eine Boykott-Erklärung ist etwas sehr Gefährliches, man gibt damit der Insitiution jedes Recht, in Zukunft auch Autoren zu boykottieren'.[14]

Andersch, disappointed with the SPD's refusal to distance itself from CDU policies on integration with the West, refused to sign up to the election brochure which Walser planned. Walser, increasingly committed to the SPD cause, edited a volume entitled *Die Alternative oder Brauchen wir eine neue Regierung?*.[15] This publication marked the beginning of a phase of close collaboration with Willy Brandt and the SPD, involving Grass and others. Andersch, who had bought a house in Berzona in Switzerland, found himself increasingly out of sympathy with both Richter and Walser. For him, 1960 marked the beginning of a phase of aestheticisim and detachment from day-to-day politics. While Walser was confronting in *Halbzeit* the shabby compromises and psychological deformations of the Federal Republic, Andersch was offering only a wholesale rejection of the Federal Republic, epitomised by Franziska, the central figure of *Die Rote*, who abandons precisely those shabby compromises and finds salvation in an Italian working-class idyll. Perhaps Andersch's escapism is understandable: his generation had lived through the compromises of Nazi Germany and he had no confidence in the SPD, proudly vindicating his decision a decade or so later when the 'Radikalenerlaß' was promulgated by an SPD government. The younger generation, of which Walser was a part, were more pragmatic, more prepared to give politics a chance. Perhaps this accounts for Walser's later reminiscence on Andersch: 'Man hat einander besucht. Aber er war ein bißchen älter und skeptischer. Ich habe ihn vor allem als politisch heftig Reagierenden in Erinnerung'.[16] The parting of the ways epitomised by the break between Andersch and Walser marked a caesura in post-war attitudes. The politicisation of literature in the Federal Republic which in some respects Martin Walser orchestrated, produced its own opposition from an older generation of writers, epitomised by Alfred Andersch and Arno Schmidt.

Notes

[1]   See Stephan Reinhardt, *Alfred Andersch: Eine Biographie*, Diogenes: Zurich, 1990, pp. 202-3.

[2]   Hans Werner Richter, 'O Martin. Ein streitbarer, wenn nicht streitsüchtiger Alemanne', in *Im Etablissement der Schmetterlinge. Einundzwanzig Portraits aus der Gruppe 47*, Carl Hanser: Munich, 1986, p. 250.

[3] Hans Werner Richter, *Briefe*, ed. Sabine Cofalla, Carl Hanser: Munich: 1997, p. 156. Further references to this book will be given in the text as *Briefe*.

[4] 'Texte und Zeichen', ed. Thomas Scheuffelen, *Marbacher Magazin*, 17(1980), p. 41.

[5] *Arno Schmidt: Der Briefwechsel mit Alfred Andersch*, ed. Bernd Rauschenbach, Haffmans: Zurich, 1985, pp. 84-85.

[6] Ibid., p. 89.

[7] Ibid., p. 108.

[8] *Texte und Zeichen*, ed. Alfred Andersch, reprint edition, Zweitausendeins: Frankfurt am Main, 1978, II, 70. All quotations from the periodical refer to this edition; volume and page number appear in parentheses in the text.

[9] Stephan Reinhardt, p. 265.

[10] Martin Walser, *Ehen in Philippsburg*, Suhrkamp: Frankfurt am Main 1957, p. 287.

[11] *Ehen in Philippsburg*, p. 371.

[12] For a detailed examination of these patterns of imagery, see Rhys W. Williams, 'Martin Walsers "Ehen in Philippsburg": Versuch einer Neubewertung', *Text + Kritik*, 41/42, 2nd. edition, March 1983, pp. 38-50.

[13] Hans Werner Richter, *Im Etablissement der Schmetterlinge*, Hanser: Munich, 1986, p. 36.

[14] Reinhardt, p. 338.

[15] Reinbek bei Hamburg: Rowohlt, 1961 (= rororo 481).

[16] Reinhardt, p.669

Anthony Waine

Das Triviale – ästhetischer Naevus oder changierendes Geschmacksparadigma? Walsers Stücke der sechziger Jahre

By the end of the 1960s Martin Walser was one of Germany's most popular playwrights, but his plays also enjoyed widespread acclaim abroad. However, West German critical opinion was divided. Criticism was frequently directed towards the plays' emphasis on entertaining audiences as well as towards their allegedly superficial subject matter. This essay aims to show how the author set out to dismantle Germany's tradition of theatre belonging to the realm of high culture and intellectual education. To this end, the essay will refer to biographical sources as well as analysing the dramas themselves and essays written by Martin Walser on his vision of contemporary theatre. The criticisms levelled at the author do in fact underline how deeply rooted elitist ideas about the theatre still were in Germany and how rigidly the boundary between the so-called `serious´ and the so-called `light´ was drawn.

In Klaus Pezolds *Martin Walser. Seine schriftstellerische Entwicklung* ist folgendes zu lesen:

> 1960/61, als der *Abstecher* entstand und andere Stücke konzipiert wurden, hatte die deutsche Ausgabe von *Ehen in Philippsburg* das zwölfte Tausend noch nicht überschritten, und *Halbzeit* war gerade in zweiter Auflage zu insgesamt zehntausend Exemplaren erschienen, während der Einakter bereits 1962 von fünfzehn Bühnen und vom Fernsehen herausgebracht wurde.[1]

Und in einer Fussnote hierzu erfahren wir, dass 'Walser in der Spielzeit 1962/63 mit 354 Aufführungen an deutschsprachigen Theatern bei den jüngeren westdeutschen Autoren an erster Stelle, auch vor Beckett (331) und Ionesco (330) [stand].'[2]

Seine Popularität auf diesem neuen Terrain nahm im Laufe der sechziger Jahre sogar noch weiter zu und kulminierte 1967 in dem buchstäblichen Kassenerfolg der *Zimmerschlacht*. Dieses Stück erlebte zwischen 1964 und 1974 an österreichischen, schweizerischen und westdeutschen Bühnen 41 Inszenierungen und gehörte damit zu den drei meist gespielten zeitgenössischen Stücken in diesem Zeitraum (hinter Dürrenmatts *Play Strindberg* mit 62 Inszenierungen und Peter Hacks' *Amphitryon* mit 46 Inszenierungen). Während fünf Bühnenstücke von Walser zwischen 1961 und 1967 uraufgeführt wurden, entstand ein einziges längeres Prosawerk, *Das Einhorn*, im Jahre 1966. Solche Daten und Statistiken dürften die Behauptung belegen, dass das dramatische Schaffen des Autors für ihn selber grosse Bedeutung hatte, aber auch, dass die Produkte dieses emsigen Schaffens bei Dramaturgen, Regisseuren,

Schauspielern und bei Zuschauern gut, wenn nicht sogar sehr gut ankamen. Von der Aufnahme bei den Kritikern wird später die Rede sein.

Walsers Übergang zum Theater war dennoch ein Wagnis. Es bestanden keine Wegweiser, beziehungsweise es bestanden zu viele Wegweiser, wobei mehrere in entgegengesetzte Richtungen zeigten. Die Spielpläne der westdeutschen Theaterbühnen machen die Vielfalt deutlich: es gab den Humanismus und Idealismus der deutschen Klassiker, die Tragödien und Komödien der europäischen Frühmoderne, die modernen und poetischen Dramatiker aus Frankreich, Grossbritannien und den USA, die über die Kulturpolitik der Besatzungsmächte gefördert wurden, das absurde Theater, das von Paris ausging, und schliesslich, des Dichters Heimat näher kommend, die satirischen und grotesken Zeitstücke aus der Schweiz. Selbstverständlich war das mächtige Oeuvre Brechts allen Dramaturgen der westdeutschen Theaterhäuser wohl vertraut, doch galt Brecht - auf jeden Fall bis Ende der Fünfziger - als sozialistischer Dichter, der, aus dem Exil zurück gekommen, dem Westen den Rücken gekehrt hat, um am Ostberliner Schiffbauerdamm das eigene Berliner Ensemble aufzubauen und zu leiten. Im kulturellen Klima des sich damals zuspitzenden Kalten Krieges wurde Brechts Werk als potentiell subversiv klassifiziert und dementsprechend viel weniger als vermutet aufgeführt.

Die möglichen Verwirrungen des noch jungen Walser (er war erst 33 Jahre alt, als seine Aspirationen für das Theater aufkeimten) wurden mit Sicherheit auch nicht durch die Tatsache vermindert, dass das spezifisch erkennbare westdeutsche Drama zu dem Zeitpunkt, 1960, noch nicht existierte. Es gab auch keine konkrete Orientierungshilfe von der offensichtlichsten Quelle für den Nachwuchs, nämlich der Gruppe 47. Sie hatte andere Schwerpunkte und Ziele, und eine Wiederbelebung des westdeutschen Dramas gehörte anscheinend nicht dazu. Insofern ist es bezeichnend, dass das spezifisch westdeutsche Phänomen des Dokumentartheaters mehr oder minder unabhängig von der Gruppe 47 entstanden ist, denn unter den Hauptvertretern dieser Gattung, Rolf Hochhuth, Heinar Kipphardt, Tankred Dorst und Peter Weiss, war lediglich der letztgenannte ein regelmässiger Besucher der Gruppentreffen - und dann im Rahmen der Gruppe eher als Prosaist denn als Dramatiker tätig.

Höchstens die westdeutschen Rundfunkanstalten hatten sich um originelle dramatische Darstellungen der Welt im Nachkriegsdeutschland gekümmert, freilich unter Bevorzugung der eigenen Bühnenform, also des Hörspiels. Bei Radio Stuttgart, später Süddeutscher Rundfunk genannt, war Martin Walser viele Jahre lang ein freier Mitarbeiter. In dem Massenmedium des Rundfunks hat er sowohl als Regisseur als auch als Autor ganz sicher reichlich Erfahrungen sammeln können, die er später auf die wirkliche Bühne des Theaters umgepflanzt hat. Nicht nur war sein Erstlingswerk, *Der Abstecher*, ursprünglich für das Radio konzipiert, sondern auch *Die Zimmerschlacht* wurde als Hörspiel, zwei Jahre vor der Uraufführung 1967 in den Münchener Kammerspielen, gesendet. Darüberhinaus machte Martin Walser weitere Erfahrungen während seiner 'Pendler-Zeit' zwischen Tübingen (wo er 1948-51 studierte) und Stuttgart (wo er 1949-57 als Mitarbeiter beim Süddeutschen Rundfunk arbeitete). In einem Brief an den Verfasser hob einer seiner damaligen Freunde und Kollegen Hans Gottschalk nachdrücklich hervor, wie einflussreich die SDR-Zeit für Walsers Werdegang wohl war:

> Walser verdiente sich sein erstes Geld als Rundfunkreporter, später war er hauptsächlich in einem Bereich tätig, den man in Great Britain als light entertainment charakterisiert. Auch hier schrieb er sehr gute und sehr erfolgreiche Kabaretttexte.[3]

Der Ausdruck 'light entertainment' enstammt in der Tat dem Sektor der anglo-amerikanischen Popular Culture und wird angewandt auf diejenigen schöpferischen Erzeugnisse der Massenmedien, die unterhaltsam und leicht verdaulich sind, ohne aber mit dem Etikett des Trivialen gleich abgewertet zu werden. So bezeichnete zum Beispiel der angesehene britische Romancier Graham Greene gern einige seiner Werke, wie zum Beispiel *Our Man in Havana*, als 'entertainments'. Auch als 'Unterhaltung' hat Walser wohl das Studentenkabarett in Tübingen betrachtet, in dem er Ende der 40er Jahre tätig war und das ihm ganz gewiss die Gelegenheit bot, eine Idee oder einen Einfall plastisch, knapp und vor allem witzig zu dramatisieren.

In Tübingen hat Walser also gelernt, sich mit einem intimen, relativ homogenen und gewiss übersichtlichen Kabarettpublikum zu verständigen; in Stuttgart war es dann eine grössere, aber unsichtbare Masse von individuellen Zuhörern, die der sich als Reporter, Regisseur und als Autor allseitig betätigende Walser über den Rundfunk zu erreichen versuchte; dann ab 1954 gehörte er schliesslich zu den Pionieren des deutschen Fernsehens, was ihm sicherlich Einblicke in ein neues Massenmedium verschafft hat und ihm zeigte, wie der zeitgenössische Autor ein weiteres technisches Mittel anwenden konnte, um ein noch breiteres, heterogenes Publikum anzusprechen. Sein ehemaliger SDR-Kollege Hans Gottschalk, der Walsers Werdegang vom Studententheater zum neugegründeten deutschen Fernsehen genau verfolgen konnte, erinnerte sich:

> Walser dreht den ersten Fernsehfilm im Süddeutschen Rundfunk; bezeichnenderweise ist es kein Fernsehspiel und auch kein literarischer Film, sondern eine Studie über den französischen Pantomimen Jean Soubeyran und seine Truppe. Auch die weiteren Arbeiten Walsers für das Fernsehen haben weniger mit Dramatik und Fernsehspiel, als mit Dokumentation, Kabarett, light entertainment, Ballett und Pantomime zu tun. Eine sehr gründliche Adaption eines italienischen Lustspiels für das Fernsehen aus dieser Zeit kann man nur als Gelegenheitsarbeit bezeichnen.[4]

Selbst aus diesen nur skizzenhaften biographischen Hinweisen geht doch ziemlich deutlich hervor, dass Walsers Weg ins bürgerliche Theater kein unbedingt konventioneller war, und ein weiteres Zitat aus Gottschalks Brief bestätigt die Vermutung, dass Walser gewissermassen als rebellischer Autodidakt in diese Institution einmarschiert ist:

> Sicher ist … auch sein Entschluss zu verstehen, eines Tages Theaterstücke zu schreiben, weil er sich eben einmal auf diese Weise ausdrücken wollte, weil es ihm Spass machte, auch auf diesen Tasten zu spielen, auf diesem Seil zu tanzen. Ich glaube nicht, dass es dafür irgendwelche bewusst absolvierte Vorstufen gab. Walser hat die unglaubliche Fähigkeit, sich vieles, auch Schwieriges, sehr rasch anzueignen, ganz egal, ob es sich um naturwissenschaftliche Probleme, um Fragen der Ökonomie oder um Politik handelt. So hat er auch sehr schnell gelernt, wie man Stücke macht und wie man sich auf der Bühne ausdrückt. Das "Berufsethos" des "geborenen Dramatikers" ist ihm völlig fremd.[5]

Stattdessen vertraute Walser auf den eigenen Geschmack, und zu seiner Geschmacksbildung gehörten einige starke Kindheitseindrücke, die er im Programmheft des Schiller-Theaters in Berlin für die Uraufführung im Jahre 1962 von *Eiche und Angora* aufgelistet hat. Bekanntlich hängt Geschmack sehr eng mit dem Mund zusammen, und insofern sind seine 'Arbeitsnotizen' über 'Dialekt und Dialog' ein nützlicher Ausgangspunkt für Überlegungen zum wichtigen aber umstrittenen Begriff des Geschmacks:

> Bald sieht man der Prosa ihre landschaftliche Herkunft nicht mehr an. In München schreibt einer wie Hemingway. Kaum aber wird der Dialog eröffnet, meldet sich auch schon der Dialekt. Weil man den Dialekt so früh und unbewusst gelernt hat, gehört er nachher zu dem, was man nur mit Verlust verdrängen kann.[6]

Der heranreifende Dramatiker kehrt also in die frühe Kindheit zurück, zu den sinnlichen Wurzeln der Identität, wo anderes Gut, Kultur-Gut eben, zu finden ist, das sich für das Dramenschreiben auf jeden Fall eignet. Denn auf dem darauffolgenden Blatt des Programms finden wir einen von dem

Autor selbst entworfenen 'Lebenslauf. Ausgewählt im Hinblick auf das Theater.' Das Proletarisch-Kleinbürgerliche wird gleich hervorgehoben: 'Aufgewachsen in einer Wirtschaft. Von Anfang an den Dialog der Bauern, Handwerker und Fischer im Ohr.'(ebd.) Volkskultur entstand früher gerade in solchen 'face-to-face-Begegnungen', beispielsweise auf dem Markt, auf der Strasse, auf dem Hof einer Wirtschaft, und davon weiss er auch zu berichten: 'jeder durchreisende Wanderzirkus gab seine Vorstellung im Hof unserer Wirtschaft.'(ebd.) Diese wahrhaft volkstümliche Kultur wurde auch über den örtlichen Gesangsverein kräftig unterstützt, so wurde zum Beispiel nach einer guten Ernte ein Schwank gespielt, also ein derbkomisches Spiel der Gattung Volksstück.

Indem Walser sich auf solche Traditionen in seinem Leben beruft, will er sich von einer bürgerlichen Theatertradition mit Absicht entfernen. Denn weiter heisst es: 'Von Ideen kann man dabei nicht ausgehen. Der Dialekt sträubt sich dagegen […] Überhaupt: was Ideen angeht, ist der Dialekt ein Berg, der eine Maus zur Welt bringt.'(ebd.) In einem von vier längeren Aufsätzen über das Drama und das Theater, die Walser in den sechziger Jahren verfasst hat – dies auch ein weiterer Beweis für seine leidenschaftliche Beschäftigung mit dramatischen Stoffen und Problemen in diesem Jahrzehnt, liest man, wie dem angehenden Dramatiker ein 'Realismus X' als Modell eines heutigen Theaters vorschwebt, der 'einen weiteren Schritt ermöglichen [wird] zur Überwindung ideenhafter, idealistischer, ideologischer Betrachtungsweisen.'[7] Erst in den siebziger und achtziger Jahren entstehen Dramen wie *Das Sauspiel* und *In Goethes Hand*, die den Intellektuellen Walser stärker verraten. Was die sechziger Jahre betrifft, scheint es, als ob der Dramatiker das Intellektuelle, das Analytische, vor allem aber das Profunde und das Schwere – all jene in *Ehen in Philippsburg* und *Halbzeit* hervorstechenden Qualitäten – unter strengerer Kontrolle halten und stattdessen dem Leichteren, dem Spielerischen, dem Volkstümlichen den Vorzug geben wollte. Um ein 'twelve letter word' zu riskieren: er bot Unterhaltung an. Keine Unterhaltung pur, das versteht sich von selbst, doch geistreiches 'Vergnügungstheater', das Brecht ja für ebenso wichtig wie das 'Lehrtheater' hielt.

Das nahmen ihm die Hüter des guten bürgerlichen Geschmacks in Westdeutschland aber übel, was sich durch zwei allzu typische Zitate aus Theaterrezensionen, die damals in renommierten Zeitungen erschienen sind, belegen lässt. Über Walsers drittes Stück, *Überlebensgross Herr Krott* (1963), erfuhr man in der *Frankfurter Rundschau*:

> Nichts ist ihm zu derb, zu plump, zu billig, um sein Lied vom schlechten
> reichen Mann nur kräftig zu singen. Er schleudert satirische Blitze und faule
> Witze, er schockiert mit Lust und ohne Hemmung, er schreckt vor keiner
> Peinlichkeit zurück und keinem Kitsch. Nadelstiche, fein und schmerzend,
> dann wieder Schläge mit dem Holzhammer, manchmal ist es lustig,
> streckenweise albern und mitunter schlechthin langweilig.[8]

Das ist ein Zitat aus dem Jahr 1963. Vier Jahre später konnte man
anlässlich der Uraufführung der *Zimmerschlacht* einen ähnlichen Verriss
in der *Zeit* lesen:

> Walser [hat] versucht, die Eheauseinandersetzung aufzulockern und einem
> wenig anspruchsvollen Publikum schmackhaft zu machen. Wo er jedoch
> szenische Effekte anstrebt, wo er seinen Dialog bühnenwirksam machen will,
> wird sein Theater dilettantisch und sein Humor geradezu albern.
> Denn womit sich Walser fortwährend behelfen will – und dies schon in der
> ziemlich fatalen einleitenden Szene -, ist nichts anderes als Ulk auf
> Stammtischniveau und jener Klamauk, dem man immer die Herkunft aus der
> Schmiere von vorgestern deutlich anmerkt.[9]

Es lohnt, die Sprache dieser beiden Kritiken und was sie implizieren
näher zu untersuchen. Der Rezensent der *Frankfurter Rundschau* gibt
zwar zu, dass der Verfasser dieser sozialkritischen Komödie Humor
besitzt, jedoch weist er diese Art von Humor schroff ab. Dieser Humor sei
nämlich 'derb' und 'plump', und das seien ja – so wüssten's die gebildeten
Leser der *Frankfurter Rundschau* – die Eigenschaften der Posse oder des
Schwanks, auf jeden Fall gehörten sie zum Vulgären, zum Plebejischen,
zum Niederen schlechthin. Der diskriminierende Kritiker, ausgestattet mit
höheren Ansprüchen, erklärt den Stil und Ton und damit freilich auch die
sozialkritische Aussage des Stückes für künstlerisch mangelhaft. Und seit
Anfang der achtziger Jahre des neunzehnten Jahrhunderts verfügt man ja
über einen Begriff, der für billig verpackte Scheinkunst neu geprägt
wurde, nämlich 'Kitsch'. Folglich verurteilt der Kritiker an selber Stelle
hier einen Autor, der das Populär-Ephemere dem Ewig-Klassischen
anscheinend vorgezogen hat: 'er schreckt vor keiner Peinlichkeit zurück
und keinem Kitsch.'

Dem Rezensenten, der der Uraufführung der *Zimmerschlacht* bei-
wohnte, ging es explizit wie implizit um Bildungstheater und die
unausweichlich damit verbundenen Geschmacksfragen. Untersuchen wir
daher sein Vokabular. Es fällt zum Beispiel der Ausdruck 'Schmiere' auf,
der als Substantivform des Verbs 'schmieren' entstanden ist, was
'(be)streichen', 'einfetten' bedeutet. Im 16. Jahrhundert gewinnt dieses
Wort einen weiteren, bildlichen Sinn, und zwar den von 'sudeln',
'unsauber schreiben', im 18. Jahrhundert meint es '(inhaltlich) flüchtig,

schlecht schreiben', und im 19. Jahrhundert schliesslich bezeichnet das Substantiv 'Schmiere' abwertend 'schlechtes Theater', 'Wanderbühne', 'Provinztheater'.[10]   Mit anderen Worten, 'Schmiere' ist das krasse Gegenstück zum Bildungstheater, jenem deutschen Phänomen des neunzehnten Jahrhunderts, das hohe Ideale des Wissens, des Geistes und der Menschlichkeit anstrebte und ein entsprechendes intellektuelles und kulturelles Aufnahmevermögen bei einem auf Bildung erpichten Publikum vorrausetzte.   Das Theater bot einem sich von kleinstädtischen Werten emanzipierenden Bürgertum seriöse Kunst; das selbstbewusste Publikum forderte, beanspruchte dergleichen.

Wenn also ein Kritiker 100 Jahre später das Premierenpublikum in München mit dem Etikett 'wenig anspruchsvoll' versieht, dann bezieht er sich auf einen Code, der dem *Zeit*-Leser vermittelt, dass das Münchener Publikum sich eigentlich unterhalten anstatt ästhetisch erheben lassen wolle.   In diesem Zusammenhang ist die Formulierung 'jemandem etwas schmackhaft machen' mit unübersehbar abwertenden Konnotationen behaftet.   'Schmackhaft' ist ja vom Verb 'schmecken' abgeleitet, wie auch das Hauptwort 'Geschmack'.   Dem 'wenig anspruchsvollen' Publikum mangele es also an 'Geschmack', ihm fehle daher das Bedürfnis nach geistiger Aufklärung oder gar seelischer Läuterung, es suche lediglich nach dem leicht Verdaubaren.   Dieser Lust nach Belustigung, um es über-spitzt zu formulieren, leiste der Stückeschreiber Walser Vorschub, indem er an die niederen Instinkte appelliere, die mit alltäglichen, populären, also nicht-sanktionierten Unterhaltungsformen assoziiert werden: 'Ulk' (ein seit dem 17. Jahrhundert gebräuchliches Wort, das aus den Mundarten über die Studentensprache in die Umgangssprache eingedrungen ist, wo es 'harmloser Unfug' bedeutet); 'Stammtischniveau' (also harmlos und geistlos zugleich); 'Klamauk' (wie 'Ulk' mit Assoziationen des Umgangssprachlichen verbunden, um seriöse Komik von Albernheiten und Dummheiten streng zu unterscheiden).   Statt echte Bildung, sprich Kunst, biete also dieses Stück Dilettantismus, sprich banales, abgedroschenes Wissen.   Der Kritiker dagegen ist – einer langen deutschen Tradition folgend – verpflichtet, sowohl die Zeitungsleser als auch den unzureichenden Provinzdichter auf die Diskrepanzen, auf die feinen und die groben Unterschiede, hinzuweisen.

In *Der kalte Krieg in der deutschen Literaturkritik: Der Fall Martin Walser* analysiert Alexander Mathäs überzeugend die kulturgeschichtlichen und ideologischen Hintergründe solcher Rezensionen und argumentiert, dass die 'Literatureminenzen bei aller

Individualität, der einen oder anderen literarischen Methode oder
Tradition verpflichtet' seien. Er fährt fort:

> Eine Methode, die keines philosophischen oder methodologischen Fundaments
> bedarf und ohne theoretische Begründung unter dem Anschein wertfreier
> Objektivität zu einem ästhetischen Werturteil gelangen konnte, erwies sich für
> die Literaturkritik als äusserst brauchbar, da sie den editoriellen Anforderungen
> der Zeitungskritik nach Zeilenbeschränkung und vorgegebener Terminfrist
> entgegenkam. Und so konnten einzelne Kritiker wie beispielsweise Friedrich
> Sieburg, Max Rychner, Marcel Reich-Ranicki aufgrund ihrer stilistischen
> Brillanz und ihrer provokanten, einprägsamen Formulierungen den Status von
> Literaturpäpsten einnehmen, deren Unfehlbarkeit niemand anzuzweifeln
> wagte.[11]

Wie die bisherige Diskussion aufgewiesen hat, basierten die
feuilletonistischen Kritiken zum Teil auf der Auffassung des jeweiligen
Kritikers vom 'guten Geschmack'. Streitgespräche über dieses Thema
lassen sich bis in das achtzehnte Jahrhundert zurückverfolgen, und zwar in
die Anfänge der Moderne. Aus verschiedenen politischen, gesellschaftlichen, religiösen, geographischen und freilich auch kulturellen Gründen
wurde der Streit um Geschmack in den deutschen Landen besonders heftig
ausgetragen. Während sich zum Beispiel Bürger, Herder und ein
bedeutender Teil der Romantiker für eine volksnahe, zugängliche Literatur
einsetzten – freilich mit verschiedenen Akzentuierungen und aus unterschiedlichen Beweggründen –, opponierten Schiller und Goethe gegen
popularisierende Tendenzen und strebten danach, die Literatur als
besonderes Mittel der Kunsterziehung für eine relativ kleine gesellschaftliche Schicht von Geschmacksbesitzenden und Geschmacksbestimmenden zu instrumentalisieren.[12]

Diese Dichotomie – hier eine hohe, ernste und autonome Literatur
für die Elite, dort eine niedrige, geistlose und kommerzialisierte
Unterhaltung für die Mehrheit – war selbstverständlich kein lediglich auf
die deutschen Lande begrenztes Phänomen, es trat in allen Ländern eines
sich stark modernisierenden Europas zutage. In einigen Ländern wie etwa
Grossbritannien polemisierten zwar grosse Geister (man denke etwa an
Matthew Arnold) gegen die anarchischen Kräfte innerhalb des neuen
bürgerlichen Zeitalters, die die wahre Kultur untergraben könnten, doch
wurden die Demarkationslinien zwischen den sogenannten hohen und den
angeblich niedrigen literarischen Genres und den kulturellen Bereichen im
allgemeinen weniger dogmatisch eingegrenzt als in Deutschland.

Hier wiederum haftete den Debatten die Intensität eines Glaubenskrieges an, eines Glaubenskrieges, der zum Beispiel durch die
Gegenüberstellung von 'Kultur' (erhoben, dem Geist verschrieben,

humanisierend) und 'Zivilisation' (grosstädtisch, materiell, entfremdend) im Verlauf des durch die Industrialisierungs- und Urbanisierungsvorgänge gekennzeichneten neunzehnten Jahrhunderts verschärft wurde. Auch ein Weltkrieg mit all seinen sonstigen Folgen konnte die Kontrahenten nicht vom Streit um eigentliche und illusionäre Kulturwerte abbringen: Neu entfacht wurde der Streit im Bereich der Sozialwissenschaften und Philosophie, als der Kreis um das Institut für Sozialforschung in Frankfurt (unter anderen Horkheimer und Adorno) sich zunehmend mit der Gefährdung von wahren Kulturwerten durch die Massenmedien sowie durch faschistisch-nationalistisch gesinnte Industrieunternehmen und Ideologien befasste. Der Faschismus und der zum Teil daraus resultierende zweite Weltkrieg haben zunächst weder die Literaturwissenschaft noch die Literaturkritik in Westdeutschland zu einer kollektiven Revision ihrer ästhetischen, geschweige denn ihrer kulturpolitischen Prämissen und Einstellungen bewogen. Im Gegenteil: man hielt es für notwendiger denn je, dass das klassische, humanistische Erbe reaktiviert werde, um ein ethisch bankrottes Europa aus dem kulturellen Tiefstand zu holen und auf eine höhere Gesinnung zu führen.

Kultur, verstanden in einem relativ begrenzten, konservativen Sinne, nämlich als die Höchstleistungen einer kleinen Elite von hochbegabten Individuen, sollte die Massenmenschen, die sich so leicht in die Barbarei hinunter hatten führen lassen, umerziehen. Und dieses Ideal, das alte Europa durch bewährte, tradierte Glanzleistungen einer langen Kulturgeschichte zu retten, wurde, in den Augen seiner Verfechter, durch das Erscheinen einer neuen Manifestation der Massengesellschaft und des nivellierten Bewusstseins um so dringender. Die Verbreitung von amerikanischen Werten, ob ökonomisch, politisch oder kulturell, wurde von vielen Intellektuellen und Gelehrten als eine Unkultur angesehen, denn die USA, ohne Besitz einer abendländischen Kulturtradition, kannte ja nur eine kommerzialisierte, durch die Technik vermittelte Freizeitindustrie, die, so lautete die These, das Bewusstsein manipuliere und zur Passivität verdamme.

Ein Begriff, der sich bereits lange in diesen Auseinandersetzungen um E- und U-Kultur eingebürgert hatte, war der des Trivialen. Auch die Etymologie dieses Wortes gibt Auskunft über jenen symptomatischen, zwischen früher Neuzeit und Moderne sich abspielenden Bedeutungswandel von einer Anzahl von Wörtern, die ursprünglich ausserhalb des literarischen und kulturellen Bereichs lagen, die aber von geschmacksbestimmenden Instanzen (Hof, Universität, Akademie, Salon usw.) in Dienst genommen wurden, um gewisse neuere Gattungen, Stile, und Tendenzen um so genauer oder polemischer darzustellen.

Da Martin Walser seit Anfang der sechziger Jahre, also seit seinem Übergang zu Dialog und öffentlichem Diskurs, bis zum heutigen Tag immer wieder Trivialisierung (bzw. Banalisierung) unterstellt wird, halte ich es für notwendig, auf die in diesen Begriff eingehenden Wertungen kurz einzugehen. Der Ursprung des Begriffs lässt sich ohne weiteres auf zwei lateinische Wörter zurückverfolgen, nämlich auf 'trivialis' ('jedermann zugänglich, allgemein bekannt, gewöhnlich, gemein', spätlateinisch 'dreifältig, dreifach'), und 'trivium' ('Ort, wo drei Wege zusammenstossen, Wegkreuzung, Scheideweg, öffentliche Strasse'). Dieses zunächst wertneutrale Wort fand Eingang in die deutsche Sprache im 17. Jahrhundert über das Französische 'trivial', das 'allen bekannt' - ebenfalls ohne negative Wertung - bedeutete. Erst im Laufe des 17. und 18. Jahrhunderts entwickelte sich ein pejorativer Beiklang, denn bereits in der 2. Hälfte des 18. Jahrhunderts bezeichnete 'Trivialität' eine 'all-tägliche Erscheinung, leere, abgegriffene Redensart, Gemeinplatz'.[13]

Das Problematische an diesem Begriff beschäftigt diejenigen Vertreter des Faches, die strenge Demarkationslinien zwischen einer E- und U-Literatur für veraltet halten, spätestens seit den sechziger Jahren. In einem viel diskutierten Aufsatz aus dem Jahr 1967 – einem Jahr, in dem vieles innerhalb der alten europäischen Kulturordnung in Frage gestellt wurde – kann man lesen:

> Der Begriff hat einen unbestritten pejorativen Akzent; er fungiert nicht nur klassifikatorisch, sondern als verwerfendes ästhetisches Verdikt; seine Gegenbegriffe in Kritik und Wissenschaft sind die Synonyme Hoch- und Kunstliteratur, Dichtung, Wortkunst oder kurzweg Literatur (als abbreviatorischer Terminus).[14]

Während die Literaturwissenschaft und die Literaturkritik in den meisten Ländern scheinbar unvermeidbar in hierarchischen und rationalistischen Kategorien denken müssen, überlieferten Wertungs-mustern (Kanons) verpflichtet sind und Bewusstseinsräume mehr oder minder streng getrennt auseinanderhalten, geht der Schriftsteller mit Ratio, Tradition und Bewusstsein anders, manchmal ganz anders um. Das ist zwar ein Gemeinplatz, aber die Germanistik läuft oft Gefahr, diesen Aspekt aus den Augen zu verlieren. Mit allen drei 'heiligen' Grundwerten geht Martin Walser höchst unorthodox, sprich unwissenschaftlich um. Paradigmen können und sollen immer wieder in Frage gestellt werden, und in dieser Hinsicht hält Walser das öffentliche Medium Theater für einen sehr wichtigen Ort. Wie er selber sagt:

> Der Möglichkeit nach gibt es keinen dem Theater vergleichbaren Ort, das montierte Bewusstsein zu demontieren, den Jargon zu parodieren, ein Zuschauer und Beurteiler des Prozesses zu werden, dessen Objekt man ausserhalb des Theaters ist. (EL 68)

Die Auffassung vom Bewusstsein als Konstrukt oder Montage, von der öffentlichen Sprache als Jargon, vom Recht des Individuums auf seine Subjektivität und seinen Geschmack, also auf individuelles Urteilsvermögen, und engstens mit diesem Verständnis des Zeitgenossen verbunden das Selbstverständnis des Schriftstellers als Zeit- und Leidensgenosse statt eines olympischen Allwissenden, die eigene psychische Anfälligkeit zuzugeben, mit Witz und Humor Kritik zu üben, Theaterrealität als separat von gesellschaftlicher Realität zu sehen - das sind bereits postmodern angehauchte Vorstellungen, die mit der Tradition des Theaters als moralischer Anstalt à la Schiller wie auch mit der Tradition des Politischen oder Epischen Theaters, das gesellschaftliche Veränderungen im Geiste eines grossangelegten historisch-ideologischen Entwurfs herbeizuführen hat, wenig gemeinsam haben.

Der oben zitierte Satz stammt aus einem längeren Aufsatz Martin Walsers aus dem Jahr 1964, der Aufschluss über viele Aspekte seines Denkens und Schaffens zu Fragen des Theaters, der Literatur und der Gesellschaft überhaupt gibt, wobei ein fundamentaler Aspekt dieses Komplexes immer wieder sowohl mittelbar als auch unmittelbar aufgegriffen wird, der mit dem Titel und Anliegen dieses Aufsatzes zusammenhängt. Walsers Essay bringt die grosse Skepsis des Autors gegenüber dem Ideal der Bildung zum Ausdruck, genauer gesagt der Anbetung dieses Ideals im Nachkriegsdeutschland. Bildung, von der bürgerlichen Gesellschaft in Deutschland seit Mitte des neunzehnten Jahrhunderts hoch gepriesen, ist, laut Walser, für den Theaterzuschauer ein Hemmschuh: 'Es kommt dem Zuschauer zwar auf sich selber an, er ist sich selber das Wichtigste, aber er ist eingeschüchtert, denn er hat seine Bildung. Dazu gehört die Summe aller Interpretationen.'(EL 70) So betrachtet kann Bildung niemals zu einem Vorgang der persönlichen Entfaltung und der eigenen Meinungsbildung werden, sondern sie artet zwangsläufig in einen gesellschaftlichen Dressurakt aus, so dass historisches Bildungsgut unreflektiert und unkritisch übernommen wird: 'Warum aber darf das Vergangene nicht als Vergangenes gezeigt werden? Weil man gebildet ist, weil man von Jugend auf dazu angehalten wird, historische Haltungen zu imitieren.' (EL 70)

Die auf westdeutschen Bühnen der fünfziger und sechziger Jahre weitverbreitete Tendenz zur Aktualisierung der deutschen Klassiker hält

Walser ebenfalls für eine Verführung des Zuschauers, dem Illusionen statt Wirklichkeit geboten werden:

> Zweifellos werden *Nathan*, *Fiesco*, *Iphigenie* und *Wallenstein* oder auch *Gyges* heute angeboten mit der Spekulation, der Zeitgenosse soll sich darin erkennen, er soll sich mit den moralischen Bewegungen dieser Stücke synchronisieren und die empfohlenen Haltungen teilen. Zweifellos glaubt der Zuschauer, das sei ihm möglich. Er ist ja durch Bildung vorbereitet. (EL 74)

Das klassische Erbe von Lessing bis Hebbel fungiert also über die in den fünfziger Jahren gängigen Interpretationen der Germanisten und die Inszenierungen der Theaterhäuser als Mittel zum Zwecke, den Zuschauer zu konditionieren: '[Wir] sind … durch Bildung konditioniert.' (EL 75)

Die Zitate aus dem Aufsatz 'Imitation oder Realismus' – und es ist wahrhaftig nur eine sehr kleine Auswahl - beweisen, dass der Stückeschreiber Martin Walser von vornherein einem sine qua non des westdeutschen Theaters – der Restaurierung bürgerlicher Einstellungen und Werte unter dem Deckmantel der Klassiker – grundsätzlich misstrauisch eingestellt ist. In Walsers Augen ist inzwischen sogar Bertolt Brecht zum Klassiker geworden, darum wären seine Stücke gleichfalls als historische darzubieten und nicht als Modelle einer kapitalistischen oder sozialistischen Gegenwart auszulegen und zu spielen. Andererseits sind die absurden Darstellungen der Gegenwart durchaus realistischer, besonders jene von Samuel Beckett, jedoch ist das absurde Theater zu extrem und erlaubt dem Zuschauer zu wenige Identifikationsmöglichkeiten.

Walsers Aufsatz 'Imitation oder Realismus' zusammen mit 'Vom erwarteten Theater' (1962), 'Hamlet als Autor' (1964) und 'Ein weiterer Tagtraum vom Theater' (1967) demonstriert, dass er die in der Einleitung zu diesem Aufsatz kurz erwähnten Tendenzen und Stile, die zu Anfang der sechziger Jahre vorherrschten, kennengelernt und ausgewertet hat, damit er seinen eigenen Weg um so besser finden konnte. Entgegen den Ansichten verschiedener Theaterkritiker der sechziger Jahre, wie bei denjenigen, deren Urteile bereits analysiert worden sind, strebte dieser Autor nach einem neuem Konzept des heutigen Theaters, und mit seinen Aufsätzen leistete er einen bedeutenden Beitrag zu der Entwicklung eines westdeutschen Theaters, das eigenes Profil besass.

In der Praxis gelang es dem Autor, Elemente aus ganz verschiedenen Medien, Traditionen, und Gattungen, im postmodernen Geist eklektisch miteinander zu vermischen, auch wenn er den Vorwurf der Trivialisierung dabei riskierte.

Versuchen wir nun schliesslich einen im Vergleich mit der damaligen Zeitungskritik objektiveren, allerdings straff zusammengefassten Rückblick auf die Leistungen Walsers im Hinblick auf das deutsche Nachkriegsdrama zu formulieren. Ich habe bereits dargelegt, dass der Stückeschreiber Walser durchaus unterhaltsam sein wollte, auch wenn das als unter dem Niveau eines seriösen Dramatikers stehend gelten mochte. In *Der Abstecher* (1961) kann man ohne weiteres eine Farce erblicken, in die oberflächlich gesehen mehrere Einfälle aus der Tradition der Commedia dell'Arte Eingang finden. Man macht sich lustig über den 'dummen August' (man erinnere sich an Walsers Kenntnisse solcher volkstümlicher Figuren aus seiner frühen Kindheit)[15] und 'Knecht' Berthold,[16] und es ist amüsant, wie Berthold auf naive Weise das Gewissen seines 'Herrn' aufkratzt. Doch kontrastieren die Absurditäten und Spielereien der in der Mehrzahl stehenden männlichen Figuren mit der Isolation und Demütigung der von den Herrn verbrauchten Frau, Frieda.

Der Titel spiegelt das Doppeldeutige an Walsers trivial-finsterer Dramentechnik wider. Einerseits erweckt er den Eindruck eines völlig banalen, harmlosen Ereignisses, und die ganze einleitende Szene, in der der wortgewaltige 'Herr' den 'treuen Diener' zu manipulieren versucht, unterstreicht diesen Eindruck der lustigen Freizeitgestaltung – halt ein netter Abstecher. Doch trägt das Verb 'abstechen' eine ganz andere Bedeutung, die hinter dem männlichen Spasshabenwollen und der Sauferei leicht spürbar ist. Frieda, die ehemalige Liebhaberin von dem Herrn, Hubert, ist von ihm geschwängert worden, wurde von ihm bis auf die Überweisung der Abtreibungssumme im Stich gelassen, und trägt immer noch die seelischen Narben, die Hubert, ihr früherer Liebhaber und Ausnutzer, immer noch nicht wahrhaben will.

Isolation und Demütigung der kleinen Leute stehen auch im Mittelpunkt von *Eiche und Angora* (1962). In Kontrast zu den kleinen Leuten versteht es die Mittelschicht, so komisch sie sich auch gebärdet, die Vorzüge ihrer überlegenen Bildung voll auszunutzen. In diesem Stück wird man vom Autor geradezu verführt, über die Aussagen und das Verhalten des Anti-Helden Alois Grübel zu lächeln, wenn nicht sogar des öfteren zu lachen. Auch das Verhalten seiner Widersacher reizt einen zum Schmunzeln, um so mehr weil auch sie im süddeutschen Dialekt sprechen, und doch weiss man von der ersten Szene an, dass Alois als ehemaliger Kommunist im KZ an seinen Genitalien zwecks biologischer Rassen-forschungsarbeiten der Lagermediziner gewissermassen 'abgestochen' wurde. Natürlich sass er auch nicht allein im Lager, sondern verbrachte seine Gefangenschaft mit vielen, von ihm Jahre später ständig erwähnten jüdischen Leidensgenossen, die dann dort umgebracht worden sind. Im Lager, und auch nach seiner Befreiung, züchtet er Angorahasen, denen er die Namen der ermordeten Juden gibt. Das, wie vieles andere im Stück, könnte als Geschmacklosigkeit ausgelegt werden, doch sind die dauernden naiven Hinweise von Alois auf die Verhältnisse im Lager, die Metamorphose von einst lebenden unschuldigen Menschen in Tiere durch die Namensübertragung, sowie der lächerlich-armselige Anblick des entmannten 'kleinen Mannes' auf der Bühne, Verfremdungsmomente des höchsten Ranges, die beweisen, dass Dichtung über Auschwitz und nach Auschwitz möglich, ja nötig ist. Von dem Appell eines Bildungstheaters an 'kulturelle Ansprüche' und 'guten Geschmack' ist das meilenweit entfernt, doch wird man sowohl als Leser als auch als Zuschauer zutiefst erschüttert von der Verschmelzung komischer und tragischer Elemente, die ihren Ursprung in einer nicht wegzuleugnenden Wirklichkeit haben.

Wie man dann doch mit dieser Wirklichkeit, damals im Westdeutschland der sechziger Jahre, fertig wurde, wird in dem Stück *Der Schwarze Schwan* (1964) offenbart, obwohl Walser von der Komik und vom Dialekt der anderen Stücke gleichermassen entfernt ist. Es geht ihm hier um differenzierte Strukturen des Gedächtnissess, der menschlichen Persönlichkeit und der Generationen. Die psychiatrische Klinik, in der das ganze Stück angesiedelt ist, erweist sich als ein geeigneter Ort für die Analyse einer Gesellschaft, die sich ihre jüngste Geschichte nicht zugeben will, auch nicht wenn ein unschuldiger Vertreter der Nachkriegsgeneration durch das hamletartige Simulieren von Schuld die Elterngeneration, zu der zwei ehemalige KZ-Ärzte und heutige Väter gehören, zu einem Geständnis ihrer Verstrickung in Verbrechen gegen Juden und also folglich ihrer Mitverantwortung für deren Schicksal zwingen will. Auch dieses Stück, voll von alltäglichen Banalitäten und familiären Intimitäten, beschäftigt sich unmittelbar mit nicht wegzuleugnenden deutschen und europäischen Wirklichkeiten und erweist Martin Walser als einen der ersten bedeutenden Initiatoren des deutsch-jüdischen Diskurses.

Zwischen *Eiche und Angora* und dem *Schwarzen Schwan* fand die Uraufführung von *Überlebensgross Herr Krott* statt, das man laut Jürgen Buschkiel höchstens als 'Kabarett' betrachten sollte. Auch dieser, sehr häufig gegen Martin Walsers frühe Stücke erhobene Einwand sollte Assoziationen des Populären und bloss Halb-Künstlerischen erwecken, mit dem Beigeschmack des Vulgären, und ihm die Legitimation des seriösen Dramatikers abstreiten. Doch gerade mit den 'zweifelhaften' Mitteln des Kabaretts, der Farce und der Operette ist es Walsers *Krott*-Stück gelungen, die Dekadenzerscheinungen einer ban-*krott*-en kapitalistischen Gesellschaft zu enthüllen, die aber von einer unteren Schicht akzeptiert und der von eben dieser Schicht zum Überleben verholfen wird.

In der *Zimmerschlacht* (1967) führt der Dramatiker die Sterilität einer Mann-Frau-Beziehung sowie die Maskulinitätskrise ad absurdum, und die Lächerlichkeit der beiden Charaktere wird in einer Farce offenbart, ja regelrecht gefeiert. Die Witze tendieren tatsächlich zum Plumpen und zum Peinlichen hin, sind aber passend für dieses Thema. Die 'Geschmacklosigkeiten' des Autors sind am Platze, und daraus ergibt sich die eigentliche Frage, die sich die Kritiker allerdings selten gestellt haben nämlich ob die Mittel angebracht sind oder nicht. Hinter der Fassade der Geschmacklosigkeiten werden schliesslich immer wieder, und ganz ausgeprägt in den langen Monologen der Eheleute, seelische Leere, psychologische Unzulänglichkeiten und gesellschaftliche Druck-mechanismen sichtbar, die die oft plumpe Boulevardkomik relativieren. Eingefangen in ihrer durch das Begraben der humanistischen Werte im Dritten Reich aufgebürdeten Rolle, diese Werte im erneuerten, besseren Deutschland zu verteidigen, vermissten die Kritiker bei einem unkonventionellen, eigentümlichen Stückeschreiber wie Walser den 'gehobenen' Ton des 'intellektuellen' Dichters und verurteilten ihn.

Im Ausland erntete Martin Walser hingegen viel Lob, so zum Beispiel von dem englischen Star-Kritiker Kenneth Tynan bei einer Aufführung von *Eiche und Angora* in englischer Sprache 1963 bei den Festspielen in Edinburgh[17] oder bei der Mehrheit der französischen Rezensenten, die von der Pariser Aufführung des gleichen Stückes 1968 begeistert waren.

> 'Endlich kommt dieses ausgezeichnete Schauspiel auch nach Frankreich!' Man liest diesen Stosseufzer immer wieder einmal in französischen Literaturzeitschriften [...] Ein eminenter Kritiker erklärt, nach *Draussen vor der Tür* von Borchert sei Walsers Schauspiel 'das interessanteste deutsche Stück der Gegenwart'. [...] Man ist sich einig, dass Walser die dramatischen Elemente hervorragend dosiert hat. Im ersten Teil lacht man, im zweiten befindet man sich in der zwittrigen Lage, gleichzeitig gerührt zu sein und mit den Zähnen zu knirschen. So ist Walsers Stück genau das, was ein rechtes Theaterstück sein muss: eine "Falle", die uns mit dem Speck des Humors anlockt, über uns zuschnappt und uns nicht wieder loslässt.[18]

Ein deutscher Wissenschaftler, der, wie mir scheint, auch von einer anderen Warte aus blickte, fand bereits in den sechziger Jahren viel

Lobenswertes an Walsers Dramen und blieb lange Zeit ein fairer und genauer Beobachter seiner Entwicklung als Schriftsteller überhaupt: Hermann Bausinger.   Bausinger studierte ursprünglich Germanistik, wechselte dann zur Volkskunde über und leitete bis zu seinem Ruhestand das Institut für empirische Kulturwissenschaft in Tübingen.   In einer Laudatio anlässlich der Verleihung des Schiller-Preises stellte er Ende 1980 fest, dass eine neue Stufe in Walsers Entwicklung angebrochen zu haben schien:

> Objektiv deutet sich das an in der Heiterkeit, die Walser in den jüngsten Romanen zurückgewonnen hat.   Sie sind jenseits verbiesterter Besserwisserei angesiedelt, ihre utopische Qualität ist an die prüfende Substanz des banal Alltäglichen gebunden. Die "litterärischen Politzeybeamten", wie Novalis die Rezensenten nannte, rügten zum Teil den Abstieg ins Triviale – wir Kleinbürger finden uns wieder, erkennen die Probleme, von denen uns gesagt wird, dass es keine sind [...][19]

Bausinger bezieht sich hier sicherlich auf *Ein fliehendes Pferd*, *Seelenarbeit* und *Das Schwanenhaus*, bei deren Rezeption die alten, zuerst in den sechziger Jahren gegen die Stücke erhobenen Vorwürfe bei einigen, wenngleich nicht allen Kritikern wieder auftauchten.   Als Volkskundler war Bausinger das 'banal Alltägliche' äusserst vertraut, er scheute sich nicht vor dem wertneutralen Gebrauch des Ausdrucks 'trivial' und lobte mit gutem Gewissen das 'Heitere', was keineswegs automatisch einer ästhetischen Disqualifizierung gleichkam.[20]   Berührungsängste gegenüber dem Provinziellen geschweige denn dem Populären besass dieser Experte für die Volkskultur in der technischen Welt keineswegs.[21]

Es ist kein Zufall, dass Shakespeare und Molière, Sternheim und Nestroy zu den von Martin Walser am meisten geschätzten Dramatikern gehörten, als er Mitte der sechziger Jahre seine eigenen Vorstellungen vom realistischen Theater zu präzisieren versuchte. (EL 69)   Dem Engländer und dem Franzosen, dem Deutschen und dem Österreicher war es nämlich gelungen, das Bewusstsein einer ganzen Gesellschaft zu einer bestimmten Epoche auf der Bühne abzubilden, jedoch nicht mit den konventionellen   Mitteln   einer   aristotelischen   Dramentheorie. Menschliches Verhalten wurde vielmehr als Farce entlarvt, insbesondere die Ein-*bildungen* der Menschen aus allen sozialen Ständen; der etablierte, für ausschlaggebend geltende Geschmack wurde durch eine karnevaleske Umkehrung der Welt ins Lächerliche gezogen; und schliesslich als Konsequenz trafen sich, wenn auch nur für kurze Zeit, die unterschiedlichsten sozialen Interessen und Vertreter an einem gemeinsamen, öffentlichen Platz – eben dem 'Trivium'.

Wie insbesondere an Shakespeare zu sehen ist, lässt sich tatsächlich Belehrung im Theater an dem Trivialen bzw. durch das Triviale festmachen: zwar gilt Shakespeare als Ikone der Bildung, doch verwendet er gerade Elemente des Trivialen, Volkstümlichen – und hier nicht im pejorativen, sondern eben im positiven Sinne -, um sein Publikum zu unterhalten und zu erziehen. In dieser Tradition stehend, schreibt Walser seine Dramen: durch das Triviale, das sich in den Elementen der Volkskultur etabliert, kann und will Martin Walser die Missstände der zeitgenössischen Gesellschaft aufdecken.

So mögen zwar nicht alle Leser, wie manche Kritiken zeigen, die Mittel, die Walser zur Erreichung dieses Zieles verwendet, gutheissen, doch sie werden sich wohl darüber einig sein, daß das Ziel selber – nämlich die Aufdeckung von Missständen – zu begrüssen ist.

Anmerkungen

[1] Klaus Pezold, *Martin Walser. Seine schriftstellerische Entwicklung*, Rütten und Loening: Berlin, 1971, S. 186-7.

[2] Pezold, S. 318.

[3] Brief von Hans Gottschalk an den Verfasser, 14. Oktober 1973.

[4] Brief von Hans Gottschalk

[5] Brief von Hans Gottschalk.

[6] 'Dialekt und Dialog. Arbeitsnotizen von Martin Walser', in: *Programmheft des Schiller Theaters*, Heft 124, Berlin, 1962/63. Im folgenden im Text zitiert als 'ebd.'

[7] Martin Walser, *Erfahrungen und Leseerfahrungen*, Suhrkamp Verlag: Frankfurt a.M., 1965, S. 84. Im folgenden im Text zitiert als 'EL' mit Seitenangabe.

[8] Jürgen Buschkiel, 'Nadelstiche und Holzanschläge', in: *Frankfurter Rundschau*, 2.12.1963

[9] Marcel Reich-Ranicki, 'War es ein Mord?', in: Thomas Beckermann (Hg.), *Über Martin Walser*, Suhrkamp Verlag: Frankfurt a.M., 1970, S. 146.

[10] *Etymologisches Wörterbuch*, erarbeitet unter der Leitung von Wolfgang Pfeifer, Deutscher Taschenbuch Verlag: München, 1995, S. 1224

[11] Alexander Mathäs, *Der Kalte Krieg in der deutschen Literaturkritik. Der Fall Martin Walser*, Peter Lang: New York, 1992, S. 33-4.

[12] Siehe Klaus L. Berghahn, 'Volkstümlichkeit ohne Volk? Kritische Überlegungen zu einem Kulturkonzept Schillers', in: Reinhold Grimm und Jost Hermand (Hg.), *Popularität und Trivialität. Fourth Wisconsin Workshop*, Frankfurt a.M., 1974, S. 51-75.

[13] *Etymologisches Wörterbuch*, S. 1463.

[14] Helmut Kreuzer, 'Trivialliteratur als Forschungsproblem. Zur Kritik des deutschen Trivialromans seit der Aufklärung', *Deutsche Vierteljahresschrift für Literaturwissen-schaft und Geistesgeschichte*, 41 (1967), 173-191.

[15] 'Lebenslauf. Ausgewählt im Hinblick auf das Theater', in: *Programmheft des Schiller Theaters*

[16] Das Herr-Knecht-Verhältnis gehört zu den Stereotypen des volkstümlichen Theaters in Europa und wurde zum Beispiel auch politisch ausgelegt von Dramatikern wie Bertolt Brecht. Siehe *Herr Puntila und sein Knecht Matti* (1940).

[17] Kenneth Tynan, 'Rise and fall of a political innocent', in: *The Observer*, 25.08.1963, S. 16.

[18] Friedrich Hagen, 'Falle mit Speck. Paris lobt Martin Walser für *Eiche und Angora*', in: *Stuttgarter Zeitung*, 30.03.1968.

[19] Hermann Bausinger, 'Realist Martin Walser', in: Klaus Siblewski (Hg.) *Martin Walser*, Suhrkamp Verlag: Frankfurt am Main, 1981, S. 18.

[20] Laut Rudolf Schenda hat Bausinger 'die Opposition Unterhaltung und Bildung als ein deutsches Scheingefecht entlarvt.' *DieLesestoffe der kleinen Leute. Studien zur populären Literatur im 19. und 20*. Jahrhundert, München, 1976, S. 127.

[21] So lautete der Titel seines 1961 veröffentlichten bahnbrechenden Werkes über das Phänomen der 'popular culture' im industrialisierten Deutschland: *Volkskultur in der technischen Welt*, Campus Verlag: Frankfurt a.M., New York, 1986.

Timm Menke

Martin Walser als Lehrer

Martin Walser is not only a writer and essayist, but has also on several occasions been a guest lecturer at American universities. In the following essay a participant in his seminars gives an account of his professional and personal experiences of Walser during the latter's three-month fellowship in Autumn 1976 at West Virginia University. During this period Walser conducted two seminars: 'Ironie in der Literatur als ein Verhältnis zur Geschichte' and 'Publizistik und öffentliches Meinungswesen'.

'Seelenarbeit an Deutschland', um das Motto der Konferenz noch einmal in Erinnerung zu bringen: die hat Walser wahrlich geleistet. Sein Lebensweg führt vom jungen Rundfunkredakteur beim SDR Stuttgart, der als erwachender Autor nach einer schwachen literarischen Sendung im Ü-Wagen meinte: 'Das kann ich besser' und der unter anderem mit Heißenbüttel und Andersch die frühen Funkdialoge Arno Schmidts betreute, über den politisch bewußten Schriftsteller, der Ende der 60er Jahre erkannte, daß die westdeutsche Demokratie keine war und in einem energischem Politisierungsschub zu einem Fürsprecher linken Denkens wurde und offen Sympathien für die DKP hegte, hin zum Bruch mit einer Reihe von Positionen des linken Spektrums und zu einem Neo-Konservatismus, der bislang in der Rede zur Annahme des Friedenspreises des deutschen Buchhandels kulminiert.

Von Walsers literarischem und essayistischem Werk soll aber hier nicht die Rede sein – das wird aus Anlaß seines 75. Geburtstags in den Medien ausgiebig diskutiert; ich möchte von ihm nicht als Schriftsteller, sondern als Lehrer berichten. Wer einen Blick auf seine Biographie wirft, erfährt, daß Walser mehrmals zu Lehraufenthalten in den USA war und an verschiedenen Universitäten unterrichtet hat; was er in Europa (mit Ausnahme der Frankfurter Poetik-Vorlesungen) nicht tat, obwohl er sicher die Möglichkeit dazu gehabt hätte. Der Drang nach Amerika, gar nicht untypisch für Nachkriegsliteraten, die der kleinbürgerlichen Enge Westdeutschlands für einige Zeit entkommen wollten und in der existentiellen Ellenbogenfreiheit der neuen Welt, wie ich dieses Lebensgefühl einmal nennen möchte, freier zu atmen meinten, dieser Drang, so meinte Walser einmal im Gespräch, sei schon seinem Großvater untergekommen, der des öfteren dem Enkel gegenüber den Stoßseufzer losgelassen habe: 'Ach, wäre ich doch nach Amerika gegangen!'[1] Er tat es nicht, sein Enkel ebenfalls nicht, doch der hat den Drang ebenfalls gespürt und war ab 1958 des öfteren in den USA: In Harvard zunächst, dann folgten Middlebury, Austin/Texas, Dartmouth und schließlich 1983 Berkeley, dem Schauplatz der *Brandung*.

Ich hatte im Herbst 1976 mit ihm drei Monate lang fast täglichen Kontakt in Morgantown, an der West Virgina University, als er dort eine Gastprofessur innehatte, und wir fragten uns wiederholt, was denn ein weltberühmter Autor wie Walser dort in Appalachia, im Monongalia County wollte; heute interpretiere ich Walsers Motivation für einen Aufenthalt in West Virginia als eine heimliche Flucht aus der deutschen Öffentlichkeit: endlich einmal weg! Weg von Kritikern, Literaturpäpsten und politischen Anwürfen: ab nach Amerika, egal wo, selbst die Diaspora - West Virginia zählt nicht unbedingt zu den kulturellen Zentren Amerikas - war gut genug.

Wir waren damals eine Gruppe von ungefähr einem Dutzend Graduate-Studenten, die meisten von uns Deutsche, viele hatten schon das Erste Staatsexamen, wollten mal ein Jahr weg, auch gern in die USA. Wir saßen zu Füßen des Meisters, nein falsch, nicht zu seinen Füßen, denn er hatte uns völlig ernsthaft als Gleichberechtigte akzeptiert: also wir saßen ihm gegenüber, oder er in unserem Kreise, und haben mit ihm dort am Ufer des Monongahela River, der weiter nördlich in Pittsburgh mit dem Allegheny River zusammenfließt und dann den Ohio River bildet (so weit waren wir von Deutschland entfernt!), über deutsche Literatur gesprochen, und die Begeisterung für diese Literatur als ästhetisches und gesellschaftspolitisches Phänomen übertrug sich von ihm, dem Meister (also doch dieses Wort einmal!) auf uns, die Studenten. Ich muß gestehen, daß dieses Vierteljahr zu den prägendsten Zeiträumen meines Lebens gehört: menschlich und wissenschaftlich. Denn Walser lehrte uns Literatur nicht als verbeamteter Spezialist, nicht als eine Disziplin, zwischen Buchdeckel verbannt, sondern als integralen, vitalen Teil der gesellschaftlichen Realität: bei Walser lebte sie. Und dieses Vor-Leben von Literatur und Menschlichkeit erstreckte sich über die Seminare hinaus auf den privaten Bereich. Ich erinnere mich, wie Walser dort einmal einen seiner Studenten beim Umzug antraf und ihm dann ohne Aufforderung dabei behilflich war, dessen spärliche Möbel und wenige Bücher in die neue Souterrain-Wohnung zu tragen. Das, so habe ich in vielen Jahren gelernt, macht einen großen Mann aus: einer, der keine Dünkel hat, keine Unterschiede bei der Behandlung von Menschen macht, egal, wer sie sind. Praktizierung von Menschenwürde könnte man das nennen. Und in unserem Party-Kreise - es war 1976 - zog auch er einmal an der kreisenden Joint-Zigarette, freilich, ich entsinne mich nicht mehr recht, wohl ohne zu inhalieren, wie eben ein bekannter amerikanischer Politiker nach ihm. Er schloss sich eben nicht aus, sondern versuchte eine Integration in unseren Kreis, er bemühte sich hin zu uns, den Studenten.

Unser Martin Walser also - er war damals 49 Jahre alt, war von der Mentalität her wie auf einem Foto in der *Stuttgarter Zeitung* vom 19. April 1971: es zeigt ihn in der Mitte einer Gruppe von verlegenen, aber stolzen Studenten bei einer Veranstaltung des Literarischen Forums in Ludwigsburg, heftig mit dem unsichtbaren Gegenüber diskutierend. Im Halbdunkel des Hintergrunds erkennt man mehrere ehrwürdige, gutgekleidete bürgerliche Herren, samt ihren Damen im Abendkleid, die, peinlich berührt, versuchen wegzuschauen: man wollte Literatur genießen, sie nicht aber als Politikum diskutieren: Protest und Engagement also bei Walser gegen die Repräsentanten des Status quo, und er als Sprachrohr der jüngeren Generation.[2] So ähnlich auch das Tableau in Morgantown: das Verhältnis des Meisters (schon wieder dieser Begriff) zu den dortigen Professoren, die gewöhnlich zu Hause saßen, tranken und Skat spielten (wie in der *Brandung*, übrigens), war eher reserviert, er war ihnen wohl eine Nummer zu groß. Seine offiziellen Verpflichtungen bestanden im Abhalten von zwei Seminaren, dazu kam ein - später veröffentlichter - Vortrag 'Über Päpste' (seine Antwort auf Reich-Ranickis Beprechung von *Jenseits der Liebe*). Eigene Werke wollte Walser in seinen Seminaren freilich nicht behandeln und tat es auch nicht. Er wolle nicht seine eigene Kotze auflecken müssen, meinte er drastisch, und damit war dieses Thema erledigt. Er hatte nämlich noch viel mehr zu bieten.

Zwei Seminare hielt er, beide auf Deutsch, nur für uns native speakers sozusagen: das eine beschäftigte sich mit dem Thema der 'Ironie in der Literatur als ein Verhältnis zur Geschichte', das andere hieß 'Publizistik und öffentliches Meinungswesen'. Ironie und Geschichte: in diesen Begriffen kündigt sich noch nicht etwa bereits eine spätere Skepsis gegenüber linkem Fortschrittsoptimismus an, sondern Walser untersuchte, wie große Autoren der deutschen Bourgeoisie als intellektuelle Repräsentanten ihre Klasse (im Zeitraum von 1794 bis 1924) ihr Verhältnis zur Gegenwart reflektieren. Und Walsers Beurteilung erfolgte vom damaligen Standpunkt eines Linksintellektuellen aus (also 1976), und er legte uns vor allem eins ans Herz: Mut zur eigenen Interpretation zu haben, zur persönlichen Meinung: eine Aufforderung wohl auch gerichtet gegen die Schein-Objektivität einer sich rein 'wissenschaftlich' gebärdenden Fach-Germanistik. Warnung vor akademischer Autoritätsgläubigkeit also; das war damals ein Bestandteil aufklärerischen linken Denkens. Kein Wunder, wenn man sich an der dortigen kleinen und konservativen Universität bald von Walser zurückzog.

Zuerst kam der *Wilhelm Meister* an die Reihe, von dem Walser erklärte, das Buch sei im Grunde eben kein ironischer Roman, denn mit Wilhelms heimlich vorausbestimmter Erziehung zum Adeligen (durch die Turmgesellschaft) habe Goethe es todernst gemeint. Im *Wilhelm Meister* werde die Bürgerklasse beschrieben: zwar sei Wilhelms Person ironisch gemeint, doch seine Äußerungen nicht. Vor allem sei das Erziehungsideal Lotharios ein klassisches, und besitze damit ein unrealistisches Element, dessen historisches Konzept Geschichtslosigkeit beinhalte. Die gesellschaftlichen Verhältnisse seien im Roman geradezu als unveränderbar, als naturhaft gegeben dargestellt. Geschichtslosigkeit und Unveränderbarkeit: diese Begriffe riefen in den siebziger Jahren sofort den Protest Linksintellektueller auf den Plan, denn sie rochen nach bürgerlichem Idealismus. So auch bei Walser. Den Romantikern hingegen gehörten schon eher seine Sympathien, da sie keine literarischen oder politischen Entsprechungen für ihre Empfindungen, für ihr Lebensgefühl zur Verfügung gehabt hätten. Ihre Ironie sei dann der Ersatz für die nicht stattgefundene gesellschaftliche Revolution. Diese Konstellation erinnert schon eher auch an die Reaktionen enttäuschter Sozialrevolutionäre: Sublimierung der politischen Enttäuschung durch Innenschau, Ironie oder konservative Wende: und nicht nur Walser wird diesen Weg in den achtziger Jahren einschlagen. In diesem Zusammenhang, und mit Blick auf Jean Paul, im Gegensatz zu den Romantikern ein humoristischer Autor, der immerhin aber die Ironie als den 'Gegenfrost der Sprache' bezeichnet (im *Hesperus*), vertrat Walser die - materialistische, *nicht* postmoderne - These, der Autor sei im Grunde nicht 'Schöpfer'; das Schöpferische sei Fiktion, denn jeder Autor reflektiere lediglich eigene Lebenserfahrungen auf je eigene ästhetische Weise. Und diese Vorstellung bestimme dann auch das Verhältnis von Autor und Held, deren Beziehung notwendig enger sei, als die Germanistik es gern zugebe. Das war hier also noch ausgesprochen modernistisch gedacht.

Es wurde deutlich, daß Thomas Mann damals kein ausgesprochener Lieblingsautor Walsers war: Thomas Mann sei zwar, was die Ironie angehe - als Autor - ein ironischer Künstler, aber seine Kunst d.h. seine Werke seien es nicht. Mann warf er einmal vor, in Kolumnen zu operieren, in Gegensatzpaaren, und damit ausgesprochen undialektisch zu denken. Demonstriert hat er diese These an *Tonio Kröger*, wo der

Gegensatz von Künstler und Bürger verabsolutiert werde: es existiere keine dialektische Verbindung zwischen den im Buch maßgebenden Blöcken von Kunst und Leben. Was im *Tonio Kröger* eine (falsche) unaufhebbare Künstler-Bürger Dichotomie sei, stelle sich in den *Betrachtungen eines Unpolitischen* als Gegensatz von Geist und Leben, im *Zauberberg* als der von Geist und Natur dar. Es sei unverständlich, so Walser, noch im Jahre 1905, wie Mann es in der Novelle tue, den absoluten Gegensatz von Künstlertum und Bürgertum zu apostrophieren. Die Postulierung eines derartigen unüberbrückbaren Gegensatzes dürfte der eigenen Lebenserfahrung des (klein)bürgerlichen Künstlers Walser widersprochen haben. Leben und Kunst waren für ihn untrennbar verknüpfte Aspekte seiner gesellschaftlichen Welt.[3] Kritik an der Künstlerfigur bei Thomas Mann dann weiter im *Doktor Faustus*, deren Darstellung eines Martyriums für die Kunst heute doch ein wenig lächerlich anmute. Lob dagegen für die Begleitschrift des Romans, der 'Entstehung des Doktor Faustus'. Dort gestatte die Chronologie des schriftstellerischen Schaffensprozesses den Einblick in die tägliche Arbeitsweise eines Künstlers. Das sei viel aufregender als der larmoyante Roman selber.

Begeistern können hat Walser uns dann für einen seiner Lieblingsschriftsteller, für den Namensvetter Robert Walser, zu dessen Wiederentdeckung er in den siebziger Jahren ein gutes Stück beigetragen hatte. (Jahre später hat noch einer meiner kalifornischen Professoren die beiden Autoren miteinander verwechselt.) Im Seminar wurde der Roman *Jakob von Gunten* behandelt mit seiner Ironisierung der kleinbürgerlichen Existenz durch Robert Walser, und damit die Umkehrung der Idee Nietzsches vom Willen zur Macht. In diesem Anti-Bildungsroman, der das Sich-Kleinmachen ironisch als die höchste Tugend preist, hat Robert Walser diese Inversion des Sinns des Lebens seinen Protagonisten ja so formulieren lassen: 'Man muß mich nackt auf die kalte Straße werfen, dann stelle ich mir vielleicht vor, ich sei der allesumfassende Herrgott'.[4] Wenn Walser Martin selbst zugibt, daß der Roman seines Namensvetters die Vernichtung der Zeit als Zukunftsperspektive zum Thema hat, dann merkt der aufmerksame Leser/Zuhörer (wenn auch erst Jahre später), daß eine solche Geschichtsvorstellung gar nicht in sein damaliges aufklärerisches Geschichtskonzept passen konnte. Wie dem auch sei: auch Kafka, ein erklärter Lieblingsautor Walsers, wurde als ironischer Künstler vorgestellt. Auch in der Interpretation der *Verwandlung* dominierte Walsers marxistische Weltsicht. Die Entfremdung als letzte Ursache für

Samsas Selbstmord sei eine gesellschaftliche, hervorgerufen durch dessen Entfremdung von der Arbeit, seiner gesellschaftlichen Tätigkeit, während der Selbstmord im *Prozeß* ein selbstbestimmter sei, hervorgerufen durch eine andere Identitätskrise: durch das schlechte Gewissen des Protagonisten, der sein bisheriges Dasein nicht zu rechtfertigen vermag. Die Ironie in beiden Texten läge demnach in der Vernünftigsprechung von Selbstmord, und Kafka als auch Robert Walser sähen als Darstellungsmittel dieser Katastrophen die literarische Form der Ironie als eine absolute, unendliche Negation der gesellschaftlichen Realität.

In diese Zeit fielen zwei literaturpolitische Ereignisse, die uns zeigten, wie hautnah der aktuelle Literaturbetrieb sein kann und wie involviert Schriftsteller in ihre Gegenwart sind. Das erste war die Botschaft von der Zwangsausbürgerung Wolf Biermanns aus der DDR im November 1976. Man kann sich das Entsetzen Walsers als Reaktion auf diese Maßnahme kaum mehr vorstellen. Gerade linke Autoren in der Bundesrepublik zeigten sich ja weitgehend solidarisch mit den ostdeutschen Dissidenten und hofften, das System im Osten würde Toleranz beim Aufbau eines kritischen Sozialismus zeigen. Nun dieser Schlag: die DDR entledigte sich ihres bekanntesten und bereits mit Zensur belegten Kritikers. Hier brachen dann wohl große Teile von Walsers westdeutschen Hoffnungen auf größere Liberalität in der DDR zusammen. Wenn die politischen Träume für eine freiere Entwicklung in der DDR jemals enttäuscht wurden, dann im Spätherbst 1976. Der zweite Schlag, den Walser in Morgantown empfing, war das Eingeständnis Erika Runges, der Herausgeberin der *Bottroper Protokolle*, diese gefälscht zu haben.[5] Sie widerrief sie und gab zu, jene Interviews mit der arbeitenden Bevölkerung im Ruhrgebiet weitgehend selbst erfunden bzw. manipuliert zu haben; sie waren also keine authentischen Dokumente zur Lage des westdeutschen Proletariats. Diese Nachricht traf Walser um so mehr, als er ein sehr engagiertes Vorwort für diesen bei Suhrkamp veröffentlichten Band geschrieben hatte. Runge hatte also nicht nur die deutsche Öffentlichkeit getäuscht, sondern auch Walser ganz persönlich. Ost und West hatten Walser wohl gleichermaßen enttäuscht.

Der Umgang mit Walser brachte uns Studenten in Kontakt mit einer anderen Berühmtheit. Auf einem Fest in Morgantown tauchte hinter ihm eine von Photos her seltsam vertraute Person auf: ja, in der Tat, es war Jürgen Habermas, seinerzeit ebenfalls Gastdozent in den USA. Ein informelles, ungezwungenes Gespräch mit diesem Mann zu führen, stellte für uns eine außergewöhnliche Gelegenheit dar, obwohl einem in diesem

Augenblick kaum angemessene Themen einfielen - was man den damals wohl einflußreichsten deutschen Philosophen schon immer fragen wollte - man war 'star-struck'. Dennoch kam es zu einem kurzen Gedankenaustausch, wenn auch Habermas sich wesentlich steifer und spröder gab als Walser. Die beiden machten sich dann auch aus dem Staub, als der erzkonservative Gastgeber (ein deutscher Ausgewanderter) zur falsch verstandenen Ehre seiner Gäste die erste Strophe des Deutschlandliedes erklingen ließ. Das war nicht nur ein peinlicher Affront gegen Walser und Habermas, sondern auch gegen unsere eigenen politischen Überzeugungen.

Dennoch behielt Walser seinen Optimismus im zweiten Seminar bei. Frustrationen wie durch die hier geschilderten Ereignisse brauchen gewöhnlich eine lange Inkubationszeit, bis sie sich im Bewußtsein niederschlagen und weltanschauliche Konsequenzen haben. Ein Indiz aber vielleicht war Walsers nächstes Buch, das scheinbar unpolitische *Fliehende Pferd*. Die Themen historisches Bewußtsein und Herrschaftsverhältnisse, die schon im Hintergrund des Ironie-Seminars standen, bestimmten auch das Seminar über 'Publizistik und öffentliches Meinungswesen'. In seiner Diskussion des Theaters der sechziger Jahre nahm Walser einen Vergleich zwischen dem 'Dokumentarischen Theater' und insbesondere den Stücken Peter Handkes vor. Während eines der Ziele des 'Dokumentarischen Theaters' die Sichtbarmachung der gesellschaftsgeschichtlichen Dimension des Stoffes ist, und das heißt auch immer sozialer Veränderbarkeit, und die historischen Fakten dem Urteil des Publikums unterworfen sind, ging es Handke - so Walser - in seinen Sprechstücken um ein Auseinandernehmen der Sprache. So wie zum Beispiel für Peter Weiss die authentischen Personen als Repräsentanten für bestimmte gesellschaftliche Interessen stünden, sei es Handke um die Sichtbarmachung des durch Sprache geformten Bewußtseins zu tun, freilich ohne - und hier setzt die Kritik Walsers ein - die dahinterstehenden Herrschaftsverhältnisse aufzuzeigen. Er kritisierte zwar nicht die Thematik, wohl aber das allzu Künstliche und Narzißtische bei Handke, da ja nach Wittgenstein jede Bedeutung einen gesellschaftlichen Hintergrund besitzt, Handke aber die gesellschaftlichen Bedingungen für die Sprachfolterung wie zum Beispiel in seinem *Kaspar* nicht mitreflektiere. Das gleiche gelte für die *Publikumsbeschimpfung*: sie leide an der Unverbindlichkeit des revolutionären Gehabes, da sie sich nicht auf Tatsachen einlasse, sondern relativ abstrakt bleibe. Von daher gesehen bevorzugte Walser das Spektakel von *Klau mich*, die Bloßstellung der westdeutschen Machtverhältnisse durch Fritz Teufels und Rainer Langhans' Theater vor dem Berliner Landgericht 1967, wo sie als Mitglieder der Kommune I Theater auf gesellschaftlich nicht akzeptierten Schauplätzen gespielt hätten.

Walser wiederholte in diesem Zusammenhang noch einmal das Thema 'Moderne um 1795' (also die Klassik und die Romantik), und seine Abscheu vor bürgerlich-geschichtslosem Denken (Geschichtslosig-keit war ja das Unwort der ganzen Dekade) und insistierte auf der gesellschaftsgeschichtlichen Determiniertheit aller Kunst. Er ging sogar weiter: Originalton Martin Walser: der Verlauf der Geschichte sei so, daß immer mehr Menschen im Laufe der Zeit an der Herrschaft beteiligt würden. Kaum eine These wirft ein helleres Licht auf den linksintellektuellen Fortschrittsoptimismus der siebziger Jahre, dem auch Walser anhing, und die wir Studenten eifrig nachbeteten, gab sie doch den damaligen marxistischen Neigungen unserer Gruppe Zucker.

Walser zeigte sich also Ende 1976 noch literaturpolitisch engagiert, glaubte noch an die Möglichkeit, die Kunst könne - zwar nur mittelbar, aber immerhin - zur Veränderung von Bewußtsein und politischem Verhalten ihren erfolgreichen Beitrag leisten. Beispielhaft war dafür seine These, exemplifiziert an Schillers *Luise Millerin*, literarische Kunstwerke besäßen durchaus eine, wenn auch erst langfristig wirksame, gesellschaftsverändernde Kraft. Seine Meinung über das emanzipierende Potential von Literatur wurde von uns seinerzeit als Bestätigung für die Richtigkeit unserer weltanschaulichen Überzeugungen genommen; gleichwohl würde ich heute argumentieren, dass Schillers *Ästhetische Briefe* weit mehr als *Luise Millerin* Einfluß auf die deutsche Gesellschaftsgeschichte der letzten 200 Jahre ausgeübt haben, wenn auch nicht in dem von uns vermuteten Sinne. Die Lehre von der Veränderung und Freiheit des Menschen durch Schönheit hatte ja durch ihre 'Innerlichkeits'-Emphase langfristig eine viel systemaffirmativere Wirkung für das deutsche Bürgertum als die sozialrevolutionären Ideen des Sturm und Drang. Auch das geschichtsphilosophische Konzept des *Jakob von Gunten* läßt sich schwer mit der von Walser früher artikulierten Behauptung vom Lauf der Geschichte als permanentem Demokratisierungsprozess vereinbaren (wenn er sie denn ernst gemeint und uns nicht nur als pädagogisches Mittel verabreicht hatte). Wohl erfolgt hier - nimmt man die die geschichtsphilosophischen Implikationen der Nichtverwirklichung individueller und kollektiver Emanzipation und Selbstbestimmung ernst - ein nicht weiter aufgegriffener Einbruch in das aufklärerische Weltbild Walsers. Wenn einem repräsentativen Kunstwerk sein Emanzipationspotential abhanden gekommen ist, so dann auch sicher, mutatis mutandis, dem kollektiven gesellschaftlichen Menschen: das widerspräche aber der Idee gesellschaftshistorischer Fortschrittshoffnungen. Hier wurde dann für mich Jahre später ein Riss sichtbar, der das konservative, skeptisch-realistische Geschichtsverständnis des älteren Walser vorwegnimmt. Aber wer, rhetorisch gefragt, kann schon allen Ernstes den idealistischen Weltveränderungsoptimismus seiner jüngeren Jahre unbegrenzt fortsetzten? Mir scheint ein Alterskonservatismus nach fünfzig Lebensjahren eher eine lebensempirische Zwangsläufigkeit zu sein, von der auch Martin Walser sich nicht freimachen konnte.

Zwei Dinge, um zusammenzufassen, hat der hochverehrte Martin Walser uns damals gelehrt, durch persönliches menschliches Vorbild: Die Literatur ist ein ästhetisches Gebilde, sie verschafft uns Selbst- und Welterkenntnis und das Erlebnis von Schönheit. Gleichzeitig aber muß man die Literatur als ein historisch eingebundenes Phänomen mit politischer Wirkungskraft verstehen, das zur Veränderung von als ungerecht empfundenen gesellschaftspolitischen Verhältnissen beitragen kann. Sie braucht ihrer Schönheit damit nicht verlustig zu gehen. Heute, rückblickend auf die Endphase eines vermeintlichen allgemeinen gesellschaftlichen Aufbruchs und angesichts der Enttäuschung über den Utopieverlust in der Praxis und der Enstehung der weltweiten (auch kulturellen) Hegemonie des amerikanischen Kapitalismus mag das literarische Engagement von Walser und seinen Jüngern naiv und blauäugig scheinen. Für viele von damals hat nun die Hoffnung auf gesellschaftlichen Fortschritt eher einer mythologischen, Nietzscheschen Weltsicht Platz gemacht. Hat dieser Verlust des linken Sinnpotentials auch Walser in die Arme von Konservativen getrieben? Immerhin wurde er ja in den achtziger Jahren mit den Größen der CSU bei deren Neujahrstreffen am Stammtisch gesehen. Ist Walsers Lebensweg der von einem jungen bürgerlichen Intellektuellen über den Sozialrevolutionär zum Neo-Patrioten? Aber bedeutet nicht, zur Nietzscheschen Linken zu gehören, sich eher über den tatsächlichen Zustand der Welt im Klaren zu sein? Und sind wir nicht eigentlich bei Nietzsche angekommen, zusammen *mit* Walser, der gerade in den letzten Jahren wiederholt betonte, welche literarische Macht die Prosa des *Zarathustra* auf ihn ausübe? Ist die Entwicklung von Brecht zu Benn, um es literarisch-geschichtsphilosophisch an zwei Namen zu binden, ein Gewinn an Wirklichkeitssinn oder nur ein Pessimismussyndrom? Und wenn Walsers

Studenten ihm nicht auf seinem individuellen konservativen Weg gefolgt sein mögen, so bleibt dennoch die Tatsache, daß dieser Schriftsteller uns Studenten am Monongahela River in Morgantown, West Virginia, mehr Wissen über deutsche Geschichte und Literatur vermittelt und größere Begeisterung für sie geweckt hat, als das je an einer Hochschule in Deutschland oder in den USA möglich gewesen wäre. Er hat diese Erfahrungen gemacht, sie gelebt und weitergegeben. Dafür bin ich ihm außerordentlich dankbar.

Anmerkungen

[1] So Walser bei der Abschiedsparty für ihn in West Virginia im Dezember 1976.

[2] Ein Abzug des Photos befindet sich in meinem Besitz. Im Übrigen gehen die Informationen im vorliegenden Aufsatz auf meine Notizbücher von beiden Seminaren als auch auf persönliche Erinnerungen zurück.

[3] Man ist versucht, das sei kurz angemerkt, Harold Bloomsche *Anxiety of Influence*-Kriterien bei Walser anzuwenden. Walser, aus kleinbürgerlichen Verhältnissen stammend und den schmerzhaften dialektischen Konflikt von bürgerlichem und künstlerischem Bewußtsein am eigenen Leib erfahrend, mußte vielleicht in einer Art Abwehrmanöver so den großbürgerlichen Kollegen eines undialektischen Denkens bezichtigen. Seine eigenen Lebenserfahrungen werden Thomas Manns (Schein)-Dichotomien nicht entsprochen zu haben.

[4] Robert Walser, *Jakob von Gunten*. In *Das Gesamtwerk VI*, Suhrkamp: Frankfurt a.M., 1978, S. 110.

[5] Erika Runge, Hg., *Bottroper Protokolle. Mit einem Vorwort von Martin Walser.* Suhrkamp: Frankfurt a.M., 1968.

Keith Bullivant

Martin Walser and the Working World

It is a commonplace that writings of the Dortmunder Gruppe 61 mark the entry into (West) German literature after 1945 of the working world. While it is true that they were the first group that foregrounded the industrial workplace, its own publications made it clear that the working world was changing from the 1960s onwards. What was ignored at the time was that the novels of Martin Walser from their outset focused on characters who - unusually in the context of modern German literature - worked for a living. Over the years Walser has frequently stressed the importance that work has for his protagonists and the important role that his own social background has played in this focus. Particular attention is paid in this article to the novel *Seelenarbeit* (1979).

'Was hilft es mir, gutes Eisen zu fabrizieren, wenn mein eigenes Inneres voller Schlacken ist?'[1] With these words, some of the best known in German literature, the working world is banned from its stage, left in the hands of Werner and his ilk, while Wilhelm and those heroes of the *Bildungsroman* that follow him devote themselves to the development of their inner self. And Goethe's novel is clearly the model that Hegel prescribes in the modern 'prosaic' age[2] and which is championed in subsequent theories of the German novel, such as those of Friedrich Theodor Vischer, Arthur Schopenhauer and Otto Ludwig, up to Thomas Mann's Princeton lecture, 'Die Kunst des Romans', in 1939. There were, it is true, continual theoretical and practical attempts to challenge the dominance of abstract idealism in the German novel – by the Junges Deutschland movement, Julian Schmidt and Gustav Freytag, the Naturalists and the authors of Neue Sachlichkeit, for example - but its proponents always managed to have the novel of the working world relegated to the ranks of *Trivialliteratur*. And after 1945 it was striking that writers of inner emigration, such as Ernst Jünger and Frank Thiess, were quickly reasserting the same ideas, while the Gruppe 47 quickly sidelined an author like Walter Kolbenhoff (*Von unserem Fleisch und Blut*, 1947) whose work came under the sway of a timeless lyricism during the 1950s.

It was not until 1959 that this dominant aesthetic position was questioned. Alfred Andersch wrote an article for the *Frankfurter Allgemeine Zeitung*, in which he drew attention to the continued exclusion of the working world from German literature. One reason for this was the aesthetic tradition, the other the prevalence of academically trained writers without experience of the workplace. The following year and also in his address opening the 1961 Frankfurt Book Fair Walter Jens argued that (West) German literature 'beschreibt das Individuum, das es sich leisten kann, Gefühle zu haben, den Menschen im Zustand eines ewigen Feiertages, den Privatier für alle Zeiten.'[3] The working world and the working man, on the other hand, had no place in it (and it would take a long time before working women were found in West German literature). The comments of Andersch, Jens and others around this time were opportunistically seized upon by Fritz Hüser, the co-founder of the the the Dortmunder Gruppe 61, to legitimize the creation of a new literary group that drew on the local tradition of workers writing about life down the mine but which was also anxious to avoid stigmatization as being outside the mainstream - hence also the name, which clearly refers back to Gruppe 47. In the 1960s and 1970s writers from the new group like Max von der Grün and Günter Wallraff certainly helped to change the face of West German literature and, with the politicisation of the literary scene in the wake of the Extra-Parliamentary Opposition, those writers, together with the splinter-group Werkkreis 70 and others, such as Michael Scharang, Franz Innerhofer and Wilhelm Genazino, were a major presence; the programme of the Luchterhand Verlag, for example, was radically changed from an avantgarde imprint to one that foregrounded the working world.

From a contemporary perspective (2002) it seems remarkable that no one at the time thought it appropriate to challenge Walter Jens and draw attention to the work of Martin Walser. In the context of then prevailing trends, however, it is now relatively simple to understand why this was so: *Halbzeit* (1960), the novel that first brought major critical attention to Walser, was striking because of its innovative use of language, and in its central thematic concern with identity and role-playing in modern society. As such it was seen as belonging to that group of 'modern' German novels constituted by Grass' *Die Blechtrommel* and Uwe Johnson's *Mutmaßungen über Jakob* (both 1959) that was seen as bringing West German literature into the fold of 'world literature'. Moreover, Anselm Kristlein, the protagonist of the trilogy constituted by *Halbzeit, Das Einhorn* (1966) and *Der Sturz* (1973), was a sales representative (later a writer, and finally the administrator of a rest-home), rather than the blue-collar worker seemingly demanded by Jens and others.[4] Nevertheless, the protagonists of Walser's first two novels, published before the founding of Gruppe 61, had to work for a living, and in this respect differed greatly from their counterparts in the work of

Alfred Andersch, Uwe Johnson, Günter Grass and Heinrich Böll, in which any professional activity is essentially a metaphorical device that enables the writer to address a particular theme. Looking back, though, it is striking that, while Walser with some justification claims that 'die feineren Geister heute eigentlich gar keinen Beruf mehr sehen wollen',[5] the protagonists of his many novels and novellas have clearly defined jobs: apart from Anselm Kristlein's various occupations, Hans Beumann (*Ehen in Philippsburg*, 1957) is a journalist; Josef Gallistl has a number of jobs, ending up as a writer; Franz Horn (*Jenseits der Liebe*, 1976, and *Brief an Lord Liszt*, 1982) is a sales executive; Helmut Halm (*Ein fliehendes Pferd*, 1978, and *Brandung*, 1985) is a school teacher; Klaus Buch (Halm's alter ego in *Ein fliehendes Pferd*) a journalist; Xaver Zürn (*Seelenarbeit*, 1979) a chauffeur who at the end of the novel has to return to the manual labour from which he had earlier escaped through his promotion; Gottlieb Zürn (*Das Schwanenhaus*, 1980, and *Jagd*, 1988) an estate agent; Wolf Zieger (*Dorle und Wolf*, 1987) is a GDR spy working as a local government official in the Federal Republic; Alfred Dorn (*Die Verteidigung der Kindheit*, 1991) is a lawyer and senior civil servant; Ellen Kern-Krenn (*Ohne Einander*, 1993) is a journalist, Stefan Fink (*Finks Krieg*, 1996) is a senior civil servant and, although the protagonist is too young to have a proper job, the milieu of *Ein springender Brunnen* (1998) is unambiguously the working world, in this case the family inn.

The emphasis in Walser's first three novels is on the price paid by the individual for survival, never mind success, in modern capitalist society, a theme that can be traced back to his doctoral work on Franz Kafka and to the influence of the work of Robert Walser (no relation), especially his novel *Der Gehülfe* (1907).[6] Hans Beumann, much like Joe Lampton in John Braine's *Room at the Top* (1957), succeeds by quickly learning to quash his youthful ideals and to develop the dog-eat-dog attitude that enables someone as quick-witted as himself to 'get on in the world'. He learns to betray people like his former self - vividly brought out by his evicting a plebian gate-crasher from the exclusive Sebastian Club - and to suppress his true feelings for Marga, recognizing that the strategic marriage to Anne Volkmann is his entrance ticket to the upper echelons of Philippsburg society. The price, as with Joe Lampton, is the deformation of his true character.

Anselm Kristlein, at least in the first two novels of the trilogy, has come to terms with the social rules of life in modern society better than even Hans Beumann. He is equally trapped by the capitalist world, but is a more accomplished survivor, able to succeed and still maintain his identity through his chameleon-like mastery of role playing. In *Der Sturz*, on the other hand, Anselm is shown as being far less able to cope with the pressures of the rat-race and the neurotic individualism it engenders. This return to the central concerns of *Ehen in Philippsburg* can be explained by Walser's growing (left-wing) politicisation during the 1960's and his concomitant re-evaluation of the social role of literature. By 1964 he had become highly critical of the way in which 'bourgeois literature' had lost its initial emancipatory impetus, deteriorating - for him - into affirmative 'reines Sprachspiel'.[7] This disquiet, which amounted to nothing less than self-criticism, led to Walser eventually taking a break from writing and to his championing the publication of the autobiographies of working-class 'non-authors' (Reinhard Baumgart),[8] in which the negative impact of contemporary capitalist society on the less-privileged was the dominant theme. Walser returned to writing with the experimental prose piece *Fiction* (1970), but his next work, the novel *Die Gallistl'sche Krankheit* (1972), takes up the central concern of his first novel with its focus on the deformation of character as an essential and integral part of the work process. Gallistl is weary of the ongoing struggle to be himself:

> Ich arbeite, um das Geld zu verdienen, das ich brauche, um Josef Georg Gallistl zu sein. Aber dadurch, daß ich soviel arbeiten muß, komme ich nie dazu, Josef Georg Gallistl zu sein. Bis jetzt bin ich immer nur der, der für Josef Georg Gallistl, den es noch nicht gibt, arbeitet.[9]

The middle-aged Anselm Kristlein whom we meet in *Der Sturz* is a similar sort of figure, longing to experience life without the pressure to earn money, but at the same time afraid that, as the only meaning of his life thus far has been earning money, the removal of that pressure would strip his life of even that sort of meaning. While the rich, such as the entrepreneur Blomich, the owner of the rest-home for whom Anselm comes to work, can make themselves independent of the world of commercial competition through the strategic sale of their business assets, those who have to depend on employment for their existence are in the main impotent victims, especially if they are not engaged in a political organisation. Unlike other social victims in the novel, Anselm has at least made a desperate effort to make enough money to be independent by speculating with his wife's inheritance, but that effort - inevitably, it would seem - ends in disaster. Even in the final section of the novel, when Anselm and all other employees have been dismissed by the American buyers of the rest-home and he can only dream of trying to take his revenge on Blomich by stealing his luxury yacht and trailering it across the Alps, the dream is turned into nightmare by an accident in the mountains. After that, in a way that sums up Anselm's total lack of hope of a change for the better, it is downhill all the way ('Es geht hangabwärts mit uns'.)[10]

Der Sturz, the final volume of the Anselm Kristlein trilogy, anticipates thematically the major concerns of Walser's subsequent prose writings: the growing inability of a middle-aged male to cope with the pressures of the rat-race on the one hand, and his inability to accept the support and comfort offered by others, such as his wife or a political association, on the other. This leads to neurotic individuation. The true prototype of such a protagonist is Franz Horn in *Jenseits der Liebe* (1976), a sales executive with a firm of denture manufacturers. It is clear that he had been very successful in earlier times, but he is now coming under increasing pressure from younger colleagues and has major problems in coping with the stress. He has, we discover, been making a series of more or less spontaneous protests against his increasing marginalization within the firm - he starts drinking heavily, puts on a lot of weight and becomes involved in a somewhat iconoclastic way with trade-union activities targeting senior management. During the course of a business trip to England he becomes much more conscious of his growing dissatisfaction in his dealings with his alter ego Keith Heath. He deliberately turns what should have been a more or less routine deal into a fiasco and marks his exiting the rat-race with a half-hearted suicide attempt.

Acceptance of one's own inadequacy as a means of survival also characterizes the Franz Horn we meet in *Brief an Lord Liszt*, the failed estate agent Gottlieb Zürn (*Das Schwanenhaus* and *Jagd*) and Helmut Halm during his visiting semester in California (*Brandung*). This existential tactic as a response to the pressures of the rat-race is brought out particularly tellingly and forcefully in the somewhat earlier work featuring Helmut Halm, the novella *Ein fliehendes Pferd*, and his alter ego Klaus Buch. The Peter Pan-like Buch, a contemporary of Halm at school, appears to be the complete embodiment of the successful persona propagated by the media: tanned, lean and competitive in whatever he does, he seems to have great success at work (journalism), in his various sporting activities and in his personal life. While Halm keeps his wife at an emotional and physical distance, Buch has married the young, fashionable and sexy Hel. Only in the crisis situation when Buch is missing, thought drowned after a sailing trip with Halm on the Bodensee, is the reality behind the facade revealed by Hel:

> Er hat nicht viel gehabt von seinem Leben, sagte sie. Es war nichts als eine Schinderei. Jeden Tag zehn, zwölf Stunden an der Maschine. Auch wenn er nicht schreiben konnte, hockte er an der Maschine. Ihm ist alles, was er getan hat, furchtbar schwer gefallen. Deshalb hat er rundum den Eindruck verbreitet, er arbeite überhaupt nicht [...][11]

Klaus Buch responds to normative expectations in the way that society demands people do, i.e. by rising to every challenge that confronts him. But through Hel's statement we realize that his superficial success comes at the cost of any sort of personal fulfilment. Halm's strategy is just the opposite; he develops a sort of controlled schizophrenia (he calls it living 'doppelt'), by which he is minimally conformist at school, in order to avoid confrontation, and selfishly introvert in his private life, going through the motions of a comfortable routine, but living - in the sense of being what he considers his real self - in self-indulgent withdrawal into an inner life that no one, not even his wife, is allowed to enter.

This choice of an inward path is, on the surface, identical with that taken by the protagonist of the idealist German novel, but this 'Kleinbürgertendenz', as Walser calls it, is not the aesthetic choice of a materially privileged member of society, such as Wilhelm Meister. It is, Walser argues, one forced upon the dependent by a capitalist society through its 'Verletzung der menschlichen Würde durch Abhängigkeit', i.e. through wage labour of all kinds.[12] This sounds fine in theory, it is however not unproblematic when applied to the majority of Walser's novels after 1970. Gottlieb Zürn, for example, appears to be the archetypical Walser anti-hero, unable to cope with the pressure of expected success, embracing failure as a means of escaping from the rat-race and dreaming of making a fortune and thus attaining permanent peace, able at last to live 'ohne Stoppuhr und Peitsche'.[13] However, like so many of Walser's protagonists, he lacks the dynamism and courage of his competitors and comes to enjoy in a self-indulgent way the various defeats he suffers as estate agent, husband and father. His final defeat, the demolition of the Schwanenhaus that was to have helped him to his fortune, in turn induces a rapprochement with his wife that gives him the inner peace to fall asleep - a recurrent motif in the novels after 1970. Nevertheless, it is impossible to regard Zürn as social victim, indeed, the self-indulgence with which he savours his defeats stems from the fact that, whatever financial insecurity he may lay claim to, he is very comfortably off. By the time we get to the sequel to *Das Schwanenhaus*, *Jagd*, Zürn has been able to take early retirement, thanks to his wife's highly successful taking-over of the business. As a result, he can devote himself to idling and writing, as he says, although much of the novel concerns his quest for sexual fulfilment, but, despite his financial security, he does not seem any happier. The ultimate slightness of these novels makes it impossible to read them as substantial treatments of Walser's declared theme, instead they come over as commercially successful treatments of middle-class foibles and problems in an agreeable ironic form with which Walser's readership could identify.

The same deft playing with familiar leitmotifs that by now lack real provenance in the structure of modern capitalist society characterizes *Brandung*, in which Helmut Halm spends a semester as visiting professor at the 'University of Oakland'. The core of the novel is the way in which the sabbatical jerks Helmut out of his comfortable introspective escapism and externalizes the mid-life crisis he had managed to suppress in *Ein fliehendes Pferd*. But in reality much of the novel is made up of a series of sometimes elegant, often funny sketches that have nothing at all to do with the major topic. Moreover - and this is something that forces us to go back and re-examine the earlier novella - Halm, the German schoolteacher enjoying all the rights, privileges and complete security afforded by his status as a civil servant, can no more be considered a 'petty-bourgeois', in any societally significant sense of the term, than Gottlieb Zürn, the failed, but nevertheless affluent estate agent.

Many of the experiences of Helmut Halm at the 'University of Oakland' are based, as is widely known, on Walser's stay in the German Department of the University of California at Berkeley. It is perhaps less well known how much of *Jenseits der Liebe*, seemingly set exclusively in the world of commerce, is based on his experiences during his stay as Writer in Residence at the University of Warwick in 1975, at which time he took comprehensive notes that enabled him to recreate real scenes in great detail, at times even word-for-word. This sort of knowledge, together with what can be gleaned from the ever-candid Walser, suggest forcefully that there is a close link between the themes of his fiction and the life and times of the author. The figures of the women bear names of the members of the Walser family and the recurrent theme of financial security is something that, by his own admission, very much concerned Walser - father of a large family and with an enormous mortgage - until the success of *Ein fliehendes Pferd*. Above all, it is the social background of many of the protagonists, successful though they may have become or been, that points to striking similarities with that of Walser and which helps to explain the dominant themes. Anselm Kristlein and Gottlieb grew up in

impoverished circumstances after the business failures and subsequent
suicides of their fathers; Hans Beumann and Franz Horn are the
illegitimate sons of waitresses and Helmut Halm is the son of a waiter.
Even before the publication of *Ein springender Brunnen* it was well
known that Walser's father ran a modest 'Gasthaus' and a small coal
business on the side, in an effort to make ends meet. But he was a poor
businessman and died of diabetes at forty-nine, leaving Walser's mother to
bring up her family single-handedly, while burdened with debt.[14] *Ein
springender Brunnen*, Walser's late autobiographical novel, makes the
importance to him of his socialization abundantly clear. Even before the
appearance of that novel, though, it could be argued that a large number of
Walser's novels constitute a constant working and reworking in fiction of
problems and neuroses of an author who has claimed to be as deformed by
his petty-bourgeois background as his protagonists. These are, like
Walser, parvenus ('Aufsteiger'), social climbers so typical of many
younger people in a West German society marked, from the onset of the
Wirtschaftswunder, by a remarkable social mobility that induced what the
sociologist Helmut Schelsky called a 'nivellierte Mittelstands-
gesellschaft'. These arrivistes could be easily identified by their
professional success and the concomitant purchasing power that brought
with it: the adverts of the time make it transparently clear how much they
promoted products, including vacations abroad, as being identified with a
successful life-style. The down-side of this mobility was the
disappearance of traditional indicators of social standing on the one hand,
and the neurotic concern with the psychological baggage of those with a
petty-bourgeois past.[15] And there is another, far less obvious way in which
the likes of Anselm Kristlein, Franz Horn, Klaus Buch and Gottlieb Zürn,
in short, all those of his protagonists involved in selling in one form or
another, embody to some degree Walser's preoccupation with his role as a
writer with his particular background in the Federal Republic. In an
interview with Horst Bienek he stressed the impact on the consciousness
of the sales representative Anselm Kristlein of his particular job: there is
no other position, Walser maintained, 'der einem Menschen das Gefühl
seiner eigenen Überflüssigkeit so aufdringlich klar machen könnte, wie
der des Vertreters. Das hat mir diesen Beruf sympathisch gemacht', he
went on, 'er erinnerte mich eigentlich fast an den des Schriftstellers'.[16]

There is, however, one particular novel of Walser's that cannot be
read as yet another variant on Walser's highly individualistic, even partly
autobiographical working out of the 'Kleinbürgertendenz' by those who

are, in terms of income and position, successful members of the mobile society that the Federal Republic had become by the 1960s and thereon after. Its chief protagonist is, admittedly, a member of the extensive Swabian family network we know from the novels written from 1976 onwards and his grandfather (not his father) had committed suicide in the face of impending bankruptcy. But there the similarities end: Xaver Zürn (*Seelenarbeit*, 1979) is the only protagonist who is a true *Kleinbürger* and who fails to achieve any real success. As such, the novel has greater intensity that any of the others, here we are confronted with real existential problems, rather than with the idiosyncratic role-playing or other diversionary tactics employed by those like Helmut Halm and Gottlieb Zürn, whose sense of failure is buffered by material security.

The other members of the Swabian clan we meet in Walser's novels have clearly been able to take advantage of public education and have entered a profession with some success. Xaver, however, although having no apparent problems in school and seemingly destined to be a teacher, clearly went on to a *Berufsschule*, rather than university, and then began an apprenticeship as a car mechanic. His apparent competence in this semi-skilled position had been noticed, however, and for the thirteen years prior to the start of the novel he has been chauffeur to the managing director of the company, Dr. Gleitze. The move up from industrial labourer to white-collar worker is, as we know from the novels of Max von der Grün, an important step. However, in the case of Xaver, his change in position does not really amount to social advancement, despite friends and family considering 'Xavers Arbeitsverhältnis für ein besonders gutes.' (p. 169)[17] It could in fact be argued that the Mercedes he now drives, the car that is the most obvious symbol of choice for successful Germans, is for him a striking badge of his continued servitude. In choosing a chauffeur as his protagonist Walser not only leaves behind the portrayal of the rather privileged existence of his troop of well-heeled anti-heroes but also, by extension, their similarities to his own profession. The master-servant relationship embodied in that between chauffeur and employer-as-passenger is an extreme one that has more in common with feudalism than with modern capitalism and which also involves a closeness impossible in the anonymity of the modern workplace. Walser is here, as we know from an interview with him, drawing on his own experiences as a young radio journalist, when he had to travel around West Germany with a sound engineer and a chauffeur. This resulted in his second prose manuscript 'Erinnerungen eines Chauffeurs' (1951, unpublished).[18] Other admitted influences in his long-term preoccupation with the implications of the position of chauffeur are Robert Walser's aforementioned novel *Der Gehülfe* (1913) and Bertolt Brecht's *Herr Puntila und sein Knecht Matti* (1948), which treats the more general nature of the master-servant relationship. Further indication of the significance for Walser of the figure of chauffeur in given by the fact that in both *Halbzeit* and *Das Einhorn* such a figure (Bert) plays a not unimportant minor role.

The dramatic structure of *Seelenarbeit* is one familiar to us from other Walser novels, beginning just before a major crisis in Xaver's life. During the first section of the novel ('Mai'), which describes a long drive from the Bodensee (Lake Constance) to Düsseldorf, Cologne, Giessen, on to Heidelberg and, finally, to Munich we are confronted through the familiar blend of third-person narrative and free indirect speech, together with reflective flashbacks, with Xaver's problems that have brought about his present physical problem of acute and thus particularly painful constipation. The ability of Dr. Gleitze to withdraw whenever it suits him into a total exclusion zone of listening to Mozart operas on his headphones is a manifest symbol of Xaver's inferior status. Then he has had to conform to his employer's quite incorrect image of him as the ideal chauffeur, i.e. one who is an accomplished driver with the skill of a champion marksman (which Xaver never was) and a non-drinker whose only occasional indulgence is ice-cream; in reality he prefers a bottle or two of wine in his own off-duty time and positively hates the sickly-sweet 'treat' that Gleitze forces on him as a show of generosity. He is excluded from all the various sybaritic pleasures of Gleitze's leisure time, and at night Xaver is banned from the luxury hotel in which his employer is staying to some considerably cheaper abode. But Gleitze is seemingly unaware of the way in which he is treating Xaver and clearly believes that he is a sympathetic and generous employer. The result is that their peripatetic relationship is portrayed with an intensity not found in Walser's other works, bringing out so forcefully the personal degradation of the petty-bourgeois at work in particular, and in European class society in general.

Xaver's psychological response to the implications of his job situation is to engage in fantasies of aggression, expressed in the occasional purchase of knives. His antagonism towards Gleitze is also heightened by his stumbling across the memoirs of his 'colleague' John Frey, the *Erlebnisse und Enthüllungen eines Schweizers als Privat-*

Chauffeur im Dienste eines nationalsozialistischen, deutschen Fabrikanten, (p. 121)[19] in which he recognizes experiences and feelings similar to his own. Above all, he comes to see his utter dependence on a man who, although in the eyes of the world so seemingly decent in his treatment of his driver, has ultimate power over him: Xaver, like his predecessor, can at any time be demoted. The other aspect of this power relationship is that, unlike those in the workshop, in his supposedly free time, even at weekends, he has to run errands for Gleitze or his wife, while business trips are extended without prior notice at the social whim of his employer. But the uniquely intimate nature of the driver-passenger relationship is such that Xaver has to internalize his feelings entirely, he can tell no one of his true feelings towards Gleitze, and the resulting constant 'Seelenarbeit' results in his constipation. Yet again, the proximity in the car to his employer means that this physical expression cannot be concealed and, when Xaver receives no comfort from his own family doctor, Gleitze arranges for him to be examined at an exclusive private clinic. The exhaustive tests reveal on the one hand that Xaver's painful symptoms are ultimately psychosomatic in origin, on the other they make even more clear to him just what control Gleitze has over his life: just as Gleitze expects reliable performance from the machines in his factory, so, by the same token, he expects nothing less from his chauffeur, and so Xaver is exposed in the clinic to those 'Maschinen, weil er einen Mann braucht, dessen Zuverlässigkeit von allen Untersuchungstechniken überprüft ist.' (p. 170) And here we come to realize the significance for both men of a near-accident that took place soon after Xaver took over his duties as chauffeur: after he had briefly lost control of the car on black-ice in a bend, Gleitze makes him stop in the next lay-by and makes it quite clear that nothing like that must happen again. He had picked Xaver out because of his reliability, and another such incident would be 'entweder Anlaß zu einer sofortigen Kündigung oder zu einer Verabredung für immer werden.' (p. 18) By the same token, Gleitze has had Xaver's physical reliability checked and the latter seems to have passed the test. He returns to his work and, on the surface, nothing seems to have changed, although his aggressive feelings towards Gleitze are even more intense. Then, in the course of a particularly late night drive home, he almost loses control over his fantasies of attacking his employer, while he is out of the car urinating, and actually has one of the - by now six - knives in the glove compartment in his hand until moments before Gleitze gets back in the car. The next day he is summoned to the office, to be informed by Gleitze's secretary that he has been relieved of his chauffeur's duties and transferred to the warehouse, where he will become a fork-lift truck driver. We cannot be entirely sure as to the reasons for his demotion: the secretary thinks it might be because of his advancing age, while the reader cannot fail to note, from a seemingly casual remark of Gleitze's, that he had actually spotted Xaver toying with the knife. Gleitze has also mentioned to the secretary that Xaver was having increasing difficulty in getting through the day without a beer, and it is striking that on the previous evening Xaver, who always avoid drinking outside his home, had indeed had several beers as he waited to pick up his employer. But this remains speculation and is not ultimately relevant: for Xaver it is but further proof that people like him can never hold their own against the Dr. Gleitzes of this world and all efforts to improve their lot are doomed to failure.

It is thus entirely in keeping with this, his reading of the way of the world, that on the very same day the Zürns receive news they had been dreading, confirmation that their daughter Julia had failed her school examinations and would be unable to go on to the *Abitur*; 'der Versuch der Wigratsweiler Zürns, in die Welt um eine schlichte Stufe höherzusteigen, [wird] abgeschmettert'. (p. 176) Xaver realizes now that his demotion ('Degradierung') is entirely appropriate: 'Plötzlich war Gleitzes Maßnahme unkritisierbar geworden. Die Schule, die ganz hohe Instanz, hatte Gleitze rechtgegeben. Die Zürns sind Versager.' (p. 264) Whereas, in the majority of Walser's novels, the social origins of the social malaise he terms 'petty-bourgeois deformation'[20] are frequently alluded to only in somewhat cryptic fashion, *Seelenarbeit* confronts us unambiguously with those origins and their psychological consequence: the exceedingly low self-esteem that is so typical of those unable to join in the upward mobility and success that are widely perceived and purveyed (especially by the media) as being characteristic of modern capitalist society.

Notes

[1] Johann W. von Goethe, *Wilhelm Meisters Lehrjahre, Sämtliche Werke*, Artemis/dtv: Zürich/Munich, 1977, Vol. 7, p. 311.

[2] Cf. Georg W.F. Hegel, *Werke*, Vol. 15, Suhrkamp: Frankfurt, 1970, p. 393.

[3] In *Die Kultur*, Sept. 1960, quoted by Fritz Hüser, *Aus der Welt der Arbeit. Almanach der Gruppe 61 und ihrer Gäste*, Luchterhand: Neuwied/Berlin, 1966, p. 23.

[4] Fritz Hüser, for example, dismissed the "Angestelltenroman" of writers such as Martin Kessel, Hans Fallada and Ruth Rehmann as not meeting his criteria for literature of the workplace. Oddly, he does not mention Walser.

[5] Walser, 'Brauchen Romanhelden Arbeit?', *Frankfurter Allgemeine Zeitung*, 1. 11. 1992.

[6] Walser describes the work of these two writers as constituting a 'Gegenprogramm' to the dominant idealist aesthetics of the novel. Ibid.

[7] Walser, 'Freiübungen', *Erfahrungen und Leseerfahrungen*, Suhrkamp: Frankfurt, 1965, p. 97.

[8] Baumgart first used this now by no means uncommon term ('Nicht-Autoren') in his 'Sogenannte Dokumentarliteratur', *Merkur*, 268, 1970. Reprinted in Reinhard Baumgart, *Deutsche Literatur der Gegenwart*, Hanser: Munich 1994, pp. 293-300.

[9] *Die Gallistl'sche Krankheit*, Suhrkamp: Frankfurt, 1972, pp. 22-23.

[10] *Der Sturz*, Suhrkamp: Frankfurt, 1973, p. 352.

[11] *Ein fliehendes Pferd*, Suhrkamp TB: Frankfurt, 1978, p. 136.

[12] Walser, 'Die Literatur der gewöhnlichen Verletzungen', in: M. Walser (ed.), *Die Würde am Werktag. Literatur der Arbeiter und Angestellten*, Fischer TB: Frankfurt, 1980, p. 7.

[13] *Das Schwanenhaus*, Suhrkamp: Frankfurt, 1980, p. 87.

[14] On the author's upbringing cf. Anthony Waine, *Martin Walser*, Beck: Munich, 1980, p. 102.

[15] This is, of course, also a concern of many of the novels and short stories of Dieter Wellershoff. Cf. in particular *Die Schönheit des Schimpansen* (1977) and *Der Sieger nimmt alles* (1984).

[16] Cf. Horst Bienek (ed.), *Werkstattgespräche mit Schriftstellern*, Carl Hanser: Munich, 1962, p. 195.

[17] All page references are to the first edition of the novel, Suhrkamp: Frankfurt, 1979.

[18] Cf. here Donna Hoffmeister's excellent volume of essays, *Vertrauter Alltag, gemischte Gefühle. Gespräche mit Schriftstellern über Arbeit in der Literatur*, Bouvier: Bonn, 1989, p. 169.

[19] There is nothing to indicate that these diaries are not authentic. They are also further indication of Walser's preoccupation with the figure of the chauffeur.

[20] Cf. here Hoffmeister, p. 170: 'ich bin kleinbürgerlich deformiert'.

Andreas Meier

Verteidigung des Primären
Facetten einer literarischen Anthropologie bei Martin Walser

Walser's experiences whilst writing a speech for a public occasion (Sonntagsrede) amount to a plea for individual conscience and at the same time a defence of direct experience against possible corrections imposed by the hegemonic discourse. This position seems to be a further development of his insistence on individual identity in opposition to social and ideological forces seeking to mould the individual in a certain way. This insistence, repeated throughout his work, assumes the character of a leitmotif, whether it be, as in the case of Alfred Dorn, a tragi-comic failure to reconstruct childish identity, whether it be through the museum-like conservation of artefacts or through linguistic imagination. This attitude might be (mis)understood superficially as a refusal to communicate; on closer inspection, however, the outlines of an anthropology, accessible by literary means, become discernible.

1.

Angesprochen auf die literarische Gewichtung der kritisch ironischen Darstellung des medialen Betriebs in seinem Roman *Ohne einander* beschrieb Walser 1997 in einem Interview mit seinem Lektor Rainer Weiss eine strikte Differenz zwischen seinem literarischen und essayistischen Werk:

> Ich wurde schon oft mit meiner Doppeltätigkeit als Redner oder Essayist und Romanautor konfrontiert. Wenn es da einen Widerspruch gibt, so bin ich auf jeden Fall verantwortlicher und erkennbarer im Roman. Da ist alles Essayistische dann sekundär. In einem Roman würde ich es mir nie zum Thema machen, Medien zu kritisieren. Da ist für mich immer die private Konstellation meiner Figuren ausschlaggebend. [...] Natürlich wird da auch philosophiert über den Geist der Medien; aber das dürfen Figuren ja auch, die dort beschäftigt sind.[1]

Was auf den ersten Blick als Taxation mittels Parameter wie figurale Stofflichkeit und sekundäre Reflexion erscheint, offenbart bei näherer Betrachtung eine grundsätzlich poetologische Positionsbestimmung. Dem Sekundären der Reflexion, hier der Kritik öffentlicher Medien, geht etwas Primäres voraus, die private Konstellation der Figur. Zwischen beiden Bereichen jedoch bestehen - bei aller kategorialen Differenz, die zugleich verschiedene Sprachmodi begründet - durchaus plausible Analogien durch gemeinsame Referenzen auf die Bedingungen des menschlichen Daseins. Und obwohl Walser in seinem jüngsten Roman *Tod eines Kritikers* germanistische Untersuchungen zum

Identitätsproblem mit milder Ironie kommentiert,[2] ist es genau dieser Zusammenhang zwischen Identität und Individualität, der hier aufscheint. Denn gerade die zentralen Motiv- und Themenkomplexe des literarischen Werkes von Martin Walser, wie Identitätsproblematik und Erinnerungsarbeit sowie eine auffallende Metaphorisierung des Körpers als literarischem Reflex gesellschaftlicher Zustände, heben Walsers Arbeit an einer Bestimmung der Spezifika menschlicher Existenz hervor. Zu dieser mit literarischen Mitteln erarbeiteten Anthropologie stellen sich dann entlang des Parameters Individualität durchaus Bezüge zu jenen essayistischen Arbeiten ein, die sich kritisch mit der medial hergestellten Öffentlichkeit auseinandersetzen.

In je unterschiedlichen Sprachen, der literarisch metaphorischen wie essayistisch reflexiven, umkreisen vor allem die jüngeren theoretischen Beiträge wie auch die im engeren Sinne literarischen Arbeiten das Problem der Realisierbarkeit einer zur anthropologischen Prämisse erhobenen Individualität. Diese These läßt sich vor allem am Beispiel des in Walsers früherem Œuvre literarisch behandelten Themas der durch ideologische Fremdbestimmung wie soziale Ausgrenzung verursachten Identitätskrisen illustrieren.[3] Auch die Verteidigung einer primären Erfahrung gegenüber der zunehmenden autopoetischen Selbstbezüglichkeit der Medien, die in der Frankfurter Friedenspreisrede polemisch attackiert wurde, muß in diesen Zusammenhang gestellt werden.

2.

In einem bei der Erstsendung am 4. Mai 1955 von Walser selbst gesprochenen Prolog zu seinem Hörspiel 'Kantaten auf der Kellertreppe' beschreibt Walser seinen Mann auf der Kellertreppe als Nonkonformisten, 'der allen Ideologien den Rücken kehren will, weil sie den Menschen seiner Freiheit zu berauben trachten.' Den öffentlichen 'Geräuschemachern' auf dem 'ideologischen Jahrmarkt' hält er einen provokativ-passiven Gegenentwurf der Leistungsverweigerung entgegen. Zwar ordnen sich die 'Kantaten auf der Kellertreppe' vordergründig in jene existentialistische Negativität der Nachkriegsintellektuellen, die eine Philosophie des 'weder gut noch böse'[4] als Erfahrungswissen aus ideologischen Verheißungen vertraten. Doch stärker noch klingt das Mißtrauen gegenüber einer geistigen Gleichschaltung und einer Nivellierung des Bewußtseins durch fest definierte Rollenmuster als Folge des sich entwickelnden Konsumdrucks in den 50er Jahren an.

Auch die Kurzgeschichten der Prosa-Anthologie *Ein Flugzeug über dem Haus* (1955) finden einen gemeinsamen Nenner in Existenz- und Bewußtseinskrisen, wie sie insbesondere die Kafka nachempfundene Erzählung 'Gefahrenvoller Aufenthalt' aufgreift.[5] Zweifellos wurde Walser auf die Möglichkeiten der literarischen Fixierung seines Themas durch die frühe und intensive Lektüre Kafkas aufmerksam gemacht, dessen erzählerisches Werk er 1952 in seiner von Friedrich Beißner in Tübingen betreuten Dissertation im Licht der These zweier konkurrierender Ordnungen analysiert.

> Die Ordnungen, die der Helden und die der jeweiligen Gegenwelt, werden nur in diesem dynamischen Aufeinandertreffen erzählt. In ihrem Widerstreit entsteht überhaupt erst das Werk. Diese Auseinandersetzung ist das eigentliche Thema.[6]

Die für Kafkas spätere Leser mitunter grotesken Effekte seiner Prosa entstehen aus jenem Verhältnis zwischen der Welt der Protagonisten und der sie umgebenden Außenwelt, das durch eine unüberbrückbare Distanz, eine existentielle Unterschiedlichkeit gekennzeichnet ist, so daß Konsensfindung weder im Sinne eines Einklangs noch in einem klar definierten Widerspruch zur Außenwelt möglich ist. Dieser Dissens, der ein prinzipielles Scheitern des Individuums an der weltlichen Widerständigkeit bedingt, kennzeichnet weite Teile der Prosa Walsers, von den Anfängen ab *Ein Flugzeug über dem Haus,* über die in den 70er Jahren abgeschlossene Anselm Kristlein-Trilogie bis zu den Gottlieb Zürn- Romanen der mittleren und späten 80er Jahre.

Der Konflikt zwischen einer singulären Existenz und der Gesellschaft sowie die Fragwürdigkeit ideologisierter Identitätsbegriffe beschäftigt Walser zudem in den zahlreichen ab den frühen 60er Jahren entstehenden Essays und poetologischen Beiträgen. Vor allem sein Nachdenken über eine deutsche Nationalidentität wird für ihn zum Paradigma einer skeptischen Distanzierung des geistig autonomen Subjekts von zeitgenössischen Tagesereignissen. Die politische Aporie der in den späten 70er Jahren entbrannten Diskussion um eine nationale Identität, die Mitte der 80er Jahre im sogenannten Historikerstreit aufging, versucht Walser durch die gemeinsame Sprache als identitätsstiftendes Moment im nationalen Raum zu umgehen. Zwar werden in dem für das Verständnis seines Werks ab den frühen 60er Jahren grundlegenden Aufsatz 'Imitation oder Realismus' (1964) sprachliche wie literarische Kategorien aus dem konfligierenden Verhältnis zwischen Individuum und sozialem Umfeld gewonnen.

Jeder möchte er selber sein. Das wird ihm schwergemacht von allen anderen
Zeitgenossen. Die Möglichkeit, er selber zu sein, hängt außerhalb des Theaters
davon ab, wie gut er die Spielregeln beherrscht, nach denen da draußen zur Zeit
gespielt wird. Die Gesellschaft, das ist der immer noch dunkle Ausdruck für die
Summe aller möglichen Konditionierungen des einzelnen. Er kommt zwar
fertig auf die Welt (das weiß man allmählich), dann wird er zugerichtet, bis er
paßt. [...] Die große Konditionierungsmaschine Gesellschaft, die man auch eine
gewaltige Klimaanlage nennen könnte, hat die natürliche Tendenz, das
Bewußtsein eines jeden ganz zu beherrschen. Unser Bewußtsein ist montiert
aus konkurrierenden Jargons.[7]

Diese 'konkurrierenden Jargons' begreift Walser jedoch als auf ihre
sprachliche Einkleidung reduzierte Identitätsangebote. Walsers Annahme
einer Pluralität von Bewußtseinslagen und den von diesen konstituierten
Identitäten schließt einen Wandel unter sich ändernden historischen
Verhältnissen nicht nur nicht aus, sondern läuft zwingend darauf hinaus.
Er erläutert dies selbst am Beispiel der literarischen Reaktionen auf die
damals beginnende vehemente Diskussion zur Geschichte des
Nationalsozialismus. Die Ereignisse während der Jahre 1933 bis 1945
gewinnen weniger als singuläre historische Erscheinung sein Interesse,
denn als Kontrast zur zeitgenössischen Auseinandersetzung mit ihnen.

Ich glaube, jede realistische Darstellung des Dritten Reiches *muß* bis in unsere
Zeit hineinreichen, sie *muß* die Charaktere den historischen Provokationen von
damals aussetzen, zeigen, wie diese Charaktere damals handelten und wie sie
heute handeln.[8]

Die   Spannung   zwischen   individuell   charakterlichen
Verharrungstendenzen und sich historisch wandelnden Identitätsangeboten
kennzeichnet ferner das Verhalten der dramatis personae in den sich auf
die NS-Zeit beziehenden Stücken Walsers. Dieses Verfahren, den
literarischen Stoff aus der Konfrontation von subjektiver Perspektive und
objektivem Verhaltensangebot zu gewinnen, bringt Walser auf die
poetologische Formel 'Realismus X', die er strikt wirkungsorientiert
definiert:

jede Betrachtungsart, die durch Umgang mit der Tradition auch nur um ein
einziges Vorurteil ärmer geworden ist, verdient, ein Realismus genannt zu
werden. Unser Realismus steuert das ideologische Minimum an.[9]

Kennzeichnet der individuelle Konflikt mit historisch wandelbaren
Rollenmustern in vielfachen Variationen ein zentrales Problem
Walserscher Texte, so können die Ursachen dieses Konflikts nicht
ausschließlich, wie dies lange Zeit scheinbar problemlos vom Standpunkt
einer sich als materialistisch verstehenden Literaturinterpretation geschah,
in den sozialen Rahmenbedingungen individueller Existenz gesehen
werden. Dies mag für *Gallistls Krankheit* (1974) und dessen Weg zur

politischen Reflexion noch als metaphorisierte Sozialkritik nachvollziehbar sein. 'Kann ein Sozialist gesund bleiben in einer kapitalistischen Gesellschaft?'[10] fragt sich Gallistl. Doch weder die Gallenprobleme Anselm Kristleins noch das 'Bauchweh' Xaver Zürns in *Seelenarbeit* (1979) lassen sich kausal sozialpolitisch begründen. Auch muß Tilman Mosers psychoanalytisch kurzschließende Analyse einer narzißtischen Störung, wie Thomas Anz 1999 ausführte,[11] am fiktionalen Charakter der Figuren im Text scheitern. Allerdings lässt Walser seine Protagonisten immer wieder Strategien entwickeln, diesen schmerzhaften Prozeß der Selbstfindung im Kampf mit den ihnen wiederstrebenden Figuren voranzutreiben, häufig in Form schriftlicher Selbstvergewisserung. Schon im Tagebuch des Bertolt Klaff in *Ehen in Philippsburg* (1957) wie aber auch im *Brief an Lord Liszt* (1982) gewinnt Walser - z.T. in Anknüpfung an die lange literarische Tradition empfindsamer Selbstaussprache im Brief als reflexivem Medium - eine genuin literarische Position, Reflexion in die Form literarischer Figurenrede einzubeziehen.

In engem Zusammenhang mit diesen Formen erschriebener Identität, selbst wenn diese wie im Falle Klaffs nicht auf Dauer zu stellen ist, steht dann eine ab den 80er Jahren zunehmend das Prosawerk dominierende Erinnerungsarbeit, ausgelöst vor allem durch die in der 'Rede in einem Festzelt' auf Nicolas Born 1977 ein erstes Mal thematisierte 'Wunde Deutschland'. Die auf den historischen Fall der staatlichen Teilung hinauslaufende deutsche Geschichte wird zum Stoff der Rekonstruktion identitätsstiftender Erinnerungen sowohl in der *Verteidigung der Kindheit* (1989) wie indirekt auch in *Ein springender Brunnen* (1999). Auch diese schon in *Dorle und Wolf* (1987) erkennbare Wende von einem sozial begründbaren Subjektverlust zu einer mit nationalen Identitätskrisen verbundenen Erinnerungsarbeit als personale Rekonstruktion eines mit den Schlagworten Heimat und Kindheit verbundenen Themenkomplexes scheint eng mit der Verteidigung eines Primären verbunden zu sein.

3.
Zu diesen primären Erfahrungen zählt neben der nationalen Identität, welche bei Walser stets aus regionaler Identität entspringt,[12] vor allem die Bewahrung der Sprache, die Verteidigung des Dialekts[13] als primäre sprachliche Prägung. Literarisch geschieht dies in Mundartgedichten wie 'Zledsch'[14], aber es geschieht z.B. auch in der Förderung alemannischer

Literatur, sei es durch die Gründung eines alemannischen Dichterarchivs in Biberach oder sei es durch die Förderung einzelner Autorinnen wie Maria Menz, Maria Müller-Gögler oder Maria Beig.[15] Wenngleich diese Verteidigung einer individuell verfügbaren Sprache gegen diskursive Regelungen Gefahr läuft, 'wegen ihrer konsequenten Rückbeziehung auf das Selbst (und seine Erkundungen, Erfahrungen, Gespräche) als Dialogverweigerung bezeichnet'[16] zu werden, muß Walsers Kritik einer mediengesteuerten Lenkung privaten Bewußtseins durch die öffentliche Meinung doch als Versuch einer Aufbrechung unreflektierter, verkrusteter Bewußtseinsstrukturen verstanden werden.

Gerade die Auseinandersetzung um Martin Walsers am 11. Oktober 1998 in der Frankfurter Paulskirche bei der Überreichung des Friedenspreises des deutschen Buchhandels gehaltene Rede *Erfahrungen beim Verfassen einer Sonntagsrede* bietet eine performative Rechtfertigung der Walserschen Diskurskritik, indem sie dokumentiert, wie rigoros Abweichungen von kollektiven Sprachmustern geahndet werden. Die heftigen Reaktionen auf Walsers Rede dokumentieren sicherlich die hohe Repräsentanz der 'Walser-Bubis-Debatte'[17] für das politische wie kulturelle Klima der 90er Jahre. Immerhin fließen in ihr Diskussionen wie etwa der ab Mitte der 80er Jahren geführte 'Historiker-Streit'[18] mit tagespolitischen Diskursen wie den Ausläufern der 'Goldhagen-Kontroverse'[19] oder der 'Mahnmal-Debatte'[20] zusammen. Sie entzündeten sich aber insbesondere an sprachlichen Provokationen wie der Formulierung vom 'Wegschauen' angesichts der Unerträglichkeit der Präsentation des Holocausts in den Bildmedien oder der Rede vom 'normalen Staat'.[21] Hier lebt die seit den 80er Jahren schwelende Debatte um ein deutsches Nationalbewußtsein wieder auf, an der Walser lange vor der Wiedervereinigung ebenfalls großen (und kritischen) Anteil nahm.[22] Doch darf der bereits im Titel signalisierte reflexive Charakter der Rede nicht übersehen werden. Aus einem betont subjektiven Blickwinkel sollen die Bedingungen öffentlicher Rede ausgelotet werden, soll die Sprache des durch seine mediale Vermittlung beeinflußten intellektuellen Diskurses einer kritischen Betrachtung unterzogen werden. Wenn Walser schließlich einer radikalen Individualisierung des Gewissens das Wort führt, scheint jenes aus dem Kontext seines Werkes bekannte Themenfeld auf, das sich eben aus zahlreichen Variationen des Spannungsfeldes zwischen Identität und Erinnerung einerseits sowie Fremdleitung und kollektivem Gedächtnis andererseits speist. Gerade angesichts des nicht unpolemischen Vorwurfs an die Diskursteilnehmer, der Holocaust werde mitunter zur autopoetischen Regeneration der vermittelnden Medien instrumentalisiert, bedarf es einer Würdigung ihres von den Debattanten mit der einzigen Ausnahme von Dieter Borchmeyer kaum wahrgenommenen literarischen Charakters.[23]

Walser setzt an den Beginn seiner Rede die Demontage einer öffentlichen Erwartungshaltung. Hatte noch Günter Grass in seine Laudatio auf den Vorjahrespreisträger Yasar Kemal dem Anlaß angemessen moderat formulierte Monita der aktuellen türkischen wie deutschen Politik eingeflochten,[24] verweigert sich Walser der 'kritische[n] Predigt. Irgend jemandem oder gleich allen die Leviten lesen. Diese Rede hast du doch auch schon gehalten. Also halt sie halt noch einmal, mein Gott' (*Friedenspreisrede* 9). Um jedoch nicht in rhetorische Beschuldigungsrituale zu verfallen, wählt Walser die Strategie selbstkritischer Reflexion.

> Nämlich: etwas, was man einem anderen sagt, mindestens genauso zu sich selber sagen. Den Anschein vermeiden, man wisse etwas besser. Oder gar, man sei besser. Stilistisch nicht ganz einfach: kritisch werden und doch glaubwürdig ausdrücken, daß du nicht glaubst, etwas besser zu wissen. Noch schwieriger dürfte es sein, dich in Gewissensfragen einzumischen und doch den Anschein zu vermeiden, du seist oder hieltest dich für besser als die, die du kritisierst (*Friedenspreisrede* 14).

Seinen Versuch, von einer Kritik sprachlicher Verhaltensweisen zu einer Analyse von Gewissensmotivationen fortzuschreiten, illustriert Walser mit Realitätsbezügen. Nach einem eher anekdotischen, dem ehemaligen DDR-Spion Rainer Rupp gewidmeten Exkurs wendet er sich der Berichterstattung über fremdenfeindliche Anschläge in Rostock-Lichtenhagen im August 1992 in der Wochenzeitschrift *Die Zeit* zu.[25] Bei dieser Erforschung von Gewissensfragen richtet sich sein kritischer Impuls nicht - den Journalisten also nicht folgend - gegen den angeprangerten Vorfall, sondern versucht, über die Form der Kritik und deren medialer Präsentation Aufschlüsse über die Kritiker selbst zu erhalten. Zunächst besteht seine 'nichts als triviale Reaktion auf solche schmerzhaften Sätze' wie 'Würstchenbuden vor brennenden Asylantenheimen' (*Friedenspreisrede* 16) in einem psychischen Abwehrreflex:

> Hoffentlich stimmt's nicht, was uns da so kraß gesagt wird. Es geht sozusagen über meine moralisch-politische Phantasie hinaus, das, was da gesagt wird, für wahr zu halten. Bei mir stellt sich eine unbeweisbare Ahnung ein: Die, die mit solchen Sätzen auftreten, wollen uns wehtun, weil sie finden, wir haben das

verdient. Wahrscheinlich wollen sie auch sich selber verletzen. Aber uns auch. Alle. Eine Einschränkung: alle Deutschen (*Friedenspreisrede* 16 – 17).

Schon durch den grammatischen Gebrauch der ersten und dritten Person wird eine Konstellation beschrieben, die schließlich in der von Walser konstatierten Differenz eines mit kollektivem Anspruch formulierten Geschichtsbilds und der auf individueller Erfahrung basierenden Erinnerung mündet.

> Jeder kennt unsere geschichtliche Last, die unvergängliche Schande, kein Tag, an dem sie uns nicht vorgehalten wird. Könnte es sein, daß die Intellektuellen, die sie uns vorhalten, dadurch, daß sie uns die Schande vorhalten, eine Sekunde lang der Illusion verfallen, sie hätten sich, weil sie wieder im grausamen Erinnerungsdienst gearbeitet haben, ein wenig entschuldigt, seien für einen Augenblick sogar näher bei den Opfern als bei den Tätern? [...] Ich habe es nie für möglich gehalten, die Seite der Beschuldigten zu verlassen. Manchmal, wenn ich nirgends mehr hinschauen kann, ohne von einer Beschuldigung attackiert zu werden, muß ich mir zu meiner Entlastung einreden, in den Medien sei auch eine Routine des Beschuldigens entstanden. Von den schlimmsten Filmsequenzen aus Konzentrationslagern habe ich bestimmt schon zwanzigmal weggeschaut. Kein ernstzunehmender Mensch leugnet Auschwitz; kein noch zurechnungsfähiger Mensch deutet an der Grauenhaftigkeit von Auschwitz herum; wenn mir aber jeden Tag in den Medien diese Vergangenheit vorgehalten wird, merke ich, daß sich in mir etwas gegen diese Dauerpräsentation unserer Schande wehrt (*Friedenspreisrede* 17 – 18).

In seiner Anordnung des rhetorischen Versuchs zur Selbsterforschung des Gewissens führt die selbstkritische Perspektive zu Zweifeln am scheinbar öffentlichen Konsens über den Umgang mit der jüngeren deutschen Geschichte. Die von Walser konstatierte Übertribunalisierung des Holocaust bewirkt kontraproduktive Abwehrreaktionen und läßt ihn den Verdacht formulieren,

> daß öfter nicht mehr das Gedenken, das Nichtvergessendürfen das Motiv ist, sondern die Instrumentalisierung unserer Schande zu gegenwärtigen Zwecken. Immer guten Zwecken, ehrenwerten. Aber doch Instrumentalisierung (*Friedenspreisrede* 18).

Insbesondere diese in den zum Teil wütenden Reaktionen auf seine Rede immer wieder als exemplarisch für Walsers politisch zweifelhafte Positionen zitierte Passage[26] illustriert seine radikale Verteidigung der Erinnerung individuellen Erlebens gegen abstrakt formulierte kollektive Geschichtsbilder, die Walser schon im Umgang mit der deutschen Teilung ablehnte. In seiner Frankfurter Friedenspreisrede greift Walser zitierend auf die Nicolas Born-Rede zurück, um zum einen die Konstanz seines Denkens zu dokumentieren, um zum anderen aber auch auf die damals wie heute schwierigen Bedingungen bei der Beantwortung von Fragen nach deutscher Identität und Geschichte aufmerksam zu machen.

> 'Ich halte es für unerträglich, die deutsche Geschichte – so schlimm sie zuletzt verlief – in einem Katastrophenprodukt enden zu lassen.' Und: 'Wir dürften, sage ich vor Kühnheit zitternd, die BRD so wenig anerkennen wie die DDR. Wir müssen die Wunde namens Deutschland offenhalten.' Das fällt mir ein, weil ich jetzt wieder vor Kühnheit zittere, wenn ich sage: Auschwitz eignet sich nicht, dafür Drohroutine zu werden, jederzeit einsetzbares Einschüchterungsmittel oder Moralkeule oder auch nur Pflichtübung. Was durch Ritualisierung zustande kommt, ist von der Qualität des Lippengebets (*Friedenspreisrede* 20).

Somit mündet die Argumentation der Rede in die Feststellung einer Superiorität des Individuellen über das Kollektive gerade auch auf dem Feld der Moralität und der Gewissensfragen. 'Mit seinem Gewissen ist jeder allein. Öffentliche Gewissensakte sind deshalb in der Gefahr symbolisch zu werden. Und nichts ist dem Gewissen fremder als Symbolik, wie gut sie auch gemeint sei' (*Friedenspreisrede* 22). Wenn Walser hierzu Heidegger[27] und Hegel[28] als Autoritäten zitiert, dann kann man sicherlich hinter dem Bezug auf Heidegger ähnlich wie in den von Peter Sloterdijk[29] provozierten Auseinandersetzungen einen Angriff auf die Kritische Theorie der Frankfurter Schule vermuten.[30] Im Kontext der Friedensrede heißt dies für Walser vor allem eine Reindividualisierung des Gewissens. Dessen Erstarrung in rituellen Akten bedeute zugleich eine Einschränkung individueller Identität vornehmlich durch Sprachreglementierungen. Konsequent schließt er daher mit einer Apologie literarischen Sprechens. Walser präsentiert in seinen *Erfahrungen beim Verfassen einer Sonntagsrede* den Zuhörern keineswegs eine fertige Rede zur passiven Rezeption, sondern läßt sie fiktiv an deren Entstehungsprozeß, an allen Überlegungen und Skrupeln ihres Verfassers teilnehmen. Wenn er hierzu in weiten Passagen literarische Formen wie innerer Monolog oder erlebte Rede wählt, so kann nicht übersehen werden, daß er mit diesem rhetorischen Experiment sich selbst in der literarischen Rolle des Redenschreibers einführt, einen wie Monika Maron ausführt, Selbstversuch unternimmt, um aufzuzeigen, 'was die Erinnerungsbereitschaft blockieren kann'.[31] Auch präzisiert Walser die Tragweite seiner Rede zur Kritik des öffentlichen Diskurses nicht allein durch die Betonung ihres subjektiv-literarischen Charakters, sondern objektiviert am Beispiel von Thomas Manns *Betrachtungen eines Unpolitischen* (1918) die unterschiedlichen Rezeptionsweisen von Werk und öffentlicher literarischer Rede, die eine Tendenz, öffentliche Rede stärker dem politischen Diskurs als dem literarischen Werk zuzuordnen, erkennen lassen:[32]

> Aber vorher war er [Thomas Mann, A.M.] auch schon zwanzig Jahre lang ein Intellektueller und Schriftsteller, aber, was die öffentliche Meinung angeht, auf der anderen Seite. Aber wer seine Bücher liest von 'Buddenbrooks' bis 'Zauberberg', der kriegt von diesem krassen Meinungswechsel so gut wie nichts mit. Dafür aber, behaupte ich, den wirklichen Thomas Mann: Wie er wirklich dachte und empfand; seine Moralität also, teilt sich in seinen Romanen und Erzählungen unwillkürlich und vertrauenswürdiger mit als in den Texten, in denen er politisch-moralisch rechthaben mußte. Oder gar das Gefühl hatte, er müsse sich rechtfertigen (*Friedenspreisrede* 24-25).

Zur Verteidigung des Schriftstellers gegen die 'Meinungssoldaten', die ihn 'mit vorgehaltener Moralpistole [...] in den Meinungsdienst nötigen' (*Friedenspreisrede* 25), vertraut sich Walser ganz 'der literarischen Sprache' an, der einzigen, die ihm nichts verkaufen wolle.

> Mein Vertrauen in die Sprache hat sich gebildet durch die Erfahrung, daß sie mir hilft, wenn ich nicht glaube, ich wisse etwas schon. Sie hält sich zurück, erwacht sozusagen gar nicht, wenn ich meine etwas schon zu wissen, was ich nur noch mit Hilfe der Sprache formulieren müsse. Ein solches Unternehmen reizt sie nicht. Sie nennt mich dann rechthaberisch. Und bloß, um mir zum Rechthaben zu verhelfen, wacht sie nicht auf. Etwa um eine kritische Rede zu halten, weil es Sonntagvormittag ist und die Welt schlecht und diese Gesellschaft natürlich besonders schlecht (*Friedenspreisrede* 26 – 27).

Da sich literarische Sprache, so Walser, besonders durch 'sprachliche Verbergungsroutinen jeder Art' (*Friedenspreisrede* 27) auszeichne, warnt er ausdrücklich vor einer funktionalen Reduktion der Sprache auf einen rein informatorischen Gehalt. Eine solche Reduktion ignoriere deren absichtsvoll trügerischen Charakter, der sich in der literarischen Rede offenbare und sie vor rein instrumentellem Gebrauch schütze.

> Aber eine ganz abenteuerliche Hoffnung kann der Redner dann doch nicht unterdrücken: daß nämlich der Redner dadurch, daß man ihn nicht mehr so klipp und klar kennt wie vor der Rede, eben dadurch dem Zuhörer oder der Zuhörerin vertrauter geworden ist. Es soll einfach gehofft werden dürfen, man könne einem anderen nicht nur dadurch entsprechen, daß man sein Wissen vermehrt, seinen Standpunkt stärkt, sondern, von Sprachmensch zu Sprachmensch, auch dadurch, daß man sein Dasein streift auf eine nicht kalkulierbare, aber vielleicht erlebbare Art (*Friedenspreisrede* 27 – 28).

Doch trotz ihrer literarischen Apostrophierung bewirkte die öffentliche Performanz der Rede eine ausgesprochen selektive Wahrnehmung.[33] Ihr diskurskritisches Potential wurde durch das von Walser sicherlich auch in provokanter Absicht formulierte Beispiel einer medialen Instrumentalisierung des nationalsozialistischen Völkermords verdeckt.

4.

Walsers Apologie der Individualität des Gewissens, das in seinem Werk immer wieder spürbare Beharren auf einer Identität gegenüber sozialen wie ideologischen Zurichtungen,[34] die wie im Falle Alfred Dorns trotz allen grotesken Scheiterns auf 'Leidensverwandtschaft'[35] basierende Rekonstruktion kindlicher Identität, sei es durch museale Konservierung, sei es durch sprachliche Imagination,[36] aber auch die Verteidigung seiner Protagonisten gegen die Bewusstseinsbrüche der Adoleszenz lassen die Umrisse einer mit literarischen Mitteln erschlossenen Anthropologie sichtbar werden.

Es sei hier nur kurz angemerkt, dass wie viele theoretische Debatten der jüngeren Zeit auch die seit den späten 80er Jahren in der Literaturwissenschaft begegnenden Diskussionen zum Schlagwort 'literarische Anthropologie' nicht frei von modischen Zügen sind. Doch lassen sich cum grano salis zwei Ansätze mehr oder weniger deutlich unterscheiden. Einerseits eine historisch orientierte hermeneutische Rekonstruktion des Einflusses zeitgenössischer anthropologischer Theorien auf die Literatur, die Anthropologisierung der Literatur. Dies geht letztlich zurück auf die Befreiung einer sinnlichen literarischen Einbildungskraft von normativen Poetiken etwa im 18. Jahrhundert. Das große von Hans-Jürgen Schings organisierte DFG-Kolloquium etwa widmete sich vor allem diesen Fragen, hier besonders Helmut Pfotenhauer.[37] Hingegen unternimmt Wolfgang Iser in Fortentwicklung seiner Fiktionalitätstheorien den Versuch einer 'anthropologischen Fundierung des Ästhetischen' oder wie Margit Sutrop Isers 'anthropological turn' bündig resümiert: 'The anthropology of literature is to help us to find out why we have this medium called literature and why we continually renew it.'[38]

Walsers Werk bietet beiden Ansätzen Widerstände. Mit aller gebotenen Vorsicht scheint erkennbar, daß besonders etwa ab *Verteidigung der Kindheit* Ansätze einer mit literarischen Mitteln operierenden Anthropologie als Rekonstruktion der Grundlagen menschlicher Existenz und Existenzbedingungen entwickelt werden. Eine solche Anthropologie, die die individuelle Erinnerung gegen eine medial dominierte Erinnerungskultur verteidigt und die mittels ihrer literarischen Rekonstruktion primärer Zustände in Form einer unverstellten Verfügbarkeit des Subjekts über dessen soziale und individuelle Identität diese Verfügbarkeit zugleich als denkbar voraussetzt, wirft jedoch Fragen auf: Werden mit ihr nicht Erfahrungen von Bewusstseinsbrüchen gerade der Moderne harmonisierend nivelliert und verkündet sie nicht eine vormoderne Identität, denn die conditio humana der Moderne mündet doch gerade in die Einsicht einer Unhintergehbarkeit des Hiats zwischen Welt und Bewusstsein oder, wie Walser selbst für Kafkas literarischen Stil formuliert, eines kaum mehr aufzulösenden Changierens zwischen Ich und Er?

Anmerkungen

[1] Martin Walser, 'Die Utopie der Sprache. Ein Gespräch mit Heribert Vogt', in: Rainer Weiss, Hg., *'Ich habe ein Wunschpotential'. Gespräche mit Martin Walser*, Suhrkamp Verlag: Frankfurt am Main, 1998, S. 122 f.

[2] Vgl. Martin Walser, *Tod eines Kritikers. Roman,* Suhrkamp Verlag: Frankfurt am Main, 2002, S. 135.

[3] Vgl. Andreas Meier, 'Das Paradox einer individuellen Identität. Zur erzählerischen Konturierung Walserscher Protagonisten,' in: Jürgen Kamm, Norbert Schaffeld, Marion Spies, Hg., *Spuren der Identitätssuche in zeitgenössischen Literaturen,* Wissenschaftlicher Verlag Trier: Trier, 1994, S. 89 - 107

[4] Leider wurde dieses Vorwort für die Ausgabe der Hörspiele im 10. Band der Werkausgabe (Martin Walser, *Werke in zwölf Bänden,* Helmut Kiesel, Hg., Suhrkamp Verlag: Frankfurt am Main, 1997 (Im folgenden zitiert als WWA)) nicht transkribiert. Alle Zitate hieraus daher nach Martin Walser, *Kantaten, aggressive Lieder und frühe Hörspiele. 2 Musikcassetten,* Edition Isele: Eggingen, 2002; vgl. auch Anthony Waine, *Martin Walser,* Beck: München, 1980, S. 38.

[5] WWA 8, S. 15 - 23. Zu Walser und Kafka vgl. Andreas Meier, '"Kafka und kein Ende?" Martin Walsers Weg zum ironischen Realisten,' in: Ulrich Ernst und Dietrich Weber, Hg., *Philologische Grüße. Jürgen Born zum 65. Geburtstag.* Bergische Universität: Wuppertal, 1992 (Wuppertaler Broschüren zur Allgemeinen Literaturwissenschaft, Nr. 6), S. 55 - 95; ferner den Beitrag von Alexander Mathäs im vorliegenden Band.

[6] Vgl. Martin Walser, 'Beschreibung einer Form. Versuch über Franz Kafka,' in: WWA 12, S. 7 - 145, hier S. 79.

[7] Martin Walser, 'Imitation oder Realismus', in: WWA 11, S. 116 – 143.

[8] Ebd., S. 136 - 137; Kursive im Original!

[9] Ebd. S. 139.

[10] Martin Walser, *Die Gallistl'sche Krankheit*, in: WWA 8, S. 418.

[11] Vgl hierzu Thomas Anz, 'Beschreibungen eines Kampfes. Martin Walsers literarische Psychopathologie', *text + kritik* (*Martin Walser*), 41/42 (3. Aufl., Neufassung, München 2000), S. 69 - 78.

[12] Vgl. etwa Martin Walser, 'Heimatlob', WWA 8, S. 435 - 488.

[13] Martin Walser, 'Bemerkungen über unseren Dialekt', in: Martin Walser, *Heimatkunde*, Suhrkamp: Frankfurt am Main, 1968, S. 51 - 57.

[14] In Martin Walser, *Heilige Brocken. Aufsätze. Prosa. Gedichte*, Suhrkamp: Frankfurt am Main, 1988, S. 27.

[15] Vgl. Martin Walser, *Heilige Brocken*, passim.

[16] Klaus-Michael Bogdal, '"Nach Gott haben wir nichts Wichtigeres mehr gehabt als die Öffentlichkeit." Selbstinszenierungen eines deutschen Schriftstellers', *text + kritik* (*Martin Walser*), 41/42 (3. Aufl., Neufassung, München 2000), S. 19 - 43, hier S. 25.

[17] So zumindest der Titel der vom Suhrkamp-Verlag vorgelegten Dokumentation: Frank Schirrmacher, Hg., *Die Walser-Bubis-Debatte. Eine Dokumentation*, Suhrkamp: Frankfurt am Main, 1999. Im folgenden im Text zitiert als *Dokumentation*. Walsers Friedenspreisrede wird zitiert nach Martin Walser, *Erfahrungen beim Verfassen einer Sonntagsrede. Friedenspreis des Deutschen Buchhandels 1998*, (*Laudatio: Frank Schirrmacher. Sein Anteil*), Suhrkamp: Frankfurt am Main, 1998. Im folgenden im Text zitiert als *Friedenspreisrede* mit Seitenangabe.

[18] Den Vergleich mit dieser Debatte führt Walser selbst an, vgl. *Dokumentation*, S. 456. Bezüge der Walser-Bubis-Debatte zum Historikerstreit ergeben sich u.a. durch dessen Nähe zur Goldhagen-Kontroverse; vgl. etwa Wolfgang Wippermann, *Wessen Schuld? Vom Historikerstreit zur Goldhagen-Kontroverse*, Elefanten-Press: Berlin, 1997 oder Richard Evans, *Im Schatten Hitlers? Historikerstreit und Vergangenheitsbewältigung in der Bundesrepublik*. Aus dem Englischen von Jürgen Blasius, Suhrkamp: Frankfurt am Main, 1991.

[19] Vgl. Wippermann (Anm. 18) oder Julius H. Schoeps, Hg., *Ein Volk von Mördern? Die Dokumentation zur Goldhagen-Kontroverse um die Rolle der Deutschen im Holocaust*, Hoffmann & Campe: Hamburg, 1996.

[20] Vgl. u.a. die Beiträge Joachim Neander, 'Walser: Auschwitz nicht mißbrauchen. Schriftsteller warnt vor Instrumentalisierung des Holocaust. Kritik an Mahnmal Debatte', *Die Welt*, 12. Oktober 1998; Peter Dittmar, 'Das Mahnmal, längst errichtet - in Worten', *Die Welt*, 15. Oktober 1998; Micha Brumlik, 'Vom Alptraum nationalen Glücks. Eine Entgegnung auf die Polemik Martin Walsers gegen das Berliner Mahnmal in seiner Rede anläßlich der Verleihung des Friedenspreises', in: *Dokumentation*, S. 49 - 51; Ignatz Bubis, '"Statt Rechtsextremisten schrieben nette Menschen". Ignatz Bubis, Präsident des Zentralrats der Juden, über Walser, das Mahnmal und die Entschädigung der Opfer' (Interviewer: Roderich Reifenrath und Matthias Arning), *Frankfurter Rundschau*, 19. Oktober 1998; Freimut Duve, 'Körpersprache der Politik. Für Martin Walser - und das Mahnmal in Berlin', in: *Dokumentation*, S. 181 -182; Martin Oehlen, 'Kein Ausstieg aus der Geschichte. Die Walser-Debatte und das Holocaust-Mahnmal', *Kölner Stadt-Anzeiger*, 15. Dezember 1998 ; Joachim Worthmann, 'Normal oder nicht? Bubis, Walser und das Mahnmal', *Stuttgarter Zeitung*, 15. Dezember 1998.

[21] Vgl. im Zusammenhang der Walser-Bubis-Debatte bes. Thomas Assheuer, 'Ein normaler Staat?', in: *Dokumentation*, S. 134 - 138 und Reinhard Mohr, 'Total normal? Der Streit zwischen Martin Walser und Ignatz Bubis wühlt die Nation auf. Ist die Debatte über die „Dauerpräsentation" der Nazi-Verbrechen Auftakt für eine neue deutsche „Normalität" der Berliner Republik', *Der Spiegel*, 30. November 1998.

[22] Als frühestes Dokument kann hier etwa Walsers *Ein deutsches Mosaik* gelten. Zusammenfassend vgl. auch Walsers Essay-Sammlungen *Über Deutschland reden*, Suhrkamp Verlag: Frankfurt am Main, 1988 und *Deutsche Sorgen,* Suhrkamp: Frankfurt am Main, 1997.

[23] Einzig Dieter Borchmeyer gewinnt in seinem Essay 'Von der politischen Rede des Dichters' (*Dokumentation*, S. 608 – 616, überarb. auch als: Dieter Borchmeyer, *Martin Walser und die Öffentlichkeit, Von einem neuerdings erhobenen unvornehmen Ton im Umgang mit einem Schriftsteller*, Suhrkamp: Frankfurt am Main, 2001) die notwendige Unbefangenheit gegenüber Walsers Beitrag, indem er ihn in eine durch Namen wie Heine oder Thomas Mann markierte literarhistorische Traditionslinie einordnet und von engen tagespolitischen Bezügen befreit.

[24] Vgl. Günter Grass, 'Laudatio auf Yasar Kemal', *Süddeutsche Zeitung*, November 1997.

[25] Walser betritt hier politisch brisantes Terrain, wenn er die journalistische Berichterstattung über ein aus offenbar fremdenfeindlichen Motiven am 23. August 1992 mit Benzinbomben in Brand gesetztes Wohnhein für Asylbewerber und die die Löscharbeiten behindernde voyeuristische Masse im Medium *Die Zeit* (vgl. die Ausgabe vom 27. August 1992) zum Prüfstein der Kritikfähigkeit der öffentlichen Meinung überhaupt erhebt:

> Ich hoffe, daß auch selbstkritisch als kritisch gelten darf. Warum werde ich von der Empörung, die dem Denker den folgenden Satzanfang gebietet, nicht mobilisiert: »Wenn die sympathisierende Bevölkerung vor brennenden Asylantenheimen Würstchenbuden aufstellt ...« Das muß man sich vorstellen: die Bevölkerung sympathisiert mit denen, die Asylantenheime angezündet haben, und stellt deshalb Würstchenbuden vor die brennenden Asylantenheime, um auch noch Geschäfte zu machen. Und ich muß zugeben, daß ich mir das, wenn ich es nicht in der intellektuell maßgeblichen Wochenzeitung und unter einem verehrungswürdigen Namen läse, nicht vorstellen könnte. (*Friedenspreisrede* 15 – 16)

[26] Vgl. etwa: Ignatz Bubis, 'Ich bleibe dabei, Ignatz Bubis antwortet Klaus von Dohnanyi', in: *Dokumentation*, S. 158; Richard von Weizsäcker, 'Der Streit wird gefährlich. Mußte Walser provozieren?', *Frankfurter Allgemeine Zeitung*, 20. November 1998; Wolfram Schütte, 'Lawinenkunde. Folgekosten einer „literarischen" Friedenspreisrede', *Frankfurter Rundschau*, 25. November 1998; Frank Schirrmacher, 'Seelenarbeit. Zwischenbeschreibung: Walser antwortet seinen Kritikern', in: *Dokumentation*, S. 249 - 252; Reinhard Baumgart, 'Sich selbst und allen unbequem. Der Weg des Martin Walser als „geistiger Brandstifter"', in: *Dokumentation*, S. 389 - 394; Henryk M. Broder und Reinhard Mohr, 'Ein befreiender Streit?', in: *Dokumentation*, S. 369 – 373; Sigrid Löffler, 'Im Schein der Versöhnung. Nach dem Gipfeltreffen zwischen Martin Walser und Ignatz Bubis müssen die alten Fragen neu gestellt werden', in: *Dokumentation*, S. 484 – 486; Tilman Krause, 'Das Gewissen ist frei. Ehrlich tat Martin Walser seine Meinung kund: Die Dauerpräsentation des Holocaust verführe zum Wegschauen. Es hagelte Kritik, verletzende Repliken. In Duisburg stellte sich Walser einer Diskussion über das Gedenken', *Die Welt*, 28. November 1998; Daniele Dell'Agli, 'Zwischen einander - Martin Walser und das Wegschauen. In der Debatte über das Gedenken...', in: *Dokumentation*, S. 350 - 359.

[27] Zu Walsers Zitat, 'Das Schuldigsein gehört zum Dasein selbst', vgl. §58 ('Anrufverstehen und Schuld') von Martin Heideggers philosophischem Hauptwerk *Sein und Zeit*, Max Niemeyer: Tübingen, 1986, S. 280 - 289. Nachdem Heidegger in §58 und §59 auf die seinsmäßigen Bedingungen des 'Schuldigseins' und eine 'existentielle Interpretation des Gewissens' zu sprechen kommt, gelangt er in §62 ('Das existentiell eigentliche Ganzseinkönnen des Daseins als vorlaufende Entschlossenheit') zu einer Definition von 'Entschlossenheit': 'Entschlossenheit

besagt: Sichvorrufenlassen auf das eigenste Schuldig*sein*. Das *Schuldig*sein gehört zum Sein des Daseins selbst, das wir primär als Seinkönnen bestimmten.' (ebd. S. 305)

28 Walsers Zitat, 'Das Gewissen, diese tiefste innerliche Einsamkeit mit sich, wo alles Äußerliche und alle Beschränktheit verschwunden ist, diese durchgängige Zurückgezogenheit in sich selbst [...]' (*Friedenspreisrede* 21-22), entstammt Hegels *Grundlinien der Philosophie des Rechts* und findet sich dort im 'Zusatz' zum §136. In Hoffmeisters Hegel-Ausgabe wird jedoch dieser von Eduard Gans redigierte Zusatz als unsicher eingestuft und ausgeschieden; vgl. Georg Friedrich Wilhelm Hegel, *Grundlinien der Philosophie des Rechts*, hrsg. von Johannes Hoffmeister, 4. Aufl., Felix Meiner: Hamburg 1955, S. 121.

29 Vgl. zur Auseinandersetzung mit Heidegger etwa zeitgleich mit Walsers Rede auch Peter Sloterdijks 'Elmauer Rede': *Regeln für den Menschenpark. Ein Antwortschreiben zu Heideggers Brief über den Humanismus*, Suhrkamp: Frankfurt am Main, 1999.

30 Für Sloterdijk siehe ders., 'Die Kritische Theorie ist tot. Peter Sloterdijk schreibt an Thomas Assheuer und Jürgen Habermas', *Die Zeit*, 9. September 1999; vgl. hierzu auch Lorenz Jäger, 'Deutsches Beben. Ist die "Kritische Theorie" am Ende? Zur Debatte um Peter Sloterdijk', *Frankfurter Allgemeine Zeitung*, 11. September 1999

31 Monika Maron, 'Hat Walser zwei Reden gehalten?', in: *Dokumentation*, S. 181 - 182

32 Ähnlich auch Kurzke, der einen Wandel Manns nur auf der Ebene politischer Meinungsäußerungen, nicht aber im literarischen Werk ausmacht: 'Da schon die *Betrachtungen* wissen, daß ihr Sein literarisch und demokratisch und nur ihre Meinungen konservativ und unpolitisch sind, ist die sogenannte Wandlung Thomas Manns zum Republikaner nicht ganz so überraschend. Es ist eine Wandlung nur auf der Ebene der Meinungen.' (Hermann Kurzke, 'Die Politische Essayistik', in: Helmut Koopmann, Hg., *Thomas-Mann-Handbuch*, Kröner: Stuttgart, 1990, S. 696 - 706, hier S. 698.

33 Sowohl Walsers Rede wie Frank Schirrmachers Laudatio 'Sein Anteil' wurden noch am 11. November 1999 unter der URL http://www.boersenverein.de/fpreis/fs_laude.htm im Internet veröffentlicht.

34 Mit einer gewiss ironischen Sehnsucht nach der simplen Klarheit einer kritischen Terminologie konstatiert Elke Schmitter mit Bezug auf Walsers *Seelenarbeit* das 'Ende einer Illusion', aus den ideologischen Verhältnissen entweichen zu können, und sieht in der Verteidigung einer 'persönlichen Sprache' die Preisgabe vormals

'linker Positionen', vgl. Elke Schmitter, 'Die Selbstgespräche des Xaver Zürn. Über *Seelenarbeit* und das Ende der Illusion', *text + kritik* (*Martin Walser*), 41/42 (3. Aufl., Neufassung, 2000), S. 62 - 68. Wenn Schmitter hier jedoch *Seelenarbeit* gegen die Paulskirchenrede verteidigt und gegen diese einwendet, die Form des Selbstgesprächs sei im Roman akzeptabel, in einer 'öffentlichen Rede' jedoch fragwürdig, reduziert sich der Einwand gegen die Rede auf die Differenz von Öffentlichkeit und Literarizität, ohne die inhaltliche Substanz zu berühren.

[35] Heidi Gidion, 'Sohn-Sein, mehrfach. Vom Stoff zur Figur in den Roman *Ein springender Brunnen* und *Die Verteidigung der Kindheit*', *text + kritik* (*Martin Walser*), 41/42 (3. Aufl., Neufassung, 2000), S. 50 - 61, hier S. 57.

[36] Gegen die vor allem mit Bezug auf *Ein springender Brunnen* Klaus-Michael Bogdal den Einwand einer 'halluzinatorischen Wahrnehmung' erhebt: 'Die Rückkehr zu dieser Sprache entlastet den Autor von der Anforderung eines Darstellung aus der Perspektive des Wissenden.' (Bogdal, Anm. 16, S. 27). Wobei jedoch die Frage, von wem diese Anforderung erhoben wird, offen bleibt.

[37] Helmut Pfotenhauer, 'Einführung', in: Hans-Jürgen Schings, Hg., *Der ganze Mensch. Anthropologie und Literatur im 18. Jahrhundert*, Metzler: Stuttgart 1994, S. 555 - 560, hier S. 555.

[38] Margit Sutrop, 'The Anthropological Turn in the Theory of Fiction - Wolfgang Iser and Kendall Walton', in: Jürgen Schlaeger, Hg., *The Anthropological Turn in Literary Studies*, Narr: Tübingen, 1996 (REAL 12), S. 81 - 95, hier S. 81.

Roman Luckscheiter

Martin Walser und die Ironie als demokratische Waffe

In his Frankfurt lectures on irony Martin Walser juxtaposes the 'affirmative' ironic style of a Thomas Mann against the ‚committed' ironic stance of a Robert Walser. Yet a closer examination of the texts he cites makes it clear that it is not so easy to separate style and stance — and that he is much closer to Thomas Mann's irony than he cares to admit. The fact that Mann too considered irony to be a force for democracy is used here as the starting point for a closer comparison of the specifically political components of both concepts of irony. Particular emphasis is placed on the following common factors: the individual search for liberty, frivolity and the position within modernism.

Immer wieder hat sich Martin Walser zu theoretischen Fragen der Literatur geäußert, hat das Wesen der Literatur zu bestimmen versucht oder des Lesers Selbstverständnis. Zu seinen am meisten beachteten programmatischen Schriften zählen seine Frankfurter Vorlesungen über die Ironie. Sieben Jahre lang habe er sich 'nebenberuflich' mit 'Meinungen über Ironie' beschäftigt,[1] erklärt Martin Walser 1980 zu Beginn seiner Poetik-Vorlesungen, die ein Jahr später unter dem Titel *Selbstbewußtsein und Ironie* erschienen sind und eine Art Literaturgeschichte des deutschen Ironiebegriffs darstellen. Für Walser heißen die zentralen Stationen Schlegel, Novalis, Fichte, Hegel, Kierkegaard, Robert Walser, Kafka und vor allem immer wieder Thomas Mann. Durch das Geflecht ihrer geistigen Verwandtschaftsbeziehungen schlägt Walser eine Schneise und legt zwei unterschiedliche Traditionsstränge im Ironieverständnis deutscher Schriftsteller bloß, die sich ihm zufolge unversöhnlich gegenüberstehen: Auf der einen Seite die sogenannte 'sokratische' Ironie mit Kierkegaard, Robert Walser und Kafka, auf der anderen Seite die 'romantische' Ironie mit ihren Exponenten Schlegel und Thomas Mann (SuI 60). Und da die Vorlesungen ein programmatisch-engagiertes Unterfangen sein wollen, macht Walser keinen Hehl daraus, daß er für die sokratische Linie eintritt, während er der romantisch-bürgerlichen Ironie den Kampf ansagt. Am Beispiel Thomas Manns will Walser zeigen, daß in dieser Schule die Ironie zur 'Legitimierung der Nicht-Teilnahme' (SuI 71), zum unverantwortlichen Prinzip des Sich-Heraushaltens verkommen sei. Schon 1974 erklärte Walser in einem Interview, Ironie als 'Mittel zur Relativierung' diene nur dem Großbürgertum zur Absicherung seiner Klassenposition: 'das ist das Bequemste, was es gibt, wenn man schon an der Macht ist, zu sagen, man sei über allen Mächten'.[2] Es geht um die Ironie als Geistes- und Lebenshaltung.

Dieser ironischen Haltung setzt Walser den ironischen Stil entgegen, den er ebenfalls schon 1974 erläutert hat:

> Es gibt nur ganz wenige Autoren, die es fertigbringen können, eine Klassenherrschaft wirklich zu negieren, und die müssen sich dann selbst negieren. *Jakob von Gunten, Die Verwandlung, Das Schloß, Der Prozeß,* das sind keine affirmativen Literaturen mehr, sondern das sind Negationen für die herrschende Klasse, weil Robert Walser und Kafka und ihre Helden an sich selbst die Selbstvernichtung [...] bis zum letzten durcherzählt [...] haben.[3]

1980 definiert Walser den ironischen Stil dann wie folgt: 'etwas im Tone einer Errungenschaft zu erzählen, was dann, als Resultat, doch überraschend wenig, eher das Gegenteil einer Errungenschaft ist.'[4] Die Einwilligung des Kleinbürgers in den Verzicht soll beschrieben und dem Leser dabei das Ausmaß des Mangels demonstriert werden. Robert Walsers Figur Jakob von Gunten dient als mustergültiges Vorbild, unter anderem aufgrund von Zitaten wie jenem, in dem sich Jakob zurechtlegt, daß das Tragen von Schuluniformen durchaus etwas Positives haben kann: 'Mir ist das Tragen der Uniform sehr angenehm, weil ich nie recht wußte, was ich anziehen sollte.' (SuI 119)

Auf den ersten Blick scheint es also, als stünden sich die jeweiligen Autoren als Vertreter des unpolitischen auf der einen Seite und des politischen Bewußtseins auf der anderen gegenüber. Scheinbar sind die beiden Modelle diametral entgegengesetzt: das realistisch geschilderte, ausgeprägte Selbstbewußtsein des Ironikers als Legitimierung der Teilnahmslosigkeit dort, die ironische 'Beschreibung einer unfreiwilligen, einer negativen Selbstbewußtseinsbildung' als 'Aufforderung zur politischen Teilnahme' hier. Dann wäre die Geschichte der Ironie eine etwas frustrierende Sinus-Linie zwischen Großbürgergesinnung und Kleinbürgerprosa, wobei nur letzterer das Etikett 'politisch wertvoll' zukommen dürfte. Ich möchte versuchen zu zeigen, daß statt einer Polarisierung zwischen Haltungsironie und Stilironie gerade eine Annäherung der beiden der übergreifenden Dynamik des Ironiegedankens gerecht werden kann. Die so scharf kontrastierten Oppositionspaare sollen daher im folgenden nur als spiegelbildlich zueinander gehörende Positionen derselben Grundüberlegungen behandelt werden – und zwar angeregt durch die Beobachtung, daß beide Ironie-Traditionen, anders als es Walsers Darstellung nahelegt, das literarische Problem der Ironie immer auch als ein politisches erkennen. Ihre gemeinsame Spiegelachse ist die Wirkungsästhetik, wie folgende zwei Zitate belegen: Ganz am Ende seiner Vorlesungen formuliert Martin Walser, er glaube, daß bisher 'noch keine Herrschaftsform die Ironie, die sie provozierte, überlebt' habe, (SuI 196) und es ist klar, daß diese dialektische Fortschrittstheorie nur für die Ironie im Sinne der Robert-Walserschen oder Franz-Kafkaschen 'Versuche der Selbstverneinung' gelten soll. Das Spiegelbild dazu findet sich in Thomas Manns Betrachtungen eines vermeintlich Unpolitischen, und zwar dort, wo sich der 'großbürgerliche' Autor Gedanken über die Verwandtschaft von Ironie und Konservatismus (dem Gegenpaar zu Radikalismus und Nihilismus) macht: Im 'ironischen Konservatismus', so Mann, widersprächen 'einander im gewissen Grade Sein und Wirken', und es sei möglich, daß der ironische Konservatismus 'die Demokratie, den Fortschritt fördert durch die Art, in der er ihn bekämpft.'[5]

Ironie soll also beide Male als angewandte Dialektik funktionieren, als Triebfeder eines subversiven, von einer unsichtbaren Hand geleiteten Prozesses, einmal destruktiv, einmal immunisierend-konstruktiv. Es herrscht offenbar eine prinzipielle Einigkeit darin, die Ironie als politische, und das heißt sogar in beiden Fällen auch: demokratische Kraft zu denken. Thomas Mann und Martin Walser würden sich demnach nur in ihren Gemeinsamkeiten unterscheiden. Das sei nun verdeutlicht an ihrem jeweils unterschiedlichen Umgang mit der Idee der Libertas und dem Prinzip des Eros als gemeinsamen politischen Komponenten ihrer Ironie-Konzepte.

1.) Ironie als Freiheitsgarant

Zu den Urformen einer 'ironie engagée' zählt der 'Standpunkt des Sokrates', an dessen Beispiel Sören Kierkegaard seine Dissertation über den Begriff der Ironie verfaßt hat, die sich wiederum Martin Walser zum Vorbild nimmt. Als 'das Eigentümliche des Standpunkts des Sokrates' bezeichnet Kierkegaard die Tatsache,

> daß das gesamte substantielle Leben des Griechentums für ihn seine Giltigkeit verloren hatte, daß also […] die bestehende Wirklichkeit für ihn unwirklich war, […] daß er hinsichtlich dieser ungültigen Wirklichkeit das Bestehende nur unernsthaft bestehen ließ und es dadurch dem Untergang entgegenführte, daß er bei alledem ständig leichter und leichter ward, ständig in immer noch höherem Maße negativ frei ward.

Diese negative Freiheit, die das Bestehende dem Untergang entgegenführt, nennt Kierkegaard dann die 'unendliche absolute Negativität' und schließlich: 'Ironie'. Das praktische Beispiel für diese Ironietheorie liefert in Kierkegaards Darstellung Sokrates selbst. Dessen Tod durch Hinrichtung sei 'nicht eigentlich tragisch':

> Im Grunde kommt der griechische Staat mit seinem Todesurteil hintennach,
> und hat auf der andern Seite an dem Vollzug der Todesstrafe auch nicht eben
> viel Erbauung, denn für Sokrates hat der Tod nicht Wirklichkeit. […] insofern
> ist es Ironie über den Staat, daß der ihn zum Tode verurteilt und deshalb wähnt,
> über ihn eine Strafe verhängt zu haben.[6]

Uwe Japp schildert in seiner *Theorie der Ironie* die 'sokratische Methode'
als eine Strategie der 'Auflösung und Verwirrung' und weist darauf hin,
daß dieses Prinzip als 'revolutionär gegen den athenischen Staat' gelesen
werden kann.[7] Martin Walser nennt das dann die 'negative, moralische
Radikalität des Sokrates'. (SuI 41) Letzten Endes handelt es sich hierbei
um eine Theorie der Subversivität, für die die Kierkegaardsche
Formulierung 'Ironie über den Staat' die oberste Richtlinie abgibt. Die
Strategie, Situationen zu erzeugen, in denen der Staat oder irgend ein
anderes Herrschaftssystem geradezu gezwungen ist, seine eigene
Ungültigkeit in einem öffentlichen Akt unter Beweis zu stellen, geht zwar
in diesem Falle einher mit der provozierten Auslöschung des Strategen
selbst, doch diese wird ihm zum Freiheitsbeweis. Während die
institutionelle Politik Freiheit nur als eine relative Größe gewähren kann,
wenn sie ihren Absolutheitsanspruch bewahren will, besteht die Politik
des Ironikers darin, die institutionelle Macht als relative Größe bewußt zu
machen und sich selbst eine absolute Freiheit zu garantieren. 'C'est à
l'ironie que commence la liberté', heißt es bei Victor Hugo.

Der Ironiker ist allen Umständen zum Trotz souverän. Es kommt
nun darauf an, was er daraus macht. Walser würde sagen, dieser Souverän
müsse seine Freiheit zu etwas nutzen, während er den Haltungsironikern
vorwirft, sie zelebrierten in ihrer Souveränität nur die Freiheit von etwas.
Letzteres nennt er mit Blick auf Thomas Mann polemisch das 'basisfreie'
Selbstbewußtsein, das die 'Weltherrschaft als Ironie' (SuI 73) pflege, eine
Umfunktionierung der Ironie, die dem 'aus seiner Klasse fortstrebenden
und beim Adel noch nicht angekommenen Bürgerkind ein
weltunabhängiges […] Bewußtsein […] verschaffen' solle. (SuI 73) Seine
Vorstellung von Ironie dagegen zielt auf 'reale gesellschaftlich allgemeine
Emanzipation' (SuI 73) – Ironie als Klassenkampf also.

Walser zufolge ahmt der bürgerliche Ironiker den Freiheitsbegriff
der Aristokratie nach. Dieser ist zwar ungleich statischer als der
kämpferische Freiheitsbegriff des Kleinbürgers; doch ein Freiheitsbegriff
bleibt es allemal. Und auch ihm wurde mitunter eine soziale Dynamik
zugesprochen. Karl Heinz Bohrer hat beispielsweise in seiner kürzlich
erschienenen Darstellung über *Sprachen der Ironie – Sprachen des
Ernstes* die Ironie mit der aristokratischen Tugend des Esprit in

Verbindung gebracht, die schon Jean Paul in seiner *Vorschule der Ästhetik* als Ausdruck eines Freiheitsbedürfnisses verstanden hatte: 'Der Witz [...] ist von Natur ein Geister- und Götter-Leugner, er nimmt an keinem Wesen Anteil, sondern nur an dessen Verhältnissen; er achtet und verachtet nichts.'[8] Diese Voraussetzung für ein freies Geistesleben sieht Bohrer im 19. Jahrhundert mehr und mehr verschwinden. Er bedauert daher das historische 'Debakel des Ancien Régime und seiner aristokratischen Kultur vor allem im deutschen Bürgertum', da mit ihm 'spezifische Motive des ironischen Diskurses jäh abbrachen' und fortan anstelle des Witzes die Sprache des Idealismus, die Sprache des Ernstes also, gewaltet habe und einen Resonanzboden für Erscheinungen wie den Nationalismus geboten habe.[9] Zum Niedergang der aristokratisch geprägten, ironischen Freiheitskultur zählt Bohrer auch den nachlassenden Einfluß Diderots auf den ästhetischen Diskurs. Das zentrale Merkmal, mit dem er Diderot in Kontrastierung zur Sprache des Ernstes versieht, lautet: Erotismus – mit anderen Worten: die prinzipielle Überbetonung der sinnlichen Erfahrung. Eine solche Verbindung von Ironie und Erotismus, hergestellt über einen aristokratischen Freiheitsgeist hat eine lange Tradition in der 'bürgerlichen' Ideengeschichte. Aber auch hier führen die Unterschiede zwischen der Ironiekonzeption Thomas Manns und derjenigen Martin Walsers schließlich auf einen gemeinsamen Nenner.

2.) Das erotische Prinzip der Ironie

Jean Paul, mit seiner *Vorschule der Ästhetik* Bohrers Gewährsmann des Witzes und mit seinem Roman *Hesperus* einer von Walsers Materiallieferanten für die Abteilung Haltungsironiker, erzählt im *Hesperus* das Verhältnis zwischen Matthieu und der Kammerherrin:

> Liebe-Persiflagen waren ihre Lieberklärungen – ihre Blicke waren Epigramme – seine Schäferstunden salzte er mit komischen Erzählungen von seinen Schäferstunden an andern Orten – und zur Zeit, wo ein heiliger Mann seinen Psalm abzubeten pflegt, waren beide ironisch.[10]

Jean Pauls Erzähler nennt dieses Miteinander zweier Ironiker im Modus des Uneigentlichen eine '*erotische* Verbindung'. Diese erotische Verbindung sei nichts anderes als 'die Unterabteilung irgendeiner *politischen*...'[11] Die drei Punkte am Ende dieser Aussage lassen offen, wie der Dreisatz Ironie-Erotik-Politik genau zu verstehen sei und da der Erzähler auch im weiteren nicht besonders hilfreich ist, müßte man eine eingehende *Hesperus*-Studie in Angriff nehmen, um den Code zu knacken. Eine Auflösung könnte sich aber in Thomas Manns Kapitel 'Ironie und Radikalismus' aus den *Betrachtungen eines Unpolitischen* finden, obgleich diese Passage dort nicht zitiert wird: Gleich zu Beginn trifft Thomas Mann die bereits genannte Differenzierung, derzufolge der Radikalismus Nihilismus sei, der Ironiker dagegen konservativ sei. Direkt im Anschluß daran heißt es:

> Hier ist Eros im Spiel. Man hat ihn bestimmt als 'die Bejahung eines Menschen, abgesehen von seinem Wert'. Nun, das ist keine sehr geistige, keine sehr moralische Bejahung, und auch die Bejahung des Lebens durch den Geist ist das nicht. Sie ist ironisch. Immer war Eros ein Ironiker. Und Ironie ist Erotik. Das Verhältnis von Leben und Geist ist ein äußerst delikates, schwieriges, erregendes, schmerzliches, mit Ironie und Erotik geladenes Verhältnis.[12]

Bis hierher ist also nachzuvollziehen: Die Spannung zwischen Geist und Leben, die der Ironiker auszuhalten bemüht ist, ist analog zur Spannung der Erotik. Das erklärt den ersten Teil des Jean-Paul-Zitats. Und nun begründet Thomas Mann, ohne auf Jean Paul einzugehen, auch den zweiten Teil: warum nämlich die erotische Verbindung die 'Unterabteilung' einer politischen sei. Seine Überlegung lautet, die Kunst genieße eine 'Mittel- und Mittlerstellung zwischen Geist und Leben'. In dieser Mittel- und Mittlerstellung liege 'die Quelle der Ironie, […] aber auch, wenn irgendwo, die Verwandtschaft, die Ähnlichkeit der Kunst mit der Politik: denn auch diese nimmt, auf ihre Art, eine Mittelstellung zwischen dem reinen Geist und dem Leben ein.'[13]

Damit kann sich Martin Walser nun nicht zufriedengeben. Er liest diese Stelle bei Thomas Mann als weiteren Beleg für die 'Legitimationsklemme' der bürgerlichen Ironiker, die, anstatt die Dynamik der Dialektik zu leben, die 'bewegungslose Entgegengesetztheit' von Leben und Geist als 'ewige Spannung ohne Lösung' zelebrierten und sich behaglich in der Mitte einrichteten (SuI 101). Sollte aber ausgerechnet Martin Walser ganz auf Erotik verzichten können? Nicht ganz. Über den Umweg seiner literarischen Lieblingsquellen läßt sich für das duale System Mann contra Walser ein Gegenpart zur geschilderten 'Spannung ohne Lösung' ausmachen, und zwar in Robert Walsers Roman *Jakob von Gunten,* aus dem Walser immer wieder zitiert, um das von ihm favorisierte Modell der Ironie als absoluter Negativität zu illustrieren: Im ironischen Stil bejaht der literarische Held die Umstände, die ihn in seiner Freiheit einschränken und macht dem Leser damit um so deutlicher, wie unerträglich diese Umstände sind. Jakob ist Schüler am Institut Benjamenta, wo ihm und seinen Leidensgenossen eine strenge Erziehung zuteil wird, die jedem Schüler das Bewußtsein verleiht, eine Null zu sein. Durch die Ironie wird freilich klar, daß das Gegenteil der Fall ist. Eine

Passage zu Beginn des *Jakob von Gunten,* die Walser nicht zitiert, eröffnet dieser Form der Ironie ihre eigene polit-erotische Dimension:

> Herrn Benjamenta sehe ich sehr selten. Zuweilen trete ich in das Bureau ein, verbeuge mich bis zur Erde, sage 'guten Tag, Herr Vorsteher' und frage den Herrscherähnlichen, ob ich ausgehen darf. 'Hast du den Lebenslauf geschrieben? Wie?' werde ich gefragt. Ich antworte: 'Noch nicht. Aber ich werde es tun.' Herr Benjamenta tritt auf mich zu [...] und drückt mir die riesige Faust vor die Nase. 'Du wirst pünktlich sein, Bursch, oder - du weißt, was es absetzt.' – Ich verstehe ihn, ich verbeuge mich wieder und verschwinde. Seltsam, wieviel Lust es mir bereitet, Gewaltausübende zu Zornesausbrüchen zu reizen. Sehne ich mich denn eigentlich danach, von diesem Herrn Benjamenta gezüchtigt zu werden? Leben in mir frivole Instinkte? [...] Ja, dieser Mensch hat es mir angetan, er interessiert mich. Auch die Lehrerin erweckt mein höchstes Interesse. Ja, und deshalb, um etwas herauszukriegen aus all diesem Geheimnisvollen, reize ich ihn, damit ihm etwas wie eine unvorsichtige Bemerkung entfahre. Was schadet es mir, wenn er mich schlägt? Mein Wunsch, Erfahrungen zu machen, wächst zu einer herrischen Leidenschaft heran [...].[14]

Zunächst wird angesichts dieser Passage deutlich, daß die von Walser gerade mithilfe von Robert Walser konstruierte Unterscheidung von ironischer Haltung und ironischem Stil so rigide nicht aufrechterhalten werden kann. Denn Jakob erweist sich ja gerade als ein ganz spezieller Haltungsironiker. Er selbst, nicht nur der Erzähler, spielt mit der Ambivalenz der Machtverhältnisse. Die frivole Lust, Herrschaftsverhältnisse spürbar zu erfahren, dabei Schmerzen in Kauf zu nehmen und den Herrschenden sowohl herauszufordern als auch zu verstehen, führt zu einem doppelbödigen Spiel der Unterwerfung, zu einer reflektierten Form des Masochismus. Und was dem Mannschen Ironiker der erotische, ist dem Robert-und-damit-auch-Martin-Walserschen Ironiker der frivole Instinkt.

Keusch sind freilich beide Formen des Erotismus: Lautet das Prinzip des Erotischen bei Thomas Mann, die Spannung zwischen zwei androgynen Polen, Geist und Leben, aufrecht zu erhalten (Walser spricht despektierlich vom unerlösten Eros, da der Beziehung die Dichotomie weiblich-männlich entzogen sei) (SuI 101), geht es in der Frivolität bei Robert und Martin Walser darum, die einseitige Grenzüberschreitung vordergründig zu erdulden, um sie erfahrbar, mitteilbar und als letzten Endes überwindbar bewußt zu machen. Beiden souveränen Haltungsironikern würde ein Koitus die Strategie verderben.

3.) Ironie und Moderne

Gerade um diesen ging es nun aber, als 1968 der amerikanische Literaturkritiker Leslie Fiedler in Freiburg – in Anwesenheit Martin Walsers – die Postmoderne ausrief. Der angekündigte Paradigmenwechsel sollte auch die Rolle des Eros in der Literatur betreffen: Erotik und Frivolitäten der bürgerlichen Moderne wurden für antiquiert erklärt und sollten durch pure Pornographie als der 'Textgattung des neuen Zeitalters' ersetzt werden: 'Wir verlangen heute nach Fellatio, nach Perversion, nach Geißelung, um sicher zu gehen, daß wir es mit Pornographie und nicht mit irgend einer albernen Liebesgeschichte zu tun haben', heißt es im Wortlaut der Rede, die sowohl in der Wochenzeitschrift *Christ und Welt* (1968) als auch im *Playboy*-Magazin (1969) abgedruckt wurde. Walser reagierte 1970 mit seinem Essay 'Über die neueste Stimmung im Westen' und argwöhnte, diese 'Stimmung', die von Irrationalität und Sehnsucht nach Mythen geprägt sei, habe etwas Faschistoides, etwas Antidemokratisches an sich. 'So weit als möglich weg von einer Ausdruckspraxis, die die Welt noch mit Hilfe kritischer Abbilder korrigieren wollte', fliehe diese Postmoderne, meint Walser und erhebt die Ironie zum Indikator gesellschaftlichen Bewußtseins: 'Ironie und Verfremdung', so fährt er fort, 'sind der Neuesten Stimmung nur noch zum Kotzen.' Die Schuld daran, daß die Ironie offenbar nicht mehr attraktiv für die Literaten der Neuesten Stimmung war, sprach Walser schon 1970 Thomas Mann zu, bei dem die Ironie zum 'Brokat' eines 'großbürgerlichen Großschriftstellers', der 'von Mal zu Mal selbstgenügsamer' geworden sei, verkommen und als 'schäbige' 'Entschädigungsliteratur' 'erkennbar geworden' sei.[15] Walser fürchtete also, daß das kritische Potential der Ironie in den Strudel des postmodernen Paradigmenwechsels hineingerissen werde, nur weil ein bürgerlicher Hauptrepräsentant der Moderne die Ironie heruntergewirtschaftet habe. Doch trotz aller Distanzierung saß Walser nun mit Thomas Mann in einem Boot: Beide schienen sie plötzlich einem Literaturkosmos der Vergangenheit anzugehören, beide waren sie in den Augen des Amerikaners Konservative – Thomas Mann als Bürger, Martin Walser als einer der 'Marxisten', die 'die letzten Bastionen des Rationalismus' verteidigten.

Mag die kulturelle Pop- und Postmoderne einem unironischen Impetus folgen, in der zivilisatorischen Postmoderne, mit der sich insbesondere die französischen Theoretiker in den siebziger Jahren beschäftigt haben, wurde der ironische Gestus wieder aktuell, wenn nicht sogar dominant als adäquate Ausdruckspraxis für das Bewußtsein, nur noch im Zitat zu leben. Nichts gilt seither als postmoderner als jenes Gespräch zwischen Matthieu und der Kammerherrin, das Jean Paul als Exempel erotischer Ironie vorführt. Der nachhaltige Paradigmenwechsel zur Postmoderne dürfte im Hinblick auf die Ironie darin liegen, daß die sokratische Haltung, Ironie über den Staat auszuüben, übergegangen ist in ein Phänomen, das Politologen als 'Ironie des Staates' bezeichnen (der Soziologe Heinz Bude hat die Bundesrepublik entsprechend eine 'ironische Nation' genannt). Sokrates' Strategie war die Antwort auf einen klaren Kontrast zwischen einem autoritärem Herrschaftsanspruch und einem individuellem Autonomieanspruch. Die Gesellschaftsstruktur der postmodernen Zivilisation dagegen ist zu komplex geworden, um noch in solchen Antagonismen erfasst zu werden. Helmut Willke, der 1992 das Buch mit dem Titel *Ironie des Staates* vorgelegt hat, zeigt die 'Grundlinien einer Staatstheorie polyzentrischer Gesellschaft' auf und transformiert das sprichwörtlich gewordene 'stählerne Gehäuse' des Staatstheoretikers Max Weber, das auf englisch 'iron cage' heißt, in einen 'ironic cage'.[16] Damit meint er, daß sich die 'Zivilität einer hochkomplexen Gesellschaft', um produktiv zu sein, von 'externen Zwängen' löst und nur von 'internen Zwängen' geleitet werden kann.

Dieser Gedanke kann hier nur angerissen werden. In ihm deutet sich eine Sozialisierung der Ironie an, wie Thomas Mann sie definiert hat: Als 'innere Politik' hat er sie der 'äußeren Politik' der 'Aktivisten' gegenübergestellt.[17] Und nun scheint es, als habe die sogenannte Postmoderne diese innere Politik veräußert, nach der Devise: 'Schafft einen, zwei, viele Tonio Krögers!' Weniger im Namen klassenkämpferischer Dialektik, als vielmehr im Namen eines aristokratischen Freiheitsideals wäre somit die Ironie an der Herausbildung einer fortgeschrittenen Massendemokratie beteiligt gewesen. Thomas Manns Vermutung, der 'ironische Konservatismus' fördere die Demokratie und den Fortschritt durch die Art, in der er sie bekämpfe,[18] erscheint zumindest nicht mehr abwegig zu sein, gerade auch vor der im Sinne der Aktivisten vorgebrachten, frühen Äußerung Walsers zur antidemokratischen 'Art' postmoderner Kultur. Walsers Hypothese, keine Herrschaftsform habe bisher die Ironie, die sie provoziert habe, überlebt, sieht sich mit der Fragestellung konfrontiert, welche Rolle der Ironie zukommt, wenn sie selbst an der politischen Macht ist. Wenn der Staat ironisch ist, vielleicht *muß* der Kultur ja dann beim Stichwort Ironie das 'Kotzen' kommen, und vielleicht rettet gerade diese 'Art' die Demokratie.

4.) Martin Walser und Thomas Mann

Ich fasse zusammen: In seinen Frankfurter Vorlesungen unternahm Martin Walser den Versuch, den Ironiebegriff zu politisieren und ihn als Aufruf zu politischer Partizipation jenem Begriff von Ironie entgegenzustellen, den er als bürgerlich, entrückt-individualistisch und letztlich affirmativ bezeichnete. Doch gerade am Beispiel seines Lieblingsgegners Thomas Mann ist festzustellen, daß die Separierung zweier Ironie-Schulen nicht ohne weiteres aufrecht zu erhalten ist. Das betrifft zum einen seine Unterscheidung von Haltung und Stil, das betrifft aber insbesondere die Berührungspunkte beider Konzepte im Zeichen von Freiheit und Eros als politischen Kategorien. Folgt man nun den Thesen postmoderner Staatstheoretiker, dann scheint es zudem so, daß sich die Massendemokratie nicht qua klassenkämpferischer Negationsironie, sondern qua aristokratischer Haltungsironie herausgebildet habe.

Abschließend sei nun der Blick darauf gelenkt, daß Walsers Ironietheorie bereits über zwanzig Jahre alt ist, ihre Wurzeln tief im Geist der sechziger und siebziger Jahre liegen und daß Walser sich seit 1980 meines Wissens nicht mehr zum Ironiethema geäußert hat. Stattdessen sind in den letzten beiden Jahrzehnten zunehmend Konvergenzen zwischen ihm und Thomas Mann zu beobachten gewesen: So könnte es für die Versöhnung der beiden Ironiekonzepte durchaus relevant sein, daß in Walsers Roman *Finks Krieg* (1996) der Protagonist nicht nur Kleists *Michael Kohlhaas* liest, sondern auch den *Tonio Kröger* als Wartezimmerlektüre in der Tasche hat. Als die amerikanische Literaturwissenschaftlerin Heike Doane drei Prosawerke Walsers untersuchte, die zeitgleich mit den Arbeiten zur Ironie entstanden sind, kam sie noch zu dem Schluß, daß das Selbstgefühl der Protagonisten von *Jenseits der Liebe* (1976), *Seelenarbeit* (1979) und *Schwanenhaus* (1980) nicht allzu fern von den 'Beispielfiguren' Jakob von Gunten und Gregor Samsa angesiedelt sei und daß der theoretische explizierte ironische Stil fast durchweg eingehalten werde. Als kürzlich der deutsche Literaturkritiker Helmut Böttiger einen ähnlichen Versuch unternahm und nach der Ironie im *fliehenden Pferd* (1978), in *Brandung* (1985) und in *Jagd* (1988) fahndete, stellte er dagegen fest, daß dort 'geradezu fugenlos mit Thomas Mannschen Mitteln gearbeitet' worden sei.[19] Schon in den Frankfurter Vorlesungen war Böttiger aufgefallen, daß Martin Walser

Robert Walser unbedingt 'gut finden' möchte, daß ihm die 'Auseinandersetzung mit Thomas Mann aber [...] einfach mehr Spaß' mache.[20]

Auf die sich selbst gestellte Frage, ob er konservativ sei, antwortete Thomas Mann: 'Natürlich bin ich es nicht; denn wollte ich es meinungsweise sein, so wäre ich es immer noch nicht meiner Natur nach, die schließlich das ist, was wirkt. In Fällen wie meinen begegnen sich destruktive und erhaltende Tendenzen, und soweit von Wirkung die Rede sein kann, ist es eben diese doppelte Wirkung, die statthat.'[21] Das hätte eigentlich auch Martin Walser sagen können. Und so scheint die Beziehung zwischen dem Großbürger- und dem Kleinbürger-Ironiker eine durchaus ironische zu sein.

Anmerkungen

[1] Martin Walser, *Selbstbewußtsein und Ironie. Frankfurter Vorlesungen,* Suhrkamp: Frankfurt am Main, 1981, S. 211. Im folgenden im Text als SuI mit Seitenangabe zitiert.

[2] Martin Walser, *Auskunft. 22 Gespräche aus 28 Jahren,* hrsg. von Klaus Siblewski, Suhrkamp: Frankfurt am Main, 1991, S. 42.

[3] Ebd., S. 43.

[4] Martin Walser, *Selbstbewußtsein und Ironie. Frankfurter Vorlesungen*, in: ders., *Werke in zwölf Bänden*, Suhrkamp: Frankfurt am Main, 1997, Bd 12, S. 443-601, hier: 536

[5] Thomas Mann, *Betrachtungen eines Unpolitischen*, S. Fischer: Frankfurt am Main, 1983, S. 585.

[6] Sören Kierkegaard, *Über den Begriff der Ironie, mit ständiger Rücksicht auf Sokrates,* übers. von Emanuel Hirsch, Diederichs: Düsseldorf/Köln, 1961, S. 276 f.

[7] Uwe Japp, *Theorie der Ironie,* Klostermann: Frankfurt am Main, 1983, S. 137.

[8] Zit. nach.: Karl Heinz Bohrer, *Sprachen der Ironie. Sprachen des Ernstes*, in: Karl Heinz Bohrer (Hg.), *Sprachen der Ironie. Sprachen des Ernstes,* Suhrkamp: Frankfurt am Main, 2000, S. 26.

[9] Ebd.

[10] Jean Paul, *Hesperus*, in: Jean Paul, *Werke,* Band 1, hrsg. von Norbert Miller, Hanser: München, 1963, S. 471-1236, hier: S. 595.

[11] Ebd.

[12] Mann, *Betrachtungen,* S. 560.

[13] Ebd., S. 579.

[14] Robert Walser, *Jakob von Gunten,* in: Robert Walser, *Das Gesamtwerk,* hrsg. von Jochen Greven, Band IV, Kossodo: Genf, 1971, S. 371 ff.

[15] Walser, 'Über die Neueste Stimmung im Westen', in: Martin Walser, *Wie und wovon handelt Literatur. Aufsätze und Reden,* Suhrkamp: Frankfurt am Main, 1973, S. 12.

[16] Helmut Willke, *Ironie des Staates. Grundlinien einer Staatstheorie polyzentrischer Gesellschaft,* Suhrkamp: Frankfurt am Main, 1992, S. 329.

[17] Mann, *Betrachtungen*, S. 577.

[18] Ebd., S. 585.

[19] Helmut Böttiger, '1:1-Prosa. Einige lose Bemerkungen über Ironie und das Verhältnis zwischen Robert und Martin Walser,' *Text + Kritik,* 41/42 (2000), 3. Auflage (Neufassung), S. 44–49, hier: S. 47.

[20] Ebd., S. 46.

[21] Mann, *Betrachtungen,* S. 586.

Matthias Uecker

Verteidigung der Eltern
Generationenverhältnisse im Werk Martin Walsers

The relationships between the male protagonists and their parents provide a central and continuing motif in the work of Martin Walser which, however, until now has attracted little attention. This essay follows the development of this motif in its various constellations, in which Walser links the frequent tensions between paternal and maternal influences on the one hand with problems of social adaptation and on the other with the whole complex of overcoming the past.

1. Verspätungen

Der Protest gegen die Eltern bildete ein zentrales Element im öffentlichen Diskurs, in dem sich Mitte der sechziger Jahre jene Kultur entwickelte, die seitdem mit der 'alten', ehemaligen Bundesrepublik identifiziert wird: Politisierung, 'Vergangenheitsbewältigung', Verwestlichung bei gleichzeitiger Kritik an Kapitalismus und US-amerikanischer Außenpolitik und schließlich der antiautoritäre Protest gegen gesellschaftliche wie familiäre Machtstrukturen bilden die Knotenpunkte einer repräsentativen kulturellen Formation, die die konservative Kultur der Adenauer-Ära ablöste und bis in die späten achtziger Jahre allen geistig-moralischen Wendeversuchen trotzte, so daß sie nach dem Aufgehen der alten BRD im vereinigten Deutschland völlig mit diesem Staat identifiziert, ja als dessen eigentliche Ideologie benannt werden konnte.

In der Literatur der alten BRD hat sich das antiautoritäre Protestelement am spektakulärsten in einer ganzen Reihe von polemischen Attacken der in den vierziger Jahren geborenen Generation auf ihre nationalsozialistischen Eltern – und besonders ihre Väter – artikuliert.[1] Übersehen worden ist dabei manchmal, daß eine ältere Autorengruppe, deren bewußt erlebte und erinnerte Kindheit schon in die frühe NS-Zeit fällt, eine sehr viel differenziertere Auseinandersetzung mit ihren Eltern führte, in der Identifizierung und an die Eltern gerichtete Verstehens-wünsche sich häufig mischen mit erschrockener Selbstkritik und einer Revision der von der HJ ebenso wie von pubertären Entwicklungen geprägten adoleszenten Ablösung von der Autorität der Eltern.[2] Auffällig an diesen Büchern, die erst seit dem Ende der siebziger Jahre erschienen, ist ihre 'Verspätung' gegenüber den Abrechnungsbüchern der Protest-generation. Während diese offenbar in einer verlängerten Pubertät sich von den Eltern und deren Verstrickung in die NS-Vergangenheit absetzen mußte, brauchten die älteren Autoren wesentlich länger, um sich dem Thema zuzuwenden.

Im Falle Martin Walsers sind die Beziehungen zwischen diesen beiden Generationen scheinbar erst in den neunziger Jahren zu einem zentralen, sein Schreiben bestimmenden Faktor geworden. In den meisten seiner früheren Texte taucht das Thema entweder gar nicht oder nur am Rande auf, als gelegentliche Erinnerungen der Protagonisten an längst verstorbene Eltern oder als aktuelle Schwierigkeiten mit den eigenen halbwüchsigen Kindern.[3] Erst mit *Die Verteidigung der Kindheit* und *Ein springender Brunnen* rückte die Rolle der Eltern ins Zentrum des erzählerischen Interesses. Zugleich wurde aber auch erkennbar, daß die in den jüngsten Texten erforschten Konstellationen schon seit langem im Hintergrund von Walsers Werk standen. Beginnt man erst einmal danach zu suchen, so entdeckt man plötzlich eine Vielzahl von Hinweisen auf das Verhältnis zwischen Eltern und Kindern und vor allem eine Reihe von regelmäßig wieder verwendeten Rollen und Verhaltensmustern im Werk Martin Walsers.

Solche Kontinuitäten mögen die Annahme nahelegen, daß man es mit autobiographisch fundierten Konstellationen und Problemen zu tun hat. Es ließe sich durchaus argumentieren, daß die komplizierte Beziehung des Autors zu seinen Eltern als zentrale, persönlichkeitsbildende Sozialisationserfahrung schon seit seinen frühesten Texten in Habitus und Haltungen seiner fiktionalen Protagonisten eingeflossen ist und für seine Haltung als Erzähler ebenso bedeutsam ist wie die Sensibilität für Ohnmachtsgefühle und Machtdemonstrationen, die im Vordergrund der Selbstwahrnehmung fast aller seiner Protagonisten steht.[4] Eine solche biographische Argumentation, die in den Texten und Figuren Walsers nach den Spuren seiner Sozialisation sucht, soll hier freilich nicht entwickelt werden.[5] Es geht vielmehr darum, textimmanent – auf der Basis von Walsers Romanen und Theaterstücken – einen Diskurs und seine Entwicklung zu analysieren, dem für Walsers Figuren und ihre Wahrnehmung der eigenen Handlungsmöglichkeiten eine bislang unterschätzte Bedeutung zukommt.

2. Protest gegen die Väter

Die eingangs aufgestellte Behauptung, Walser habe erst in den neunziger Jahren die Rolle der Eltern zum zentralen Thema seines Schreibens gemacht, erweist sich natürlich schon bei oberflächlicher Durchsicht des

Werkes als falsch. Tatsächlich gab es ja schon in den sechziger Jahren zwei Theaterstücke, die – scheinbar ganz im Geist der Protestbewegung – die Abrechnung mit den Vätern thematisierten. Im Gesamtwerk des Autors nehmen *Der Schwarze Schwan* und *Ein Kinderspiel* aber zunächst eine eher untypische Position ein, da sie vor allem als Auseinandersetzung mit der Machtposition von Vätern konzipiert sind. Väter aber – das wird sich noch zeigen – bleiben ansonsten in Walsers Texten entweder abwesend oder erscheinen als eher machtlose Figuren ohne jede Autorität. Dagegen inszenierte Walser in den beiden Stücken der sechziger Jahre den Protest der Nachkriegsjugend gegen ihre Väter als gleichermaßen individuell motivierte und gesellschaftlich signifikante, letztlich aber ergebnislose Revolte. *Der Schwarze Schwan* spielt das Thema als Kommunikationskonflikt um Verdrängung, 'Beschweigen' und 'Aufarbeitung' der NS-Vergangenheit durch, während *Ein Kinderspiel* sich in erster Linie auf die Reflexion des Zerfalls familiärer Strukturen im Diskurs der studentischen Jugend konzentriert.

Walsers eigene Deutung des *Schwarzen Schwans* charakterisiert die Handlung völlig aus der Perspektive des Sohnes, Rudi Goothein:

> Das Stück stellt einen jungen Mann vor, der wissen will, was sein Vater zwischen 1933 und 1945 getan hat; also provoziert er seinen Vater; um den Vater zum Sprechen zu bringen, spielt der Sohn als Rolle, was der Vater vermutlich in Wirklichkeit getan hat. Der Sohn spielt sich auf als Schuldiger, um seinen Vater darauf aufmerksam zu machen, daß da Schuld ist, die verschwiegen wurde.[6] Seinem Vater, was er argwöhnt, fast weiß, ins Gesicht zu sagen, dafür gibt es keine Sprache. Leben können sie miteinander nur, wenn der Vater das erste Wort sagt. Dann könnte man alles zur Sprache bringen.[7]

Diese Selbstdeutung - so unvollständig sie gegenüber dem Text des Stücks bleibt - weist immerhin auf eine zentrale Achse der Darstellung hin: Walser faßt die Rebellion des Sohnes gegen seinen Vater nicht in erster Linie als gesellschaftliche Auseinandersetzung oder als moralische Aufklärung auf, sondern als Symptom einer gescheiterten Generationsbeziehung. Zwar kann die Kommunikationsverweigerung des Vaters gegenüber seinem Sohn als allgemeineres gesellschaftliches Problem wahrgenommen werden und hat handfeste historische Gründe, die das Stück auch unmißverständlich darstellt, die Reaktion des Sohnes aber ist eher Ausdruck einer individuellen narzißtischen Verwundung als eines Bemühens um historische Aufklärung. Im Unterschied zu Hamlet, den Walser zum Modell sowohl seines Stückes als auch der gesamten im Nationalsozialismus aufgewachsenen Generation erklärt[8], vertritt Rudi Goothein auch nicht die Opfer gegen ihre Mörder. Ihm geht es vor allem um seine Beziehung zum Täter, seinem Vater. Dessen Opfer sind allein in diesem Kontext – als innerfamiliäres Kommunikationshindernis – von Bedeutung.[9] Der Psychiater Liberé, selbst ein Kriegsverbrecher, der seine Vergangenheit durch eine aufwendige Inszenierung vor seiner Tochter verbirgt, ist deshalb durchaus im Recht, wenn er Rudi in Bezug auf die Euthanasie-Opfer seines Vaters vorwirft: 'Du spielst Dich auf, Rudi. [...] Du dekorierst Dich mit Gewissen. Aber du spürst nichts.' (SS, 225 u. 227)

Das liegt vor allem daran, daß Rudi nicht – wie Hamlet – als Rächer der Mordopfer agiert. Er will seine Selbstanklage vor allem dazu benutzen, authentische Kommunikation mit dem Vater zu ermöglichen. Daher ist auch sein zu Beginn des Stückes artikulierter Wunsch, den Fall in die Öffentlichkeit zu tragen (SS, 217f.), nur halbherzig, als Provokation des Vaters angelegt, der durch das falsche Schuldbekenntnis des Sohnes zum Bekenntnis seiner wirklichen Schuld gezwungen werden soll. Letztlich teilt Rudi aber wohl Liberés Einschätzung der öffentlichen und juristischen Behandlung der NS-Morde als Ritual zur Entlastung des Publikums: 'Die Richter und Zuschauer wollen sich mästen an Dir. Mit jedem Geständnis werden sie fetter. Vor lauter Anständigkeit. [...] Auf jeden Fall wollen sie sich sauber vorkommen. Dazu soll ich ihnen dienen.' (SS, 220)

Auch wenn das Stück solche Äußerungen dadurch relativiert, daß es Liberés eigene Verstrickung und die Unzulänglichkeit seiner privaten Bußrituale bloßstellt, teilt es wohl seine Skepsis gegen die öffentliche 'Aufarbeitung der Vergangenheit' und erklärt statt dessen deren kommunikative Anerkennung und Bewältigung innerhalb der Famile zum eigentlichen Ziel. Während in der BRD der sechziger Jahre die Frage nach der Verantwortung der Eltern sich zunehmend in öffentlichen Protesten gegen die von ihnen aufgebaute Nachkriegsgesellschaft artikulierte, bleibt Rudi Gootheins Protest privat und individuell. Auch die Kommunikations-verweigerung des Vaters, der Rudis Appell um Authentizität nur als (juristisch-moralische) Anklage begreift, lenkt Rudis Energien nicht nach außen, in die Öffentlichkeit, sondern führt zu Rudis Selbstmord, der weniger ein Versuch ist, die Schuld des Vaters stellvertretend zu sühnen, als vielmehr eine letzte Bemühung um Nähe durch die Identifikation mit der einst vom Vater ausgeübten Gewalt: 'Vielleicht kommt was über mich, ich drück ab, und schon begreif ich meinen Vater.' (SS, 263) 'Ich bin der Sohn meines Vaters [...]. Was ein Vater tut, das hätte auch der Sohn getan, wenn's an ihm gewesen wäre.' (SS, 265)

Die Alternative zu dieser Haltung repräsentiert Liberés Tochter Irm, die sich schließlich bewußt dafür entscheidet, die von ihrem Vater aufgebaute Fiktion mitsamt ihrem neuen Namen anzunehmen und die wirkliche Vergangenheit zu vergessen oder zu ignorieren: 'Es geht mich nichts an. Ich will von Euch nichts hören. Nichts.' (SS, 271)

Die Verhaltensalternative, die Rudi und Irm repräsentieren, wiederholt Walser in abgeschwächter Form noch einmal in seinem Stück *Ein Kinderspiel*, das vor dem Hintergrund der Studentenrevolte die Konfrontation zweier gerade erwachsener Kinder mit ihrem Vater inszeniert. Obwohl das sprachliche Material des Stückes immer wieder Versatzstücke des zeitgenössischen öffentlichen Diskurses aufgreift, bleibt aber auch dieser Konflikt letztlich ganz privat: Nach der Trennung ihrer Eltern war der Sohn Asti bei der Mutter geblieben, während seine Schwester Bille mit dem Vater lebte. Für die sitzengelassene Mutter, die die Familienverhältnisse offenbar stark moralisiert und einzig vom Standpunkt ihrer Verletztheit betrachtet, empfindet sie vor allem Mitleid: 'Sie kann einem schon leidtun. Dauernd muß man sie anlügen.' (K, 311) Ihr Bruder dagegen hat die Verhaltensanforderungen seiner Mutter so weit verinnerlicht, daß sie tiefsitzende, sich selbst verstärkende Schuldgefühle produzieren:

> [...] ich bin eine Sau, sowas von einer Sau, ein KZ-Heini brächte sowas nicht fertig, ein KZ-Heini läßt seine Mutter nicht sterben, ohne ihr vorher glaubhaft versichert zu haben: Mama ich bin gesund und glücklich. Ich habe das nicht geschafft. Ich habe ihre Vermutung nie widerlegt. (K, 309)

Astis Schuldgefühle gegenüber der Mutter sind die Wurzel seiner Aggression gegen den Vater, dessen Ermordung er phantasiert. Astis Vater scheint diesen Mechanismus von Anfang an zu verstehen: 'er tut ja bloß so' (K, 338), beruhigt er seine Tochter, um zu diagnostizieren, daß die demonstrative Aggressivität seines Sohnes tatsächlich auf innerer Schwäche und Selbstanklagen beruhe.

Werner Brändle hat argumentiert, daß Walsers Stück 'die enge Verflochtenheit von privaten und öffentlichen Verhaltensregeln und Bewußtseinsmustern' demonstriere und mit seinen Rollenspielen eine 'katharische Wirkung', also die Befreiung von eben diesen Regeln, anstrebe.[10] Im Rückblick drängt sich allerdings der Eindruck auf, daß *Ein Kinderspiel* weniger eine dialektische 'Verflochtenheit' als vielmehr die direkte Determination des öffentlichen Diskurses durch unartikulierte private Bedürfnisse darstellt. Letztlich geht es immer nur um das widersprüchliche, von Anerkennungswünschen und Ablösungsphantasien bestimmte Verhältnis zu den Eltern, und noch die offene, scheinbar

politisch motivierte Aggression wird als Versuch erkennbar, innerfamiliäre Kommunikation zu ermöglichen.

In dieser Perspektive erweisen sich beide Stücke als Versuche, den
antiautoritären Protest gegen die Elterngeneration kritisch darzustellen und
als Reaktion auf narzißtische Verletzungen zu deuten. Das erklärt dann
auch die Wahl des dramatischen Genres, die letztlich weniger durch die
Natur und öffentliche Bedeutung des dargestellten Konflikts als vielmehr
durch das Objektivierungs- und Distanzierungsbedürfnis des Autors motiviert sein dürfte. Statt sich das Bewußtsein eines Protagonisten anzuver-
wandeln und ganz aus seiner Sicht zu erzählen, kann Walser auf der
Bühne beiden Konfliktparteien gleichermaßen Recht und Unrecht geben.

Als Seitenthema taucht der in den sechziger Jahren wurzelnde
Protest gegen die Väter noch einmal in Walsers 1988 erschienenem
Roman *Jagd* auf, wo eine Nebenfigur aus der Nazi-Vergangenheit seines
Vaters die Motivation für eine historische Erforschung des KZ-Systems
bezieht:

> Sein ehrgeiziger Vater war – Gott sei's geklagt, sagt er – ein Nazi. [...] Herr
> Ortlieb sagte, daß er, Jahrgang 47, gutzumachen versuche, was sein Vater
> falsch gemacht habe. [...] Er will die Behauptung widerlegen, die Bevölkerung
> habe von den KZ-Lagern nichts gewußt. (J, 42)

Aufschlußreich an dieser kleinen Episode ist der argumentative
Kurzschluß, mit dem Herr Ortlieb von dem familiär begründeten
Wiedergutmachungsbedürfnis für die Verstrickung seines Vaters zu einer
generellen Beschuldigung der 'Bevölkerung' gelangt. Der Roman
distanziert sich implizit, aber wenig subtil, von dieser Haltung und
porträtiert ihren Träger als lächerliche, neurotische Figur, dessen vitale
Frau sich anderswo Befriedigung suchen muß.[11]

Ohne die politischen Implikationen des Falles auch nur
aufzunehmen, distanziert sich auch der Protagonist des Romans, der
Makler Gottlieb Zürn, von dieser Haltung. Zwar wird seine Beziehung zu
seinen Eltern nicht thematisiert, doch aus Anlaß seiner Konflikte mit zwei
heranwachsenden Töchtern plädiert Gottlieb für einen schonenden, auf
Einfühlung basierenden Umgang miteinander: 'Wenn Kinder nicht stärker
wären als ihre Eltern, würden sie sie keinen Tag ertragen. Habt Mitleid
mit euren elenden Eltern, ihr riesigen Kinder, ihr.''(J, 191)

3. Mutter-Söhne

Auffälliger noch als die ungewöhnlich starke Rolle der letztlich unan-
greifbaren und unerreichbaren Väter in Walsers Stücken aus den sechziger
Jahren ist die vollständige Abwesenheit der Mütter, die nur als Tote, als

mehr oder weniger blasse Erinnerungen noch das Handeln ihrer Söhne motivieren. In der Regel aber kennzeichnet es Walsers Werke gerade, daß ihre männlichen Protagonisten sich in besonderem Maße über die Beziehung zu ihren Müttern und die von ihnen übernommenen Verhaltensorientierungen definieren, während die Väter im Hintergrund bleiben. Fast alle Protagonisten von Walsers Prosa können als Mutter-Söhne beschrieben werden, deren Identität in der Fixierung an die kindliche und adoleszente Mutter-Bindung wurzelt. Diese Grundkonstellation bleibt freilich in der Entwicklung von Walsers Werk nicht unverändert, sondern durchläuft eine Reihe charakteristischer Phasen, die die Zentralität dieser Beziehung immer stärker in den Vordergrund rückt.

Mutter-Söhne ohne wesentliche Vater-Bindung sind schon Hans Beumann und Anselm Kristlein in Walsers ersten Romanen, doch charakterisiert es ihre Geschichten, daß ihr gesellschaftlicher Aufstieg im westdeutschen Wirtschaftswunder ihnen die Ablösung von den Müttern ebenso wie von der dörflichen Herkunft abverlangt. Als Karrieristen im konformistischen Milieu der fünfziger Jahre müssen ihnen die kleinbürgerlich-moralistischen Verhaltensstandards ihrer katholischen Mütter als peinliche Barrieren erscheinen, die schnellstmöglich zu vergessen oder zu verdrängen sind. Während der uneheliche Sohn Hans Beumann rasch einsieht, daß seine Mutter die neue gesellschaftliche Umwelt ihres Sohnes kaum verstehen und ihn dort womöglich kompromittieren würde, kann Anselm Kristlein immerhin von der mütterlichen Vorliebe für Heiligen- und Märtyrergeschichten profitieren und sie in seinen ersten Partyerfolg ummünzen. (H, 187f. u. 562f.)

Daß beide ihre geradezu zwanghafte Fähigkeit zur Anpassung an gesellschaftliche Erwartungen, die zur Basis ihrer Karrieren wird, in der mütterlichen Erziehung verinnerlicht haben, wird in diesen frühen Romanen nur angedeutet. Deutlicher, aber noch immer ambivalent, führt Walser dieses Thema erst in dem 1979 erschienenen Roman *Seelenarbeit* aus. Der Protagonist des Buches, der Chauffeur Xaver Zürn, verkörpert ein weiteres Mal jenen Walserschen Typus des zwischen – realen oder unterstellten – Umweltanforderungen, Versagensängsten und individuellen Selbstverwirklichungswünschen gefangenen Rollenspielers, der sich aus Rücksicht auf Selbstbild und Fremdwahrnehmung noch die intimsten Phantasien versagen muß. 'Das Wichtigste, das spürte er jetzt, konnte er nie aussprechen: daß er von sich anders dachte als alle anderen Menschen. Er kannte keinen, nicht einen, der von ihm dachte, wie er über sich dachte.' (S, 169f.)

Diese nun schon wohlbekannte Konstellation ist in *Seelenarbeit*
allerdings auf spezifische Weise verschärft und kompliziert: Im
Unterschied zu Hans Beumann und Anselm Kristlein betreibt Xaver Zürn
Mimikry und Identitätsunterdrückung nämlich nicht im Dienst eines
sozialen Aufstiegs, auf den er kaum Aussichten hat. Allein um seine
relativ niedrige und abhängige Position als Fahrer des Industriellen Gleitze
halten zu können, um aus der materiell halbwegs komfortablen, aber
niemals gesicherten Kleinbürgerexistenz nicht abzustürzen, glaubt cr, sich
jede individuelle Regung austreiben und sich an das Phantasiebild, das
sein Chef von ihm hat, angleichen zu müssen. Weiterreichende
Gratifikationen kann Xaver Zürn im Unterschied zu seinen Vorgängern
nicht mehr erwarten.

   Die soziale Begründung für Zürns mangelndes Selbstbewußtsein[12]
wird in diesem Roman allerdings ergänzt um einen zweiten Diskurs, der
seinen Charakter auch als Ergebnis von Familien- und Sozialisations-
verhältnissen beschreibt, die in der Klassenlage nicht völlig aufgehen.
Einen Hinweis auf die Unvollständigkeit bloß soziologischer Ableitungen
individuellen Verhaltens liefert der Roman am Rande mit dem Beispiel
von Xavers selbstbewußtem Vetter Konrad, der sich offenbar von der
Gefahr einer Entlassung sehr viel weniger einschüchtern läßt und auch
eine Konfrontation mit dem aggressiven Vorgesetzten nicht scheut.
Wichtiger sind aber die Hinweise auf die familiäre Genese von Xaver
Zürns Charakter und Verhalten, die in polemischer Form zunächst vom
Werksarzt Dr. Meichle ins Spiel gebracht werden, um Zürns psycho-
somatische Erkrankung zu erklären: 'Wahrscheinlich ist Ihre Mutter
schuld an Ihrem heutigen Zustand [...] Also bitte, machen wir Schluß mit
den Nesthäkchenallüren. Warten Sie nicht dauernd auf Ihre Mutter,
Mensch.' (S, 112)

   Im Kontext der persönlichen Abhängigkeit, in der Zürn arbeiten
muß, erscheint diese Erklärung als Versuch des Arztes, alle
Verantwortung von sozialen Bedingungen auf private Konstellationen
abzuwälzen. Auch Zürn sperrt sich innerlich gegen solche Anweisungen
und interpretiert sie als Angriffe auf sein ohnehin schon unterentwickeltes
Selbstbewußtsein, doch liefert der Roman zugleich unmißverständliche
Hinweise darauf, daß Meichles Vermutung nicht völlig unbegründet ist.
Zürns dauernde Versagensangst und seine zuweilen schon pathologisch
wirkende Anpassungsbereitschaft scheinen beispielsweise auf den –
sicherlich sozial motivierten – Pessimismus der Mutter zurückzugehen,
die immer 'davon ausgegangen [war], daß alles mißglückte.' (S, 171) Sein

in Kirche und Schule geprägtes Gewissen, das schon in frühester Kindheit als dauernde Überwachungsinstanz fungierte, hat 'durch seine Mutter noch eine Verfeinerung und Verschärfung erfahren' (S, 232) Allerdings diente diese 'Verschärfung' offenbar nicht in erster Linie der Durchsetzung moralischer Werte, als vielmehr der Verankerung eines niemals zu befriedigenden Verlangens nach Anerkennung:[13] 'Er hatte beliebt sein wollen. Es hatte nichts gegeben, daß er diesem Ziel nicht geopfert hätte.' (S, 232)

Die Angst vor Ablehnung erstreckt sich bei Xaver Zürn bis in den engsten Kreis der Familie und wurzelt wiederum in seinem anhaltenden Bemühen, von der Mutter anerkannt zu werden, deren Vorlieben noch lange nach ihrem Tod sein Verhalten anleiten. Wird sein Blick in den städtischen Fußgängerzonen unwiderstehlich von den Auslagen der Sexshops angezogen, so liest er zu Hause kirchliche Heiligengeschichten, weil seine Mutter die bevorzugt hatte: 'Wie lange sollte er noch Bücher lesen, die sie gern in seinen Händen gesehen hätte. Er fühlte, sobald er Märtyrergeschichten las, den freudigen Blick seiner Mutter auf sich.' (S, 40)

Solche 'freudige', aber eben nicht vorbehaltlos zu habende Anerkennung sucht Zürn in beruflichen und vor allem privaten Beziehungen sonst vergeblich. Noch die ersehnte Heimkehr zur Ehefrau nach langer Dienstreise mündet in Enttäuschung, weil keiner der beiden Partner in der Lage ist, die Sehnsucht nach dem anderen und das eigene Glücksbedürfnis offen zu artikulieren. Zugleich weigert Zürn sich aber hartnäckig, die psychologische, familienbedingte Wurzel seines Unglücks anzuerkennen, und auch die Konstruktion des Romans legt es nahe, in einer solchen Interpretation nur eine weitere, letzte Zumutung an sein Selbstbewußtsein zu sehen. Zu einer Distanzierung von den Eltern – genauer: vom ansonsten nicht mehr erwähnten Vater – ist Zürn nur dann zu bewegen, wenn er sie für notwendig im Interesse seiner Töchter hält. So versieht er Erzählungen aus seiner Kindheit und über seine Eltern mit pädagogisch motivierten Kommentaren:

> Xavers Vater hat, wenn er vom Hof erzählte, an dieser Stelle immer gesagt: die Hopfenjuden, die Fruchtjuden, die Obstjuden haben einen um Sack und Bendel gebracht in derselben Zeit. Wenn Xaver das wiederholte, sagte er dazu, daß es sich bei diesen die Ernte kaufenden Händlern nicht unbedingt um wirkliche Juden gehandelt haben müsse. [...] Er glaubte, er sei verpflichtet das zu sagen. Er wollte verhindern, daß seine Kinder mit Urteilen infiziert wären, die ihnen schaden konnten. (S, 187f.)

Der Zusatz macht deutlich, daß Zürn hier in einen Konflikt gerät zwischen der Loyalität für den Vater und der Verpflichtung gegenüber seinen Töchtern. Entscheidend sind letztlich nicht der Wirklichkeitsgehalt oder die moralische Qualität der väterlichen Äußerung, sondern allein die Gefahr, daß ihre Weitergabe dem immer noch erhofften Aufstieg der Kinder schaden könnte.

Zürns Kinder haben auf diese Art der Erziehung allerdings auf eigene Weise reagiert, und Walser erweitert durch den Blick auf die Töchter seine Untersuchung der Beziehungen zwischen den Generationen um die Elternperspektive. Die ältere Tochter Julia hat sich auf eine für Xaver ganz unvorstellbare Weise von den Verhaltenserwartungen ihrer Eltern und der weiteren Umwelt so weit befreit, daß ihr selbst das schulische Versagen keine großen Sorgen mehr bereitet. Der vorbehaltlosen Zuneigung ihrer Eltern ist sie sich so gewiß, daß sie auf deren Wünsche schon gar keine Rücksicht mehr nimmt. Ihre jüngere Schwester Magdalena dagegen rebelliert offenbar gerade gegen die mangelnde Stärke der elterlichen Autorität durch eine nahezu vollkommene Kommunikationsverweigerung und eine rigide, selbstauferlegte Verhaltenskontrolle, die sie von emotionaler Zuwendung unabhängig machen soll: 'Die schwierigste Aufgabe für Kinder seien ihre Eltern', erklärt sie. 'Egal, wie diese Eltern seien, sie seien die größte Gefahr. Sei die einmal überstanden, könne nichts ganz Schlimmes mehr kommen. Die Eltern seien das Irrealitätsprinzip. Nichts schwäche so und führe so in die Irre wie alles Elterliche.' (S, 289f.)

Für Xaver Zürn ist dies zunächst eine weitere Verletzung, da seine Töchter nicht nur ihm die erhoffte Zuwendung verweigern, sondern vor allem seine Lebensprinzipien negieren, auf denen er sein schwaches Selbstbewußtsein aufgebaut hatte. Fast scheint es, als sei die Rebellion der Töchter eine nachträgliche Bestrafung für Xavers mangelnde Rücksicht gegenüber der eigenen Mutter, die ihm einmal gesagt hatte: 'Hoffentlich machen es dir deine Kinder nie so.' (S, 130) Andererseits erkennt Xaver aber auch, daß seine Töchter – und vor allem Magdalena – sich durch ihre Rebellion von den Zwängen befreit haben, die ihn selbst beinahe vollständig beherrschen: 'Du bist die erste von uns, mit der sie es nicht machen können, wie sie es mit allen gemacht haben. Du willst hinab und nicht hinauf. Du wirst es schaffen', denkt er. 'Aber er traute sich nicht, etwas zu sagen.' (S, 290f.)

Blieb der innerfamiliäre Konflikt um Anerkennung und Selbständigkeit in den bisher diskutierten Texten im Hintergrund der

Darstellung sozialer Positionskämpfe, so rückt er in Walsers Büchern der neunziger Jahre in den Mittelpunkt. *Die Verteidigung der Kindheit*, ein Anti-Bildungsroman, exponiert die Konstellation, in der sein Protagonist sich zeitlebens finden wird, schon auf der ersten Seite, als Alfred Dorn Dresden und die DDR verläßt, um sein Jurastudium in Westberlin beenden zu können.

> Alfred durfte es weder den Vater noch die Mutter merken lassen, daß ihn Vaters Abschiedsbesuch freute. [...] Würde sich der Sohn gerührt zeigen, dem Vater zum Abschied gar um den Hals fallen, dann konnte der Vater das als Erfolg buchen, und ein Erfolg des Vaters war ein Mißerfolg der Mutter, und davor mußte Alfred seine Mutter schützen. [...] Alfred wollte seine Mutter kein bißchen betrügen. Er wollte eins mit ihr sein. Vor allem dem Vater gegenüber. (VK, 9)

Alfreds Vater vertritt das Realitätsprinzip und verlangt vom Sohn, erwachsen und 'ein Mann' zu werden, indem er sich den Gegebenheiten anpaßt – und das heißt vor allem, die Sprache der jeweils Mächtigen zu sprechen und auch im Alltag immer opportunistisch, zum eigenen Vorteil, zu handeln (vgl. VK, 157).[14] Er selbst war einmal ohne Überzeugung NSDAP-Mitglied (VK, 152), ist nach dem Krieg in die SPD eingetreten und im Zuge der Zwangsvereinigung in die SED geraten. Das rechtfertigt er damit, 'daß er schon immer sozialistisch gesonnen gewesen sei.' (VK, 10) Zu Alfreds Beschämung – und gegen die Opposition seiner Mutter – zielt die väterliche Erziehung darüber hinaus darauf ab, ihn sexuell aufzuklären und 'zum Geschlechtsverkehr anzuhalten'. (VK, 345 u. 25)

Gerade diese hartnäckig erhobene Forderung aber muß von Alfred als Versuch interpretiert werden, ihn seiner Mutter zu entfremden, die nach der Zeugung Alfreds die 'ehelichen Beziehungen' zu ihrem Mann rigoros abgebrochen hatte. (VK, 261) Nachdem die Eltern sich gegenseitig für den Tod ihres ersten Kindes verantwortlich machten, wurde der nachgeborene Alfred offensichtlich zum Symbol und primären Vehikel des elterlichen Konflikts, so daß der Sohn rückblickend zu dem Schluß kommen konnte: 'Er hat dieses Paar auseinandergebracht.' (VK, 431)[15]

Aus der Perpektive des distanzierten Lesers scheint die Verantwortung allerdings eher bei der Mutter zu liegen, die Alfred für sich monopolisiert und zur Disziplinierung des Vaters instrumentalisiert hat, so daß ihr Sohn gleichsam zum asexuellen Ehepartner und zum Träger ihrer eigenen regressiven Wünsche werden mußte. Ihren widersprüchlichen Erwartungen kann Alfred Dorn aber immer weniger gerecht werden, je weiter er sich vom Zustand kindlicher Unschuld entfernt, soll er doch für die Umwelt erwachsen werden, um den Wunsch der Mutter nach gesellschaftlicher Anerkennung und materieller Sicherheit zu erfüllen, und sich zugleich vom Vater, der das Realitätsprinzip verkörpert, abgrenzen, um für seine Mutter immer das Wunderkind zu bleiben, als das sie ihn einmal gesehen hat. In einer bemerkenswert doppeldeutigen Variation der Diagnose, die Werksarzt Dr. Meichle in *Seelenarbeit* gestellt hatte, kommt Alfred Dorns Therapeut daher zu dem Schluß: 'Was er sei, wie er sei, verdanke er seiner Mutter.' (VK, 376)

Sozialpsychologische Erklärungen dieser Konstellation sind zwar möglich[16], werden im Roman aber – im Gegensatz zu Walsers früheren Büchern – eher in den Hintergrund gedrängt durch eine Fülle weiterer Indizien, die die individualpsychologische Genese von Alfred Dorns Verhalten, ihre Verwurzelung in seinem 'MUTTER-KULT' (VK, 299) plausibel machen. Für den seiner Identität niemals sicheren Alfred Dorn mit seinem 'unstillbaren Bedarf an Zuspruch.' (VK, 32) ist die Mutter 'die einzige, der er das sagen konnte.' (VK, 73) 'Überall, wo er sonst hindachte, fühlte er sich sofort wieder verjagt oder zumindest nicht ange-nommen.' (VK, 166) Auch wenn er gelegentlich anerkennt, daß diese Unsicherheit das Resultat seiner Sozialisation ist, muß er darauf bestehen, die Beziehung zu seiner Mutter nicht zu ändern: 'Gegen den Vater sein ist leicht. Gegen die Mutter kann man nicht sein. Das ist der Fluch.' (VK, 511)

In Anlehnung an die aus früheren Romanen Walsers bekannte gesellschaftliche Determinierung individueller Anpassungsprobleme haben eine Reihe von Interpreten vorgeschlagen, Alfred Dorns Verhalten als Ergebnis historischer Entwicklungen, nämlich der Zerstörung Dresdens und der deutschen Teilung zu deuten.[17] Gerade wegen der historisch begründeten Zerstörung seiner Kindheits-Umwelt sei Alfred Dorn so sehr auf deren Rekonstruktion fixiert, daß sich daraus eine Art Kult entwickele, der ihn in der gegenwartsfixierten, am Vergehen der Vergangenheit interessierten Welt der beiden deutschen Nachkriegsstaaten zum Sonderling machen müsse. Auch wenn es plausibel ist, in solchen allegorisierungsfähigen Motiven eine Erklärung für den nachhaltigen Erfolg des Romans in der Kritik zu suchen, darf darüber nicht übersehen werden, daß der Roman eine alternative Deutung bevorzugt.

Schon der Titel weist darauf hin, daß zumindest für Alfred Dorn selbst die Kindheit das primäre Motiv ist. Psychologisch erklärbar ist diese Fixierung aber weniger aus der äußeren Zerstörung der Kinderwelt als vielmehr aus Dorns Weigerung oder Unfähigkeit, erwachsen zu werden, die wohl in erster Linie aus seiner Mutter-Fixierung resultiert. Die Wurzel der Differenz, die er zwischen sich und seiner Umwelt ausmacht, liegt nicht allein in der verleugneten Homosexualität, sondern in seinem (möglicherweise durch diese Verleugnung verstärkten) Beharren, trotz seines Alterungsprozesses im Grunde immer ein Kind geblieben zu sein. So beschreibt der Roman Dorns Geschichte als die 'Leiden eines Unerwachsenen unter Erwachsenen'. (VK, 145)

Dorns Bemühungen um die möglichst vollständige Rekonstruktion der Geschichte dienen daher vor allem dem Versuch, die Bedingungen zu restaurieren, unter denen er Kind sein konnte. Da aber die Restauration der frühkindlichen Mutter-Kind-Dyade, der unmittelbaren 'Bindung an den einzigen Menschen, der es vollkommen gut gemeint habe mit ihm' (VK, 509), nicht erreichbar ist, müssen die materiellen Relikte der Kindheit als Ersatz, als Fetisch, dienen. Aus diesem Grund bleiben Dorns Bewahrungs-aktivitäten immer auf den Zusammenhang mit der eigenen Biographie, den eigenen psychologischen Bedürfnissen fixiert[18] und werden allenfalls indirekt, aus der Perspektive von Autor und Lesern, zu Anhaltspunkten einer verallgemeinerungsfähigen Allegorisierung der zerstörten Vergangenheit. Wenn es am Ende des Romans von Dorn heißt, er 'würde sich einmal dokumentieren als jemand, der nicht auf sich bestehen konnte' (VK, 516), dann verkennt diese offenbar vom Erzähler gewählte Charakterisierung[19], in welchem Ausmaß Dorn tatsächlich alle seine menschlichen Beziehungen auf die Befriedigung der eigenen Interessen und Phantasien und die Aufrechterhaltung seiner Regression fokussiert hat.

Zweifellos weist Dorn auffällige Ähnlichkeiten mit den typischen Walser-Protagonisten früherer Romane auf. Ihn unterscheidet aber von diesen Helden der Selbstverleugnung eben das eigensinnige Beharren auf der eigenen Kindlichkeit. Trieben Beumann, Kristlein oder Xaver Zürn die Mimikry an gesellschaftliche Erwartungen bis in die eigene Psyche vor, so nimmt Dorn nur notdürftige äußere Tarnungsstrategien an, die aber seine wirklichen, gegen die gesellschaftlichen Forderungen nach Erwachsen-werden gerichteten Interessen kaum beeinträchtigen.[20]

Kann man aber nicht auch Hinweise auf eine autonome Gewissens-bildung finden, die weder mit Alfred Dorns Infantilität noch mit dem bekannten Opportunismus vieler seiner Vorgänger übereinstimmt? Die Konfrontation mit den unwillkürlich vom Vater übernommenen antisemitischen Stereotypen löst bei Alfred Dorn unzweifelhaft Scham aus, in der sich weniger eine 'politisch korrekte' Reaktion auf die Tabus der Nachkriegsgesellschaft zu artikulieren scheint als vielmehr das Gefühl einer unaufhebbaren persönlichen Verfehlung (VK, 151f. u. 307f.). Freilich führt diese Scham in Alfred Dorns privatem Verhalten nicht zu einer moralischen Auseinandersetzung mit dem Vater und den eigenen verinnerlichten Vorurteilen. In einer im Kontext seiner sonstigen Beziehungen zum Vater erstaunlichen Wendung besteht Alfred vielmehr darauf, den Vater zu rechtfertigen und zu entschuldigen und seinen an anderer Stelle bezeugten Opportunismus als größtmöglichen Widerstand zu deuten (VK, 152). Vor allem aber trägt sein eigenes Schamgefühl letztlich nur zu weiterer Regression bei, indem es ihn etwa motiviert, sich von jedem näheren Kontakt zu Juden zurückzuziehen, weil er erwartet, daß die ihn verurteilen müßten, denn 'so sympathisch wie ihm George Weiler war, konnte er dem nicht sein. Eine solche Gefühlsdifferenz mußte zu Verletzungen führen.' (VK, 151)[21]

4. Selbstbewußtsein und Narzißmus

Eine Umkehrung der Konstellation, in der Alfred Dorns problematische Identität entstanden ist, präsentiert schließlich Walsers Roman *Ein springender Brunnen*. Hier ist es in erster Linie die Mutter, die gegenüber ihren Söhnen das Realitäts- und Anpassungsprinzip vertritt, während der Vater sich fast schon demonstrativ der Realität verweigert und auf sich selbst, dem eigenen Gefühl, beharrt. Während die Mutter in der dauernden Furcht lebt, ihre Familie könne die gesellschaftliche Achtung im Dorf und damit die Basis ihres Geschäfts verlieren, verfolgt der Vater seine eigenen, immer zum Scheitern verurteilten Projekte und ermutigt seine Söhne, unpraktischen, musischen Neigungen nachzugehen.

> Das war das oberste Benehmensgebot überhaupt: sich immer so aufzuführen, daß niemand im Dorf Anlaß fände, sich bei der Mutter zu beschweren. (SB, 18) Wenn jemand gegen lange Haare und auffällige Frisuren etwas gehabt hatte, dann war es nicht der Vater gewesen, sondern die Mutter. Streng zu sein hätte nicht gepaßt zum Vater. (SB, 133)

Ihren zugespitztesten Ausdruck findet der Gegensatz zwischen den Eltern aber in der Entscheidung der Mutter, im Winter 1932 in die NSDAP einzutreten. Mit einer Mischung aus geschäftlich motiviertem Konformismus und verzweifelter Hoffnung auf Besserung motiviert der Roman diesen Schritt:

> Die Mutter sagte: Der Brugger Max hat gesagt: Jetzt hilft bloß noch der Hitler. (SB, 59) Sie sei in die neue Partei eingetreten. So gut wie. [...] Der Kronenwirt, der Lindenwirt, der Pfälzerhofwirt seien schon drin, sagte sie. Der Bürgermeister Hener auch. Ich nicht, sagte der Vater. Eben, sagte die Mutter. (SB, 105)

'Der Eintritt der Mutter in die Partei' wird vom Erzähler einerseits zum zentralen Ereignis des ersten Romanteils gemacht, andererseits aber auch sofort wieder heruntergespielt, indem er betont, daß die Mutter das Parteiabzeichen niemals getragen und auch den Hitlergruß nur halbherzig ausgeführt habe. (SB, 114f.) Solche Beobachtungen dienen wohl nicht allein der nachträglichen Entschuldigung der Mutter, sondern auch der Artikulation einer problematischen Ambivalenz des Protagonisten, der sich in einen Konflikt zwischen gesellschaftlich-mütterlichen Anforderungen und dem Beispiel des Vaters gestellt sieht. Daß sein Vater als 'Schlappschwanz' (SB, 154) und Versager wahrgenommen wird, verletzt Johann, der seine Liebe zum Vater auch in gesellschaftlicher Bewunderung reflektiert sehen möchte (vgl. SB, 71) und den Widerspruch zwischen seinen eigenen Emotionen und den Reaktionen der Umwelt nur schwer verarbeiten kann. Aus diesem Grund kann dann sogar der frühe Tod des Vaters Anfang 1938 zum Anlaß für Erleichterung werden, weil er die Gefahr weiteren nonkonformistischen Verhaltens abgewendet hat: Nach der Österreich-Abstimmung hatte Johann 'gedacht: Gott sei Dank konnte sein Vater nicht zu den 6 Nein-Stimmen gehören. Nicht mehr. [...] Zum Glück war die Mutter in der Partei. Eine Mitgliedsnummer unter der ersten Million.' (SB, 151) Narzißtische Anerkennungswünsche Johanns, der so gerne 'schneidig' (SB, 72) sein will, kombinieren sich hier mit der von der Mutter vorgelebten Angst vor gesellschaftlichen Sanktionen.

Zugleich aber hat Johann auch wichtige Anteile der väterlichen Persönlichkeit angenommen. Wenn die Mutter Angst vor dem Leben und Konformismus repräsentiert, so verkörpert der Vater die Sehnsucht nach individueller Anerkennung und Selbstverwirklichung, die in Johanns Entwicklung zunehmend mit dem Schreiben identifiziert wird. Schon früh hat Johann die Handschrift seines Vaters nachgeahmt (SB, 56), und als er schließlich sein erstes Gedicht schreibt, erscheint es auf dem Papier 'eher in der Schreibart des Vaters als der Mutter'. (SB, 251)

Während in Alfred Dorns Biographie die Identifikation mit der Mutter und der Wunsch nach väterlicher Anerkennung einander weitgehend ausschlossen, gelingt Johann offenbar eine Synthese, die ihm die partielle Identifikation mit beiden Elternteilen ermöglicht. Als der kleine Johann gelobt wird, weil er schon lesen kann, erklärt die Mutter:

> Das hat er von meinem Mann [...]. Und fleißig ist er auch, sagte der Herr Minn. Vielleicht hat er das von mir, sagte die Mutter und rieb mit ihrer Hand Johann auf dem Kopf herum. Johann war froh, daß er so wirkte, wie er gern gewesen wäre. (SB, 91)

Und als Johann sich in ein Mädchen verliebt, das ein bißchen größer ist als
er, vergleicht er die daraus entstehende Konstellation mit der Beziehung
seiner Eltern: 'Johanns Vater war kleiner gewesen als Johanns Mutter.
Nicht viel kleiner, aber ein bißchen kleiner schon.' (SB, 140)

Wie so viele von Walsers Protagonisten identifiziert Johann gesellschaftliche Anerkennung mit mütterlicher Anerkennung, verhält sich also
konformistisch, um der Mutter Freude zu machen und ihre Angst vor
Ausgrenzung zu mildern. (SB, 249 u. 295) Zugleich aber gelingt es ihm
auch, den von der Umwelt als schwächlich und erfolglos abgewerteten
Vater anzuerkennen und zur Grundlage seines Selbstentwurfs als Künstler
zu machen. Zumindest in der Erinnerung werden die Eltern vom und im
Sohn miteinander versöhnt und gerechtfertigt als Wurzeln seiner Identität.

Diese Versöhnung hat allerdings ihren Preis: Die Identifikation mit
den Eltern erlaubt es nur begrenzt, diese als eigenständige, komplexe
Individuen anzuerkennen, da sie für die Identitätsbildung Johanns bzw.
des sich erinnernden Erzählers zumindest partiell narzißtisch vereinnahmt
werden. Unter der Hand verkehrt sich das Verhältnis der Generationen, so
daß Johann nicht mehr nur bestimmte Eigenschaften seiner Eltern
verkörpert und fortsetzt, sondern diese in der Erinnerung zugleich als
Repräsentationen seines eigenen verletzlichen Selbstwußtseins fungieren.
So wird die verständnisvoll-abwiegelnde Erklärung für den Parteibeitritt
der Mutter unter der Hand zur Grundlage einer Entschuldung auch des
Erzählers. Hatten andere Autoren aus Walsers Generation in ihren
autobiographischen Kindheitsdarstellungen die moralische Auseinandersetzung mit der eigenen Faszination für den Nationalsozialismus in den
Vordergrund gerückt, so bedarf in Walsers Darstellung Johanns
schneidige Uniformbegeisterung keiner eingehenden Behandlung mehr. In
der Überzeugung, bewußt oder unbewußt alles für die Mutter getan zu
haben, die selbst in erster Linie sozialem und ökonomischem Druck
nachgegeben hat, um ihre Familie vor dem Ruin zu schützen, kann der
Erzähler jeden Anspruch auf eine tiefergehende Auseinandersetzung mit
der eigenen Kindheit zurückweisen. 'Man sucht Gründe, die es
rechtfertigen könnten, daß man ist, wie man ist' (SB, 282), erklärt er die
Motivation seiner Erinnerungen und polemisiert gegen einen politisch
korrekten, normierten Umgang mit der Vergangenheit. Tatsächlich trifft
seine Charakterisierung aber eher die eigene Darstellung als etwa die
autobiographischen Romane Christa Wolfs oder Ludwig Harigs: 'Eine
komplett erschlossene, durchleuchtete, gereinigte, genehmigte, total

gegenwartsgeeignete Vergangenheit. Ethisch, politisch durchkorrigiert. [...] Wir müssen gut wegkommen.' (SB, 282f.)

Walsers Verteidigung der Eltern erweist sich am Ende vor allem als Verteidigung des eigenen Selbstbewußtseins gegen moralische Befragung. Daß diese Erzählung durchaus nicht ohne 'Willensregung' entgegengenommen (SB, 10), sondern in ihren entscheidenden Partien gezielt konstruiert worden ist, zeigt der erstaunliche Schluß des Buches, der Johanns Adoleszens in einer Autonomieerklärung gipfeln läßt, die ihn zum (künftigen) Schriftsteller macht:

> Er wollte von sich nichts verlangen lassen. Was er empfand, wollte er selber empfinden. Niemand sollte ihm eine Empfindung abverlangen, die er nicht selber hatte. Er wollte leben, nicht Angst haben. [...] Er wollte nicht gezwungen sein. Zu nichts und von niemandem. [...] Er mußte eine eigene [Sprache] finden. Dazu mußte er frei sein. [...] Johann wollte nie mehr unterworfen sein, weder einer Macht noch einer Angst. Niemand sollte einen Anspruch an ihn haben. (SB, 401f.)

Erstmals besteht ein Walserscher Protagonist geradezu trotzig auf seiner Unabhängigkeit. Die Freiheit, die hier eingefordert wird, beruht freilich nicht in der Ablösung von den Eltern und der moralischen Selbständigkeit, die man traditionell als Ziel gelungener Persönlichkeitsbildung angesehen hat. Auch von den tatsächlichen Verhaltensstandards der zeitgenössischen Gesellschaft grenzt Johann sich nicht ernsthaft ab, obwohl die Darstellung den Eindruck erweckt, er widersetze sich einer anerkannten gesellschaftlichen Norm. Tatsächlich aber weist der Erzähler den Anspruch einer zwar moralisch starken, gesellschaftlich aber minoritären Gruppe zurück, sich mit den Opfern der NS-Zeit und darüber auch mit den verdrängten eigenen Gefühlen und Identifikationen aus dieser Periode auseinanderzusetzen. Was das eigene Selbstbild gefährden oder stören könnte, muß aktiv ausgeschlossen, vergessen und verdrängt werden, um Produktivität erst zu ermöglichen. So führt die Versöhnung und Identifikation mit den Eltern in einer narzißtischen 'Verteidigung der Kindheit' zum Versuch, die Nationalgeschichte zu idyllisieren und zu verklären, indem ihre Opfer ein weiteres Mal ausgeschlossen werden müssen.[22] Hatte Walser in den sechziger Jahren der jüngeren, antiautoritär eingestellten Generation vorgeworfen, die Opfer des Nationalsozialismus für ihre Auseinandersetzung mit den eigenen Eltern zu instrumentalisieren, so erkauft er nun die Versöhnung mit den Eltern und dem eigenen Bild der Kindheit durch die Zurückweisung dieser Opfer und aller Ansprüche, die sie an ihn stellen könnten.[23]

Anmerkungen

Zitate aus Martin Walsers Werken (alle Suhrkamp: Frankfurt a.M.) werden durchgängig durch die folgenden Siglen im Text nachgewiesen: H *Halbzeit*, 1998; SS *Der Schwarze Schwan*, in: *Gesammelte Stücke*, 1971, S. 215-272; K *Ein Kinderspiel*, in: *Gesammelte Stücke*, 1971, S. 305-350; S *Seelenarbeit*, 1979; J *Jagd*, 1988; VK *Die Verteidigung der Kindheit*, 1991; SB *Ein springender Brunnen*, 1998

[1]   Vgl. den kritischen Überblick bei Michael Schneider, *Den Kopf verkehrt aufgesetzt oder Die melancholische Linke*, Luchterhand: Darmstadt u. Neuwied, 1981, S. 8-79.

[2]   Beispielhaft sind hierfür die autobiographischen Romane von Ludwig Harig, Peter Härtling, Dieter Forte oder – außerhalb des westdeutschen Kontextes – Christa Wolf. Eine psychoanalytische Perspektive auf die Pubertätskonflikte dieser Generation und deren Nachwirkungen entwickelten bereits in den sechziger Jahren Alexander und Margarete Mitscherlich, *Die Unfähigkeit zu trauern*, Piper: München, 1977, S. 225-262.

[3]   Vgl. zum letzten Punkt Volker Hage, *Schriftproben. Zur deutschen Literatur der achtziger Jahre*, Rowohlt: Reinbek, 1990, S. 235, wo Walsers 'Scharfblick für die Eltern-Kind-Beziehung' mit seiner 'unerhörte[n] väterliche[n] Empfindsamkeit' begründet wird.

[4]   Vgl. die zahlreichen Hinweise auf das enge, oft bis zur unmittelbaren Identifizierung reichende Verhältnis von Autor, Erzähler und Protagonisten in Walsers Romanen bei Gerald A. Fetz, *Martin Walser*, Metzler: Stuttgart u. Weimar, 1997, S. 36, 107, 142, 150, 180.

[5]   Basisinformationen zu Walsers Biographie bei Fetz, S. 2-11.

[6]   Martin Walser, 'Hamlet als Autor', in: Martin Walser, *Erfahrungen und Leseerfahrungen*, Suhrkamp: Frankfurt a.M., 1965, S. 51f.

[7]   Walser, 'Hamlet als Autor', S. 56.

[8]   Walser, 'Hamlet als Autor', S. 52. Die ausdrückliche Bezugnahme auf die Generation, 'die zwischen 1933 und 1945 in Deutschland aufwuchs', legt es nahe, den Autor in diese Kennzeichnung einzubeziehen und anzunehmen, daß er sich zumindest partiell mit Rudi Gootheins Dilemma identifizierte. Die autobiographische Konstellation, die später in *Ein springender Brunnen* entworfen wird, dementiert diese Identifikation.

[9] Vgl. Anthony Waine, *Martin Walser*, C.H. Beck: München, 1980, S. 149.

[10] Werner Brändle, 'Das Theater als Falle. Zur Rezeption der dramatischen Stücke Martin Walsers', in: Klaus Siblewski (Hg.), *Martin Walser*, Suhrkamp: Frankfurt a.M., 1981, S. 197f. Ähnlich argumentiert Waine, S 163.

[11] Die Darstellung des Bibliothekars Ortlieb, der nach dieser kurzen Szene aus dem Roman verschwindet, unterscheidet sich auffällig von derjenigen der neurotischen Frauenfiguren, denen Gottlieb Zürn begegnet und die genügend Gelegenheit zur Selbstdarstellung erhalten, um zumindest ein Minimum an Empathie auf Seiten der Leser zu ermöglichen.

[12] Vgl. zu dieser Argumentationsfigur zusammenfassend Klaus Siblewski, 'Die Selbstanklage als Versteck. Zu Xaver und Gottlieb Zürn', in: ders. (Hg.), S. 172-175, sowie die beinahe zeitgleich vorgetragenen Analysen in Martin Walser, *Selbstbewußtsein und Ironie. Frankfurter Vorlesungen*, Suhrkamp: Frankfurt a.M., 1981.

[13] Es liegt nahe, in Zürn und den meisten von Walsers männlichen Protagonisten die Verkörperung des von David Riesman geschilderten Sozialisationstyps des außengeleiteten Charakters zu sehen, der die Unsicherheit seiner Lage und die Unbeständigkeit der an ihn gerichteten Erwartungen in diffuse Ängste umsetzt; vgl. David Riesman, *Die einsame Masse. Eine Untersuchung der Wandlungen des amerikanischen Charakters*, Rowohlt: Reinbek, 1958.

[14] Eine Reihe von Interpreten haben die Trennung der Eltern als Allegorie der deutschen Spaltung und Alfred Dorns Vater als Verkörperung westlicher Werte aufgefaßt, was dessen - wie immer bescheidene - Karriere in der DDR ausblendet; vgl. Alexander Mathäs, 'Copying Kafka's Signature: Martin Walser's *Die Verteidigung der Kindheit*', *Germanic Review*, 69 (1994), 80 u. 82; Stuart Taberner, ''Wie schön wäre Deutschland, wenn man sich noch als Deutscher fühlen und mit Stolz als Deutscher fühlen könnte'. Martin Walser's Reception of Victor Klemperer's *Tagebücher 1933-1945* in *Das Prinzip Genauigkeit* and *Die Verteidigung der Kindheit*', *DVjS*, 73 (1999), 728. Tatsächlich repräsentiert der opportunistische Pragmatismus des Vaters wohl eher die habituellen und sozialpsychologischen Kontinuitäten, die BRD und DDR gleichermaßen mit ihrer Vorgeschichte verbinden. Parallelen zwischen den beiden deutschen Staaten demonstriert der Roman auch in ihrer Haltung zum historischen 'Erbe', besonders bei der Beseitigung historischer Gebäude.

[15] Die detaillierte Interpretation der Dornschen Familienstruktur als ödipale und ihre Parallelisierung zu Kafkas Familienkonflikten bei Alexander Mathäs, 'Copying

Kafka's Signature', 79-91, leidet m.E. darunter, daß die hier geschilderte Genese des Konflikts ausgeblendet bleibt, was zu einer unzulässigen Vereinfachung vor allem der mütterlichen Rolle und der aus ihr resultierenden double binds führt.

[16] Vgl. die Hinweise bei Alexander Mathäs, 'Copying Kafka's Signature', 80-84.

[17] Vgl. Stuart Parkes, 'Looking Forward to the Past: Identity and Identification in Martin Walser's *Die Verteidigung der Kindheit*', in: Arthur Williams and Stuart Parkes (eds.), *The Individual, Identity and Innovation. Signals from Contemporary Literature and the New Germany*, Peter Lang: Bern, 1994, S. 59f.; Stuart Taberner, ''Wie schön wäre Deutschland'', 724 u. 726; Alexander Mathäs, 'Copying Kafka's Signature', 90. Weitere Rezeptionszeugnisse und Aussagen des Autors, die den historisch-nationalen Kontext von Dorns Entwicklung betonen, bei Fetz, S. 143-145, 175.

[18] Vgl. Stuart Taberner, 'Wie schön wäre Deutschland', 723; Alexander Mathäs, 'Copying Kafka's Signature', 88.

[19] Es würde den Rahmen dieser Arbeit sprengen, die Rolle des Erzählers im Roman zu diskutieren. Vgl. zu dieser Problematik Stuart Parkes, 'Looking Forward to the Past', S. 69-72.

[20] Trotzige Selbstbehauptung statt Mimikry an gesellschaftliche Erwartungen scheint Walsers Protagonisten in zunehmendem Maße zu kennzeichnen; vgl. auch seinen Roman *Finks Krieg* und den Schluß von *Ein springender Brunnen*. Siehe auch Stuart Taberners Beitrag in diesem Band.

[21] Vgl. dazu auch Alexander Mathäs, 'Copying Kafka's Signature', 84, wo Alfred Dorns Regression insgesamt als Versuch interpretiert wird, sich vor diesem Schamgefühl in infantile Unverantwortlichkeit zu flüchten. Mathäs' Behauptung, Dorn identifiziere sich mit den Juden als Opfern des Vaters, widerspricht allerdings dessen Selbstwahrnehmung als Täter.

[22] Die Verbindung von privater und nationaler Geschichte hat Walser ausdrücklich in einer frühen Äußerung zum Romanprojekt hergestellt: 'Daß meine Mutter eine sehr katholische Frau war und alles andere als eine Nationalsozialistin, das weiß ich ganz sicher. Wenn es mir gelänge zu erzählen, warum sie in die Partei eingetreten ist, dann hätte ich die Illusion, ich hätte erzählt, warum Deutschland in die Partei eingetreten ist.' In: Martin Walser, *Auskunft. 22 Gespräche aus 28 Jahren*, Herausgegeben von Klaus Siblewski, Suhrkamp: Frankfurt a.M., 1991, S. 217.

23 Dazu gehört auch die vom Erzähler unterstellte soziale Differenz, die einerseits seine Unwissenheit erklären soll und die Opfer nachträglich denunziert: Im 'antifaschistischen Arbeitskreis', der 1945 die 'Verfolgung der Antifaschisten durch die Nazis in Wasserburg' dokumentiert, sind nur 'Leute aus den Villen. Außer Frau Prestele und Herrn Hajek-Halke keine Kundschaft Johanns.' (SB, S. 398) In den Villen haben aber auch die hohen Nazi-Funktionäre gewohnt, die der Erzähler deutlich von den harmlosen Nationalsozialisten aus dem Dorf absetzt. Eine ähnliche Strategie, den Nationalsozialismus auf die Angehörigen der Oberschicht zu reduzieren, benutzt Walser auch in *Seelenarbeit* am Beispiel der Eltern von Zürns Chef und dessen Frau, die offensichtlich zu den Gewinnern des Systems zu zählen sind.

Gerald A. Fetz

Walser's *Heimat* Conundrum

Long interested in the notion and attraction of *Heimat*, especially his native Lake Constance area, Walser largely escaped criticism for that aspect of his writing as long as it remained essentially local and, importantly, appeared more than balanced by an otherwise indisputable commitment to political, social, cultural, and aesthetic perspectives that were clearly *politically correct* and *of the left*. However, once his articulations of the need for "belonging" moved from the local to the national, once his *Heimatgefühl* metamorphosed into a *Nationalgefühl*, he had broken a liberal taboo that earned him all sorts of criticism, even condemnation. In this essay I discuss the development of Walser's notions about *Heimat* and their relationship to the evolution of his attitudes toward hotly contested concepts like Nation, 'German Identity', and Volk. The result can be understood as Walser's *Heimat* conundrum, but this discussion points out the fact that it is hardly Walser's conundrum alone.

Heimat, an enticingly simple and, on the surface at least, innocent-sounding, almost quintessential German word, untranslatable according to numerous commentators, became after 1945, and remains to a certain degree in today's post-unification German context: on the one hand, charged, controversial, tainted still by its use and abuse in the vocabulary and reality of National Socialism, therefore suspicious, and viewed by some as even unusable except only very locally, or perhaps on Sundays or holidays; and on the other, in apparent contradiction, comforting and reassuring, evocative of Alpine hiking and beer gardens, village festivals and gatherings of hometown friends, community clubs and the sanctuary of 'home'. A word and concept with a split personality? The question deserves further exploration.

Post-war German-language authors could certainly write about their hometown or region of origin without raising eyebrows or overt criticism, even from literary critics on the left: witness for instance the response to Heinrich Böll's Cologne, Günter Grass's Danzig, or Uwe Johnson's Mecklenburg. By the mid-1980s, in fact, a minor revival of literary renderings of *Heimat* led one critic to claim: 'Es heimatet sehr in der deutschen Gegenwartsliteratur.'[1] Nonetheless, if signs of nostalgia for an earlier time crept in too overtly, or if a lack of critical perspective was perceived in those descriptions or narratives of place, the label of 'cold warrior' or revanchist for the 'unenlightened' perpetrator of such portrayals, regarded as too reminiscent of Nazi ideology, usually followed. *Heimat*, the word and the multi-faceted and unstable concept it signifies, has been for many a provocation, a 'Reizwort', in the overall context of the new democratic, post-1945 West, and even in the officially internationalist and socialist East. In the postwar context, the association of the word and concept, not only with the Nazi era, but also with the so-called *Heimatvertriebenenverbände*, especially some groups of Sudeten Germans and their purported goal of regaining their 'lost German homelands' in the east, made the notion of *Heimat* all the more suspect. Although Martin Walser intended it to be understood more literally, no doubt, when, at the beginning of his play *Eiche und Angora*, he had his character Gorbach assert 'Unsere Heimat, Alois, ist arg zerklüftet'[2], it could not have been more prophetic when understood metaphorically either. Certainly the discussions about 'Heimat' have been 'arg zerklüftet.'

My intention in this essay, however, is not to discuss at any length the general problematic of *Heimat* as a word and concept in post-World War II Germany, but rather to seek insights into what I have chosen to call Martin Walser's *Heimat* conundrum. The political, social, historical, and linguistic context for that endeavor is, nonetheless, important, and that makes a brief introduction necessary if we are going to understand Walser's conundrum in its context. Since the mid-1980s at least, numerous excellent book-length studies and collections of essays (general, historical, sociological, and specifically focused) have appeared on the topic of *Heimat*.[3] Additionally, a virtual plethora of individual essay-length discussions of *Heimat* in the general sense and *Heimat* in German and Austrian film and literature, each with a specific focus on particular authors, filmmakers, or works, has also emerged during that time, illustrating, despite the controversial or perceived questionable nature of the concept and its usability in the postwar situation, that a good deal of scholarly and serious interest in *Heimat* clearly exists to the present day. My own attempt to gain a better understanding of Walser's complex and controversial concept and use of *Heimat*, both for its own sake as an intriguing and significant aspect of his writing, but also for its relationship to his efforts to rehabilitate and push the largely discredited and intensely contested notions of 'Nation' and 'Volk' into a more positive light and toward renewed usability, has benefited immensely from many of these studies, analyses, and discussions of *Heimat, Nation,* and German identity.

From the very beginning of his writing career in the late 1940s and early 1950s, Walser has demonstrated a consistent penchant for confronting head-on disquieting, difficult, and controversial issues. During the conference from which the essays in this volume have developed, one could hear analyses of several controversies which Walser has ignited as well as about some of the often highly charged criticism that he has attracted on account of his frequently provocative works and words. His philosophy as a writer, articulated numerous times, has been to address that which troubles him most profoundly, letting the most pressing personal *Mangel* be his muse.[4] Although *Heimat*, at least in its purest, local or regional, form, has been less of a lightning rod for negative criticism than his highly provocative reflections on and assertions about the *Nation*, about 'the German Question,' or about Auschwitz, that powerful and haunting symbol of the Holocaust *per se*. *Heimat*, too, has been a long-standing theme and occupation for him and has certainly not been *un*controversial. I would suggest, in fact, that Walser's interest in *Heimat*, which was evident already quite early in his work, anticipates and is related to and interlinked with his interest in and his generally more problematic attention to those other, less local topics.

Even though a thorough analysis or discussion of the thematic complex of *Heimat* for Walser would require addressing all of these topical issues in his work, for reasons of space I intend to focus most of my attention here on *Heimat* alone. This essay, however, should be regarded as a piece of a larger attempt to understand how all of these issues (*Heimat, Nation, Volk*, the German Question, and Auschwitz) have evolved over time in Walser's work and thought, are related and interconnected, are rife with contradictions, and have generated similar, often very negative responses from some critics and commentators, while finding simultaneously great understanding and affirmation from others. In each instance, regardless or perhaps in part because of the uproar caused, Walser has contributed significantly to opening up space for broader discussions of these and other related, significant issues.

As stated above, given the goals and space constraints, this is not the place to do more than call attention briefly to the earlier traditions and immediate postwar manifestations and developments in the areas of *Heimatliteratur* and, perhaps as importantly, the German and Austrian *Heimatfilm,* a cinematic genre which actually thrived in the 1950s and early 1960s. Nor, except in passing, is there room here to more than suggest the considerable impact Edgar Reitz's widely viewed and highly publicized four-part film series *Heimat* had on the subsequent interest in and discussion of the concept of *Heimat*. It should be noted, however, that Walser's words and works relating to *Heimat* can be understood, appreciated, and evaluated more clearly if one keeps this cultural context in mind.[5]

Additionally, it should be mentioned as well that those who have spent prodigious time reading and writing about contemporary German-language literature and culture are perhaps even more familiar with the newer literary and cinematic genres of *Anti-Heimatliteratur* and the *Anti-Heimatfilm*, since the negative adaptations and reversals of the earlier affirmative strains in the tradition were after the mid-1960s far more numerous, more highly regarded culturally and aesthetically, and certainly more politically correct. Franz Xaver Kroetz, Martin Sperr, Rainer Werner Fassbinder, Herbert Achternbusch in West Germany, and Wolfgang Bauer, Thomas Bernhard, Franz Innerhofer, Gerhard Roth, Werner Schwab, and Elfriede Jelinek in Austria are, of course, among the best-known writers whose work, at least in part, embodies and even defines the *Anti-Heimatliteratur* genre. Clearly, Walser's views on *Heimat*, as well as his works that represent and reflect those views, stand in rather stark contrast to the works of those writers; yet, these also provide a productive comparative and contrastive point of reference for regarding Walser's *Heimat* thinking in a less simplistic way.

Heimat, it quickly becomes clear from any survey of the primary and secondary literature, has been anything but absent from the German cultural and literary landscape since 1945, despite its frequent 'taboo' status for many; yet, it is equally clear that when and where present, it has ordinarily been a contested concept, pulled, if one can detect a chronological tendency, from rather sentimental and generally *kitschy* portrayals of earlier times and lost, but not forgotten places and worlds, on the one extreme, toward a strident and sometimes wholesale negation of that tradition, on the other. This is not to say that all literary or cinematic portrayals of *Heimat* have been located on the extremes, even though these have largely commanded the headlines, at least until recently. There are, after all, numerous literary works that present a more differentiated and balanced picture of *Heimat*, although they are perhaps not as numerous. Let us look at where Martin Walser's earlier *Heimat* works and thoughts fit in this spectrum.

'Von Wasserburg an' is the title of a short autobiographical sketch that Walser wrote in 1981, and it is also the title of a biographical film about him from 1983.[6] The fact that Walser has lived virtually all of his life, with a few shorter and longer breaks, on or near Lake Constance, the *Bodensee*, at the southwest border of, first, Weimar Germany, then the

Third Reich, followed by West Germany, and, now, the united Federal Republic of Germany, hardly more than a stone's throw from Austria to the east and Switzerland to the south, has played a profound role, most commentators agree, in the overall texture and character of his work and thought.[7] The larger, political context for Walser's northern shore of Lake Constance (that is, the respective German state of which it has been a part) has changed several times over his now seventy-five years; yet, there has been as well a constancy, a stability to the landscape and the lake itself, even despite the dramatically increased importance and impact of tourism on the greater Lake Constance and Upper Swabia region. Although Walser asserted at one point that he and his family moved back to Lake Constance when he decided to try his luck and skill as a 'freier Schriftsteller,' because the rents were cheaper there,[8] any reader of his works must recognize that the pull back home was much stronger than such a claim suggests. In his essay 'Heimatkunde' from 1967 Walser stated, in fact: 'Man versucht natürlich wegzukommen. Ernsthaft. Ich versuchte es immer wieder einmal.' Yet, he also confessed: 'Immer weniger ernsthaft.'[9]

A good number of Walser's works, as his readers know, are set totally or partially on or not far away from his Lake Constance *Heimat*; many of his characters' names, and even characters themselves and their situations, are drawn from the towns, valleys, and inhabitants of the region. Walser has frequently articulated his feeling of being at home with and in his Alemannic dialect, and he has mentioned the intimacy he feels with those who speak that dialect, his 'Muttersprache,' in which he has occasionally written verse.[10] His works and images are replete with the landscapes of this region, human and natural, and his affection for them, although rarely uncritical, has become only increasingly evident over time, culminating to date, at least in a fictional work, in the novel *Ein springender Brunnen* from 1998.[11] But an affection, a strong connectedness, even a rootedness, has been visible from almost the beginning of Walser's literary work: *Heimatkunde*, 'Heimatbedingungen,' *Heimatlob*, 'Vom hiesigen Ton,' and 'Bemerkungen über unseren Dialekt' are titles of just a few of his collections and individual essays that reflect a frequent focus on his part with this place, that is, with *his* place and *his* sense of *his* place in it. Among his four or five constant literary inspirations, Hölderlin as well as his Swiss 'Namensvetter' Robert Walser were both from this greater, multi-national Swabian-Alemannic region, and both concerned themselves in at least some of their writing with *Heimat*.[12] Walser himself has championed, perhaps more than he has any others, several lesser known authors who hailed from his region: Maria Menz, Maria Müller-Gögler, Maria Beig (Walser's 'Drei heilige Marien', as Wilhelm Grossmann has termed them[13]), as well as Arnold Stadler. It is also known that Walser helped found, was one of the publishers, and occasionally wrote for the regional cultural magazine, *Allmende*.[14] In short: his *Heimat* credentials are both impressive and extensive.

Nonetheless, Walser was very early on quite aware of the fact that for a serious literary author and intellectual, particularly for one of the political left, to demonstrate much interest in *Heimat* was somewhat peculiar at best. His 1967 essay 'Heimatkunde' begins, for example, as follows:

> Wenn es sich um Heimat handelt, wird man leicht bedenkenlos. Volkskundler waren eine Zeit lang gefährdet wie Opium-Raucher. Andererseits gibt es heute noch Leute, die können keinen Gamsbart sehen, ohne sich gleich als schneidige Intellektuelle zu fühlen. Heimat scheint es vor allem in Süddeutschland zu geben. Wo gibt es mehr Gamsbärte, Gesangvereine, Gesundbeter, Postkartenansichten, Bauernschränke, Messerstechereien, Trachtengruppen, Melkschemel, Beichtstühle, Bekenntnisschulen usw. Heimat, das ist sicher der schönste Name für Zurückgebliebenheit.[15]

This at least partially ironic passage presents a somewhat innocent, basically innocuous picture of *Heimat* (with the exception, perhaps, of the inclusion of the startling 'Messerstechereien'), complete with harmless and generally quaint material artifacts and associations, and totally divorced from any explicitly negative historical or political connotations. *Heimat* is questionable as an interest and pastime here only because it is old-fashioned, if not totally obsolete, a sure sign of 'Zurück-gebliebenheit.' Nevertheless, in that same essay, Walser confesses: 'Offenbar bin ich interessiert. An Heimatkunde.'[16] Whatever reservations, genuine or rhetorical, he might have about engaging in and admitting to such an interest, they apparently have little to do with the fact that *Heimat* was frequently regarded, in the postwar context, as 'verrufen,' 'ideologieträchtig,' or 'semantisch vorbelastet' (cf. Pott, pp. 7 and 26), to cite three representative lexical charges against the concept, stemming, of course, from its perceived misuse during the Third Reich. Walser was simply interested, at this point, in the place he was from, the place he lived, and in the people, landscape, objects, history, and stories associated with it. No doubt, however, as I will discuss below, that innocent kind of interest was and is, in the postwar world of the late 20th and early 21st centuries, a clearly privileged one.

Regardless of the numerous attempts to define *Heimat*, as most commentators readily admit, the countless connotations and sub-meanings of the word make a universally satisfactory definition virtually impossible. For the sake of this discussion, however, I want to cite first two attempts toward a definition, the first one by Hermann Bausinger:

> Heimat ist […] *Kompensationsraum*, in dem die Versagungen und Unsicherheiten des eigenen Lebens ausgeglichen werden, in dem aber auch die Annehmlichkeiten des eigenen Lebens überhöht erscheinen: Heimat als ausgeglichene, schöne Spazierwelt. […] Heimat als *Besänftigungslandschaft*, in der scheinbar die Spannungen der Wirklichkeit ausgeglichen sind.[17]

And the second by Peter Blickle:

> The idea of Heimat is based on an imaginary space of innocence projected onto real geographical sites. Whether this innocence is religious (paradise), sexual (childhood), sociological (premodern, preindustrial), psychological (preconscious), philosophical (prerational, predialectical), or historical (pre-Holocaust) in character, in every case we find imageries of innocence laid over geographies of Heimat.[18]

According to Bausinger's definition, *Heimat* is something unequivocally positive: it provides security, safety, a counter-balance to the stress and strain of, usually, adult life. It is both geographical landscape and 'Erinnerungslandschaft,' (memory landscape); it is 'das Kindheits- und Jugendland,' as Jean Améry termed it.[19] Blickle's portrait of *Heimat*, although he uses the language of postmodern discourse, pinpoints the notions of 'innocence' and that which was 'prior' (to now) as being constitutive, but is otherwise very similar to Bausinger's rendition. Furthermore, and in keeping with the spirit of both definitions, *Heimat* is certainly for Walser, and many others, closely tied to 'Muttersprache' as well as to formative sensory experience (sounds, smells, tastes, textures) and the early images, feelings, stories, and emotions from childhood and youth through which adults tend to filter and contextualize experiences, ideas, problems, and the world at large.

Walser's *Heimat*, his 'Kindheits- und Jugendland,' was all of this. It was and remains essentially positive for him, despite the personal, familial, and economic tragedies, difficulties, and concerns he has often discussed in interviews and dealt with in his works, especially in *Ein springender Brunnen*, and despite the fact that the backdrop, and sometimes the close-up reality of his childhood and youth, *was* the Third Reich with its personal and ethical challenges, profound losses, and ideological oppressiveness which was discernible even by a relatively sheltered child and youth in a small town on that Reich's southern border, rather far removed in significant ways from its most egregious aspects and acts. Despite that National Socialist context, then, with which Walser's autobiographical descriptions in *Ein springender Brunnen*[20] are infused, he strives to present his personal and subjective memories of that time and place in the novel as objectively as possible. And it is precisely his attempt to take a value-neutral stand, his attempt to avoid a retrospective negation of aspects of his childhood and youth that he didn't perceive as negative at the time, that some have regarded the novel as mounting an amoral defense of his childhood, of his mother's decision to join the party, and of his *Heimat* in general. Walser has also been accused by some critics of glossing over and even of expunging the horrific acts that were brewing and then being carried out elsewhere in the Reich during the narrated time of the novel. I must admit that I read *Ein springender* Brunnen very differently than those critics, but that is another, albeit related, topic.[21]

One of the difficulties confronted when talking about *Heimat*, of course, even when one sets the Third Reich experience and its appropriations of the term and idea aside, is that *Heimat* is *subjective* in the extreme, and therefore almost impossible to nail down precisely. It is subject to sentimental and overly romanticized use and interpretation; it is graspable far more by feeling, by Walser's oft-cited (and oft-criticized) 'Heimatgefühl,' than by reason or rational analysis. In fact, as Peter Blickle correctly points out, '[...] Heimat [...] is an idea that makes scholars feel uncomfortable. When dealing with it, intellectually and rationally trained minds have to work with an idea that often seems to defy rational analysis.'[22] Walser's admission, '[...] man wird leicht bedenkenlos', is an indication of his own awareness of the awkwardness of talking about the concept, even of the questionable nature of the attempt to embrace *Heimat* as a serious concern. One possible strategy for doing so, however, as Walser does in his essay 'Heimatkunde' or in the numerous pieces in the collection *Heilige Brocken* (1986), for instance, is to concentrate on his formal and informal study and observations of the region and its history. Another occasional possibility, at least when one's *Heimat*, like Walser's, is such an undeniably attractive and compelling landscape, is to wax lyrical and pen occasional elegies about it ('Unsere Hügel sind harmlos. Der See ist ein Freund. Der Himmel glänzt vor Gunst. [...] Die Luft ist süß von Geschichte, von Durchdachtheit klar [...]') through which he can also insinuate the generally harmless character of the people who have dwelled and still live there now ('Wir sind in tausend Jahren keinmal kühn. Unsere sanften Wege führen überall hin [...]).'[23] *Heimat*, especially this 'Bodenseeheimat,' is for Walser in part explicable, describable, and compelling because it is, by comparison with other aspects and challenges of life, so indeterminant and open: 'Ich liebe den See,' he asserts in *Heimatlob*, 'weil es sich bei ihm um nichts Bestimmtes handelt. Wie schön wäre es, wenn man sich allem anpassen könnte. Auf nichts Eigenem bestehen. Nichts Bestimmtes sein. Das wäre Harmonie. Gesundheit. Ichlosigkeit. Todlosigkeit. Aber nein, dauernd muß man tun, als wäre man der und der. Und genau der stirbt doch' (*Heimatlob*, p. 13).

Upon reflection, I suspect, most of us can understand and relate, on some level, both to Walser's attachment to and appreciation of his Heimat, his 'Kindheits- und Jugendland,' the place in which his character, his interests, his artistic sensibilities, and his sense of identity have developed and matured, despite all of the challenges to and subtle revisions of these over the years. We can also understand, if we have spent any time on or near it, his love specifically for Lake Constance, expressed lyrically in the last passage quoted. One can appreciate further Walser's periodic yearning for the indefinite, for greater transcendence, for more openness to the possible and the infinite than life ordinarily grants him and us, even though that yearning, as I shall point out below, is as suspect in some circles as *Heimat* in general.

Where for and where from, then, the term 'conundrum' in my title? Why are there problems with Walser's occupation, which some would call pre-occupation, with *Heimat*? Whose conundrum is it? Walser's alone? Or is it also that of certain, perhaps even numerous critics of Walser? Or is it a conundrum for Germans in general? Why is Walser's interest in, writing about, and even, as some have asserted, defense of *Heimat* the source of suspicion and even condemnation? With the space remaining in this essay, I want to offer a few possible answers to those questions. To establish first the grounds for my inquiry, and to demonstrate that I am not merely setting up a straw man, I want to cite briefly one critic as a representative of the frequently strident criticism directed at Walser, both for his general interest in and perceived handling of 'Heimat.' In a clearly polemical blast at Walser following the *Friedenspreisrede* of 1998, Jörg Schindler brought this accusation:

> Das alltägliche Elend der Provinz, ihre Rückständigkeit, die sich zum Barbarischen steigert, wenn die Zivilisation sie bedroht, ihre Flucht in die dunkle Ecke der Irrationalität, wenn Fortschritt zu befürchten steht, ihre Bockigkeit gegenüber den Errungenschaften der Moderne erklärt Walser zum Fluchtpunkt gegen die Wirrnisse der kapitalistischen Industriegesellschaft - das ist der reaktionäre Gehalt von Walsers Heimatschreiberei. Denn dort suchen Walsers Provinz-Xaverknödelhelden ihr kleinbürgerliches Bewußtsein, und im

Dialekt, in ihrer patriarchalen Selbstverständlichkeit, in der stetigen
Borniertheit von weitergegebenen Vorurteilen tauchen Elemente
tausendjähriger Reiche auf und reproduzieren die Barbarei stets aufs neue.[24]

Such a judgement of Walser's 'Heimatschreiberei' is undeniably extreme,
but it is not unrepresentative of either the tone or the gist of attack which
more than a few commentators hurled at Walser, especially after the
Friedenspreisrede, but also in conjunction with the novel *Ein springender
Brunnen*. In a significantly more moderate manner, yet still critical
nonetheless, Stuart Tabener has termed that novel, for instance, '[...] a
sweeping attack on modernity,' and suggests, with obvious
disappointment in Walser, that in this work '[t]ranscendence [...] has
replaced "Kritik", and this in an author who, for all his protests, has been
one of Germany's leading dissenting voices in the course of the last forty
years.'[25] Such criticism also suggests why Walser's occasionally stated
desire for 'transcendence,' as expressed in passages such as that from
Heimatlob quoted above, draws suspicion: 'transcendence,' in this view, is
opposed to enlightened 'Kritik,' and is therefore to be viewed with
scepticism. A number of dualisms are also at play in popular
understanding of *Heimat* and these dualisms can also be discerned in the
biases that many critics bring to their discussions. Boa and Palfreyman
suggest the following, for instance: 'Key oppositions in the discourse of
Heimat set country against city, province against metropolis, tradition
against modernity, nature against artificiality, organic culture against
civilization, fixed, familiar, rooted identity against cosmopolitanism,
hybridity, alien otherness, or the faceless mass.'[26] One can readily see
from that description how and why such common connotations for the
term *Heimat* result in the immediate politicization and polarization of
most discussion of the concept.

One can summarize as follows these and the other, ostensible
reasons behind the criticisms, extreme and measured, not only of this
particular novel, *Ein springender* Brunnen, but of Walser's *Heimat* interest
in general, which emerge readily from a review of the secondary literature.
A list of the most frequently cited or implied reasons would include: (1)
Walser's interest in *Heimat* is suspect from the start because *Heimat* is
perceived to be closely associated with its appropriation and misuse by
Nazi ideology; (2) it is regarded as anti-progressive, even reactionary, and
certainly anti-modern, associated in the postwar Federal Republic with the
political right; (3) *Heimat* is assumed to be inherently exclusionary,
xenophobic, or even anti-Semitic at its core; (4) as a notion that relies on
feeling (*Heimatgefühl)* and transcendence, rather than critical reason and

enlightened and enlightening analysis, *Heimat* tends to the irrational and, it is insinuated, can therefore be easily (and has been) used for anti-democratic and dangerous purposes; (5) *Heimat* is seen in the postwar context as escapist, associated with a flight from reality and the responsibility of rational social, political, and intellectual engagement, a means of avoiding or suppressing troubling thoughts about the recent German past; and (6) *Heimat* elicits cheap sentimentality and *Kitsch*.[27]

This list could easily be extended, but it represents basic reasons for which Walser's focus on *Heimat*, beginning with the early essays and fictional works such as *Heimatlob* and extending through later novels such as *Seelenarbeit, Kindheitsmuster,* and *Ein springender Brunnen*, has been granted less than uniform appreciation and, more recently, has drawn even vitriolic criticism. Nonetheless, until the late 1980s, Walser was generally able to negotiate the potentially tricky terrain of *Heimat* interest, in large part, I suspect, by virtue of his otherwise impeccable liberal-to-left credentials and because Walser's *Heimat* focus remained essentially local or regional. No one, as far as I have been able to ascertain, had accused him before that time of risking flirtation with the ideology of the *Heimatvertriebenenverbände* or the political right in general. That all changed, however, when, in his 1988 speech 'Über Deutschland reden', Walser expressed his personal distress over the German-German situation, namely: over the continued division of Germany into two antagonistic states with a fortified border between them that, perhaps most unacceptably, limited very drastically access and contact between Germans, between 'Landsleute' on both sides of the German-German border.[28] It was this apparent shift in Walser's public discourse, which represented nothing short of breaking a taboo of the German left that had been in place at least since the early 1970s; and it was this widely perceived move on Walser's part from a 'Heimatgefühl' that could be tolerated if off-set by ample *politically correct* perspectives on other fronts to a suspicious 'Nationalgefühl' that aroused the ire and condemnation of a surprising number of critics, commentators, and even friends

After 1988 it had thus become disturbingly clear to many that Walser's *Heimat* interest had expanded beyond his Lake Constance-Upper Swabian home region to include Germany as a whole, whatever that whole might be or mean politically. For the careful, discerning, or retrospective reader of Walser's writings, numerous indications were evident that his concerns about the (for him) unsettled and unsettling 'German Question' had been brewing for a long time. There is, for instance, a relevant passage in *Die Gallistl'sche Krankheit* (1972) when a sympathetic Gallistl expresses a nostalgic yearning for *lost* German territories in the east: '"Pommern," "Sachsen," "Magdeburg" [...] Ich will mir aber nicht verbieten lassen, daß mein Gefühl einreist und ausreist, wie es ihm paßt.'[29] The theme of an expanded interest in *Heimat* beyond the local or regional is also visible in Walser's novel from 1979, *Seelenarbeit*, where Xaver Zürn is quite concerned with the issue of lost *homelands* and full of empathy for those who have lost them, even for his oppressive employer Gleitze.[30] And with his novella *Dorle und Wolf* in 1987, Walser's pre-occupation with the German Question is illuminated for all to see.[31] Walser ultimately summarized rather extensively, of course, the evolution of his interest in his 1988 speech 'Uber Deutschland reden.' To underscore that his problem with the general silence about the German Question and the division of Germany on the part of the political left did not develop overnight, and to make clear that he was not naïve about the potential ramifications of attempting to articulate his distress publicly, Walser quoted at some length in his 1988 speech both from earlier notebooks and from his 1979 essay 'Händedruck mit Gespenstern,' in which those concerns and his ambivalences about them had been set down on paper.[32] Even earlier than his 1988 speech, Walser had asserted openly, in an interview in 1984: 'Es gibt für Deutsche nichts Wichtigeres als diese Einigung.'[33] Once commentators and critics who tended to be critical of Walser's interest in German unification and the German nation discovered, remembered, or were directed (often by Walser himself) toward some of these relevant pre-1988 statements of Walser's, they often read them over-simplistically in order to condemn Walser retroactively and, in the all-too-typical black-and-white polarized cultural debates in Germany, re-categorize and re-assign him to the political right from which location his assertions and questions about Germany could be summarily dismissed rather than grappled with seriously or objectively.[34] A careful reading of Walser's writings and utterances about Germany between 1972 (*Die Gallistl'sche Krankheit*) and 1988 ('Über Deutschland reden') displays, however, a considerably more interesting, nuanced, differentiated, and, at times, ambiguous and contradictory development of and set of attitudes than many of those wholesale detractors were able to see or were willing to admit.

Certainly after the fall of the Berlin Wall in November 1989 and the rapid unification of Germany that took place officially less than one year later on October 3, 1990, Walser was given credit by numerous

commentators for having been insightful about the desire of East Germans
for an end to their socialist 'experiment' and for unification with West
Germany; uniquely honest about the 'German Question,' even regarding
his own ambivalences, contradictions, and misgivings; and daring in
expressing his provocative thoughts and attitudes (if also somewhat
foolhardy, given the certainty of being attacked for them). But the
evaluations of Walser's prescient attitudes toward German possibilities
prior to 1989 (one can recall his assertion in his 1988 speech 'Über
Deutschland reden': 'Ich halte es für unerträglich, die deutsche Geschichte
– so schlimm sie zuletzt verlief – in einem Katastrophenprodukt enden zu
lassen'[35]), as well as his joy over the developments following November
9, 1989, remained divided. The secondary literature on the topic of Walser
and Germany continues to grow, and it continues to demonstrate that
radically different interpretations and evaluations of his statements and
stances via-à-vis Germany and the German nation are not only possible
still, but, given how hotly contested these issues remain, as Germans
struggle to deal with their complexly intertwined past and present in a
surprisingly new and still constantly changing political, social, and
cultural context, perhaps inevitable as well.

Walser's *Heimat* conundrum remains such to the present, to a large
degree because the term, the contexts for its use and discussion, and the
concepts and debates with which it has become inextricably associated,
justifiably or not, such as those involving the concepts *Nation, Volk,* and
German identity, are still ambiguous, contested, and both politicized and
polarized. Discussions about such issues under these circumstances are
only rarely sophisticated and nuanced, and both the participants in and
consumers of those discussions only infrequently overcome their
ideological or gut reactions in sufficient ways to allow them to recognize
and evaluate the complexities of arguments and assertions that rise above
emotions and partisanship. Not only are *Heimat, Nation, Volk,* and
German identity exceedingly subjective concepts, but assertions about
them are invariably understood subjectively. How else can one explain
satisfactorily the contrary readings of a novel like *Ein springender
Brunnen*, whereby some read it as a whitewash of the narrator's (and
author's) home town on Lake Constance during the Third Reich and
others as an honest and critical portrayal of the same town in the same
period? Going back further, how can one explain the fact that Willy
Brandt's assertions about Germany and the German nation in 1970[36] bear
very close resemblance to many of Walser's statements some ten to

twenty years later, but, unlike in the case of Walser, generated almost no criticism from the political left? The contexts of 1970 and 1988 might have been quite different, but not different enough to explain the dissimilar responses, and the contrast underscores the subjective aspect of the discussions.

Walser's conundrum, his set of challenges and difficulties in his active role in the debates and discussions about *Heimat*, Germany, and the *Nation*, however, is not completely the result of factors external to the characteristics of Walser's own attitudes, rhetoric, writing, pronouncements, and reactions. In fact, a careful look at many of Walser's own writings and statements about these issues yields example after example of his own self-critical and self-doubting anticipations of many of the criticisms that would later be directed toward him by others. The following frequently cited passage from his 1988 'Über Deutschland reden' speech can serve as a good illustration of this fact:

> Wenn sich das Gespräch um Deutschland dreht, weiß man aus Erfahrung, daß es ungut verlaufen wird. Egal ob ich mich allein in das Deutschland-Gespräch schicke, ins Selbstgespräch also, ob ich es schreibend oder diskutierend versuche - es verläuft jedesmal ungut: ich gerate in Streit mit mir und mit anderen. Das Ende ist Trostlosigkeit. Sogar das Selbstgespräch über Deutschland ist peinlich [...] (pp. 79-80).

Walser has expressed frequently his awareness of the fact that his attitudes and assertions are full of contradictions;[37] one could even claim that contradictions and contradictoriness are central features of Walser's writing and world-view.[38] He has actually claimed contradictoriness as a constitutive aspect of his entire being, reflected, for instance, in a passage from *Meßmers Gedanken,* the aphoristic work which Walser has claimed is his most personal and most confessional: 'Ich bin durch Widerspruch geworden, was ich bin. Dem wurde widersprochen. Dem widersprach ich. Aus mir spreche nicht ich, sondern der Widerspruch.'[39] Critics, as well as the general public, often seem to want their authors and public intellectuals to be consistent and stick to familiar, well-established patterns in their writing and public positions. When they don't, as Walser has had to learn somewhat painfully and more than once, they open themselves up to harsh criticism, even condemnation, generated perhaps in part by a sense of betrayal.

Such responses have been heightened in Walser's case, no doubt, by the fact that several of his public pronouncements since the mid-1980s, and a few of his fictional works, appeared to contradict attitudes and values expected of him as a liberal-to-left writer and intellectual and to transgress against certain strongly held views, even taboos, of that side of the political spectrum that had been clearly regarded, even by Walser himself, as his own. One only needs to remember the attacks on Walser following his 1988 speech 'Über Deutschland reden,' in which he was widely viewed to have broken a core liberal-to-left taboo by embracing the notion that the division of Germany should be overcome; or those attacks on Walser following his 1998 speech in the Frankfurt Paulskirche in which he was once again viewed by many to have broken yet another taboo by suggesting that he was tired of seeing the Holocaust, most poignantly represented by Auschwitz, 'instrumentalized' for present-day political purposes, and of being told by 'self-appointed' political and cultural spokesmen exactly how he, and other Germans, should deal with that difficult and troubling issue. In both instances, as well as through other statements made and stands taken during the decade between these two highly publicized speeches, Walser distanced himself from his former political and cultural allies on the left, at least with regard to the issues just mentioned, and many of them quickly rejected Walser and his blasphemous 'new' ideas that appeared to them to ally him with the political right, that is, with cold warriors in the first instance, and with revisionist historians in the second.

However legitimate the reasons were for Walser's decisions to break these taboos, or however compelling some of his arguments about these issues were, he had clearly opened up a proverbial can of worms and altered the public perceptions about him. Had he really become a conservative, as some on the political left charged and some on the political right celebrated? The truth is that neither Walser's views on the division of Germany in 1988 nor those he expressed about Auschwitz in 1998 were necessarily conservative. In fact, in the first case one could clearly make a strong case for regarding those who held to the *status quo* political division of Germany as the genuine cold warriors, for Walser's notions were far more in tune than theirs with the progressive attitudes in East Germany and elsewhere in Eastern Europe that soon brought the Cold War and numerous repressive governments to an end. And in the second case, Walser was expressing attitudes about the 'instrumentalization' and misuse of Auschwitz and the Holocaust that had been part of the liberal discourse in the United States and elsewhere for many years.[40] Equally as important, as critics such as Alison Lewis have correctly pointed out, most aspects of Walser's political, social, and cultural attitudes, such as his long-standing critiques of capitalism or of the media industry, have remained essentially unchanged and are anything but 'conservative.'[41]

Nonetheless, Walser certainly should not have been surprised by the reactions that his pronouncements elicited, especially since one of the targets of his own cultural criticism over the years had been the media industry, especially how it distorted and polarized into clearly opposing camps most discussions of significant political, social, and cultural issues. One feature of Walser's conundrum, then, is that he anticipated the reactions to his taboo-breaking thinking, writing, and pronouncements in many ways, but appears to have been both surprised, and deeply hurt, by them anyway. Is this an instance of Walserian irony at work, although perhaps unintended? Another example of typical Walserian contradictoriness? In any case, in both instances (1988 regarding the German Question and 1998 regarding Auschwitz) Walser's thought and writing were far more critical, analytical, complicated, contradictory, ambiguous, and subtle than he could or should have expected would be fully understood and appreciated in the German media and public sphere of which he had been so critical for years. This assessment should not be taken to mean that I think Walser should not have held or expressed such taboo-breaking attitudes; in fact, I think he was far more right than wrong, but that he should not have been surprised by the nature of the controversies and attacks which they generated. That, too, is part of his (and Germany's) conundrum with these issues.[42]

There was yet another aspect of Walser's controversial approach to both key topics suggested above which has caused difficulty even for many supporters of the general thrust of his arguments: namely, his almost exclusive reliance on feelings, emotions, and on a highly personal and subjective discourse as justification for his statements and attitudes. It is difficult to argue with subjective feelings, especially when they are openly presented as such, or when they are qualified and not put forward as possessing any universal claims to validity or authenticity, as Walser often did. He often cited his age, his 'Jahrgang' (1927), as justification for his 'feeling' that the division of Germany was unnatural, for his 'Geschichtsgefühl.' He also suggested that younger Germans were most likely free from such feelings and were perhaps able to accept the division as well as notions, even identifications, that were far more objective and far less susceptible to such feelings: 'Verfassungspatriotismus,' 'D-Mark Patriotismus,' or the idea that nations had even become obsolete as objects and sources of critical identification, for instance. But since feelings, whether in his 'Heimatgefühl,' his 'Geschichtsgefühl,' or his 'Nationalgefühl,' are hardly acceptable currency in left-to-liberal discourse, where basic tenets of the Enlightenment (objectivity, rational analysis, the public sphere vs. the private, etc.) are at least espoused, Walser was clearly on terrain that left him legitimately open to suspicion and criticism from the left. His choice of terminology seemed far more in tune with the idea of 'Gemeinschaft' (community), and with it, its rather tainted German past in the Third Reich era, than of 'Gesellschaft' (society), which has enjoyed general affirmation on the liberal-to-left side of the political spectrum in most of the postwar period.[43] And it is, of course, the idea of 'Gemeinschaft' (community) that is most clearly at play in virtually all notions of *Heimat*. Since 'Gemeinschaft,' like *Heimat*, is a concept that implies group membership, selection, and in some contexts exclusion of the 'other,' (such as was the case in the Third Reich with its '*Volk*sgemeinschaft' that became identified with racist and mono-cultural attitudes and policies), it, too, can invite the suspicion and impression that it stands potentially, perhaps even dangerously, in opposition to an open, democratic, diverse, and multicultural population and society, such as Germany has clearly become in the postwar period. Here again, then, we can see a problematic connection between Walser's long-standing positive interest in *Heimat* and his more recent affirmation of an essential identification with Germany and the German nation as a community of people with common history (and even common burdens that come with that history), a common culture, and a common language.

Once again, I am not suggesting here that Walser, either in his older and continuous affirmation of *Heimat* or in his newer affirmation of Germany and the German nation as a community of individuals with important similarities, is advocating exclusionary, racist, or monocultural ideas.[44] What I am suggesting is that Walser's attempts to rehabilitate, re-invigorate, and re-inhabit as basically positive entities *Heimat*, Germany, and the German nation, particularly in the subjective and historicist approach he takes in that effort, do appear to be at odds with some features of Germany's multicultural reality today; they are potentially insensitive (at best) to millions of 'new' Germans who do not share much of the heritage or many of the characteristics that he seems to regard as constitutive of Germans and Germany; they seem to neglect, even oppose, many of the potentially positive developments that Europeanization promises; they are likewise potentially insensitive to Jews who were so brutally excluded from the 'German community' not that long ago; and they do not, to my mind, make a particularly convincing case that his (or others') enthusiasm for these once-tainted concepts won't again be misunderstood, 'instrumentalized,' or misused by others for purposes (once again) that he asserts, convincingly, he eschews.[45] This, too, in my view, creates a conundrum, especially because these concepts and terms for many others still carry with them the negative, historical (and present-day, politically conservative) connotations that Walser seems to want to rid them of and because they still arc viewed as suspicious, or quite 'instrumentalizable,' in the current political environment. Walser expressed the following conviction in his 'Über Deutschland reden' speech in 1988: '[…] mir scheint, die deutsche Frage sei nicht von *rechts* noch von *links* aufzufassen,' an assertion that has great merit. But, lamentably perhaps, he was also correct in his recognition of the fact that the attempt to dislodge the German Question from 'left' or 'right' discourses and attitudes was not likely to succeed, when he prefaced that last statement with a caveat:' […] um das Unmögliche meiner Einstellung noch deutlicher zu machen.'[46]

Finally, there is one more feature of Walser's presentation of and argumentation about these issues and concepts that suggest a further problem. Even accepting the unavoidability and importance of contradictions in Walser's overall work and thought, especially over time, as ideas change, evolve, and develop in contexts that do likewise, one of Walser's claims relevant to these issues seems particularly disingenuous and suspicious. Specifically with regard to his attitude about Germany and his affirmation of the German nation in ways we have discussed above, Walser has claimed that he has not changed over the years, for instance when he asserted in a radio discussion with Günter Grass in 1994: 'Ich habe nicht das Gefühl, daß ich mich bewegt hätte.'[47] Yet, all one needs to do to recognize that his ideas about Germany have changed significantly, contrary to that assertion, is to compare the following two pronouncements. First, in his essay *Ein deutsches Mosaik* (1963) one can read: 'Das deutsche Volk ist eine Bevölkerung geblieben, eine Versammlung von Stämmen, die gerade noch eine gemeinsame Sprache als Krone erträgt.' And further: 'Heute gibt es Deutschland nicht mehr.'[48] Yet, in 'Über Deutschland reden' (1988) one can read: 'Es hat Deutschland gegeben, trotz mehrerer deutscher Regierungen. Und so ist es heute wieder.'[49] At a minimum, one has to wonder why Walser would deny any changes in his views toward Germany, when there is clear evidence of very different attitudes between then (1960s) and now

(1990s). It certainly makes one more sceptical about some of his assertions, whether they are about the German Question, about the Holocaust, or even about *Heimat*. So, that, too, is part of Walser's conundrum—this part of his own making.

In Walser's autobiographical novel from 1998, *Ein springender Brunnen*, the young Johann is required to write an essay in school on the topic 'Wieviel *Heimat* braucht der Mensch?' Johann's essay contains the following passage:

> Ohne Heimat ist man ein elendes Ding, eigentlich ein Blatt im Wind. […] Aber jeder muß wissen, daß nicht nur er Heimat braucht, sondern andere auch. Das schlimmste Verbrechen, vergleichbar dem Mord, ist es, einem anderen die Heimat zu rauben oder ihn aus seiner Heimat zu vertreiben. […] Die weiße Rasse tut, als wäre sie etwas Besseres. Solange sie andere Rassen vernichtet, ist sie etwas Minderes, ist sie schlimmer als jede andere Rasse. (p. 252)

Who would argue with Johann's assertions here? One suspects that they are very similar to, if not the same as, Walser's own notions about *Heimat*. It is important not merely for Germans, but for all people. Yet, for millions of people in the 20th (and now 21st) Century, *Heimat* was lost, taken away, as they were driven out of their homes and homelands by others, including by the Nazis. *Heimat* subsequently became, for many, an impossibility, a distant memory, or an ideal only accessible through nostalgia. Consequently, Walser's *Heimat* on Lake Constance, relatively undisturbed, untainted, and still the site of his residence some seventy-five years after his birth, is rather privileged by comparison, as are his essentially positive connections and continuing access to it.

Walser's *Heimat* conundrum has many causes, as I have attempted to demonstrate and discuss in this essay. Some, such as the probability that it will still be a long while before Germany and the world are prepared to set aside the unfortunate historical (and negative) associations that still adhere to concepts such as *Heimat*, the German nation, or *Volk*, and greet with enthusiasm attempts such as Walser's to rehabilitate them for positive application today, are not of Walser's making, but his attempts are at least premature, at least if he expects that German society as a whole will follow his lead while so many issues related to Germany's 20th century history remain unresolved. Other causes, such as the frequently intransigent nature of Germany's black-and-white, polarized discussions of significant political, social, or cultural issues that tend to demonize apparently opposing views and are antagonistic towards subtlety, ambiguity, and inconsistency, are clearly due to the contemporary public context. For the foreseeable future, I must conclude, since it appears clearly that any 'normalization' of Germany in the still lingering, dark shadow of the Third Reich and the Holocaust (despite the inexorable passage of time and despite all of the desires and efforts of many to attain that 'normality') is not yet on the horizon, even well-intentioned attempts (such as I am convinced Walser's are) to restore to usability and respectability words and concepts like *Heimat, Nation,* and *Volk* (and the debates about them) will remain charged, controversial, and contested. And that is not only Walser's conundrum, but a conundrum for all of Germany as well.

Notes

[1] Norbert Mecklenburg, cited by Jürgen Bolton, 'Heimat im Aufwind,' in: Hans-Georg Pott, ed. *Literatur und Provinz. Das Konzept 'Heimat' in der neueren Literatur.* Ferdinand Schoeningh: Paderborn-Munich-Vienna-Zurich, 1986, p. 26.

[2] Martin Walser, *Eiche und Angora,* Suhrkamp: Frankfurt a.M, 1962, p. 7.

[3] For example: An international conference dedicated to *Der Begriff 'Heimat' in der deutschen Literatur* in Toronto in 1986 gathered some outstanding scholars and resulted in a very useful bi-lingual collection of related essays on the complexities of this German (and Austrian) topic. In addition to the volume edited by Pott, cited in Note 1 above, I should also mention the following significant titles: Horst Bienek, *Heimat. Neue Erkundungen eines alten Themas.* Hanser Verlag: Munich, 1985; Helfried W. Seliger, ed. *Der Begriff 'Heimat' in der deutschen Gegenwartsliteratur/The Concept of 'Heimat' in Contemporary German Literature.* iudicum verlag: Munich, 1987 (essays from the Toronto Conference); Celia Applegate, *A Nation of Provincials: The German Idea of Heimat.* University of California Press: Berkeley, 1990; Andrea Bastian, *Der Heimatbegriff. Eine begriffsgeschichtliche Untersuchung in verschiedenen Funktionsbereichen der deutschen Sprache.* Max Niemeyer: Tübingen, 1995; Mary Fulbrook, *German National Identity after the Holocaust.* Polity Press: Cambridge, 1999; Elizabeth Boa and Rachel Palfreyman, *Heimat. A German Dream. Regional Loyalties and National Identity in German Culture 1890-1990,* Oxford University Press: Oxford, 2000; and, most recently, Peter Blickle, *Heimat. A Critical Theory of the German Idea of Homeland.* Camden House: Rochester, NY, 2002.

[4] See, for instance, Walser's essay 'Meine Muse ist der Mangel,' in *Die neue Gesellschaft. Frankfurter Hefte* 33/8 (1986), 709-713.

[5] Especially helpful in this regard are Michael Geisler, '*Heimat* and the German Left: The Amnesia of Trauma,' *New German Critique,* 36 (Fall 1985), 25-66, and Anton

Kaes, *From Hitler to Heimat: The Return of History as Film*, Harvard University Press: Cambridge, MA, 1989.

[6] Walser's short sketch 'Von Wasserburg an' appeared initially in *Allmende* 1/1 (1981), p. 39-41, and later in his collection *Heilige Brocken. Aufsätze-Prosa-Gedichte,* Drumlin: Weingarten, 1986, pp. 125-129. For a more extensive account of Walser's biography through 1996, see Chapter One in my book *Martin Walser.* Metzler Verlag: Stuttgart, 1997, pp. 1-11.

[7] Compare, for example, Stuart Parkes, 'Martin Walser—The View from the Lake,' in his book *Writers and Politics in West Germany*. St. Martin's Press: New York, 1986, pp. 205-228 (here p. 214).

[8] Walser has made this assertion numerous times, for instance in a 1997 interview with Michael Huebl, 'Bitte schön, wo ist denn jetzt der Rechtsruck geblieben?' *Badische Neueste Nachrichten* (18 March 1997).

[9] 'Heimatkunde,' in: M.W., *Heimatkunde. Aufsätze und Reden,* Suhrkamp: Frankfurt a.M., 1968, 40-50 (here: p. 45).

[10] Several dialect or *Mundart* poems by Walser are included in his collection *Heilige Brocken. Aufsätze-Prosa-Gedichte.*

[11] Suhrkamp: Frankfurt a.M., 1998.

[12] See, for example, Hölderlin's poems 'Der Wanderer', 'Die Heimat', 'Rückkehr in die Heimat', 'Heimkunft' among others. See also Robert Walser's short prose piece 'An die Heimat', in a collection that carries the same name: Robert Walser, *An die Heimat.* Frankfurt a.M.: Suhrkamp, 1980, p. 12. It was originally published in *Aufsätze von Robert Walser*, Kurt Wolff Verlag: Leipzig, 1915.

[13] W. Grossmann, 'Heimatkunde in den Romanen Martin Walsers,' in: Hans-Georg Pott, ed., *Literatur und Provinz,* p. 85.

[14] *Allmende* was founded in the early 1980s.

[15] 'Heimatkunde,' in: M.W., *Heimatkunde*, p. 40.

[16] Ibid, p. 45.

[17] Hermann Bausinger, 'Auf dem Wege zu einem neuen, aktiven Heimatverständnis: Begriffgeschichte als Problemgeschichte,' in: Bausinger, Hermann & Wehling, Hans-Georg, *Heimat heute,* Kohlhammer: Stuttgart, 1984: 14.

[18] Peter Blickle, *Heimat. A Critical Theory of the German Idea of Homeland,* Camden House: New York, 2002, p.130.

[19] 'Wieviel Heimat braucht der Mensch?' in: Jean Améry, *Jenseits von Schuld und Sühne,* Klett-Cotta: Stuttgart, 1977, p. 84.

[20] M.W., *Ein springender Brunnen,* Suhrkamp: Frankfurt a.M., 1998.

[21] Contrary to several readings of *Ein springender Brunnen* in which it is asserted that Walser fails because he is not critical of his hometown during the Third Reich or because he does not mention Auschwitz directly, I find his portrayal of the various characters to be highly nuanced and, often, very critical of their stances and behavior toward Nazism as some of them succumb to the seductions and insidious attractions and attitudes of the Nazi ideology and practice. One of the strengths of the novel in my reading is that he avoids resorting to black-and-white caricatures and, instead, shows many characters to display very human combinations of strength and weakness, insight and ignorance, fears and integrity, ambition and principle. It is true that the narrator shows great respect for his mother's ability to support the family, even if she joins the party to ensure continuing customers for the restaurant, but he intimates even higher regard for his father who wants nothing to do with the Nazis and whose entire being rejects their ideology. Johann also demonstrates loyalty and complete acceptance of his gay uncle who, ultimately, becomes a victim of the Nazis. In contrast to my interpretation, see Amir Eshel's 'Vom eigenen Gewissen. Die Walser-Bubis-Debatte und der Ort des Nationalsozialismus im Selbstbild der Bundesrepublik,' *Deutsche Vierteljahresschrift für Literaturwissenschaft und Geistesgeschichte* 74/2 (2000), pp. 330-360 in which he condemns the narration in *Ein springender Brunnen* as an 'Entlastungsmanöver' (p. 338).

[22] Peter Blickle, *Heimat. A Critical Theory of the German Idea of Heimat,* p. 9.

[23] Martin Walser and André Ficus, *Heimatlob. Ein Bodensee-Buch.* Robert Gessler Verlag: Friedrichshafen, 1978. (Citation here from Insel Taschenbuch edition, Frankfurt a.M., 1982. p. 10).

[24] Jörg Schindler, 'Wolkenkratzer an den Bodensee,' in: *allez!* Nr. 2/X (1998), 3.

[25] Stuart Taberner, 'A Manifesto for Germany's 'New Right'? Martin Walser, the Past, Transcendence, Aesthetics, and *Ein springender Brunnen*', in: *German Life and Letters*, 53 (January 2000), 134.

[26] Boa and Palfreyman, *Heimat. A German Dream* (see note 3), p. 2.

[27] These and related reasons for scepticism toward taking *Heimat* seriously and as a concept that still represents positive values, as Walser does frequently in his work, are mentioned or asserted in virtually all of the studies of *Heimat* indicated in these notes, regardless of whether the respective writer agrees with their validity or not.

[28] By terming East Germans as his 'Landsleute', which Walser does on several occasions, he clearly asserts a national connection to them while they are still divided in most ways between East and West Germany. Cf. Walser, 'Kurz in Dresden,' in: *Die Zeit* (27. October 1989), 17-18.

[29] Martin Walser, *Die Gallist'sche Krankheit,* Suhrkamp: Frankfurt a.M., 1972, p. 112.

[30] Compare Elizabeth Boa and Rachel Palfreyman, *Heimat* (see note 3)

[31] *Dorle und Wolf,* Suhrkamp: Frankfurt a.M., 1987.

[32] 'Händedruck mit Gespenstern' appeared initially in Jürgen Habermas, ed., *Stichworte zu 'Geistigen Situation der Zeit', Bd. 1: Nation und Republik,* Suhrkamp: Frankfurt a.M., 1979. It is also included as the first essay in Walser's collection *Über Deutschland reden*, Suhrkamp: Frankfurt a.M., 1988, pp. 7-23.

[33] Interview with Anton Kaes, 'Porträt Martin Walser. Ein Gespräch mit Martin Walser,' in *German Quarterly*, 57/3 (1984), 432-449.

[34] Compare, for instance, Jan-Werner Müller, *Another Country. German Intellectuals, Unification and National Identity*, New Haven and London: Yale University Press, 2000, in which he states that Walser was 'easily instrumentalized by conservatives' (p. 151) and asserts: 'The Left, [...] rather than fastening on [...] underlying issues and engaging with the questions which Walser persistently posed, seemed to brand him a "nationalist," even a "revanchist," simply for articulating national questions and the plight of the East Germans' (p. 153). Compare also Alison Lewis, '"The Phantom-Pain" of Germany: Mourning and Fetishism in Martin Walser's *Die Verteidigung der Kindheit*,' in: Peter Monteath and Reinhard Alter, eds, *Kulturstreit—Streitkultur. German Literature since the Wall* (*German Monitor* 38), Rodopi: Amsterdam/Atlanta, 1996, pp. 125-144.

[35] 'Über Deutschland reden', in: M.W., *Über Deutschland reden*, p. 88.

[36] Such as in the following passage from a speech by Willy Brandt, cited and translated from *Der dritte Bericht zur Lage der Nation,* by Mary Fulbrook, *German National Identity after the Holocaust*, p. 185: 'The nation is founded on a continuing feeling of belonging together of the people, of a *Volk*. No one can deny that, in this sense, there is, and will continue to be, a German nation, for as far ahead as we can imagine.'

[37] One perceptive critic has even termed Walser 'Germany's consummate contrarian, ever irritating and ever irritable [...]' Jan-Werner Müller, see Note 34, p. 175.

[38] Irony, of course, one of the generally recognized central features of much of Walser's writing, as well as the subject of his Frankfurter Vorlesungen from 1981, *Selbstbewußtsein und Ironie* (Suhrkamp: Frankfurt a.M., 1981), is often generated by contradictions.

[39] *Meßmers Gedanken,* Suhrkamp: Frankfurt a.M., 1985, p. 41.

[40] See, for instance, Lawrence L. Langer's book *Preempting the Holocaust*, Yale University Press: New Haven/London, 1998.

[41] Compare Alison Lewis, 'The "Phantom-Pain" of Germany,' p. 127.

[42] Compare, once again, Alison Lewis, when she asserts: 'Notwithstanding Walser's courage in breaking taboos, his tactics reveal all the same a certain naivete.' Alison Lewis, 'The "Phantom-Pain" of Germany,' p. 127.

[43] Compare Jan-Werner Müller, *Another Country. German Intellectuals,* who likewise draws attention to the significance in this context of the differences between 'Gemeinschaft' and 'Gesellschaft,' when he states: 'While it would be simplistic to see Walser as an advocate of *Gemeinschaft* against *Gesellschaft*, he did uphold an ideal of non-alienated, to some extent communal subjectivity and individual dignity which fitted into community-oriented German traditions.' (p. 155). I would agree that until recently, at least, it would have been simplistic to over-emphasize Walser's advocacy of 'Gemeinschaft' over 'Gesellschaft,' but if one can discern a tendency in this regard over the past decade or so, it would certainly be in that direction.

[44] Many scholars and commentators on *Heimat*, in spite of the affirmation of positive and even psychologically necessary elements which they grant the concept, reach a conclusion about the potential and even the tendency of *Heimat*, and I would add, 'Gemeinschaft,' to be less than open, even exclusionary. As Boa and Palfreyman assert: 'Heimat must always be ultimately bounded and defined through visible or hidden exclusion of the radically different and alien.' *Heimat. A German Dream*, p. 27. And Peter Blickle makes a similar assertion when he writes: 'Any concrete interaction with the idea of Heimat in the political realm has, historically speaking, served sooner or later to further sharp exclusions of certain groups – usually ethnic minorities, less-propertied classes, or both. And all too often the idea of Heimat has assisted in more than mere exclusions.' *Heimat. A Critical Theory of the German Idea of Homeland, Preface,* p. x.

[45] One critic who likewise sees problems here, although with slightly different emphasis, is Richard Wagner: 'Nicht daß Walser die große Frage nach der Nation stellt, ist fragwürdig. Die Entwicklungen seit 1989 haben ihm zum Teil Recht gegeben. […] Zu hinterfragen bleiben die Grundlagen des Walserschen Begriffs 'Nation' […] Walser versucht einen gesamtdeutschen Raum zu finden. Was mit seiner Jugend zerbrochen ist, soll wieder ganz werden. […] Das alles aber führt ins Zentrum des Problems. Wir haben es mit einem recht verschwommenen Kulturhorizont zu tun, in dem das Nationale vor allem gefühlsmäßig verankert ist und sich in einer Solidargemeinschaft ausdrückt, deren Grundlagen ethnisch und regional sind, während die Werte der Demokratie, nicht zuletzt der individuellen Rechte und Freiheiten undefiniert bleiben […].' Richard Wagner, 'Walsers Deutschland', in: *Text + Kritik* 41/42 (*Martin Walser*) 3^(rd) Edition: VII (2000), pp. 110-115 (here: pp. 114-115).

[46] Martin Walser, 'Über Deutschland reden,' in *Über Deutschland reden*, p. 87.

[47] *G.Grass – M.Walser, Ein Gespräch über Deutschland,* (Kassette) Edition Isele: Eggingen, 1994

[48] Martin Walser, 'Ein deutsches Mosaik,' in *Club Voltaire* 1 (1963), 199-214. Reprinted in M.W. *Erfahrungen und Leseerfahrungen*, Suhrkamp: Frankfurt a.M., 1965, pp. 7-28, and in M.W., *Deutsche Sorgen*, Suhrkamp: Frankfurt a.M., 1997, pp. 90-112 (here: p.91).

[49] Martin Walser, 'Über Deutschland reden,' in *Über Deutschland reden, p. 82.*

Steve Plumb

'Auch das Schlimmste kann, wenn du mit einem Bild darauf antwortest, schön erscheinen.' Aspects of Martin Walser's Art Criticism

Martin Walser's writings on André Ficus and Horst Janssen cover many aspects of their work, from attitudes towards home, to eroticism and death. In spite of the very different outputs of these two artists, Walser picks up on two clear themes that are common to both. First is the importance of capturing the essence of a subject in one moment, and second, the need to make the best use of the means available to do this. The artistic beauty that is produced in this way is linked by Walser to the melancholy associated with the passing of this fleeting moment.

When one considers the work of Martin Walser, his engagement with the visual arts does not immediately loom large compared to, for example, the socio-political dimension of his oeuvre. Yet, he has frequently written on this subject, and been associated with visual artists, and it is this aspect of his work that will be concentrated upon in this essay. The visual arts have provided a background to his fiction, such as Pop Art in *Der Lebenslauf der Liebe* (2001), and he has written articles on the artists Goya, Dali, and Werner Tübke. However, the focus of this essay will be his much closer engagement or collaboration with two visual artists: André Ficus and Horst Janssen.

In 1978, the book *Heimatlob. Ein Bodensee-Buch* was published. It features texts by Walser, and a number of watercolour paintings by André Ficus, that deal, as the title suggests, with the Bodensee region where Walser was born, and Ficus made his home from 1946 onwards. A preamble states 'Texte und Bilder entstanden voneinander unabhängig – es wird weder kommentiert noch illustriert.'[1] However, thoughts of 'Heimat' are a major preoccupation of both men in this book, and the intention here will be to demonstrate the extent to which Walser's comments regarding home are expressed in Ficus's paintings.

In his article 'Preis des Schönen. Über Horst Janssen: Eros, Tod und Maske' from 1992,[2] a review of a collection of work by the graphic artist Horst Janssen, entitled *Eros, Tod und Maske* (1992), Walser has much to say about the relationships between men and women in the context of the ideas of desire and death. The aim of this essay is to compare these thoughts with those expressed by Janssen himself in the book, as well as using them in interpreting a selection of the pictures. The eventual purpose of this essay, in considering Martin Walser's views on the work of these two artists, is to establish an overview of what he looks for in art in general.

Of André Ficus, Walser wrote in 1969 that contrasting styles were present in his painting, and this difference was particularly apparent when his oils were compared to his watercolours. Of the latter he wrote, 'manchmal, in seinen Aquarellen, über ein paar Augenblicke, kriegt er es hin: den bildlichen Aufenthalt des Eiligen, Jagenden, Wegfegenden, Untergehenden.' The suggestion is that Ficus aims to capture in a moment the beauty of nature. 'Daß man lebt, scheint schön zu sein. Keine Arbeit. Die Zeit gibt sich innig als Augenblick.'[3] This view of Ficus's attitude towards his work is supported by the art critic Gisela Linder, who writes that Ficus would not sit in a given landscape and paint it, but rather would visit, and revisit, a place, collecting impressions and experiences, taking photographs, gradually forming a personal notion of that place, before translating this notion into a *Bildidee*.[4] This method of working demonstrates a conviction that it is impossible to render fully and objectively a landscape at the moment that the artist decides to paint it. The artist therefore tries to form a *Gesamteindruck* of what that landscape encompasses for him or her, and then attempts to turn this idea into a painting. An example of one of Ficus's paintings, where this conviction applies, is *Schnee* (1978), which was published in *Heimatlob*. The picture depicts an almost bare, snow-covered landscape, with a few trees and bushes painted into the middle and background. The predominant feature of the painting is the swirling sky, but nothing is depicted in any great detail. As Ficus himself said, 'An solchen Wintertagen scheint die Landschaft den kleinen Finger zu reichen. Soll der Maler die ganze Hand zu ergreifen suchen? […] Der Bodensee läßt sich nicht in ein stilistisches Joch zwingen, will man ihn fassen.' If the artist should attempt this, he may well produce an interesting picture, but 'Geist und Gestalt dieser Landschaft hat er nicht.'[5]

This painting is essentially the summary of Ficus's own thoughts in relation to the landscape that it depicts, but as the previous quotation shows, he himself pointed out the immense difficulties involved in portraying the true essence of a particular scene. These words demonstrate a certain sense of resignation, in that nature will not allow the artist to become its master. Nature will always be in control.

Martin Walser had noted this aspect to Ficus's earlier work. As opposed to the *Heimatlob* watercolours, where abstraction is present due to the spontaneous movement of the paint, Ficus's oil paintings, as mentioned earlier, from the 1950s and 60s are deliberately painted in a style where the abstraction is controlled by the artist. Walser remarked in 1969 that, 'In Öl hat alles ein irrsinniges Gewicht. Auch noch die Luft.'[6] This is particularly true of *Intérieur am See* from 1954. The painting is a seascape, as seen through a window from inside a room. The room is lit, and outside it is dark, with the moon reflected on the surface of the lake. Everything about this painting implies heaviness, even the air, as Walser suggests. One feels claustrophobic when confronted with this scene, particularly with the dark, bare tree barring the view of the lake. The angular construction of the painting adds to the feeling of discomfort. As Walser writes: 'Nichts fehlt diesen Bildern so sehr wie Willkür, Freiheit, Beweglichkeit, Tempo, Sonntagsausflug, Urlaub, Ausatmen, Geselligkeit, Verbindlichkeit, Gemütlichkeit, Nähe.'[7] While Ficus continued to paint in an abstract style into the 1960s, this style became more geometric, until it came to resemble a form of cubism. Gisela Linder puts this down to the influence of Ficus's birthplace, Berlin. He was born there in 1919, and also spent time in Paris before settling in Friedrichshafen. To Linder, the 'Umwelt des jungen Malers war also weit mehr bestimmt durch die Formenwelt des nach strenger Gesetzmäßigkeit von Menschenhand Erbauten als von üppigeren organischen Formen des natürlich Gewachsenen.'[8] This sense is apparent in *Seenachtfest* from 1962, where the background in particular is constructed from a series of squares, rectangles and triangles. However, what is most interesting about the painting is the demeanour of the three individuals. Considering that they are taking part in a festival, it is surprising that they appear to be so unhappy. The woman on the right seems to be feigning enthusiasm, while ignoring the gaze of the accordion player on the left. The guitarist looks at the floor, absorbed in the music he plays. While not necessarily referring to this picture, Walser appears to summarise its message when he writes:

> Wir leben in einem gesellschaftlichen Klima, das die Ränder schärft. Selbst die Luft ist durchzogen von Abgrenzungen und Unterscheidungen und Trennungen. Und André Ficus, ein realistischer Maler, hat in vielen Jahren in diesem Stil der Vereinzelung und Isolation seinen Stil entwickelt und hat damit nicht nur sich selbst gemalt, sondern eine Gesellschaft in einem Zeitalter.[9]

To Walser, the fractured appearance of such paintings represents isolation and alienation in society at large, and as such relate to Walser's own views at the time. In this respect, the description of Ficus as a realist painter relates not to a comparison of his paintings to their subjects, but rather an attempt by Ficus to reveal a deeper truth about society in general than the subjects of the paintings indicate. The appearance of the individuals in *Seenachtfest* serves only to emphasise this point.

It was during the 1970s that Ficus painted the land and seascapes that would appear in *Heimatlob*. His style had gradually become much lighter, particularly in his watercolours, and the geometric construction became less and less obvious. His focus seemed to shift towards a more conventional rendering of the area in which he lived. That is not to say, however, that he no longer saw his art as a means of conveying a wider message. The expression of the isolation felt by an individual in society could still be conveyed by way of what Ficus described as the melancholy inherent in many seascapes, an expression of the artist's own being.[10]

A particular consideration in respect of *Heimatlob* is how the paintings and text express a sense of 'home'. The watercolours published in the book do not convey such an obvious sense of resignation as the earlier oil paintings, but nor are they an expression of a rural idyll. At the beginning of *Heimatlob*, Walser writes,

> Unsere Hügel sind harmlos. Der See ist ein Freund. Der Himmel glänzt vor Gunst. Wir sind in tausend Jahren keinmal kühn. Unsere sanften Wege führen überall hin. Wir schmeicheln uns weiter und wecken jede Stelle durch einen Kuß. Kirschen, Äpfel, Trauben und Birnen reichen sich glänzend herum.[11]

This suggests that he regards his home region as a haven, a place of safety, as much as an idyll. All is clean and friendly, and he will encounter little difficulty or dispute here. If Walser's attitude to home, as expressed in *Heimatlob*, is regarded as a retreat in this way, it helps to explain the following passage: 'Die neueren Ankömmlinge wirken eher, als hätten sie in der Welt mit irgendetwas Erfolg gehabt und könnten jetzt hier herum jeden Preis bezahlen.'[12] This is perhaps best explained as concern about the gradual encroachment, by representatives of a society that Walser felt largely opposed to, into the haven from which he could escape that society. He also points out that these newer arrivals have by and large replaced the traditional immigrants into the area; that is, writers, inventors, intellectuals, who were less representatives of capitalist society than has become the case. In this region, the rules of nature had always been dominant, not those of the free-market economy. Walser is not entirely opposed to outsiders, however. Firstly, a book like *Heimatlob* would surely attract visitors to the area, and secondly, if he did harbour some kind of prejudice towards those from outside the region, it would be difficult to understand why he contributed so many extracts from *Heimatlob* to the 1979 *Merian*[13] that was devoted to the Bodensee. This again, would certainly attract tourists to the area; indeed it would appear to be the purpose of this kind of publication.

What this short passage by Walser demonstrates is a sense of protectiveness towards his home territory. This is not evident, however, in the paintings by Ficus, which relate better to Walser's descriptions of the Bodensee region, rather than his comments on social developments in the area. Indeed, the more critical that Walser becomes, the less Ficus's paintings relate to the text. Where the two viewpoints once again converge, however, is in relation to man's powerlessness in the face of nature. Walser seems to feel more a sense of melancholy when confronted by the most spectacular natural beauty of the Bodensee. In *Heimatlob* he writes:

> Darum sehen Bilder, die wirklich eine hiesige Stimmung festhalten, immer aus, wie auf die Sekundenspitze getrieben. Man sieht und spürt: So war es, so kann es nur eine Sekunde lang gewesen sein. Mich macht der Anblick dieses Tempos nicht fröhlich. Eher lustig. Man wird von einer grellen Stimmung erfüllt, die gar keinen Inhalt mehr hat. Grell, aber auch gelähmt kommt man sich vor als Zuschauer dieses Naturtheaters. Wahrscheinlich weil nichts auf dem Spiel steht als das Leben.[14]

This feeling of the transitory nature of the images he describes, as well as life in general, is reflected in some of Ficus's art. *Nach Sonnenuntergang* from 1976 is one such example. As the title suggests, it is a depiction of a sunset, and consists of a number of different colour washes, which themselves constantly change while they are applied, merging into one another as the water runs across and down the page. The artist has no control over nature, as represented by the water, just as Martin Walser, as a writer, has no control over the images he sees, and then attempts to describe. For him, being able to allow for, and accept, this state of affairs, should be the main preoccupation of the artist. He writes:

> Wir machen alle gute Miene zu einem Spiel, das auf jeden Fall für uns alle tödlich endet. Also Verstellung ist die Hauptsache. Deshalb sind *alle* Künstler und nicht nur die, die auch noch beruflich Künstler sind. Wer nicht einfach fassungslos losbrüllt, ist ein Künstler. Wer die Lüge dressiert, den Schein diszipliniert, die Wunde bewirtschaftet, das Elend singen lehrt, der ist ein Künstler: Egal ob er das vor einer Familie, einer Schulklasse, einem Theatersaal, einer Leinwand oder vor einer Schreibmaschine tut.[15]

Walser clearly includes himself in this category, and his definition of the nature of the artist seems to concur with what Ficus said in relation to his winter landscapes. One cannot grab the entire hand, so one must make the best of the little finger that is offered. If the artist accepts that he or she may not be able to visualise the real essence of a landscape, it is still possible to find beauty in what is available.

This view is particularly relevant to the second artist discussed here. In 1992, Walser wrote his review of the volume of works by Horst Janssen, entitled *Eros, Tod und Maske* (1992), which consists of woodcuts, drawings, etchings, and lithographs, which date from the years 1949 to 1992. Even a cursory glance through this book reveals a clear preoccupation with death in particular, and it is in this sense that the idea of *Verstellung* relates to Janssen as well. As he himself writes: 'während wir nun leben, erleben wir die Vergänglichkeit allen Seins und erleiden und erkennen, daß nichts sicher und ewig ist – bis auf EINS: der Tod.'[16] In the work of Horst Janssen, death is seen as an ever-present inevitability, and so in order to live life, one must allow for the presence of death. Indeed, for Janssen, death acts as a source of comfort. 'Wohlverstanden: ich hasse das Sterben in Krankheit und Grausamkeit! Aber der Tod = ER ist ein feste Burg! = er ist die Stillung meiner Sehnsucht nach Sicherheit.'[17]   In the sense of this quotation, Walser, in 'Preis des Schönen', his review of *Eros, Tod und Maske*, is correct in describing the development of these art works as a 'Leib- und Seelengeschichte'[18] of Horst Janssen, as a relationship with death appears to permeate his very being.

However, as the title of Janssen's collection suggests, he is not only interested in death, but also in desire, as well as the relationship between the two. Walser clearly appreciates this, as he writes that the 'Vermittlungskraft weiß man zu schätzen bei so wilden Sachen wie Tod und Liebe. Der Grad der Vermittlung ist der Grad der Schönheit. Und nichts ist mehr auf Vermittlung angewiesen als Eros und Tod.'[19] Walser's understanding of Eros in the work of Janssen is primarily linked to depictions of sex, and of particular interest to Walser is the roles that men and women are seen to play in these depictions. He is very clear in this respect. 'Die Männerrolle ist meistens ein trauriger oder schrecklicher Giergnom.' The way in which the woman is used by this creature is described thus: 'das Frauenfleisch wird präpariert von einem männlich-technisch-kannibalistischen Herrichtungseifer, wird präpariert zu nichts als zum Genuß.'[20] The expression of this in terms of Janssen's visual imagery is a work such as *Vorbereitet*, a pencil drawing with watercolour, from 1991. This picture is a bizarre mixture of the erotic and the grotesque, featuring a woman who is bound, and seemingly being 'prepared' by the *Giergnome* that Walser describes, in what almost resembles a situation in an operating theatre. The surgical clothing of the men certainly seems to suggest this. A passage from *Eros, Tod und Maske* goes some way to explaining the scene.

> Jedenfalls, einigen wir uns darauf, dass wir uns selber Spielzeug sind – fleischgewordenes mechanisches Spielzeug, und daß wir stolz sind auf unsere Konstruktion, entzückt von der Mechanik und verliebt in unser Fleisch … und ganz gewiss und unbedingt sind wir nicht zur Fortpflanzung oder zur Vervielfältigung entworfen.[21]

The implication seems to be that eroticism exists for its own sake, since sex does not exist solely for reproduction. The view expressed in this passage appears to be related to both men and women, which may explain why the woman in *Vorbereitet* does not appear to be struggling or frightened. That said, however, she is without doubt being used by the men, and certainly Martin Walser, as has been pointed out, sees the men as the ones who take the most from the relationship, at the expense of the women. It should be noted at this stage that Janssen's depictions of sexual intercourse do not always feature women as objects of abuse; indeed a number portray women taking an equal role. However, the general impression is that women are in some way at the mercy of the men, by being bound, for instance, and in this light, Walser's view on these depictions of sex seems more credible than Janssen's own.

Another means by which Janssen approaches the depiction of women, which Walser seems to approve of, is to concentrate on single parts of the female body, and in particular the arm. Referring, among other works, to the series of etchings entitled *Les Bras* (1970), Walser writes, 'Gott auf jeden Fall, falls es ihn gibt und er Janssen zuschaut, muß endlich zugeben, daß er, verglichen mit dem Armbildner Janssen, ein Stümper ist.'[22] To look at these etchings, one immediately realises that they do not resemble depictions that one might expect, following Walser's description, such as those from classical Greece or the Renaissance, for instance. They are, however, as perfect in Janssen's visual language as Leonardo's anatomical studies were in his. In a dedication from 1970 to his London dealers, Marlborough Fine Art, Janssen quoted Tolstoy's 'The History of Yesterday':

> I picture the posture 'Dans les bras' very clearly and very beautifully in my mind. Especially clearly: 'Les bras' – arms, bare right up to the shoulders with dimples, wrinkles and a white, open, scarcely modest, small chemise. Indeed – how beautiful arms are. Especially if they have got dimples.[23]

This suggests that Janssen's interest was in what men might perceive as beauty in small imperfections, in this case on a female arm. While this may be true, there is undoubtedly still a look of the grotesque, almost sado-masochistic about these pictures. In one of the etchings what is presumably a male arm, to the right, acts as the representation of the sadistic partner, and this inclusion, for Walser, adds to the beauty of the female. 'Vorausgesetzt, Schönheit sei das Ziel der Schöpfung gewesen. Aber diese Körperverklärungen sind wahrscheinlich nur deshalb ins Schönste gesteigert, daß der Kontrast zur Männerrolle enorm beziehungsweise unendlich wird.'[24] In these etchings one or both of the people depicted derive pleasure from such a scenario. But this pleasure, by its nature, is ultimately linked to death. Walser writes, 'Lust ist offenbar nur als aktuelle ausdrückbar', and that we 'überleben den Augenblick der Lust, aber die Lust überlebt ihn nicht. Gehabte Lust ist keine.'[25] And so just as the moment of pleasure has passed, and gone forever, we move a step closer to death.

Death as a part of life is a strong theme throughout *Eros, Tod und Maske*, and this is particularly true of Janssen's illustrations to *Hannos Tod*, the episode from *Buddenbrooks* where Johann Buddenbrook dies from typhus. Janssen created 23 self-portraits, all based on the death of Buddenbrook, which he considered to be the equivalent of human still life depictions. He wrote,

> Ich wünsche, daß man meine figürlichen Scenerien – meine Totentänze, meine Carnevalismen und Erotica deutlich trennt von meinen Landschaften – von all dem, was die 'Landschaft' ist. Dagegen kann man meine Selbstbildnisse durchaus mit den Stilleben kombinieren. 'Nature morte' und 'Caput mortuum'. Meine Selbstportraits sind – bei aller Vulgarität – Stilleben. Mitunter ist mein Gesicht so still wie ein fauler Apfel.[26]

Janssen here makes clear the relationship that he feels he has with death, even describing the self-portraits as *Caput mortuum*, and thereby thinking to a time beyond his own death. The fact that he compares his face in old age to rotten fruit demonstrates his acceptance of the idea that life is a process of decay, and the older one becomes, the less animated one becomes. Hence the desire to be seen as a still life. Martin Walser writes of this series of self-portraits that there is something child-like about the face within them, and the way this face expresses its experience of death. 'Genauer kann man es auch gar nicht erleben: der, der stirbt, ist immer das Kind. Die Unverschämtheit des Todes wird immer einem Kind zugefügt.'[27]

The idea of the child facing death is a theme that Janssen takes up on more than one occasion, and it comes across particularly strongly in the series *Der tanzende Tod* from 1985. Walser singles out for particular attention the picture, dated 15th September, which depicts a child being dangled over a font by a crucifix-toting skeleton, while two other deathly figures look on. Walser writes that the child, half-Janssen, half-putto, has been chosen by Death from the very beginning. 'Natürlich wird von den Skeletten auch das Kreuz gezückt zur Einweisung des Kindes ins Leben.'[28] What Walser, surprisingly, does not do, is compare this image to the Dances of Death of the Middle Ages, which have continued as an art historical tradition to the present day. In them, Death usually appears as a punishment for sin, and for this reason was generally seen to be dancing not with the dead, but with the living,[29] in order that the living would know that Death had come to punish them. However, Death was sometimes depicted taking a very young child, too young to be capable of knowingly committing sin, in order to demonstrate its ever-present and arbitrary nature. The art historian Karl Guthke writes, 'Death [...] may confront any one of us, at any time and in any place, regardless of our station in life – that was the conviction inherent in the traditional Dances of Death.'[30] While this is one way that the picture may be interpreted, there is another, that relates to more recent Dances of Death, which date from the Romantic period. In 1833, a collection of poetry and prose by Eduard Duller, entitled *Freund Hein*, was published in Stuttgart. It was illustrated with woodcuts by the artist Moritz von Schwind. In one of these woodcuts, as Guthke explains, death is represented in the guise of a nurse, who places a dead newborn in the crib, as the child's mother screams upon realising what has happened.'"The faithful nurse was – Freund Hein," the text comments [...]. On balance, we are not allowed to forget that death lurks everywhere, yet the satisfaction exuded by this sheltered world overshadows the horror of the daily endgame.'[31]

In essence then, Freund Hein is Death, disguised as someone who will be trusted, and who comes to relieve suffering, including the suffering of children, as demonstrated in the example given. But what grounds are there to suppose that Horst Janssen has depicted his death images as Freund Hein? In the passage 'Pastores et Oves', which is taken from *Eros, Tod und Maske*, Janssen refers to his 'Freundschaft zu Gevatter Hein', and when he thinks of death in this guise, 'alle Depressionen verflüchtigen sich', and in 'seiner Gewissheit fühle ich mich auf dem Weg "nach Hause" – wobei ich natürlich den Weg geniesse.'[32] The fact that the child being held above the font, as Walser points out,[33] has Janssen's facial features, may suggest that this is a depiction of what Janssen perceives to be his relationship to Freund Hein. The skeleton's disguise as a priest, therefore a generally trusted figure, particularly at a Christening, adds to this possibility.

What remains is to establish why Walser so admired these pictures. To this question, Walser answers, 'Jeder, das scheint mir auch sicher zu sein, wird diese Frage anders beantworten. Und es kann keine Antwort richtiger sein als eine andere.'[34] Walser seems immediately to realise that this answer is not adequate, and so goes on to explain his theory of why these works have beauty. Unfortunately, while he cites certain pictures as examples of the beauty within the collection, and makes general statements about beauty lying in the relationship to decay or disintegration,[35] he does not really explain why these pictures work for him, and speak to him.

In the work of both Ficus and Janssen, however, a couple of themes in particular seem to have stood out for Walser. Firstly, there is the importance of the amount that one can depict in an *Augenblick*, whether it is a depiction of a winter landscape, as in Ficus' work, or whether it is the portrayal of sexual pleasure, as is seen in some of the work by Janssen. Whatever the subject, though, there is always a sense of melancholy related to the fact that the moment that was depicted has now passed, and is therefore linked to death, in that it is gone forever. Secondly, but also linked to this first theme, is the idea of making the most from the material that is available in attempting to convey a message regarding society or the human condition. We have already seen how Walser described the role of the artist as one who dresses-up lies and makes beauty out of sorrow. Horst Janssen also wrote along these lines, in a piece entitled 'Handzettel für Historiker und Theologen'. It reads:

> in diesen paradiesischen Bestiarien kopuliert die Unschuld mit dem Verbrechen, gleich der Helligkeit, die ins Dunkel dringt. Und Lüge und Verleumdung paradieren hier in sinnbetörenden Kostümen. Und wenn sie den schönen Schein wechseln gegen schlichtes Tuch, nimmt das Auge sie für Wahrheit.[36]

What Janssen suggests is that reality is far more important than beauty, as we may not know what lies beneath a beautiful exterior. But that is not to exclude the possibility of beauty altogether. As Ficus and Janssen have demonstrated, and Walser himself has duly noted, the melancholy associated with the passage of time has its own inherent beauty.

Notes

[1] André Ficus & Martin Walser, *Heimatlob. Ein Bodensee-Buch*, Insel: Frankfurt am Main, 1982.

[2] Martin Walser, 'Preis des Schönen. Über Horst Janssen: Eros, Tod und Maske', in: *Werke in zwölf Bänden*, Suhrkamp Verlag: Frankfurt am Main, 1997, Vol.11, pp.980-987. First published under the title 'Dieser Blick über die Schmerzgrenzen hinaus. Horst Janssens Variationen über *Eros, Tod und Maske*', *Frankfurter Allgemeine Zeitung*, 8.12.92.

[3] Martin Walser, 'Besondere Merkmale – ein Porträt des Malers André Ficus', *Die Kunst und das schöne Heim*, 9 (1969), pp.414-417 (here: p.417).

[4] Gisela Linder, 'Landschaft als Spiegel des eigenen Lebensgefühls', in: Reihe 'Kunst am See', 2, *André Ficus*, Robert Gessler: Friedrichshafen, 1984, pp.4–16 (here: p.6).

[5] André Ficus, 'Erfahrung einer Landschaft', in: Reihe 'Kunst am See', *André Ficus*, pp.37-40 (here: p.37). Excerpt from speech given at opening of exhibition in Ravensburg, 30th November 1975.

[6] Walser, 'Besondere Merkmale', p.417.

[7] Ibid.

[8] Linder, 'Landschaft als Spiegel des eigenen Lebensgefühls', p.10.

[9] Walser, 'Besondere Merkmale', p.417.

[10] Ficus, 'Erfahrung einer Landschaft', p.40.

[11] Ficus & Walser, *Heimatlob*, p.10.

[12] Ibid., p.64.

[13] *Merian*, 32 (1979).

[14] Ficus & Walser, *Heimatlob*, p.70.

[15] Ibid., pp.26-29.

[16] Horst Janssen, *Eros, Tod und Maske*, St. Gertrude: Hamburg, 1992. No page numbers.

[17] Ibid.

[18] Walser, 'Preis des Schönen', p.980.

[19] Ibid., p.981.

[20] Ibid., p.983.

[21] Janssen, *Eros, Tod und Maske*.

[22] Walser, 'Preis des Schönen', p.983.

[23] Janssen, *Eros, Tod und Maske*.

[24] Walser, 'Preis des Schönen', p.983.

[25] Ibid., p.985.

[26] Quoted in Manfred Osten, '"Flüchtig in Richtung Styx". Marginalien zu Horst Janssen: "Eros, Tod und Maske"', in: Janssen, *Eros, Tod und Maske*.

[27] Walser, 'Preis des Schönen', p.982.

[28] Ibid.

[29] Karl S. Guthke, *The Gender of Death. A Cultural History in Art and Literature*. Cambridge University Press: Cambridge, 1999, p.56.

[30] Ibid., pp.176-7.

[31] Ibid., pp.180-1.

[32] Janssen, *Eros, Tod und Maske*.

[33] Walser, 'Preis des Schönen', p.982

[34] Walser, 'Preis des Schönen', p.986.

[35] Ibid.

[36] Janssen, *Eros, Tod und Maske*.

Jane Walling

The Use and Abuse of Art:
Walser's Alfred Dorn and Proust's Charles Swann

This article considers the many similarities between the central protagonist of *Die Verteidigung der Kindheit* and the character Charles Swann from Marcel Proust's *A la recherche du temps perdu*, both of whom could be described as failed artists. Their creative impotence, which is frequently ironised, can be seen particularly clearly in their response to both painting and music as well as in a number of shared character traits. The article concludes by examining the role of these characters and the art they fail to produce within the successful works of art about them.

Martin Walser's long-standing interest in and debt to the work of Marcel Proust are well-established but have so far received relatively little in-depth critical attention. Articles have tended to concentrate mainly on Walser, and references to Proust are usually brief and fairly schematic.[1] The aim here is to attempt a more systematic comparison of a specific theme, taking as a central focus Walser's 1991 novel *Die Verteidigung der Kindheit*. This will be examined in the light both of Proust's *A la recherche du temps perdu* and of some of Walser's own comments on Proust.

A useful starting point for any comparative discussion is Walser's 1958 essay 'Leseerfahrungen mit Marcel Proust'.[2] This essay makes no claims to be comprehensive or even particularly original: by its own admission it does not discuss the role of time in Proust; it makes no mention of his highly individual literary style and, moreover, it consistently - and surprisingly - fails to make any distinction between Proust and his central protagonist, usually referred to as Marcel, who during the course of the novel gradually develops into the retrospective narrator of his own life. Nevertheless Walser's discussion raises some interesting and important issues. He starts off by talking about the 'Knäuel von Empfindungen' (149) with which reading *A la recherche du temps perdu* leaves him, as opposed to the clear memories of well-defined characters or a coherent plot that are the more usual result of the reading experience. This effect he attributes to the epistemology underlying the novel, namely a recognition by Proust of 'die Unerkennbarkeit des Menschen und auch die nicht überschaubare Wirklichkeit' (153). Proust's characters and scenes elude precise and definitive definition, he says, as this would only be possible as a result of 'Gleichgültigkeit und

Gewohnheit' (158). The novelist, by contrast, should ideally be open to the living, changing reality of people and situations, thus becoming a 'Beobachter und als solcher auch Korrektiv' (159). Reading Proust changes our perceptions, according to Walser, because he shows us 'wie unendlich vielgestaltig die Wirklichkeit ist, wie unendlich differenziert jeder Mensch' (160), and the essay comes to the following conclusion: 'Proust ist durch nichts genauer zu charakterisieren als durch die Feststellung, daß ihm nichts gleichgültig war […] das ist ja gerade das Wunder der Genauigkeit, das Proust vollbrachte, daß es den Unterschied wichtig-unwichtig nicht mehr gibt' (164-166). This last point will be looked at more closely later.

As was mentioned above, some critical attention has already been drawn to similarities between Proust and Walser. Hans Magnus Enzensberger, for example, famously referred to Walser as 'der Proust vom Bodensee',[3] while Wulf Koepke suggests that the two writers have in common 'the inner monologue, the isolation of individuals, the world of mere appearances, the fundamental estrangement from life, from society and from oneself' before adding: 'much more research and analysis of this connection would be needed'.[4] None of these features, however, will be the main focus of this paper any more than another striking area of overlap between the two novels (which would also repay closer analysis), namely the evocation in each of a particularly intense mother-son relationship and its effects on the later development of the novels' central characters: 'Ein deutsches Muttersöhnchen' was the title of one review of *Die Verteidigung der Kindheit* which also, incidentally, suggests that Walser's novel could equally be entitled 'In Search of Lost Time'.[5]

Instead what will be looked at here is the portrait in both Proust and Walser of the frustrated or failed artist. There seem to be numerous parallels between the lives and careers of Proust's 'negative example' Charles Swann (who gives his name to the title of the first volume, *Swann's Way* in English) and of Walser's Alfred Dorn, so many in fact that it might be reasonable to suggest that Walser is either consciously or unconsciously echoing and drawing on his reading of Proust in the creation of the main protagonist of *Die Verteidigung der Kindheit*.

The first obvious point that Swann and Dorn have in common - apart from their evocative, monosyllabic names (this is of course true of a number of Walser's main characters) - is the fact that both fail to complete the projects on which they embark. Swann, whose womanising and socialising have prevented him from becoming anything more than an art collector and dilettante, nevertheless aspires to produce an original monograph on the Dutch painter Vermeer, an image of the consummate artist for Proust. Having abandoned it once already, several years before the beginning of the events recounted in *Un Amour de Swann*, he makes a desultory attempt to resume work on it, only to abandon it once again definitively during the course of his painful love affair with Odette.

Dorn dreams of setting up an Alfred-Dorn museum dedicated to reconstructing the past, a task which he often refers to with the shorthand 'Pergamon-Altar': 'Wenn man nach 2000 Jahren den Pergamon Altar wieder aufbauen konnte',[6] he reasons, then it must be possible to recreate through extensive documentation his childhood that came to an end during the bomb attacks on Dresden in February 1945. His plan to defend his lost childhood emerges, however, as increasingly futile and remains ultimately unrealised, as does his aim to write a historical novel about the Saxon Count Brühl, the prime minister of August II, known as the Strong, and his son August III, someone whose aspirations exceeded his potential and position: 'in einer grossen Komposition wollte er den Sturz dessen zeigen, der über sich hinaus will' (209). The theme of hubris and failure is something Dorn identifies with and also sees as typically Saxon.[7] He hopes in effect that by writing about Brühl he will both give meaning to his own life and prevent it from following the pattern of his subject's.[8]

Both Proust and Walser make great use of irony in their depiction of their respective characters. It will not be possible to consider the many and varied facets of this irony here, but one particularly interesting and revealing area of overlap is worth looking at more closely. Within the context of this central theme of unrealised, unfulfilled creativity the reactions of Swann and Dorn to a number of works of art, described in considerable detail by Proust and Walser, could be said to function as an ironic *mise en abyme*. This is an internal mirroring effect which allows the writer to present implicitly and in microcosm themes or techniques which are of importance to the novel as a whole. Both *A la recherche du temps perdu* (and, more particularly, *Swann's Way*) and *Die Verteidigung der Kindheit* are rich in numerous allusions to and descriptions of paintings, with Swann and Dorn frequently blurring the boundary between life and art, thereby revealing their own artistic inadequacy. In particular, they tend to reduce paintings to objects of personal significance and, in doing so, reveal their inability to transcend the particular and appreciate art on a dispassionate, aesthetic level. Thus Swann is frequently ironised by Proust's narrator for his mania for comparing acquaintances to famous paintings: the kitchen maid at Combray becomes Giotto's figure Charity, for example.[9] In a typically long analytical paragraph, the narrator gives a number of possible explanations for this 'tic', while seeming to imply that there is some validity in each (Proust 268). The most significant instance of this tendency occurs, however, when Odette, who at first inspires in Swann only physical repulsion, suddenly becomes irresistible in his eyes when he perceives her resemblance to Zipporah, Jethro's daughter, as painted by Botticelli in one of the Sistine frescoes. As a result of this mental association the painting begins to lose any intrinsic meaning for him and increasingly functions simply as a means of enhancing her prestige in his eyes. Odette becomes worthy of his love and desire because Botticelli deemed a woman of similar appearance and beauty worthy of painting.

> He stood gazing at her; traces of the old fresco were apparent in her face and her body, and these he tried incessantly to recapture thereafter, both when he was with Odette and when he was only thinking of her in her absence; and, although his admiration for the Florentine masterpiece was doubtless based upon his discovery that it had been reproduced in her, the similarity enhanced her beauty also, and made her more precious. Swann reproached himself with his failure, hitherto, to estimate at her true worth a creature whom the great Sandro would have adored, and was gratified that his pleasure in seeing Odette should have found a justification in his own aesthetic culture [...] The words 'Florentine painting' were invaluable to Swann. They enabled him, like a title, to introduce the image of Odette into a world of dreams and fancies which, until then, she had been debarred from entering, and where she assumed a new and nobler form. (Proust 269)

It would go beyond the scope of this article to discuss in detail the different means Proust uses to show us Swann's bad faith as Odette is gradually absorbed into his aesthetic vision: the blending and contrasting of inner monologue and narratorial perspective, the structural and lexical oppositions he sets up between the real world and Swann's 'aesthetic culture', the hints of wishful thinking and self-satisfaction on Swann's part as the living reality of Odette as a subject is slowly and inevitably transformed into 'an unmatched exemplar which he would contemplate at one moment with the humble, spiritual, disinterested mind of an artist, at another with the pride, the selfishness, the sensual thrill of a collector' (Proust 270). What is important here, however, is to note that for Swann love triumphs over and becomes, in Proust's terms, a distraction from art (and, as such, a way of 'wasting' or 'losing' time - 'temps perdu' - within the context of the novel as a whole).

Love is also more important than art for Alfred Dorn, as is revealed in another example of ironic *mise en abyme*. In *Die Verteidigung der Kindheit* Dorn recalls the visits he regularly paid as a child with his mother to the Gemäldegalerie in Dresden. (The description of these visits is prefaced by a reference to Dorn looking at a painting of August III seeing the Sistine Madonna for the first time, an explicit internal mirroring which has the effect of highlighting the significance of what follows.) In the Dresden gallery the younger Dorn had to run the gauntlet both of the overt eroticism of Giorgione's 'Sleeping Venus' and of the less explicit sexuality of a number of renderings of the Madonna and child, before arriving at Raphael's 'Sistine Madonna' which was the main focus and object of these visits.

In the passage describing these visits, using, like Proust, a mixture of internal focalisation and narratorial irony, Walser shows how this particular constellation of pictures influences and articulates the mother-fixation and arrested sexual development that are to mark the rest of Dorn's life. Heterosexuality becomes taboo: the young Alfred always has to rush past the Giorgione and thus never has the chance to look closely at the Venus 'die ihre Hand so über ihre Geschlechtsgegend gelegt hat, daß Alfred hätte immerzu auf diese Hand schauen wollen' (137). The hand - which seems to be the only part of this sleeping figure which is fully alive - thus both draws attention to and conceals, simultaneously arousing and suppressing an interest in female anatomy. This is in contrast to the 'so genau gemalte[n] Geschlechtsteilchen gleich mehrerer nackter Knaben' of Correggio's 'Madonna des heiligen Georg' which Dorn sees but then quickly looks away from.[10]

By contrast, the more asexual virginal 'Sistine Madonna' - 'die lag nicht, die krallte nicht, die schwebte - is consciously associated by the child with his mother: 'Alfred stellte sich öfter vor, daß er einmal einen Saal haben würde wie der, den die Sixtinische hatte. An der Stirnwand, also da, wo im Museum, die Sixtinische hing, würde, genauso gross und schön, seine Mutter hängen' (138). It is of course highly ironic that the artistic, national and religious significance of this painting[11] are irrelevant to Dorn who sees it purely as a confirmation and consecration of his love for his mother, just as the Botticelli painting revives and sanctions Swann's interest in Odette. It is also interesting to note that no mention is made of the child the Madonna is holding: in fact he is clearly no longer a baby and has a striking and often commented on look of independence and self-awareness (qualities which are of course singularly lacking in Dorn).

Between these two extremes - the frightening and fascinating Venus and the beautiful idealised Raphael - it is, however, a third painting which has the greatest impact on Dorn, namely Parmigianino's 'Madonna mit der Rose' which disturbingly combines the erotic and maternal qualities of the other two paintings.

> Ein Renaissancestarlet in durchsichtigster Seide, und im Seidenschoss wälzt sich der fleischfrohe, blondlockige Nacktbube, dessen Geschlecht von der Ferne aussah wie Krabbencocktail. Und dieses Bubengeschlecht ist genau da plaziert, wo unter ihm das Geschlecht der Mutter liegen muss. Und im Vorbeigehen sieht man, daß das Knabengeschlecht, was Malgenauigkeit angeht, nur noch von der Rose übertroffen wird, die der Knabe triumphierend im Händchen hält. Auch in der Farbe sind Geschlecht und Rose innigst verwandt. (137-8)

In this context it is interesting to note - and indeed particularly ironic - that art critics are in agreement that the undeniable sensuality of the painting, as well as the relative positions of the two figures (very different from the independent and challenging expressions of Raphael's mother and child), make it likely that Parmigianino originally set out to depict not the Madonna and Christ but Venus and Amor. This blurring of the erotic with the maternal/filial is of course rich in implications for Dorn's own inner life. It is the 'Sistine Madonna' which he would choose to represent his mother, as we have seen, but it is the Parmigianino which he associates with their relationship. In his imaginary gallery, 'da, wo Parmigianinos Madonna mit der Rose hing, würde ein Bild hängen, das ihn und seine Mutter zeigte'. And it is this painting which has the most lasting impact on him:

> Später begann er wohl zu ahnen, daß diese Maria- und Jesus-Figuration sich in seiner Person eingenistet, sich seiner bemächtigt hatte. Die Madonnenfrau war mit einer solchen physiognomischen Zurückhaltung ausgestattet, daß viele junge Frauen sich in ihr entdecken konnten. Seine Mutter war, also sie noch mit ihm zur Sixtinischen gegangen war, diese Madonna gewesen; aus dieser Madonna sah ihn immer und für immer seine Mutter an. (138)

The *mise en abyme* function performed by this particular painting is rich in a number of other resonances within the context of the novel as a whole. For example, the rose which the child holds up to his mother is a symbol not only of his own future sacrificial death (which can be related to Dorn's own end) but also of romantic and sexual love (which Dorn could be said to relinquish for his mother's sake with his later celibacy, while at the same time presenting and exhibitionistically offering it to her).

> Und die Mutter schaut auf nichts also auf die Rose, die der Knabe ja nicht dem hinhält, der das Bild betrachtet; die Rose streckt er ihr hin und hinauf. Er schaut uns an, schaut also gar nicht hin zum wichtigsten; offenbar weiß er, dass die Mutter nichts tun kann, als die Rose anzuschauen. Der Lockenknabe präsentiert uns mit seinem Blick eine durch seine Rose bezauberte, gebannte Mutter. Und die Rose ist droben, was drunten sein voll präsentiertes Geschlecht ist. (138)

It is also illuminating to speculate on the significance of the central protagonist's name both in relation to the rose (thorn) and in relation to Christ (here the child, but later the crown of thorns at the Crucifixion). And, finally, Dorn's reluctance to commit himself to life and his tendency to retreat ever further into his own obsessions are ironically reflected and anticipated in the description of the Christ child's attitude towards the sphere under his left hand: 'wie unwichtig ist die Weltkugel, auf die der Parmigianino-Knabe sich links abstützt' (138).

It can thus be seen from these examples how both Swann and Dorn interpret particular paintings in a way that at once influences and reveals their psychological state, while rendering them oblivious to other qualities the pictures might possess. Art represents a justification and endorsement of their love rather than an end in itself. In both cases irony is created by the narrator making the reader aware of how a particular interpretation distorts the reality of the original painting: the child Dorn is obsessed both with sexuality and with his mother; the adult Swann is preoccupied with aestheticising the real world. For Dorn the paintings reinforce and as it were fix or freeze pre-existing psychological structures and feelings. For Swann art performs the function of moulding and shaping feelings, hence Proust's greater emphasis on the psychological process involved rather than, as is the case with Walser, on the art.

The description of the reactions of Swann and Dorn to pieces of music constitutes another internal mirroring within the two novels. At the beginning of *Un Amour de Swann* the eponymous central figure hears again a violin sonata he had been captivated by some time previously without knowing the name of the composer and thus being able to track it down again. Now he is again deeply moved by it and almost inspired himself to some act of creativity: 'Swann found in himself [...] the presence of one of those invisible realities in which he had ceased to believe and to which [...] he was conscious once again of the desire and almost the strength to consecrate his life' (Proust 253). In due course, however, the sonata, which he finds out is by Vinteuil, a fictional composer probably based partly on César Franck and partly on Camille Saint-Saëns, becomes associated for him exclusively with his love for

Odette and ceases to have an inspirational effect on him. It is played regularly at the soirées they attend and in particular one short extract, the *petite phrase*, becomes what Proust calls the 'national anthem of their love' (Proust 262). Indeed, Swann increasingly focuses on this particular extract at the expense of the sonata as a whole. Hearing it much later brings back to him a whole series of involuntary memories of his affair which cause him pain. This is by contrast with Marcel, for whom listening to a later piece by Vinteuil, his septet, in a later volume of the novel, *La Prisonnière*, represents an important stage in his artistic apprenticeship. Indeed, Proust makes it quite clear, through a whole system of echoes and explicit comments, that we are meant to see Marcel as succeeding where Swann failed. For Proust's narrator music comes from and expresses a higher level of reality, as is discussed at great length in *Un Amour de Swann*: he says, for example, that the phrase belongs to 'an order of supernatural beings', a 'divine world', from which 'some explorer of the unseen' contrives to bring it down (Proust 422). Swann has a brief glimpse of this reality in the sonata but then reduces the piece to the level of a theme tune. In this way his changing relationship to the sonata ironically reveals his artistic inadequacy and parallels both his changing attitude towards the Botticelli painting and his gradual abandonment of the Vermeer project. He fails to rise to the challenge to 'consecrate his life' to this invisible reality.

Dorn too fails to rise to the challenge which he feels is expressed in Beethoven's 1st symphony heard at a concert in Berlin, despite the fact that he started out as a musician and was in fact something of a child prodigy.

> Dann Beethoven. Die erste Symphonie, die gleich mit einem Akkord begann, dem Alfred sich verwandt fühlte. Mehr sollte man einen Schmerz nicht ausdrücken. Und ihn dann gleich in eine solche Bewegung bringen. Carl Maria von Weber habe diese Symphonie die feurig strömende genannt, hatte Herr Priebe gesagt, als er der Klasse die Beethoven-Symphonien vorführte. Während Alfred zuhörte, bedauerte er schon, daß er nachher nicht mehr der sein würde, der er war, solange er zuhörte. Solang er zuhörte, wurde er so gross und mächtig und innig, wie die Musik gerade war. Und wie ihm der Schluss entsprach. Nicht das bombastische Nichtaufhörenkönnen der Nachfolger. Man wird darauf aufmerksam gemacht, daß es sich um einen kurzen Aufenthalt in einem Bereich lösbarer Probleme gehandelt hat. Das rasche Ende einer schönen Abwesenheit. Jetzt mach selber weiter. (85)

This last phrase is somewhat ambiguous: it could be an exhortation to the listener either to become creatively active (to produce his own music) or - and this is probably more likely - to return to the world of less easily resolved 'Probleme'. In other words, Dorn, like Swann, has a sense while listening to the music of participating in a different realm of reality, but this is not, as Swann senses and the narrator makes clear, the only true reality. For Walser's protagonist it is rather an 'Abwesenheit', a pleasurable release from everyday existence where he temporarily acquires the characteristics of the music, but which by its nature cannot last. As such Beethoven performs a similar escapist function for him as his compulsive cinema-going and the distinction between great art and popular culture is irrelevant to his needs.[12]

After the concert Dorn begins to reflect on his own past: 'Ob er, wenn er Musik studiert hätte, auch so isoliert geblieben wäre? In der Kreuzschule war er, obwohl er dort Primus war, nie isoliert gewesen. Weil er Primus war?' (85). His reflections continue and he quickly forgets the concert which has afforded him a temporary respite from the real world. This might be compared to the flood of memories of Odette which overwhelm Swann which was referred to above: here music ceases to be inspirational, becoming merely a source of associations. It can thus be seen that, instead of transforming their own lives into art, both Swann and Dorn use art once again to support and enhance their own lives, as different kinds of psychological prop. The difference is, however, that Swann's involvement with the music is much deeper and is accorded a very lengthy exposition, whereas in *Die Verteidigung der Kindheit* only the beginning and the end of the Beethoven are briefly evoked, in keeping perhaps with the less decisive part it plays in Dorn's life.

Closely related to their own inability to become creative and to their attitude towards the art created by others is the tendency shown by both Swann and Dorn to become increasingly obsessed with externalities. Swann, for example, is reluctant ever to commit himself and express an opinion on art, preferring instead to limit himself to pedantically giving factual, quantitative information. Likewise Dorn during the course of *Die Verteidigung der Kindheit* commits more and more time and energy to collecting and preserving tangible evidence of his past, not so much in order to learn from it as to secure it and defend it against decay and oblivion. Both Proust's narrator and Walser draw attention to the pathology behind such behaviour and make it clear that by collecting facts and documents their characters are gradually losing touch not only with reality but also with their own selves. Of Swann Proust says:

> Thus he had grown into the habit of taking refuge in trivial considerations, which enabled him to disregard matters of fundamental importance…in his conversation he took care never to express with any warmth a personal opinion about anything, but instead would supply facts and details which were valid

> enough in themselves and excused him from showing his real capacities. He would be extremely precise about the recipe for a dish, the dates of a painter's birth and death and the titles of his works. (Proust 252)

It is illuminating to compare this with the following passage taken from the beginning of *Die Verteidigung der Kindheit*. Having described how Dorn begins his collection of mementoes from the past, Walser continues:

> Was hat man denn dann noch, wenn man allmählich merkt, daß es einem auf früher ankommt? Alfred Dorn wäre nie auf den Gedanken gekommen, daß Kunst da einspringen könne. Ihm kam es auf nichts als auf das Faktum an. Was er mit dem Faktum dann anfing, ist dem sogenannten gesunden Menschenverstand nicht begreiflich zu machen. Was hat der, den man geizig nennt, unter dessen ärmlicher Matratze man nach seinem Tod eine halbe Million findet, mit seinem Geld angefangen? Er konnte nicht genug davon kriegen. Alfred Dorn konnte nicht genug Vergangenheit kriegen. (14)

This psychological trait[13] which is shared by Swann and Dorn also manifests itself in a concern with outward appearances, with conforming and trying to please others. Swann, for example, is always elegantly dressed and socially successful as he advises aristocratic ladies on their purchases of paintings and flatters their choices and taste. The narrator on a number of occasions expresses mystification that a man of his intellectual and artistic ability could be content to spend so much of his time in such banal company. Dorn too is anxious always to appear elegant. As he considers ties in a shop window we read: 'Er wollte nicht auffallen. Er wollte nur fein sein. Für sich. Andere sollten nichts auszusetzen haben an ihm. Er wollte nur tadellos erscheinen, mehr nicht' (145) and, earlier, as he thinks of buying a new pair of shoes: 'er wollte sich aber sehen lassen können. Wie damals, als er ein Kind war' (96). Swann compulsively seeks out social situations, while Dorn avoids them as far as possible and tries to remain inconspicuous, although all the while desperately wanting social approbation.

Both therefore increasingly neglect their inner lives and are incapable of the introspection, ascesis and inner activity which are necessary to produce a work of art. In his Proust essay, quoting Proust, Walser shows his awareness that the artist needs to possess these qualities: 'Das Talent eines grossen Schriftstellers ist nichts anderes, als ein - nachdem alles andere zum Schweigen gebracht worden ist - ehrfurchtsvoll angehörter Instinkt, ein vollkommener und begriffener Instinkt' (162), a lesson which both Swann and Dorn fail to learn. This neglect is accompanied by a disproportionate respect for the opinions and achievements of others which both try to appropriate for themselves in order to give their own lives substance and significance: Swann is constantly quoting the views of other people because of his reluctance to express his own opinions, while Dorn spends the evening before he dies attempting to produce an exact copy of Kafka's signature (508).[14]

As a result of their abandoned projects and neglected instincts, both feel they have wasted their lives. Swann exclaims at the end of *Un Amour de Swann*: 'To think that I've wasted years of my life, that I've longed to die, that I've experienced my greatest love for a woman who didn't appeal to me, who wasn't even my type!' (Proust 460) and Dorn feels bereft after the school reunion at the end of *Die Verteidigung der Kindheit*: 'alle wussten von früher mehr als er' (496). He finally begins to realise that all his efforts to preserve and defend his past have left him with nothing: 'seine briefeschreibende, paketesendende, Vergangenheit zusammen-kratzende Emsigkeit kam ihm lächerlich vor' (501).[15]

Both characters therefore fail to produce art themselves but are turned into art by Proust and Walser. Swann all but disappears from the novel later and dies as it were off-stage. His existence is, however, effectively subsumed into that of his alter ego, Marcel/ the narrator, who finally avoids all the errors, pitfalls and traps that Swann has fallen into and decides to incorporate Swann's life and experiences into the novel he sets out to write at the end of *A la recherche du temps perdu*. Dorn also dies (probably suicide but the possibility of an accidental overdose is also left open), but his mementoes are turned into a novel by Walser,[16] in which Dorn's inability to distinguish the essential from the inessential in his life - particularly apparent in his habit of writing down everything which is said in lectures (81) - is transformed into the important novelistic and epistemological tool of detailism.[17] This tool enables Walser to create a complex comprehensive picture of Dorn's life and times because for him, as for Proust, there is in fact no distinction between the important and unimportant, everything being equally significant for the writer. In other words, what Walser says of Proust, as quoted at the beginning of this article, holds equally true for himself: 'Das ist ja gerade das Wunder der Genauigkeit, das Proust vollbrachte, daß es den Unterschied wichtig-unwichtig nicht mehr gibt'. Dorn's pathology is thus adapted and transmuted by Walser just as Proust's narrator both learns from and transcends the experience of the failed creator Swann.

Notes

[1] For a list of literature on Proust and Walser see Matthias N. Lorenz, *Martin Walser in Kritik und Forschung: Eine Bibliographie*, Aisthesis: Bielefeld, 2002, p. 210.

[2] In: *Leseerfahrungen, Liebeserklärungen*, in: Martin Walser, *Werke in zwölf Bänden*, Suhrkamp: Frankfurt am Main, 1997, Vol. 12, pp. 149-66. All future references to this essay will be given in the text by page number only.

[3] Quoted in Hans F. Nöhbauer, 'Der Anti-Proust vom Bodensee', *Abendzeitung*, 27.08.66, p.7.

[4] 'The Reestablishment of the German Class Society: *Ehen in Philippsburg* and *Halbzeit*' in: Frank Pilipp, ed., *New Critical Perspectives on Martin Walser*, Camden House: Columbia, 1994, p.11.

[5] Joseph von Westphalen, 'Ein deutsches Muttersöhnchen', *Der Spiegel*, no. 33, 12.08.91. See also the anonymous review 'Zu Besuch bei Martin Walser: Auf der Suche nach der verlorenen Zeit', *Buch Aktuell*, Fall 1991, pp. 75-7.

[6] *Die Verteidigung der Kindheit*, in: Martin Walser, *Werke in zwölf Bänden*, Suhrkamp: Frankfurt am Main, 1997, Vol. 6, p. 259. All subsequent quotations from this novel will be given in the text by page number only.

[7] For a fuller discussion of this point see Stuart Parkes, 'Looking Forward to the Past: Identity and Identification in Martin Walser's *Die Verteidigung der Kindheit*' in: Arthur Williams and Stuart Parkes, eds., *The Individual, Identity and Innovation: Signals from Contemporary Literature and the New Germany*, Peter Lang: Berne, 1994, pp. 61-2. Stephan Reinhardt entitled his review of the novel 'Das sächsische Muster', *Süddeutsche Zeitung*, 3./4.08.91.

[8] This ambition can be related to Dorn's interest not 'in the universality of language, but only in its ability to recall individual speech mannerisms and feelings', Heike A. Doane, 'The Cultivation of Personal and Political Loss: *Die Verteidigung der Kindheit*', in Pilipp, p. 164. On this subject see also her article 'Zitat, Redensart und literarische Anspielung: Zur Funktion der gesprochenen Sprache in Martin Walsers Roman *Die Verteidigung der Kindheit*', *Colloquia Germanica* 25, (1992), pp. 289-305.

[9] *Swann's Way*, translated by C.K. Scott Moncrieff and Terence Kilmartin, revised by D. J. Enright, Vintage: London, 1996, pp. 94-5. All subsequent quotations from this novel will be given in the text by author's surname and page number only. Gisela Zimmermann-Thiele compares Walser's novel to Proust in *'Die Verteidigung der*

Kindheit. Martin Walser und sein neuer Roman', *Kultur-Chronik*, February 1992, pp. 30-2.

[10] It is interesting to speculate on whether Walser was aware that Titian added a little figure of Amor at the feet of Giorgione's 'Sleeping Venus'. This was later painted over again but can be detected in the painting using X-ray. The child Dorn's position in relation to Venus could be compared to that of this invisible admirer.

[11] See Fritz Wefelmeyer, 'Raphael's Sistine Madonna' in: Jeff Morrison and Florian Krobb, eds., *Text into Image: Image into Text*, Rodopi: Amsterdam, 1997, pp. 105-18.

[12] The role of 'mass culture' and high art in Walser's work has been analysed by Anthony Waine. See Gerald A. Fetz, *Martin Walser*, Metzler: Stuttgart, 1997, p. 144.

[13] Both Dorn and Swann could be described as 'anomic' according to Gertrud Bauer Pickar, 'In Defense of the Past: The Life and Passion of Alfred Dorn in *Die Verteidigung der Kindheit*', in Pilipp, p. 146.

[14] 'Never before in Walser's career had Kafka figured as prominently as in *Die Verteidigung der Kindheit*', Alexander Mathäs, 'Copying Kafka's Signature: Martin Walser's *Die Verteidigung der Kindheit*', *Germanic Review*, LXIX/2, (Spring 1994), p. 79. For more on Walser and Kafka see Pickar, pp. 138-9 and Lorenz, pp. 208-9.

[15] Walser's distinction between different types of memory might be compared to Proust's differentiation between voluntary and involuntary memory. The motif of contrasting recollections occurs also, for example, in *Das Fliehende Pferd*, where Halm and Buch remember their schooldays very differently.

[16] On *Die Verteidigung der Kindheit* as novel rather than biography see Christa von Bernuth, 'Kindheit nach dem Tode: Ein Gespräch mit Martin Walser', *Die Zeit*, 9.08.91, Volker Hage, 'Walsers deutsches Requiem', *Die Zeit*, 9.08.91 and Martin Lüdke, 'Eine vom Leben zerriebene Geschichte', *Frankfurter Rundschau*, 10.08.91.

[17] As Doane points out, 'The author succeeds in the very restoration that defeats his character', Pilipp, p. 169, while Erich Wolgang Skwara refers to the epic proportions of the novel in 'Ein Parzival-Roman der deutschen Teilung', *Neue Deutsche Literatur*, 11 (1991), pp. 130-36.

Arnold Heidsieck

Martin Walser's *Die Verteidigung der Kindheit* and Victor Klemperer's Nazi-Period Diaries.

For decades Martin Walser has published widely-echoed reflections on the relationship of writing to memory and history. For him authentic memory, fiction, and history derive from direct personal experiences. His most controversial idea is that in relation to the German Nazi past victims and perpetrators (even in the 2nd and 3rd generation) can never understand each other or be reconciled, because their memories were fashioned in opposing ways. In his first novel spanning several generations, *Die Verteidigung der Kindheit*, Walser borrowed from Klemperer's war-time diary details of life in Dresden which he, Walser, did not himself experience; therein lies a paradox.

Martin Walser is a prolific writer who invites being quoted prolifically. For nearly 40 years in novels and essays he has struggled with his doubts about the possibilities of authentic historical memory and the difficulties of integrating it in his writing. I will discuss these issues by quoting freely from his extensive reflections on narrative (fictional), personal, and historical memory. I will conclude the essay by focussing on his use of Klemperer's Nazi-period diaries in his 1991 novel *Die Verteidigung der Kindheit*. Here his misgivings about the possibility of historically informed narrative memory take root within the fictional fabric itself. Despite his early critical praise of Marcel Proust in a 1958 essay,[1] he has infused his works with strong objections and mocking allusions to Proust's narrative methods and their claim of recuperating an authentic past. During the first three decades of his career he facilitated his disavowal of Proust by denying his fictional characters a past of their own. His authorial perspective has been rigorously contemporary, aimed solely at a character's phenomenological present. In the 1966 novel *Das Einhorn* the narrator takes aim at the Proustian faith in bodily and sensory memory:

> Obviously human body parts are incapable of memory. Only the dark mind retains some remnant of illumination. But it retains none of the memory itself, only a paled state of affairs, or rather, its mere formula, which one offers to the hand for a revival of this past moment; but look: one offers the formula to the hand in vain. The hand is not made for remembering.[2]

Even the recent autobiographical, memory-driven novel *Ein springender Brunnen* echoes this 30-years old rebuke:

> The idea that you can awaken the past like something sleeping with, for instance, the help of felicitous phrases or appropriate smells or other sensory or mental signals from the distant past, is a fantasy to be indulged as long as you

do not notice that what you take for a recovered past is a present mood or whim [...]. We are unable to admit that there is nothing but the present.[3]

In other passages Walser scoffs at the famed distinction between voluntary memory - which according to Proust 'preserves nothing of the past itself, leaving reality all dead'[4] - and involuntary, unconscious memory, whose vast associative powers are supposed to make a past reality come alive again. For Walser both types of narrative memory are ineffective and merely wishful. A wholesale rejection of voluntary memory and a Beckett-like relishing of the deadness of the past are stated in the 1978 novella *Ein fliehendes Pferd*:

> If [Helmut Halm] tried to remember, he saw motionless images of streets, squares, rooms. No action. His mental images were pervaded by a lifelessness as if in the wake of a disaster. [...] [The people] stood silently against the walls. [...] [Sometimes he would] [...] summon a parade of all the people he had ever known. The names and faces he evoked would appear. But for the condition in which they appeared to him, the word *dead* was much too mild. [...] the silent, odorless, colorless scenes would mean nothing to him. For a time he had persisted fanatically in attempting to resurrect the past. [...] he found himself gluing together scraps of memory, coloring them, breathing onto them, inventing texts for them. He was too old for this puppet show. Surely to breathe life into the past meant resurrecting an event in a pseudo-vividness that simply denied the pastness of the past.[5]

Das Einhorn paints even Proust's cherished involuntary memory as dead, the writer as a necrophiliac:

> Now a bit of church bell tolling from the outside, in a flash I am bewitched and swim toward origins, create the feeling that the 12-year old had in his finger nail when carving girls' names into the [soft wooden pew], rape the cold lady memory like a necrophiliac, but due to warm desire do not notice her coldness, announce to the world, mystically whispering: it is just like with a living woman, memory is alive.[6]

During the last decade, however, Walser has professed a radical change in attitude to memory. In order to justify the autobiographical nature of *Ein springender Brunnen*, he acknowledged some possibilities of direct access to the past: 'I have tried to develop a writing style through which the past comes towards me on its own and without tolerance for any meddling by the present.'[7] *Die Verteidigung der Kindheit* of 1991 was his first attempt at portraying several generations within one family, thus acknowledging the importance of personal ('private') memory for fiction writing. In *Ein springender Brunnen* he still voices, as noted above, his drastic critique of Proust's reconstructed, historically potent pasts but then finds his own escape hatch for memory:

> To see in the fictions of spontaneous memory something that once really existed is nothing but an illusion. It is naïve to believe that what is evoked by the *mémoire involontaire* is something of the past. It is nothing but a whim [...] a production, creation, inclination of today. [...] Remembering is the pulling up not of what factually was the case, but of how it might have been. Dredging something up is a mere memory athletics.[8]

Despite his dismissal here of fiction as capturing an unadulterated past, he allows it to represent something 'as it might have been.' The phrase mirrors the Aristotelian distinction between fiction as the representation of something probable or plausible and history as the representation of past facts or truth. Walser thus accepts a fictionalizing memory that refers to past events beyond historical facts and truth, occurring entirely within the realm of fiction. Again referring to *Ein springender Brunnen* in the essay 'About Conversing with Oneself,' he allows fiction even to reconstruct a privately experienced past merely by keeping it free from demands and distortions on the part of the present and, especially, public memory: 'When I write a novel about the past's being right here in the present [die Anwesenheit der Vergangenheit in der Gegenwart], that novel contains the more of me the less I accommodate in my writing the intrusive current expectations of the Zeitgeist.'[9] Stung by criticisms of his apparent indifference to the Nazi past in his controversial speech accepting the 1998 'Friedenspreis des deutschen Buchhandels', he remarked later in the essay: '[My speech] had to do with how we deal with the German past. I wanted to talk publicly about what happens within myself when I am dealing with this past.' Pressured to acknowledge at least a specifically German past he builds a tiny bridge from his private (German) past to a common German memory.[10]

By the late 1990s Walser had therefore traveled the path from rejecting memory in fiction to accepting it and even envisioning a possible link between fictional (or private) and public memory. His reference to 'the German past' while discussing his fictionalized youth in *Ein springender Brunnen* is an admission that any conception of a past in the German context willy-nilly also refers to the Nazi past. He continues, however, to be skeptical of historical or public memory insofar it exceeds direct personal recollection. In 1988 he observed that what we know about the Nazi past is only to a small degree remembered, but to a very large degree it is shaped by our contemporary knowledge of it. His mental images from the Nazi period are frozen in time, such as an almost incongruously innocent recollection of the Nazi district group leader's grotesque yellow-brown uniform. Nothing we have learned since 1945 about this period adds anything to these images. 'The received knowledge about the murderous dictatorship is one thing, my memory another. [...] Most representations of the past are [...] information about the present.'[11] In other words, if we add anything public or historical to privately remembered images, they are no longer memories. In *Ein springender Brunnen* the author addresses the reader directly, reporting on the pressures to rid oneself of an inconvenient past: 'I have witnessed a few times how people have positively slipped out of their past in order to be able to offer to the present a more advantageous past. [...] It is wishful thinking to believe that people with differently fashioned pasts could live together as the different people they are through their pasts.'[12] What Walser perhaps does not fully admit here is that in order to slip out of it or to be different 'through' it, their pasts first have to be conceived as well-defined, identifiable, and cognitively accessible.

Walser's observations that people with separately fashioned pasts cannot live together points to a controversial idea of his that has been repeatedly criticized. Notwithstanding his doubts about the possibility of memory in general, from his 1970s essays until recently he has maintained that memories of Nazi victims and Nazi perpetrators are so profoundly incompatible in kind that they can never be mutually understood, shared or reconciled. 'Victim and perpetrator still stand completely apart. [...] There is no position I could reach from which I could have [...] a sentiment which the victim could acknowledge and the perpetrator tolerate.'[13] 'Between victim and perpetrator mutual understanding is impossible.'[14] Walser used this construct in his 1998 'Peace-Prize' speech as one of the main arguments against continuing Holocaust commemorations:

> Could it be that the intellectuals who confront us with [our historical burden, our abiding shame] have for a second fallen victim to the illusion that they have exculpated themselves a little by having labored in the cruel commemoration service, that for one moment they were even closer to the victims than to the perpetrators – that they have achieved a momentary softening of the implacable opposition between perpetrators and victims? I will never believe that one can leave the side of the accused.[15]

He next remarked that if the Germans' collective memory were to reflect the sufferings of victims it would produce a 'routine of accusation.' Perpetrator memory is private. It is subject only to each individual's conscience - not to postwar re-education, not to the ensuing political correctness of the West-German liberal consensus, and certainly not to victim memory. Not only must the two distinct memories be forever kept apart, the polarity of memory increases with time:

> Almost as if through an operatic scene change the survivors and relatives of the victims are suddenly facing only relaxed, modern [Germans] who have freed themselves from all responsibilities. [...] It is terrible enough that only through the most terrible thing, our Auschwitz-guilt, can we experience what we have in common [as Germans].[16]

This statement borders on the paradoxical. On the one hand, Germans are said to have freed themselves from responsibility and thus the survivors have lost their historical antagonists. On the other, Germans are said to be identified through their negative, guilt-ridden past. As such, says Walser infamously in his acceptance speech, they must fear the survivors who are wielding their 'moral clubs.' In the past Walser often dealt with one side of this paradox, freedom from historical responsibility, as a revisionist essayist might, through the forceful creation of a past's alternative possibilities, of memories that never existed. On the occasion of a speech on Joachim Fest's portrayal of the German resistance against Hitler he said that

> one cannot study this all-inclusive historical narrative without again and again developing the hope that this time Hitler would not escape, that the war would stop before it could generate its worst consequences. In order not to suffocate in hopelessness and fatalism we need a kind of factual narrative that permits us to think that the outcome might have been different. I become bitter at nothing so much as each claim that Hitler and thus Auschwitz were unavoidable, that German history was headed for nothing but Hitler and Auschwitz.[17]

About Victor Klemperer's autobiography and his Nazi-period diary to be discussed below Walser said in the mid 1990s:

> Without this catastrophe [of WW I] the even greater one [of Hitler] would not have taken place. If civilized and civilly normal circumstances had developed, would the German-Jewish symbiosis have had to lead to nothing but the worst catastrophe? Certainly not. I have rare occasion for this kind of wishful thinking but Klemperer's writings [...] virtually force this retrospective wishing upon me. And I indulge this wishful thinking all too readily. More so than to believe what actually happened. If you see everything leading to Auschwitz you make out of the German-Jewish symbiosis an inevitably fateful catastrophe.[18]

'Klemperer is the perfect, yes ideal person for the German memory conflict. [...] His diaries allow us to imagine once again how everything could have turned out differently.'[19] The term 'memory conflict' surprisingly does not refer to the polarity between the memories of victims and perpetrators, but to the arbitrary distinction between the memory of that which really took place (e.g. Auschwitz) and a wishful 'remembering' of what could have been. Indeed, Klemperer's accidental, fortuitous rescue from deportation and death obviously does not increase the logical probability that the Holocaust could have been avoided. Walser's playing with alternative pasts demonstrates his difficulty accepting the actual German history.

Die Verteidigung der Kindheit exploits the Proustian mnemonic evocation by means of objects to such a degree that it becomes a satirical attack on itself. The protagonist's mental reconstructions, basically in accord with one of Proust's central ideas that once-encountered tangible objects have the power of evoking the past, are so obsessive that he almost starts living in the past. The novel is structured almost like a *Bildungsroman* and, as if written by Kafka, as a third-person narrative mostly told from the protagonist's point of view. Thus, implicitly, its genre is fictional autobiography. Upon publication Walser let it be known that the protagonist's character was based on the richly documented details from the life of an actual counterpart. A 'quasi'-autobiography requires the exercise of memory, an exercise which, in fact, does haunt the entire life of the protagonist. Alfred Dorn remains traumatized by the destruction of his childhood haunts through the February 1945 firebombing of his home town. 'Up until now he has followed the signals that occasionally emerge from the past rather more like a casual collector.' Gradually he becomes consumed by the desire to acquire photographs, furniture, household utensils, even his late mother's undergarments, and whatever else was left over especially from the period before the bombing. He finds himself incapable of 'throwing out a paper wrapping that surely is 30 years old.' 'The only items that time preserves for a certain time are things.' Alfred plans to exhibit the collected memorabilia in a private museum devoted to the reconstruction of his childhood. 'The greatest thing would be to pave each day of the past with photos. Then he would walk around there and be gone from the here and now.'[20]

This over-the-top notion of living one's past is also used in Alfred's (and thus perhaps Walser's) personal struggle with the memory of the Holocaust. After passing his bar exam Alfred works for a law firm which handles restitution requests by Jewish victims of the Nazis. 'A terrible activity, to add up the amounts if a client was entitled to 150 marks for each month during which he had to wear the yellow star that excluded him from all human community.' Alfred had to 'produce [...] the past' of the applicants in such a way that they fit the requirements of the Federal Restitution Law. 'In order to produce the illusion of restitution. It was his job to produce this illusion.' Restitution 'was a production of the past.' Dorn wrote to the administration of the birthplace of a survivor in order 'to produce [her] past in accordance with the respective sections of the law.'[21] The narrator's labeling restitution an illusion or production suggests the idiosyncratic notion that financial restitution is the wrong way of remaking a past. Such doubt about the purpose of restitution, I would argue, is paralleled by the novel's unacknowledged appropriation of an authentic personal memoir from the Nazi era. Apparently the circumstances provided by the real-life model did not provide such an authentic memory of that war. Here is where Walser's use of Klemperer's Nazi-period diaries in *Die Verteidigung der Kindheit* comes in. In 1989, as he was deeply involved in writing the novel, Walser read important sections of this diary published in Dresden's CDU-party newspaper *Die Union* between 1987 and 1989. Looking at the whole diary it becomes clear that Klemperer's observations had a significant impact on the novel.[22] Yet, even as Walser borrowed, without acknowledgement, considerably from the diary - which remained virtually unknown until its sensational publication in 1995 - he continued to privilege his own historically impoverished version of personal memory over any kind of knowledge received after the fact. In 1988 he had written:

> The light in which my memory presents things and people from the past is an arresting light, a kind of precision element. One did not know that one would remember it forever so precisely. One especially did not know that one would never be able to add to these images. No commentary, no enlightenment, no valuation. The images are completely inaccessible to any instruction. Nothing one has learned in the meantime has altered these images.[23]

Earlier I quoted from the same essay: 'My received knowledge about the murderous dictatorship is one thing, my memory another.' These theoretical insights are at odds with the novel's inclusion of knowledge received from a contemporary eyewitness even if that reception remains unacknowledged. Problems with personally informed historical memory aside, however, the title *Die Verteidigung der Kindheit* illustrates that its author has chosen a new form, the third-person fictional autobiography. Implicitly it is Alfred who tells his story as if in the first person: his high school years in Dresden, desertion from the GDR, law studies in West Berlin, and career in a West German provincial ministry. This is Walser's first novel dealing with German history over three generations from the Nazi takeover to the present. If Alfred's youth in Dresden during the Hitler years remains relatively sketchy, then those scenes drawing on Klemperer's extremely well-documented ordeal and survival in Dresden make the corresponding aspects of Alfred's adolescence fictionally and historically vivid. Alfred and his parents witness from some distance the beleaguered lives of the Jewish dentist Dr. Halbedl and his 'Aryan' wife, both largely modeled on Klemperer and his wife Eva. From the Halbedls the Dorns learn about the unending stream of petty, humiliating prohibitions for Jews which are nearly identical to those Klemperer recorded whenever the government issued one of them. The 25 decrees cited in the novel[24] are drawn from the 31 summarized by Klemperer[25] on June 2, 1942, and from others he reported thereafter. Walser also duplicates a prohibition to the Jews of Dresden to use the 'Große Garten,' 'Lannerstraße' [Klemperer: Lennéstraße] and 'Karcher Allee.' Klemperer reported that they were given a fish head for their cat and advised to burn the bones, because Jews were not permitted to consume fish. He later tells the story of a Jewish woman sent to a concentration camp for possessing half a pound of fish.[26] Alfred recalls that he once took fish heads to Halbedls for their cat. 'Fish were prohibited for Jews. If fish bones had been found during a Gestapo search … How to explain the perfection of this disaster?'[27] Klemperer repeatedly reported such searches and mentioned prohibited items narrowly missing discovery in their apartment. He was aware that even a tiny infraction could land him in a concentration camp. The novel describes how the harassment and shrinking personal freedom of Dr. Halbedl were communicated to Alfred's family by Mrs. Halbedl, who, just like Eva Klemperer, was permitted to use public transportation and to visit 'Aryans.' As an 'Aryan' Eva saved her husband from deportation. A heavy smoker, she suffered from emphysema and died shortly after the war. The parallel in the novel is striking: 'Frau Halbedl suffered from severe asthma. Were she to die, Dr. Halbedl would be deported immediately.' '[Dr. Halbedl], living in a so-called privileged mixed marriage, would not be deported as long as this privilege rule remained unchanged and Frau Halbedl did not suffocate from one of her asthmatic seizures. If she died, her husband would be done for.'[28]

Details from Klemperer's now famous description[29] of the firebombing of Dresden on February 13 and 14, 1945, are used not only in the portrayal of Dr. Halbedl's (and his wife's initial) escape but in the almost obsessively revisited circumstances of Alfred's and his mother's survival.[30] Living through the firestorm was equally difficult for Jews and non-Jews alike; both groups were in equal danger. With muted relief Klemperer relates how the horrific events facilitated some kind of solidarity between 'Aryans' and Jews inside and outside the bomb shelters. It became possible for some Jews, including himself, to take off their yellow stars without being challenged by non-Jews who knew them to be Jewish. However, perhaps insisting on the 'implacable opposition between perpetrator and survivor' memories mentioned earlier, Walser does not show any interaction between Halbedl and non-Jewish Dresdeners during the firebrand disaster.[31] He relates, however, in some detail Klemperer's emotionally detached report about delivering deportation orders to some of Dresden's remaining Jews on the afternoon preceding the first night of bombing.[32] In one vignette Walser ascribes to Alfred the insight, contrary to his, Walser's, own declared preference, that memories may be altered by what we know only later:

> Alfred once again saw Mr. Gelles stand in front of their door in the Bosbergstraße, a knapsack on his back: he just wanted to say farewell, he was on his way into deportation. A civilian with an army-issue knapsack, that had looked funny. After Mr. Gelles had left, mother said: if we have to atone for this! Father had said nothing. Alfred had not noticed then that what he had just witnessed would become unforgettable.[33]

Alfred had unknowingly become witness to the Holocaust. He would find out only later that deportation was a euphemism for being killed in the east. His memory itself changed through discovering its historical context and thus turned less 'forgettable.' In the diary Klemperer described repeatedly how, when he walked in the streets with his yellow star, children would yell 'Jude' at him, and how he with other Jews was forced to clear snow from roads. In the novel Alfred remembers an encounter with a group of elderly Jews shoveling snow. 'When Alfred passed one of these men who was just taking a break he inadvertently said "He, Jew!" The one addressed quickly resumed shoveling hectically. Alfred had not intended that.'[34] Then the novel throws out an unexpected statement. 'After the war Alfred saw a photo of the man whom he had addressed "He, Jude!" His name was Victor Klemperer.' There is no other reference to this name in the novel, nor a single one to Klemperer's diary used in its construction. I will leave it to the reader to decide whether this single mention was meant as a gesture of tribute to the author of an unknown diary - or of indifference, even condescension, toward a conveniently encountered depositor of memory. Walser here did not heed his earlier insight into a reader's relation to an author: 'The reader can get something out of a book only if she has had experiences that the author also has had and responds to in his book.'[35] Three years after publication of the novel, Klemperer, on occasion of his receiving a posthumous prize, was the subject of Walser's *Laudatio*. In view of his newly gained

acquaintance with his subject's large body of autobiographical writings
Walser said: 'What was experienced is only as important and close to us
as the person having experienced it.'[36] Klemperer the writer and survivor
appears not to have been this close to Walser when first encountered as the
author of an unknown Nazi-period diary.

Notes

[1] Walser, 'Leseerfahrungen mit Marcel Proust,' in: Martin Walser, *Werke in zwölf Bänden*, ed. Helmuth Kiesel, Suhrkamp: Frankfurt, 1997 [from here on abbreviated as *Werke*], vol. 12, 149-66.

[2] Walser, *Das Einhorn*, in: *Werke*, vol. 3, 5-440 (here: p. 53-4). Translations from Walser are mine (but see note 5).

[3] Walser, *Ein springender Brunnen*, Suhrkamp: Frankfurt, 1998, p. 281.

[4] Marcel Proust, *Swann's Way* [*In Search of Lost Time*, vol. 1], transl. Scott Moncrieff and Terence Kilmartin, The Modern Library: New York, 1992, p. 59.

[5] Walser, *Ein fliehendes Pferd*, in: *Werke*, vol. 5, 269-357 (here: pp. 284f.). Walser, *A Runaway Horse*, transl. Leila Vennewitz, in: Friedrich Christian Delius, Peter Schneider, Martin Walser, *Three Contemporary German Novellas*, ed. Leslie Willson, Continuum: New York:, 2001, 79-156 (here: p. 91).

[6] Walser, *Das Einhorn*, p. 61f.

[7] 'Die Sprache verwaltet das Nichts,' Interview with Walser, *Süddeutsche Zeitung*, September 19, 1998.

[8] 'Sich eine Unschuldsmöglichkeit erschaffen,' Interview with Martin Walser by Andreas Isenschmid, *Tages-Anzeiger*, October 10, 1998.

[9] Walser, 'Über das Selbstgespräch,' *Die Zeit*, January 12, 2000.

[10] He had, of course, reflected on this past in historical essays such as 'Unser Auschwitz' (1965) [*Werke*, vol. 11, 158-72] and 'Auschwitz und kein Ende' (1979) [*Werke*, vol. 11, 631-36].

[11] Walser, 'Über Deutschland reden,' in: *Werke*, vol. 11, 896-915 (here: p. 897).

[12] Walser, *Ein springender Brunnen*, p. 282.

[13] Walser, 'Auschwitz und kein Ende,' p. 632-33.

[14] Walser, 'Ich hab' so ein Stuttgart-Leipzig-Gefühl. STERN-Gespräch mit Martin Walser (1987),' in: Walser, *Auskunft. 22 Gespräche aus 28 Jahren*, ed. Klaus Siblewski, Suhrkamp: Frankfurt, 1991, 249-56 (here: p. 250).

[15] Walser, 'Erfahrungen beim Verfassen einer Sonntagsrede.' *Friedenspreis des Deutschen Buchhandels 1998,* Suhrkamp: Frankfurt, 1998, p. 17.

[16] Walser, 'Auschwitz und kein Ende,' p. 634-35.

[17] Walser, 'Die Geburt der Tragödie aus dem Geist des Gehorsams,' in: *Werke*, vol. 11, 1076-83 (here: p. 1081).

[18] Walser, *Das Prinzip Genauigkeit. Laudatio auf Victor Klemperer*, Suhrkamp: Frankfurt, 1996. With a slightly altered title: 'Das Prinzip Genauigkeit. Über Victor Klemperer,' *Werke*, vol. 12, 780-805 (here: p. 794f.). Similarly about Klemperer: Walser, 'Erfahrungen beim Verfassen einer Sonntagsrede,' p. 19.

[19] 'Ich kann mich auf keinen Nenner bringen. Ein Gespräch mit Stephan Sattler,' in: *Ich habe ein Wunschpotential. Gespräche mit Martin Walser*, ed. Rainer Weiss, Suhrkamp: Frankfurt, 1998, 55-62 (here: p. 61).

[20] Walser, *Die Verteidigung der Kindheit, Werke*, vol. 6, p. 259; 313; 428; and 228.

[21] Walser, *Die Verteidigung der Kindheit*, p. 301, 315, 315, 317 and 317.

[22] The first (and excellent) exploration of this fact and of Walser's Klemperer-paraphrases is Stuart Taberner's '"Wie schön wäre Deutschland, wenn man sich noch als Deutscher fühlen und mit Stolz als Deutscher fühlen könnte." Martin Walser's Reception of Victor Klemperer's *Tagebücher 1933-1945*' in *Das Prinzip der Genauigkeit* and *Die Verteidigung der Kindheit*,' *Deutsche Vierteljahrsschrift* 73 (1999), 710-32.

[23] Walser, 'Über Deutschland reden,' p. 896-97.

[24] Walser, *Die Verteidigung der Kindheit*, p. 306-07.

[25] The diary entry appeared first in *Die Union*, November 3, 1988. Now in: Victor Klemperer, *Ich will Zeugnis ablegen bis zum letzten. Tagebücher 1933-1945*, Berlin: Aufbau Verlag, 1995 [vol. 1 *Tagebücher 1933-1941;* vol. 2 *Tagebücher 1942-1945*], vol. 2, p. 107-08.

[26] Diary entries of March 16 and June 16, 1942. *Die Union*, October 31 and November 5/6, 1988. Klemperer, *Ich will Zeugnis ablegen*, vol. 2, p. 46 and 131.

[27] Walser, *Die Verteidigung der Kindheit*, p. 151.

[28] Walser, *Die Verteidigung der Kindheit*, p. 151 and 301.

[29] Belated diary entry of February 22-24, 1945. *Die Union*, February 9, 10 and 11/12, 1989. Klemperer, *Ich will Zeugnis ablegen*, vol. 2, pp. 661-72.

[30] Walser, *Die Verteidigung der Kindheit*, p. 27, 47, 116, 151, 193f. and 303.

[31] In reference to the just published *Die Verteidigung der Kindheit* Walser mentioned that in 1989 citizens of Dresden provided him with information about the bombing (Walser, 'Keiner hat das Recht, des anderen Richter zu sein. Ein Gespräch mit Michael Hametner' [*Börsenblatt des deutschen Buchandels*, January 28, 1992], in: *Ich habe ein Wunschpotential*, 13-23 [here: p. 16]). Walser does not mention Klemperer's contribution to the novel. In his Klemperer-*Laudatio* (1995) he mentions that in 1989 he was shown the diary serialization in *Die Union*, but he acknowledges the diary's impact only on the *Laudatio* at hand, not the earlier novel (Walser, 'Das Prinzip Genauigkeit,' *Werke* 12, p. 780f.).

[32] Diary entry of '13. Februar, Dienstag nachmittag bei vollkommenem Frühlingswetter,' *Die Union*, February 7 and 8, 1989. Klemperer, *Ich will Zeugnis ablegen*, vol. 2, p. 657-66. Walser, *Die Verteidigung der Kindheit*, p. 303.

[33] Walser, *Die Verteidigung der Kindheit*, p. 89-90.

[34] Walser, *Die Verteidigung der Kindheit*, p. 303. Klemperer is repeatedly yelled at as 'Jude' (*Ich will Zeugnis ablegen*, vol. 2, p. 84, 313 and 420).

[35] Walser, 'Über das Selbstgespräch,' *Die Zeit*, January 12, 2000.

[36] Walser, 'Das Prinzip Genauigkeit,' p. 798.

Maurizio Pirro

Beschimpfungsausbrüche als Ausdruck der ambivalenten Beziehung zur Macht in einigen Romanen Walsers

In the following, obscenities and outbursts of insults in the fiction of Walser are investigated in the context of the constitution and legitimisation of power, as treated by the author in several speeches and essays. Curses are part of a language of distress which enables the powerless to protect their inner world, threatened by the arbitrariness of those in power, through a fictitious questioning of the existing situation. On the other hand, this language of distress reveals the secret desire of the powerless to gain power in the belief that this will ultimately allow them to overcome their helplessness.

Das Schimpfen ist eine erst in den späteren Romanen Martin Walsers praktizierte Tätigkeit. Der in erniedrigender Körperstellung zur Durchführung einer Rektoskopie gezwungene Xaver Zürn hatte in *Seelenarbeit* einmal nur ganz schnell und in einer durchaus schüchternen Weise versucht, sich gegen das allzu selbstsichere Verhalten der Ärzte durch ein leises Fluchen zu wehren[1]. Der Gewalt der kraft der Autorität und der technischen Mittel der Medizin in seinen Körper eindringenden Menschen hilflos ausgesetzt, hatte sich Zürn mit einer von einem groben Tierarzt untersuchten Kuh verglichen, die eine solche Behandlung geduldig und unterwürfig erträgt, aber auch die geheime Gewißheit zu haben scheint, daß das Verfahren, das sie sich gefallen lassen muß, weniger die Heilung als die unmotivierteste und fast schon sadistische Schändung bezweckt. Damit wollte Zürn in seiner für ihn typischen diskreten Lebenseinstellung einerseits seine resignierte Ohnmacht gegenüber dem willkürlichen Übergriff einer fremden Gewalt zum Ausdruck bringen, was sich nach der Untersuchung, als Zürn wieder in seinem Zimmer ist, unmißverständlich in der Sehnsucht danach äußert, 'eine Zeitlang an nichts denken zu müssen'[2]; andererseits verzichtete er aber nicht auf einen wenn auch stillen, so doch entschiedenen Protest gegen die selbstgefällige Art, wie die Ärzte, die sich in den letzten Stunden um seinen Darm bemüht hatten, ihn zu einem bloß medizinisch relevanten Fall degradiert hatten, ohne seinem persönlichen menschlichen Leiden die geringste Aufmerksamkeit zu schenken[3].

Durch die Episode aus dem Krankenhausaufenthalt des Xaver Zürn ist die Bedeutungssphäre, wo wir die Verwendung der Beschimpfungsstrategie in einigen neueren Romanen Walsers hineinzuplazieren gedenken, teilweise schon vorgezeichnet. Für die Walsersche Romanfigur stellen Beschimpfungsausbrüche hauptsächlich eine Antwort auf das Eindringungspotential der Macht dar; eine Antwort, die so vorzüglich und vorteilhaft ist, weil sie es dem Schimpfenden ermöglicht, sich von der in Walsers Essays und Interviews mehrfach perhorreszierten *Meinung* fernzuhalten. Die freie Aneinanderreihung von Schimpfwörtern und Obszönitäten macht die Regression auf eine elementare und unabsichtliche, in gewisser Weise nicht mehr semantische Ebene der Sprache möglich. Dort kann sich derjenige, der von der Ungerechtigkeit der Macht betroffen und verletzt worden ist, zu einem erholsamen Intermezzo aufhalten, das die Machtverhältnisse zwar nicht verändert, dem Einzelnen aber eine klarere Einsicht in die anthropologische Bedingtheit solcher Machtverhältnisse dadurch gewährt, daß sich dem Fluchenden das Beschimpfen selbst als eine Ausübung von Macht offenbart, oder zumindest als ein Ausdruck von einem *Willen zur Macht*, der richtigerweise als das universelle Prinzip anerkannt wird, das die Beziehungen der Menschen zueinander regelt. Zusammen mit der Ablehnung der Willkür der Mächtigen (nicht zufällig weigert sich der Beamte Stefan Fink im Kampf um seine Rehabilitierung, das neutralere Wort 'Machthaber' statt 'Mächtige' zu benutzen) legt die ausbrechende obszöne Sprache unter diesem Gesichtspunkt auch eine gewisse Verwandtschaft des Opfers zum Mechanismus der Macht an den Tag, jedenfalls die Tatsache, daß die Auseinandersetzung mit der Macht den Unterlegenen so tief entstellt hat, daß seine normale Sprache nicht mehr in der Lage ist, seinen Wunsch nach Anerkennung eindeutig zu artikulieren. 'Nicht Macht ist böse', schreibt Walser in dem 1998 in der *Neuen Zürcher Zeitung* veröffentlichten Essay 'Ich vertraue. Querfeldein', 'böse werden die, über die sie ausgeübt wird. [...] Von uns wird verlangt oder erwartet, daß wir uns fügen, einordnen, benehmen, unterwerfen. [...] Das macht böse, daß wir anders sein möchten, als man uns läßt'[4]. Wenn wir in diesem Zusammenhang von einer von der Macht ausgeübten Faszination reden, wollen wir die vom Autor sowohl in den Romanen als auch in vielen publizistischen Arbeiten oft betonte Kluft zwischen den Machtbesitzern und denjenigen, die unter deren Gewalt leiden müssen, keineswegs in Frage stellen. Beabsichtigt ist vielmehr die Darstellung jener dialektischen Oszillation zwischen den Polen der Macht und der Ohnmacht, die den Schwächeren dazu führt, wie z.B. im Fall Finks, eine zweifache und ambivalente Sprache zu verwenden, nämlich eine kritische, die sich gegensätzlich und alternativ zu der des Stärkeren entwickelt, aber gleichzeitig auch eine andere, für die Aggressivität und undifferenzierter Umgang mit dem Gegner charakteristisch sind, und der, wenn nicht eine konkret umzusetzende Stärke, so doch eine illusorische Inszenierung der Stärke selbst innewohnt.

Die Anspielungen auf die Ursprünge, die Verfahrensweise und die Folgen der Macht sind in den letzten Jahren im Rahmen der Essayistik Walsers immer häufiger geworden. Den Autor scheint vor allem eine sozusagen primäre Art ihrer Ausübung zu interessieren, noch jenseits der pragmatischen Verhältnisse, die die Verteilung der Macht in eine ökonomische, politische, soziale usw. bestimmen. Der Kulturkritiker Walser reagiert hauptsächlich auf diejenigen Erscheinungen empfindlich, die die Gewalt des Stärkeren als eine Art Konstante intersubjektiver Beziehungen vorstellen. Der von dem Schriftsteller so leidenschaftlich heraufbeschworene Wert des Heimatbegriffes besteht eben nicht zuletzt darin, daß das Lokale ein wirksames Gegengift gegen jede totalitäre Versuchung zur Verfügung stellt[5]. Das Hiesige bringt den Einzelnen dazu, seine Individualität innerhalb einer beschränkten Gemeinschaft von Gleichgesinnten zu pflegen, in der die kollektiven Bindungen nicht das Ergebnis eines fremden Zwanges sind, sondern der Ausdruck eines naiven und unreflektierten Teilens von Grunderkenntnissen, bei denen nicht die explizite Bewußtheit ihrer Besitzer zählt, sondern vielmehr die Tatsache, daß solche Erkenntnisse auf der realen Ebene der gemeinsamen Existenz in Form von praktischem Verhalten unbewußt erlebt und verinnerlicht werden[6]. Wie Walser im obengenannten Essay 'Ich vertraue. Querfeldein' auffordernd bemerkt,

> Hiesig bleiben. Keine zentralistischen Visionen. Bloß keine Ethik für alle. Bloß keinen säkularisierten, auf Demokratie frisierten Monotheismus. Statt Glaubensleistungen nach oben, Genußfähigkeit unter uns[7].

Die Macht läuft nach Walser nicht nur darauf hinaus, bestimmte politische und ökonomische Strukturen durchzusetzen. Sie neigt vielmehr dazu, das ganze Zusammenleben der Menschen bis hin zu den privatesten Angelegenheiten des Einzelnen auf ein Prinzip Totalität (im Sinne Horkheimers und Adornos) hinzusteuern, das die lebendige Dialektik der intimen Beziehungen durch einen abstrakten Diskurs ersetzen soll, dessen Hauptzweck cs ist, das individuelle so wie das öffentliche Leben aufgrund unveränderbarer Machtverhältnisse zu polarisieren. Walser weist zwar darauf hin, daß die Macht zuerst als eine Instanz zu betrachten ist, der sich überhaupt kein menschliches Verhältnis entziehen kann, weil die argumentative Struktur selbst (verbale so wie nonverbale), auf der solche Verhältnisse beruhen, darauf abzielt, daß man einem Anderen unter allen

Umständen seine Überlegenheit und seine Souveränität beweisend vorführt. 'Alle Verhältnisse zwischen Menschen sind Machtverhältnisse', so kann man in einem 1999 veröffentlichten Aufsatz lesen. 'Und immer ist, wer ein wenig mächtiger ist, um das stumpfsinniger, um das er mächtiger ist'[8]. Diese anthropologische Auffassung der Machtfrage behindert jedoch keineswegs Walsers Blick und Empfindlichkeit für die Art und Weise, wie die Mächtigen innerhalb der Gesellschaft dazu neigen, ihre Macht ganz pragmatisch zu vergrößern und zu konzentrieren. Besonders weitsichtig (so kann man aus heutiger Perspektive wohl sagen) ist, um nur ein Beispiel zu nennen, eine Stellungnahme des Schriftstellers aus dem Jahr 1985 zu der damals anwachsenden Konzentration der Medienmacht in den Händen weniger Unternehmer und zum 'Beeinflussungspotential', das solchen Monopolen im Laufe der Zeit zuteil geworden wäre. Eine Prognose, deren Genauigkeit an den neuesten Entwicklungen des Falls Berlusconi in Italien zu ermessen ist, dem Walser schon vor 17 Jahren einen unaufhaltsamen Aufstieg nicht ohne Ironie vorhergesagt hatte: 'In Zukunft wird man von ihm vielleicht sprechen wie wir von den imperialistischen Abenteurern Sir Francis Drake oder Cecil Rhodes'[9]. Die Grundlage einer demokratischen Gesellschaft – setzt Walser fort – kann offensichtlich nur darin bestehen, daß es der öffentlichen Meinung möglich ist, die Entscheidungen der Regierenden wenn nicht mitzubestimmen, so doch mindestens zu kontrollieren und zu überprüfen. Wenn aber 'die öffentliche Meinung in den Händen derer ist, die durch sie kontrolliert werden sollen, dann ist [...] das Nervensystem unter Vollnarkose'[10].

Die Machtausübung zeichnet sich aus Walsers Sicht durch zwei verschiedene Tendenzen aus. Auf der einen Seite basiert die Macht auf der absoluten Evidenz und durchschaubaren Gegenständlichkeit ihres Vorgehens, was sich im u.a. in *Finks Krieg* dargestellten Prinzip 'Anti-Mimikry' am deutlichsten offenbart. Auf der anderen Seite baut sie aber ihre Dominanz dadurch aus, daß der letzte Sinn ihrer Taten dem Betrachter und vor allem dem Opfer völlig verschlossen und unerkennbar bleibt. Die allmähliche Verschiebung der für die öffentliche Macht typischen Verfahrensweise auf den Bereich des privaten Lebens – wie das z.B. im Roman *Ohne einander* der Fall ist – hat dann die Sprengung des begrenzten Raums der menschenfreundlichen Gemeinschaft zur Folge (sei es der Raum der Familie oder der Heimat). Einzige Zuflucht für den dadurch entfremdeten Menschen ist jene projizierte Heimat, wo die Utopie einer schuldlosen Kindheit erlebbar wird, die allerdings – wie Walser am

Anfang des Romans *Ein springender Brunnen* erklärt hat – nicht die Überwindung der Gegenwart durch die Sehnsucht nach der Vergangenheit darstellt, sondern vielmehr die sentimentalische Integration der Gegenwart in eine utopische Konstruktion[11] (man denke z.B. an den Versuch Alfred Dorns in *Die Verteidigung der Kindheit*, seine alltägliche Existenz durch den ständigen Bezug auf die Vorkommnisse seiner Familie und auf die Geschichte Sachsens episch zu ergänzen).

Das Problem der Legitimation der Macht hat den Romanschriftsteller und Essayisten Walser besonders intensiv beschäftigt. Die Hauptquelle der charismatischen Kraft der Mächtigen ist nicht auf die Verschwommenheit ihrer fälschbaren Aussagen zurückzuführen, sondern im Gegenteil auf den ungebrochen öffentlichen und allgemeinen Charakter solcher Aussagen. Der Mächtige übt seine Vorrechte deshalb nicht unter Ausschluß der Öffentlichkeit aus, weil es gerade die ungetrübte, scheinbar restlose Sichtbarkeit seiner Entschlüsse ist, die ihm eine Art Unantastbarkeit verleiht. Ihre Unbesiegbarkeit verdankt die Macht dem offenen Ritual ihrer Proklamation, das nicht in der Heimlichkeit einer Loge von Auserlesenen und Eingeweihten vollzogen wird, sondern an den öffentlichsten aller möglichen Orte: in den Medien, in der Bürokratie, in der politischen Debatte. Genau dadurch, daß sie das allgemeine Interesse für die jedem zugängliche, formale Seite des Rituals erweckt, gelingt es der Macht, die eigentlichen Inhalte ihrer Ausübung geheim zu halten. Die Inszenierung einer ideologischen Fiktion, in der die Macht um Glaubwürdigkeit dadurch wirbt, daß sie sich selbst als den bloßen Ausdruck des allgemeinen Willens darstellt, ist das, worin Walser das sicherste Legitimationsmittel der Mächtigen im Zeitalter der Mediengesellschaft sieht. 'Verzierung', wie er 1999 schreibt:

> Das Argument, mit dem heute Macht ausgeübt wird, ist Verzierung. Das gehört zur Demokratie, daß jede Machtausübung systemgerecht mit Argumenten dekoriert wird. Das findet statt dem Machtausübenden zuliebe. Er darf nicht das Gefühl haben, er übe Macht aus, sondern lasse Gerechtigkeit walten oder Vernunft[12].

Das Prinzip 'Anti-Mimikry' ist nur teilweise eine Variante zu diesem Schema. Es setzt zwar die Auslöschung jedes Zweifels darüber voraus, daß die tatsächliche Begründung der Macht die reinste, auf der Stärke beruhende Willkür ist, so wie darüber, daß die Macht selbst eine unbedingte Unterordnung der Machtlosen fordert und erzwingt. Diese Auslöschung erfolgt aber vor den Augen und meistens nicht ohne die Unterstützung der Öffentlichkeit, die ihr Recht, die Macht einer ständigen Überwachung zu unterziehen, zugunsten eines falschen Gewissens aufgibt, das auf einer künstlichen kollektiven Sprache beruht. Eine Sprache, die mit der Vielfältigkeit der individuellen Sprachen nichts mehr zu tun hat, und Produkt einer beliebig erlernbaren und vermittelbaren Technik ist. Die Legitimation dieser Sprache besteht offensichtlich nicht in ihrer inhaltlichen Nachprüfbarkeit, sondern lediglich in ihrem Durchsetzungsvermögen, nämlich in der Stärke wenn nicht gerade in der Lautstärke ihres Aussprechens. In diesem Zusammenhang rechtfertigt sich das, was Walser 1985 in einem kurzen Aufsatz der Machtausübung bescheinigt, sie lasse sich 'nicht legitimieren, nur verklären'[13].

Die Macht, die konservativer und statischer Natur ist, kann nicht umhin, hinter den Bewegungen zurückzubleiben, die den Zustand der Gesellschaft ständig verändern. Um weiter bestehen zu können, muß die Macht diese Veränderungen verneinen, und die Lebendigkeit der intersubjektiven Beziehungen durch eine festgesetzte und unwandelbare Form von erweitertem Gewissen ersetzen, das mit der kritischen Einstellung, die für das Gewissen des Einzelnen konstitutiv ist, nichts gemein hat. Das Hauptgesetz eines solchen falschen Gewissens ist für Walser das der Wiederholung. Das Ritual der Öffentlichkeit stützt sich tatsächlich auf eine iterative Technik, die eine emotionale Wirkung zur Durchsetzung jenes Zeitgeistes bezweckt, der notwendigerweise mit den Prinzipien der political correctness zusammenfallen muß. Dieser Art ist die Technik des Beweinens, die Walser 1998 in seiner Paulskirchenrede angeprangert hat. Eine Wiederholung ins Unendliche nicht des Beschuldigens, sondern vielmehr der Erzwingung einer emotiven Reaktion auf die bildliche Präsentation des Grauens, die früher oder später jedes mögliche rationale und bewußte Nachdenken über die Tragödie unmöglich macht, zugunsten der leeren, aber beruhigenden Gestik der weinerlichen Haltung[14]. In diesem Sinne kann Walser 1989 Antigone als 'die erste große Empörerin gegen die Gefangennahme des Gewissens' preisen, als 'die persönliche Stimme gegen die Würde der Legitimität'[15].

Die Meinung ist die kristallisierte Form der auf dieser Wiederholungsstruktur beruhenden Machtsprache. Walser betrachtet sie als das beste unter den der Macht zur Verfügung stehenden Mitteln zur Bekämpfung jeglicher Autentizität des subjektiven Erlebens. Durch die Verbreitung nicht nur konkreter Meinungen, sondern vielmehr jener mentalen Einstellung, welche einen dazu führt, die Welt mit Hilfe von Meinungen aufzufassen, gelingt es der Macht, eine fragmentarische und von jedem einheitlichen Sinn des Lebens weit entfernte Weltanschauung durchzusetzen. Nicht nur bestimmte, bruchstückhafte und unvollständige

Inhalte kommen durch die Meinung zum Ausdruck; was noch mehr zählt, ist die Tatsache, daß das Aussprechen einer Meinung den Sprechenden daran gewöhnt, die Wirklichkeit nach einer hierarchischen Struktur einzuteilen, und die Mehrdeutigkeit des äußeren so wie des inneren Lebens zu einer einzig gültigen Bedeutung zu zwingen. Die Meinung zielt für Walser darauf ab, die Welt unter einer totalitären Ordnung zu subsumieren, der jedes mögliche komplexe Denken fremd ist und ein Verlangen nach vereinfachender Klarheit innewohnt, die den Reiz des dialektischen Widerspruchs verabscheut und ablehnt. Als eine besonders dienliche Form der Machtausübung setzt auch die Meinung auf eine möglichst große Öffentlichkeit. Die Durchschaubarkeit der meinungsorientierten Aussagen verleiht ihnen *per se* den Schein unwiderlegbarer Wahrheit. Es ist aus dieser Sicht alles andere als überraschend, daß die Orte, an denen man Meinungen am eifrigsten herstellt, schlechthin die öffentlichen sind: die Medien und die Politik. In dem 2000 erschienenen Aufsatz 'Über das Selbstgespräch' beschreibt Walser die tiefe Kluft zwischen der künstlichen, aufs Rechthaben eingestellten Meinungssprache und einer authentischeren und tiefgründigeren Art des Sprechens, der der Dichtung:

> Warum sind Gedichte das schönste Sprachliche, das wir kennen? Weil das Gedicht nicht recht haben will. Warum sind Politikerreden das sprachlich Matteste, das wir kennen? Weil der Politiker geradezu darauf angewiesen ist, recht zu haben beziehungsweise den Eindruck zu erwecken, er habe recht[16].

Und 16 Jahre zuvor liest man bei Walser über Meinung als Instrument zur Legitimierung der Macht:

> Wir Meinungs-Theologen verklären Machtausübung, wir schaffen die Aura von Recht, Anstand, Würde, Verfassung, Demokratie, Pluralismus, Meinungsfreiheit. Ohne uns wäre Macht ungeschminkt und verwerflich. Keiner würde sie ertragen. Aber von einer andauernd arbeitenden Exegetenschar ins edelste Wortgut gebunden, mit traditionsschwerem Duft angereichert, verliert der Übermut der Mächtigen sein Brutales und fühlt sich an wie Vernunft und Sitte[17].

Durch ein argumentatives Verfahren, das nicht wenig Ähnlichkeit mit den Thesen aufweist, die Thomas Mann in den *Betrachtungen eines Unpolitischen* wider die Einsperrung der Vielfalt des Lebens im geistigen Gefängnis des Begriffs entwickelt hatte, plädiert Martin Walser für eine Sprache, welche in der Lage sei, nicht nur logisch aufgebaute Ansichten wiederzugeben, sondern vielmehr den unregelmäßigen und schwankenden Strom des individuellen Gewissens in Worte zu fassen. Der Meinungen Aussprechende muß sich hauptsächlich vor der Gefahr in acht nehmen, in Widersprüche zu geraten. Seine Aussagen müssen wenn nicht unbedingt überprüfbar, so doch zumindest klar und eindeutig sein. Der eigentlichen Komplexität der menschlichen Erfahrung kann aber nur die auf Widersprüche angewiesene Sprache der Dichtung zum Ausdruck verhelfen. Dabei ist sich Walser ohnehin dessen bewußt, daß die Meinungssprache auch einen regulativen Wert besitzt, auf den in den normalen zwischenmenschlichen Beziehungen nur schwer zu verzichten ist. Im Jahr 1985, in einem kurzen Aufsatz, der den Titel 'Meinungen über Meinungen' trägt, schreibt er: 'Sobald ich eine Meinung heftig vertrete, mobilisiere ich damit in mir auch ihr Gegenteil. Nur, das Gegenteil verschweige ich, muß ich verschweigen. Sonst hätte ich ja nachher so gut wie nichts gesagt'[18]. Sprachen, die zur Meinungssprache eine Alternative und einen Gegensatz darstellen, sind dann, so möchten wir sie bezeichnen, Notsprachen, die in einem allgemeinen, nur den Austausch von Informationen bezweckenden Kommunikationsrahmen unbrauchbar sind (und solcher Art ist der Rahmen, an dessen Kontrolle die Macht das größte Interesse zeigt). Diese vermögen das Leiden und den Kummer des Menschen in Not aber am wirksamsten auszudrücken. Genauso veranlagt sind die Sprache der Literatur und die Sprache des Fluchens.

Worüber beschwert sich Stefan Fink noch am Anfang seines Protestes gegen die Machtverhältnisse in der hessischen Gesellschaft? Darüber, daß es der Macht unschwer gelingt, die eindeutige und sachliche Wahrheit des Geschehenen durch die Anhäufung der ihrer Natur nach fälschbaren Meinungen zu verschleiern und unzugänglich zu machen:

> Was rechtlich zuerst so eindeutig war, zerfloß allmählich in der Fülle des Materials. Das Recht, das, wie ich fest glaubte, auf meiner Seite war, verlor sein eindeutiges Profil in einem Wust, in dem wirkliche und produzierte Fakten nicht mehr sofort unterscheidbar waren[19].

Die Macht hat nach Finks Erfahrung zwei Eigenschaften, die das Opfer in eine nicht zu verteidigende Stellung versetzen: Sie ist einerseits durch die Gewalt ihrer Entschlüsse immer überall spürbar und anwesend, bleibt aber andererseits gleichzeitig verstreut und unbestimmbar. Ihre Funktionen schlagen sich im Leben der Betroffenen mit großer Heftigkeit nieder, halten sich aber im Grunde unsichtbar, und nehmen jeweils das ausdruckslose und maskenhafte Gesicht der einzelnen Beamten an. Auf die Unantastbarkeit der Macht reagiert Fink bald durch den Versuch, seinem guten Recht mit Hilfe von Aufsätzen, Zeugnissen und Begutachtungen Geltung zu verschaffen, bald aber, und immer häufiger, durch derbe Beschimpfungsausbrüche, die in der Verfassung des 'Tractatus skatologicus sive cacata charta' in der Abgeschiedenheit eines Schweizer Klosters ihren Höhepunkt erreichen. Fink selbst erkennt den symptomatischen Wert der obszönen Sprache, und interpretiert ihn als markanten Ausdruck des Durchdringungspotentials der Macht. Da der Mächtige lediglich die Sprache der reinen Stärke zu verwenden pflegt, wird der Machtlose davon insofern schnell infiziert, als er begreift, daß er sich zu einer ähnlichen Sprache hinreißen lassen muß, wenn er auch nur die geringste Chance bewahren will, der Macht Widerstand zu leisten:

> Allmählich sah ich ein – sagt Fink – daß die simple Arschloch-Drecksack-Sprache vom Beamten Fink nicht *gewählt* oder *nicht* gewählt werden konnte. Ich entdeckte in dieser Drecks-Sprache meine Geschichte. Im Tractatus skatologicus würde ich nach dem großen Vorbild darstellen die *Dialektik der Verächtlichkeit*, die Unreinlichkeit der Reinlichen und die Reinlichkeit der Unreichlichen (FK 366f.).

Diese dialektische Beziehung zwischen dem Mächtigen und seinen Opfern beruht eben darauf, daß niemand von dem gewaltigen Druck der Macht und des Machthabens verschont bleibt. Der Machtlose kann sich keinesfalls für rein und unschuldig halten, weil die Macht über ein so großes Durchsetzungsvermögen verfügt, daß nicht einmal das Opfer auf eine harmlose Inszenierung der Macht selbst verzichten kann. Es ist zwar richtig, wie Stefan Fink meint, daß 'Machthaben eine Säure produzieren muß, die die Empfindungsfähigkeit zerfrißt' (FK 284). Nicht minder werden aber die Machtlosen von der entstellenden Anziehungskraft der Macht verunstaltet. Wer seine eigene Schwäche erkennen muß, und die Möglichkeit doch nicht aufgeben will, sein Recht irgendwie zu behaupten, wird zu einem Mittel greifen, das ihm zumindest den Eindruck vermittelt, er habe Macht. Das Schimpfen ist unter diesem Gesichtspunkt ein Ausdruck der Ohnmacht und der Verachtung gegenüber denjenigen, die Macht besitzen. Es ist aber auch eine Art kompensatorische Illusion, mächtig zu sein, eine Sublimierung der Machtlosigkeit durch die Herabsetzung des Gegners und die fiktive Übernahme der souveränen Stellung des Stärkeren. Die wiederholte Beschimpfung der Mächtigen ist für Fink sehr wohl eine Anklage gegen deren Heuchelei und das ganze Netz von Mittätern und –wissern, angefangen bei der sklavischen Einstellung vieler Medien. Die Schimpfwörter müssen aber auch eine Aura von Stärke und Potenz um den Machtlosen erzeugen, nicht zuletzt in dem Sinne, auf den Fink im 'Tractatus' anspielt, dort wo er sagt, das Beschimpfen sei 'ein ferner Abkömmling der Selbstbefriedigung' (FK 381).

Diese ambivalente Beziehung zur Macht thematisiert Fink ausdrücklich sowohl im Laufe der politisch-gerichtlichen Handlung (als er merkt, daß die Verleihung eines Ordens ihm alles andere als unangenehm wäre, so wie der vestorbene Franz Karl Moor vorhergesagt hatte), als auch auf den pseudoessayistischen Seiten, die den Roman beenden, als er sich z.B. zu der fingierten Reinheit seiner Kontrahenten fragt:

> Erträgt er [Fink] diesen Reinheitsgrad nicht, weil der zu hoch angesetzt ist, also höher als überhaupt erfüllbar, also höher als wünschbar, oder erträgt er ihn nur nicht, weil er sich selber als so unverbesserlich schmutzig empfindet (FK377)?

Die Faszination, die von der Macht hervorgerufen wird, erlebt Fink als seine eigene schmutzige Seite. Trotzdem kann er sich dem Drang nicht entziehen, das besondere Machtgefühl zu genießen, das von der verbalen und nur im gemurmelten Monolog vollbrachten Erniedrigung des Gegners verursacht wird[20]. Die Bedeutung des Schimpfens wird in dieser Hinsicht von Fink selbst richtigerweise als eine vorläufige Inversion der Machtverhältnisse erkannt, und zwar durch die karnevalartige Desillusionierung des üblichen Erwartungshorizontes, der in den Mächtigen nur ehrenwerte und hochangesehene Figuren sieht. Dazu schreibt Fink im 'Tractatus':

> Er [Fink] mußte seine Gegner als das bezeichnen, was sie nach ihrem eigenen Verständnis und nach dem Urteil aller Zurechnungsfähigen am wenigstens beziehungsweise überhaupt nicht waren (FK 381).

Dem Schimpfen ist somit auch eine gewisse utopische Absicht durchaus nicht fremd, da es einen Wunsch nach radikaler Veränderung des *status quo* ausdrückt, der sich zuerst einmal äußert in der starren Geste des seine Schmähungen zwanghaft Aussprechenden. Gerade das Übergewicht der formalen im Vergleich zu den inhaltlichen Aspekten verdeutlicht, daß das Fluchen die letzte Hilfe des notleidenden Menschen als Individuum gegen die Fülle der Informationen und Meinungen ist, auf die der Mächtige zur Erhaltung und Verstärkung seiner Stellung angewiesen ist. Die ununterbrochene Beschimpfung des Stärkeren ist für Stefan Fink der neurotische Ausdruck seiner konkreten, sich im Scheitern aller seiner Versuche widerspiegelnden Ohnmacht. Der Willkür der Politiker, der Medien und der Kirchenvertreter kann er nur das eindeutige und unmißverständliche Zeichen der obszönen Sprache entgegensetzen, das von der hinterlistigen Ambiguität der Meinung so weit entfernt ist, weil es eben rein formaler Natur ist. Auf der klaren Erkenntnis seiner Außenseiterstellung baut Fink den bitteren Traum eines mächtigen Lebens auf, einen Traum, der sich zwar wegen der deutlich empfundenen Unwürdigkeit der Macht schon von Anfang an als illegitim und sündhaft erweist, bei dem aber der Träumende den Schimmer einer neuen Sprache ahnt, welche die fehlende Authentizität der instrumentalisierbaren Politik-

und Rechtssprache durch die phantasiereiche und frei kombinierbare Kraft des Fluchens ersetzen kann.

Daß die verbale Aggressivität es dem Schimpfenden ermöglicht, eine gewaltige Aura vorzutäuschen, die die bestehenden Machtverhältnisse scheinbar in Frage stellt, entnimmt man auch einer kurzen Szene aus dem Roman *Jagd*. Während Gottlieb Zürn vor einem Fahrkartenschalter im Münchner Hauptbahnhof Schlange steht, wird er von einem jüngeren Mann, der sich nicht angestellt hatte, plötzlich überholt. Zürns Einwand beantwortet der Andere mit einer raschen und unwiderlegbaren Beschimpfung: 'Ich hab nur 'ne Auskunft eingeholt, aber wenn Ihnen was nicht paßt, kriegen Se eine in die Fresse'[21]. Diesen Worten folgt sofort eine Polarisierung der Anwesenden nach klar erkennbaren Machtverhältnissen. Der beschimpfte Zürn bleibt allein und verlassen, da er auf den Drohenden nichts zu entgegnen weiß. Die Leute, die das Geschehene mitverfolgt haben, zeigen sich ihrerseits von der Grobheit des Gegners tief beeindruckt und verhalten sich mit ihm solidarisch: 'Da der Beschimpfende so jung und schön und stark war und seinen Satz so vollkommen ruhig und zielsicher gelandet hatte, waren alle, obwohl Gottlieb die gemeinsame Sache vertreten hatte, auf der Seite des Stärkeren'[22]. Dem Fluchenden – so könnte die von Stefan Fink dargelegte Dialektik der Verächtlichkeit lauten – ist zwar die Absicht eigen, seine Innerlichkeit gegen die Gewalt der Mächtigen zu schützen, doch auch der geheime Wunsch, deren unerreichbare charismatische Aura – und sei es nur für einen Augenblick – zu teilen.

Diese unlösbare Ambivalenz ist an einer eigenartigen Figur im Roman *Ein springender Brunnen* ebenso zu bemerken. Herr Seehahn, ein Stammkunde im Restaurant von Johanns Mutter, verbringt die Zeit an seinem Tisch, indem er einen ununterbrochenen Strom von Schimpfwörtern und Obszönitäten ausspricht, die einen grotesken Gegensatz zu seinem ständig lächelnden und freundlichen Gesichtsausdruck bilden. Diese unermüdlich ausgespuckten Wortketten sind so gut wie die einzige Beziehungsform, die Herrn Seehahn mit seiner Umgebung verbindet. Egal, ob man in der *Restauration* Weihnachten oder die Ernennung Hitlers zum Reichskanzler feiert, läßt sich Herr Seehahn keinesfalls von seinem Selbstgespräch abhalten, bis auf wenige Momente, in denen sich in seine Litanei andere Ausdrücke zufällig und wie unbewußt einflechten, wie ein 'Heil Hitler' anläßlich einer leidenschaftlichen Rede des Herrn Brugger oder ein 'Friede den Menschen, die guten Willens sind' am Weihnachtsabend. Und trotzdem ist dieser verdrehte Alkoholiker alles andere als gleichgültig gegenüber den politischen Entwicklungen in Deutschland und im Dorf Wasserburg. Wir erleben ihn, wie er am 30.1.1933, das Parteiabzeichen auf seiner Trachtenjacke statt eines Ordens, den er in den Tagen der Räterepublik bekommen hatte, mit den meisten Kunden aufsteht und die Hand zum Hitlergruß ausstreckt. Nur daß er nicht das Horst-Wessel-Lied wie die anderen singt, sondern seine wütende Schimpftirade unbeirrbar fortsetzt. Nach dem Krieg sehen wir ihn für die Franzosen arbeiten, und beschlagnahmte Gegenstände in Listen eintragen, die dann für die Rückgabe solcher Waren an ihre Besitzer nützlich gewesen wären. Nur daß er beim Verfassen dieser Listen heftiger als sonst flucht, 'als antworte er', so bemerkt Johann, als er ihn wieder trifft, 'auf eine ganz scheußliche Erfahrung, die er gerade hatte machen müssen. […] Johann hätte am liebsten nach der Art seines Vaters gesagt: Herr Seehahn, ich staune'[23].

Was uns dazu bewegt, die Beschimpfungsausbrüche einer solchen Figur, die im Gegensatz zu Stefan Fink zu keinem direkten Zusammenstoß mit der Macht kommt, als Anzeichen einer widersprüchlichen Beziehung zur Macht selbst aufzufassen, ist hauptsächlich die tiefe Sympathie, die der kleine so wie der erwachsen werdende Johann für sie empfindet. Herr Seehahn zieht mit der fast hypnotischen Gewalt seiner Monologe Johann dermaßen an, daß diese unverständliche Aneinanderreihung von Schimpfwörtern auf den Jungen eine echte musikalische Wirkung ausübt. Zusammen mit anderen Merkmalen dieses sich nie anders ausdrückenden Stammkunden, z.B. dem unbestimmbaren Geruch seines Zimmers, verleiht diese Wirkung Herrn Seehahn eine faszinierende und aufregende Ausstrahlung. So wie dies schon in *Finks Krieg* der Fall war, finden wir im übrigen auch in diesem Roman einen Parallelismus zwischen dem Akt des Fluchens und dem der Selbstbefriedigung, nämlich dort wo Johann sein sexuelles Erwachen und die Unruhe, die das Zirkusmädchen Anita in ihm hervorgerufen hat, mit Hilfe einer nur ihm selbst zugänglichen Musik steigert, die den leisen Wortausbrüchen des Herrn Seehahn sehr ähnlich ist. 'Einen Herr-Seehahn-Takt. Ja, wie Herr Seehahn kam er sich vor bei seinem Silbenausstoß und Satzfetzenausstoß'[24]. Nun ist Johann derjenige unter den von Martin Walser dargestellten Einwohnern von Wasserburg, der die Freiheit seines Innenlebens am entschiedensten pflegt und verteidigt, und doch der Faszination der reinen Stärke, so wie sie sich z.B. in den naiven Reden seines Spielkameraden Adolf äußert, gleichzeitig am meisten ausgesetzt ist.

Die gesamte Romanhandlung fällt zweifellos mit der Bildungsgeschichte Johanns zusammen, der am Ende den Wert und die Breite seines individuellen Gewissens wahrnimmt, und begreift, daß die Sprache die passendste Form zum Verständnis und Ausdruck des Gewissens selbst ist. Eine Sprache, die zur Sphäre der Dichtung gehört, und sich als Alternative zur politischen Rhetorik konstituiert. Tatsache ist aber auch, dass Johann die martialische Haltung, die man bei der Familie Brugger spürt, bewundert – wenn auch nicht ohne ein gewisses Schaudern. Wenn Adolf durch seine selbstsicheren Taten die Schar der Mitschüler beeindruckt und für sich gewinnt, erhält er Johanns uneingeschränkte Anerkennung. Nicht, daß die gewaltige Sprache der Macht die Entwicklung von Johann schließlich in irgendeiner Weise prägt. Die Dialektik von Abstoß und Bezauberung gegenüber der Macht ist ihm aber keinesfalls unbekannt, und wird u.a. gerade durch seine Anfälligkeit für die unaufhaltsamen Schimpfreden von Herrn Seehahn wiedergespiegelt. *Ein springender Brunnen* kündigt offensichtlich auch eine mögliche Lösung dieser Dialektik an. Als eine solche Lösung ist das solidarische und gemeinschaftliche Zusammenleben der Dorfbewohner letzten Endes anzusehen. Der abstrakten und totalitären Struktur der Politik wird damit die konkrete Erfahrung einer kleinen Gesellschaft entgegengesetzt, deren Bindungen auf dem alltäglichen gegenseitigen Vertrauen beruhen. Die Rückkehr zur Kindheit gilt durchaus auch einer versöhnten Heimat, wo die politischen und sozialen Probleme, die vom Autor keineswegs verschwiegen werden, durch den Entwurf einer friedlichen Gemeinschaft aufgehoben werden, in der jede Bedingung fehlt, welche den typischen Denkstrukturen und Unterdrückungsmechanismen der Macht zur Geltung verhelfen könnte[25].

Mit der Verwendung einer gezielten Beschimpfungsstrategie in der künstlerischen Rede ist schließlich die Frage nach dem Ausblenden unangenehmer Realitäten innerhalb einiger Werke Walsers mit Sicherheit eng verbunden. Dabei handelt es sich um eine Tendenz, die typisch und konstitutiv für eine unpolitische Weltanschauung ist, wie sie Walser gegen das Eindringungspotential der Macht ausdrücklich vertreten hat. Diese Frage wäre aber vielmehr vor dem Hintergrund der erzählerischen Dialektik Walsers zu analysieren, so wie aufgrund der spezifischen Funktionen, die ihr im Rahmen seines Werks zuteil werden. Das Ausblenden wird nämlich von Walser weniger praktiziert als thematisiert[26]. Das Wegschauen ist sicher im Grunde ein Ausdruck der Schwierigkeit, mit den bestehenden Machtverhältnissen zurechtzukommen, wie am Beispiel des Schimpfens hier dargelegt wurde. Dadurch, daß diese Neigung bewußt problematisiert wird, wird sie aber in eine höhere Dimension erhoben, wo sie als Mittel zur Erhaltung der machtgeschützen Innerlichkeit eingesetzt wird, um ein Wort Thomas Manns erneut zu benutzen. Es wäre dann angemessen, nicht von Ausblenden, sondern von Romanform als bewußter Inszenierung eines dialektischen Widerspruchs zu reden, ein Widerspruch, der durch die Bindung des Subjektes an eine über die Grenzen des Subjektiven hinausgehende Gemeinschaft episch gelöst wird, oder – wie das in *Finks Krieg* der Fall ist – durch die spielerische und fingierte Inversion der gegebenen Machtverhältnisse.

Anmerkungen

1 Vgl. 'Xaver tat wieder, als sei er nicht da. So nicht, Herr Dr. Meichle! Herr Dr. Gleitze! Frau Doktor! Nicht mit ihm! Ihr könnt ihn alle am Arsch lecken!' (Martin Walser, *Seelenarbeit*, in: ders., *Werke in zwölf Bänden*, hrsg. von Helmuth Kiesel, Suhrkamp: Frankfurt am Main, 1997, Bd. 5, S. 5-268, hier: S. 153).

2 Ebd.

3 Frank Pilipp ('Scatological Reality and Humor in Martin Walser's *The Inner Man*', *South Atlantic Review*, 62 (1997), 65-78) betont die enge Verbindung zwischen Zürns problematischer Identität und der gespannten, aus der Häufigkeit der skatologischen Anspielungen ersichtlichen Aufmerksamkeit, mit der dieser die mühevolle Arbeit seines Darms verfolgt. Die Unanehmlichkeiten, die Xaver Zürn im Umgang mit seinen Exkrementen immer wieder zustoßen, brächten seine fehlende Autonomie zum Ausdruck, so wie die Ohnmacht seinem Arbeitgeber gegenüber, der nicht zufällig ein lockeres Verhältnis zu jeder Art von körperlichen Ausscheidungen hat. Der identitätsstiftende Charakter der skatologischen Sphäre, welche einen relevanten Teil des von uns untersuchten Beschimpfungsrepertoires ausmacht, wird von Zürn auf der primären Ebene der Körperfunktionen und jenseits jeglicher sprachlicher Vermittlung intensiv erlebt. Zuzustimmen ist Pilipps Ansicht, Darmentleerung könne in *Seelenarbeit* 'in a metaphorical sense as an act of self-actualization or rebirth' verstanden werden (S. 71).

4 Martin Walser, *Ich vertraue. Querfeldein. Reden und Aufsätze*, Suhrkamp: Frankfurt am Main, 2000, S. 16.

5 Zur schützenden Funktion, die dem Heimatmotiv im Werk Walsers zugesprochen wird, vgl. Jürgen Bongartz, *Der Heimatbegriff bei Martin Walser*, Köln 1996 (Diss.). Nach Joanna Jablkowska ("Brocken, die heilig geworden sind. Zu Martin

Walsers Heimatbewußtsein", in: Wolfgang Braungart und Manfred Koch, hrsg., *Ästhetische und religiöse Erfahrungen der Jahrhundertwenden. III: um 2000*, Schöningh: Paderborn u.a., 2000, 99-117) ist die Hauptaufgabe des Heimatgefühls in Walsers Prosa darin zu sehen, daß es jeder zentrifugalen Kraft (politischer so wie sexueller Natur) im Leben des Subjektes Einhalt gebietet. Siehe auch Gerald Fetz' Beitrag in diesem Band.

[6] Sehr kritisch dazu Stuart Taberner, 'A Manifesto for Germany's "New Right"? Martin Walser, the Past, Transcendence, Aesthetics, and *Ein springender Brunnen*', *German Life and Letters*, 53 (2000), 126-141. Im 1998 erschienenen autobiographischen Roman bestehe Walser auf einen gegenaufklärerischen Gemeinschaftbegriff, dessen Faszination in einer trügerischen, auf den konventionellen Höhepunkten deutscher Literatur beruhenden kulturellen Konstruktion verwurzelt sei, welche die Idee eines immergültigen, von der einmaligen und jedenfalls nicht mehr wiederholbaren Ausartung der Diktatur unberührten *geheimen Deutschlands* vermitteln sollte.

[7] Martin Walser, *Ich vertraue. Querfeldein*, a.a.O., S. 19.

[8] 'Der edle Hecker, unsere Geschichte, wir, beziehungsweise du oder ich', ebd., S. 75.

[9] 'Über Macht und Gegenmacht', in: Martin Walser, *Werke in zwölf Bänden*, a.a.O., Bd. 11, S. 796.

[10] Ebd., S. 799.

[11] Vgl. dazu Reinhard Baumgart, 'Wieder eine Kindheit verteidigt. Eine Kritik zu Martin Walsers *Ein springender Brunnen* mit fünf späteren Zwischenreden', in: Dieter Borchmeyer, hrsg., *Signaturen der Gegenwartsliteratur. Festschrift für Walter Hinderer*, Königshausen & Neumann: Würzburg, 1999, 83-88. Zum Problem der Fälschbarkeit der Erinnerung unter besonderer Berücksichtigung der Behandlung der subjektiven Vergangenheit in *Ein springender Brunnen* siehe auch Barbara Bauer, 'Martin Walsers Roman *Ein springender Brunnen*, ein Resonanzraum anderer Autobiographien der Jahrgänge 1927/28', in: Michael Ewert und Martin Vialon, hrsg., *Konvergenzen. Studien zur deutschen und europäischen Literatur. Festschrift für E. Theodor Voss*, Königshausen & Neumann: Würzburg, 2000, 188-209.

[12] 'Der edle Hecker, unsere Geschichte, wir, beziehungsweise du oder ich', a.a.O., S. 75.

[13] 'In den April geschickt', in: Martin Walser, *Werke in zwölf Bänden*, a.a.O., Bd. 11, S. 764.

[14] Wichtige Beiträge zu einer angemessenen Darstellung der ideologischen Hintergründe und rhetorischen Konventionen, die man im Umgang mit der Paulskirchenrede zu beachten hat, sind diejenigen von Karl Prümm, 'Vergangenheit ohne Bilder? Martin Walsers Konzept der Erinnerung in dem Roman *Ein springender Brunnen* (1998) und in seiner Rede nach der Verleihung des Friedenspreises des Deutschen Buchhandels', in: Julia Bertschik u.a., Hrsg., *Produktivität des Gegensätzlichen. Studien zur Literatur des 19. und 20. Jahrhunderts. Festschrift für Horst Denkler zum 65. Geburtstag*, Niemeyer: Tübingen, 2000, 267-274; Dieter Borchmeyer, *Martin Walser und die Öffentlichkeit*, Suhrkamp: Frankfurt am Main, 2001; Bettina Schubarth, '"Das hohe Lied des Nihilismus singen"'. Ironie in Martin Walsers Friedenspreisrede', *Zeitschrift für Literaturwissenschaft und Linguistik*, 31 (2001), Heft 123, 123-137; Alexander Mathäs, 'The Presence of the Past: Martin Walser on Memoirs and Memorials', *German Studies Review*, 25 (2002), 1-22.

[15] 'Antigone oder die Unvernunft des Gewissens', in: Martin Walser, *Werke in zwölf Bänden*, a.a.O., Bd. 11, S. 939.

[16] Ders., *Ich vertraue. Querfeldein*, a.a.O., S. 148.

[17] 'Orwell + Kafka + Beckett...', in: ders., *Werke in zwölf Bänden*, a.a.O., Bd. 11, S. 706.

[18] Ders., *Werke in zwölf Bänden*, a.a.O., Bd. 11, S. 766.

[19] *Finks Krieg*, in: ders., *Werke in zwölf Bänden*, a.a.O., Bd. 7, S.161-395, hier: S.184. Im foglenden wird der Roman zitiert im Text als 'FK' mit Seitenangabe.

[20] Wichtiges dazu in Wolfgang Schaller, 'Verblendung und Einsicht. Literarisch vermittelte Handlungs- und Selbstdeutungsmuster der Protagonisten in Martin Walsers Romanen *Brandung* und *Finks Krieg*', *Germanistische Mitteilungen*, 53 (2001), 21-45. Der intertextuelle Bezug auf Kleists *Michael Kohlhaas* und vielmehr auf Kafkas *Prozess* erlaube, die Leidensgeschichte Stefan Finks auf dessen mangelndes Gefühl der eigenen Legitimation gegenüber den Machthabern zurückzuführen.

[21] Ders., *Werke in zwölf Bänden*, a.a.O., Bd. 4, S. 560.

[22] Ebd., S. 560-561.

[23] Martin Walser, *Ein springender Brunnen*, Suhrkamp: Frankfurt am Main, 1998, S. 377.

[24] Ebd., S. 204.

[25] Vgl. Stuart Taberner,'"Deutsche Geschichte darf auch einmal gutgehen": Martin Walser, Auschwitz, and the 'German Question' from *Ehen in Philippsburg* to *Ein springender Brunnen*', in: Helmut Schmitz, ed., *German Culture and the Uncomfortable Past. Representations of National Socialism in contemporary Germanic Literature*, Ashgate: Aldershot u.a., 2001, 45-64. Taberner ist eine akribische Untersuchung des äußerst komplexen Verhältnisses der kleinen Gemeinschaft von Wasserburg zur nationalsozialistischen Propaganda zu verdanken. Sein Beitrag zeigt einleuchtend, wie sich im Verhalten der einzelnen Dorfbewohner antikapitalistische Instinkte mit dem entgegengesetzten und zugleich komplementären Bedürfnis fast unauflöslich verflechten, die eigene Stellung innerhalb des kapitalistischen Wachstums der Dreißiger Jahre zu verstärken. Von solch einer differenzierten Analyse hätte man allerdings eine eingehendere und ausgeglichenere Behandlung der Friedenspreisrede erwartet, die von der landläufigen Anprangerung Walserschen 'Wegschauens' abgesehen hätte. Die Vielschichtigkeit des Wasserburger Milieus scheint dagegen Joanna Jablkowska (*Zwischen Heimat und Nation. Das deutsche Paradigma? Zu Martin Walser*, Stauffenburg: Tübingen, 2001) zu entgehen, die die Entwicklung Johanns meistens vor dem Hintergrund seiner inneren Empfindungen oder aus der begrenzten Perspektive seiner privaten Familiengeschichte auswertet (vgl im besonderen S. 265-282).

[26] Nur zuzustimmen ist Alexander Mathäs, a.a.O., dort, wo er zur Aufnahme der Paulskirchenrede schreibt: 'Many critics reacted as if Walser had simply been expressing his impatience with the persistence of the past. They did not take into account that the writer questions rather than postulates what he feels' (S. 13).

Stefan Willer

Öffentliche Rede als Inszenierung abwesender Autorschaft: Selbstverdoppelung und Selbstgespräch bei Martin Walser

Martin Walser's public speeches as well as his novels deal with the problems and aporias of literary engagement. Walser's awareness of these problems produces ambiguous figures of authorship in his works. In the 1998 programmatic novel *Ein springender Brunnen*, he arranges a key scene for his writing: the doubling of his protagonist, the child Johann. Analogous procedures of self-dissociation and self-doubling can be found in the most recent public speeches, among others the controversial 1998 Frankfurt speech. The article aims at a closer understanding of Walser's rhetoric of soliloquy.

1.

Der öffentlich redende Autor ist der exemplarisch anwesende Autor: der Intellektuelle auf dem Podium, der engagiert Position bezieht. Zu seiner Sprechhaltung gehört die Adresse an ein gleichzeitig anwesendes oder doch als kopräsent vorgestelltes Publikum. Die öffentliche Rede tilgt die Abwesenheit, die das Signum aller Schrift darstellt und auf deren Inszenierung sich vor allem die literarische Schrift versteht. Die öffentliche Rede des literarischen Autors ist also immer auch der Versuch einer Rücknahme jener Abwesenheit, einer Re-Oralisierung des Literalen; sie verspricht Abhilfe gegenüber der Mangelstruktur, auf welcher Literatur beruht. Engagement ist die Replik auf die Entzugsbewegungen literarischer Autorschaft. Nur kann es sich nicht darüber hinwegtäuschen, dass es diese Abhilfe auf dem Feld des Literarischen selbst nicht wirklich gewähren kann. Gerade wo öffentliche Rede gelingt, wird sie zum Monument jenes Mangels. Das Podium des engagierten Autors ist somit zugleich 'Grabmal des Intellektuellen', um den Titel eines Aufsatzes von Jean-François Lyotard zu zitieren.[1]

Mangel ist ein Martin-Walserscher Terminus technicus. Walser hat ihn zum Kern seiner literarischen Anthropologie gemacht und seinem Schreiben damit einen doppelten Antrieb gegeben: das 'Wunschpotential'[2] nach einem nicht mehr mangelhaften Zustand und, *ineins damit*, die Zurückweisung dieses Wunsches, das heißt die Bekräftigung des Mangels durch den Ausdruck, den man ihm verleiht. Genau diese Doppelung findet sich in Walsers Poetik öffentlichen Redens, um die es im folgenden gehen soll. Martin Walser ist einer der am meisten publizierenden und am meisten gehörten deutschen Autoren der letzten Jahrzehnte, und zugleich einer derjenigen, die das Konzept öffentlicher Meinungsäußerung am beharrlichsten angezweifelt haben. Immer wieder hat er sich an Debatten beteiligt – wenn nicht sie angestoßen –, die für eine Logik gesellschaftspolitischer Stellungnahmen zumindest vereinnahmt werden konnten, und dennoch hat er sich dieser Logik immerfort widersetzt.[3]

Den nachdrücklichsten Einspruch in dieser Hinsicht formulieren gewiss Walsers Romane. So scheinen es auch die folgenden Sätze aus Walsers Versuch 'Über das Selbstgespräch' nahezulegen: 'Natürlich kommen Romanfiguren nicht ohne Meinungen aus. Aber aus allen Meinungen aller Figuren eines Romans ergibt sich nicht die Meinung des Autors. Ein Roman darf schlechterdings nicht auf eine Meinung hinauslaufen. Das weiß jeder Romanautor, ohne daß er wissen muß, daß er es weiß.'[4] Es greift allerdings zu kurz, aus dieser Feststellung eine deutliche Trennung der Verantwortlichkeiten des Romanciers und des öffentlichen Redners abzuleiten, vielleicht sogar im Sinne einer Verteilung von Zuständigkeiten und Redegattungen, wie sie Lyotard zu Beginn der 80er Jahre in dem genannten Aufsatz letztlich forderte: Demnach wäre nach dem Ende der Großen Erzählungen, nach dem Abdanken einer 'pensée de l'universalité', jedes intellektuelle Engagement unmöglich, weil es in einem ausdifferenzierten System künstlerischer, wissenschaftlicher und politischer Zuständigkeiten eine 'Anmaßung' ('empiètement') von Verantwortung darstellte.[5]

Walsers Reserve gegenüber der Festlegung auf 'Meinungen' führt demgegenüber nicht zu einer Parzellierung von Verantwortungen und zum Verzicht auf Einmischung. Gerade als meinungsfreier, vorsichtiger gesagt: Meinungen immerfort zurückweisender und überspielender Diskurs ist seine öffentliche Rede integraler Teil seines literarischen Schreibens. Der Text 'Über das Selbstgespräch' fährt an der zitierten Stelle fort: 'Selbst ein Theaterstück darf nicht auf eine Meinung hinauslaufen. Und – möchte ich heute wünschen – eine Rede und ein Aufsatz eben auch nicht.'[6] An diese Zusammenfassung von Reden und Romanen im Sinne *eines* literarischen Projekts – mit den ihm innewohnenden Widersprüchlichkeiten – schließen die folgenden Überlegungen zu Walsers Poetik der öffentlichen Rede an. Daher zunächst ein Blick auf den *Springenden Brunnen*.

2.

In diesem Roman aus dem Jahr 1998 (der sich, aller biographischen Anschließbarkeit zum Trotz, selbst nicht als Autobiographie ausweist) ist eine Urszene schriftstellerischer Selbstwerdung in phantastischer Weise verknüpft mit einer Abwesenheit des Autors. Kurz nach seiner Erstkommunion verlässt der Protagonist, das Kind Johann, heimlich sein Elternhaus, um einem Wanderzirkus nachzureisen – und vor allem dem Artistenkind Anita, deren Achselhöhlen und Schenkelinnenseiten zum Gegenstand der ersten erotischen Phantasien Johanns geworden sind. Einen Tag und eine Nacht lang bleibt er von seinem Heimatdorf Wasserburg fort, sucht und findet Anita im Nachbarort, wohnt dort ein weiteres Mal der Zirkusvorstellung bei, übernachtet nach einer letzten Begegnung mit Anita in einer leerstehenden Fischerhütte und kehrt am nächsten Morgen nachhause zurück. Die dort von ihm erwartete Aufregung ist ausgeblieben: Niemand hat Johann vermisst. Das liegt, wie er allmählich herausfindet, daran, dass er, obwohl abwesend, dennoch nicht verschwunden war: Ein anderes Ich, ein Doppelgänger, hatte seine Stelle eingenommen, beargwöhnt einzig und allein von Johanns Hund. Der Roman legt die Vermutung nahe, dass es sich bei dem Doppelgänger um den von der Mutter immerfort berufenen Schutzengel gehandelt habe. Dieses zweite Ich hat sich nun in Johanns Namen nicht nur als besonders fleißiger Helfer in Haus und Garten, sondern vor allem auch als Autor hervorgetan:

> Johann öffnete die Schultasche, holte die Hefte heraus, die er gerade in Gebrauch hatte, Rechnen und Aufsatz und Erdkunde und Geschichte. Er schlug das Aufsatzheft auf und las einen Aufsatz, den er nicht geschrieben hatte: Wieviel Heimat braucht der Mensch. Das Datum von gestern. Und Johanns Schrift.[7]

Dieser Aufsatz, der mit den Worten beginnt 'Ohne Heimat ist der Mensch ein elendes Ding' und fortfährt 'Es gibt immer zu wenig Heimat', löst sich von einem nationalistischen Heimatbegriff zugunsten eines Perspektivismus des *jeweils* Eigenen: 'Aber jeder muß wissen, daß nicht nur er Heimat braucht, sondern andere auch.' Der 'rote Mann' Karl Mays wird zur Instanz dieses Perspektivismus, und auf diesem Weg entpuppt sich der Aufsatz an seinem Ende als vehemente Kritik an der nationalsozialistischen Rassenideologie: 'Die weiße Rasse tut, als sei sie etwas Besseres. Solange sie andere Rassen vernichtet, ist sie etwas Minderes, ist sie schlimmer als jede andere Rasse. Und christlich ist sie dann auch nur dem Namen nach.'[8] Wie Johann nach der Lektüre in Erfahrung bringt, hat sein Doppelgänger diesen Aufsatz im Unterricht nicht nur verlesen, sondern auch 'unbändig gut [...] verteidigen können', so dass der Lehrer, 'als er anfing, Johann über Heimat und Rasse zu belehren, gar nicht mehr viel zu melden gehabt' habe und schließlich mit dem Satz kapitulierte: 'Recht hast du natürlich nicht, aber reden kannst du schon ganz gut'.[9]

Der engagierte Autor, als der Johann hier in Erscheinung tritt, ist also nicht er selbst, sondern ein Substitut, ein Alter ego. Das poetologische Gewicht dieser Passage des *Springenden Brunnens* zeigt sich nun dadurch, dass gleichzeitig mit der Geburt des engagierten Schreibens aus der Abwesenheit des Schriftstellers eine zweite Ursprungsszene der Autorschaft stattfindet. Diese betrifft den eigentlichen Johann (aber kann man sich wirklich sicher sein, dass es sich dabei um den eigentlichen handelt, um Ego statt um Alter ego? führt nicht Doppelgängerschaft die bange Vermutung mit sich, dass es *zwei* Doubles gibt statt Original und Kopie?[10]): den von daheim ausgerissenen Johann also, dessen Zustand ebenfalls im Zeichen der Abwesenheit steht. Worum es hier geht, ist das Problem des Sich-Aussprechens. Johann erlebt es, als er mit Anita auf einer Bank am Seeufer sitzt:

> Man weiß genau, was man nicht sagen kann. Und das, was man am liebsten sagen würde, ist das, was man am wenigsten sagen kann. Unaussprechbare Sätze fielen ihm ein. In den Gedichtbüchern, die vom Vater übriggeblieben waren, in denen er jetzt fast lieber las als im Karl May, gab es Sätze, die er auch gern gesagt hätte. Zu Anita gesagt hätte. Aber die waren unaussprechbar. Es fiele auf, daß die ein anderer für eine andere geschrieben hatte. Selber welche machen. Den Mund aufmachen, sich darauf verlassen, daß etwas herauskäme, was in diesem Augenblick möglich wäre [...].[11]

Es bleibt aber beim Konjunktiv dieser Möglichkeit: Johann macht den Mund nicht auf, um etwas 'selber Gemachtes' in Anitas Gegenwart an sie zu adressieren. Die schöpferische Urszene, die statt dessen folgt, ist in allem als das Gegenteil von Selbstverantwortlichkeit, Adresse, Kommunikation stilisiert. Vielmehr erfüllt sie alle Bedingungen einer veritablen poetischen Inspiration, und diese Inspiration bringt Zeilen hervor, die vom Mangel sprechen:

> Dann saß er auf der Bank, auf der er mit Anita gesessen hatte. Jetzt ging ihm zwar nicht der Mund auf, aber in seinem Kopf bildeten sich zwei Zeilen:
>
> > Oh, daß ich einsam ward
> > So früh am Tage schon.
>
> Er wehrte sich nicht dagegen, daß diese zwei Zeilen sich immer wieder aufsagten in ihm. Er ließ es sogar zu, daß sie ihm in den Mund und über die Lippen kamen. Leise zwar, aber er hörte es doch, wie er immer wieder und jedesmal mit einem Zustimmungsgefühl sagte:
>
> > Oh, daß ich einsam ward
> > So früh am Tage schon.[12]

Die Zeilen sagen sich *in ihm* auf: Johann ist nicht Erfinder, sondern Gefäß des Gedichts, sein Resonanzraum und Medium. Trotzdem steht

Johanns Bekenntnis zur Autorschaft an diesen Zeilen nicht zur Debatte. Es ist, oder jedenfalls: es wird, *sein* Gedicht, was sich im symbolisch mehrfach determinierten Akt der Niederschrift zeigt, den er später zuhause vornimmt. Johann, der Gastwirtssohn, benutzt dafür ein 'nicht mehr gebrauchtes Wareneingangsbuch', das '[r]iesige leere Flächen [...] unter der brüchigen Handschrift der Mutter' aufweist. Unter diese Aufzeichnungen der mütterlich-ökonomischen Logik zieht Johann 'einen Strich vom linken bis zum rechten Rand', um dann 'eher in der Schreibart des Vaters' zu schreiben,[13] des früh verstorbenen spekulativen Träumers, dessen Hinterlassenschaft an den Sohn die Vorstellung eines 'Wörterbaums' ist. An den Ästen dieses Baums hängen (oder 'schweben') all jene evokativen, magischen Wörter, die von der sowohl benennenden als auch anschaulichen, also von der poetischen Kraft der Sprache zeugen; und an diesem Baum, so wird es in Aussicht gestellt, wird auch das von Johann Gedichtete seinen imaginären Platz finden. Auffällig ist der Solipsismus dieses Sprach-Bildes: Hier hat Johann eine Sprache *nur für sich*; 'In dieser Sprache würde er sich einschließen, sobald es hier nicht mehr auszuhalten war.'[14]

Angesichts des breiten Raums, den diese Anschauung von Sprache im *Springenden Brunnen* immer wieder findet, muss die Geschichte vom zweiten, engagierten Autor-Ich nachhaltig irritieren. Die poetologische Pointe der gesamten Passage liegt aber darin, dass die eine Version von Autorschaft mit der anderen in einem komplexen Verhältnis des Wechsels, des Austauschs und der Stellvertretung steht. Es geht also gerade um die Art und Weise, wie sich beide gegenseitig perspektivieren, supplementieren und wie sie einander ins Wort fallen. Was hier gezeigt wird, ist ein doppelter Ursprung von Autorschaft in solipsistischer und öffentlicher Rede. Zwischen beiden soll eine deutliche Unterscheidung gezogen werden, die sich aber in der Figur Johanns nicht aufrechterhalten lässt. Dasselbe, strukturell unheimliche, Verhältnis nichtidentischer Identität, das zwischen Johann und seinem Doppelgänger herrscht, herrscht auch zwischen den beiden Redeweisen. Die auf Präsenz setzende Sprache des Engagements ist eine in Abwesenheit gesprochene Sprache – dies jedoch macht nur um so deutlicher, dass auch die begehrte *eigene* Sprache der Poesie eine von vornherein *enteignete* ist, dass also Johanns Interesse an den Wörtern und sein beginnendes Sprachbewusstsein von dem Konzept einer vor-, über- oder außerindividuellen Sprache bestimmt ist. Die in Abwesenheit entstandene Schrift und die unwillkürlich aufsteigenden Zeilen markieren zwei unterschiedliche, aber einander ergänzende Formen der Rede, die *beide* das Konzept einer voll bewussten, voll verantwortlichen Autorschaft in Frage stellen.

3.

Johanns Doppelgängertum liest sich als Sinnbild der Poetik öffentlicher Rede bei Martin Walser. Was ist mit dieser Behauptung gesagt? Wenn man sich Walsers Reden und Aufsätzen vor dem Hintergrund des *Springenden Brunnens* nähert, liegt der Verdacht nahe, man stelle dem Autor – oder dieser sich selbst – einen Blankoscheck für alle denkbaren fragwürdigen Äußerungen aus, weil sich im Spiel der Doubles die Instanz des verantwortlichen Autors entziehe und es letztlich die Sprache selbst sei, die sich durch den Schriftsteller hindurch artikuliere. Doch auch wenn Walser im Roman den doppelten Ursprung seines eigenen Schreibens erzählt, so ist er doch anders als Johann kein Autor, der 'der Sprache' ohne weiteres ausgesetzt wäre, sondern einer, der immerfort darüber reflektiert, dass dem so sei, beziehungsweise ob dem wirklich so sei und was daraus folge. Gerade aus dieser Dauer-Reflexion ergeben sich jedoch Formen der Selbstdistanzierung, die den Gegenwärtigkeitsgestus öffentlicher Positionsnahme nachhaltig dementieren.

Es geht hier nicht nur um Walsers Skepsis gegenüber dem Bekunden von Meinungen. Diese Skepsis ist spätestens seit Ende der 70er Jahre, seit Walsers Abwendung von im engeren Sinne marxistischen Theoremen oder Ideologemen, ein geläufiges Argument seiner Essayistik – wie mittlerweile scheinen mag: ein vielleicht zu gut installierter Topos der Selbstzurücknahme. Einer der ersten Texte, in denen Walser darauf zu sprechen kommt, ist der 1979 zuerst in der *Frankfurter Rundschau* abgedruckte Aufsatz 'Händedruck mit Gespenstern'. Wenn man näher hinsieht, wie dort jener Topos eingebettet ist, wird der Anschluss an das Doppelgänger-Problem des *Springenden Brunnens* bald deutlich. Thema des Aufsatzes ist die Kohärenz und Konsistenz von einmal geäußerten Meinungen. Diese werde zwar von öffentlich Redenden gefordert, sei aber nur um den Preis der Unaufrichtigkeit zu haben. Dagegen wird als Forderung gesetzt, in allem Reden das Gebot zu erfüllen: Du sollst nicht lügen. Wer dies versuche, müsse sich wohl oder übel dem Problem des 'wirklichen Widerspruch[s]'[15] stellen, das heißt des Selbstwiderspruchs, des Andrangs von nicht gewünschten, verdrängten Ansichtern, die als 'Gedankengespenster und Meinungsmonster'[16] bezeichnet werden.

Was dabei aber vor allem gespenstisch wird – vielleicht auch monströs –, ist die Instanz des sich so in seine Widersprüche verstrickenden Autors. 'Es geht', so heißt es eingangs in dem Aufsatz, 'um den persönlichen Anteil, den Äußerungen, die in der ersten Person getan werden, haben (sollen) oder nicht haben (sollen).'[17] Die folgenden Erkundungen finden nun aber gerade nicht in der ersten Person statt: 'Es empfiehlt sich, vorübergehend in der dritten Person zu bleiben. Eben weil Weitergehendes in der ersten Person leicht unglaubwürdig wirkt. Also: Einer kann die Meinungen, die er öffentlich geäußert hat, nicht zurücknehmen, aber er kann sie auch nicht mehr so vortragen wie etwa zehn Jahre vorher. Seine Meinungen und er sind einander ein bißchen fremder geworden.'[18] Kurz darauf heißt es: 'er merkt sogar, daß in ihm ein Abstand entstanden ist zu sich.'[19] Dieser Abstand ist offenkundig nicht nur einer der zeitlichen Distanz zwischen früher Geäußertem und jetzt für äußerungswürdig Befundenem, sondern auch einer, der das hier vollführte Sprechen selbst kennzeichnet – der Abstand zwischen erster und dritter Person. Das Ich des öffentlichen Redners, das sich selbst über seine Aussprechbarkeit befragt, hat sich im Zuge dieser Befragung dissoziiert.

Eine solche Rhetorik des Abstands kennzeichnet auch denjenigen Text, auf den sich wie von selbst das Augenmerk richtet, wenn es um Martin Walsers öffentliches Reden geht: auf die 'Erfahrungen beim Verfassen einer Sonntagsrede'. Den Titel in dieser Form zu nennen statt nur abgekürzt von der Friedenspreis- oder der Paulskirchenrede zu sprechen, ist im Zusammenhang der hier vorgestellten Überlegungen nicht unwichtig. Denn schon in der Überschrift findet sich eine mehrfache Distanznahme von einer präsentischen Redesituation: Die Pragmatik der Dankrede des Friedenspreisträgers wird ironisiert zur 'Sonntagsrede'; das Geredete wird als etwas 'Verfasstes' hervorgehoben, ihm wird also die vermeintliche Unmittelbarkeit des mündlichen Vortrags entzogen; und zudem kündigt der Titel gar nicht die Rede selbst an, sondern die im Zuge ihres Verfasst-Werdens gemachten 'Erfahrungen'. Von einer solchen Distanznahme ist die Rede als ganze gekennzeichnet: nicht zuletzt in ihren politisch prekärsten Passagen, also denjenigen, die in der sogenannten Walser-Bubis-Debatte der folgenden Monate wieder und wieder angeführt wurden, um Walsers Haltung zur gesellschaftlichen Unverfügbarkeit von Erinnerung und Gewissen zu belegen. Das oft Zitierte sei hier nochmals zitiert, allerdings mit einigen Kursivierungen, die nicht das Gemeinte, sondern die Art des Meinens hervorheben:

> Kein ernstzunehmender Mensch leugnet Auschwitz; kein noch zurechnungsfähiger Mensch deutelt an der Grauenhaftigkeit von Auschwitz herum; wenn mir aber jeden Tag in den Medien diese Vergangenheit vorgehalten wird, *merke ich*, daß sich *in mir etwas* gegen diese

Dauerpräsentation unserer Schande wehrt. Anstatt dankbar zu sein für die unaufhörliche Präsentation unserer Schande, fange ich an wegzuschauen. *Ich möchte verstehen, warum* in diesem Jahrzehnt die Vergangenheit präsentiert wird wie noch nie zuvor. Wenn ich *merke*, daß sich *in mir etwas* dagegen wehrt, *versuche ich*, die Vorhaltung unserer Schande auf Motive hin abzuhören, und *bin fast froh*, wenn ich *glaube, entdecken zu können*, daß öfter nicht mehr das Gedenken, das Nichtvergessendürfen das Motiv ist, sondern die Instrumentalisierung unserer Schande zu gegenwärtigen Zwecken.[20]

Für unerheblich wird man diese eingezogenen Filter des Merkens, Versuchens und Glaubens, des 'Etwas' und des 'Fast' nur halten können, wenn man gewisse, sicherlich nicht mehr sonderlich avancierte text- und medientheoretische Erkenntnisse zum Zusammenhang von Medium und Botschaft für überflüssig hält. Die Frage ist also: was bewirkt diese Art der meinungsskeptischen Selbstthematisierung des Meinens und Dafürhaltens? Die Antwort liegt im Textbefund selbst: Was so entsteht, ist ein andauerndes Hadern mit den eigenen Intentionen, ein fortwährendes Sich-selbst-ins-Wort-Fallen – und somit auch hier wieder: eine gewisse Bodenlosigkeit der auktorialen Instanz, die sich im Reden präsentiert.[21] Auffallende Strategie der Friedenspreis-Rede ist die Selbstunterbrechung. Schon das vermeintlich einzige Thema dieses Textes, die Beschäftigung mit der Hypothek des Nationalsozialismus, lässt sich ebensogut als bloße Digression lesen. Immerhin geht es zunächst recht ausführlich um den Fall des DDR-Spions Rainer Rupp, dessen fortgesetzte Gefangenschaft der Redner als Sühneopfer für die deutsche Vereinigung interpretiert und – durchaus engagiert – anprangert. Aber auch dieses erste Thema ist seinerseits eine Abschweifung, eine nicht mehr als exemplarische Reaktion auf die vom Redner verspürte Forderung, in seiner Rede 'kritisch' sein zu müssen; als solches wird es nach kurzer Zeit thematisiert und somit weggerückt: 'Also doch die Sonntagsrede der scharfen Darstellung bundesrepublikanischer Justiz widmen?'[22] Die Frage zu stellen – sie *so* zu stellen – heißt auch schon, sie zu verneinen. Trotzdem ist es diese Ablehnung und Unterbrechung einer gegenstandsbezogen-gesellschaftskritischen Ausrichtung der Rede, aus der sich für den Redner ein tauglicher Begriff der Kritik ergibt: 'Endlich tut sich eine Möglichkeit auf, die Rede kritisch werden zu lassen. Ich hoffe, daß auch selbstkritisch als kritisch gelten darf.'[23]

Selbstkritik heißt bei Walser: 'etwas, was man einem anderen sagt, mindestens genauso zu sich selber sagen.'[24] Die Kategorie, die nun ins Spiel gebracht wird, ist die des Gewissens, von Walser mit Hegel verstanden als 'tiefste innerliche Einsamkeit mit sich' und als 'durchgängige Zurückgezogenheit in sich selbst'.[25] Das sieht aus wie eine Rhetoriktilgung: Das öffentliche Reden scheint hier an ein absolutes Ende zu kommen – ja das Reden überhaupt als rhetorisch Verfasstes. Dafür spricht nicht zuletzt die Ablehnung jeglicher Symbolik des Gewissens, die an dieser Stelle formuliert wird, sowie schließlich die Ablehnung der Vorstellung, literarische Rede sei etwas Adressiertes. Der emphatische Literaturbegriff, mit dem die Rede schließt – 'Nichts macht so frei wie die Sprache der Literatur'[26] –, scheint tatsächlich den Solipsismus der Sprache als das Andere der öffentlichen Rede widerspruchsfrei hervorzuheben.

Die Erinnerung an die doppelte Autorschaft im *Springenden Brunnen* spricht jedoch dagegen, sich mit dieser vermeintlichen Widerspruchsfreiheit zu bescheiden. Denn das, was hier über die nicht-adressierte Sprache der Literatur gesagt wird, über ihre Freiheit, die nur in der Ent-Sprechung wirken könne, 'von Sprachmensch zu Sprachmensch'[27]: all das ist ja nach wie vor gesagt im Kontext einer öffentlichen Rede. Mit dem Konzept der Selbstkritik ist pragmatisch kein anderer Rede-Zustand erreicht; vielmehr geht es um die Auswirkungen jenes Konzepts auf die Strategien der Rede. Anders formuliert: Walsers 'Selbstkritik' tritt einzig und allein in der Rhetorizität seiner Rede in Erscheinung. Die 'Zurückgezogenheit' des Gewissens ist zwar als nicht-rhetorisierte *vorstellbar*, aber *darstellbar* ist sie immer nur rhetorisch, und nur in dieser Weise kann sie auch kritisch werden. Rhetorik und Kritik fallen zusammen, weil sie Prozesse darstellen. Es geht also darum, eine Verlaufsform für das Gewissen zu finden. Bei Walser heißt das: Selbstgespräch.

4.

Die Wendung der öffentlichen Rede zum Selbstgespräch ist das entscheidende Kennzeichen von Martin Walsers Interventionen, und zwar sowohl stilistisch als auch argumentativ. Das ist schon in den entsprechenden Beiträgen der 60er und frühen 70er Jahre nachweisbar. So münden im 1965 verfassten Essay 'Unser Auschwitz' die Überlegungen zur Berichterstattung über die Frankfurter Auschwitz-Prozesse und zur kollektiven Distanzierung von 'diesen Scheußlichkeiten'[28] in eine Selbstbefragung: 'Oder geht mich Auschwitz überhaupt nichts an? Wenn in Auschwitz etwas Deutsches zum Ausbruch kam, was ist dann in mir das Deutsche, das dort zum Ausbruch kam?'[29] Insgesamt tendieren die zahlreichen und vielfältigen Wortmeldungen des Linksintellektuellen Walser – ob es um den Vietnamkrieg geht oder um die Beendbarkeit des

Kapitalismus, um den allgemeinen Zugang zum Bodenseeufer oder um die Wählbarkeit der DKP – in einer Weise zum Bezug auf das Selbst des Redenden oder Schreibenden, die ihrer politischen Ausrichtung zumindest unterschwellig widerspricht. Schon 1967 analysiert Walser in einem Radiovortrag literarisches Engagement als Effekt eines öffentlichen 'Spiel-Betriebs'.[30] Er kommt zu der Feststellung, er sehe sich selbst 'bei diesem Engagiertsein nicht mit Freude zu'[31], und arbeitet an einer Apologie solcher Schriftsteller, 'die für niemanden sprechen können als für sich selbst. Die nicht überzeugt sind. Denen es schwerfällt, sich zu rechtfertigen.'[32]

Was Walser in letzter Zeit zum Konzept des Selbstgesprächs geäußert hat, liest sich als fortgeführter Kommentar zu dieser Konfiguration von engagierter Autorschaft und Rückzug auf sich selbst. Dem bereits zitierten Aufsatz 'Über das Selbstgespräch' (zuerst erschienen im Januar 2000 in der *Zeit*) ist zu entnehmen, dass hier ein Ausweg aus dem Problem der Adressierung öffentlicher Rede zu vermuten sei: 'Im reinen Selbstgespräch muß ich nicht recht haben, muß ich nichts beweisen, muß ich mich nicht um Unmißverständlichkeit bemühen. Ideal wäre: vor anderen zu sprechen wie mit sich selbst.'[33] Allerdings kann die Kategorie des Selbst im Selbstgespräch kaum einen auch nur irgendwie gefestigten Bezugspunkt abgeben. Damit ein Selbstgespräch geführt werden kann, muss jene Dissoziierung stattgefunden haben, die die Autorschaft des kleinen Johann begründet. Auf eine solche Dissoziierung beruft sich Walser auch im Selbstgespräch-Aufsatz, wenn er die *Soliloquia* des Augustinus nennt. Was dort begegnet, ist die Abspaltung der personifizierten *Ratio* vom auktorialen Selbst. Zwar nennt Walser dieses Autor-Ich 'ein richtiges Selbst' und führt aus: 'Im Gegensatz zu der mit allen philosophischen Finessen seiner Zeit ausgestatteten Ratio ist Augustinus selbst die reine Innerlichkeit' –, aber die weiter gehende Charakteristik der Sprache dieses Selbst lautet dann: 'So führt sich ein Selbst auf.'[34] Im Selbstgespräch als *Aufführung* wird das Selbst als nicht substanzielle, sondern performative Größe einsichtig. Um so weniger kann der öffentliche Redner im Selbstgespräch zu *sich selbst* kommen; indem er spricht, verstellt er sich diesen Weg. Nochmals zeigt sich hier die Abständigkeit, das Nicht-Identische von Walsers Schreib- und Redeprojekt.

Einige Zeit nach Erscheinen des Selbstgespräch-Aufsatzes hat Walser diesen Sach- und Sprachverhalt auf die Spitze getrieben, indem er die Redegattungen Interview, Dialog und Selbstgespräch hybridisierte –

beziehungsweise in ihrer Ununterscheidbarkeit vorführte. Erschienen ist der Text, um den es nun abschließend gehen soll, im August 2001 im *Spiegel*.[35] In der redaktionellen Erläuterung heißt es: 'Stern-Autor Arno Luik, 46, führte mit Walser am 25. Juli ein mehrstündiges Gespräch, der war mit der geschriebenen Fassung des Interviews aber nicht einverstanden, verweigerte seine Zustimmung zum Abdruck und schickte dem *Spiegel* stattdessen den folgenden Text.' Dieser Text ist, wiederum laut *Spiegel*, 'ein Essay, der aussieht wie ein Interview, aber ein Selbstgespräch ist darüber, wie Interviews und öffentliche Meinungen entstehen.'[36] Inhaltlich geht es ein weiteres Mal um die Walser-Bubis-Debatte, um die 'rechte Ecke', in der Walser angeblich stehe, und um die 'Stammtisch-Art', mit der er sich in politische Debatten einmische. Interessant ist aber vor allem die Art und Weise, in der hier ein Selbstgespräch geführt wird: nämlich so, dass die Gebärde entschiedener auktorialer Verfügung, mit der der Schriftsteller die Autorisierung des Zwiegesprächs verweigert und statt dessen ein Selbstgespräch zum Abdruck schickt, zu einer Gebärde fortwährenden Selbstwiderspruchs wird.

Es gibt zwei redende Figuren, WALSER und LUIK, die Stimmen beider Figuren wurden verfasst vom Autor Martin Walser. Indem er sich somit aufgeteilt hat, kann man nicht mehr sicher sein, auf welcher Seite er steht. Es ist sogar von vornherein unwahrscheinlich, dass Martin Walser seine Redeanteile aus dem tatsächlichen Gespräch der Figur WALSER unterlegt hat und dass die Figur LUIK eine Art Zusammenfassung der realen Person des Interviewers darstellt: Es soll ja um eine Korrektur jenes realen Gesprächs gehen, nicht um seine Wiedergabe. An dem so entstandenen imaginären Gespräch fällt vor allem auf, dass es die ihm zugrundeliegende Aneignungsbewegung in sich nochmals abbildet. So wie Martin Walser das Gespräch an sich gezogen hat, so zieht auch die Figur WALSER das Gespräch an sich. Alle Zitate, in denen der reale Interviewer zu Wort kommt, werden von der Figur WALSER genannt – und sogleich wortreich kommentiert und widerlegt. Die Figur LUIK beschränkt sich demgegenüber zumeist auf wenige knappe Einwürfe nach dem Muster 'Stimmt das denn nicht?' und 'Diesen Eindruck machen Sie aber auch'. Zunächst will es scheinen, als hätte Walser – der Autor – auf diese Weise einen realen Gegner mundtot gemacht. Aber der Fall liegt wohl anders. WALSER – die Figur – bringt alles, wogegen er sich verteidigen muss, schon selbst vor und erhält *zusätzlich* einen Kontrahenten, der ihn in geradezu mephistophelischer Weise beharrlich ärgert und herausfordert.

Die Herausforderung ist um so größer, als die Figur LUIK um ihren Walserschen Anteil weiß: 'Es muss in meiner Polemikbereitschaft Ihnen gegenüber mehr Walserisches zum Ausdruck kommen, als Sie jetzt zuzugeben bereit sind.'[37] Wenn die Figur WALSER abschließend den, wie es heißt, 'wichtigsten Satz' des Autors Walser zitiert: 'Nichts ist ohne sein Gegenteil wahr',[38] so wird deutlich, dass man in der Lektüre des Selbstgesprächs einer Aufführung dieses Satzes beigewohnt hat – damit aber auch einer Theatralisierung der Autor-Instanz als solcher.

Im Begriff der Theatralisierung wie in dem der Inszenierung, der im Titel des vorliegenden Beitrags steht, erscheint das Selbst des literarischen Autors als performative Größe, als Effekt der literarischen Rede, nicht als ihre Bedingung. Dieser Befund erscheint nahezu deckungsgleich mit Martin Walsers Poetik der autonomen Sprache – 'Sprache, sonst nichts', wie ein anderer seiner in den letzten Jahren veröffentlichten poetologischen Aufsätze heißt[39] –, einer Sprache, der sich der Schreibende überlässt, auf die er vertrauen kann, die von sich aus auf seine Mängel antwortet –: die sich, wie beim kleinen Johann, in ihm aufsagt. Allerdings ist, wie bereits bemerkt, Walsers häufige Berufung auf eine so wirkende Sprache schon etwas anderes als deren bloßes Wirken. Maßgabe dieses 'anderen' ist das Öffentlich-Werden der literarischen Rede, oder besser: ihr immer schon öffentlicher Status. Das gilt nicht nur für medial so verstärkte Rede-Exemplare wie Walsers Selbstgespräch im *Spiegel* oder seine in der Paulskirche vorgetragenen 'Erfahrungen', sondern es markiert eine strukturelle Besonderheit literarischer Rede als solcher, das heißt: sobald sie als solche wahrgenommen wird. Gerade indem Walsers Reden immer neue Entzugsbewegungen aus dieser Wahrnehmungslogik versuchen – zum Beispiel in solchen Figuren der Selbstverdoppelung, wie sie hier analysiert wurden –, verdoppeln sie sie nochmals in ihrem eigenen Diskurs. Der daraus resultierende Aufführungscharakter dieser Reden wird um so deutlicher, als sie sich immer wieder unübersehbar der Register der Öffentlichkeit, des literarischen Betriebs, bedienen, sich also ganz entschieden vor einem Publikum in Szene setzen.

Nach allem Gesagten ist es wohl offensichtlich, dass es hier nicht darum geht, diesen Selbstwiderspruch als einen Fehler im Schreiben Martin Walsers aufzuweisen. Es sei vielmehr die Behauptung gewagt, dass kein deutscher Schriftsteller unserer Zeit so exemplarisch wie Walser das *In-Rede-Stehen* von Autorschaft vorführt. Sein Konzept und seine Praxis literarischer Rede verknüpfen die performative Kategorie des Sprachvollzugs mit dem pragmatischen Akt der Selbstveröffentlichung in einer Form, die die Vorstellung eines gänzlich intentional gelenkten Sich-Deklarierens ebenso überschreitet wie die bloße Affirmation des Selbstentzugs. Der *in Rede stehende* Schriftsteller: das ist der reflektierende, selbst-denkende Autor und zugleich der durch seine Rede enteignete; der gänzlich unverantwortliche und doch der, den man voll zur Verantwortung ziehen kann und muss. *In Rede stehen* ist daher 'irrational' und dennoch Aufklärung schlechthin: Aufklärung als Prozess der Sprache, Aufklärung als Konvergenz von Kritik und Rhetorik, Aufklärung als Sprachspiel.

Anmerkungen

[1] Jean-François Lyotard, 'Tombeau de l'intellectuel,' in: Jean-François Lyotard, *Tombeau de l'intellectuel et autres papiers*, Galilée: Paris, 1984, 9-22.

[2] Zu diesem Begriff vgl. Rainer Weiss (Hg.), *Ich habe ein Wunschpotential. Gespräche mit Martin Walser*, Suhrkamp: Frankfurt a.M., 1998.

[3] Vgl. zu Walsers öffentlichen Reden auch die (einander fast diametral entgegengesetzten) Darstellungen von Bogdal und Borchmeyer: Klaus-Michael Bogdal, '"Nach Gott haben wir nichts Wichtigeres mehr gehabt als die Öffentlichkeit." Selbstinszenierungen eines deutschen Schriftstellers,' *Text + Kritik*, 41/42, 3. Aufl. (2000), 19-43; Dieter Borchmeyer, *Martin Walser und die Öffentlichkeit. Von einem neuerdings erhobenen unvornehmen Ton im Umgang mit einem Schriftsteller*, Suhrkamp: Frankfurt a.M., 2001.

[4] Martin Walser, 'Über das Selbstgespräch. Ein flagranter Versuch,' in: Martin Walser, *Ich vertraue. Querfeldein. Reden und Aufsätze*, Suhrkamp: Frankfurt a.M., 2000, 125-150, hier: 128.

[5] Jean-François Lyotard, 'Tombeau de l'intellectuel,' 18.

[6] Martin Walser, 'Über das Selbstgespräch,' 128.

[7] Martin Walser, *Ein springender Brunnen*, Suhrkamp: Frankfurt a.M., 1998, 249.

[8] Ebd, 252.

[9] Ebd., 255.

[10] Darin liegt das Unheimliche des Doppelgängers (vgl. Sigmund Freud, 'Das Unheimliche,' in: Sigmund Freud, *Gesammelte Werke*, Fischer: Frankfurt a.M., 1999, Bd. 12, 227-268, hier: 246-248, 262) und die Faszination aller Verdoppelung (vgl. Hillel Schwartz, *The Culture of the Copy. Striking Likenesses, Unreasonable Facsimiles*, Zone Books: New York, 1996).

[11] Martin Walser, *Ein springender Brunnen*, 239.

[12] Ebd., 242.

[13] Ebd., 251.

[14] Ebd., 263.

[15] Martin Walser, 'Händedruck mit Gespenstern,' in: Martin Walser, *Ansichten, Einsichten. Aufsätze zur Zeitgeschichte*, Suhrkamp: Frankfurt a.M., 1997, 617-630, hier: 620.

[16] Ebd., 621.

[17] Ebd., 617.

[18] Ebd., 618.

[19] Ebd., 619.

[20] Martin Walser, 'Erfahrungen beim Verfassen einer Sonntagsrede,' in: Martin Walser, *Ich vertraue. Querfeldein*, 23-44, hier: 33f. (Hervorhebungen von mir).

[21] Es scheint mir daher unzutreffend, Walsers Konzept des Gewissens als 'Inthronisierung einer Subjektivität' zu charakterisieren, wie Eshel das tut: Amir Eshel, 'Vom eigenen Gewissen. Die Walser-Bubis-Debatte und der Ort des Nationalsozialismus im Selbstbild der Bundesrepublik,' *Deutsche Vierteljahrsschrift für Literaturwissenschaft und Geistesgeschichte*, 74 (2000), 333-360, hier: 346.

[22] Martin Walser, 'Erfahrungen beim Verfassen einer Sonntagsrede,' 29.

[23] Ebd., 31.

[24] Ebd., 30.

[25] Ebd., 37.

[26] Ebd., 42.

[27] Ebd., 43.

[28] Martin Walser, 'Unser Auschwitz,' in: Martin Walser, *Ansichten, Einsichten*, 158-172, hier: 159.

[29] Ebd., 168. Die daran anschließenden Sätze wären, in der Debatte von 1998 geäußert, vermutlich als ähnlich skandalös empfunden worden wie die inkriminierten Passagen aus der Friedenspreis-Rede: 'Ich verspüre meinen Anteil an Auschwitz nicht, das ist ganz sicher. Also dort, wo das Schamgefühl sich regen, wo Gewissen sich melden müßte, bin ich nicht betroffen.'

[30] Martin Walser, 'Engagement als Pflichtfach für Schriftsteller. Ein Radio-Vortrag mit vier Nachschriften,' in: Martin Walser, *Ansichten, Einsichten*, 190-210, hier: 191.

[31] Ebd., 200.

[32] Ebd., 205.

[33] Martin Walser, 'Über das Selbstgespräch,' 135.

[34] Ebd., 143.

[35] Martin Walser, 'Streicheln und Kratzen. Der Dialog nach dem Interview,' *Der Spiegel*, 33 (13.8.2001), 104-105.

[36] Ebd., 104.

37 Ebd., 105.

38 Ebd.

39 Martin Walser, 'Sprache, sonst nichts,' in: Martin Walser, *Ich vertraue. Querfeldein*, 151-163.

Hans-Joachim Hahn

'Ideal wäre: vor anderen zu sprechen wie mit sich selbst.' Zum Adressatenbezug in Walsers Reden und Essays

The following article focuses on the question of how the author Martin Walser addresses his auditorium and readers in his speeches and essays. It attempts to reconstruct the model of the relationship between author and readership that has been transferred into the realm of public discourse. The article starts out with the obvious contradiction that Walser on the one hand has repeatedly suggested that everybody is fully responsible for his or her understanding of his texts, while on the other hand trying to control the public effects of his speeches. In re-reading and analyzing two of his major essays it will be shown how the proposed author-addressee relationship forms a key element in what one could term Walser's 'discursive policy'.

Bei der Mehrzahl seiner Leser erfreut sich Martin Walser vor allem als Autor von Novellen und Romanen großer Beliebtheit, wie u.a. der Verkaufserfolg seines Kindheitsromans *Ein springender Brunnen* (1998) zeigte. Dagegen ist der Theaterautor Walser trotz einiger Erfolge relativ unbekannt geblieben, während wiederum die öffentliche Wirkung des Redners und Essayisten auf den ersten Blick im Werkzusammenhang nicht leicht zu verorten erscheint. Dem Selbstbild des Autors entspricht es, diesen Teil seines Werkes eher herunterzuspielen, was u.a. die wiederholt ausgedrückte Vorstellung belegt, er sei in der Sprache seiner Romane und Novellen mehr enthalten als in seinen Meinungen.[1] Dennoch ist es ihm selbst zuallererst zuzuschreiben, dass eine einfache Trennung von seiner Belletristik und seinen öffentlichen Auftritten nicht möglich ist. Während seiner bislang fünfzigjährigen Schaffenszeit hat sich Walser in beeindruckender Häufigkeit in Werkstattgesprächen sowie engagierten Essays und Reden zur NS-Vergangenheit, zu aktueller deutscher Politik oder dem Vietnamkrieg an die Öffentlichkeit gewandt. Sein bisheriges Werk ist undenkbar ohne das streitbare und streitlustige Engagement eines 'Mitarbeiters der öffentlichen Meinung', des 'Arbeiters in der Meinungsproduktion', wie er sich in den siebziger Jahren ausdrückte.[2]

Die inzwischen von Walser verfochtene, strenge Dichotomie zwischen der 'Innerlichkeit des wirklichen, des reinen Selbstgesprächs' (*ÜdS*, 142) und allen Formen *adressierter* Rede, sowie deren unaufhörliche Vermischung in seinen öffentlichen Texten selbst, bildet den Ausgangspunkt für die hier vorgenommene Analyse des Adressatenbezugs in Reden und Essays Walsers. Welches sind die Erwartungen, die Walser an seine Zuhörer richtet, und um welche Themen geht es, die Walser bei öffentlichen Auftritten vor seinem Auditorium bespricht? Obwohl der Autor seine Leser in den Textformen seiner literarischen Produktion und seiner öffentlichen Auftritte unterschiedlich anspricht und obwohl auch die jeweiligen Inhalte variieren, gibt es einige Elemente in Walsers Konstruktion seiner Zuhörer, die insbesondere in seinen sprachreflexiven Essays nach der Friedenspreisrede auf ein ambivalentes 'Adressatenmodell' hinauslaufen. Zu diesen Texten rechne ich z.B. die beiden Aufsätze 'Über das Selbstgespräch. Ein flagranter Versuch' (2000) und 'Sprache, sonst nichts' (1999), beide zunächst in der Wochenzeitung *Die Zeit* erschienen.[3] Im ersteren beschreibt er die Rolle des Zuhörers wie folgt:

> Ich glaube, jeder, der einer Rede zuhört, versteht sie auf seine Weise. Ich will ihn nicht dazu überreden, die Rede so zu verstehen, wie ich sie meine. Das ist die *Freiheit* zwischen Menschen, die die Sprache nicht dazu benutzen, einander Rezepte zuzurufen. Wie einer meine Rede oder meinen Roman versteht, das hat er zu *verantworten*, nicht ich (*ÜdS*, 139) (Hervorhebung H.J.H.).

Trotz seiner häufigen Kritik an jeder Art von Aufklärungsrhetorik werden hier, wie auch an anderer Stelle, die Begriffe 'Freiheit' und 'Verantwortung' von Walser auf seine Leser und Zuhörer bezogen emphatisch verwendet. Darüber hinaus erscheint es so, als werde dem Zuhörer wie dem Leser gleichermaßen von Walser eine weitgehende Autonomie bei der Aneignung seiner Texte ebenso wie beim Hören einer Rede zugestanden. Wie sorgsam Walser tatsächlich über ein, in seinem Sinne *richtiges*, Verständnis einer Rede durch sein Publikum wacht, lässt sich an der Auseinandersetzung um die Zuschriften nach seiner Friedenspreisrede zeigen. Im Gespräch mit Ignatz Bubis besteht Walser beharrlich darauf, dass die Autoren der etwa tausend Briefe an ihn – einige davon sind in Schirrmachers Dokumentation der Debatte aufgenommen – ihn *nicht* missverstanden hätten.[4] Dabei geht es in der Tat um die Autorisierung eines bestimmten Verständnisses seiner Rede, um die Kontrolle ihrer Wirkung. Zu Bubis sagt er im Gespräch: 'Sie müssen mir nicht anbieten, dass ich mißverstanden worden bin, *denn das kann ich als Schriftsteller nicht ertragen.* Ich habe in all den Jahren noch nie so etwas *Volksabstimmungshaftes* erlebt'(*WBD*, 455) (Hervorhebung H.J.H.). Diese Aussage ist in mehrfacher Hinsicht sehr bemerkenswert. Dass Walser so vehement darauf insistiert, dass durch die Briefzuschriften eine *geglückte Kommunikation* zwischen ihm, seiner Rede und seinen Zuhörern, Zuschauern und Lesern bezeugt wird, unterstreicht zunächst einmal die offensichtlich große Bedeutung dieser Kommunikation für den Autor *und* dass sie eindeutig ist. Wenn es aber etwas zu verstehen gab, dann kann sich die Rede nicht in einer ausschließlich ästhetischen Darbietung erschöpfen, sondern es geht um einen Austausch von Ansichten über einen oder mehrere bestimmte Gegenstände. Über einen Gegenstand, dessen Bedeutung anscheinend so groß ist, dass darüber die Bevölkerung abstimmen sollte. Das scheint mir der Sinn von Walsers Bemerkung über das 'Volksabstimmungshafte' dieser Zuschriften zu sein. Warum aber sollte die Bevölkerung über die Dankesrede eines Schriftstellers abstimmen? Das ergibt nur dann Sinn, wenn in der Rede – im weitesten Sinne – politische Aussagen zur Disposition standen, mit denen sich die Briefschreiber/innen offenbar vor allem einverstanden erklären sollten.[5] Auf Einwände, wie z.B. im Falle des 'offenen Briefes' der beiden Duisburger Geisteswissenschaftler Klaus Bogdal und Michael Brocke, hat Walser entsprechend scharf reagiert.[6]

Diese Widersprüche in Walsers Kommunikationsmodell, wo 'von Sprachmensch zu Sprachmensch' (*WBD*, 17) ein Austausch stattfindet, der sich nicht in einer Wissensvermehrung oder Standpunktstärkung erschöpfen soll, wie es in der Friedenspreisrede heißt, sollen hier genauer erforscht werden. Reemtsma schreibt, dass Walsers Rhetorik in der Friedenspreisrede dazu diene, 'Gemeinschaft [zu] stiften': 'Wo einer sich der Öffentlichkeit verweigern und Intimität herstellen will, muß er sich eingeschränkten Öffentlichkeiten zur Schau stellen oder sein Publikum in einen Haufen Gleichgesinnter verwandeln'.[7] Meine These im Anschluss an Reemtsma ist, dass nicht nur hier, sondern auch in früheren und späteren Reden und Essays eine solche Gemeinschaft von Autor und seinen Lesern bzw. Zuhörern *gegen* die Vorstellung von Öffentlichkeit als 'herrschender Meinung', wie es bei Walser wiederholt heißt, durch den jeweiligen Text etabliert werden soll.

Die Gemeinschaft von Autor und Leser

Das Herstellen von Gemeinschaft durch eine Rede geschieht auf mehreren Ebenen. Dazu gehört neben dem Redevortrag, dem wiederum ein gemeinschaftstaugliches Sujet zugrundeliegen muss, vor allem eine entsprechende Zuhörerschaft, die auf die Signale im vorgelesenen Text reagiert. (Ich werde mich im folgenden allerdings auf die Analyse einzelner Reden und Essays Walsers beschränken und keine weitergehenden kommunikationstheoretischen Überlegungen anstellen.) Teil jeder gemeinschaftsbildenden Rhetorik sind zum einen Meinungsäußerungen, die als normativ gültige Urteile vorgetragen werden. Hinzu kommen implizit moralische Äußerungen, ohne Reflexion auf die Begründung dieser Urteile. Schließlich gehört dazu auch die direkte Ansprache der Zuhörer, die vom Redner in eine 'Wir'-Gruppe einbezogen und gegenüber anderen abgegrenzt werden. Einige Beispiele aus Walsers Rede 'Über freie und unfreie Rede' von 1994, die viele Motive der Friedenspreisrede vorwegnimmt, z.B. das Thema von Gewissen und Öffentlichkeit sowie auch die Frage nach der Darstellung von Auschwitz, mögen dies verdeutlichen.[8]

In der Rede kennzeichnet Walser die neunziger Jahre als 'Epoche der Herunterbeterei des Korrekten' (*MWW 11*, 1053), als deren Charakteristikum er die 'Tabuzüchtung im Dienst der Aufklärung' (*MWW 11*, 1061) nennt. Oder: 'Der Diskurs ist der andauernde TÜV, der das Zugelassene etikettiert und den Rest tabuisiert' (*MWW 11*, 1049). Diese Aussagen sind polemische Überzeichnungen der aktuellen Medienwirklichkeit, in denen des Autors eigene perspektivische Wahrnehmung nicht mehr genannt wird. Dazu kommen implizit moralische Urteile in einem Text, der Moral grundsätzlich mit der Macht übergeordneter Instanzen wie der katholischen Kirche, dem Nationalsozialismus oder der heutigen Medienöffentlichkeit in Verbindung bringt. Walser beschreibt dabei durchaus eindrücklich die Gewissenskonflikte, die ihm in seiner Kindheit durch den Beichtzwang auferlegt wurden:

> Ich war nie Ministrant. Ich fühlte mich nicht würdig. Als Ministrant mußtest du ja ununterbrochen im Stande der heiligmachenden Gnade sein. Also sündenfrei. Das war ich so gut wie nie. [...] Ich hatte keinen, mit dem ich darüber sprechen konnte. Also sprach ich mit meinem Schiller. Lieh mir von ihm die *der Moral* trotzig hingefetzten Kündigungszeilen: 'Kannst du des Herzens Flammentrieb nicht dämpfen/So fordre, Tugend, dieses Opfer nicht' (*MWW 11*, 1049) (Hervorhebung H.J.H.).

Wenn allerdings Walser mit Schillerschem Pathos trotzig gegen *die* Moral aufbegehrt, wird der Eindruck einer grundsätzlichen Opposition zu jeder Art moralischen Urteils erweckt, dem jedoch das eigene Moralisieren im Text entgegensteht. Dafür ein Beispiel aus der selben Rede:

> Ich fände den Eifer, mit dem bei uns Biographien gefleddert und geahndet werden, noch verständlich, wenn es einen Zweifel gäbe darüber, ob dieses Verhältnis zum Nationalsozialismus und jenes zum Stalinismus eine Verfehlung war. *Dann wäre die öffentliche Erörterung sinnvoll.* Daß aber Verstrickungen in den Text der Diktaturen Verfehlungen waren, wissen *wir* ohne jede aktuelle Zeigefingerbemühung (*MWW 11*, 1059) (Hervorhebung H.J.H.).

In dieser Aussage wird durch ihre Differenz zu den 'Zeigefingerbewegern' eine 'Wir'-Gruppe konstruiert, die dem nationalen Kollektiv der

Deutschen entsprechen soll (solches legt der Gesamtzusammenhang des Essays nahe). Zum konstitutiven Moment ihrer Gemeinsamkeit wird die Überzeugung, Verstrickungen in Diktaturen stellten *immer* Verfehlungen dar. Darin ist gerade ein differenzierender Blick auf Biographien während des NS und der SED-Herrschaft in der DDR ausgeschlossen. Gleichzeitig wird so zur moralischen Norm erhoben, dass eine öffentliche Erörterung von Biographien aus Diktaturen nicht sinnvoll ist, und in einer anschließenden Passage sogar unterstellt, diese stelle nur eine Instrumentalisierung der 'klimabeherrschenden Korrektheitsdesigner' dar (*MWW 11*, 1060). Von denen schließlich wird das 'wir' als Innerlichkeit in direkter Ansprache abgesetzt: 'Je mehr *ihr* das Sagbare ritualisiert, desto lebendiger wird innen die freie Rede' (*MWW 11*, 1060) (Hervorhebung H.J.H.).

Ein anderes Beispiel für Walsers Reflexion über Sprache im öffentlichen Diskurs und die Gemeinschaft von Autor und Leser bietet die Friedenspreisrede. Sie endet mit einem Blick in die Werkstatt des Schriftstellers, worin Walser eine 'Zuständigkeit' ausschließlich für sich selbst reklamiert und sich damit in deutlichen Gegensatz stellt zu den von ihm vorher kritisierten, jedoch namentlich nicht genannten Intellektuellen Grass, Habermas und Isenschmidt, denen er vorhält, sich für das 'Gewissen' anderer Leute zu interessieren. Diese Zuständigkeit ausschließlich für sich selbst sieht Walser als Voraussetzung an für andere, etwas mit seinen Texten anfangen zu können: 'und gerade dadurch, daß er nur für sich selber zuständig ist, kann er brauchbar werden auch für andere, *weil eben das Wichtige nur wichtig ist, weil wir es alle gemeinsam haben*' (*WBD*, 16) (Hervorhebung H.J.H.). Dahinter steht zum einen Walsers Vorstellung vom authentischen, 'unwillkürlichen Lesen und Schreiben' (*WBD*, 16), das im Gegensatz steht zu bewusst adressierten Formen von Sprache. Im Roman *Seelenarbeit* (1979) gefällt dem Protagonisten Xaver Zürn die Musik eines böhmischen Folkloristen deshalb nicht, weil er findet: 'Der sang nur für Zuhörer. [...] Xaver gefiel eine Musik um so besser, je mehr sie für sich blieb'.[9] Auch hier ist in nuce das Walsersche Kommunikationsmodell benannt, das er in der Friedenspreisrede als 'unschuldig schönste Zusammenarbeit der Welt', als die 'zwischen Autor und Leser' beschreibt (*WBD*, 16). Dazu kommt der offene Hinweis auf das Wichtige, das wir alle gemeinsam haben, dem verschiedene Inhalte zugeordnet werden können. Es ist anzunehmen, dass der 'Sprachmensch' Walser dabei vor allem die Nationalsprache als Gemeinsames meint. Bereits mit dieser Hypothese lässt sich andeuten, dass es hier um ein partikularistisches Verständigungsmodell zu gehen scheint, das sich an eine spezifische Zuhörerschaft richtet. Hölderlin hat in seiner Ode 'Stimme des Volks' die Rolle des Dichters als desjenigen bestimmt, der die 'heiligen Sagen' auszulegen hat.[10] Walser scheint diese traditionelle Vorstellung vom Nationaldichter auf unsere Gegenwart einer pluralistischen Medienöffentlichkeit übertragen zu wollen.

Der 'wirkliche Widerspruch'

Hatte Walser bis etwa Mitte der siebziger Jahre in der Gesellschaft der damaligen Bundesrepublik noch einen 'ungelösten Widerspruch' von 'Kapital und Arbeit' gesehen, so ist ihm diese Ansicht Ende der siebziger Jahre fremd geworden. Die deutliche politische Zäsur kann auch als Veränderung in Walsers Sprachmodell interpretiert werden und ist in dem bereits genannten 'Händedruck mit Gespenstern' aus dem Jahr 1979 abzulesen, den Borchmeyer einen 'bizarren Essay' nennt, während er ihn wegen der hier wie dort anzutreffenden Selbstbeobachtungsrhetorik in einen Zusammenhang mit der Friedenspreisrede bringt.[11] In dem Aufsatz geht es um die Frage von Öffentlichkeit und der Wirksamkeit öffentlicher Reden, verbunden mit einer neuen Hypothese über die Ursache gesellschaftlicher Widersprüche.[12]

Frühere, moralische Interventionen in den öffentlichen Diskurs, von denen sich der Sprecher Walser inzwischen entfremdet fühlt, bilden den Ausgangspunkt einer 'Selbstbeobachtung'. Konstatiert wird eine Veränderung, hinter der der Autor eine Tendenz erkennt, die wegführt von dem früheren Versuch, eine 'gesellschaftliche Ausdrucksweise' (*HmG*, 617) anzustreben, hin zu einem 'nichts als persönlichen Ausdruck' (*HmG*, 618). Beim Beschreiben dieser Veränderung, die eine Erfahrung mit den früher veröffentlichten eigenen politischen Positionen benennt, gelangt er rückblickend zu dem Schluss, dass 'viel von seinem Bewusstsein [...] in diese veröffentlichten Meinungen nie eingegangen' sei (*HmG*, 619). Wenn aber sein Gefühl, etwas zu verschweigen, auch von anderen 'Mitarbeitern an der öffentlichen Meinung' geteilt würde (*HmG*, 617), so vermutet er, dass sich schließlich die gesamte öffentliche Meinung als 'ein ziemliches Kunstgebilde bzw. ein ziemlich künstliches Gebilde' erweisen könnte (*HmG*, 619). 1974 hatte Walser in einem, ihm inzwischen verdächtig gewordenen, vulgärmarxistischen Vokabular weniger skrupulös geschrieben: 'Die öffentliche Meinung ist immer ein konformer Ausfluß des Systems, dem sie dient' (*MWW 11*, 513). Die fünf Jahre später geäußerten Befürchtungen über Mängel der Öffentlichkeit als öffentlicher

Meinung, die er mit den obigen ästhetischen Kategorien beschreibt, leiten sich jetzt von der Beobachtung ab, dass sich sein eigenes Bewusstsein bislang nur unzureichend in seinen veröffentlichten Meinungen niedergeschlagen habe. Wenn in den öffentlichen Meinungen Wesentliches nicht enthalten sei oder gar verschwiegen werde, dann verschwinde die Wirklichkeit der demokratischen Prozesse dahinter. Als Modell solcher wirklichkeitsfremder Öffentlichkeit nennt Walser die Situation der öffentlichen Meinung in den Staaten des Warschauer Paktes. Von dieser nur scheinbaren Öffentlichkeit, die vorgegebenen ideologischen Postulaten folgt, sieht Walser die in westlichen Demokratien veröffentlichten Meinungen jedoch nicht grundsätzlich unterschieden. Mit der impliziten Forderung, dass das *Bewusstsein des Autors* eines Beitrages zur öffentlichen Meinung in dieser enthalten sein müsse, formuliert Walser ein Ideal von Öffentlichkeit, das sich nicht am Meinungsstreit bzw. der Konkurrenz unterschiedlicher Auffassungen orientiert, sondern an der essentialistischen Beziehung des jeweils Gesagten oder Geschriebenen zu dessen Urheber. Diese aber geht ihm zufolge interessanterweise gerade dann verloren, wenn ein Intellektueller sich häufiger und gegenstandsbezogen zu Wort meldet:

> Wenn *einer von uns* [Intellektuellen] andauernd Kommentare zur Außenpolitik schreibt oder Theaterkritiken oder Artikel über Atomkraftwerke oder Aufsätze über nichts als Theologisches, nichts als Sport oder nichts als Musik, nichts als Wirtschaftspolitik ..., *was hat er dann mit dem Geschriebenen noch zu tun? Was geht es ihn noch an?* Wächst nicht das Verschwiegene mit jedem Veröffentlichten immer mehr an? Und was wäre das dann für eine demokratische Entwicklung? (*HmG*, 619) (Hervorhebung H.J.H.).

Die Quantität der nicht-literarischen, themenbezogenen Veröffentlichungen wird zum Kriterium einer wirklichkeitsentleerten Öffentlichkeit. Das aber heißt, Wirklichkeit sei nur da zu haben, wo Intellektuelle Literatur machen und nicht Politik. Mit anderen Worten: der strukturellen Differenz wegen, die Literatur von Öffentlichkeit (z.B. im Sinne von Debattenbeiträgen) unterscheidet, ist letztere *per se* in Gefahr wirklichkeitsärmer zu sein als Literatur.

Dennoch handelt es sich um keine einfache Gegenüberstellung von Literatur und tagespolitischen Äußerungen. Walser geht es zwar tatsächlich nicht darum, sich hier auf konkrete und spezifische Inhalte einer veröffentlichten Meinung einzulassen und diese zu diskutieren. Andererseits aber wird sein grundsätzlicher Einwand gegen die öffentliche Rede in der damaligen Bundesrepublik nicht vor allem *strukturell* (d.h. öffentliche Rede ist realitätsärmer als Literatur), sondern *inhaltlich* begründet: nämlich dadurch, dass in ihr das *Eigentliche* ungesagt bleibe. Das Eigentliche aber ist für Walser (inzwischen) die *Nation*. Anstelle des Widerspruchs von Kapital und Arbeit wird deshalb die deutsche Zweistaatlichkeit zum 'wirklichen Widerspruch' erhoben (*HmG*, 620). Statt um den Versuch einer systematischen Beschreibung öffentlicher Rede geht es um diesen Widerspruch, den der Autor emphatisch begrüßt: 'Zulassung des Widerspruchs, endlich! Ein plötzliches Einlassen jahrelang bekämpfter, immer auf Einlaß drängender Gedankengespenster und Meinungsmonster' (*HmG*, 621). Dahinter steht das 'Eigentliche' des Textes, das Walser mit einem Geständnis, ein im übrigen häufig vom Autor eingesetztes rhetorisches Mittel der Authentisierung, aus seinen Notizbüchern einkreist[13]:

> *Ich habe ein gestörtes Verhältnis zur Realität.* Das muß ich zugeben. Insofern ist, was ich zu sagen habe, leicht abzuwehren. Ich würde gern beweisen, wenigstens behaupten, daß mein gestörtes Verhältnis zur Realität etwas damit zu tun habe, daß ich Deutscher bin und 1927 geboren worden bin. Ich glaube nicht, daß man als Deutscher meines Jahrgangs ein ungestörtes Verhältnis zur Realität haben kann. *Unsere nationale Realität selbst ist gestört.* Und wenn ein so Ausschlaggebendes gestört ist, ist es möglich, daß man zu allem davon Abgeleiteten kein rechtes Vertrauen gewinnen kann. Was mir vor allem fehlt, ist Vertrauen. [...] Diese Nation widerspricht sich (*HmG*, 623) (Hervorhebung H.J.H.),

hatte Walser, wie er jetzt preisgibt, am 25. März 1975 notiert. Der als national konstatierte Realitätsverlust ist für Walser die Ursache eines weitergehenden Vertrauensverlustes, der ihn erfasst hat. Dieser Verlust wirkt sich in seinem Modell auch auf die öffentliche Meinung aus. Indem aber der eingestandene eigene Realitätsverlust zurückgebunden wird an eine übergeordnete Ursache, die nationale Realitätsstörung, bedient sich der Autor einer Strategie der *Derealisierung* seines eigenen Bewusstseinswandels. Als Ursache dafür wird die problematische Identität der Deutschen nach Nationalsozialismus und Holocaust verstanden, als deren Symptom Walser die Zweistaatlichkeit sieht und mit der er seine Vorstellung von der realitätsfremden Öffentlichkeit begründet. Indem der Autor hier dennoch die eigene Entfremdung von seinen früheren Ansichten sichtbar machen und so einen Selbstwiderspruch thematisieren kann, führt er *sprachhandelnd* vor, was er Leitartikeln andererseits abspricht: in der Thematisierung seiner eigenen Positionsänderung formuliert er, was eigentlich seiner Meinung nach öffentlich gar nicht gesagt werden *kann*. Auch dieses Paradox deute ich als Teil einer diskurspolitischen Strategie, wobei die Abgrenzung von den Leitartiklern und das 'Geständnis' der jahrgangsbedingten Realitätsstörung, entgegen dem Anschein einer besonders leicht abzutuenden Sprecherposition, *gerade* deren Autorisierung dient. Und mit dieser Autorität werden Vermutungen angestellt: 'Ich vermute, dass unsere nationale und gesellschaftliche Ratlosigkeit eine Folge unserer Entfernung von unserer Geschichte ist' (*HmG*, 625). Geschichte wird als weiterwirkende Ursache für die späteren national-kollektiven Einstellungen verstanden.

Um aber den 'Händedruck' mit den nationalen 'Gespenstern' genauer zu erfassen, der im Zentrum dieses Aufsatzes steht, bemüht Walser auch eine eigene Geschichtsdeutung, die eine historische Entfremdung zwischen dem 'Volk' und den 'Intellektuellen' konstatiert: 'Mir kommt es so vor, als hätten sich unsere Intellektuellen nach 1918 vom Volk getrennt und hätten seitdem die Erfahrung, die man im Volk, mit ihm oder durch es hatte, verdrängt' (*HmG*, 625). Welche Intellektuellen sind gemeint und wie ist es zu verstehen, dass gerade mit dem Ende des Ersten Weltkriegs und dem Beginn der Weimarer Republik eine Entfremdung zwischen Intellektuellen und dem 'Volk' angesetzt wird? Obwohl Walser an dieser Stelle vage bleibt, konstruiert er doch einen deutlichen Antagonismus zwischen dem deutschen *Volk*, das er im Zusammenhang mit dem Ersten Weltkrieg auf eine Leidens- und Opferrolle festlegt, und den 'internationalistisch gesonnenen' (*HmG*, 626) Philosophen und Literaten der zwanziger Jahre, von denen es heißt, sie seien 'sofort fein heraus' gewesen (*HmG*, 626). Walser bedient sich hier einer auffälligen Unterscheidung von denjenigen Intellektuellen, von denen er schreibt, dass 'wir' sie heute noch ernst nehmen, und die er mit den 'Roaring Twenties' gleichsetzt, und solchen, die offensichtlich in der Rückschau nicht mehr ernst genommen werden sollen. Dieser Gegensatz wird besonders deutlich beim rückblickenden Urteil über die Rolle von Intellektuellen bei der nationalsozialistischen Machtergreifung: 'Die zurechnungsfähigen Intellektuellen waren an 1933 offenbar nicht beteiligt oder sie waren Opfer. Schuld war wieder dieses deutsche Volk, das dem Verbrechen zugeschaut hatte, mitgemacht hatte, gejubelt hatte' (*HmG*, 626). Die Exkulpation des deutschen Volkes geschieht zu Lasten dieser Gruppe von 'zurechnungsfähigen Intellektuellen'. Für die Zeit nach dem Zweiten Weltkrieg wird ein Gegensatz zwischen zwei Denkschulen deutlich, für die exemplarisch die Namen Heidegger und Adorno stehen, von denen allerdings nur der letztere tatsächlich auch namentlich genannt wird. Wem Walser sich eher zugehörig fühlt, ist unmissverständlich deutlich: 'Schlimmer als der geschmähte Jargon der Eigentlichkeit kommt mir der Jargon vor, in dem da geschmäht wurde' (*HmG*, 625). Zu der

Logik der vorher aufgemachten Differenz passt es, dass Heidegger als ein 1933 offensichtlich *unzurechnungsfähiger* Intellektueller nicht genannt wird, weil er so nicht als dem *Volk* entfremdet wahrgenommen werden muss. Zugespitzter noch: gerade weil sich Heidegger 1933 wie ein großer Teil der deutschen Bevölkerung dem Nationalsozialismus anschloss, ist er von ihr nicht zu trennen. Dass Walser bestimmte Intellektuelle von seinem Ressentiment ausnimmt, legen auch die drei, direkt auf das Zitat zum Jargon der Eigentlichkeit folgenden Sätze nahe: 'Die Sprache sagt nur etwas, wenn sie von Unschuldigen benutzt wird. Der Zustand dieser Unschuld ist nicht für jeden Intellektuellen ein für allemal verloren. Not stellt sie allemal wieder her' (*HmG*, 625). Heidegger hielt bekanntlich 'die äußerste Not des Seins in Gestalt der herrschenden Notlosigkeit' nach dem Ende des Zweiten Weltkriegs für 'gefährlicher' als den Gewaltwillen des vorausgegangenen Nationalsozialismus.[14] Ähnlich dieser 'Not der Notlosigkeit' meint Walsers mit 'Not' die aktuelle Auseinandersetzung um Öffentlichkeit in der Bundesrepublik: es geht ihm um einen Mangel, der nicht im demokratischen Meinungsstreit behoben werden kann; es geht um die angesprochene 'Entfernung von unserer Geschichte' (*HmG*, 625).

Im Rückgriff auf die deutsche Geschichte will Walser den damaligen status quo deutscher Zweistaatlichkeit gedanklich überwinden. Mit diesem Bedürfnis sieht er sich jedoch innerhalb der öffentlichen Meinung am Ende der siebziger Jahre ziemlich isoliert. Statt des *wirklichen* Widerspruchs, den er hier in einer geschichtspolitischen Zuspitzung gegenüber dieser Öffentlichkeit formuliert, werde 'Widerspruch [...] nur als geschichtsloser, als radikal unglückliche Geste, als hoffnungslose und deshalb anspruchslose Ich-Exzentrik' (*HmG*, 630) gewünscht. Wieder ins Spiel gebracht ist mit dieser Intervention an erster Stelle der problematische Begriff 'Volk', der hier seine Konturen aus dem Gegensatz zu den ihm feindlich gegenüberstehenden Intellektuellen erhält, personifiziert durch den Remigranten Adorno. Außerdem kommen die Vorstellung von der aus gemeinsam getragenem Schicksal sich konstituierenden Nation sowie die Idee von *anderen* Intellektuellen zum Ausdruck, die zu eben dieser Vorstellung einer solidarischen Nation gehören und nicht mehr im Gegensatz zum 'Volk' stehen. Der Text nimmt Vorstellungen vorweg, mit denen in den achtziger Jahren als Teil von Kohls 'geistig-politischer Wende' ein positives Anknüpfen an die deutsche Geschichte *vor* Auschwitz bei einer gleichzeitigen Relativierung des Holocaust unternommen wurde.

Für die Frage nach dem Adressatenbezug in Walsers öffentlicher
Prosa ist dabei vor allem interessant, dass in diesem für seine Hinwendung
zum nationalen Diskurs *grundlegenden* Text ein Modell von
Öffentlichkeit vorgestellt und idealisiert wird, das nicht primär auf dem
Austausch von Argumenten, von Rede und Gegenrede und einer
Diskursethik basiert, sondern zum einen auf der Möglichkeit nicht-
entfremdeten Sprechens – der Autor soll in der Meinung 'enthalten' sein –
und zum anderen auf der partiellen Aufhebung des Gegensatzes von
'Volk' und Intellektuellen. Angedeutet wird eine *nationale*
Solidargemeinschaft, die Walser von den bundesrepublikanischen
Intellektuellen jedoch abgelehnt sieht: 'Wo Miteinander, Solidarität und
Nation erscheinen, da sieht das bundesrepublikanische Weltkind Kirche
oder Kommunismus oder Faschismus' (*HmG*, 627). Nur einer solchen
nationalen Gemeinschaft aber sei es möglich, Auschwitz nicht zu
verdrängen. Walser vertritt hier, wenn auch skeptisch, die konservative
Ansicht, einzig ein positives nationales Selbstverständnis sei
Voraussetzung für eine *gelingende* 'Aufarbeitung der Vergangenheit'.
Schließlich wird Öffentlichkeit in ironischer Überzeichnung zum
Transzendentalen schlechthin: 'Nach *Gott* haben wir nichts Wichtigeres
mehr gehabt als *Öffentlichkeit*' (*HmG*, 619). So setzt der Aufsatz die
frühere *systemkritische* Derealisierung von Öffentlichkeit unter
veränderten Vorzeichen fort, woran auch in späteren Texten angeknüpft
wird.

Die veränderte Haltung von einem Intellektuellen, der sich nach
eigenem Bekunden früher um 'eine gesellschaftliche Ausdrucksweise'
bemüht hatte, hin zu einem, dem der 'persönliche Ausdruck' (*HmG*, 617-
18) das Wichtigste geworden ist, beschreibt Walser im Kontext eines
kollektiven *nationalen* Mangels, der für alle offensichtlich sein soll: 'Dass
uns etwas fehlt, sieht *jeder*' (*HmG*, 629) (Hervorhebung H.J.H.). Wo aber
der persönliche Ausdruck einem kollektiven Gefühl entsprechen soll, wird
ein Einverständnis bei den nationalen Adressaten vorausgesetzt. Vor
diesem Hintergrund erscheint Walsers Hinweis in der Friedenspreisrede
auf das Wichtige, das 'nur wichtig ist, weil wir es alle gemeinsam haben',
nicht in der Vorstellung einer gemeinsamen Sprache allein aufzugehen,
sondern darüberhinausgehend auf eine nationale Eigenschaft zu
verweisen (*WBD*, 16).

Zum Aufsatz 'Über das Selbstgespräch. Ein flagranter Versuch' (2000)

Auch von Josef Kopperschmidt, einem scharfen Kritiker der Verleihung des Tübinger Rhetorik-Preises an Walser für dessen Friedenspreisrede, wird der Essay 'Über das Selbstgespräch' ein 'großartiger Beitrag' genannt.[15] Freilich zeige auch dieser Text noch einmal in aller Deutlichkeit, welcher Paradoxie die Tübinger Preisverleihung erlegen sei, 'indem sie Walser für eine Rede auszeichnete, die mit suggestiven Formulierungen die prinzipielle Insuffizienz öffentlichen Redens beschwört' (*NeMW*, 108). Daran schließt sich Kopperschmidts knappe Analyse von 'Über das Selbstgespräch' an:

> Die 'Innensprache' des literarischen 'Selbstgesprächs' wird bei Walser gegen die zweckorientierte 'Auftrittssprache' des Redners so sehr normativ aufgeladen, daß die Freiheit, der letztere ihre Möglichkeit politisch verdankt, schlichtweg bestritten werden kann, weil sie als 'adressierte' Sprache 'Meinungserwartungen' unterliege, was ein 'sich-der-Sprache überlassen' ausschließe (*NeMW*, 108).

Der Essay schreibt tatsächlich *in aller Deutlichkeit*, worauf der Untertitel *Ein flagranter Versuch* ja bereits hinweist, den unversöhnlichen Gegensatz von der literarischen Rede des Selbstgesprächs als dem vorgeblich authentischen, freien Sprechen gegenüber der an *andere* gerichteten, immer unfreien Rede fest. Unmissverständlich heißt es: 'Das Selbstgespräch ist die freiere Rede als die adressierte' (*ÜdS* 135). Und bezogen auf Adressaten: 'Die Sprachen, in denen wir uns anderen zuwenden, sind im Dienst von Absichten, Zwecken, Zielen' (*ÜdS* 138). Mit dieser antirhetorischen Volte greift Walser, ohne ihn zu nennen, auf einen 'großen Denker' zurück, der ihm in der Friedenspreisrede als Gewährsmann in Gewissensfragen galt: auf Georg Wilhelm Friedrich Hegel. Mit Hegel verbindet sich rhetorikgeschichtlich ein Traditionsbruch, durch den die Redekunst aus dem Bereich der Künste ausgeschlossen wird.[16] Hegel definiert im dritten Teil seiner *Vorlesungen über die Ästhetik* den Unterschied von Poesie und Rhetorik als den Gegensatz von 'der freien poetischen Organisation des Kunstwerks' und der 'bloßen Zweckmäßigkeit' der Beredsamkeit.[17] Dabei ist für Hegel wie für Walser der Begriff der Freiheit das entscheidende Kriterium. Die Rhetorikgeschichte allerdings beurteilt Hegels abwertende Unterscheidung von zweckfreier Kunst und zweckhafter Rede als folgenreich und negativ, weil damit noch ein zweiter grundlegender Bruch mit der rhetorisch-poetologischen Tradition vollzogen wird. Die zugestandene Zweckfreiheit nehme der Dichtung ihre moraldidaktische Funktion, die ihr in der gesamten Frühen Neuzeit zugekommen sei. Gleichzeitig liefere das Argument der Zweckhaftigkeit, der jedes rhetorische Handeln unvermeidlich unterliege, einen willkommenen Vorwand, um die Rhetorik zu attackieren, wie Ottmers schreibt.[18] In diesem Sinne ist auch Walser ein Kritiker der Rhetorik, indem er Hegels wertende Gegenüberstellung von Poesie und Rhetorik übernimmt. Im Gegensatz zu Hegel aber will Walser auch noch seine öffentliche Rede in das Ideal des antirhetorischen Selbstgesprächs überführen, um so 'den Unterschied zwischen den beiden Sprachen, der Sprache des Selbstgesprächs und der adressierten Sprache, zu verkleinern' (*ÜdS* 135). Hegel hatte, trotz der Abwertung der Rhetorik, auf einer Verantwortung des Redners gegenüber den von ihm zu beachtenden Regeln bestanden, die Walser abschaffen möchte. Bei Hegel heißt es:

> Vornehmlich aber, da es auf lebendige, praktische Wirkung abgesehen ist, hat er [der Redner] den Ort, an welchem er spricht, den Grad der Bildung, die Fassungsgabe, den Charakter der Zuhörerschaft durchweg zu berücksichtigen, um nicht mit dem Verfehlen des gerade für diese Stunde, Personen und Lokalität gehörigen Tones den erwünschten praktischen Erfolg einzubüßen.[19]

Diese von Hegel für jede öffentliche Rede reklamierten Normen sind für einen Redner kaum bindend, dessen erklärter Traum es ist, 'vor anderen zu sprechen, aber nicht zu ihnen' (*ÜdS* 135). In einem solchen Ideal ist das Auditorium primär nicht zum Nachdenken über Argumente oder gar den anschließenden Austausch von Meinungen und Ansichten aufgefordert, sondern allenfalls zum Wiedererkennen eigener Erfahrungen im Monolog des Redners.

Die Metapher des Zeugen und die Freiheit des Adressaten

In der radikalen Zurückweisung aller redepragmatischen Gesichtspunkte sieht Walser nicht nur die Freiheit des Redners, sondern ebenso die des Zuhörers. Dazu noch ein Zitat aus 'Über das Selbstgespräch':

> Ich hoffe, wenn es gelingt, Wichtiges in einer *unwillkürlichen* Sprache zu sagen, könne der Zuhörer eine Art Freiheit erleben. *Freiheit gegenüber jeder Form des herrschenden Sprachgebrauchs.* Er muß, ja, er kann von mir nichts positiv übernehmen, er muß mir schon gar nichts glauben, aber er *könnte*, wenn er *Zeuge* meines unwillkürlichen Sprachgebrauchs wird, teilnehmen am *Risiko* eines nicht immer schon abgesicherten Sprachgebrauchs (*ÜdS*, 141).

In den vorsichtigen, behutsam klingenden Formulierungen steckt meines Erachtens die Quintessenz von Walsers Kommunikationsmodell *nach* der Friedenspreisrede, das sich von früheren Fassungen des Autor-Leser/Zuhörer-Verhältnisses nicht grundlegend unterscheidet, aber hier anders nuanciert ist. Ausgedrückt ist die Hoffnung auf ein 'unwillkürliches' Sprechen und Schreiben, das völlig frei sei von äußeren Vorgaben. Mit der Idealisierung einer solchen radikal innerlichen Sprache wird erneut die öffentliche Meinung als Form 'herrschenden Sprachgebrauchs' für unfrei erklärt. Neu ist die Einführung des aufgeladenen *Zeugen*-Begriffs, der insbesondere im Diskurs über den Holocaust eine Bedeutung erhalten hat zur Charakterisierung von Überlebenden, die durch ihr Zeugnis die Erinnerung an die weitgehende Vernichtung der europäischen Juden wachhalten.[20] In Walsers Kommunikationsmodell wird durch den Begriff in erster Linie der Moment, in dem ein Leser/Zuhörer an Walsers Sprachgebrauch teilhat, als besonders authentisch herausgestellt. Dass diese Teilhabe außerdem noch als 'Risiko' beschrieben wird, lässt die Utopie vom unwillkürlichen Sprechen zum heroischen Akt werden, durch den der Dichter sich als Dichter bestätigt und der risikobereite Zuhörer in besonderer Weise daran teilhaben kann. Die Freiheit des Zuhörers ist die, einer vom Dichter begründeten Gemeinschaft anzugehören, die sich als jenseits der öffentlichen Meinung stehend begreift.

Schluss

Matthias Richter hat in einem beeindruckenden Aufsatz über Martin Walser als Leser die Möglichkeiten und Grenzen von Walsers Thesen über das Lesen ausgelotet. Eine seiner Beobachtungen, die ein deutliches Lob für den Autor einschließt, sei hier zitiert:

> Unabhängig davon, was man von seinem Beharren darauf halten mag, Literatur *ausschließlich* auf der Goldwaage der existentiellen Ergriffenheit und der persönlichen Brauchbarkeit zu wägen: Dass er der Literatur damit einen Ernst, ein Gewicht und eine Würde gibt, die sie in den Interpretationsspielen der Seminare nicht hat, dass er ihr diese daseinssteigernde, zeitaufhebende Wirkung zutraut, kann von jedem Lesenden doch nicht anders als mit Hochachtung und Zustimmung aufgenommen werden.[21]

Als *Leser* bin ich ebenso gerne bereit, mich dieser Würdigung anzuschließen, wie ich die Übertragung dieses Lesemodells auf den öffentlichen Diskurs vehement zurückweise. Nicht nur, weil ich das Modell dort für unbrauchbar halte, sondern stärker noch, weil es mir den öffentlichen Diskurs zu schädigen scheint. Genau darin aber besteht, wie ich zu zeigen versucht habe, das große Problem von Walsers Modell der Beziehung von Redner und Publikum. Nach der aus meiner Sicht berechtigten Skandalisierung seiner Friedenspreisrede, vor allem durch Ignatz Bubis, hat Walser die Dichotomisierung von freier, unwillkürlicher und adressierter Rede weiter zugespitzt. Das Fruchtbare von Debatten im

Sinne einer positiv verstandenen Streitkultur besteht aber gerade darin, dass die einzelnen Diskursteilnehmer sich auf die Argumente und Einwände der anderen beziehen und damit in gewissem Sinne normativen Vorgaben folgen, die eine notwendige und unhintergehbare Bedingung von funktionierender Öffentlichkeit ausmachen. Ein Modell von Öffentlichkeit aber, das Selbstwidersprüche für grundlegender hält als den von zwei oder mehreren Teilnehmern an einer öffentlichen Debatte ausgetragenen Meinungsstreit, das Aushandeln von Positionen also, bei denen der 'zwanglose Zwang des besseren Arguments' (Habermas) als Leitgedanke gilt, misstraut dem Widerspruch, der von außen, von anderen kommt. In der Tat sind Selbstwidersprüche eher konstitutiv für Selbsterkundungen oder andere Formen von Selbstgesprächen, also Formen (primär) nicht-öffentlicher Rede, die Walser zum Ideal erhebt. Anders übrigens als der Autor mit seinen Kant-Zitaten in *Über das Selbstgespräch* nahelegt, auf die ich nicht eingegangen bin, basiert dessen Vorstellung von Aufklärung gerade in intersubjektiv nachvollziehbaren Bedingungen für das öffentliche Gespräch. Das Ideal dagegen, 'vor anderen zu sprechen wie mit sich selbst' (*ÜdS*, 135), von dem der Autor allerdings selbst einräumt, es sei nie der Fall, ist solipsistisch und undialogisch. Auch wenn man sich als vielstimmige Person imaginiert, kann man sich selbst immer nur Antworten geben, die man schon kennt. Das Gespräch mit anderen dagegen beinhaltet die Möglichkeit eines Überraschungsmoments: wie werden die anderen reagieren, was werden sie sagen? Auch wenn eine Rede in aller Regel nicht in diesem Sinne dialogisch ist, so kann in einer Debatte natürlich ein Dialog geführt werden, wenn die einzelnen Beiträge sich jeweils aufeinander beziehen.

Anmerkungen

[1] Vgl. Martin Walser, 'Über das Selbstgespräch. Ein flagranter Versuch', in: ders., *Ich vertraue. Querfeldein. Reden und Aufsätze*, Suhrkamp: Frankfurt/Main, 2000, S. 125-150, hier: S. 135. Im Folgenden werden Verweise auf diesen Aufsatz mit der Sigle *ÜdS* abgekürzt und im fortlaufenden Text mit Seitenzahl eingefügt.

[2] Die erste der beiden Formulierungen stammt aus dem Aufsatz 'Händedruck mit Gespenstern' von 1979, der in die Werksausgabe aufgenommen wurde. Vgl. Martin Walser, *Ansichten und Einsichten. Aufsätze zur Zeitgeschichte*, Werke in zwölf Bänden, hg. von Helmuth Kiesel, Suhrkamp: Frankfurt/Main, 1997, Bd. XI, S. 617-630, hier: S. 617. Spätere Bezugnahmen im Text auf diesen Aufsatz werden mit der Sigle *HmG* und Angabe der Seitenzahl angezeigt. Der zweite Ausdruck wird von Walser selbst in *ÜdS*, S. 130 zitiert.

[3] Beide Aufsätze sind wieder abgedruckt in: Martin Walser, *Ich vertraue. Querfeldein. Reden und Aufsätze*, Suhrkamp: Frankfurt/Main, 2000.

[4] Als Walsers Laudator bei der Verleihung des Friedenspreises des deutschen Buchhandels hatte Frank Schirrmacher anschließend auch die Dokumentation der Walser-Bubis-Debatte besorgt, bevor er mit seinem offenen Brief an Martin Walser vom 29.5.2002 nun überraschenderweise seinerseits die jüngste Kontroverse um den Autor auslöste. Die Dokumentation erschien unter dem Titel: *Die Walser-Bubis-Debatte. Eine Dokumentation*, Suhrkamp: Frankfurt/Main, 1999. Verweise auf Beiträge aus diesem Sammelband werden im Folgenden mit der Sigle *WBD* abgekürzt und unter Angabe einer Seitenzahl im fortlaufenden Text eingefügt.

[5] Bogdal geht noch weiter und deutet die Äußerungen in der Friedenspreisrede als geplante Grenzübertretungen des öffentlichen Konsenses. Walsers nachträgliche Interpretation seiner Rede als 'Selbstgespräch' hält er deshalb für wenig plausibel. Vgl. Klaus-Michael Bogdal, '"Nach Gott haben wir nichts Wichtigeres mehr gehabt als die Öffentlichkeit". Selbstinszenierungen eines deutschen Schriftstellers,' in: *Martin Walser*, Text+Kritik Bd. 41/42, ³2000 (Neufassung), S. 19-43, hier: S. 33. Hinsichtlich der Frage nach der öffentlichen Selbstinszenierung Martin Walsers ist dieser Aufsatz grundlegend.

[6] Der Brief ist aufgenommen in die von Schirrmacher herausgegebene Dokumentation der Walser-Bubis-Debatte, *WBD*, S. 119-120 (siehe Anmerkung 4). Walser antwortet darauf in seiner Duisburger Rede, die ebenfalls in *WBD*, S. 252-260, enthalten ist.

[7] Jan Philipp Reemtsma '"Mein Gewissen, mein Gewissen, sag ich!". Nachgeholte Lektüre einer Sonntagsrede', in: ders., *'Wie hätte ich mich verhalten?' Und andere nicht nur deutsche Fragen*, C.H.Beck: München, 2001, S. 186-192, hier: S. 188.

[8] Martin Walser, 1997, a.a.O., S. 1046-1061 (siehe Anmerkung 2). Weitere Verweise auf Aufsätze Walsers aus der Werksausgabe, mit Ausnahme von 'Händedruck mit Gespenstern' (*HmG*), werden im fortlaufenden Text unter Verwendung der Sigle *MWW* und Angabe der Seitenzahlen angegeben. Diese vorweg genommenen Themen hatten übrigens damals keinen Skandal provoziert.

[9] Martin Walser, *Seelenarbeit. Roman*, Suhrkamp: Frankfurt/Main 1983, S. 226.

[10] Johann Christian Friedrich Hölderlin, *Werke in zwei Bänden*, Bd. 1, Aufbau: Berlin und Weimar, S. 151-154. Die letzte Strophe, in der Hölderlin die Aufgabe des Dichters in der Weitergabe der Traditionen eines Volkes bestimmt, lautet: 'So

hatten es die Kinder gehört, und wohl/Sind gut die Sagen, denn ein Gedächtnis sind/Dem Höchsten sie, doch auch bedarf es/Eines, die heiligen auszulegen'. S. 154.

[11] Dieter Borchmeyer, *Martin Walser und die Öffentlichkeit*, Suhrkamp: Frankfurt/Main, 2001, hier: S.15.

[12] 'Händedruck mit Gespenstern' erschien erstmals in: Jürgen Habermas (Hg.), *Stichworte zur geistigen Situation der Zeit*, Suhrkamp: Frankfurt/Main 1979. Im Text verweist die Sigle *HmG* unter Angabe einer Seitenzahl auf den Wiederabdruck in Walsers Werkausgabe (siehe Anmerkung 2).

[13] 'Geständnis' sei die rhetorische Figur, auf die Walser immer wieder zurückgriffe, wenn er über das Thema nationale Einheit spreche. Vgl. Bogdal, a.a.O., S. 23 (Anmerkung 5).

[14] Zitiert nach Thomas Assheuer, 'Die Not der Notlosigkeit. Martin Heidegger flüchtet in die Katakomben der Ontologie – Zu Band 67 der Gesamtausgabe', in: *Die Zeit*, Nr. 2, 5.1.2000, S. 38.

[15] Josef Kopperschmidt, 'Noch einmal Martin Walser und seine Paulskirchenrede. Oder: Versuch, auf eine "Anstatt-Erwiderung" zu erwidern', *Rhetorik*, 19 (1999), S. 103-108, hier: S.108. Sigle: *NeMW*

[16] Vgl. Clemens Ottmers, *Rhetorik*, J.B.Metzler: Stuttgart, 1996, hier: S. 52.

[17] G.W.F. Hegel, *Vorlesungen über die Ästhetik*, Bd. III, Werke 15, Suhrkamp: Frankfurt/Main 1986, hier: S. 265.

[18] Ottmers, a.a.O., S. 52.

[19] Hegel, a.a.O., S. 266

[20] Exemplarisch für diesen Diskurs: Ulrich Baer (Hg.), *'Niemand zeugt für den Zeugen'. Erinnerungskultur nach der Shoah*, Suhrkamp: Frankfurt/Main 2000. Walsers Gebrauch der Metapher des Zeugen bezieht sich explizit nicht auf die Verwendung der Zeugen-Figur im Diskurs über den Holocaust. Im Essay 'Über die Schüchternheit. Zeugen und Zeugnisse' von 1999 nutzt er das Wort zur Bezeichnung einer Selbstbeobachtung: 'Er [der Schüchterne] ist Zeuge dessen, was mit ihm passiert', in: Martin Walser, *Ich vertraue. Querfeldein. Reden und Aufsätze*, Suhrkamp: Frankfurt/Main 2000, S. 93-123, hier: S. 99.

[21] Matthias Richter, '"Lebensdeutlichkeit, Daseinsfülle, Sensation". Martin Walser als Leser', in: *Martin Walser*, Text+Kritik Bd. 41/42, ³2000 (Neufassung), S. 4-18, hier: S. 13.

Volker Nölle

Der Redner als Dichter und umgekehrt. Zu konzeptionellen Aporien in Walsers Friedenspreisrede

The subject of the analysis is, on the one hand, the aporias which result from the complex textual organisation and strategems of the 'Friedenspreis' speech and, on the other, the tensions between the fictional structures of large parts of the text and those passages and commentaries by Walser himself, which, by contrast, speak a clear language. The tensions between the various textual types lie at the heart of this ambivalent, indeed elusive text. In contrast to the never-ending debate about the speech, this essay concentrates not on the 'what' but exclusively on the 'how'. This approach corresponds with the talk's title 'Erfahrungen beim Verfassen einer Sonntagsrede', which implicitly makes the fiction of the Status nascendi a specific feature of the text.

> Das Bedürfnis nach mehr Ausdruck als Mitteilung habe ich noch.
>
> Martin Walser, *Auskunft*

1. Die unerlässliche Lücke und eine nötige Nachfrage

Lädt man einen Romanautoren zu einem Vortrag ein wie Martin Walser zu der Friedenspreisrede[1], wird man kaum im Ernst damit rechnen, dass er, wenn es auch nur für die kurze Dauer seiner Rede wäre, seinen ureigenen Beruf abstreift wie einen Handschuh oder - mit einem Vergleich Walsers - als handle es sich um ein 'Kostüm, das man in den Schrank hängt'.[2] Wissenschaftler/Innen jeglicher Couleur pflegen oder sollten den sachlichen und unpersönlichen Argumentationsstil pflegen. Aber warum sollte das ein Schriftsteller, ein Dichter? Warum sollte das Walser? Er wird sich, und das ist sein Vorrecht, eine andere Art der Rede vorbehalten. Man muss also kein Prophet sein, um eine Rede zu erwarten, in der Walser rhetorische Mittel virtuos einsetzt. Aber das macht allein noch nicht die differentia specifica zu den gewohnten Redediskursen aus. Denn auf Rhetorik verstehen sich auch Redner, die nicht von Haus aus Schriftsteller oder Dichter sind. Gewiss, Walser hat ein Kabinettstück vorgelegt, dem man nicht so schnell etwas vergleichbar Brillantes an die Seite stellen kann. Walter Jens hat Walsers Rede als eine 'vorzügliche, präzis strukturierte Rede' gewürdigt'.[3] Vor allem: sie hat ungeheure Wirkung erreicht: Eine Sturmflut von zustimmenden und ablehnenden Stellungnahmen bezeugt es. Sollte da noch etwas zu sagen sein, zumal die Rede einigen ohnehin und von vornherein – und nicht nur aus

Bewunderung – die Sprache verschlagen hat? Man beuge sich also, bevor man sich die Rede nochmals unter die Lupe nimmt, gründlich über das beleibte Volumen, zu dem es die Dokumentation der Walser-Bubis-Debatte gebracht hat. Man sollte wissen: Chancen, dazu etwas Neues beizusteuern, haben wohl nur Meta-Diskurse, Diskurse über die Debatte als ganze, und dazu bedarf es - man atme getrost auf! - wohl doch noch eines beträchtlichen zeitlichen Abstandes. So schnell werden Rede und Gegenrede, kurz, diese Debatte nicht geschichtlich.

Dennoch frage ich: Sollte es vor dem zu erwartenden Metadiskurs vielleicht doch noch Aspekte der Rede geben, die man bisher noch nicht oder kaum in Erwägung gezogen hat? Nun, da hat man es schwarz auf weiß, was man geahnt und befürchtet hat: Da wird wieder einmal mehr jener Topos der 'Lücke' beschworen, der für die nötige Legitimation eines möglicherweise sehr 'unnötigen' Beitrages sorgt. Die unerlässliche Lücke macht es ebenso unerlässlich, dass man sie schließt. Deshalb soll die Rede Walsers in ausschließlich literaturwissenschaftlicher Perspektive angegangen werden. Das ist bisher – von wenigen Ausnahmen abgesehen – so gut wie nicht geschehen.[4]

Nach dem obligaten Legitimationsritual nochmals zur Frage nach dem Redespezifikum: Etwas erreichen, bewirken, das wollen Reden argumentativer und pragmatischer Art auch, genauer, einzig das wollen sie. Das Ziel mag vergleichbar sein, der Weg ist es nicht. In Walsers Rede ist der Anteil der Strategien und Techniken sehr hoch, die in fiktionalen Texten beheimatet sind. Man kann es sich leicht ausrechnen, dass es Reibungen zwischen pragmatischem Ziel und fiktionalen Mitteln gibt.

Dieses genauer zu erörternde Problemfeld hat meine Neugier geweckt, und darauf sind meine Beobachtungen und Überlegungen ausgerichtet, und nicht auf jenes Provokationspotential seiner Rede, das eine Lawine erregter Debatten losgetreten hat. Um mich dezidiert literaturwissenschaftlich der Rede anzunähern, sehe ich von einer Einschätzung der Folgen und Einwirkungen ab, die von ihr auf das öffentliche Bewusstsein bereits ausgegangen sind.[5] Das Text-dramaturgische, das mit dem Titel der Rede 'Erfahrungen beim Verfassen einer Sonntagsrede' angedeutet wird, um das soll es gehen. Es kommt also nur ein Ausschnitt aus dem weiten Spektrum der rhetorischen Strategien zur Sprache.

2. Walsers Daimonion. Der seelisch-leibliche   Bereich und die Befindlichkeit

Wie bringt Walser seine dichterische Existenz ein - oder woran lässt sich ausmachen, dass er sie einbringt? Oder anders gefragt: Wer will argumentativ etwas dagegen ausrichten, wenn beispielsweise jemand sagt: 'Mir ist bei Ihrer Behauptung ganz wohl.' Ein solches auf das Befinden verweisende Vorgehensmuster könnte auch einer Strategie Walsers zugrunde liegen. Man beachte deshalb die regelmäßige Berufung auf seine Befindlichkeit[6]. Das muss Methode haben und ist, wenn nicht alle Anzeichen täuschen, Teil seiner textdramaturgischen Konzeption. Könnte das nicht, so eine hypothetische Frage, für einen Schutzwall sorgen, hinter dem Walser seine Position oder seine Ablehnung der Gegenposition unangreifbar macht? Fraglos hingegen besteht in der Berufung auf die Befindlichkeit ein markantes Spezifikum seiner Rede, das sie von durchgehender Argumentation verpflichteten Reden abhebt.

Zunächst: Ein Indiz für die eminente Bedeutung der Befindlichkeit ist die beeindruckende Konstanz des in Walsers Aufsätzen, Interviews wie auch in dieser Rede vorkommenden Wortes 'unerträglich' und seines synonymischen Verb-Pendants 'aushalten' resp. 'nicht aushalten'. Offensichtlich kommt ihnen eine Schlüsselstellung in Walsers Motivationsdepositum zu. In einem Interview betitelt 'Ich will mich schreibend wehren' heißt es am Schluss:

> Ich habe mein Schreiben entwickelt als Antwort auf Unerträgliches und habe die Erfahrung gemacht, dass der Ausdruck des **Unerträglichen** das **Unerträgliche** ein wenig erträglicher macht.[7]

und in der 'Friedenspreisrede':

> Ich habe mehrere Zufluchtswinkel [...], wenn mir der Bildschirm die Welt als eine unerträgliche vorführt.[...] **Unerträgliches** (Hervorhebungen V.N.) muss ich nicht ertragen können. (S.8)[8]

Eine Sicht auf die deutsche Geschichte, die seinem Verständnis nicht entspricht, kann bedrohliche Allergien bei Walser auslösen, wie ein Selbstzitat aus der Friedenspreisrede bestätigt: 'Ich halte es für unerträglich, die deutsche Geschichte [...] in einem Katastrophenprodukt enden zu lassen.' (S.13)[9]

Seine Rede empfängt also mächtige Impulse aus dem für ihn Nicht-mehr-Erträglichen, und die Rede kann ihm, indem er das in der Öffentlichkeit kundtut, zumindest dazu verhelfen, es wenigsten weiter 'auszuhalten'.[10] Was auszuhalten ist, spare ich entsprechend dem Abstraktionsgebot meines Ansatzes aus. Noch ein sprechendes Beispiel aus einem anderen Text für die stete Präsenz der Allergie-Indikatoren:

> In meinem Kopf brauche ich diese Herleitung des deutschen Geschicks zu
> dieser Spaltung, weil ich es sonst bei mir selber gar nicht aushalte, als ein
> Deutscher nicht aushalte.[11]

Die Befindlichkeit kann auch so ihre Bedeutung geltend machen:

> Also ich gebe zu, ist es mir ganz und gar unangenehm, wenn die Zeitung
> meldet: ein idealistischer Altachtundsechziger [...] wird nach der Wende zu
> zwölf Jahren Gefängnis [...] verurteilt. (S.8)

Man würde statt des etwas preziös wirkenden Hinweises auf die
Befindlichkeit ('ist mir ganz und gar unangenehm')[12] eine Stellungnahme
zu der zitierten Zeitungsmeldung etwa der Art erwarten: 'Diese
Ungerechtigkeit zu beheben ist vordringlich.' Kritisiert man einen
Zustand, dann doch nicht, weil man es als 'unangenehm' empfindet oder
es einen traurig stimmt, sondern weil Ungerechtigkeit schlechthin ein zu
bekämpfendes Übel ist. Bei Walser hingegen setzt sich erst das Subjekt
der Aussage in Szene und verweist nachdrücklich auf sein Befinden, das
ihm besagte Meldung verursacht. Das vorangeschaltete und simulierte
Zugeständnis 'ich gebe zu' verstärkt indes nur das Rampenlicht, in dem
sich das Aussagesubjekt postiert.

   Walser delegiert sein Urteil an den Befindlichkeitsbereich. Das
enthebt ihn der Begründungspflichten. So gesehen zeugt das von einer
Entlastungsstrategie, ist aber so häufig angewandt, ein geschickter
Schachzug, mit der er alle Gegenargumente in 'Schach' hält und sich die
Uneinnehmbarkeit seiner Position sichert. Ich gehe noch weiter und sage:
Die Befindlichkeit ist der heimliche Mitregulator und Mitdramaturg seiner
Rede und schränkt nachhaltig ihre argumentative Dimension ein. Im
Dienste dieser anderen Instanz gibt Walser vor, sehr genau zu beobachten,
was im seelisch-leiblichen Bereich vor sich geht. Das bringt Walser u.a.
mit einer konstanten Formel seines 'Selbsterkundungssprachgebrauchs'
(S.442) zum Ausdruck:

> - **merke ich**, dass sich in mir etwas gegen diese Dauerrepräsentation unserer
> Schande wehrt. (S.11)
> - **Ich merke in mir vieles**, das ich unterdrücken muss.[13]
> - **dann merke ich**, das ist eben bei mir so, dass nicht ich das ertragen kann
> (Hervorhebungen V.N.)[14]

In diesen Zusammenhang gehört auch die Wendung, mit der er auf die
Resonanz aufmerksam macht, die seine kognitive Leistung in seinem
emotionalen Bereich findet 'und bin fast froh, wenn ich glaube, entdecken
zu können'.

   Walser will 'bemerken', was für Signale aus diesem Bereich ihn
erreichen. Das bestätigt die Häufigkeit der Formel: 'merke ich'. Das von
Walser Bemerkte ist der Bereich, der das schlechthin Andere seines

denkenden und redenden Ich, seines Subjektstatus ist. Grundsätzlich gilt: Der Redner ist als vor einer Zuhörerschaft sprechendes, argumentierendes, auf Verstanden-werden angewiesenes Ich von Haus aus in erster Linie ein Sender; Walser hingegen macht sich – ob aus taktisch rhetorischen Gründen bleibe dahin gestellt – in entscheidenden Phasen zum bloßen Empfänger. Die Signale, die er aus dem seelisch-körperlichen Bereich empfängt und registriert, gewinnen den Rang einer unantastbaren Autorität.[15] Die Befindlichkeit fungiert zugleich und paradoxerweise als Strategem und als eine Art Daimonion. Man muss schon – mit einer Metapher Lessings – über einen rechten 'Sitz im Leben' verfügen, um seiner eigenen Befindlichkeit eine derart regulative Funktion einzuräumen. Ein wenig fragwürdig mutet mich das an. Aber mit einer bloßen Anmutung soll es nicht sein Bewenden haben. Deshalb soll später auch die rhetorische Fiktion des Status nascendi seiner Rede ins Auge gefasst werden.

Inzwischen bedenke man, welch produktives Initiationspotential in der Befindlichkeit steckt. So kann Walser, wenn er etwas 'nicht ertragen kann', das 'auf eine Figur' ab- und umlenken.[16] Sie übernimmt im Seelen- und Produktionshaushalt die Funktion eines Blitzableiters. Es muss nicht Unerträgliches sein, es genügt auch 'etwas Unangenehmes, das ihm "passiert", das zwingt mich dazu zu antworten.' So ist nach Walsers Auskunft der Roman *Seelenarbeit* die Antwort auf 'Abhängigkeitserfahrungen'.[17]

3. Die Falle der ingenösen Textdramaturgie

Walser setzt sich mit dieser Immunisierungsstrategie - wenn auch nur im fiktionalen Inszenierungsrahmen seiner Rede - einer Gefahr aus: die ihm vordergründig Immunität verleihende Befindlichkeit bringt ihn – 'merkt' er das nicht?[18] - in Abhängigkeit von anderen. Das ist so zu verstehen: Walser will sich nichts vorschreiben lassen: Er kann eine kritische Rede nicht halten, weil sie von ihm erwartet wird. Die Erwartung der anderen erzeugt eine Befindlichkeit der Enge. Und eine Rede über das Schöne, die ihm zunächst vorgeschwebt hat? Seine Antwort:

> Er (Walser spricht hier noch von sich in der dritten Person, V.N.) war nämlich, als er von der Zuerkennung erfuhr, zuerst einmal von einer einfachen Empfindung befallen worden, die formuliert, etwa hätte heißen können: Er wird fünfundzwanzig oder gar dreißig Minuten lang nur Schönes sagen. (S.7)

Aber hielte er sie, wäre er - mit Walsers Wort - 'erledigt.' So die antizipierte Rezeption. Und die vorgängige Vorstellung von der Erwartung gewisser Hörer bewirkt, dass er sich 'eingeengt' vorkommt. Walser kann deshalb weder eine kritische Rede noch eine über Schönes halten. Folgerung: Ein Sach- oder Problembezug, der ihn zu der einen oder anderen Rede drängen könnte, kommt ihm gar nicht in den Sinn. Die Befindlichkeit hat allein das Sagen. Und das macht ein wenig um Walsers Rede besorgt, denn die Berufung auf die Befindlichkeit ist der Wegbereiter seiner Abhängigkeit von den anderen, wenn auch nur auf der Probebühne der Fiktion. Dass Textpassagen wie die obige als 'Rollenprosa des Redners'[19] zu gelten haben, daran sollte man nicht zweifeln, aber auch daran nicht, dass solche Passagen nicht per se gegen Widersprüche immunisiert sind; sie können, soweit sie auftauchen, reflektiert sein oder nicht, können gewollt sein oder eben nicht. Und auf den Unterschied kommt es an.

Will Walser 'Erfahrungen' beim Verfassen seiner Rede machen und davon sprechen, warum wehrt er sich gegen die leicht zu machende Erkenntnis, dass er sich dabei in Aporien verfängt, die seine Unfreiheit unübersehbar demonstrieren? Diese Erkenntnis wäre zugleich eine Erfahrung. Und die Fremdbestimmtheit bei der Konzeption der Rede, genauer, bei der Entscheidung, welche Richtung sie einschlagen soll, ist das Gegenteil von dem, was ihm vorgeschwebt hat: frei und nicht 'eingeengt' zu sein, nämlich die Rede nicht so zu halten, wie man sie von ihm erwartet.

Man sieht: eine Dramaturgie, die mit einer so gearteten Konzeption der Status-nascendi-Fiktion operiert, hat ihren Preis. Er fällt deshalb so hoch aus, weil sich Walser der immanenten Logik und Dialektik seiner Konzeption nicht stellt. Walser ist mit der Strategie der notorischen Berufung auf seine Befindlichkeit in eine Falle geraten, die er wider Wissen und Willen sich selber gelegt hat.

4. Ein Exkurs: Allergien als sprachbildende Kraft? (am Beispiel von Benennungen)

Aus dem reichhaltigen Strategiearsenal sei wenigstens ein rhetorisches Mittel, und zwar das der ironischen Benennungen, mit denen Walser seinen mutmaßlichen Gegner zusetzt, etwas genauer besehen. Statt die Personen, die er meint, mit Namen zu nennen, verweist er sie ins Anonyme, werden sie einer allen bekannten Kaste zugewiesen und so nachhaltig wie ironisch etikettiert und typisiert. Als hafte ihnen der Geruch der Unnennbaren, der Unberührbaren an. Verallgemeinerung und Pauschalisierung haben das Wort. Die Gemeinten, aber Nicht-Genannten fallen bei Walser ausnahmslos unter die respektable Rubrik der Intel-

lektuellen, die aber eine nicht soziologisch und gesellschaftlich genau
erfassbare Gruppierung wie Parteien, Studenten oder Berufe sind, sondern
ein Konstrukt. Generell: der Namensentzug wirkt abwertend. Sagt z.B.
der Vortragsredner: 'der Herr in der hinteren Reihe', dessen Namen nur er
kennt, so ist das nicht despektierlich, aber wenn er ihn kennt und alle
Anwesenden auch, so ist es.

Walser nutzt ein so altbewährtes wie altfränkisches, ein eher in
polemischen Textsorten beheimatetes und ressentimentgeladenes Mittel,
das – gleichermaßen wie die Apostrophierung der Befindlichkeit – einem
argumentativen Diskurs nicht zu Gesicht steht. Das sorgt für kulinarische
Lektüre und verfehlt nicht seine vorurteilsstimulierende Wirkung auf eine
anfällige Zuhörerschaft. Ein paar Beispiele für 'sprechende' Betitelungen
(einige davon sind aus anderen Texten Walsers) anzuführen:

- Hüter oder Treuhänder des Gewissens (S.9)
- der Intellektuelle, der dafür zuständig war (S.12)
- ein smarter Intellektueller (S.12)[20]
- seriöse Größen (S.11)
- Zeitgeistverwalter [21]
- Meinungs- und Gewissenswart (S.15)
- Statthalter der Gegenmeinung[22]
- Meinungssoldaten (S.15)
- Meinungs- und Gewissenswarte (mit vorgehaltener Moralpistole)[23]
- Meinungsmacher[24]
- Meinungstycoons[25]
- Meinungswegelagerer[26]
- Meinungspack[27]

Hat Walser sie wirklich 'nicht mit Namen genannt, weil [ihm] nicht daran
liegt, Menschen zu kritisieren, sondern typische Vorgänge.' (S.444)? So
mag es sein, aber eine kaum verhohlene Lust ist da auch am Werk. Als
nachgereichter weiterer Beleg dafür, dass er unentwegt die Liste der
Etiketten für Intellektuelle erweitert, diene sein Vortrag 'Über ein
Geschichtsgefühl. Vom 8. Mai 1945 zum 9. November 1989: Die Läu-
terungsstrecke unserer Nation führt nach Europa'[28]. Dort ist die Rede von
'zeitgeistdiensthabenden Intellektuellen' und - besonders beachtenswert –
von 'intellektuellen Intellektuellen'. Demnach gibt es auch nicht-intel-
lektuelle Intellektuelle. Und wenn es 'praktizierende Katholiken' gibt,
warum soll es dann nicht auch 'praktizierende Intellektuelle' geben. Auch
die kennt Walser und benennt sie so. Und wozu zählt er sich selbst? [29]

Von seiner Unermüdlichkeit, seine Aversionen verbal auszuagieren,
zeugt die synonymische und monströse Benennungsvielfalt. Ist sie
Zeugnis einer spracherfinderischen Produktionskraft der Allergie? Könnte

sich gar mit dem Benennungsfuror der Versuch verbinden - um mit einer Analogiebildung zu seinem Begriff des 'Wunschpotentials' zu sprechen -, ein Ärgernis- oder gar ein Leidenspotential möglichst schnell und doch emotional wirksam abzubauen? Spricht man dieser hypothetischen, experimentellen Frage nicht jede Berechtigung ab, dann könnte man versuchsweise die Behauptung riskieren: die Benennungsmanie dient Walser dazu, sich gegen die vielerlei Zumutungen der 'Intellektuellen' und der ihnen verwandten Geister zur Wehr zu setzen. Dann wären die Benennungsattacken nichts weiter als eine radikal geschrumpfte, eine rudimentäre Notwehr, die auf punktuelle Nadelstiche setzt. Sie würde nach Walsers Verarbeitungsmaxime funktionieren: 'Ich will mich schreibend wehren'. Er hätte sich allerdings so nicht vorwiegend 'schreibend' gewehrt, sondern eine Strategie z.T. monströser Umbenennungen 'entwickelt als Antwort auf Unerträgliches',[30] das von Zeitgenossen einer besonderer Spezies ausgeht.

Warum solche gewagten Folgerungen, wenn auch im notdürftigen Schutze einer hyothetischen Frage? Möglicherweise muss ich mich selber zur Wehr setzen und gerade deshalb, weil Walser es ist, der mit schmähenden Benennungen um sich wirft. Was ich mir nicht 'leisten' darf, habe ich mir für einmal, für ein einziges Mal zugestanden. Für jemanden, der Texte analysiert, der sich mitschuldig macht an dem Krebswuchs der parasitären Sekundärliteratur, gilt Walsers Axiom nicht: 'Ich kann nicht von mir absehen.'[31] Doch auf der Stelle rechtfertigt ausgerechnet Walser selber meinen Übergriff, und lindert - das beschämt mich - meine professionellen Skrupel: 'Jemand, der sich lebenslänglich mit Literatur abgibt, der müsste nicht schielen nach der Ermäßigungsformel "Sekundärliteratur".'[32]

Zurück zur Ortung von Walsers Umbenennungen. Altbewährt habe ich das Mittel genannt, weil es eine Abart der 'sprechenden Namen' ist. Davon macht z. B. bereits die sächsische Frühaufklärung Gebrauch. Im Personenverzeichnis der Komödie *Die Pietisterey im Fischbein-Rocke* von Luise Adelgunde Victorie Gottsched finden sich einschlägige Namen wie Herr Glaubeleicht, Magister Scheinfromm, Frau Zanckenheim, Frau Seufzerin. - Mit den sprechenden Namen wird eine Art Vorverurteilung praktiziert. Das kann wie im Falle von Walsers Rede auch für die etikettierenden Benennungen gelten. Sie klingen wie ein Lob, sind aber im abfälligen Sinn gemeint.

Die Beispielreihe lässt sich noch erweitern, und zwar unter dem zusätzlichen Gesichtspunkt der Marc-Anton-Strategie. So bezeichne ich die Rhetorik der ironischen Umkehrung, der nicht belangbaren Pejoration. Marc Anton macht in Shakespeares Drama *Julius Cäsar* von diesem so subversiven wie maliziösen Mittel ausgiebig und gezielt Gebrauch: er wiederholt ständig, Brutus sei ein ehrenwerter Mann, (während Walser unentwegt die Bezeichnungen variiert). Der Wiederholungseffekt sorgt für die Verkehrung der ursprünglichen Bedeutung des 'honourable' ins Gegenteil, ohne dass man den auf Umsturz sinnenden Sprecher belangen könnte. Ungeachtet aller Unterschiede: Der ironische Modus der Attacken dürfte bei Walser Pate gestanden haben. Da wimmelt es von ehrenwerten Betitelungen der von ihm ins Visier genommenen Zeitgenossen:

- schätzenswerte Intellektuelle (S.9)
- ein wirklich bedeutender Denker (S.10)
- ein ebenso bedeutender Dichter (S.10)
- ganz und gar seriöse Geistes- und Sprachgrößen (S.10)
- sowohl der Denker als auch der Dichter zu seriöse Größen, als dass man [...] (S.11)

Wer noch daran zweifelt, dass Shakespeares konterrevolutionärer Held ihn zu dieser Art scheinbar aufwertender, in Wahrheit aber abwertender Betitelungen inspiriert hat, nehme folgende Stelle zur Kenntnis:

und bin fast froh, [...] entdecken zu können, dass öfter nicht mehr [...] das Nichtvergessendürfen das Motiv ist, sondern die Instrumentalisierung unserer Schande zu gegenwärtigen Zwecken. **Immer guten Zwecken, ehrenwerten.** (Hervorhebung, V.N, S.12).

 Wenn Marc Antons demagogische Rede auf die refrainartige, sich litaneiartig wiederholende Betonung, dass die Mörder Cäsars ehrenhaft sind, eingerastet ist, als müsse sie unentwegt Loyalität gegenüber den Cäsar-Mördern simulieren, so verhält es sich mit Walsers Zitierung dieses Wortes doch etwas anders. Es bezieht sich nicht direkt auf Personen oder Gruppen, sondern auf die Zwecke ihres Handelns, aber die Instrumentalisierung kann kaum 'guten Zwecken, ehrenwerten' dienen. Instrumentalisierung desavouiert die Zwecke, die damit verfolgt werden, und lässt das 'Ehrenwerte' in sein Gegenteil verkehren, und dies ist offensichtlich vom Redner gewollt, so gewollt wie das Zitat. Dieses Verfahren ist metonymisch, denn vom Instrumentalisieren und den zugehörigen Zwecken ist es nur ein kleiner metonymischer Schritt zu den Instrumentalisierenden. Diese sind ebenso ehrenwert wie die Zwecke ihres Instrumentalisierens. Die ironische Etikettierung gilt ihnen.

5. Gewinn und Verlust. Zur Bilanz der Rahmungs- und Textdramaturgie

Walser eröffnet seine Rede mit der alternativen Opposition von kritischer Sonntagsrede vs. Rede über das Schöne. Soll er diese oder jene halten? Dieses Entweder/Oder ist ein Referenzrahmen, zu dem Walsers Rede immer wieder einen Bezug herstellt. Daran ändert sich auch nichts, wenn er gleich zu Anfang - man gestatte mir die Wiederholung - die kritische Rede ablehnt, weil sie von ihm erwartet wird, und die Rede über das Schöne will er, kann er aber nicht halten, weil er sonst nach der Rede 'erledigt' wäre: 'Fünfundzwanzig Minuten Schönes [...] dann bist du erledigt.' (S.7)[33] Diese Opposition strukturiert die Rede mit, und die Rückkoppelung an die Rahmung ist die 'Maschine' der Rede, durch die Walser alles 'hat laufen lassen, die es als Fiktion produziert'[34], aber selber eine installierte Fiktionsvorrichtung ist. Wenn diese Rückkoppelung eine solche organisatorische und kanalisierende Funktion übernimmt, so muss sich das expressis verbis im Text niederschlagen. Um die Belege dafür aufzulisten:

- Also doch die **Sonntagsrede** der scharfen Darstellung bundesrepublikanischer Justiz widmen? (S.9)
- weil du auf diesen von dir als sinnlos und ungerecht empfundenen Strafvollzugsfall nur zu sprechen kommst, weil du die **kritische Sonntagsrede** halten sollst? (S.9)
- eine Möglichkeit auf, die **Rede kritisch** werden zu lassen. (S.10)
- Und jetzt kann ich doch **noch etwas Schönes** bringen (S.14)
- Etwa um eine kritische Rede zu halten (S.16)
- Als Ziel einer solchen **Sonntagsrede** (Hervorhebungen, V.N.) schwebt mir allenfalls vor, daß die Zuhörer, wenn ich den letzten Satz gesagt habe, weniger von mir wissen als beim ersten Satz (S.17)
- Soviel zum Schönen (S.17)

Besondere Aufmerksamkeit verdient die umfangreichere Textpassage eines Plädoyers, und zwar als eindrückliche Füllung des übergeordneten, die Rede organisierenden Referenzrahmens: 'Also doch die Sonntagsrede der scharfen Darstellung bundesrepublikanischer Justiz widmen?' (S.8) Das faszinierende Plädoyer für einen zu Unrecht verurteilten idealistischen Spion klammere ich aus, weil es den Erwartungen eines argumentativ verfahrenden forensischen Diskurses in exemplarischer Weise entspricht. Das Plädoyer trägt eindeutig die souveräne, unverkennbare Handschrift des Dichters als Redner, als Anwalt. Dieses Mal ist der Redner als Dichter nicht am Text beteiligt. Walser appelliert an die Gerechtigkeit mit großer Eindringlichkeit: er spricht den anwesenden Bundespräsidenten direkt an und durchbricht somit den Kreis des Fiktionalen. Oder doch nur dem Schein nach? Es wird sich zeigen. Das Beispiel für eine eminent dichterische Passage, für eine meisterhafte Skizze ist der Metatext zum Plädoyer, genauer, das epilogartige Nachspiel prognostischer Art.

> Aber dann ist die Rede zu Ende. Ich gehe essen, schreibe morgen weiter am nächsten Roman, und der Spion sühnt und sühnt und sühnt, bis ins nächste Jahrtausend. (S.9)

So lakonisch und unauffällig, so beiläufig und mühelos werden da zwei kontrastive Szenen entworfen, deren Gleichzeitigkeit den Unwillen des Redners steigert und plausibel macht. Kein harter Schnitt trennt die beiden Lager, deren Gegensätzlichkeit parataktisch unterspielt wird. '[...] schreibe morgen weiter am nächsten Roman' (S.9). Das signalisiert ganz unbekümmert und lapidar Zukunftsoffenheit. Dafür sorgen die drei unmittelbar auf einanderfolgenden Adverbien bzw. Adjektive: 'morgen', 'weiter' und 'nächsten' und in Opposition dazu die dreimalige gleichförmige Wiederholung desselben Wortes: '[...] sühnt und sühnt und sühnt' (S.9). Da gibt es kein 'morgen', einfach nichts, was auf Zukunftsverheißendes oder auf eine pure Abwechslung in dem Einerlei des zum 'Sühnen' Verurteilten deutet. Die dreifache Wiederholung desselben Wortes verhilft zur eindringlichen, mimetischen Evokation des Iterativen und Durativen. Das wird am Schluss der Passage noch gesteigert, und zwar durch die 'Wiederholung der Wiederholung', einzig mit dem Unterschied: Das Verb 'sühnen' wird durch 'sitzen' ersetzt: Jetzt 'sitzt und sitzt und sitzt' der idealistische Spion.

Von wie großer Suggestionskraft das Gleichzeitige und schneidend Dissonante der zwei scharf kontrastierenden Szenen auch ist[35], die brüskierende Frage lässt sich kaum unterdrücken: Hätte dem Epilog zufolge Walser nicht ebensogut das Plädoyer streichen sollen?[36] Wenn es eines Berechtigungsnachweises für diese herausfordernde Frage noch bedarf: Der nächste Satz, der einen Wechsel auf die Metaebene bewirkt, liefert ihn.

Aber ist die unvorhersehbare Wirkungslosigkeit ein Grund, etwas, was du tun solltest, nicht zu tun? Oder musst du die kritische Rede nicht schon deshalb meiden, weil du auf diesen von dir als sinnlos und ungerecht empfundenen Strafvollzugsfall nur zu sprechen kommst, weil du die kritische Sonntagsrede halten sollst? (S.9)

Man kommt um die Feststellung nicht herum: Die Wirkung des exzellenten Plädoyers unterhöhlt Walser mit skrupulösen Fragen. Man stutzt: Warum sollte Walser mutwillig die Wirkung des doch sehr eindrücklichen, sehr engagierten Plädoyers für den zu Unrecht verurteilten Spion aufs Spiel setzen? Das wäre doch widersinnig.

Der Ort der nachträglichen Infragestellung ist der epilogartige Metatext. Walser betreibt sie - und das ist kein böswilliger Verdacht -, um sein textdramaturgisches Konzept konsequent durchzuspielen. Das zentrale Strategem besteht - ich beziehe mich auf das unter dem Aspekt der Rahmung bereits Gesagte - in der den Vortrag rahmenden Frage, was für eine Art Rede er halten soll: eine kritische oder eine Rede über das Schöne.

Freilich, Opfer fordert die rhetorische Rückbindung an diese Rahmenopposition: Sie relativiert, ja unterläuft den Ernst des Plädoyers für den zu Unrecht Verurteilten. Indes: Die Bilanz ist erst vollständig mit der Gewinnseite. Und die gibt es auch, denn die Rückbindung schlägt nachhaltig zu Buche. Inwiefern? Ohne sie gäbe es nicht den inneren Monolog[37], der die Werkstattüberlegungen zum Gegenstand hat. Mit jenem fingiert Walser, er hätte jetzt noch mit sich abzumachen, welchen Kurs die Rede einschlagen soll, als wäre die Rede noch im Entstehen. Und damit löst er ein, was der Titel verspricht. 'Erfahrungen beim Verfassen einer Rede' lautet er. 'Beim Verfassen'- dieser Teil des Titels macht die Fiktion des Status nascendi obligatorisch. Und diese Fiktion macht sich bezahlt: Da entfaltet sich ein dramatischer Antagonismus, ein Konflikt, ein Reflexions- und Entscheidungsmonolog klassischen Zuschnittes. Das kann sich, wenn schon nicht der Dichter als Redner, wohl aber der Redner als Dichter nicht entgehen lassen. Das ist seine Domäne. Zudem: er kann eine Rolle konzipieren, eine kleine Bühne aufschlagen, auf der er mit sich ins Gericht geht. Er fragt sich, ob er von seinem Plädoyer für den zu Unrecht Verurteilten wegen voraussehbarer Erfolglosigkeit hätte absehen sollen. Das reizt zur Gegenfrage: Wäre nicht einzig ein Imperativ am Platze, der etwa so lauten könnte 'Setze Dich ein für den zu Unrecht Verurteilten!' Dieser hypothetische Imperativ sollte, so meine ich, einzig maßgeblich sein, unabhängig von dem voraussichtlichen (Miss-)Erfolg seines Einsatzes. Aber da entspinnt sich ein Widerstreit: Zwei Seelen wohnen, ach! in meiner Brust; als Gegenstimme raunt die eine ihm zu, er spreche doch nur von dem problematischen 'Strafvollzugsfall', weil man von ihm eine **kritische Sonntagsrede** (Hervorhebung V.N.) erwarte und er sie deshalb 'meiden' solle. Das bestätigt auch seine anschließende Äußerung:

> In deinem sonstigen Schreiben würdest du dich nicht mehr mit einem solchen Fall beschäftigen, so peinlich es dir auch ist, wenn du daran denkst, dass dieser grundidealistische Mensch sitzt und sitzt und sitzt. (S. 9)

Walser scheint sich bloßzustellen, aber vielleicht ist sein Bloßstellen nur eine Konzession an die Fiktion des werkstattartigen Selbstgespräches? Er erzeugt die Illusion, man werde stiller Zeuge, man höre, was da in der Redeschmiede vor sich gehe. Aber gerät da nicht alles ins Schwanken? Plötzlich ist nichts mehr das, was es erst schien. Das Plädoyer für den Spion scheint extern gesteuert und nicht von seinem Gewissen. Das beeinträchtigt die Schlagkraft seines Engagements. Genau besehen werden ihm das Organisationsprinzip seiner Rede sowie die Textdramaturgie eines fiktiven Werkstattgesprächs und des Status nascendi[38] zum Stolperstein: Fast unbemerkt gerät sein Einsatz für den Spion in den Sog des Fiktiven, des Inszenierten. Denn: Will man Walser abnehmen, dass er das Plädoyer für den Verurteilten nicht halten sollte, einzig deshalb nicht, weil die kritische Sonntagsrede zu vermeiden und somit die scharfe Darstellung bundesrepublikanischer Justiz zu unterlassen sei? Das ist absurd, hat aber dennoch Methode, denn es ist unmittelbarer Niederschlag des Organisationsprinzips der Rederahmung.

Man hat noch die Opposition gegenwärtig: kritische Sonntagsrede oder Rede über das Schöne. Dieses binäre Organisationsprinzip ist die Voraussetzung für den inneren Monolog. Deshalb besteht der Verdacht, es begünstige den Redner als Dichter auf Kosten des Dichters als Redner oder sollte man es schärfer fassen und sagen: Der Dichter als Redner wird vom Redner als Dichter verdrängt, damit die Rede rhetorischen Glanz gewinne, damit ihre dichterisch-fiktionale Dimension zur vollen Entfaltung gelange. Indes: spätestens - wenn ich für einen Moment von meiner Urteilsabstinenz, was die gesellschaftlich-politischen Implikationen der Rede betrifft, absehe, - bei der m. E. mit Recht mehrfach inkriminierten Passage über die 'Dauerrepräsentation unserer Schande' und bei dem Vergleich des Holocaust-Denkmals mit einem 'fußballfeldgroßen Alptraum' (S.13) könnte man das Umgekehrte annehmen: der Dichter als Redner verfolgt eine genaue Intention und nimmt den Redner als Dichter in seinen Dienst, ohne dass die vorhergehenden Ergebnisse in Frage gestellt werden könnten.

Walser entwirft sich in der Rede als selbstkritisch: 'Ich hoffe, dass auch selbstkritisch als kritisch gelten darf.' (S.10) Diese Selbstkritik ist inszeniert, denn in Wahrheit geht es ihm allein darum, die vernichtende Kritik an den Meinungstätern einzuleiten. Man vergegenwärtige sich den Kontext seiner Kritik an einem Zeitungsartikel:

> Warum werde ich von der Empörung, die dem Denker den folgenden Satzanfang gebietet, nicht mobilisiert: 'Wenn die sympathisierende Bevölkerung vor brennenden Asylantenheimen Würstchenbuden aufstellt.' Das muss

> man sich vorstellen: Die Bevölkerung sympathisiert mit denen, die
> Asylantenheime angezündet haben, und stellt deshalb Würstchenbuden vor die
> brennenden Asylantenheime, um auch noch Geschäfte zu machen. Und ich
> muss zugeben, dass ich mir das, wenn ich es nicht in der intellektuell maß-
> geblichen Wochenzeitung und unter einem verehrungswürdigen Namen läse,
> nicht vorstellen könnte. (S.10)

Und ich muss zugeben, dass ich bis jetzt nicht erkennen kann, wo da auch
nur ein Anlass zur Selbstkritik gegeben sein sollte. Etwa weil sich Walser
die beschriebene Absurdität des Zeitungsbeitrages nicht vorstellen könnte,
wenn es nicht in der 'intellektuell maßgeblichen Wochenzeitung' stünde?
Das fingierte Eingeständnis, genauer der Schein eines solchen dient doch
einzig und allein dazu, die Kritik zu verschärfen. Spätestens bei dem
nächsten Satz müßte auch ein vorbehaltloser Apologet Walsers die Segel
einziehen:

> Die tausend edle Meilen von der Bildzeitung entfernte Wochenzeitung tut noch
> ein übriges, um meiner ungenügenden moralisch-politischen Vorstellungskraft
> zu helfen; sie macht aus den Wörtern des Denkers fett gedruckte Hervorhe-
> bungskästchen (S.11).

Um es auf eine Formel zu bringen: Die Kritik an dem Beitrag der
Wochenzeitung nimmt die Form der ironischen Selbstkritik nur an, um
jene zu steigern und sie mit der ironischen Würze zu versehen, die selbst
dann das Lesen schmackhaft macht, wenn die Inhalte nicht danach sind.
Die Selbstkritik steht also ausschließlich im Solde der Kritik. In summa:
Der Verdacht, die Selbstkritik sei ein inszeniertes Ritual, ist hinreichend
begründet, und die Vermutung, sie sei ein Teil der Selbsterforschung und
-erkundung, ist kaum haltbar. Dass die inszenierte Selbstkritik kein
Einzelfall ist, soll das Rhetorisch-Ritualhafte der folgenden großenteils
bekenntnishaften Wendungen belegen (auch ohne dass der jeweilige
Kontext herangezogen wird):

> - Ich hoffe, dass auch selbstkritisch als kritisch gelten darf. (S.10)
> - oder liegt es an meinem zu leicht einzuschläfernden Gewissen? (S.10)
> - und das ist offenbar meine moralisch-politische Schwäche (S.11)
> - muss ich mir zu meiner Entlastung einreden (S.11)
> - Bevor man das alles als Rüge des [...] Gewissensmangels einsteckt (S.12)
> - um mich vollends zu entblößen (S.11)
> - meine nichts als triviale Reaktion auf solche schmerzhaften Sätze (S.11)
> - oder verallgemeinere ich mich jetzt schon zu sehr, um eigener Schwäche
>   Gesellschaft zu verschaffen? (S.14)

In diesen Zusammenhang gehören auch folgende Geständnis- und Be-
kenntnisformeln. Um mit der Rechtfertigungsdevise für den 'Potpourri
des Schönen' zu beginnen:

- Am besten mit solchen Geständnissen (S.8)
- um mich vor **weiteren Bekenntnispeinlichkeiten** (Hervorhebung V.N.) zu schützen (S.13)
- und habe die Gelegenheit dazu benutzt, folgendes Geständnis zu machen (S.12)

Abschließend noch ein weiteres Zitat, auch aus der Friedenspreisrede, das wie ein Kommentar zu den zitierten Beispielen wirkt: 'Öffentlich von der eigenen Mangelhaftigkeit sprechen? Unversehens wird es zur Phrase.' (S.13) Die selbstkritisch tönenden Äußerungen werden weniger zur Phrase denn als höchst wirksames, genau kalkuliertes Inszenierungsritual dekodierbar.

6. 'Je nachdem'![39] Eindeutigkeit vs. Vieldeutigkeit? Oder: Der Dichter als Redner versus den Redner als Dichter?

Es gehört zum Spezifikum dieser Rede, dass sie streckenweise zwischen den beiden Rollen, zwischen dem Redner als Dichter und dem Dichter als Redner pendelt. Walser kann darüber hinaus, eingebettet in den Mummenschanz spielerischer Rhetorik, je nach Bedarf die Vieldeutigkeit oder die Eindeutigkeit der Rede anstreben. Das bestätigen nachhaltig seine explizit nicht-fiktionalen Kommentare. In seinem 'Zwischenruf' spricht er von Intellektuellen, 'die nur lesen können, was ein Text sagt, aber nicht, was ein Text bedeutet' (S.258) oder:

> Wer literarische Texte liest wie den Wetterbericht oder den Börsenbericht, der kann leicht das Gegenteil von dem verstehen, was da gesagt ist. (S.258)

Das Begehren so mancher Rezipienten, das Mehrdeutige eines fiktionalen Textes als eindeutige Aussage zu lesen, geht in die Irre.[40] So weit, so gut! Aber er nimmt diese Rezeptionsform auch für seine Rede in Anspruch, wie es einem Ausschnitt aus der Diskussion mit Bubis zu entnehmen ist:

> Bubis: Die Rede (gemeint ist Walsers Friedenspreisrede,V.N.) lässt Sie nicht zur Ruhe kommen, weil jeder etwas anderes daraus ableitet.Walser: Das ist immer so bei literarischen Texten (S. 458).

Dem steht - und das macht Walsers Kommentierung zur Crux, zum Verwirrspiel - eine andere Äußerung im selben Gespräch entgegen:

> Walser: Sie dürfen mir nicht anbieten, dass ich missverstanden worden bin, denn das kann ich nicht ertragen als Schriftsteller. (S. 455)

Im Gegenzug zu der behaupteten Eindeutigkeit gestatte man mir ein kleines Experiment, zunächst eine Annahme: Nehmen die Brechungen und 'perspektivischen Relativierungen' (S. 614) überhand, anders, erstrecken sie sich über den gesamten Text der Rede, löst sich der Mitteilungskern auf. Um so unausweichlicher würde sich dann, aber nur dann, die Frage nach dem Genus dieser Rede stellen. Zöge man die

Konsequenzen aus der probeweisen Absolutsetzung der fiktionalen Dimension, dann wäre sie in einem fiktionalen Kontext versetzbar. Man stelle sich, so unser kleines Experiment, die Friedenspreisrede als die einer Figur in einem ungeschriebenen Roman Walsers vor: Mit der wünschenswertesten Deutlichkeit wäre die hohe Literarizität und Komplexität erkennbar. Und die Rede würde die Romanfigur als eine so faszinierende wie irritierende Persönlichkeit erscheinen lassen, die zudem von einer kämpferischen Unerschrockenheit und einer schillernden Unfassbarkeit, von einer so beklemmenden Empfindlichkeit und einer zugleich aufreizenden Lust an kompensatorischen Nadelstichen, von einer Komplexität sondergleichen geprägt wäre. Man müsste angesichts der indirekten Chrakterisierung von einem herausragenden, ja einzigartigen literarischen Ereignis sprechen.[41] Selbst diese rein spielerisch erkundende Erwägung dürfte, so befürchte ich, für Walser eine 'unerträgliche' Zumutung sein, auf die er, wie aus seinem obenzitierten Kommentar hervorgeht, kaum gelassen zu reagieren bereit wäre. Doch die befremdende Umsetzung einer realen Rede in ein fiktionales Gebilde hat als Spiegelungsverfahren eine ehrwürdige und lehrreiche Geschichte. Darauf komme ich gleich zu sprechen.

Zunächst zurück zu den perspektivischen Brechungen, d.h. zum Fiktionalen: In Walsers Rede hätte das Fiktionale in der Perspektive des Rezipierenden dann seine größte Reichweite erreicht, wenn man mit Dieter Borchmeyer den Friedenspreisredner Walser mit dem Essayisten Thomas Mannscher Provenienz gleichsetzt, der - Borchmeyer zitiert Mann - 'Menschen und Dinge [...] reden "lässt", auch da noch, wo er unmittelbar selber zu reden scheint und meint.' (S.611)[42] Borchmeyer stimme ich insofern zu, als ich auch dem Fiktionalen einen hohen Stellenwert innerhalb Walsers Textstrategien zumesse.

Dennoch besteht ein Problem: Die Aussagen der Rede verlieren ihren Verbindlichkeitsstatus. Und das kollidiert mit Walsers Intention, die sich nicht durchgehend mit einer als 'stereoskopisch' bezeichneten Struktur vereinbaren lässt. Allerdings erfährt man von seiner Intention direkt nur etwas über die bereits zitierte Äußerung gegenüber Bubis. Walser betont, dass er nicht missverstanden worden sei. Um nicht missverstanden zu werden, muss man aber eine eineindeutige Sprache sprechen. Nur sie kann verhindern, dass 'jeder etwas anderes daraus ableitet.' (S.458) Und Walsers Abwehr des Missverständnisses verträgt sich nicht mit einer 'perspektivisch-fiktionalistischen' (S.614) Redehaltung, insbesondere dann nicht, wenn er sich mit der Wirkung seiner Rede, die er als 'etwas Volksstimmungshaftes erlebt' hat, völlig einverstanden erklärt. 'Volksstimungshaftes' (S.455) kann ein Redner nicht erwarten, der nicht einmal für Momente während seiner Rede aus seiner 'perspektivisch-fiktionalistischen Haut' (S. 611) fahren kann. Da muss die Rede schon so eindeutig lesbar sein – mit Walsers Vergleich – wie ein 'Wetterbericht'.

Anmerkungen

[1] Anlässlich der Verleihung des entsprechenden Preises durch den deutschen Buchhandel am 11.10.1998. Zitiert wird nach: Martin Walser, 'Erfahrungen beim Verfassen einer Sonntagsrede', in: Frank Schirrmacher, Hg., *Die Walser-Bubis-Debatte. Eine Dokumentation*, Suhrkamp: Frankfurt a. M., 1999, S.7-17. Seitenangaben zu den Zitaten beziehen sich, wenn nicht anders vermerkt, immer auf diese Ausgabe. Das gilt auch für die Anmerkungen.

[2] 'Ich kann mich auf keinen Nenner bringen', in: Reiner Weiss, Hg., *Ich habe ein Wunschpotential. Gespräche mit Martin Walser*, Suhrkamp: Frankfurt a. M., 1998, S. 55-71, (hier: 58).

[3] Zitiert nach Martin Meyer: *Martin Walser. Deutschland und der Friede* in: Schirrmacher, Hg., (vgl. Anm. 1), S. 65-69 (hier: S. 67).

[4] Zu nennen wären: Dieter Borchmeyer, 'Von der politischen Rede des Dichters', in: Frank Schirrmacher, Hg., (vgl. Anm.1), S. 608-616; vom selben Autor: *Martin Walser und die Öffentlichkeit*, edition suhrkamp: Frankfurt a. M. 2001. (Bei Zitaten, die nur auf Borchmeyer, Anm. 4 verweisen, ist stets nur der erstgenannte Beitrag gemeint). Wolfram Schütte, 'Nachlese. Annotate: *Ein springender Brunnen* oder die Friedenspreisrede', in: Heinz Ludwig Arnold, Hg., *Text und Kritik*. 41/42, 2000, S. 116-127. Obwohl Schütte von 'Zweideutigkeiten' (die einigen 'Formulierungen' anhaften) und von 'Ambivalenzen ihrer rhetorischen Inszenierung' spricht, unterscheidet sich sein Vorgehen von meinem: mir kommt es fast ausschließlich auf die Analyse der Textdramaturgie an und, damit verbunden, auf die Bereiche des Fiktionalen. Einige Berührungspunkte gibt es mit dem Beitrag von Klaus-Michael Bogdal, '"Nach Gott haben wir nichts Wichtigeres mehr gehabt als die Öffentlichkeit." Selbstinszenierungen eines deutschen Schriftstellers,' in: Arnold, Hg., (vgl. Anm.4), S. 19-43.

[5] Ohnehin sollte generell in literaturwissenschaftlicher Perspektive weitgehend alles ausgespart bleiben, was in den Kompetenzbereich der Politologen, Historiker, Zeitkritiker etc. fällt. Grenzüberschritte sind zwar heute Programm, aber bergen die Gefahr in sich, dass das nur mit genuin literaturwissenschaftlichen Mitteln Erfassbare ins Hintertreffen gerät.

[6] Den Begriff 'Befindlichkeit' gebrauche ich nicht im Sinne Heideggers, ich bezeichne damit das emotionale Echo, das bei Walser verschiedenartige Vorgänge hervorrufen. Walser, ein Kenner Heideggers, gebraucht diesen Begriff selber in dem Interview 'Ich will mich schreibend wehren', in: Weiss, Hg., (vgl. Anm.2), 1998, S. 84.

[7] In: Weiss, Hg., (vgl. Anm.2), S. 79-84, (hier: S. 84).

[8] Zwecks Nachweises der Häufigkeit des Begriffes 'Erträglichkeit' nenne ich einige Belege. Dabei beschränke ich mich nur auf Belege aus einem einzigen Band, und zwar auf: Klaus Siblewski, Hg., *Martin Walser. Auskunft, 22 Gespräche aus 28 Jahren*, Suhrkamp: Frankfurt a.M., 1971: S. 136, 137, 139, 142, 149 159, 160, 197, 198, 245.

[9] Zwei Beispiele aus den Romanen: 'Vielleicht fällt man nur auf eine weitere Kulisse herein, die man vor dem wirklichen Befund schiebt, weil der für das sogenannte Selbstgefühl **unerträglich** wäre.' (*Brandung*, Suhrkamp: Frankfurt a.M., 2000, S.13) 'Je ähnlicher die Kinder einem werden, desto **unerträglicher** (Hervorhebungen, V.N.) werden sie.' (*Der Sturz*, Suhrkamp: Frankfurt a. M., 1976, S. 147).

[10] Zur rhetorischen Berufung auf die Befindlichkeit gehört auch die von Bogdal thematisierte 'rhetorische Inszenierung von Körpersprache' (Bogdal (vgl. Anm.4), S.31), die er am Beispiel des 'Zitterns' erläutert: 'Das "Zittern" hat, was die Techniken der Selbsterkundung und Wahrheitsbeglaubigung betrifft, eine lange rhetorische, rituelle und dramaturgische Tradition.' (S.30).

[11] 'Deutschländer oder brauchen wir eine Nation. Ein Gespräch über Staaten, Nation, Heimat und Literatur,' in: Siblewski, (vgl. Anm.8), S. 133-157

[12] Ein weiteres Beispiel für die Apostrophierung der Befindlichkeit: 'Am Mikrophon in einer größeren Versammlung sprechend, habe ich mich **nicht wohlgefühlt** (Hervorhebung V.N.), es ist gar nicht mein Element, sondern ich habe es für notwendig gehalten.' 'Der Lächerlichkeit ihre Würde zurückgeben', in: Siblewski, Hg., (vgl. Anm. 8), S. 158-168, S. 163. - In Walsers Roman *Ein springender Brunnen* (Suhrkamp: Frankfurt a. M., 1998) heißt es von Johann, als er von der Front heimkehrt, dass er mit der 'Angst' einer ihm bekannten Jüdin 'nichts zu tun haben' will. Begründung: 'Die Angst [...] engt ihn ein.' (S. 400f.).

[13] 'Portrait Martin Walser', in: Siblewski (vgl. Anm.8), S. 133-157 (hier: S.154).

[14] 'Der Lächerlichkeit die Würde zurückerobern', in: Siblewski, (vgl. Anm.8), S.158-168, (hier: S. 160).

[15] Das hat eine Parallele zu Beobachtungen zu der Art von 'Fundamentalismus', den Niklas Luhmann in der öffentlichen Selbstoffenbarung oder gar Selbstentblößung zu erkennen glaubt. Darauf bin ich durch Bogdals Beitrag aufmerksam geworden. Da auch an Walser zu denken , legen Wendungen nahe wie: 'um mich vollends zu entblößen' (S.11) oder 'Es ist ganz und gar meine Schuld und Armut. Ich bin bereit, das jedes Jahr öffentlich zu gestehen.' ('Portrait Martin Walser', in: Siblewski, (vgl. Anm.12), S.144). Die Aussagen, die sich auf die eigene, ganz persönliche Erfahrungswelt berufen, bilden ein fundamentum inconcussum, wogegen kein Argument etwas auszurichten vermag. 'Man kann hervortreten mit der Aussage: Dies ist meine Welt, dies halten wir für wichtig. Der Widerstand, auf den man dabei stößt, ist dann eher ein Steigerungsmotiv, er kann radikalisierend wirken, ohne dass dies zu Realitätszweifeln führen müßte.' (Niklas Luhmann: *Die Realität der Massenmedien*, Westdeutscher Verlag: Opladen, 1996, S.168, zitiert nach Bogdal (vgl. Anm.4), S.21).

[16] 'Der Lächerlichkeit ihre Würde zurückgeben', in: Siblewski, Hg., (vgl. Anm.8), S. 158-168 (hier: S. 160).

[17] 'Lesen und Schreiben. Ein Gespräch mit Daniel Lenz und Eric Pütz', in: Weiss (vgl. Anm.2), S. 130-145 (hier:136).

[18] Das wäre gewiss der Fall, wenn es so wäre, wie es in dem Beitrag 'Lesen und Schreiben. Ein Gespräch mit Daniel Lenz und Eric Pütz', (in: Weiss, Hg., (vgl. Anm. 2), S. 137) steht, nämlich, 'dass der Schreibprozess zu einem Teil unbewusst funktioniert.' Beruhigend ist das einschränkende 'zu einem Teil'.

[19] Borchmeyer, (vgl. Anm.4), S. 613.

[20] Intellektuelle waren im Dritten Reich - salvo errore - verfemt. Der Begriff sollte die pejorative Konnotation endgültig hinter sich gelassen haben. Walser will es anscheinend nicht zulassen.

[21] 'Es ist das Vorurteil, das den Ausschlag gibt', in: Weiss (vgl. Anm.2), S. 111.

[22] 'Vormittag eines Schriftstellers', in: Martin Walser, *Deutsche Sorgen,* Suhrkamp: Frankfurt a.M., 1997, S.441.

[23] Sie haben die Fähigkeit und Vermessenheit , wie Walser meint , 'den Schriftsteller in den Meinungsdienst zu nötigen.' (S.15). Andere Intellektuelle wiederum

'arbeiten' - mit dem Begriffspendant zu 'Meinungsdienst' – im 'grausamen Erinnerungsdienst' (S.11).

[24] 'Ich will mich schreibend wehren. Ein Gespräch mit Stephan Sattler', in: Weiss, (vgl. Anm. 2), S.82.

[25] 'Ich weiß aus Erfahrung, dass ein Schriftsteller nirgends dazugehören kann', in: Weiss (vgl. Anm.2), S. 72-78 (hier: S. 73.).

[26] 'Vormittag eines Schriftstellers', in: Walser (vgl. Anm. 22), S. 440.

[27] In: Walser, (vgl. Anm.22) S. 439.

[28] *Frankfurter Allgemeine Zeitung* vom 19.5. 02

[29] Als 'mitteleuropäischer Intellektueller' bezeichnet sich Walser, in: 'Ich bin umstellt von Vergangenheit. Ein Gespräch mit Jörg Magenau und Detlev Lücke', in: Weiss (vgl. Anm.17), S. 33-46 (hier: S.35). und an anderer Stelle gesteht er ein: 'Vielleicht bin ich zu sehr Intellektueller' in: 'Es ist das Vorurteil, das den Ausschlag gibt. Ein Gespräch mit Roderich Reifenrath, Wolfram Schütte und Axel Vornbäumen', in: Weiss, Hg., (vgl. Anm. 2), S.. 111.

[30] 'Ich will mich schreibend wehren', in: Weiss, Hg., (vgl. Anm.2) S.84.

[31] ebda, S.106.

[32] ebda.

[33] Vgl dazu: 'Steffen Heitmann [...] soll [...] Bundespräsident werden; nach einer Serie von Interviews ist der Mann **erledigt**.' (Hervorhebung, V.N.) in: Martin Walser, 'Über freie und unfreie Rede. Andeutungen', in: M.W., *Deutsche Sorgen*, Suhrkamp: Frankfurt a. M.1997, S.468. und in Siblewski, (vgl. Anm. 8), S.151. Möglicherweise zeigt sich da eine kleine Vorliebe für das aus der Bürokratie- und Aktensprache stammende 'erledigt'; eine sarkastische, wenn auch etwas verblasste Metapher zur Bezeichnung auch des gesellschaftlichen Niedergangs eines Menschen.

[34] In: Siblewski, (vgl. Anm.8), S. 139. Die Verwendung dieses Begriffs für seine Produktionsästhetik findet sich im folgenden Kontext: 'Das ist meine Maschine: der Roman. Er soll so gebaut sein, daß etwas, was als Persönliches tonlos wäre, einen allgemeinen Ton erreicht. Wenn man das länger betreibt, kommt man dahin, dass

man das eigene Private erträgt, wenn man es durch die Maschine hat laufen lassen, die es als Fiktion produziert.'

35 Das triviale Essen ist ein Zeichen der Gleichgültigkeit und Indifferenz wie das ungestörte Weiterschreiben an seinem Roman, während der ungerecht Verurteilte 'sitzt und sitzt und sitzt' (S.9).

36 Angesichts der schrillen Dissonanz zwischen seiner Situation und des Verurteilten definiert er seine Befindlichkeit nach dem Plädoyer folgendermaßen: 'Wenn das nicht peinlich ist, was, bitte, ist dann peinlich?' (S.9).

37 Zum inneren Monolog und seiner Semantik vgl. Borchmeyers Hinweis, dass Walsers Gebrauch dieses Mittels den Behauptungsmodus ausschließt. (Dieter Borchmeyer, *Martin Walser und die Öffentlichkeit*, edition suhrkamp: Frankfurt a.M., 2001, S. 15).

38 Eine Neigung zum Spiel mit der Fiktion des Status nascendi resp. mit Werkstatt-überlegungen zeigt sich am deutlichsten in seinem Beitrag (1994), in: 'Über freie und unfreie Rede. Andeutungen',Walser. (vgl. Anm 22), S. 468-485.

39 Zur Wendung 'je nachdem' vgl. Martin Walser, 'Über freie und unfreie Rede. Andeutungen', in: Walser (vgl. Anm. 22), S.468: 'Diese Frage (warum nicht aus der 'Vorlese-Routine' ausbrechen? V.N.) habe ich mir schon hundertmal beantwortet.[...] Die Antwort muss jedesmal anders ausfallen, **je nachdem**, wann ich nicht freispreche.' (Hervorhebung V.N., S.468) Das 'Je nachdem' ist in diesem Kontext frei von jedem Verdacht bewusst angestrebter Mehrdeutigkeit.

40 Vgl. Heide Simonis, 'Brief an Ignatz Bubis', S. 519. (vgl. Anm.1),

41 Im engen Zusammenhang damit stehen folgende Fragen: In welcher Form könnte sich die 'Existenz' des Dichters als Redner in der Rede geltend machen? Welche rhetorischen Mittel oder Strategien, die von ausschließlich argumentativ vorgehenden Reden abweichen, gelangen zum Einsatz? Welche Friktionen zwischen dem Dichter als Redner und dem Redner als Dichter könnten sich ergeben, wenn sich diese beiden Redneranteile nicht wechselseitig stützen und kooperieren?

42 Vgl. auch die Diagnose Reinhart Baumgarts ('Sich selbst und allen unbequem. Der Weg des Martin Walser als geistiger Brandstifter', in: Frank Schirrmacher, Hg., *Die Walser-Bubis-Debatte* (vgl. Anm.1) S. 389-394, hier: 389.):'Wo [...] der Selbsterkunder [...] zwar lauter mögliche Meinungen vorfindet, aber zu jeder auch immer schon die Gegenmeinung: "Ich teile so ziemlich alle landläufigen

Meinungen. Und zwar in einem für mich manchmal selber erschreckenden Ausmaß." Deshalb der Kampf, der Krampf, die Zerrissenheit beim öffentlichen Auftritt, deshalb auch immer wieder die Lust am Tanz über Tabuminenfelder. Inständig wird versucht, ein inneres Stimmengewirr reich auszudrücken, doch übrig bleiben dann nur ein paar grelle Signale.'

Wilfried van der Will

Die Unausweichlichkeit der Provokation.
Kultur- und literaturtheoretische Anmerkungen zu Martin Walsers
Ein springender Brunnen **und zu seiner Friedenspreisrede.**

This article traces the intellectual-polemical climate in Germany to which Walser has been exposed for many years. Seeking to mediate between subjective authenticity and the breakdown of civilised values in the Third Reich, this author has found himself at the centre of many public controversies. These are seen here as processes of a maturing symbolic and political culture in Germany. By way of textual analysis, particularly of the introductory sentences of the novel, Walser's writing is shown to be a response to provocations he has experienced. In this context the essay draws extensively on a little known interview with the author and examines Walser's own strategies of provocation.

Spätestens seit seiner Rede in den Münchner Kammerspielen vom 30. Oktober 1988, betitelt ‚Über Deutschland reden. Ein Bericht', hatte Walser mit dem erneuerten Bekenntnis, die Ost-West Teilung empfinde er als ein zu überwindendes ‚Katastrophenprodukt',[1] in den Augen vieler ‚linker' oder ‚linksliberaler' Zeitgenossen den akzeptablen Meinungshorizont in Richtung des suspekt Nationalistischen hin überschritten. Schon in dieser Rede, gut ein Jahr vor dem Ende des Eisernen Vorhangs in Deutschland und zehn Jahre vor der Veröffentlichung von *Ein springender Brunnen* (1998), spielt Walser auf die erinnerten Bilder seiner Jugend in der Hitlerzeit an, in denen ‚das Furchtbare selber' sich nicht zeige. Selbst ‚mit Hilfe eines inzwischen erworbenen Wissens' über ‚die mordende Diktatur' sei dieses Furchtbare in seiner Jugenderinnerung auch nachträglich nicht auffindbar zu machen. Lapidar und mit dem entschlossenen Realismus des von der Authentizität seiner Erinnerung Überzeugten stellt Walser fest, wer er zwischen 1933 und 1945 im Verhältnis zur großen Geschichte gewesen ist: ‚Ein Sechs- bis Achtzehnjähriger, der Auschwitz nicht bemerkt hat.'[2] Im Nachhinein wird klar, daß damit wichtige Begrenzungen für die Erinnerungsvorgaben des späteren Romans, eines Erzählprojekts, das er jahrelang vor sich hergeschoben hatte, bereits Ende der achtziger Jahre angedeutet waren. Jedoch heftiger noch als im Verlauf der damaligen Debatten glaubten viele Kritiker mit mehr oder minder Bedauern den Autor nach seiner Friedenspreisrede vom 11. Oktober 1998 im rechten ideologischen Spektrum von deutschnational bis völkisch-faschistisch verorten zu müssen. Das geschah erstaunlicherweise einem Schriftsteller, der mit einigem Recht darauf verweisen konnte, daß er sich wie kaum ein anderer wiederholt mit der nicht bewältigbaren deutschen

Vergangenheit konfrontiert hatte. Sie wird von ihm eher mit dem Ignominitätskürzel ‚Auschwitz' bezeichnet, seltener mit den später vom Medienbetrieb gängig gemachten Ausdrücken ‚Holocaust' oder ‚Shoah'. Es war der sich moralisch betroffen fühlende Martin Walser, der die rassistisch-weltanschauliche Menschenvernichtung des nationalsozialistischen Regimes als ‚Unser Auschwitz' mitverantwortlich zu verstehen versuchte, also als ein Massenverbrechen, das von Deutschen organisiert war, hervorgegangen aus einem Volk, dem sich zugehörig zu fühlen er schon deshalb nicht verleugnen wollte, weil er sich durchaus in dessen Schuldzusammenhang eingebunden fühlte.[3]

Ein Roman, der in der Zeit spielt, als Deutschland dem Nationalsozialismus verfallen war, aber Auschwitz als Ort eines Konzentrationslagers nicht erwähnt, mußte, so die Vermutung einiger Kritiker, den Tatbestand des Ausblendens, gar des Verleugnens von unerträglicher Geschichte erfüllen. Einem Autor, der vorher die Mitverantwortlichkeit aller Deutschen bedacht hatte, wurde nun moralische Unverantwortlichkeit unterstellt, auch Nähe zu rechtsextremistischen Anschauungen, ein Vorwurf, der in grotesker Überspitzung im Zusammenhang mit der Mediensatire *Tod eines Kritikers* (2002) wiederholt wurde.[4] Nicht nur von Stimmen im deutschen Feuilleton, sondern auch von manchen wissenschaftlich arbeitenden Zeitgenossen im In- und Ausland[5] wurde Walser ein definitiver Rechtsruck unterstellt. Das Verdammungsurteil über ihn war nicht nur deshalb von einiger Signifikanz, weil es einen herausragenden Repräsentanten der deutschen Literatur nach dem Zweiten Weltkrieg traf; die angebliche Rechtskehre dieses Schriftstellers wurde vielmehr als repräsentativ für eine ideologische Stimmungswende genommen, die behauptungsweise einem nationalstolzen Irrationalismus in der politischen Kultur der ‚Berliner Republik' wieder mehr Raum gewährte. War die ‚Bonner Republik' mit ihrer auch intellektuellen Westbindung dem Rationalismus der demokratischen Diskussionskultur verpflichtet, so herrscht bei manchen kulturellen und politischen Tugendwächtern der Bundesrepublik nun die Furcht der Rückkehr des Volkes zum Antiuniversalismus des Nur-Deutschen. In ihren Augen drohten die Traditionslinien eines machtwahnsinnigen Sonderwegs, die zum nationalsozialistischen Zivilisationsbruch geführt hatten, wieder das gesellschaftliche Bewußtsein zu bestimmen, nachdem diese jahrzehntelang, wenn auch mühsam, durch ein anti-nationalistisches Öffentlichkeitsmanagement zurückgehalten worden waren. Die

Gegenidentifikation zu Hitler-Deutschland in der auf Menschenrechte verpflichteten Demokratie, so die Sorge, könne in Vergessenheit geraten. Walser habe den ‚gesellschaftlichen Konsens aufgekündigt, wonach gerade das wache Erinnern der NS-Vergangenheit mit zum verbreiteten Selbstverständnis der Deutschen gehöre'(WBD, S.567).[6] Die suggerierte Unterminierung des Fundierungsverständnisses der Republik durch einen prominenten Intellektuellen wurde so hart gescholten, weil die Furcht umging, er vertrete eine unakzeptable Gesinnung, die in der Öffentlichkeit Schule machen möchte.

Die von Walser losgetretene Debattenlawine signalisierte einmal mehr die sorgenvolle, zu Zeiten aber auch urteilsblinde Fixiertheit der kulturellen, teils auch der politischen Intelligenz auf die Gefahr, daß Deutschland erneut von seiner nationalsozialistischen Vergangenheit eingeholt werden könne. Verglichen mit dem Historikerstreit der achtziger Jahre hatte die Debatte insofern eine stärkere symbolische Kennzeichnungsfunktion als angesichts des altersbedingten und politischen Generationenwechsels in den neunziger Jahren ein anderer Umgang mit Geschichte unausweichlich geworden war. Die Betroffenheitsaffekte der an der nationalsozialistischen Zeitgenossenschaft noch Beteiligten konnten schlechterdings nicht auch die der Nachgeborenen sein. Die schwere Sedimentierung des geltenden Geschichtsverständnisses an dem Fixpunkt ‚Auschwitz' mußte in Sonderheit bei den meinungsbildenden Eliten in einen Verwirbelungsprozeß geraten. Gerade die kritischen, der erneuerten Demokratietradition verpflichteten Angehörigen der jungen wie auch der älteren Generation empfanden, der starke Applaus auf die Walsersche Rede zeigte es, ein Unbehagen an der medienvermittelten Konfrontation mit der staatlich organisierten Judenvernichtung, als habe die Geschichte seitdem im Starren auf eine unsägliche Fatalität stillgestanden. Die Häufigkeit solcher Präsentationen in den 90er Jahren nahm schon durch die größer gewordene internationale Erreichbarkeit von Bildmaterial zu. Nicht nur waren jetzt die grauenerregenden Fotografien und Dokumentarstreifen der Täter und ihrer Eroberer verfügbar, es kamen die lange zurückgehaltenen Reminiszenzen von Opfern und Tatzeugen, von öffentlichen Gedenkritualen, Museumseinrichtungen und Mahnmalen dazu. Dies noch dazu innerhalb einer mediendominierten ‚Erlebnisgesellschaft', in der die verschiedenen Schichten der Kulturszene von einer explosiven Ausweitung der Konsumpotentiale beherrscht werden.[7] Die Fähigkeit des Mitfühlens mit Unglück und Unrecht, sei es in der Vergangenheit des eigenen Landes oder der Gegenwart anderer Länder, stumpft sich schon deshalb zur routinierten Pose ab, um Entlastung vom Erlebnisüberangebot zu schaffen.

Gleichzeitig traten die Bilder der Massenvernichtung, gleichgültig ob aus historischem, gegenwartspolitischem oder schlicht sensations-heischendem Interesse gezeigt, in einen immer krasseren Gegensatz zur Normativität der demokratischen Gegenwart. Je mehr diese als alltagsweltlicher Standard erfahren wurde, desto unfaßbarer erschien einstige und jetztige ethnisch-nationalistische Brutalität. Außer durch ihre schiere Häufung in den audiovisuellen Medien hob sich die Außerordentlichkeit der Mordtat besonders für die im demokratischen Deutschland Sozialisierten mit zunehmender Deutlichkeit gegen den Hintergrund eines geschichtlich gestiegenen Bewußtseins der individuellen Menschenwürde ab. So sorgte die Stabilität der deutschen Demokratie selber für einen normativen Verständnishintergrund, gegen den der kalte Vernichtungsbetrieb der Konzentrationslager zu immer unfaßbarerer Sichtbarkeit gelangte. Diese Vergangenheit Deutschlands erwies sich als umso erklärungsbedürftiger, je selbstverständlicher sich der menschenrechtlich fundierte Handlungsrahmen der gegenwärtigen Zivilgesellschaft im subjektiven Bewußtsein verankerte. Einerseits scheint damit auch für junge Deutsche die Demutshaltung des zerknirschten In-Sack-und-Asche-Gehens in permanenter Trauer einzig angemessen angesichts einer Vergangenheit, die alle Maßstäbe zivilisatorischer Zwischenmenschlichkeit brach und ideologisch auch selbst elitäre Bildungstraditionen für den Zivilisationsbruch fungibel machte. Andererseits erscheint diese Vergangenheit insgesamt, besonders aber ihr Medienbild, als eine mit den Standards der Gegenwart nicht mehr zu vermittelnde Fremde. Im Gegenwartsbewußtsein sind Zivilisationsbruch und Demokratieentwicklung abrupt ineinander verkantet. Die gegenwärtig anhaltende Schlußphase einer von manchen noch erlebten Geschichte des Nationalsozialismus stellt eine Übergangssituation dar, in der die subjektive Erinnerung der Betroffenen und Beteiligten neben dem von kulturellen und politischen Eliten objektivierten Geschichtsgedächtnis der Gesamtgesellschaft steht. Zunehmend wird das heiße Medium des Miterlebens und Betroffenseins der Tätergeneration durch die kühlen Medien der Monumente und Museen, der schulischen Lehrstrategien und öffentlichen Rederituale ersetzt. Manche dieser Routinen mögen selbst geschichtsklitternde und mythenbildende Wirkungen haben und von den Verständnisunzulänglichkeiten der Redner oder dem wirklichkeitsverzerrenden Sensationshunger der Medien zeugen, vor allem aber haben sie die Funktion, die Dominanz der menschenrechtlich-demokratischen Praxis der Gegenwart als maßstabsetzendes kulturelles Gedächtnis zu befestigen.

Es soll hier zu zeigen versucht werden, dass die in Gang gekommene ideologische Verortung Walsers weder einer genaueren Prüfung standhält, noch die Thematik begreift, die er der nach-Hitlerschen Zeitgenossenschaft anbietet, nämlich die Zurückgewinnung eines Bezugs zur deutschen Geschichte in ihrer Komplexität. Eine individuelle schriftstellerische Existenz mag einen zu eng begrenzten Blickpunkt abgeben, behält aber ihrer gesellschaftspolitischen Symptomatik wegen ein zu bedenkendes Verallgemeinerungspotential. Gewiß war mit der Romanveröffentlichung nur eine vergleichsweise kleine, literarisch interessierte Öffentlichkeit erreicht. Das Forum der Paulskirche aber, auf dem Walser dann seine Rede anläßlich der Verleihung des Friedenspreises des Deutschen Buchhandels präsentierte, stellte ‚öffentlichste Öffentlichkeit' (WBD, S.7)[8] dar, weil dem Schriftsteller hiermit die Ansprache einer politisch-kulturellen Elite auf einem Podest von außerordentlicher historischer Symbolik angetragen worden war. Das Fernsehen übertrug live, die Printmedien berichteten ebenfalls ausführlich. Der Eklat und damit die Garantie eines noch breiteren Medieninteresses war vollends gegeben, als Ignatz Bubis, der inzwischen verstorbene Präsident des Zentralrats der Juden in Deutschland, Walser der ‚geistigen Brandstiftung' bezichtigte. Zwar machte die anhaltende Sorge um die Festgefügtheit der Demokratie in Deutschland die Erregtheit der Teilnehmer plausibel; auch wurde die bemerkenswerte Militanz des demokratischen Wächteramts einer mediennahen jungen und älteren Intelligenz erneut deutlich; aber die Debatte selbst, sowohl die Auslösertexte von Walser als auch die von ihr angeregten Reflexionen, ließen vor allem die zeitgenössische Krise einer symbolischen Kultur erkennen, in der sich Umschichtungen und Reifungsprozesse im historischen Verständnis politischer Wirklichkeit signalisierten. Der von der historischen Forschung so sehr wie von gesellschaftspolitischen Gegenwartsinteressen getragene Klärungsprozeß toleriert sowenig das Vergessen des Geschehenen wie die Einschnürung des Geschichtsbewußtseins auf ein einziges katastrophisches Ereignis. Die Texte von Walser, ein ausladend fiktionales Erzählgebilde einerseits und eine wortgewaltige Gewissensbefragung in öffentlicher Rede andererseits, versuchen die subjektive Erfahrung von Geschichte bzw. Medienvermittelter Geschichtsbilder zu versprachlichen.

Die offensichtlich autobiographische Erinnerungen verarbeitende
Erzählung *Ein springender Brunnen* ist ein Roman, also eine Verwirk-
lichungsform von Kunst. Gegenüber sonstigen Gebrauchsformen von
Sprache glaubt das sprachliche Kunstwerk implizit den Anspruch auf eine
Seinsweise eigener Art erheben zu können. Diese empfängt nach Walser
ihre Berechtigung nicht aus einem Abspiegeln von Wirklichkeit, sondern
dadurch daß im Kunstwerk etwas zur Sprache kommt, was der
Wirklichkeit fehlt, nämlich die Bezüglichkeit auf das Fürchten und
Wünschen der einzelnen Menschen. Die Wirklichkeit, so Walser in ‚Über
den Leser',

> vereitelt unseren Wunsch, unseren Anspruch, unser Recht. Auf diese
> Vereitelung, auf dieses Dreinpfuschen der Wirklichkeit antwortet jedes Buch.
> Man nennt den Wunschcharakter, den diese Antwort annimmt, Fiktion. In der
> Fiktion bestreiten wir der Wirklichkeit ihr Recht, in unsere Erwartungen
> hineinzupfuschen. Man muß es hundertmal sagen, daß das Schreiben nicht
> Darstellen ist, nicht Wiedergeben, sondern Fiktion, also eo ipso Antwort auf
> Vorhandenes, Passiertes, Wirkliches, aber nicht Wiedergabe von etwas
> Passiertem. Fiktion ist also das Produkt der Verhältnisse, nicht ihr Spiegel.[9]

Ihre besondere Anziehungskraft leitet sich gerade daher, daß sie über die
Wirklichkeit hinaus in Reflexions- und Bilderwelten der Wortkunst führt.
Je unmittelbarer nun der Roman den Leser in sein Erzählgehäuse eintreten,
je schneller er ihn die Erzählspur finden läßt, umso nachhaltiger fesselt er
ihn an sie, so verwunden sie auch sein mag. Eine Durchsicht der
vorhergehenden Walserschen Romananfänge bestätigt diese allgemeine
Regel durchaus.[10] Die ersten Sätze laden den aufgeschlossenen Leser
sogleich in den fiktionalen Erzählkosmos des Romans ein.

In starkem Gegensatz zu solch bisher befolgter Regel baut jedoch
der inzwischen häufig zitierte Anfang von Martin Walsers *Ein springender Brunnen* eine Sentenzenbarrikade vor die Erzählung, die jede
Erwartung auf einen möglichst unmittelbaren Einstieg in die fiktionale
Welt heftig enttäuscht:

> Solange etwas ist, ist es nicht das, was es gewesen sein wird. Wenn etwas
> vorbei ist, ist man nicht mehr der, dem es passierte. Allerdings ist man dem
> näher als anderen. Obwohl es die Vergangenheit, als sie Gegenwart war, nicht
> gegeben hat, drängt sie sich jetzt auf, als habe es sie so gegeben, wie sie sich
> jetzt aufdrängt. [...] In der Vergangenheit, die alle zusammen haben, kann man
> herumgehen wie in einem Museum. Die eigene Vergangenheit ist nicht
> begehbar. Wir haben von ihr nur das, was sie von selbst preisgibt. Auch wenn
> sie dann nicht deutlicher wird als ein Traum. (ESB, S.9)[11]

Statt etwa eine Szene oder die Beschreibung einer Begebenheit als
Einleitung   zu   einer   Folge   von   fiktionalen   Zuständen   und

Handlungsverläufen zu bieten, wird die Konzentration des Lesers gleich zu Anfang mit einem Syllogismus über Sein und Gewesensein scharf herangenommen. Der dialektische Dogmatismus der hartnäckigen Feststellungssätze konfrontiert den Leser mit einem logischen oder pseudologischen Folgerungszwang, dem er sich, will er sich dem Buch nicht von vorneherein verweigern, schlechterdings zu beugen hat. Auch ohne seine Lesebereitschaft von den Verästelungen des gebotenen Denkstranges aufhalten zu lassen, wird klar, daß der Erzähler zunächst die Schwierigkeit verdeutlichen möchte, sich der Vergangenheit erinnernd zu nähern. Er will seine Erzählung nicht beginnen, ohne nicht auf den Unterschied zwischen der kollektiven, historiographisch objektivierten Vergangenheit und der des einzelnen insistiert zu haben. Um der subjektiven Erinnerung gegen das Übergewicht des gesellschaftsweit bekannten, durch Unterricht, öffentliche Medien und Meinungsübereinkünfte gemeinsam gemachten Vergangenheitsbilds Raum zu verschaffen, bedarf es, so versichert uns der Erzähler, einer ungewöhnlichen Offenheit und Behutsamkeit. Er besteht darauf, daß die individuell erlebte Vergangenheit nur authentisch zur Sprache zu bringen ist, wenn sie nicht von vorneherein in den Rahmen einer allgemeinen Geschichte gepreßt wird. Die Erzählung will der ‚Traumhausbau' (ESB, S.10) einer Fiktion sein, deren individualgeschichtliches Erlebnisfundament nicht von den als heterogen empfundenen Perspektiven einer schon bekannten Geschichte, eben der des nationalsozialistischen Regimes, in den Hintergrund gedrängt werden soll. Es erhebt sich angesichts der beiden Einleitungsabschnitte also die Frage, ob der Autor hier nicht nur um die Freigabe eines anderen, nämlich kunstsprachlichen Terrains kämpft, sondern auch um die Zulassung einer subjektiven geschichtlichen Ansicht, die nicht allein nach den Kriterien des öffentlich eingespielten Konsenses über das Abgleiten der deutschen Geschichte in den nationalsozialistischen Zivilisationsbruch vermessen ist.

Geht es daher in dem Roman überhaupt um die geschehene nationale Geschichte, und nicht vielmehr einzig um die Darstellung einer provinziellen Nische in ihr? Oder ist es dem Roman zwar durchaus um die Darstellung einer provinziellen Nische zu tun, aber so, daß die Gesamtgeschichte in ihr einen parabolischen Widerschein erfährt? Dieser verführerische Gedanke kommt dem Erzähler ebenfalls, wenn er in den einleitenden Seiten frohlockend den Satz ausstößt: ‚Wie könnte das Dorf eine Welt sein, wenn es darin nur alles, aber von allem nicht auch noch das Gegenteil gäbe!'(ESB, S. 13) Vielleicht geht es indessen nicht so sehr um das problematische Projekt einer Darstellung der großen Welt in einer kleinen, also um die parabolische Tragfähigkeit der Provinz als Weltbühne, sondern genauer um das Auffinden von Vergangenheit in der Gegenwart und der Gegenwart in der Vergangenheit. Diese Dialektik wird am Ende des einleitenden Unterkapitels deutlich angesprochen und bleibt unaufgelöst in einer Frage hängen, die dem Leser zu bedenken aufgegeben wird:

> Wir überleben nicht als die, die wir gewesen sind, sondern als die, die wir geworden sind, nachdem wir waren. Nachdem es vorbei ist. Es ist ja noch, wenn auch vorbei. Ist jetzt im Vorbeisein mehr Vergangenheit oder mehr Gegenwart? (ESB, S.15)

Der von Martin Walser erzählte Roman zeichnet intimkennerisch die Anfälligkeit der deutschen Gesellschaft für die nationalsozialistische Bewegung auch an ihrem provinziellen Rand nach. Gleichzeitig bleibt in diesem Milieu ein Rest noch nicht vollständig von faschistischer Ideologie vereinnahmten Lebens, wie die am Kirchgang festhaltenden christlich-katholischen Pfarrangehörigen, das deviante Verhalten eines demokratisch-patriotischen Vaters und homosexuellen Onkels (der als ‚bevölkerungspolitischer Blindgänger' verfolgt und ermordet wird), klandestine Widerständler und Familien, die Juden Zuflucht gaben, der deutsch-innerliche Rückzug des Protagonisten als ästhetischen Individualisten auf die Beschäftigung mit humanistischen Bildungsgütern, sein hilfloser Patriotismus. Die Darstellung summiert sich keineswegs etwa zu einem rechtsrevisionistischen Trost, schimmert der Verhängniszusammenhang der damaligen deutschen Nationalgeschichte doch deutlich genug durch. Vielmehr entsteht ein innerhalb provinzieller Grenzen realistisches Gesellschaftsbild, das, gerade weil es ideologisch nicht uniform gefärbt ist, Möglichkeiten eines nicht-verbrecherischen Lebens innerhalb einer katastrophal verlaufenden Geschichte sichtbar macht. Freilich wird gleichzeitig dadurch aber auch erahnbar, daß die staatliche Mordmaschine unter anderem deshalb aufgebaut werden konnte, weil die alltagsweltliche Illusion in großen Teilen des Volkes noch nicht ganz zerschlagen war, eben in einem Überlebenskampf in schwierigen Zeiten zu stecken, nicht aber in einer Komplizenschaft mit dem Verbrechen.

Darin unterscheidet sich Walsers Erinnerungsroman von solchen, in denen direkt die unmittelbar gewalttätige Macht und die demagogisch-manipulative Herrschaft des Nationalsozialismus Voraussetzung oder Gegenstand der Erinnerung sind. Es versteht sich von selbst, daß die Literatur aus der Perspektive der Opfer, wie zum Beispiel *Jakob der*

Lügner von Jurek Becker (1968), von einem entsprechenden Darstellungscharakter beherrscht ist. Auch unter jenen, die im Nachhinein das Ausmaß ihrer Verführtheit zu begreifen und dies erst Jahrzehnte danach zur Darstellung zu bringen vermögen, wie zum Beispiel Bernward Vesper in seinem autobiographischen Fragment *Die Reise*,[12] oder Ludwig Harig in *Wer mit den Wölfen heult, wird Wolf*,[13] oder Margarete Hannsmann in *Der helle Tag bricht an. Ein Kind wird Nazi*[14] steht das Erschrecktsein über die abgefeimten Indoktrinierungsmethoden und Mitmachrituale der faschistischen Verbände im Vordergrund. In den Erinnerungen derer, die wie Rüdiger von Wechmar, Hardy Krüger, Hellmuth Karasek oder Martin Bormann (dem Sohn des Reichsleiters Martin Bormann) in den nationalsozialistischen Ausleseschulen erzogen wurden, aber als überzeugte Demokraten ihren weiteren Weg machten, überwiegt die Erleichterung darüber, Funktionen für den Machtapparat des Nationalsozialismus nicht übernommen haben zu müssen.[15]

Dagegen ist es der Erinnerungsbemühung in Walsers Roman keineswegs darum zu tun, die erinnerte Erzählperson (Johann), so unterschieden sie von der damals herrschenden Ideologie bleibt, scharf gegen die nationalsozialistische Infiltration in Wasserburg abzusetzen und diese etwa zum Gegenstand einer nachträglich verdammenden Entrüstung zu machen. Daran hindern den Autor die Erinnerungstreue so sehr wie die in der Gegenwart gängigen Meinungsübereinkünfte, die eine deutliche Abgrenzung gegen alles Nationalsozialistische auch dann erwarten, wenn dadurch die realistische Schilderung der Borniertheit und zeithistorischen Verstricktheit des Bewußtseins beeinträchtigt würde. Eben das Eingekeiltsein von kulturindustriellen Meinungsblöcken in der Gegenwart wirkt auf Walser wie eine provozierende Verletzung. Noch die dialektische Reflexivität der Einleitungssätze macht die Anstrengung spürbar, mit der er sich gegen die erfahrene Zumutung wehrt. Der Schmerz ergibt sich zwar zunächst aus dem unauslöschlichen Gefühl des Autors, zum Tätervolk zu gehören, also aus einem ich-übergreifenden Verantwortlichkeitsformat. Dazu kommt aber der aktuell von ihm so erfahrene, medienvermittelte Meinungsdruck der bundesrepublikanischen Gesellschaft, der niemandem eine ideologische Schwebeposition durchgehen läßt, mag sie auch nur die erinnerte eines Jugendlichen sein.

Daß Walser tatsächlich die Gesellschaft als Provokation des Schreibens erfährt, hat er einmal in einem Interview aus dem Jahre 1992 sehr deutlich zum Ausdruck gebracht.[16] Danach gefragt, ob er das Modell des Wettbewerbskapitalismus und der Interessenverbände, in dem seine

Protagonisten meist als Anpassungsversager angesiedelt sind, noch für gültig halte, anwortete er, daß es ja gerade die Versager, die nicht reibungslos Sozialisierten seien, die die negativen Kosten eines solchen Systems genauer anzugeben wüßten. Er könne sich nicht vorstellen, daß es einem erspart werden könnte, diesen ‚Anpassungspreis an die Leistungen' zu bezahlen, da die Objektivität der gesellschaftlichen Bedingungen den einzelnen zwanghaft umstelle:

> Wenn ich mich jetzt umschaue in meinem Bekanntenkreis, sehe ich überhaupt keinen einzigen in einer komfortablen Nische, im Gegenteil, sie sind alle draußen und mehr oder weniger beschädigt von diesem Betrieb, in dem sie fungieren müssen.[...] Selbst wenn ich keinen kennen würde, so habe ich eine leidvolle Erfahrung mit mir selber. Das ist zu erkennen an meinen Narben. Die habe ich vom Leib bis in die Seele. [...] Wie man jetzt global sagen kann, ist das einfach eine Bedingung, daß man diese sogenannte Sozialisation auch als eine Unterwerfung, oder als einen Schmerzensprozeß, als einen Entfremdungsprozeß bezeichnen kann. [...] Ich selber könnte für jedes Buch, das ich geschrieben habe, eine bestimmte Provokation nennen, die zu diesem Buch geführt hat und gegen die ich mich mit Hilfe dieses Buches gewehrt habe. Wobei ich nachträglich sagen kann, solange ich an diesem Buch war, also geantwortet habe auf die Zumutung, solange war ich aktiv. Also war ich vorübergehend eingebildetermaßen Subjekt des Prozesses, dessen Objekt ich nachher und vorher gewesen bin. [...] Wenn du auskommen mußt, wenn du Geld verdienen mußt, wenn du eben leben willst, dann begegnest du den Bedingungen und die hast nie du gemacht. Die sind immerschon vorhanden. Und es gibt immer welche, die Macht ausüben auf dem Feld, in dem du sein willst. [...] Mein Gesamtarbeitgeber, das ist die Gesellschaft. Gut, die hat Funktionäre. Wenn ich es nicht ganz konkret sage, so ist es schon wegen der Diskretion mir selber gegenüber. Deswegen bin ich Belletrist und mache es mit Figuren ab. [...] Ich liefere die Antworten auf diese Zumutungen und daß das unter den Bedingungen der Wettbewerbs- und Leistungsgesellschaft geschieht oder geschehen ist, ist ganz klar. Ein Ende dieser Bedingungen ist nicht abzusehen. Alle Leute, die die Bedingungen mitentwickeln wollen, die wollen die Illegitimität dieser Bedingungen mindern und abbauen. Das wäre also dann eine Zunahme an Demokratie, aber sie schlechterdings durch andere Bedingungen zu ersetzen ist nicht mehr vorstellbar.

Die Bestimmtheit der Provokation, auf die die Antwort dann die literarische Schöpfung ist, bleibt in dieser aus zwei Gründen nur indirekt ablesbar. Erstens hält Walser es nicht für möglich, gesellschaftskritische, aus individueller Provoziertheit provozierende Literatur als solche in die Welt zu setzen. Die aus der Gesellschaft hervorgegangene, textschöpferische Provokation unterliegt vielmehr einer künstlerischen Verarbeitung durch den Autor, der erst durch diese Arbeit überhaupt zum Schriftsteller wird. Das literarische Werk saugt die Provokation in sich auf und kann allenfalls dadurch gesellschaftkritisch wirksam werden, daß es auf LeserInnen stößt, die es im aufnehmenden Prozeß für sich neu schaffen und ihm in ihrem Verstand, vielleicht in ihrem praktischen Leben Raum gewähren. Zur Dialektik des privilegierten Verhältnisses von Literatur und Leser hat Walser sich wiederholt ausgelassen. Hier nur das Zitat dessen, was er in dem schon erwähnten, zu wenig bekannt gewordenen Interview dazu sagte:

> Erstens kannst du das Schreiben nicht kommandieren. Zweitens kannst du keinen Leser durch irgendwelche sprachliche Leistung in seinem Verständnis binden, daß er das Buch aus dem Grunde liest, aus dem du es geschrieben hast. Mein Schreibmotiv ist nicht das Motiv des Lesers. Der schreibt sein Buch beim Lesen neu, aus seiner Biographie, aus seinen Verletzungen, das ist doch klar. Erstens kann ich meine Sprache nicht kommandieren, zweitens kann ich den Leser nicht kommandieren. Das heißt, Absichten auf diesem Feld sind absolut sinnlos und betriebsfremd. Kein Mensch kann irgendetwas schreiben wollen, sondern er kann nur auf seine eigenen Erfahrungen reagieren. Wenn das nachher ein kritisches Potential enthält, durch Mitarbeit des Lesers, dann kann so ein Roman auch gesellschaftskritisch sein, bloß kann man das nicht beabsichtigen. Wenn man das beabsichtigt, dann macht man Erbauungsliteratur. Und Erbauungsliteratur dürfen nur Religionsstifter machen, nicht aber Belletristen.

Der zweite Grund, warum die Bestimmtheit der das Kunstwerk auslösenden Provokation nur indirekt wahrnehmbar ist, hat ebenfalls etwas mit der Art der künstlerischen Gestaltung zu tun. Walser dazu in dem gleichen Interview:

> Ich habe einmal gesagt, man könnte einen Unterschied machen zwischen Büchern, in denen sind die gesellschaftlichen Bedingungen, die zu den Verletzungen des Autors geführt haben noch enthalten und es gibt Bücher, da ist von den Bedingungen, durch die das Buch entstanden ist, sozusagen nicht mehr so die Rede. Ein Beispiel: Erste Fassung eines Kapitels von Kafka, *Der Prozeß*, wo steht, daß Joseph K am Sonntagvormittag über die Dachböden hinaus muß und er sah sich da, in der Handschrift heißt es, einer ,socialistischen' Versammlung gegenüber. Dann hat Kafka das ,socialistisch' durchgestrichen und hat drübergeschrieben, Joseph K sah sich einer ,politischen' Versammlung gegenüber.[17] Und jetzt müssen wir als Kafka-Kenner doch wirklich sagen, daß Kafka seinen Stil verletzt hätte, wenn es ,socialistisch' geheißen hätte.

In diesem Zusammenhang sei an die einleitenden Sätze erinnert, mit denen der junge Walser die *Beschreibung einer Form*, seine Kafka-Interpretation, eröffnet und damit gleichzeitig Höchstwertungskriterien für Literatur aufstellt:

> Je vollkommener die Dichtung ist, desto weniger verweist sie auf den Dichter. Bei der nicht vollkommenen Dichtung ist der Dichter zum Verständnis nötig;

dann ist das Werk nicht unabhängig geworden von der Biographie des Dichters. Leben und Werk bedürfen der Vergleichung, weil das eine auf das andere verweist.[18]

Der Aufbau der poetischen Person ist, so weist Walser am Beispiel Kafkas nach, an den Abbau, ja die Zerstörung der bürgerlichen gebunden. Dabei kommt es darauf an, in der literarischen Schöpfung ,Schmerz zu objektivieren',[19] ,den Fuß vom Erlebnis'[20] zu lösen. Dieser Interpretationsmaßstab fordert dazu auf, ihn an Walsers eigenen Roman anzulegen. Wenn der Erzähler durch die wiederholten Sentenzen über die Problematik von Geschichte und Erinnerung in *Ein springender Brunnen* lediglich auf ein zeitgenössisches Geschichtsbild Bezug nähme, von dem der Autor sich gleichzeitig verletzt fühlt, dann wäre die Frage erlaubt, ob dadurch der künstlerische Wert des Romans nicht nach den am Werk Kafkas gewonnenen Wertungskriterien geschmälert ist. Läge dann nicht der Fall einer ,nicht vollkommenen Dichtung' vor, die noch zu eng an eine aktuelle Streitkultur gekettet ist, so daß ,der Dichter zum Verständnis [des Textes] nötig' ist?

Für den Normalfall hält Walser, daß nicht jeder mit einem Roman auf das erfahrene Leben antwortet. Die zum Leben erheischte Vitalität möchte durch fiktionale und rationale Reflexion nur beeinträchtigt werden. Den Schriftsteller hält Walser daher für den anfälligeren Menschentypus: ,Wer das Leben mit seinen Zumutungen nicht erträgt, ohne mit einem Roman oder gar mit mehreren zu reagieren, ist deutlich von schwächerer Konstitution.'[21] Im gleichen Aufsatz betont Walser weiter unten erneut die Erfahrung einer Zumutung als die Anfangsverletzung, ohne die der literarische Schöpfungsprozeß für ihn nicht denkbar ist: ,Meistens bereitet sich ein Roman lange vor, bis er dann endlich angefangen werden kann. Bevor er sich als Roman zeigt, erlebt man nur die Notwendigkeit, auf eine Zumutung zu reagieren.'[22] Schreiben ist für Walser ein Befreiungsakt, der ihn, wenn auch nur für die Dauer des literarischen Schöpfungsprozesses selbst, aus subjektiven und objektiven Begrenzungen löst. Hier erneut ein Zitat aus dem Interview vom April 1992:

> Es gibt viele Gefangenschaften, in denen wir aufgewachsen sind und es ist eine andauernde Lebensregel, sogar die Haupterfahrung, daß man sich an diesen Gefangenschaften reibt, um sie kleiner werden zu lassen.[...] Mir liegt am Abbau meiner ererbten und selbstverschuldeten Gefangenschaften. Daran liegt mir sehr.[...] Ich würde mich freuen, wenn ich den Eindruck hätte, ich könnte mich mir selber gegenüber emanzipativ verhalten. Ich freue mich über alles, was ich loswerde.

Gewiß wäre es möglich, mit diesem Selbstbekenntnis bewehrt, den Wandlungsprozeß nachzuzeichnen, den Walser im Verlauf seines Lebens durchgemacht hat. Bei einem viel publizierten Schriftsteller ist eben vieles, auch Widersprüchliches belegbar. Daß es im Vergleich zum früheren Walser beim späteren eine deutlichere Hinwendung zu den Themen Volk und Nation gegeben hat, daß in dieser Hinwendung vor allem auch Gefühlslagen, Versöhnungswünsche, Zugehörigkeits- und Geborgenheitsverlangen eine wichtige Rolle spielten, ist bei einem von der deutschen Sprache so gründlich faszinierten Intellektuellen nicht verwunderlich. Darin bereits einen Verrat an den Traditionen der Aufklärung oder des europäischen Erbes in der deutschen Kultur, ein Abdanken kritischer Intelligenz, eine Rückkehr zum nationalistischen Mief zu sehen, kann nur als Fortwirken des alarmistischen Syndroms verständlich werden, das in Deutschland selbst Generationen nach dem staatlich organisierten Genozid alle vom Nationalsozialismus pervertierten Traditionen und Begriffe noch weiterhin als in ihrer Substanz vom Menetekel der Mordtat behaftet erscheinen läßt.

Wenn sich das Schreiben bei Walser einer Provokation verdankt, so beinhaltet es doch selber auch Provokatorisches. Die meisten von Walsers Romanfiktionen bringen dieses Moment jedoch durch künstlerische Verarbeitung zum Verschwinden, lassen es allenfalls nur erahnen. Anders freilich in *Ein springender Brunnen*, wo die Zielrichtung des wiederholt den Erzählabschnitten vorgespannten Syllogismus über Geschichte und Erinnerung noch die Irritiertheit und Besorgnis des Autors darüber zeigt, daß der Darstellung seiner von verbrecherischen Gewalterfahrungen nur marginal berührten Jugend durch den Kontrast zum national betriebenen Massenmord von vornherein die Legitimation genommen sei. Der Syllogismus wehrt sich dagegen, daß das Subjektive im grobschlächtig Objektiven untergeht. In der Sprache des dialektischen Advokatismus besteht der Autor/Erzähler darauf, daß der subjektiv erlebten Geschichte ein Recht eigener Art zukommt, das, einschließlich der Verdrängungsversuche des jugendlichen Erzählers,[23] seiner Authentizität wegen von der später erlernten Geschichte nicht ausgelöscht werden darf. Die Erzählung des Erinnerten allein ist dem Autor nicht genug. Man möchte meinen, mit dem rechthaberischen Ton des vorgespannten Syllogismus unternehme er einmal mehr die 'Verteidigung der Kindheit', ohne zu ihr die Distanz finden zu wollen, die in Christa Wolfs *Kindheitsmuster* schon mit dem Einleitungssatz gefunden scheint: ‚Das Vergangene ist nicht tot; es ist nicht einmal vergangen. Wir trennen es von uns ab und stellen uns fremd.'[24] Für die erlebte Jugend des Erzählers will Walser Platz schaffen gegen das Gefühl, ihm werde als Intellektuellen auch am Ende des Jahrhunderts nichts so sehr wie die gründliche Verdammung der nationalsozialistischen Zeit und ihrer trotz jahrzehntelanger Demokratie noch virulent gewähnten Vorurteilsmuster abverlangt. Sollen wir also annehmen dürfen, daß er den Roman in einen offen argumentatorischen Rahmen hängt und das Kunstwerk bewußt mit dem Mühlstein der gesellschaftlichen Widrigkeiten behaftet, gegen die es anschreibt?

Gewiß, die Reflexionen über Geschichte und Erinnerung suspendieren den Erzählfluß, bevor er noch begonnen hat, aber sie initiieren ihn zugleich. Sie rauben dem Roman den Status einer reinen ästhetischen Epiphanie, um den Leser mit den systembedingten Brüchen einer mitteleuropäischen Identität im zwanzigsten Jahrhundert zu konfrontieren und ihn darüberhinaus an dem Reflexionsprozeß teilnehmen zu lassen, der im Erzählen die Problematik des Erinnerns und Verdrängens immer wieder thematisch werden läßt. Wie für Johanns bornierter Lebenserfahrung das Dorf (,Daß im Dorf alles besser gemacht und getan wurde als überall sonst in der Welt, war für Johann nichts Neues.' ESB, S.215), in dem er aufwächst, die selbstverständliche Maßstäblichkeit abgibt, so erfährt er hier auch die für den Aufbau seines Selbstbewußtseins notwendigen Anerkennungen seiner Leistungsbeweise. Daher wird detailliert das Terrain beschrieben, auf dem er seine Orientierungen gewinnt, gleichzeitig aber auch die ihm mitgegebenen Mentalitätsschranken und Erkenntnisbarrieren. Damit kann die Erzählung als reflektiertes Erinnern über den Erlebnisbericht hinaus in die Peinlichkeitszone des Nicht-Begreifens, Nicht-Begreifen-Wollens und zeitweisen Verdrängens vorstoßen. Gerät Johann gegen Ende der Naziherrschaft zum Beispiel an einen Täter oder Tatzeugen faschistischer Gewalt, dann wird er von Schamgrenzen beim Fragen oder von Begriffsstutzigkeiten befallen, bei denen sich zeigt, wie wenig er von seinem patriotischkleinbürgerlichen Herkunftsmilieu her vorbereitet ist, in seiner Vorstellungswelt auf die Dimensionen der systematisch betriebenen Ungeheuerlichkeiten des Dritten Reichs durchzubrechen. Dieser Vorstoß wäre der auf ein Wissen, das er als vielleicht auch typischer junger Zeitgenosse damals nicht hatte und das wenigstens zu erahnen durch konventionelle Ehr- und Anstandsvorstellungen so sehr blockiert war wie von seiner instinktiven Ablehnung deutschlandfeindlicher Propaganda. Hier die Erinnerungsnotate in der Rollenprosa des siebzehnjährigen Johann, nachdem er sich mit einem George-lesenden SS-Mann befreundet hat:

Unterwerfung bis zur Selbstauslöschung, das hieß für Johann SS. Sicher war Gottfried Hübschle keine solche Uniformmaschine. Aber es gab Gerüchte, daß die SS im Osten keine Gefangenen mache. Johann hielt es für Propaganda, weil es doch wohl unvorstellbar sein durfte, jemanden, der sich dir gefangen gibt, dann noch zu erschießen. Er hatte Gottfried Hübschle fragen wollen. Hatte sich geniert, so etwas zu fragen. So etwas für möglich zu halten ist niederträchtig. (ESB, S.345).

Auch als er im Frühjahr 1945 zu einer Marschkompanie nach Oberammergau verlegt wird und dort auf einen Obergefreiten aus der Kurland-Armee trifft, der ihm voller Gewissenbisse gesteht, als SA-Mann bei der Judenverfolgung mitgemacht zu haben, ist Johann zwar beunruhigt, bleibt von seinem Vorstellungsapparat aber daran gehindert, nun schon auf die rechtlich-moralische Verrohung der Gesamtgesellschaft schließen zu können:

Was er denn getan habe, fragte Johann. Angezündet, sagte er, und geschlagen. Geschlagen, sagte Johann. Er hatte sagen wollen: Warum denn geschlagen. Das hatte er nicht sagen können. Ja, geschlagen, sagte der und wimmerte. Johann drehte sich zur Wand, der Obergefreite legte sich wieder hin, wimmerte aber weiter. Geschlagen, dachte Johann, warum denn geschlagen. (ESB, S.357).

Johann gerät hier an den äußeren Saum des Verbrechens, dessen Ausmaß ihm durch seine herkunftsbedingte Reflexionsblockade weiterhin versperrt bleibt. Der Erzähler gibt uns dafür keine ausführlicheren Erklärungen als eben nur die intensive Beschreibung der limitierenden Bewußtseinsbestückung Johanns in seinem damaligen Lebensabschnitt.

Fortwährend ist der Leser aufgefordert, den epistemologischen Hiatus zwischen der begrenzten Binnenansicht des geschichtsbeteiligten Subjekts und den ihm damals verborgen gebliebenen, auch verborgen gehaltenen und propagandistisch verstellten Dimensionen einer späteren Geschichtserkenntnis zu bedenken. Daraus ergibt sich, daß der einleitende Syllogismus und alle weiteren Reflexionsmaximen über Geschichte und Erinnerung eine integral wichtige Lesevorgabe des Romans bilden, ohne die er ganz in der Erkenntnisohnmacht des siebzehnjährigen Johann eingesperrt bliebe. Die erregende Spannung zwischen Geschichte, subjektiver Erfahrung und Erinnern bleibt dadurch leitmotivisch thematisiert. Sie verleiht dem Erinnern erst seine Glaubwürdigkeit. Ein Zweifel an der Ehrlichkeit des Erzählers kann schwer aufkommen, macht dieser doch in seinem Bemühen um das möglichst genaue Einholen der Vergangenheit immer wieder selbst auf die Mechanismen des Verdrängens und überlebensdienlichen Vergessens aufmerksam. So wird Johann zum Beispiel von seiner Mutter angewiesen, Kritisches über Dachau zu vergessen, das er in der Restauration von einem Gast namens Battist gehört hat. Wenig später jedoch heißt es: ‚Da fällt Johann ein, daß er jenen Battist vergessen hat und auch vergessen hat, daß er ihn vergessen gehabt hat.' (ESB, S.123). Um den Schein ideologischer Konformität aufrecht zu erhalten, bedarf es auch bei dem Jungen bereits eines Fingerspitzengefühls für die Wahrung der Innung. Dazu gehört die Fähigkeit des strategischen Vergessens. Dieses ist freilich nicht vollkommen und das Vergessene kann sich wenigstens im Dialog des Erzählers mit sich selbst wieder melden. In diesem Zusammenhang wirkt das nachfolgende Plädoyer für die ganz naive erzählerische Unschuld wenig überzeugend: ‚Woher hätte man wissen sollen, was das, was passierte, dem Gedächtnis wert ist? Man kann nicht leben und gleichzeitig etwas darüber wissen.'(ESB, S.124). Daß der nationalsozialistische Alltag auch in der Provinz einen verdächtigen verbrecherischen Unterboden hatte, wird immerhin an den vielen Erinnerungsmomenten deutlich, durch die der junge Johann sich zum kalkulierten Mundhalten, zum nicht Weiterfragen und Verdrängen, sowie zur Selbstzensur veranlaßt fühlt.

Während des wachsenden Chaos bei Kriegsende zieht Johann sich auf die kleinste Größe seiner Innerlichkeit als Abwehrmechanismus gegen die Wahrnehmung des für ihn gänzlich desorientierenden Unheils zurück. Seine Beschäftigung mit dem klassischen Literaturkanon (Klopstock, Schiller, Goethe, Byron, Nietzsche, George, Hesse, Stifter, Heine, Faulkner, Conrad Ferdinand Meyer), sein Liebeserlebnis mit einer Frau erlauben ihm ein Stimmungshoch, das die Funktion hat, sich gegen die Wirklichkeit der Zerstörungen, der Verbrechen, soweit er sie nun erahnen mag, und gegen die geschwind einsetzenden Akkommodationen einstiger Nazis zu panzern:

> Ob er Schiller oder Meyer in die Hand nahm, es geschah nie ohne Andacht.[...]So gestimmt, konnte Johann von nichts Schrecklichem Kenntnis nehmen. Alles, was entsetzlich war, fiel ab an ihm, wie es hergekommen war. Er wollte nicht bestreiten, was rundum als entsetzlich sich auftat. Aber er wollte sich nicht verstellen. Und er hätte sich verstellen müssen, wenn er getan hätte, als erreiche ihn das Entsetzliche. Es erreichte ihn nicht. Er kam sich vor wie einer in einer Flut. In einem Element aus nichts als Gunst und Glanz. Jeder Tag, an den er sich erinnerte, war der schönste Tag in seinem Leben. Andere Tage ließ er garnicht zu. (ESB, S.388/399).

Der humanistische Bildungskanon und die Liebesbeziehung bescheren ihm ein Trostmedium als Abschirmung gegen die Aufdringlichkeit der Realgeschichte. Gewiß werden die Zuwendung zu christlicher Innerlichkeit und literarischer Gebildetheit, denen bei Johann übrigens zunächst Funktionen der Pubertätsbewältigung zukommen, nicht zu

Potentialen eines dezidierten politischen Widerstands stilisiert, aber sie bleiben Garanten dafür, daß noch nicht alles auf die nationalsozialistischen Denkschablonen verkürzt war. Allgemein erweisen sich diese Traditionen im Roman durchaus ähnlich wie in der Realgeschichte als allzu zerbrechliche Bollwerke gegen nationalsozialistische Infiltration und Umfunktionierung. Für Johann gewährt der Rückzug auf Innerlichkeit eine Hülle zum Überleben. Sie enthält zugleich den Zugang zum Vertrauen auf die Sprache als Ermöglichungsgrund eines nicht durch Ideologien und egoistische Absichten gesteuerten Schreibens, also auf ein Selbstsein, das sich gegen das Abrutschen ins unmenschlich Brutale durch Versprachlichung gefeit hoffen darf. Die Zuflucht zur Sprache wird vom Erzähler abschließend in ein maximenhaftes Bild gefaßt:

> Sich den Sätzen anvertrauen. Der Sprache. Das stellte er sich so vor: Auf einem Floß aus Sätzen über das Meer kommen, auch wenn dieses Floß, schon im Entstehen, andauernd zerflösse und andauernd, falls man nicht untergehen wollte, aus weiteren Sätzen wieder geschaffen werden müßte. (ESB, S.404)

Sprache als Literatur befreit die Erinnerung insofern, als sie immer auch Reflexionen auf die Problematik des Erinnerns anstößt und dadurch allerdings auch die Alleingültigkeit der in der Öffentlichkeit repetierten Katastrophengeschichte zu erweitern beansprucht. Denn die Beziehung zu dieser Geschichte, auch zu ihrem grausigsten Gesicht, wird überhaupt erst dann möglich, wenn sie Raum läßt für die gleichzeitige Wahrheit subjektiver Geschichten, die nicht fugenlos mit der großen Katastrophengeschichte ineinsgehen, so sehr sie in ihren Verhängniszusammenhang einverwoben sind. Dahinter mag bei Walser wohl auch der Gedanke stehen, daß die Übergabe der Geschichte in die Verantwortung der nächsten Generation nur möglich ist, wenn sie nicht gänzlich wie eine Aufforderung zum Abbruch alles Deutschen überhaupt erscheint. Bleibt der Blick auf die Geschichte von Volk und Nation durch eine Katastrophe gefesselt, die zudem per Sonderweg als eine deutsche Zwangsläufigkeit angesehen würde, so sind damit auch alle nicht auf den Holocaust zielenden deutschen Geschichtstraditionen blockiert und zugleich auch alle Personengeschichten ausgewischt, die nicht mit dem schuldbeladensten Täter-Deutschland identisch sind. Hatte Deutschland insgesamt sich auch den fatalen Denk- und Handlungszwängen des Nazi-Regimes ausgeliefert, so war es doch nicht mit ihm deckungsgleich. Humanistische, oppositionelle und demokratische Potentiale existierten untergründig weiter.

Dem Erzähler ergaben sich gerade bei intimster Erinnerung nicht die groben Schraffuren einer allein nur blutrünstigen Geschichte. So wie

die nationalsozialistische Zeit mit zunehmender Entfernung von ihr in den
Medien und offiziellen Gedenkritualen vorkommt, ist sie vornehmlich
formattiert von den ekelerregenden Bildern in brauner Begeisterung
schwelgender Deutscher, von den Lagern entmenschter und ermordeter
Massen. Der Erinnerung des Erzählers bietet sich das von ihm damals
erfahrene Leben in Deutschland so nicht dar. Er will den dokumentarisch
überlieferten Bildern, der später erlernten Geschichte des
Zivilisationsbruchs keineswegs widersprechen, gelangt er doch hier und
da innerhalb der eingeschränkten, weil Authentizität wahrenden
Erzählperspektive durchaus an ihren äußeren Rand. Sowenig indessen der
Roman als eine Gegengeschichte zur allgemein bekannten Anerkennung
beanspruchen will, sowenig kann die erlebte Geschichte durch das Bild
der nationalsozialistischen, in das sie eingelassen ist, delegitimiert werden.
Individualität und Allgemeinheit, das Subjektive und das Objektive
streiten sich im Werk Walsers um Möglichkeiten der Versöhnung, wenn
diese auch bei jedem Versuch entgleitet. Walsers Schreiben gewinnt
Wahrheit nicht nur aus der Genauigkeit der Erinnerung, sondern eben
auch durch die bekennerhaften Zugehörigkeitsdeklamationen des Autors
zur deutschen Sprache, wie sie sich am Ende des Romans und auch der
Friedenspreisrede finden. Hier zeigt sich die Moralität individueller Treue,
ineins damit aber auch Walsers Verständnis einer politisch-moralischen
Position der Nation. Denn nur indem ihr die Stange gehalten wird, kann
beides erreicht werden: die Übernahme einer reichen, europäisch
verzahnten und verschuldeten Politik und Kultur und das Festhalten an der
Idee einer, wenn auch nur temporären, Befreiung aus allen Fesselungen
und Gefangenschaften im Schreiben, Veröffentlichen, Lesen und Gelesen-
werden. Das Ethos dieser Position ist durchaus auf die breitest erreichbare
Öffentlichkeit gerichtet und rechnet sowohl auf deren Aufnahmefähigkeit
als auch auf Sprachliebe und Diskussionslust. Walsers Existenz als
Schriftsteller ist einem lange andauernden Sprachspiel eingebunden, das,
Teil des Entwicklungsstroms der Literatur, an der sich wandelnden
Identität deutscher Kultur teilhat, an deren Widersprüchlichkeiten sie sich
reibt. Dazu gehört auch das Tabubruchspiel der Friedenspreisrede.

Schon durch die Erwartung des anwesenden und zuschauenden
Publikums, einen kritischen Text heruntersprechen zu müssen, fühlt
Walser sich provoziert, spielt mit dieser Provokation und läßt sich dann
auf sie ein, um zurückzuprovozieren. Dazu entfaltet er eine Polemik gegen
zwei Strategien im öffentlichen Diskurs, die ihm heuchlerisch erscheinen,
obgleich und gerade weil sie im Kleid höchster politisch-moralischer

Rechtfertigung daherkommen. Einerseits wendet er sich gegen Intellektuelle, die dem Volk und dem Staat ‚moralisch-politische Verwahrlosung' bescheinigen. Die ‚ganz und gar seriöse Geistes- und Sprachgröße', die Walser hier insbesondere meint, ist sein früherer kritischer Weggenosse Jürgen Habermas,[25] dessen Deutschlandkritik er für ein sado-masochistisches Selbstzerfleischungsritual hält. Die ‚Routine des Beschuldigens' (WBD, S.11) aller Deutschen als ewige Rassisten lokalisiert Walser andererseits auch in einem zweiten, über Medien vermittelten Diskurs, den ständig neu gezeigten ‚Filmsequenzen aus Konzentrationslagern'(WBD, S.11). Er stellt in diesem Zusammenhang klar:

> Kein ernstzunehmender Mensch leugnet Auschwitz; kein noch zurechnungs-
> fähiger Mensch deutet an der Grauenhaftigkeit von Auschwitz herum; wenn
> mir aber jeden Tag in den Medien diese Vergangenheit vorgehalten wird,
> merke ich, daß sich in mir etwas gegen diese Dauerpräsentation unserer
> Schande wehrt. (WBD, S.11/12).

Das medienvermittelte Überangebot der Holocaust-Präsentationen droht, so die Sorge Walsers, ein komplexeres Bild deutscher Geschichte zu ver-sperren, einschließlich der Möglichkeiten eines nicht-terroristischen Ver-hältnisses von Deutschen zu Juden (deutschen und nicht-deutschen). Walsers Rede wirkte vielleicht auch deshalb wie ein Befreiungsschlag, weil sie die Verkürzung des deutschen Geschichtsbilds durch die Medienobsession mit Auschwitz attackierte. Die Judenvernichtung sieht er nicht als eine deutsche Zwangsläufigkeit an und glaubt daher auch nicht, daß alle Stränge deutscher Geschichte auf Auschwitz zulaufen. Er möchte offenbar einen komplexeren, nicht erst mit dem Anfang der Bundesrepublik beginnenden und durchaus auch demokratische Möglichkeiten einschließenden Geschichtshorizont Deutschlands offen halten.

Des weiteren hält Walser radikal alle öffentlichen Bekundungen eines guten Gewissens für heuchlerisch und weder der Dimension des Verbrechens noch dem Verhältnis angemessen, das einzelne Menschen zur staatlich verfügten Schandtat haben können. Seine Polemik gerät hier zur Verteidigung einer Innerlichkeit, wie sie bereits bei Johann im Roman zu beobachten war. Ist sie hier aber durch die bewußte Einschränkung der Erzählperspektive in ihrer Gültigkeit relativiert, gerät sie in der öffentlichen Rede zu einer Absolutsetzung der puren Gewissensinnerlichkeit, die keinerlei Ritual, keinerlei Symbolik verträgt: ‚Öffentliche Gewissensakte sind deshalb in der Gefahr, symbolisch zu werden. Und nichts ist dem Gewissen fremder als Symbolik, so gut sie auch gemeint sei.' (WBD, S.14). Indessen kann für die Gestaltung der politischen Kultur, für den in ihr notwendigen Erinnerungsdienst keine Gesellschaft auf den Gebrauch von Ritualen und Monumenten verzichten, will sie ihr geschichtliches Gedächtnis und die Betonung ihrer gegenwärtigen Wertvorstellungen nicht verlieren. Sie müßte sich geradezu in eine Wildnis von vereinzelten Einzelnen auflösen, hätte sie keine Möglichkeiten, ihr Gemeinsames in den kühlen Medien des Gedenkens und des kollcktiven Erinnerns auszudrücken. Gerade dadurch daß solche Ritualisierungen ausgebildet werden, kann überhaupt erst Tradition, die Übergabe des durch frühere Generationen Erfahrenen an spätere Generationen möglich werden. Durch die Übersetzung der heißen Betroffenheit der der Tätergeneration noch Nahestehenden in die kühle Reflexivität einer öffentlich gepflegten, allerdings zugleich kritisch-diskursiven Geschichtskultur kann die Gesellschaft hoffen, sowohl zu ihren vorzüglicheren Traditionen zurückzufinden als auch sich von der blanken Angst zu befreien, vom Moloch der Geschichte ein weiteres Mal eingeholt zu werden. Walser ist sicher Recht zu geben, daß der Begriff des Volkes nicht schon dadurch als für immer diskreditiert anzusehen ist, weil er unter dem Nationalsozialismus einem rassistischen Mißbrauch verfiel. Durch seine Insistenz, zum Volk, zu den Beschuldigten und allerdings auch zu deren Sprache zu gehören, fügt er sich in den größeren Zusammenhang einer Kollektivität, derer er sich jedoch begibt, indem er die Möglichkeit kollektiven Gedenkens als hohlen Schein diffamiert. Vielleicht ist Walser sich dieses Widerspruchs bewußt geworden, als er später (WBD, S.461) in der Diskussion mit Bubis zugestand, der Bundespräsident Roman Herzog habe in seiner Rede am 9. November 1998 zum 60. Jahrestag der Synagogenzerstörung zurecht angemahnt, daß die deutsche Gesellschaft die angemessenen Formen des Erinnerns noch nicht gefunden habe. (WBD, S.114).

Angesichts der naiven, logomanischen Begeisterung, mit der dieser kierkegaardsche Ehrlichkeitsfanatiker die Widersprüchlichkeiten seines Fühlens, Denkens und Meinens innerhalb der Streitkultur untersucht, die in ihm selbst herrscht, dürfte es sich verbieten, Walsers essayistisches und fiktionales Werk schablonenhaft in einem binären System von linken und rechten Gesinnungspositionen, von Rationalität und Irrationalität, Nationalismus und Kosmopolitismus, Apolizität und politischem Engagement auszumessen. Eher möchte der Schriftsteller Walser in den die Moderne kennzeichnenden Erfahrungen von Identität und Nicht-Identität, der dialektischen Mehrfachheit des gelebten Ich beschreibbar sein, wie sie in

Europa u.a. von Kierkegaard und Nietzsche, von Ernst Mach und Henri Frédérique Amiel zu Sprache gebracht worden sind. Entsprechende Selbstaussagen finden sich bei Walser. Hier das Zitat aus einer Miszelle des Jahres 1985, in der er sich, pars pro toto der Gesellschaft, als die Bühne eines Konkurrenzkampfs aus herangetragenen Meinungen beschreibt:

> Ich bin gegen den täglichen Meinungsbefall überhaupt nicht resistent. Man kann doch über eine Sache wirklich verschiedener Meinung sein. Das ist ja das Grundgesetz aller Demokratie. Es wird nur zu selten ausgedrückt, daß es, um verschiedener Meinung zu sein, nicht mehrerer Personen bedarf. Ich bin schon selber eine Demokratie. Jeder ist eine. [...]

Mit Anspielung auf die damals noch geltende Ost-West Teilung fügt er hinzu:

> Meinungen, die als reaktionär gelten, finde ich in mir genauso vor wie revolutionäre. Das Meinungsspektrum, das heute Mitteleuropa beherrscht, ist in mir komplett vorhanden. Conrad Ferdinand Meyer hat formuliert, daß man so sein darf: *ein Mensch mit seinem Widerspruch.* Oder ist es charakterlos, für den Sozialismus UND für den westlichen Weg zu Demokratie zu sein?[26]

Indem er durch die Veröffentlichung seiner inneren Stimmen die gerade herrschenden Meinungsmuster durcheinander bringt, wirkt er mit an der Formung des Selbstverständnisses von einzelnen innerhalb eines Sprachraums. Er kann dabei nicht umhin, das Megasubjekt Nation mit zu imaginieren, sein Erzählen dem Großnarrativ des geschichtlichen Gedächtnisses[27] einzuordnen. Indem er gegen die bewußtseinssteuernden Medienströme die an ihnen sich brechende Subjektivität der literarischen Produktion stellt, lebt er in der Spannung von gesellschaftlichen, die politische Kultur mitbestimmenden Diskursen, ausgesetzt und sich aussetzend der öffentlichen Meinung als dem ‚Nervensystem der Demokratie', das ‚eine demokratische Verfassung vor Mißbrauch und Verrottung bewahrt'.[28]

Anmerkungen

[1] Walser hatte seiner Sehnsucht nach einem neu vereinigten Deutschland in einer Rede mit dem Titel 'Über den Leser – soviel man in einem Festzelt darüber sagen soll' am 30. August 1977 Ausdruck gegeben; abgedruckt in Martin Walser, *Werke in zwölf Bänden*, hrsg.von Helmuth Kiesel unter Mitwirkung von Frank Barsch, Suhrkamp: Frankfurt am Main, Bd. XI, *Ansichten, Einsichten, Aufsätze zur Zeitgeschichte*, 1997, S. 570.

[2] Dies und das voraufgegangene Zitat sind aus Martin Walser, 'Über Deutschland reden. Ein Bericht' (30. Oktober 1988, Münchner Kammerspiele), ebd. S. 896f.

3
Dazu ausführlicher Dieter Borchmeyer, *Martin Walser und die Öffentlichkeit*, Suhrkamp: Frankfurt am Main, 2001.

4
Ohne den Auftritt der Kritiker gegen Walser hier einzeln belegen zu können, sei auf die sich genauerem Lesen verdankenden Besprechungen von Dieter Borchmeyer in der *Financial Times Deutschland* ('Kalkül der Kritiker', 28. Juni 2002, S.10) und in *Focus* ('Falstaff der Medienwelt', Nr.27/2002, S.72f) verwiesen.

5
Vgl. Joachim Rohloff, *Ich bin das Volk. Martin Walser, Auschwitz und die Berliner Republik*, Konkret Literatur: Hamburg 1999, in dem die behauptete Rechtsextremität Walsers durch Zitate belegt wird, die, aus dem Zusammenhang gerissen, jedes komplexere Verständnis des Walserschen Denkens unterminieren, indem sie es in das ideologische Schlagwortkostüm der neuen Rechten pressen. Eine ähnliche Einschätzung findet sich bei Helmut Peitsch in 'Vom Preis nationaler Identität', wo von 'Walsers nationalistische(r) Essayistik seit 1977' die Rede ist; veröffentlicht in Heike Doane and Gertrud Bauer Pickar, Hrsg., *Leseerfahrungen mit Martin Walser. Neue Beiträge zu seinen Texten*, Houston German Studies, Bd. 9, Wilhelm Fink: München, 1995, S.182. In einem Interview mit den Herausgebern vom Sommer 1993, sagte Walser, daß sich der Verlust von Freunden seit seiner Münchener Rede vom 30. Oktober 1988 nicht wieder eingerenkt habe: 'Das hat sich nicht wieder ausgeglichen. Das ist eben inzwischen das verschärfte links/rechts Polarisieren, und da man mich aus der linken Truppe ausquartiert hat und mich rechts sieht, bin ich natürlich für Linke kein Freund mehr.' Ebd. S.243. Ob Stuart Taberners Versuch einer Rechtsverortung von Walser in seinem sonst kenntnisreichen Aufsatz 'A Manifesto for Germany's "New Right"? Martin Walser, the Past, Transcendence, Aesthetics, and *Ein springender Brunnen*' (in *German Life and Letters*, New Series, vol.LIII, No.1, January 2000, S.126-141) dem Autor gerecht wird, bleibt ebenfalls zu bezweifeln. Er wird hier in eine Traditionslinie des deutschen Irrationalismus gestellt, die sich vom Nationalsozialismus zu unterscheiden wünscht, indem sie ihn als eine verführerische modernistische Verzerrung der Volksidentität darstellt. Ein weiterer, philologisch wie kulturwissenschaftlich wenig aufschlußreicher Aufsatz, der Walsers *Ein springender Brunnen* und seine Friedenspreisrede schlicht als Schlußstrichplädoyers einordnet und, was den Roman angeht, von einem erstaunlich simplen narratologischen Verständnis zeugt, stammt von Robert C. Conard: 'The New Morality and the Politics of Memory', in: *debatte, review of contemporary german affairs*, Bd.7, Nr.2, November 1999, S.175-184.

6
So Lea Rosh in 'Walser ist ein Brandstifter', Bericht von dpa/Frankfurter Rundschau, 31.12.1998, abgedr. in Frank Schirrmacher (Hg.), *Die Walser-Bubis Debatte. Eine Dokumentation*, Suhrkamp: Frankfurt am Main, 1999. Die in Klammern angegebenen Lettern (WBD) bilden die hier gebrauchte Sigle dieses Buchtitels, dahinter die Seitenzahl.

[7] Vgl. hierzu die aufschlußreiche Arbeit von Gerhard Schulze, *Die Erlebnisgesellschaft. Kultursoziologie der Gegenwart*, Campus: Frankfurt am Main und New York, 1992.

[8] Martin Walser, 'Erfahrungen beim Verfassen einer Sonntagsrede', in WBD.

[9] Martin Walser, 'Über den Leser – soviel man in einem Festzelt darüber sagen kann', in *Ansichten, Einsichten*, a.a.O. S.565.

[10] Hier nur einige Beispiele: 'So schwer mir das Aufwachen fiel, so schwer fiel mir das Einschlafen.' (*Halbzeit*, Suhrkamp: Frankfurt am Main, 1960); 'Ich liege. Ja. Ich liege. Ich hätte diesen Umstand lieber verschwiegen. Aber es fehlt mir offenbar an Macht über mir selbst.' (*Das Einhorn*, Suhrkamp: Frankfurt am Main, 1966); ‚Gottlieb Zürn träumte, er liege in einer Wiege und diese Wiege stehe mitten im Rheinfall und über die Wiege beuge sich eine Frau und die Frau singe, aber man hörte sie nicht, das Getöse des herabstürzenden Wassers war zu laut.' (*Jagd*, Suhrkamp: Frankfurt am Main, 1988); 'Halte mir den Jungen nicht von der Arbeit ab, sagte Gustav Dorn auf dem Neustädter Bahnhof zu seiner Frau.' (*Die Verteidigung der Kindheit*, Suhrkamp: Frankfurt am Main, 1991).

[11] Dies die Sigle für Martin Walser, *Ein springender Brunnen*, Suhrkamp: Frankfurt am Main, 1998.

[12] Bernward Vesper, *Die Reise*, Rowohlt: Reinbek bei Hamburg, 1977.

[13] Ludwig Harig, *Wer mit den Wölfen heult, wird Wolf*, Carl Hanser: München und Wien, 1996.

[14] Margarete Hannsmann, *Der helle Tag bricht an. Ein Kind wird Nazi*, Albrecht Knaus: Hamburg, 1992.

[15] Vgl. die entsprechenden Berichte in Johannes Leeb, *'Wir waren Hitlers Eliteschüler'. Ehemalige Zöglinge der NS-Ausleschulen brechen ihr Schweigen*, Rasch und Röhring: Hamburg, 1998; der vor allem als Filmstar bekannt gewordene Hardy Krüger hatte in dem autobiographischen Roman *Junge Unrast* (Bertelsmann: Gütersloh, 1983) in fiktionaler Verfremdung bereits seine Jugend im Dritten Reich dargestellt.

[16] Dieses Interview, das von Rob Burns und Wilfried van der Will am 16.4.1992 geführt wurde, ist bisher lediglich in einer nicht vollständigen englischen Übersetzung veröffentlicht: 'The Changing Responses to the Provocations of

German Society', in: *debatte. review of contemporary german affairs*, Carfax Publishing Company: Oxford, UK und Dunnellon, USA, 1.Jg., Nr.1 (1993), S.47-64. Die gegebenen Zitate sind unmittelbare Transkriptionen der Tonbandaufnahme, die sich im Besitz von Wilfried van der Will befindet.

[17] Die von Walser wahrscheinlich gemeinte Stelle in *Der Prozeß* lautet: '…sonst hätte er das ganze als eine politische Bezirksversammlung angesehen.' Tatsächlich ist die von Walser angegebene Textänderung ausgewiesen in: Franz Kafka, *Schriften Tagebücher Briefe. Kritische Ausgabe. Der Proceß. Apparatband*, hrsg. von Malcolm Pasley, Fischer: Frankfurt am Main., 1990, S.188.

[18] Martin Walser, *Beschreibung einer Form*, Hanser: München, 1961, S.11.

[19] Walser zitiert hier Kafkas *Tagebücher und Briefe*, ebd. S.14.

[20] Kafka-Zitat bei Walser, ebd. S.14.

[21] Martin Walser, 'Erfahrung mit ersten Sätzen oder Aller Anfang ist leicht', in: ders., *Vormittag eines Schriftstellers*, Suhrkamp: Frankfurt am Main, 1994, S.153.

[22] Ebd. S. 156.

[23] Siehe dazu die feinsinnige Analyse von Stephen Brockmann, 'Martin Walser and the Presence of the German Past', *The German Quarterly*, vol 75, Nr. 2 (Frühjahr 2002), S. 127-143.

[24] Christa Wolf, *Kindheitsmuster. Roman*, Aufbau-Verlag: Berlin und Weimar, 1976.

[25] Siehe hierzu insbesondere: Jürgen Habermas, 'Die zweite Lebenslüge der Bundesrepublik: Wir sind wieder "normal" geworden', in *Die Zeit*, Nr. 51, 11. Dezember 1992, S.48. In diesem Aufsatz hatte er die folgende, von Walser dann teilweise zitierte Behauptung aufgestellt: ‚Wenn die sympathisierende Bevölkerung vor brennenden Asylantenheimen Würstchenbuden aufstellt, ist für die Mehrheitsbeschaffer keine offensive Überzeugungsarbeit angesagt, sondern symbolische Politik – eine Politik der Verfassungsänderung, die nichts kostet, auch nichts ändert, aber den dumpfesten Gemütern die Botschaft zukommen läßt: Das Problem am Fremdenhaß sind die Fremden.'

[26] Martin Walser, 'Meinungen über Meinungen', in *Ansichten, Einsichten*, a.a.O., S.774.

27 Vgl. zu dieser Begrifflichkeit die äußerst anregende Arbeit von Wolfgang Müller-Funk, *Die Kultur und ihre Narrative. Eine Einführung*, Springer-Verlag: Wien und New York, 2002.

28 Martin Walser, 'Über Macht und Gegenmacht', in *Ansichten, Einsichten*, a.a.O., S.797.

Kathrin Schödel

Jenseits der *political correctness* – NS-Vergangenheit in Bernhard Schlink, *Der Vorleser* und Martin Walser, *Ein springender Brunnen*

Martin Walser's autobiographical epic *Ein springender Brunnen* (1998) and Bernhard Schlink's thriller-like short novel *Der Vorleser* (1995) are comparable with respect to their criticism of public memory of the German National Socialist past, and their attempt at establishing a new, more differentiated perspective on the 'first generation'. This article analyses narrative techniques used to create ambiguity and self-reflexivity as well as the illusion of historical authenticity. It discusses in how far the image of perpetrators and on-lookers in both novels contributes to a new form of remembering National Socialism, and shows how this involves a problematic turning away from the victims' memory.

'Geht' in der Literaturkritik heute 'Zeitgeist [...] vor Ästhetik'?[1] In jüngeren 'Literaturdebatten' in Deutschland gibt sich die Verteidigung von Autoren und Werken meist als Verteidigung der ästhetischen Freiheit gegen die politischen und 'ideologischen Mängelrügen' der Kritiker.[2] Auch der vorliegende Aufsatz versucht, der ästhetischen Komplexität zweier kontrovers rezipierter Texte gerecht zu werden. Er kommt dabei jedoch nicht zu dem Ergebnis, dass jede Kritik an ihnen unberechtigt ist. Im Folgenden wird einerseits erörtert, inwiefern in Schlinks *Der Vorleser* und Walsers *Ein springender Brunnen* mit literarischen Mitteln anders an die NS-Zeit erinnert wird, als das im öffentlich-politischen Diskurs geschieht. Andererseits wird gezeigt, inwiefern die Romane zu einem Geschichtsbild beitragen, das selbst dem 'Zeitgeist' entspricht und nicht unproblematisch ist.

Vor dem aktuellen Streit um Walsers neuestes Werk *Tod eines Kritikers* und die von einigen Kritikern behaupteten antisemitischen Muster des Romans gab es in den Feuilletons eine Auseinandersetzung, in der Walser diesmal nicht vorkam, wenngleich es um den literarischen Umgang mit der nationalsozialistischen Vergangenheit in Deutschland ging. Im Zentrum der Diskussion stand die neue Novelle von Günter Grass, *Im Krebsgang*, und, obwohl schon 1995 erschienen und bald zum Bestseller und zum gymnasialen Kanonwerk geworden, Bernhard Schlinks Roman *Der Vorleser*. Losgetreten wurde laut *Der Spiegel* dieser kleine 'Literaturstreit' vor allem von zwei Artikeln. In der *Neuen Zürcher Zeitung* schrieb Harald Welzer über 'Verschiebungen in der deutschen Erinnerungskultur'. Er stellte eine Entwicklung 'zurück zur

Opfergesellschaft' fest: Die 'Thematisierung deutschen Leidens' in der Literatur aber vor allem in Fernseh-Features relativiere 'das Leid der Holocaustopfer und -überlebenden'. Welzer beschreibt die 'Logik' des neuen Erinnerungsdiskurses: 'Wenn alle traumatisiert sind [...], ist niemand traumatisiert. Und wer könnte noch Täter sein, wenn alle Opfer sind?'[3] In dem zweiten Artikel beschäftigt sich Willi Winkler in der *Süddeutschen Zeitung* mit Schlinks *Vorleser*. Anlass sind kritische Stimmen über den Roman aus Großbritannien.[4] Winkler fasst die Kritik aus einigen jüngeren Beiträgen im *Times Literary Supplement* zusammen und formuliert schließlich selbst: 'Allerdings will das Buch nebenbei ziemlich treudeutsch mit der Vergangenheit aufräumen'.[5] In *Der Spiegel* reagiert nun wieder Volker Hage mit einem Artikel, der die Literaturkritik à la Willi Winkler mit den 'ideologischen Gutachten über deutsche Literatur' in den 'Tagen der DDR' vergleicht.[6]

'Treudeutsch' oder 'DDR-Zustände' – mit weniger gewichtigen Schlagworten und ohne die Aufladung der eigenen Argumentation mit der einen oder anderen deutschen Vergangenheit scheinen deutsche Debatten – und der Sensationsbedarf der jeweiligen Medien – nicht auszukommen. 'Täter-' oder 'Opfergesellschaft' – in der Tat ist bekannt, dass politische Gemeinschaften solch einseitige Geschichtsbilder konstruieren. Unter dem Begriff des 'kollektiven Gedächtnisses' ist dies in den letzten Jahren ausführlich analysiert worden, in Deutschland insbesondere von den Kulturwissenschaftlern Aleida und Jan Assmann.[7] Auch die Gefahren solcher Geschichtskonstruktionen sind beschrieben worden: letztlich ist es die Vereindeutigung der jeweiligen Vergangenheiten, die einen differenzierten Blick auf Geschichte und Gegenwart verstellen kann, und die die Geschichtsbilder dazu geeignet macht, gegenwärtiger Politik, nicht zuletzt sogenanntem 'militärischen Engagement', zu einer allzu einfachen moralischen Rechtfertigung zu verhelfen.

Einer demokratischen, also vielstimmigen Erinnerungskultur ist daher nicht gedient, wenn etwa die Literaturkritik alle literarischen Texte über deutsche Vergangenheiten – sei es begrüßend oder ablehnend – schablonenhaft in *einen* deutschen Erinnerungsdiskurs einordnet. Es wäre tatsächlich eine Absage an die Möglichkeiten einer eigenständigen ästhetischen Produktion und Wahrnehmung, wenn literarische Texte nur noch als Teile eines politisierten nationalen Gedächtnisses betrachtet würden. Doch nicht jede Kritik an literarischen Darstellungen der NS-Zeit kann als DDR-artige Zensur verteufelt werden. Es ist offensichtlich, dass literarische Texte, gerade Texte über die nationalsozialistische

Vergangenheit, nicht *per definitionem* unabhängig sind von politischen Zielen. Es muss im Einzelnen untersucht werden, wie sie sich zu geschichts- und identitätspolitischen Diskursen verhalten. Mit ästhetischen Verfahren können einseitige Geschichtskonstruktionen kritisch reflektiert und durchbrochen werden, zugleich aber können literarische Texte selbst Vorstellungen von einer historischen Vergangenheit etablieren, die politischen Zwecken dienen. Romane können, besonders wenn sie zur allgemeinen Schullektüre werden, einen weiterreichenden Einfluss auf die Geschichtsbilder einer Gesellschaft haben als historiographische Texte oder dokumentarische Ausstellungen.

Bernhard Schlinks kurzer, stilistisch schlichter und eminent lesbarer Roman kann zunächst auch solche LeserInnen fesseln, die meinen, sie hätten genug von der Vergangenheitsbewältigung. Ein gutes Drittel des Textes wird von der Geschichte einer Liebesaffäre eingenommen, die scheinbar ohne Bezug zur NS-Zeit in den 50er Jahren spielt. Der Roman hat zwei Hauptfiguren. Der titelgebende 'Vorleser' ist der Ich-Erzähler Michael Berg, der zu Beginn des Romans 15 Jahre alt und Schüler ist. Am Ende des Romans, der in den frühen 90er Jahren spielt, ist er als rückblickender Erzähler, wie der Autor Schlink, Jurist und Schriftsteller geworden. Die zweite Hauptfigur ist Hanna Schmitz, die etwa 20 Jahre ältere Geliebte Michaels, die sich von ihm vor dem Liebesakt aus seinen Schullektüren vorlesen lässt. Nach der im ersten Teil des Romans beschriebenen erotisch, aber auch emotional spannungsreichen Affäre verlässt Hanna den Erzähler schließlich ohne Erklärung. Jahre später im zweiten Teil des Romans sieht Michael, nun Jurastudent, die frühere Geliebte als Angeklagte in einem Prozess gegen NS-Täterinnen wieder, den er im Rahmen eines Seminars besucht. Hanna war ab Herbst 1943 in Auschwitz und ab Frühjahr 1944 in einem anderen kleineren Lager in Polen Aufseherin. Das Thema des Nationalsozialismus und Hanna als Täterin werden damit erst eingeführt, nachdem die Figur Hanna schon als zärtliche, im Streit auch brutale, doch zugleich verletzliche Geliebte des Ich-Erzählers etabliert ist. Der Beginn mit einer Liebesgeschichte und die enthüllende Struktur des Romans haben sicherlich zu seinem großen Erfolg beim Lesepublikum beigetragen.[8]

Trotz vieler Erzähler-Reflexionen bleibt der Text *plot*-zentriert und spannend. Er scheint der Wertung Michaels zu entsprechen, der sich gegen Literatur ausspricht, 'in der ich die Geschichte nicht erkenne und keine der Personen mag', gegen Literatur, die 'mit dem Leser experimentiert'.[9]

Schlink arbeitet mit Identifikationsangeboten für den Leser und einer deutlich 'erkennbaren' Geschichte. Der Ich-Erzähler Michael, der teils aus der Perspektive des Erlebenden, teils aus einer späteren Sicht heraus darstellt und kommentiert, ist Identifikationsfigur, und über seine Liebe zu ihr entsteht auch für den Leser Sympathie für Hanna. Das Moment der Einfühlung in die NS-Täterin verstärkt der Autor durch ein weiteres zentrales Motiv. Hannas Entscheidung, KZ-Aufseherin zu werden, wird begründet mit einem persönlichen Defizit, ihrem Analphabetismus, den sie mit allen Mitteln zu verbergen sucht. So entsteht, was Schlink in einem Interview als 'menschliche Sicht auf die Täter' bezeichnet:

> Wenn es nicht die menschliche Sicht auf die Täter gäbe, hätten wir kein Problem mit ihnen. Erst die menschliche Nähe zu ihnen macht das, was sie getan haben, so furchtbar. Wir hätten doch mit den Tätern schon lange abgeschlossen, wenn es wirklich alles Monster wären, ganz fremd, ganz anders, mit denen wir nichts gemein haben.[10]

Hanna also folgt der SS, die 'Frauen für den Einsatz im Wachdienst' (92) wirbt, um einer Beförderung an ihrem Arbeitsplatz zu entgehen, die ihre Schreib- und Leseschwäche aufgedeckt hätte. Der Erzähler behauptet dazu:

> Hanna hatte sich nicht für das Verbrechen entschieden. Sie hatte sich gegen die Beförderung bei Siemens entschieden und war in die Tätigkeit als Aufseherin hineingeraten. (128)

Liest man diese Erklärung des Erzählers als die vom Gesamttext gestützte Interpretation von Hannas Schuld, dann würde Schlinks 'menschliche Sicht' auf die Täter ihre Taten nicht umso 'furchtbarer' erscheinen lassen, sondern sie vielmehr entschuldigen.

In der Tat ist der Roman heftig für die Konstruktion eines Täterbildes, das die Täter zu Opfern werden lässt, kritisiert worden.[11] Allerdings ist eine ausführliche Argumentation nötig, um diesen Vorwurf aufrecht zu erhalten.[12] Und das liegt an dem, was Martin Walser als das 'Urgesetz des Erzählens' bezeichnet hat: der 'Perspektivität'.[13] Schlinks Erzähler ist komplex gestaltet. Zum einen weist er in Alter und Beruf eine erkennbare biographische Nähe zum Autor auf, ferner antizipieren seine tastenden und fragenden Reflexionen häufig die Reaktionen des impliziten Lesers auf das Dargestellte. Dann aber wird immer wieder deutlich, dass die Erzählerkommentare selbst von einer zutiefst in die dargestellte Welt verstrickten Figur stammen, und daher vom Leser Distanz zu diesem zunächst so sympathischen Erzähler verlangen. Die Leser sind durch diese Konstruktion aufgefordert, mitzubedenken, dass der Ich-Erzähler häufig argumentiert, um seine frühere Geliebte zu entlasten (vgl. insbesondere

126-129). Durch die Identifikation mit dem Erzähler entsteht eine Komplizenschaft mit seinem Ziel Hanna zu entschuldigen, und der Leser muss sich schließlich selbst fragen, wie gerechtfertigt der Wunsch ist, eine KZ-Wächterin verstehen und bemitleiden zu wollen. Schlinks Roman 'experimentiert' somit doch mit 'dem Leser'. Der auktoriale Ich-Erzähler, der zugleich 'unzuverlässiger Erzähler' ist, erzeugt ästhetische Komplexität.[14]

Mit dem Erzähler, den der Titel als Hauptfigur des Romans ausweist, stellt Schlink den Umgang eines Repräsentanten der 'zweiten Generation' mit der Schuld – hier nicht 'der Väter', sondern einer Geliebten aus der 'ersten Generation' dar. Dieser Umgang wird keineswegs idealisiert. Michael Berg findet zu keiner Kommunikation mit Hanna, seine Auseinandersetzung mit ihrer und seiner eigenen Vergangenheit beschränkt sich auf quälende Zweifel und Fragen, die er nur sich selbst stellt. Der implizite Leser wird damit zum einzigen Adressaten der Reflexionen des Erzählers über Hannas Schuld und seine eigene Verstrickung darin. Gerade weil der Text beschreibt, wie Gespräche scheitern oder erst gar nicht stattfinden, fordert er seine Leser dazu auf, über Fragen nachzudenken, die im Text nicht gestellt werden, und über Antworten, die die Romanfiguren nicht geben. Während des Prozesses etwa spricht Michael mit seinem Vater, einem Philosophie-Dozenten, der im 'Dritten Reich' seine Stelle verloren hatte (88), doch er erwähnt weder sein Verhältnis zu Hanna und ihre Täterschaft, noch die NS-Zeit überhaupt (134-139).[15] Zwischen Hanna und Michael kommt es nach ihrer Affäre im ersten Teil des Textes nur noch zu einem einzigen Gespräch, und Michaels Unfähigkeit, mit Hanna zu kommunizieren, wird mehrmals thematisiert.[16] Schlink stellt in dem Verhalten des Erzählers demnach keine gelungene 'Aufarbeitung' der NS-Vergangenheit dar, sondern wirft Fragen nach Schuldbegriffen und angemessenen Erinnerungsformen auf, ohne vereinfachende Lösungen anzubieten.

Andere Passagen des Romans erzeugen jedoch keine Distanz zu dem Ich-Erzähler, auch dann wenn er in seinen Ausführungen durchaus fragwürdige Positionen bezieht. So schildert Michael etwa sein Gefühl des 'Betäubtseins' (99) in Bezug auf die Greuel, die während Hannas Prozess zu Tage kommen, und vergleicht dieses mit der 'Betäubung', die Täter und Opfer in den Lagern befallen habe, da für sie das Grauen gleichermaßen zum Alltag werde (98f.). Die Abwehr eines solchen Vergleichs durch den Leser wird im Text vorweggenommen, indem Michael Reaktionen auf seine These schildert: Obwohl er stets auch die Unterschiede zwischen Tätern und Opfern betont habe, sei er mit diesem Vergleich immer auf

'Befremden und Empörung' (99) gestoßen. Im nächsten Abschnitt stimmt der Erzähler dann eine Klage über Tabus und Diskursvorschriften in Bezug auf die Shoah an:

> Wir [meine Generation der Nachlebenden] sollen nicht meinen, begreifen zu können, was unbegreiflich ist, dürfen nicht vergleichen, was unvergleichlich ist, dürfen nicht nachfragen, weil der Nachfragende die Furchtbarkeiten, auch wenn er sie nicht in Frage stellt, doch zum Gegenstand der Kommunikation macht und nicht als etwas nimmt, vor dem er nur in Entsetzen, Scham und Schuld verstummen kann. Sollen wir nur in Entsetzen, Scham und Schuld verstummen? (100)

Die rhetorische Frage fordert eine ablehnende Reaktion, die Haltung des Erzählers wird positiv gezeichnet. Sein Tabubruch erscheint als Mittel, das Verstummen zu überwinden, und die 'Empörung' über seinen Vergleich zwischen Tätern und Opfern als Beispiel für die beklagten Diskurszwänge. Doch die Hypothese des Erzählers kann kritisiert werden, auch ohne dass der Standpunkt einer grundsätzlichen, rigorosen Ablehnung von Vergleichen in diesem Kontext eingenommen wird. Die Prämissen, auf denen sie beruht, sind keineswegs so selbstverständlich, wie sie im Text klingen:

> Alle Literatur der Überlebenden berichtet von dieser Betäubung, unter der die Funktionen des Lebens reduziert, das Verhalten teilnahms- und rücksichtslos und Vergasung und Verbrennung alltäglich wurden. Auch in den spärlichen Äußerungen der Täter begegnen die Gaskammern und Verbrennungsöfen als alltägliche Umwelt (98).

Diese verallgemeinernde Feststellung über Opfer und Täter trifft jedoch keineswegs zu. Jeremy Adler nennt Beispiele für beide Gruppen, die Michaels Behauptungen widerlegen, und weist darauf hin, wie der zitierte Abschnitt die 'Geste eines Fachmanns für die Verbrechen des Dritten Reiches' mit kruden Vereinfachungen verbindet.[17] Wo der Erzähler sich scheinbar über einschränkende Regeln hinwegsetzt, die eine Auseinandersetzung mit der Shoah verhindern, stützt er sich selbst auf pauschalisierende Klischees, die das historische Geschehen und seine Überlieferung verzerrt wiedergeben. Der Autor aber verzichtet hier darauf, Distanzsignale zu setzen, vielmehr baut er einer möglichen Kritik vor, indem er eine negative Leserreaktion antizipiert und dem Erzähler eine scheinbar gelungene Verteidigung dagegen in den Mund legt.

Auch wenn das Scheitern Michaels im kommunikativen Umgang mit der Vergangenheit betont wird, werden die zweifelnden Grübeleien und Selbstbezichtigungen des rückblickenden Erzählers doch als wesentlich differenzierter und angebrachter dargestellt als die Haltung seiner Generationsgenossen, die er zunächst teilt und aus der späteren Sicht ironisch charakterisiert:

> Aufarbeitung! Aufarbeitung der Vergangenheit! Wir Studenten des Seminars [über den Prozess, in dem Hanna verurteilt wird] sahen uns als Avantgarde der Aufarbeitung. [...] Daß verurteilt werden müsse, stand für uns fest. [...] Unsere Eltern hatten im Dritten Reich ganz verschiedene Rollen gespielt. [...] Ich bin sicher, daß sie, soweit wir sie gefragt und sie uns geantwortet haben, ganz Verschiedenes mitzuteilen hatten. Mein Vater wollte nicht über sich reden. Aber ich wußte, daß er seine Stelle als Dozent der Philosophie wegen der Ankündigung einer Vorlesung über Spinoza verloren [...] hatte. Wie kam ich dazu, ihn zu Scham zu verurteilen? Aber ich tat es. Wir alle verurteilten unsere Eltern zu Scham (87f.).

Ähnliche Kritik an der eigenen, der '68er Generation' äußert Schlink im Interview:

> Wir sind eine sehr selbstgerechte Generation gewesen – und geblieben. Denken Sie nur an den moralisierenden Ton, den es bis heute gibt. [...] Mir ist er unheimlich dieser selbstgerechte moralische Eifer.[18]

Obwohl sich Michael Berg dementsprechend von Pauschalurteilen gegen die Elterngeneration abwendet, wird in ihm keine ideale Form des Umgangs mit der Vergangenheit präsentiert.[19] In seinem Erzähler zeigt Schlink die Schwierigkeiten, die es mit sich bringt, wenn kein einfaches Gut-Böse-Schema in der Verurteilung 'der Väter' angewandt wird. Schuld und Verantwortung müssen im Einzelfall ermittelt werden, und es stellt sich gleichzeitig die verstörende Frage nach dem eigenen Verhalten in einem totalitären Regime.[20] Der Autor vermeidet es also weitgehend, die behauptete Selbstgerechtigkeit der 68er mit einer neuen Selbstgerechtigkeit ihrer Überwindung zu ersetzen.

Dennoch ist der Roman als Ganzer der Versuch, der abgelehnten 'moralisierenden' Verurteilung der Tätergeneration eine differenziertere Sicht entgegenzusetzen. Daher stellt sich die Frage, ob Schlinks Figur einer Täterin dazu geeignet ist, zu dieser neuen angemesseneren Perspektive auf die NS-Zeit beizutragen. Obwohl die oben zitierten Bemerkungen des Erzählers zur Entlastung Hannas relativiert werden müssen, überwiegt letztlich auf der Ebene der Handlung das Bild einer Täterin, die verstanden und bemitleidet werden soll. Dies liegt vor allem daran, dass der Analphabetismus als Grund für Hannas mangelndes moralisches Verantwortungsbewusstsein aufgebaut wird. Im Gefängnis lernt Hanna lesen und lernt dabei auch, ihre Schuld zu konfrontieren: Sie liest Bücher über Konzentrationslager und Autobiographien von Überlebenden (193). Michaels Einschätzung

> Analphabetismus ist Unmündigkeit. Indem Hanna den Mut gehabt hatte, lesen
> und schreiben zu lernen, hatte sie den Schritt aus der Unmündigkeit zur
> Mündigkeit getan, einen aufklärerischen Schritt (178)

wird so bestätigt.[21] Damit aber ist Hanna während des 'Dritten Reiches' Opfer ihrer eigenen 'Unmündigkeit' – doch die ist nicht 'selbstverschuldet'. Die zentrale Rolle von Hannas Analphabetismus als Movens ihres Handelns, wird auch durch die analytische Struktur des Romans unterstützt: Hannas Lese- und Schreibunfähigkeit, die Michael erst während des Prozesses entdeckt, ist der Schlüssel zu allen rätselhaften Stellen im ersten Teil des Textes, nicht etwa ihre nationalsozialistische Vergangenheit. Vor allem in der Schilderung des Prozesses steht die Darstellung von Hanna als Opfer im Vordergrund. Ihr verzweifelter Wunsch, ihren Analphabetismus zu verbergen, führt dazu, dass sie zu Unrecht härter verurteilt wird als die anderen Angeklagten.

Neben der Entdeckung von Hannas Defizit durch Michael und seinen Sorgen darüber, ob er es dem Gericht offenbaren soll, tritt die Frage nach Hannas Taten im KZ ebenso zurück wie die nach den Gründen für ihre Blindheit gegenüber menschlichem Leid und den moralischen Dimensionen ihres eigenen Handelns. Der Analphabetismus wird zum banalen Ersatz für die komplexe Frage nach den Ursachen für die massenhafte Unterstützung des NS-Regimes und die verbreitete Mitwirkung am nationalsozialistischen Terror. Schlinks Text lädt nicht dazu ein, zu hinterfragen, ob Hanna eine typische oder auch nur wahrscheinliche Täterfigur ist. Das historisch unglaubwürdige Konstrukt einer Analphabetin bei der SS,[22] die sich später zu ihrer Schuld bekennt und deshalb Selbstmord begeht, wird vielmehr zu einer paradigmatischen und – weil nicht eindeutig verurteilenden – besonders authentischen Tätergeschichte stilisiert.

Die ambivalent gestaltete Erzählerfigur verhindert nicht, dass Schlinks Roman nach einer Ästhetik der Einfühlung funktioniert,[23] die nicht dazu benutzt wird, eine erschreckende Nähe zu den Tätern zu erzeugen. Trotz des expliziten Bezugs auf Hannah Arendts *Bericht von Eichmann in Jerusalem* – Hanna (!) liest ihn im Gefängnis – stellt sich keine Erkenntnis der 'Banalität', sondern vielmehr eine 'Banalisierung des Bösen' ein. Es entsteht, wie Schlinks Erzähler am Ende formuliert, eine 'Geschichte', die 'rund, geschlossen und gerichtet' (206) ist. Die Geschichte von einer deutschen Täterin – mit einem typisch jüdischen Vornamen – als Opfer. Vielleicht kann der große Erfolg dieses Romans, gerade auch als Schullektüre, tatsächlich als Indikator einer 'Verschiebung in der deutschen Erinnerungskultur' hin zu einer 'Opfergesellschaft' gelten.

Es müsste jedoch genau untersucht werden, wie der Roman rezipiert wird, um diese These zu erhärten. Vielleicht erweist sich die Diskussion um die Bewertung des Textes auch als ein Schritt auf dem Weg zu einer vielfältigen Erinnerungskultur der nachfolgenden Generationen. Der Roman erzeugt, wie ausgeführt, insbesondere durch den unzuverlässigen Erzähler eine Offenheit, die Debatten anregen kann – nicht nur als kritische Auseinandersetzung mit Schlinks Roman, sondern auch als ein Weiterdenken von Impulsen, die der Text selbst gibt.

Während Schlink eine geschlossene fiktionale Welt kreiert, beginnt Martin Walsers Roman *Ein springender Brunnen* mit der metafiktionalen Reflexion auf das Erinnern und auf seine Versprachlichung. In den drei 'Vergangenheit als Gegenwart' überschriebenen Kapiteln, die die drei Hauptteile des Romans einleiten, tritt ein auktorialer Erzähler auf, der ähnlich wie Schlinks Erzähler die 'Bewältigung' der Vergangenheit im öffentlichen Diskurs kritisiert. Gegen den Blick auf die Zeit des Nationalsozialismus, der diese 'ethisch, politisch durchkorrigiert'[24], und gegen das 'Museum' 'der Vergangenheit, die alle zusammen haben' (9), stellt er die 'eigene Vergangenheit' (ebd.). Die dreimal wiederholte Kapitelüberschrift 'Vergangenheit als Gegenwart' verweist auf den Versuch, die Vergangenheit aus der Perspektive des Erlebenden zu rekonstruieren, ohne dass sie von späterem Wissen und späteren moralischen Wertungen überlagert wird. Zugleich aber thematisiert Walser die Schwierigkeit dieses Versuchs. 'Vergangenheit als Gegenwart' bedeutet in genauer Umkehrung des Obigen auch, dass das Vergangene nur über die Gegenwart zugänglich ist. Walsers auktorialer Erzähler erklärt: 'Die Vergangenheit als solche gibt es nicht' (281). Dennoch formuliert er gleichzeitig 'Wunschdenkens Ziel: Ein interesseloses Interesse an der Vergangenheit. Daß sie uns entgegenkäme wie von selbst.' (283) Diesem utopischen und ästhetischen 'Wunschdenken' – das Paradox 'interesseloses Interesse' erinnert an das Kantische Konzept des 'interesselosen Wohlgefallens' der ästhetischen Wahrnehmung –, diesem unmöglichen und doch als Ideal der Kunst aufrechterhaltenen 'Wunschdenken' entspricht die erzählerische Gestaltung von *Ein springender Brunnen*.

Einerseits schafft die personale Er-Erzählhaltung eine große Nähe zwischen Erzähler und Hauptfigur. Auch die Zeitstruktur des Romans mit Zeitsprüngen, assoziativen Verknüpfungen und wie Momentaufnahmen wirkenden Szenen erzeugt das Gefühl einer spontanen Erinnerung, die das Erinnerte nicht von einer späteren Warte aus ordnet und bewertet.

Andererseits macht Walser darauf aufmerksam, dass es sich um eine Re-konstruktion der Vergangenheit handelt. Zum einen durch die erwähnten metafiktionalen Passagen, besonders aber an einer Stelle des Textes: in dem Kapitel 'Das Wunder von Wasserburg', wo der Protagonist Johann seiner ersten Liebe Anita in ein anderes Dorf nachfolgt und zugleich zu Hause bleibt. Das phantastische Element eines Doppelgängers der Hauptfigur wird nicht realistisch aufgelöst, etwa als Traum. Damit wird die fiktionale Welt, die in den anderen Kapiteln als authentische, realistische aufgebaut wird, durchbrochen. Walser findet hier ein – im Sinne einer gewissen Komik und eines einfallsreichen Kunstgriffs – witziges Mittel, um auf das Problem des späteren Blicks auf die Vergangenheit hinzuweisen. In Johanns Schutzengel, der Johanns Mutter Freude macht, sich mutig für eine Klassenkameradin einsetzt und einen Aufsatz schreibt, der den Nazi-Lehrer erbost, vermischt sich deutlich das spätere Wunschbild des eigenen Ich mit dem rekonstruierten Bild eines möglichen realen Ich. Johanns Doppelgänger bleibt der Perspektive des Kindes verbunden: In seinem Aufsatz argumentiert er mit Karl May und dem nationalsozialistischen Rasse-Denken verhaftet, dass die 'weiße Rasse', 'solange sie andere Rassen vernichtet [...] schlimmer [ist] als jede andere Rasse.' (252) Die anti-realistische 'Wunder'-Episode betont die Fiktionalität der Romanwelt. Zugleich entlarvt sie ironisch den Impuls, die eigene Biographie im Rückblick 'politisch korrekt' zu beschönigen.

Über weite Strecken des Romans versucht Walser also, von der Perspektive des Späteren abzusehen und 'Wunschdenkens Ziel' nahe zu kommen. Er baut eine Romanwelt auf, die den Eindruck einer authentisch wiedergegebenen, oder besser: einer realistisch erfundenen Biographie eines Jungen, und eines Dorfes, erzeugt. Reinhard Baumgart spricht von einer 'fiktionalen Authentizität'.[25] Walsers Beschränkung auf die Perspektive des Kindes und Jugendlichen führt dazu, dass ein Erleben der NS-Zeit nachvollziehbar wird, dem das Wissen um das Ausmaß ihrer verbrecherischen Dimensionen fehlt. Der Verzicht auf eindeutige moralische Wertungen lässt eine Vielzahl von Figuren entstehen, die auf ganz unterschiedliche Weise mit dem Nationalsozialismus in Berührung kommen: etwa die Figur der Mutter, die nie überzeugte Nationalsozialistin ist, und doch aus pragmatischen Gründen früh der NSDAP beitritt. Es finden sich aber auch überzeugte Nazis, wie der Lehrer, Verfolgte, wie Johanns homosexueller Onkel, und leise Kritiker, wie Johanns Vater. Das Verhalten der Dorfbewohner wird nicht angeklagt, aber auch, wie besonders im Vergleich zu Schlinks Mitleidsästhetik deutlich wird, nicht verteidigt. Auch der Protagonist und personale Er-Erzähler ist, zumindest weitgehend, eine ambivalente Figur: Es wird zum Beispiel einerseits sowohl beschrieben, wie er die Andeutungen, die er über 'die Dachauer' gehört hat, wieder 'vergessen hat' (123), wie er sich, obwohl sein Bruder schon gefallen ist, über seinen eigenen 'Stellungsbefehl' freut (341); andererseits wird Johanns innere Distanz zur Sprache und damit zur Ideologie des Nationalsozialismus ausführlich gezeigt (vgl. etwa 138, 263).

Walsers Roman lässt sich demnach kaum in den neuen und zum Teil so scharf kritisierten Diskurs über das Leid der Deutschen im Zweiten Weltkrieg einordnen. In der Debatte um Günter Grass, Schlink und andere kam der *Springende Brunnen* nicht vor. Aber auch Walsers Text steht in Verbindung mit einem Diskurs über die deutsche Vergangenheit, der in den 80er und 90er Jahren an Dominanz gewonnen hat, nämlich mit dem Versuch einer 'Historisierung' und 'Normalisierung' der Epoche des Nationalsozialismus. Eine Zusammenfassung der Forderungen für die Geschichtswissenschaft, die Martin Broszat in den 80er Jahren formulierte, liest sich wie eine Beschreibung dessen, was Walser in der Fiktion leistet: Broszat wandte sich gegen die 'pauschale *Moralisierung* der NS-Erfahrung' und gegen die Fixierung der Erinnerung an das 'Dritte Reich' auf 'Euphorie und Inferno', also auf den Enthusiasmus für Hitler einerseits und die Massenvernichtungen andererseits. Broszat trat ein für 'Alltagsgeschichte, Nahsicht, Verlebendigung, Rückgewinnung von Authentizität und Verständnis'.[26] Trotz der berechtigten Einwände gegen Broszats 'Plädoyer',[27] kann eine Darstellung der 'Normalität' des Lebens in der NS-Zeit die Augen dafür öffnen, dass die Massenvernichtungen unter anderem deshalb möglich waren, weil viele Teile der Bevölkerung in ihrem Alltag verdrängten, was um sie herum geschah. Die Fokussierung dieses Aspekts verhindert die selbstgerechte Haltung, die Schlink kritisiert, und die darauf beruht, dass man sich von den nur undifferenziert wahrgenommenen Tätern und Hitler-Anhängern abgrenzt. Es ist wesentlich schwieriger, sich selbst abzugrenzen von Menschen, die einfach zu sehr mit dem eigenen Alltag beschäftigt sind, um wahrzunehmen oder wahr haben zu wollen, in welch 'finsteren Zeiten' sie leben. Indem Walser solche Figuren schafft, kann sein Roman dazu beitragen, dass die NS-Vergangenheit Gegenwart bleibt, in dem Sinne, dass wir nicht damit fertig werden können, indem wir heute zu wissen meinen, dass wir selbst uns politisch und moralisch richtig verhalten hätten.

Problematisch wird der Fokus auf den Alltag in der NS-Zeit dann, wenn die differenzierte Sicht auf die Deutschen im Nationalsozialismus auf Kosten des Erinnerns an die Verbrechen und ihre Opfer entwickelt wird. Im Schlussteil von Walsers Roman wird die Abwendung von der Opferperspektive explizit beschrieben. Der Protagonist hat sich am Ende des Textes zum Künstler entwickelt, der jetzt eben die Ästhetik vertritt, die der auktoriale Erzähler vorher entworfen hat, und die, wie ich knapp zu zeigen versucht habe, auch die Ästhetik von Walsers Roman ist. Nun aber erscheint die Freiheit des Künstlers, seine 'Interesselosigkeit', nicht mehr, wie in den Erzählerreflexionen, als Gegensatz zum offiziellen Gedächtnisdiskurs, sondern sie steht in Kontrast zu der Erinnerung der Opfer. Ein jüdischer Freund beginnt, Johann von der Situation seiner Familie zu erzählen. Johann aber beschließt, dass er, um 'frei' zu sein und eine 'eigene' Sprache finden zu können, frei sein muss von der 'Angst' der Opfer und von jedem möglichen 'Anspruch' an ihn (402). Die 'Angst' der Überlebenden erscheint als ebenso bedrohlich für die Freiheit des Individuums und Sprachschöpfers wie die 'Macht' der Nationalsozialisten: 'Johann wollte nie mehr unterworfen sein, weder einer Macht noch einer Angst.' (ebd.) Damit wird am Ende des Romans die beschriebene ästhetische, 'interesselose' Perspektive auf die NS-Zeit im *Springenden Brunnen* als Abgrenzung von der Perspektive der Opfer konzipiert.[28]

Auch Schlink stellt seine Sicht auf die deutsche Vergangenheit nicht nur gegen die Pauschalurteile der 68er, sondern auch gegen die Sicht der Opfer. Über eine fiktive Autobiographie einer Überlebenden, die als Zeugin gegen Hanna auftritt, heißt es:

> [D]as Buch selbst [schafft] Distanz [...]. Es lädt nicht zur Identifikation ein und macht niemanden sympathisch, [...]. Die Barackenältesten, Aufseherinnen und Wachmannschaften läßt es erst gar nicht so viel Gesicht und Gestalt gewinnen, daß man sich zu ihnen verhalten, sie besser oder schlechter finden könnte. (114)

Implizit wird hier der Versuch, in *Der Vorleser* eine 'Aufseherin' 'Gesicht und Gestalt gewinnen' zu lassen, als die angemessenere Perspektive als die des Opfers hingestellt. Sicherlich ist eine differenzierte Sicht auf die Tätergeneration wünschenswert. In der Literatur, wie in der Historiographie, kann vereinfachenden Geschichtsbildern, zu denen der öffentliche Diskurs neigt, entgegengewirkt werden. Einer Dämonisierung 'des Bösen' wie einer Umwertung von Tätern in Opfer kann die Frage nach den Ursachen individuellen Verhaltens, nach Abstufungen und moralischen Ambivalenzen entgegengesetzt werden. Schlink und Walser reflektieren in ihren Romanen in komplexer Weise auf die Erinnerung an den

Nationalsozialismus, dennoch besteht die Gefahr, dass hier eine deutsche Sichtweise etabliert wird, die sich als die scheinbar freiere, authentischere und einfühlsamere der Erinnerung der Opfer überlegen gibt. Zumindest teilweise entspricht dies dem momentanen 'Zeitgeist' in Deutschland.[29]

Anmerkungen

[1] Martin Walser, 'Die Banalität des Guten. Erfahrungen beim Verfassen einer Sonntagsrede aus Anlaß der Verleihung des Friedenspreises des Deutschen Buchhandels', *FAZ*, 12.10.1998.

[2] Volker Hage, 'Unter Generalverdacht. Kulturkritiker rüsten zu einer bizarren Literaturdebatte: Verharmlosen erfolgreiche Bücher wie Günter Grass' Novelle "Im Krebsgang" oder Bernhard Schlinks Roman "Der Vorleser" die Schuld der Deutschen an Holocaust und Zweitem Weltkrieg?', *Der Spiegel*, 15 (2002), 177-181, hier: 181.

[3] Harald Welzer, 'Zurück zur Opfergesellschaft. Verschiebungen in der deutschen Erinnerungskultur', *Neue Zürcher Zeitung*, 3.4.2002.

[4] Vgl. insbesondere Frederic Raphael, Letter to the Editor, *TLS*, 8.3.2002; Jeremy Adler, Letter to the Editor, *TLS*, 21.3.2002.

[5] Willi Winkler, 'Vorlesen, Duschen, Durcharbeiten. Schlechter Stil, unaufrichtige Bilder: England begreift nicht mehr, was es an Bernhard Schlinks Bestseller "Der Vorleser" fand', *Süddeutsche Zeitung*, 30.3.2002.

[6] Hage, op. cit., 180.

[7] Vgl. Aleida Assmann, *Erinnerungsräume. Formen und Wandlungen des kulturellen Gedächtnisses*, C.H. Beck: München, 1999; Aleida Assmann/ Ute Frevert, *Geschichtsvergessenheit – Geschichtsversessenheit. Vom Umgang mit deutschen Vergangenheiten nach 1945*, Deutsche Verlags-Anstalt: Stuttgart, 1999; Jan Assmann, *Das kulturelle Gedächtnis. Schrift, Erinnerung und politische Identität in frühen Hochkulturen*, C.H. Beck: München, 1992; Jan Assmann, *Religion und kulturelles Gedächtnis. Zehn Studien*, C.H. Beck: München, 2000.

[8] Vgl. zu Verkaufszahlen und Rezeption des Romans Juliane Köster, *Bernhard Schlink. Der Vorleser, Oldenbourg Interpretationen, 98*, Oldenbourg: München, 2000, 19-26.

[9] Bernhard Schlink, *Der Vorleser*, Diogenes: Zürich, 1995, S.176. Im folgenden nur mit der Seitenangabe im Text zitiert.

[10] Spiegel-Gespräch mit Bernhard Schlink, 'Ich lebe in Geschichten', *Der Spiegel*, 24.1.2000.

[11] Vgl. William Collins Donahue, 'Illusions of Subtlety: Bernhard Schlink's *Der Vorleser* and the Moral Limits of Holocaust Fiction', *German Life and Letters*, 54 (2001), 60-81; Lawrence Norfolk, 'Die Sehnsucht nach einer ungeschehenen Geschichte. Warum Bernhard Schlinks "Der Vorleser" ein so schlechtes Buch ist und allein sein Erfolg einen tieferen Sinn hat', aus dem Englischen von Joachim Kalka, *Süddeutsche Zeitung*, 27./28.4.2002; Frederic Raphael, op. cit.

[12] Vgl. insbesondere Donahue, op. cit.

[13] Walser, 'Banalität des Guten', op. cit.

[14] Vgl. zum 'unzuverlässigen Erzähler': Jonathan Long, 'Bernhard Schlink's *Der Vorleser* and Binjamin Wilkomirski's *Bruchstücke*: Best-selling Responses to the Holocaust', in: Arthur Williams et al. (Hg.), *German-Language Literature Today: International and Popular?*, Peter Lang: Oxford u.a., 2000, 49-66; Stuart Parkes, '"Die Ungnade der späten Geburt?" The Theme of National Socialism in Recent Novels by Bernhard Schlink and Klaus Modick', in: Helmut Schmitz (Hg.), *German Culture and the Uncomfortable Past. Representations of National Socialism in Contemporary Germanic Literature*, Ashgate: Aldershot u.a., 2001, 87-101; ders., 'The Language of the Past: Recent Prose by Bernhard Schlink, Marcel Beyer, and Friedrich Christian Delius, in: Arthur Williams et al. (Hg.), *'Whose story?' – Continuities in Contemporary German-language Literature*, Peter Lang: Bern u.a., 1998, 115-131; Stuart Taberner, 'Introduction', in: Bernhard Schlink, *Der Vorleser*, hg. von Stuart Taberner, Bristol Classical Press: London, 2002.

[15] Weitere Beispiele für das Scheitern einer Kommunikation über Vergangenheit und Schuld sind Michaels Gespräch mit dem Richter im Prozess gegen Hanna, bei dem die entscheidenden Fragen nicht zur Sprache kommen (153-155), die Begegnung mit einem früheren Mitstudenten, bei der Michael auf Fragen ausweichend reagiert (169f.), Michaels Schweigen über Hanna gegenüber seiner Frau (164f.) und seine misslungenen Versuche, mit späteren Geliebten über Hanna zu sprechen (166).

[16] Vgl. etwa 138, 153, 187f., 195.

[17] Jeremy Adler, 'Die Kunst, Mitleid mit den Mördern zu erzwingen. Einspruch gegen ein Erfolgsbuch: Bernhard Schlinks "Der Vorleser" betreibt sentimentale

Geschichtsfälschung', aus dem Englischen von Thomas Steinfeld, *Süddeutsche Zeitung*, 20./21.4.2002.

[18] Spiegel-Gespräch mit Bernhard Schlink, op. cit.

[19] Vgl. Parkes, 'Language of the Past', op. cit., 119.

[20] Vgl. insbesondere 107f. und 123.

[21] Eine ausführliche Kritik an der Darstellung des Analphabetismus in *Der Vorleser* findet sich bei Sally Johnson/ Frank Finlay, '(Il)literacy and (im)morality in Bernhard Schlink's *The reader*', *Written language and literacy*, 4:2 (2001), 195-214.

[22] Frederic Raphael weist darauf hin, wie unwahrscheinlich es ist, dass jemand zur SS gehen konnte, ohne ein Formular auszufüllen, und sei es nur ein Nachweis über die arische Abstammung (Raphael op. cit.).

[23] Vgl. Adler, 'Mitleid mit den Mördern', op. cit.

[24] Martin Walser, *Ein springender Brunnen*, Suhrkamp: Frankfurt am Main, 1998, 282. Im folgenden nur mit der Seitenangabe im Text zitiert.

[25] Reinhard Baumgart, 'Wieder eine Kindheit verteidigt. Eine Kritik zu Martin Walsers "Ein springender Brunnen" mit fünf späteren Zwischenreden', in: Dieter Borchmeyer (Hg.), *Signaturen der Gegenwartsliteratur. Festschrift für Walter Hinderer*, Königshausen & Neumann: Würzburg, 1999, 83-88, hier: 84.

[26] Alle Zitate aus Nicolas Berg, '"Auschwitz" und die Geschichtswissenschaft – Überlegungen zu Kontroversen der letzten Jahre', in: ders. et al. (Hg.), *Shoah. Formen der Erinnerung. Geschichte, Philosophie, Literatur, Kunst*, Fink: München, 1996, 31-52, 39. Vgl. Martin Broszat, 'Plädoyer für eine Historisierung des Nationalsozialismus', *Merkur* 39:5 (1985), 373-385.

[27] Vgl. Berg, op. cit., 39-43 und Martin Broszat/Saul Friedländer, 'Um die "Historisierung des Nationalsozialismus". Ein Briefwechsel', *Vierteljahrshefte für Zeitgeschichte* 36:2 (1988), 339-372.

[28] Vgl. hierzu auch Kathrin Schödel, 'Normalising Cultural Memory? The "Walser debate" and Martin Walser's Novel *Ein springender Brunnen*', in: Stuart Taberner/ Frank Finlay (Hg.), *Recasting Identity in Contemporary Germany. Culture, Politics*

and Literature in the Berlin Republic. Camden House: London und New York 2002 (noch unpubliziert).

[29] Vgl. Moshe Zuckermann, 'Von Erinnerungsnot und Ideologie. Warum Martin Walsers Rede keine geistige Brandstiftung ist, sondern nur Ausdruck des Zeitgeistes', *Der Tagesspiegel*, 28.11.1998. Schon Martin Broszats Argumentation war nicht frei von ähnlich problematischen Wertungen (vgl. etwa Broszat/Friedländer, op. cit., 343).

Michael Hofmann

Epik nach Auschwitz im Gedächtnisraum ohne Auschwitz. Martin Walsers Erinnerungspoetik in *Ein springender Brunnen* im Kontext von Uwe Johnsons *Jahrestage* und Ruth Klügers *weiter leben*

This essay offers a critical analysis of the conception of memory found in Martin Walser's autobiographical novel *Ein springender Brunnen* (1998). It puts forward the thesis that through his idea of 'the past as present' Walser provides a refraction of the Nazi era, which largely omits the 'break of civilisation' represented by Auschwitz. Walser's concept of memory is contrasted with the poetics of memory in the work of Uwe Johnson, who makes awareness of the Shoah the basis of a German self-identity after Auschwitz. Finally, Ruth Klüger's autobiography *weiter leben* (1992) is analysed as an exemplary testimony to Jewish memory of the Nazi era. What is revealed is that Walser's concept of memory fails to pay attention to the experiences of German Jews.

In dem Roman *Ein springender Brunnen* aus dem Jahre 1998 legt Martin Walser ein Konzept der 'Vergangenheit als Gegenwart' vor (vgl. SB[1] 9, 121, 281). Mit diesem versucht er im individuellen Gedächtnis einer deutschen Biographie der NS-Zeit eine Perspektive herzustellen, die in der jeweils erlebten Gegenwart verharrt und nicht aus dem 'Mehr-Wissen' der heutigen Zeit heraus den Versuch unternimmt, die Deutung der erinnerten Erfahrung zu korrigieren.[2] Der Roman bietet in diesem Sinne den Versuch, drei Schnitte durch die Zeit zu machen und die Erlebnisse Johanns im Jahre 1932 (als Vorschulkind), 1937 (als Kommunionskind) und 1944/45 (als Arbeitsdienstmann und Gebirgsjäger, als Rückkehrer) aus der subjektiven Perspektive so darzustellen, wie sie dem einzelnen Erlebenden erschienen. Die Sprache wird mit einem Verweis auf Nietzsches *Zarathustra* als 'springender Brunnen' verstanden: Sie sucht nicht nach der verborgenen Bedeutung hinter den Dingen, sondern versucht deren glänzende Oberfläche aufzunehmen: 'Er wollte nicht bestreiten, was rundum entsetzlich sich auftat. Aber er wollte sich nicht verstellen. Und er hätte sich verstellen müssen, wenn er getan hätte, als erreiche ihn das Entsetzliche.' (SB 388f.) Schreiben nach Auschwitz bedeutet also die Bewahrung eines Gedächtnisraums, in dem die Judenvernichtung nicht vorkam oder kaum Bedeutung hatte; es geht nicht um 'Aufarbeitung der Vergangenheit', sondern um deren suggestive Vergegenwärtigung unter Ausschluss des 'Entsetzlichen', das die Aura der Erinnerung in der Retrospektive bedroht. Aus der Unmöglichkeit, sich in das Bewusstsein der Opfer hineinzuversetzen, folgert die Poetik der

suggestiven Vergegenwärtigung das Recht auf Vergessen, das im Sinne
einer vitalistischen Tradition zur Bejahung des Lebens dazugehört

Mit dieser Position präsentiert Walser ein Gegenmodell zur Poetik
des Eingedenkens der Schoah, wie sie Uwe Johnson in seinem Roman
Jahrestage entwickelt hat. Gesine Cresspahl erinnert ihre Kindheit und
Jugend im Nazi-Deutschland, indem sie gerade der Verdrängung des
Grauens auf die Spur kommt und die unbemerkten Einflüsse des
'Entsetzlichen' in der Retrospektive rekonstruiert. Gegen die 'Tricks der
Erinnerung', die eine Idylle vorgaukeln, setzt sie die schonungslose
Rekonstruktion einer kleinstädtischen Welt, die durch Passivität und
Opportunismus die Entwicklung der Diktatur fördert. Die Glücksmomente
der Erinnerung, die Walser gerade bewahren möchte, werden von Johnson
gewissermaßen durchgestrichen, indem getreu der Maxime Adornos 'Es
gibt kein richtiges Leben im falschen'[3] die erinnerte Idylle als Ergebnis
eines Verdrängungsprozesses entlarvt wird: Die Aura wird zerstört. 'Es
war nicht so', heißt es in der Erinnerung an glückliche Ferien im Fischland
an der Ostsee, denn in der Nähe war das Konzentrationslager Barth. Und
das Ziel dieser asketischen und dennoch sinnlichen Erinnerungsprosa ist
nicht, das vergangene Glück gegenüber den unheilvollen Zeitläuften zu
bewahren, sondern den Schmerz über das Geschehen anzunehmen, ja ihn
sogar zu suchen

Ruth Klüger hat in ihrer Autobiographie *weiter leben* aus der
Perspektive einer österreichischen Jüdin, die als Opfer der NS-
Rassenpolitik die Lager von Theresienstadt und Auschwitz überlebte, die
Ungleichzeitigkeit von Erfahrungen betont, die von nicht-jüdischen und
jüdischen Deutschen während der Zeit des Dritten Reiches gemacht
wurden. Sie hat ihr Buch als ein Gesprächsangebot an die Deutschen
konzipiert – in der Erwartung, dass diese in ihrer Vergegenwärtigung der
NS-Vergangenheit die jüdischen Erfahrungen mit bedenken würden. In
der Figur des Christoph hat sie Martin Walser kaum verhüllt angesprochen
und gerade von ihm eine Reaktion erwartet. Aber gerade dieses
Gesprächsangebot hat Martin Walser mit seiner Homogenisierung einer
deutschen Erinnerung ausgeschlagen.

Der vorliegende Beitrag skizziert Walsers Poetik der Erinnerung in
dem Roman *Ein springender Brunnen*, setzt sie in Beziehung zu Walsers
Äußerungen über die Erinnerung an Auschwitz[4] und kontrastiert seine
Position mit den Konzepten Johnsons und Klügers. Es ergeben sich
kritische Fragen an Walsers Erinnerungsmodell, die sich besonders auf die
Problematik einer 'Normalisierung' des individuellen und kollektiven

deutschen Gedächtnisses beziehen. Gegen Walser scheint mit Blick auf Johnson und Klüger vielmehr eine Position im Recht, die mit Rückgriff auf Überlegungen Jean Amérys und Dan Diners vom Fortbestehen einer 'negativen Symbiose' zwischen Deutschen und Juden ausgeht.

2.

Ausgangspunkt für Walsers Erinnerungspoetik nach Auschwitz ist sein Versuch einer suggestiven Vergegenwärtigung der Vergangenheit, mit welcher die Differenz zwischen den beiden Zeitstufen aufgehoben wird. Die Vergangenheit soll zur Gegenwart werden:

> Die eigene Vergangenheit ist nicht begehbar. Wir haben von ihr nur das, was sie von selbst preisgibt. Auch wenn sie dann nicht deutlicher ist als ein Traum. Je mehr wir's dabei beließen, desto mehr wäre Vergangenheit auf ihre Weise gegenwärtig. Träume zerstören wir auch, wenn wir nach ihrer Bedeutung fragen. Der ins Licht einer anderen Sprache gezogene Traum verrät nur noch, was wir ihn fragen. Wie der Gefolterte sagt er alles, was wir wollen, nichts von sich. So die Vergangenheit (SB 15).

Postuliert wird ein geradezu interesseloses Interesse an der Vergangenheit; es ergibt sich ein utopisches Gleiten von der Gegenwart in die Vergangenheit, bei dem das Vergangene nicht nach den Maßstäben der Gegenwart gedeutet und verfälscht wird: 'Der Vergangenheit eine Anwesenheit wünschen, über die wir nicht Herr sind. Nachträglich sind keine Eroberungen zu machen. Wunschdenkens Ziel: ein interesseloses Interesse an der Vergangenheit. Daß sie uns entgegenkäme wie von selbst.' (SB 283) Der Impetus, aus dem heraus sich diese Poetik der Vergegenwärtigung entwickelt, ist ein politisch-zeitkritischer, indem Walser nämlich – im Roman wie in der essayistischen und rednerischen Äußerung – die Behauptung aufstellt, es gebe eine gesellschaftliche Praxis der Normierung des Vergangenen, die letztlich zu einer faktischen Liquidierung der Vergangenheit führe:

> In Wirklichkeit wird der Umgang mit der Vergangenheit von Jahrzehnt zu Jahrzehnt strenger normiert. Je normierter dieser Umgang, um so mehr ist, was als Vergangenheit gezeigt wird, Produkt der Gegenwart. Es ist vorstellbar, daß die Vergangenheit überhaupt zum Verschwinden gebracht wird, daß sie nur noch dazu dient, auszudrücken, wie einem jetzt zumute ist beziehungsweise zumute sein soll. Die Vergangenheit als Fundus, aus dem man sich bedienen kann. Nach Bedarf. Eine komplett erschlossene, durchleuchtete, gereinigte, genehmigte, total gegenwartsgeeignete Vergangenheit. Ethisch, politisch durchkorrigiert. Vorexerziert von unseren Gescheitesten, Einwandfreiesten, Besten (SB 282).

Diese zeitkritisch-politische Perspektive wird in dem Roman von 1998 in überraschender Weise mit einer traditionell 'linken' Position verknüpft, die sich als eine Wendung gegen die Unterdrückung der Sinnlichkeit durch die katholische Kirche darstellt. Die Befreiung von dieser repressiven religiösen Moral wird beim späten Walser verbunden mit einer Befreiung von der selbstkritischen Reflexion der eigenen Verstrickung in die Unrechtsgeschichte des Zivilisationsbruchs im Mikrokosmos Wasserburg. Wie der achtzehnjährige Johann will die Erzählinstanz nichts davon wissen, dass ein Leben in Deutschland in den Jahren 1933 bis 1945 ohne Bezug zu den Verbrechen der Nationalsozialisten nicht denkbar ist:

> So gestimmt 'durch den Ton, der mit der Bibliothek des Großonkels verbunden ist', konnte Johann von nichts Schrecklichem Kenntnis nehmen. Alles, was entsetzlich war, fiel ab an ihm, wie es hergekommen war. Er wollte nicht bestreiten, was rundum als entsetzlich sich auftat. Aber er wollte sich nicht verstellen. Und er hätte sich verstellen müssen, wenn er getan hätte, als erreiche ihn das Entsetzliche. Es erreichte ihn nicht. Er kam sich vor wie in einer Flut. In einem Element aus nichts als Gunst und Glanz. Jeder Tag, an den er sich erinnerte, war der schönste Tag in seinem Leben (SB 388f.).

Die Erinnerungspoetik nähert sich somit lebensphilosophischen Positionen, indem sie das Recht auf die sinnliche Erfahrung des Jünglings nicht nur allgemein einklagt, sondern die Erinnerung an die Verbrechen und Untaten der Nationalsozialisten als lebensfeindlich und moralisierend abtut. An die Stelle einer konkreten Erforschung der Infiltration des NS-Regimes in die kleine Gemeinde Wasserburg – für die sich in dem Roman freilich deutliche Spuren finden – wird das Unrecht des NS-Regimes und seiner Mitläufer mit der ominösen Bezeichnung 'das Entsetzliche' eher verhüllt als offenbart. Authentizität fordert demgegenüber der achtzehnjährige Johann für sich ein, und seine Argumentation basiert auf der These, dass die Reflexion auf die abweichenden Erfahrungen der Anderen (der Juden, der politischen Gegner des NS-Regimes) einer Fremdbestimmung gleich käme:

> Vielleicht meinte Wolfgang, daß Johann ein Vorwurf zu machen sei, weil er all das nicht gewußt, nicht gemerkt hatte. Johann wehrte sich gegen diesen vermuteten Vorwurf. Woher hätte er wissen sollen, daß Frau Haensel Jüdin ist? Er wollte von sich nichts verlangen lassen. Was er empfand, wollte er selber empfinden. Niemand sollte ihm eine Empfindung abverlangen, die er nicht selber hatte. Er wollte leben, nicht Angst haben (SB 401).

Selbstbestimmung erwartet sich Johann – als alter ego eines werdenden Schriftstellers – nicht nur von der Authentizität der ureigenen Erfahrungen und Empfindungen, sondern auch von der Entwicklung einer eigenen Sprache. Diese aber erscheint durch verschiedene Instanzen gefährdet: durch die Tradition der Kirche zunächst, aber auch durch die Sprache der nationalsozialistischen Barbarei. Es muss aber irritieren, dass die so zu entwickelnde eigene Sprache sich von den Erfahrungen der Juden und damit der potentiellen und realen Opfer der Barbarei abschottet, dass sie also ihre für die künstlerische Entwicklung existentielle Freiheit dadurch gewinnt, dass sie die Ungleichzeitigkeit zwischen den Erfahrungen der Täter und Mitläufer auf der einen und der Opfer auf der anderen Seite zementiert: 'Die Sprache, die er nach 1933 erlernt hatte, war, nach der Kirchensprache, die zweite Fremdsprache gewesen. Sie war ihm nicht nähergekommen als die Kirchensprache. Er hatte sich mit beiden Sprachen herumgeschlagen. Er mußte eine eigene Sprache finden. Dazu mußte er frei sein.' (SB 401f.) Freiheit erscheint für Johann als der Gewinn, den er aus seiner persönlichen 'Stunde Null' zu ziehen vermag – aber eben auch durch die Abwendung von den Erfahrungen der Anderen: 'Johann wollte nie mehr unterworfen sein, weder einer Macht noch einer Angst. Niemand sollte einen Anspruch an ihn haben. Am liebsten wäre er so frei gewesen, wie noch nie jemand gewesen war.' (SB 402)

3.

Walser sieht sehr wohl, dass die Plausibilität seines Konzepts der 'Vergangenheit als Gegenwart' kaum theoretisch dargetan werden kann. Ihm muss es um die Überzeugung des Lesers und der Leserin in einer suggestiven Vergegenwärtigung der Vergangenheit gehen. Zu leicht will es sich sein Erzähler freilich auch nicht machen, weshalb er Prousts Modell des unwillkürlichen Eingedenkens, das immerhin als ein prominentes Modell der Wiedergewinnung des Vergangenen gelten kann, als zu einfach und zu spielerisch zurückweist:

> Die Vorstellung, Vergangenheit könne man wecken wie etwas Schlafendes, zum Beispiel mit Hilfe günstiger Parolen oder durch einschlägige Gerüche oder andere weit zurückreichende Signale, Sinnes- oder Geistesdaten, das ist eine Einbildung, der man sich hingeben kann, solange man nicht merkt, daß das, was man für wiedergefundene Vergangenheit hält, eine Stimmung oder Laune der Gegenwart ist, zu der die Vergangenheit eher den Stoff als den Geist geliefert hat (SB 281).

Als ein prominentes Modell des geschichtsphilosophischen Eingedenkens sind Walter Benjamins Thesen *Über den Begriff der Geschichte* heranzuziehen, die bereits von der Johnson-Forschung als wegweisendes Paradigma zur Reflexion des Umgangs mit dem 'Zivilisationsbruch Auschwitz'[5] angesehen wurden. Walter Benjamin erkennt sehr wohl die Faszination, die von Prousts Modell des unwillkürlichen Eingedenkens ausgeht, bietet aber letztlich ein Gegenmodell, indem er postuliert, dass die Vergangenheit eben kein fester

Besitz sei und auch nicht durch literarische Mittel 'eingefangen' werden könne. Nur im augenblickhaften 'Aufblitzen' sei ein Bild des Vergangenen zu erhaschen: 'Das wahre Bild der Vergangenheit *huscht* vorbei. Nur als Bild, das auf Nimmerwiedersehen im Augenblick seiner Erkennbarkeit eben aufblitzt, ist die Vergangenheit festzuhalten.'[6] Aber dieses momenthafte Erscheinen des Bildes der Vergangenheit mag zwar an die religiöse Epiphanie gemahnen; es lässt sich aber nicht in einer passiven Hingabe fixieren. Vielmehr ist das erinnernde Subjekt darauf angewiesen, aktiv eine Beziehung zwischen seiner Gegenwart und dem Bild der Vergangenheit herzustellen. Die Vorstellung, dass die Vergangenheit durch ein spezielles Verfahren in ihrem 'An-sich-Sein' erfasst werden könne, wird von Benjamin zurückgewiesen:

> Vergangenes historisch artikulieren heißt nicht, es erkennen, 'wie es denn eigentlich gewesen ist'. Es heißt, sich einer Erinnerung bemächtigen, wie sie im Augenblick der Gefahr aufblitzt. Dem historischen Materialismus geht es darum, ein Bild der Vergangenheit festzuhalten, wie es sich im Augenblick der Gefahr dem historischen Subjekt unversehens einstellt. [...] In jeder Epoche muß versucht werden, die Überlieferung von neuem dem Konformismus abzugewinnen, der im Begriff steht, sie zu überwältigen.[7]

Es geht Benjamin in seinen Thesen unter anderem um eine Kritik des Historismus, der den Anspruch erhebt, die Vergangenheit losgelöst vom Standpunkt des Historikers von ihren eigenen Voraussetzungen her zu erkennen. Dieser Anspruch ist in Benjamins Augen mit der Illusion verbunden, eine Einfühlung in das vergangene Bewusstsein sei ohne Abstriche möglich. Demgegenüber verweist Benjamin darauf, dass das Interesse an der Vergangenheit notwendig mit den Interessen der Gegenwart vermittelt ist. Martin Walser hat bereits 1988 in seinem Text *Über Deutschland reden* sein Konzept einer suggestiven Vergegenwärtigung der Vergangenheit skizziert und dessen Nähe zu den Grundlagen des Historismus hervorgehoben: 'Historiker, die so vorgehen würden wie ich, rechnet man, glaube ich, zum Historismus. Eine offenbar momentan nicht besonders geschätzte Schule. Es gibt aber, zum Beispiel in England, immer noch Forscher, die damit Wichtiges zutage bringen.'[8] Im Falle des autobiographischen Romans geht es speziell um die Frage, ob es möglich ist, sich bruchlos in das eigene Bewusstsein einer früheren Lebensphase zurück zu versetzen und von den Erfahrungen, die das spätere Leben bestimmt haben, völlig zu abstrahieren.

Mit Benjamin ist zu betonen, dass eine solche Konzeption die angestrebte Authentizität von Erfahrung nicht zu garantieren vermag, dass es sich vielmehr um eine Konstruktion handelt, die den Anspruch erhebt, keine Konstruktion zu sein. Während Walser sich von alternativen Modellen absetzt, denen er vorwirft, das Bild der Vergangenheit durch eine Konstruktion zu verfälschen, bedenkt er selbst nicht, dass er eine Erfahrung jenseits des 'Entsetzlichen' konstruiert, die ihrerseits das Ergebnis seines Erkenntnisinteresses ist. Während Geschichte in ihrer kollektiven wie individuellen Ausprägung (Biographie) als eine unübersichtliche Mischung aus Glück und Unglück, Schuld und Unschuld erscheint, möchte Walser eine Jugend erinnern, die frei von jeglicher Ambivalenz ist. Bedenken ergeben sich dabei zunächst – wie dargelegt – in der erinnerungstheoretischen und poetologischen Frage nach der Möglichkeit einer unmittelbaren Einfühlung in die Vergangenheit. Auf der anderen Seite handelt es sich im Falle der Erinnerung an eine deutsche Jugend zwischen 1927 und 1945 um eine zeitgeschichtliche und politische Frage, die von der Problematik von Erinnerung und Gedächtnis keineswegs getrennt werden kann. Walter Benjamin versuchte die von ihm vertretene Konzeption einer Konstruktion der Vergangenheit im Angesicht der nationalsozialistischen Barbarei zu begründen, indem er auf das Interesse der Unterdrückten an einem Geschichtsmodell verwies, das deren Anspruch auf Freiheit und Würde bewahrte. Die messianische Perspektive des deutsch-jüdischen Philosophen und Literaturtheoretikers kann als Säkularisierung eines religiösen Heilsversprechens verstanden werden, bei der durch eine Wendung gegen die Unterdrücker denen Gerechtigkeit widerfährt, die in ihrem Leben ein Opfer der 'herrschenden Klasse' wurden: 'Die Geschichte ist Gegenstand einer Konstruktion, deren Ort nicht die homogene und leere Zeit, sondern die von Jetztzeit erfüllte bildet. [...] Sie ist der Tigersprung ins Vergangene. Nur findet er in einer Arena statt, in der die herrschende Klasse kommandiert.'[9]

Will man gegen die Bezugnahme auf Benjamin einwenden, dessen Modell sei durch religiöse und damit letztlich metaphysische Restbestände bestimmt, mit denen Benjamin sich der bedrohten Substanz des Marxismus durch dessen mystische Aufladung versichere, so muss dieser Einwand ernst genommen werden. Zu beachten ist freilich, dass auch Martin Walser von dem Impetus beseelt ist, bestimmte Momente der vergangenen Erfahrung gegen einen von ihm kritisierten Konformismus der Überlieferung zu verteidigen und zu bewahren. Walsers Modell der 'Vergangenheit als Gegenwart' hat einen erinnerungspolitischen Aspekt, indem es die vermeintliche Authentizität und Schuldlosigkeit der Existenz eines Jungen in der NS-Zeit gegen eine Ansicht bewahrt, die davon ausgeht, dass es in der Diktatur ein Leben ohne Verstrickung nicht geben kann. Wenn man diese Analogie zwischen Benjamins 'Tigersprung' und Walsers 'Eintauchen' in die Vergangenheit ernst nimmt, dann stellen sich aber folgende Fragen: Ist die 'herrschende Klasse' in der deutschen Erinnerungspolitik für Martin Walser mittlerweile diejenige der 'linken' Intellektuellen, des Ensembles 'von unseren Gescheitesten, Einwandfreisten, den Besten' (SB 282)? Ist der Widerstand Johanns gegen die vermutete Erinnerungsaufforderung durch seinen ehemaligen jüdischen Mitschüler Wolfgang Landsmann die Parallele zu Martin Walsers Wendung gegen die 'Dauerrepräsentation unserer Schande' durch die 'maßgeblichen Intellektuellen'[10] in seiner Friedenspreisrede von 1998? Sollte die 'unterdrückte Vergangenheit' der dreißiger und vierziger Jahre die Kindheit und Adoleszenz eines Johann, also die 'normale' Jugend eines deutschen Zeitgenossen der Täter sein – oder doch die Erfahrung der Opfer des Völkermordes und die Mitschuld derer, die als Mitläufer eine Verantwortung für das Funktionieren der Nazi-Diktatur tragen?

4.

Uwe Johnsons Erinnerungsmodell in seinem Hauptwerk *Jahrestage. Aus dem Leben von Gesine Cresspahl* (1970-83) soll hier in der erwähnten erinnerungstheoretisch-poetologischen und 'erinnerungspolitischen' Dimension skizziert werden.[11]

1. Die Täterperspektive und auch die Perspektive derjenigen, die sich als Nachfahren der Täter begreifen müssen, zeigen eine immanente Problematik: die Tendenz, die Vergangenheit zu harmonisieren, das Bewusstsein der Schuld oder der Mitverantwortung durch einen Rekurs auf eine privatistische Idylle zu umgehen. Gegen diese 'Tricks der Erinnerung' sichert der Roman sich ab, indem er die genannte Täterperspektive aufspaltet. Zwar sind die *Jahrestage* weitgehend aus der Perspektive der Protagonistin Gesine erzählt; es steht aber auch eine 'Johnson' genannte Instanz zur Verfügung, die in problematischen Fällen hervortritt und die Verdrängungstendenzen des Figurenbewusstseins zu korrigieren vermag. Umgekehrt übernimmt die Figurenperspektive die Funktion, unbegründete Ansprüche der übergeordneten Erzählinstanz abzuwehren.

2. Das Erzählverfahren des Romans versucht, eine grundlegende Spannung auszuhalten, die bei der Gestaltung des Gedächtnisses der Schoah auftritt: Während einerseits die Einsicht in die Singularität des Völkermords an den Juden im schockhaften Eingedenken bewahrt wird, ist andererseits die deutliche Tendenz zu erkennen, das zum Unheil

führende Geschehen zu historisieren, was aus der für den Text konstitutiven Täterperspektive nur bedeuten kann, die Frage zu beantworten, warum die Mitglieder der Elterngeneration nichts oder nichts Wirksames zur Verhinderung eben dieses Völkermordes getan haben.

3. Die harmonisierenden Synthesen der Erinnerung weichen den ungefilterten Eindrücken des Gedächtnisses, indem in der Figurenperspektive ein Bruch in der erinnerten Biographie festgestellt wird, der dem Schock des Wissens um die Schoah entspricht. Während die Erinnerung eine illusionäre und imaginäre Kontinuität des in der Retrospektive vermeintlich erkennbaren Erfahrungszusammenhangs stiftet, ergibt sich im schockhaften Eingedenken ein Verlust an Kontinuität und Identität, der Gesine – obwohl diese nicht selbst zu den aktiven Tätern gehörte – sowohl in ihrer Selbstwahrnehmung als auch in ihrer Beurteilung durch den Rezipienten des Romans als problematische Figur erscheinen lässt.

4. Zu den 'Tricks der Erinnerung' gehört ein selektiver Umgang mit der Vergangenheit, der Gesine die sympathischen Eigenschaften ihres Vaters isolieren lässt und dessen Mitverantwortung für die Stabilisierung der nationalsozialistischen Herrschaft ausblendet. Der Versuch, 'Cresspahl unschuldig zu machen', scheitert jedoch sowohl an der Selbstreflexion der Figur als auch an der kritischen Perspektive des Erzählers. Die Ambivalenz der Vaterfigur verhindert eine Identifizierung mit dieser und erklärt die Abwendung von einer einfühlenden Perspektive gegenüber der Vergangenheit.

5. Der 'Zivilisationsbruch Auschwitz' bedingt somit die Absage an harmonisierende Erinnerungskonzepte, die eine Kontinuität der Erfahrung und eine Identität der Person behaupten. Der Schock über das Grauen des Völkermordes bedingt die Notwendigkeit, mit den Brüchen und Widersprüchen des individuellen und kollektiven Gedächtnisses zu leben, und die nur scheinbar paradoxe Absicht, 'die Empfindlichkeit für Schmerz zu vermehren'. Indem das Gedächtnis der Schoah so im komplexen Zusammenspiel von 'Johnson', Gesine und Marie, also von fiktiver Autorenfigur, erzählender Protagonistin und privilegierter Rezipientin der Äußerungen Gesines, konstituiert und weitergegeben wird, entsteht ein Handlungsraum, in dem jenseits einer sozialistischen Utopie – der Roman schließt am Tage vor der gewaltsamen Niederschlagung des Prager Frühlings – das illusionslose und pragmatische Leben in der problematischen Erfahrungswelt New York im Gedächtnis der Schoah denkbar wird.

6. Der Roman gewinnt den Anschluss an die Geschichte der europäischen Moderne, indem er sich in die Tradition der Erinnerungsprosa einschreibt, gleichzeitig aber durch die Reflexion auf den 'Zivilisationsbruch Auschwitz' eine Absage an alle narrativen Konzepte darstellt, denen es um die Herstellung von Identität geht. Wogegen sich der Roman wendet, ist eine harmonisierende Erinnerung, die das erinnernde Ich in Naturidyllen einfügt und dadurch die Brüche des historischen Prozesses verdrängt:

> So der dick bedeckte Tag aus Dunst über dem jenseitigen Flußufer, über den austrocknenden Laubfarben vor dem verwischten Wasser, verspricht einen Morgen in Wendisch Burg, das Segelwetter zum Morgen vor vierzehn Jahren, erzeugt Verlangen nach einem Tag, der so nicht war, fertigt mir eine Vergangenheit, die ich nicht gelebt habe, macht mich zu einem falschen Menschen, der von sich getrennt ist durch die Tricks der Erinnerung (J 125).[12]

Der Versuch, durch das 'Eintauchen' in die Vergangenheit Identität der Person und Fülle des Erlebens zu stiften, misslingt; die Fragmente einer vergangenen Welt bleiben stumm, haben ihre Aura verloren, antworten nicht auf die Fragen des Erinnernden:

> Das Depot des Gedächtnisses ist gerade auf Reproduktion nicht angelegt. Eben dem Abruf eines Vorgangs widersetzt es sich. Auf Anstoß, auf bloß partielle Kongruenz, aus dem blauen Absurden liefert es freiwillig Fakten, Zahlen, Fremdsprachen, abgetrennte Gesten; halte ihm hin einen teerigen, faulen, dennoch windfrischen Geruch, den Nebenhauch aus Gustaffsons berühmten Fischsalat, und bitte um Inhalt für die Leere, die einmal Wirklichkeit, Lebensgefühl, Handlung war; es wird die Auffüllung verweigern. [...] Das Stück Vergangenheit, Eigentum durch Anwesenheit, bleibt versteckt in einem Geheimnis, abweisend, unnnahbar, stumm und verlockend wie eine mächtige graue Katze hinter Fensterscheiben, sehr tief von unten gesehen wie mit Kinderaugen (J 63f.).

Johnsons Roman arrangiert somit alle Requisiten, die es bräuchte, um eine mecklenburgische Suche nach der verlorenen Zeit zu organisieren: Marcel hieße Gesine, die Madeleines würden durch den Fischsalat ersetzt; was aber der Text zeigt, ist die Verlockung und die gleichzeitige Unmöglichkeit, einen Erinnerungsroman nach dem Modell eines Proustschen unwillkürlichen Eingedenkens zu schreiben.

7. Der Erinnerungsroman des ausgehenden zwanzigsten Jahrhunderts konkretisiert und pointiert die Einsicht in den Verlust identitätsstiftender Erfahrung in der Moderne, indem er sie auf den Genozid bezieht. So heißt es von Gesine:

> Der Besitz eines funktionierenden Schockmittels ist nachzuweisen, desgleichen eine garantierte Wirkung./ Das Schockmittel war eine Fotografie, die die Briten im Konzentrationslager Bergen-Belsen gemacht hatten und

abdruckten in der Zeitung, die sie nach dem Krieg in Lübeck laufen ließen./ Die Wirkung hat bis heute nicht aufgehört. Betroffen war die eigene Person: ich bin das Kind eines Vaters, der von der planmäßigen Ermordung der Juden gewußt hat. Betroffen war die eigene Gruppe: ich mag zwölf Jahre alt sein, ich gehöre zu einer nationalen Gruppe, die eine andere Gruppe abgeschlachtet hat in zu großer Zahl (einem Kind wäre schon ein einziges Opfer als Anblick zuviel gewesen) (J 232).

In Bezug auf die eigene Vergangenheit wird für Gesine die Erinnerung an die sinnliche Erfahrung glückenden Lebens durch die nachträgliche Reflexion auf den historischen Kontext dieses individuellen Glücks entwertet. Gesines Erinnerung an die Ferien mit der Familie Paepcke zeigt ein glückliches erinnertes Ich, dessen idyllische Situation durch die Reflexion des erinnernden Ichs auf die gleichzeitige historische Katastrophe im nachhinein als illusorisch und unwahr entlarvt wird:

Es erwies sich, daß Ferien zu erfinden waren, hatte man sie einmal von Alexander gelernt./ Heute weiß ich, daß die Ferien von anderer Art waren./ Nicht weit von Althagen, auf der anderen Seite des Saaler Boddens, war das Konzentrationslager Barth. Darin wurden Häftlinge aus der Sowjetunion, aus Holland, aus der Tschechoslowakei, aus Belgien, aus Ungarn gehalten und mußten für einen ausgelagerten Betrieb der Ernst Heinkel Flugzeugwerke A.G. arbeiten (J 954f.).

8. Wie eine Konzeption von Gedächtnisarbeit aussieht, die sich diesen Brüchen und Verwerfungen der eigenen Biographie stellt, ergibt sich aus einer Passage gegen Ende des Romans, die Gesines Antwort auf die Frage ihrer Tochter enthält, ob sie dieser zum Studieren rate:

Wenn du lernen möchtest, eine Sache anzusehen auf alle ihre Ecken und Kanten, und wie sie mit anderen zusammenhängt, oder auch nur einen Gedanken, damit du es gleichzeitig und auswendig verknoten kannst in deinem Kopf. Wenn du dein Gedächtnis erziehen willst, bis es die Gewalt an sich nimmt über was du denkst und erinnerst und vergessen wünschtest. Wenn dir gelegen ist, eine Empfindlichkeit gegen Schmerz zu vermehren. Wenn du arbeiten magst mit dem Kopf (J 1828).

Hier formuliert die Protagonistin kongenial das Programm einer Epik nach Auschwitz, das den Roman insgesamt charakterisiert. Der Kampf gegen harmonisierende Tendenzen, das Eintreten gegen privatistische Erinnerungskonzeptionen, die das Individuum aus der Unheilsgeschichte unseres Jahrhunderts herauszulösen suchen, und die kritisch-reflexive Programmatik eines epischen Gedächtnisses, das Verdrängung ausschließt und Schocks aushält – dies alles sind Grundpositionen des Romans *Jahrestage*, der den Anspruch erhebt zu zeigen, wie nach Auschwitz noch erzählt werden kann, ohne dass dem Chaos der historischen Erfahrung eine imaginäre erzählerische Ordnung übergestülpt würde.

5.

Vor dem Hintergrund von Johnsons Poetik einer Erinnerung an die deutsche Erfahrung der NS-Zeit ergibt sich die entscheidende Frage an Martin Walsers Konzept der 'Vergangenheit als Gegenwart': Ist Johanns Perspektive 'unschuldig'? Walsers Roman beschönigt eigentlich nicht die Geschichte des Dorfes Wasserburg vor und während der NS-Zeit. Er zeigt vielmehr eindringlich, wie der Mikrokosmos des idyllischen Ortes am Bodensee von den neuen Verhältnissen beeinflusst und verändert wird. Die Analogie zu Johnsons *Jahrestagen* erscheint gerade deshalb so auffällig, weil Walser für die Bodenseeregion das zu leisten versucht, was Johnson für die mecklenburgische Ostseeregion unternommen hat: darzustellen, was aus Heimat wird, wenn die Unmenschen in ihr das Regiment übernehmen, wie durch Anpassung und Mitläufertum die Menschlichkeit einer scheinbar intakten (und von dem Autor als Welt des Herkommens bei aller Ambivalenz geschätzten) Gemeinschaft zerstört wird. Der aufmerksame Leser kann sehr wohl registrieren, dass auch Johann Kontakt mit den Schattenseiten des NS-Regimes hat: Er bemerkt auf der Straße die Zwangsarbeit leistenden 'Dachauer'; er erlebt die Verachtung gegenüber Außenseitern (so dem 'Hutschief'), Fremden (dem Dummen August der Zirkusleute) und die Ausgrenzung der Juden (des Mitschülers Wolfgang Landmann). Indem Johann sich am Ende des Romans aber weigert, die negativen Seiten seiner eigenen Geschichte anzuerkennen, wird die Verdrängung des 'Entsetzlichen' durch die Instanz des Erzählers gewissermaßen sanktioniert. Da die Konzeption der 'Vergangenheit als Gegenwart' keine Distanzierung von der Perspektive Johanns zulässt, muss dessen Bilanz seiner Jugend als Ausdruck des Erinnerungskonzepts gelten, das der Roman insgesamt vertritt.

Dieser Sachverhalt kann erzähltheoretisch mit einem Blick auf das Verhältnis von Figurenperspektive und Erzählerperspektive verdeutlicht werden. Die Er-Erzählung, die den Roman bestimmt, ist konsequenterweise so angelegt, dass sie Johanns Erlebnisse nicht aus einer zeitlich distanzierten späteren Perspektive erzählt, sondern die Suggestion vermittelt, dass sie aus dem Erleben Johanns heraus erzählen würde. Insofern kann nicht davon gesprochen werden, dass der Leser des Romans die Einschätzungen Johanns kritisch relativieren soll; er wird vielmehr durch die Erzählkonstellation dazu aufgerufen, sich mit dessen Bewertungen zu identifizieren. Wollte man darauf verweisen, dass die reflektierenden Darlegungen, die jeweils zu Beginn der drei Teile unter der Kapitelüberschrift 'Vergangenheit als Gegenwart' präsentiert werden, von einem anderen Erzähler als dem ins Geschehen eingebundenen Er-Erzähler stammen, so könnte man dieser Einschätzung zustimmen, müsste aber gleichzeitig darauf beharren, dass die poetologischen Darlegungen den Zweck verfolgen, das Modell der Vergegenwärtigung vergangener Erfahrungen zu stützen. Keineswegs sollen sie eine kritische Distanz zu der Figur des Johann erzeugen. Insofern ist die Perspektive des heranwachsenden Johann als eine affirmativ zu verstehende 'deutsche' Perspektive zu deuten, die sogar in einem gewissen Grade als repräsentativ gelten kann für die Erfahrung eines jugendlichen Mitläufers.

Walsers Roman verweist freilich selbst auf die Unmöglichkeit, die Vergangenheit ohne rückblickende Bewertung darzustellen:

> Vergangenheit ist in der Gegenwart auf eine Weise enthalten, so daß sie nicht aus ihr gewonnen werden kann, wie man einen Stoff, der in einem anderen Stoff enthalten ist, durch ein kluges Verfahren herausziehen kann, und man hätte ihn dann als solchen. Die Vergangenheit als solche gibt es nicht. Es gibt nur etwas, das in der Gegenwart enthalten ist, ausschlaggebend oder unterdrückt, dann als unterdrückte ausschlaggebend (SB 281).

Eine Vertauschung von Täter/Mitläufer- und Opferperspektive liegt aber offenbar vor, wenn Walser die Vergangenheit des Jünglings Johann als die unterdrückte bezeichnen will. Wenn Walser in den sechziger Jahren, nicht zuletzt in seinen Theaterstücken *Eiche und Angora* (1962) und *Der schwarze Schwan* (1964), aber auch in seinen Essays über die Erinnerung an Auschwitz, die Verdrängung der nationalsozialistischen Vergangenheit als das Grundproblem der bundesdeutschen Gesellschaft bestimmt hat[13], so scheint er nun von einer gegenteiligen Problematik auszugehen, die in einer angeblichen Zementierung der deutschen Schuld liegen soll. Der Verdacht ist nicht von der Hand zu weisen, dass die Erneuerung des nationalen Selbstverständnisses nach der Wiedervereinigung in Walsers Perspektive mit einer Haltung gegenüber der Vergangenheit einher gehen soll, die eine Reflexion auf individuelle Schuld oder auch nur auf die Ambivalenz eines Lebens in der Diktatur verweigert.

6.

Abschließend sei ein kurzer Blick geworfen auf die deutsch-jüdische Konstellation, die sich in den 90er Jahren im Verhältnis zwischen Ruth Klüger und Martin Walser entwickelte. Ruth Klüger hat 1992 ihren autobiographischen Text *weiter leben* publiziert, der bei Presse und Publikum einen nachhaltigen Erfolg verbuchen konnte und der heute bereits gleichberechtigt neben den Texten Elie Wiesels und Primo Levis steht. Klüger sucht mit ihrem Buch den Dialog – gerade mit den Deutschen, und sie nimmt in ihrem Schreiben schon einen imaginären Dialog mit einem potentiellen deutschen Gesprächspartner vorweg. Kontrovers wurde die Widmung des Textes diskutiert: 'Den Göttinger Freunden – ein deutsches Buch'. Nicht so sehr als ein Versöhnungsangebot gegenüber dem Volk der Täter ist die Qualifizierung als 'deutsches Buch' zu verstehen, sondern als die Forderung, das von Klüger Beschriebene und Reflektierte und damit die Schoah selbst als einen wesentlichen Teil der deutschen Geschichte zu begreifen. Die Differenz zwischen der jüdischen und der deutschen Wahrnehmung dieser Geschichte ist ein wichtiges Thema von Klügers Buch und die Grundlage einer nie ausgetragenen Differenz mit ihrem Freund Martin Walser, der bei der Verbreitung ihres Textes in Deutschland geholfen hat.

Anschaulich gemacht wird die Ungleichzeitigkeit geschichtlicher Erfahrung anhand der Beschreibung einer Zugfahrt, bei der die Welt der Gefangenen und die Welt der Deutschen durch eine unsichtbare Barriere von einander getrennt sind:

> Unser Zug fuhr an einem Ferienlager vorbei. Da war ein Junge, von weither gesehen, der eine Fahne geschwungen hat, Geste der Bejahung der Lichtseite des Regimes, an dessen blutverschmierter, kotiger Unterseite man uns langschleifte. Soviel Helle, wie konnte das sein? Später habe ich diesen Jungen in freier Assoziation mit meinem Freund Christoph, der mir ein Inbegriff des deutschen Nachkriegsintellektuellen werden sollte, in Verbindung gebracht. Sicher unfair. Aber immer noch sehe ich mich an ihm vorbeisausen, ich sehe ihn, er mich nicht, kann er ja gar nicht, ich bin im Zug, vielleicht sieht er den Zug, fahrende Züge passen in eine solche Landschaft, vermitteln ein wohliges Fernweh. Für uns beide ist es derselbe Zug, sein Zug von außen gesehen, meiner von innen, und die Landschaft ist für uns beide dieselbe, doch nur für die Netzhaut dieselbe, dem Gefühl nach sehen wir zwei unvereinbare Landschaften.[14]

Wenn häufig in einer verklärenden Retrospektive von einer deutsch-jüdischen Symbiose *vor* der Schoah die Rede war, so fordert Ruth Klüger eine Anteilnahme der Deutschen am jüdischen Schicksal *nach* der Schoah ein, womit sie sich inhaltlich dem von Dan Diner vertretenen Konzept der negativen Symbiose annähert:

> Seit Auschwitz – welch traurige List – kann tatsächlich von einer 'deutsch-jüdischen Symbiose' gesprochen werden – freilich einer negativen: für beide, Deutsche wie Juden, ist das Ergebnis der Massenvernichtung zum Ausgangspunkt ihres Selbstverständnisses geworden; eine Art gegensätzlicher Gemeinsamkeit – ob die es wollen oder nicht.[15]

Aber Klüger zeigt, dass Christoph, der Prototyp des deutschen 'Nachkriegsintellektuellen', hinter dem sich Martin Walser verbirgt, nichts von den Erfahrungen wissen wollte, von denen sie berichtete. Als Christoph/Walser 'seinen' Aufsatz über Auschwitz geschrieben habe, sei er an ihren Einsichten nicht interessiert gewesen, und zur Rede gestellt, habe er geantwortet, er habe nicht gewusst, dass sie in Auschwitz gewesen sei.[16] Der Unterschied zwischen einem Deutschen und einer Jüdin, so erklärt Klüger, liege darin, dass auch der linksintellektuelle Deutsche aus einem Gefühl der fraglosen Identität schreibe und handele, während die Jüdin Heimat nur als verlorene denken könne. Auch wenn Klüger provozierend erklärt, sie komme aus Wien und nicht aus Auschwitz, legt sie doch Zeugnis ab von der Erfahrung der Heimatlosigkeit, von der auch der Auschwitz-Überlebende Jean Améry in seinem Essay *Wieviel Heimat braucht der Mensch?*[17] geschrieben hat:

> Was mir am meisten imponierte und mich gleichzeitig irritierte, war, daß der seine Identität hatte. Der war beheimatet in Deutschland, verwurzelt in einer bestimmten deutschen Landschaft und wurde für mich der Inbegriff des Deutschen. Der wußte, wo und wer er war. Auch heute noch. Großzügig, liebenswert zieht er aus, die Fremde zu erobern, und dabei will er nicht mehr von ihr lernen, als ohne Gefährdung der Eigenständigkeit zu machen ist. Aber ist Lernen ohne solche Gefährdung richtiges Lernen?[18]

Klüger schreibt ihr 'deutsches Buch', um in den Dialog mit den Deutschen zu treten. Dies verlangt von ihren Adressaten aber auch eine Offenheit, eine Bereitschaft, die eigene Identität im Blick auf das Schicksal der entronnenen Jüdin in Frage zu stellen. Der Junge, der draußen gestanden hat und den Zug mit den KZ-Häftlingen vorbei fahren sah, soll wenigstens in der Retrospektive bereit sein, sich die Frage zu stellen, wie es denen im Zug ging, die durch eine unsichtbare Mauer von ihm getrennt waren. Er soll ein gewisses Maß an 'Selbstmisstrauen' (Améry)[19] gewinnen, um mitzuhelfen, 'daß sich Auschwitz nicht wiederhole, nichts Ähnliches geschehe' (Adorno)[20].

Hat aber Martin Walser die Herausforderung der Freundin angenommen? Auf diese Frage kann nur mit einem entschiedenen 'Nein' geantwortet werden. Walsers autobiographischer Roman *Ein springender Brunnen* kann als eine Reaktion auf Klügers Text verstanden werden, mit der Walser den problematischen Versuch unternimmt, eine deutsche Identität unter Absehung der Schoah zu konstituieren. Während Ruth Klüger eine Haltung als irritierend bezeichnet hatte, die jede Gefährdung der eigenen Identität durch ein Wegsehen und Weghören zu verdrängen sucht, arbeitet Walser spätestens seit 1988 an dem Modell einer deutschen Erinnerung ohne Auschwitz. Dabei verschränken sich die Perspektiven des individuellen und kollektiven Gedächtnisses, denn 'über Deutschland

reden' will derjenige, der sich an seine eigene Kindheit ohne den Makel
der Schoah erinnern will:

> Ein Sechs- bis Achtjähriger, der Auschwitz nicht bemerkt hat. Kindheit und
> Jugend entfalten ihren unendlichen Hunger und Durst, und wenn Uniformen,
> Befehlshabergesichter und dergleichen angeboten werden, dann wird eben das
> alles verschlungen. [...] Vergangenheit von heute aus gesehen – kann es etwas
> Überflüssigeres geben? Etwas Irreführenderes sicher nicht.[21]

Das 1988 vor der Wiedervereinigung angekündigte Programm wird im
Jahre 1998 von Walser auf der Ebene der individuellen Erinnerung wie
auf dem Niveau des politischen Diskurses aufgenommen und erweitert.
Der Roman *Ein springender Brunnen* hat alles, was Klüger als spezifisch
deutsch und als im Gegensatz zur jüdischen Erfahrung im Angesicht der
Schoah stehend bezeichnet hatte: die Einbettung in die Landschaft
(Wasserburg am Bodensee) und in die Region, in die Familie, in die
Religion (auch in der kritischen Wendung gegen den Katholizismus).
Johann, das alter ego Walsers, wird tatsächlich Hitlerjunge und zieht in
den Krieg; er sieht wie durch eine Mauer Häftlinge aus Dachau. Als der
Krieg zu Ende geht, ist der Achtzehnjährige mit den Interessen einer
großen Liebe beschäftigt, und als er einen ehemaligen Mitschüler trifft,
der als Jude die NS-Diktatur überlebt hat, will er, der an der Ausgrenzung
des einstigen Klassenkameraden durch feiges Mitmachen beteiligt war,
dessen Erzählungen von den Mühen des Überlebens in der Illegalität nicht
hören.

Was Ruth Klüger so irritierte, die energische Arbeit an der
Stabilisierung der eigenen Identität und die ebenso energische
Ausweisung widersprechender Momente des Bewusstseins, wird hier in
einem explizit selbstreflexiven Text zum literarischen Programm erhoben.
Ausdrücklich wird darüber hinaus darauf verwiesen, dass die Erfahrungen
der Juden, die von dem Muster 'jeder Tag der schönste Tag in seinem
Leben' in signifikanter Weise abweichen, dezidiert weggedrängt werden.
Dass andere zur gleichen Zeit Angst hatten und noch längere Zeit und
noch heute Angst haben, zählt nicht. Der Junge, der den Zug vorbei fahren
sieht, formuliert noch fünfzig Jahre später seine Absage an die, die im Zug
sitzen und Angst haben. Abweisung der Forderungen Ruth Klügers: in der
Perspektive des Achtzehnjährigen, aber auch in der Perspektive des
Einundsiebzigjährigen. Der steht in der Frankfurter Paulskirche und
erzählt, dass er wegschauen möchte, wenn Bilder von Auschwitz im
Fernsehen kommen:

> Von den schlimmsten Filmsequenzen aus Konzentrationslagern habe ich
> bestimmt schon zwanzigmal weggeschaut. Kein ernstzunehmender Mensch

leugnet Auschwitz; kein noch zurechnungsfähiger Mensch deutelt an der Grauenhaftigkeit von Auschwitz herum; wenn mir aber jeden Tag in den Medien diese Vergangenheit vorgehalten wird, merke ich, daß sich in mir etwas gegen diese Dauerrepräsentation unserer Schande wehrt.[22]

Von Antisemitismus ist hier nicht zu sprechen, sehr wohl aber von dem Ausschluss jüdischer Erfahrungen aus dem kollektiven deutschen Gedächtnis. Identitätsstärkung verträgt kein Gefühl der Selbstzweifel (Walser spricht befremdlicherweise von 'Schande', Améry sprach von 'Selbstmisstrauen'). So wie der Achtzehnjährige zur Stabilisierung des erotischen Hochgefühls die Erfahrungen des jüdischen Mitschülers ausgrenzt, so konstruiert Walser ein bruchloses Nationalbewusstsein, das eine unproblematische Identität entwickeln kann. Mit dieser Position ist ein deutlicher Einspruch formuliert gegen das Anliegen Klügers: dass sich deutsches Bewusstsein, deutsche Selbstreflexion an dem epochalen Ereignis der Schoah zu messen habe.

Und die Nachgeborenen? Müssen sie in der 'Schande' leben, wie Walser befürchtet? Nein, sie leben weder in der Schuld noch in der Schande, sondern in der Verantwortung für die Zukunft; Mut machen ihnen die Worte Elie Wiesels, die dieser an Martin Walser richtete: 'Denken Sie nicht, daß man zwischen Lüge und Ehrlosigkeit schwankt, wenn man die Vergangenheit auslöscht? Ich möchte nicht, daß Ihre jungen Landsleute "in der Schande" leben. Im Gegenteil, sie sollen wissen: Indem sie sich der Erinnerung an die Opfer stellen, werden sie die Ehre entdecken, die aus der Wahrheit rührt. Wird das schmerzen? Zweifellos. Aber sie werden weder Scham noch Schande empfinden.'[23]

Dass die Erinnerung an den Zivilisationsbruch schmerzt, erscheint evident. Und dass die Forderung der 'negativen Symbiose' eine Zumutung enthält – an Deutsche wie an Juden –, erscheint ebenso offensichtlich. Der Versuch einer suggestiven Vergegenwärtigung der eigenen Vergangenheit in der NS-Zeit mag plausibel und verständlich sein. Walser zeigt, dass er sogar zu großer Literatur führen kann. Trotzdem ist die Vermeidung der Ambivalenz im Hinblick auf die eigene Vergangenheit, die eine deutsche Vergangenheit im Kontext von Diktatur und Völkermord ist, unangemessen und unglaubwürdig. Auch das literarische Modell der 'Vergangenheit als Gegenwart' kann die Deutschen nicht von der Last der Vergangenheit befreien. Die Mahnung, das Geschehene im Gedächtnis zu bewahren und die eigene Praxis im Blick auf die Erfahrungen zu deuten und zu gestalten, die Juden in Deutschland machen mussten, braucht aber keinesfalls als 'Moralkeule' verstanden zu werden, sondern als Bereitschaft zum Dialog mit denen, die wie Ruth Klüger den Deutschen eine gemeinsame Reflexion über das Geschehene anbieten. In der Verweigerung dieser gemeinsamen Reflexion liegt der moralische und literarische Irrtum Marin Walsers in seinem Roman *Ein springender Brunnen* und in seiner Friedenspreisrede von 1998.

Anmerkungen

[1] Martin Walser, *Ein springender Brunnen. Roman,* Suhrkamp: Frankfurt am Main, 1998. Zitate aus diesem Roman im laufenden Text mit der Sigle SB.

[2] Vgl. zur Rezeption des Romans in Presse und Forschung Matthias N. Lorenz, *Martin Walser in Kritik und Forschung. Eine Bibliographie*, Aisthesis: Bielefeld, 2002, S. 180-184.

[3] Theodor W. Adorno, *Minima Moralia. Reflexionen aus dem beschädigten Leben*, Suhrkamp: Frankfurt am Main, 1986, S. 42.

[4] Vgl. zur Diskussion um Walsers Friedenspreisrede Frank Schirrmacher (Hrsg.), *Die Walser-Bubis-Debatte*, Suhrkamp: Frankfurt am Main 1999 und die bibliographischen Angaben bei Lorenz, *Martin Walser* (Anm. 1), S. 215-258. Besonders bedenkenswert Wolfram Schütte, 'Nachlese. Annotate: *Ein springender Brunnen* oder die Friedenspreisrede', in: *text + kritik.* (*Martin Walser*) 3, völlig veränderte Ausgabe, 2000, S. 116-127.

[5] Zu diesem Terminus vgl. Dan Diner (Hrsg.), *Zivilisationsbruch. Denken nach Auschwitz*, Fischer: Frankfurt am Main, 1988.

[6] Walter Benjamin, *Über den Begriff der Geschichte*, in: W. B., *Illuminationen. Ausgewählte Schriften*, Suhrkamp: Frankfurt am Main, 1982, Band 1, S. 251-261, hier S. 253.

[7] Ebd.

[8] Martin Walser, 'Über Deutschland reden. Ein Bericht', in: M. W., *Ansichten, Einsichten. Aufsätze zur Zeitgeschichte.* Suhrkamp: Frankfurt am Main, 1997, S. 896-915, hier S. 897.

[9] Benjamin, *Über den Begriff der Geschichte* (Anm. 5), S. 258f.

[10] Martin Walser, 'Erfahrungen beim Verfassen einer Sonntagsrede', in: Frank Schirrmacher (Hrsg.), *Die Walser-Bubis-Debatte,* Suhrkamp: Frankfurt am Main, 1999, S. 7-17, hier S. 12.

[11] Vgl. zu diesem Themenkomplex Michael Hofmann, *Uwe Johnson*, Reclam: Stuttgart, 2001, S. 156-214 und zuletzt, ders., 'Die Schule der Ambivalenz. Uwe Johnsons *Jahrestage* und das kollektive Gedächtnis der Deutschen', in: *Johnson Jahrbuch* 10 (2003), S. 109-119.

[12] Aus Johnsons *Jahrestagen* zitiere ich mit der Sigle J nach folgender Ausgabe: Uwe Johnson, *Jahrestage. Aus dem Leben von Gesine Cresspahl*, Suhrkamp: Frankfurt am Main, 1993.

[13] Vgl. zu den genannten Stücken, aber auch zur Entwicklung von Walsers Werk insgesamt Gerald A. Fetz, *Martin Walser*, Metzler: Stuttgart, Weimar, 1997.

[14] Ruth Klüger, *weiter leben. Eine Jugend*, Wallstein: Göttingen, 1992, S. 144.

[15] Dan Diner, 'Negative Symbiose. Deutsche und Juden nach Auschwitz', in: D. D., *Ist der Nationalsozialismus Geschichte? Zu Historisierung und Historikerstreit*, Fischer: Frankfurt am Main, 1987, S. 185-197, hier S. 185.

[16] Zur Problematik des Verhältnisses Klüger/Walser vgl. Irene Heidelberger-Leonard, 'Auschwitz, Weiss und Walser. Anmerkungen zu den „Zeitschaften" in Ruth Klügers *weiter leben*', in: *Peter Weiss Jahrbuch* 4 (1995), S. 78-89.

[17] Vgl. Jean Améry, *Wieviel Heimat braucht der Mensch?*, in: J. A., *Werke* (Hrsg. v. Gerhard Scheit), Klett-Cotta: Stuttgart, 2002, Bd. 2, S. 86-117.

[18] Klüger, *weiter leben* (Anm. 14), S. 211f.

[19] Vgl. Jean Améry, *Ressentiments*. In: J.A., *Werke*, (Anm. 17), Bd. 2, S. 118-148, hier S. 142.

[20] Theodor W. Adorno, *Meditationen zur Metaphysik*. Zitiert nach Petra Kiedaisch (Hrsg.), *Lyrik nach Auschwitz? Adorno und die Dichter*, Reclam: Stuttgart, 1995, S. 55-63, hier S. 60.

[21] Walser, 'Über Deutschland reden' (Anm. 8), S. 896f.

[22] Martin Walser, 'Erfahrungen beim Verfassen einer Sonntagsrede', in: Schirrmacher (Hrsg.), *Die Walser-Bubis-Debatte* (Anm. 10), S. 7-17, hier S. 12f.

[23] Elie Wiesel, 'Ohne Schande. Offener Brief an Martin Walser', in: Frank Schirrmacher (Hrsg.), *Die Walser-Bubis-Debatte*, S. 397-399, hier S. 399.

Helmuth Kiesel

Zwei Modelle literarischer Erinnerung an die NS-Zeit: *Die Blechtrommel* und *Ein springender Brunnen*

Günter Grass's *Die Blechtrommel* (1959) and Martin Walser's *Ein springender Brunnen* (1998) are both emphatically books of memory, in which the Nazi era is recalled in a(n) (auto)biographical manner, but with quite different perspectives. Whereas the focus of *Die Blechtrommel* is determined by subsequent knowledge and post facto accepted norms, an attempt is made in *Ein springender Brunnen* to portray the Nazi era as far as possible in the way it was perceived and experienced by the young protagonist at the time. Thus the two novels stand for two models of German memory, each of which has its own socio-psychological justification or necessity or significance.

Als Martin Walsers Roman *Ein springender Brunnen* im Sommer 1998 in der *Frankfurter Allgemeinen Zeitung* vorabgedruckt wurde (ab dem 13. Juni), hielt ich gerade ein Seminar über Günter Grass' Roman *Die Blechtrommel* - und unwillkürlich begann ich, wie leicht verständlich sein dürfte, die beiden Bücher miteinander zu vergleichen, wohl nicht als einziger, wie aus der *Zeit*-Rezension von Reinhard Baumgart (vom 6. August) zu ersehen ist. Denn so unterschiedlich diese beiden Bücher in vielem sind, so haben sie doch auch einige Gemeinsamkeiten: Beide Romane sind Erinnerungsbücher; beide rufen die NS-Zeit in Erinnerung; beide rekapitulieren das Heranwachsen eines Knaben in dieser Zeit; beide haben, obwohl sie als Romane deklariert sind, einen autobiographischen Charakter und laden dazu ein, in dem Protagonisten den Autor zu sehen - obwohl bekannt ist, daß man dies nicht so ohne weiteres tun soll, und obwohl wir wissen, daß Walser mit dem Vornamen, zumindest mit dem ersten, nicht Johann heißt und daß Grass größer als ein Meter dreiundzwanzig (564)[1] ist, keinen Buckel (561) hat und auch nie 'Insasse einer Heil- und Pflegeanstalt' war, wie dies der Erzähler der *Blechtrommel* von sich behauptet (11); beide Romane haben schließlich eine deutlich hervortretende paradigmatische Absicht: wollen, wenn auch auf eine ästhetisch sehr unterschiedliche Weise, ein geschichtliches Verhalten vorführen, das, wenn nicht typisch, dann doch symptomatisch ist.

Gemeinsamkeiten also neben bedeutungsvollen Unterschieden, auf die ich noch eingehen werde: das ist eine Konstellation, die zu einer vergleichenden Betrachtung geradezu herausfordert. Freilich werden dagegen immer auch Einwände erhoben: Weder werde der Vergleich den beiden verglichenen Gegenständen in ihrer historischen Spezifik oder Einmaligkeit oder Unvergleichlichkeit gerecht, noch konstituiere der Vergleich ein erkenntnismäßig weiterführendes tertium comparationis. Und zudem, so wird auch gesagt, spiele eine vergleichende Betrachtung Werke und Autoren unnötigerweise gegeneinander aus.

Ich kann diese Einwände zum Teil verstehen und räume auch ein, daß Vergleichen im kulturwissenschaftlichen Bereich in der Regel auch mit Bewertungen verbunden ist und den Eindruck erweckt, als würden Dinge nicht nur *mit*einander verglichen, sondern auch *gegen*einander gestellt oder ausgespielt. Sicher ist auch dieser Beitrag nicht frei von dieser Begleiterscheinung des Vergleichens, obwohl das nicht gewollt ist. Aber ich meine, daß wir auf das Vergleichen nicht verzichten können. Vergleichen ist ein unwillkürlich sich einstellendes Mittel der lebensweltlichen Orientierung und ein wichtiges Mittel der wissenschaftlichen Erkenntnis. Vergleichen muß nicht dazu führen, daß die Eigenart und der spezifische Wert der verglichenen Gegenstände verstellt werden. Vergleichen kann auch dazu führen, daß sie erst richtig hervortreten. Vergleichen ist als unwillkürliche Erkenntnistätigkeit, wie ich meine, und als wissenschaftliche Methode nicht zu vermeiden, sondern zu pflegen, also bewußt anzuwenden.

Ich werde so vorgehen, daß ich die *Blechtrommel* und den *Springenden Brunnen* - in historischer Reihenfolge - nach Maßgabe des Themas meines Beitrags, das aber auch das Thema (oder zumindest ein Thema) dieser beiden Werke ist - charakterisiere und sozusagen für einander transparent mache. Das Thema ist Erinnerung, speziell an die NS-Zeit. Ich versuche zu zeigen, wie sich Erinnerung in diesen beiden Romanen gestaltet, welche Formen sie annimmt - oder auch: wie sie inszeniert wird.

Die Blechtrommel ist ein Roman in der Ich-Form, und das heißt auch gleich: ein Roman, der zwischen dem Erleben und dem Erzählen eine mehr oder minder große Distanz ausspannt und mit dem Erzählen auch das Erinnern thematisch machen kann. In der *Blechtrommel* geschieht dies auf eine ganz dezidierte Weise: Ein Erzähler, Oskar Matzerath, tritt als Person in Erscheinung, beschreibt - nach und nach - seine augenblickliche Verfassung und rekapituliert seinen Entwicklungsgang. Mit dem letzten Kapitel des Romans - oder der Aufzeichnungen - erfahren wir, daß der Erzähler seinen dreißigsten Geburtstag begeht (764) und daß man also, da Oskar Matzerath 1924 geboren wurde (68), das Wirtschaftswunderjahr 1954 schreibt. Gleich mit dem ersten Satz aber erfahren wir, daß der Erzähler 'Insasse einer Heil- und Pflegeanstalt' ist (11), und gleich danach, daß er sich von seinem Pfleger 'fünfhundert Blatt unschuldiges Papier' besorgen ließ, um seine Lebensgeschichte niederzuschreiben, wofür er sich, wie er ausdrücklich sagt, ein 'hoffentlich genaues Erinnerungsvermögen' wünscht (11).

Hauptgegenstand dieser Erinnerungsarbeit ist die NS-Zeit. Zwar werden auch die Jahre davor, insbesondere die von 1924 an, in Erinnerung gerufen und in der nötigen Ausführlichkeit dargestellt, ebenso die Jahre von 1945 bis 1954. Aber die größte Aufmerksamkeit gilt den zwölf Jahren von 1933 bis 1945: Ihnen gehören rund 400 Seiten des Romans, während die zehn Jahre davor mit rund 120 Seiten und die zehn Jahre danach mit knapp 200 Seiten bedacht werden.

Vergewissern wir uns zunächst des Inhalts: Wir erfahren, daß der Erzähler, Anfang September (54) 1924 (68) in einem Vorort (49) des deutsch-polnischen Freistaats (47) Danzig als Sohn eines Kolonialwarenhändlers geboren, an seinem dritten Geburtstag (72) die steile Kellertreppe hinunterstürzte, danach zu wachsen aufhörte und als ein praktisch unerziehbarer 'Gnom' (71) von 94 Zentimetern (537) das Leben eines Außenseiters und Nonkonformisten führte, vor Übergriffen geschützt durch die Wunderwaffe seiner glaszerscherbenden Stimme (75 ff.). Da der Blechtrommler im Freistaat Danzig wohnt, erlebt er die NS-Zeit in einer exterritorialen Frontstadt: mit permanenten Aufmärschen und Kundgebungen der NSDAP, der sein nomineller Vater Alfred Matzerath 1934 beitritt (145), nicht aus politischer Überzeugung oder wirtschaftlicher Not, sondern aus Bedürfnis nach Kameradschaft und aus ein bißchen nationaler Tollerei. Ein ausführliches und eindrucksvolles Kapitel gilt dann der sogenannten 'Reichskristallnacht', in der auch in Danzig mehrere Synagogen brannten und jüdische Geschäfte verwüstet wurden, auch das jenes Sigismund Markus, von dem Oskar seine Blechtrommeln bezog (259 ff.). Es folgen die Erstürmung der polnischen Post durch die SS-Heimwehr (282) am 'Vorabend des ersten September neununddreißig' (280) und die Liquidation Jan Bronskis, also des polnisch gewordenen Onkels und möglichen Vaters des Erzählers; dann der triumphale Einzug des Führers in die heimgeholte Hansestadt Danzig (325 f.); dann die ersten Berichte vom Sieg der deutschen Panzer über die polnische Kavallerie (324 f.); dann Siegesnachrichten zunächst aus dem Westen (345) und aus dem Atlantik (376), später auch vom Balkan und aus dem Osten (391 ff.); dann Berichte von der Verfolgung von

Homosexuellen und anderen unerwünschten Personen durch die nationalsozialistische 'Sittenpolizei' (414); dann die Mitwirkung Oskars in einer Fronttheatertruppe des Propagandaministeriums (402; 416 ff.); dann widerständische Aktivitäten im Rahmen einer anarchistischen Bande von Jugendlichen (472 ff.); schließlich die Zerstörung Danzigs (512 ff.), der Einzug der russischen Armee (515) und - in ihrem Gefolge - der Polen (523, 539) und vereinzelter Juden wie jenes Herrn Fajngold (523), der das Vernichtungslager Treblinka überlebt hat, weil er dort eine besondere Funktion hatte: er mußte Chlor über die Leichen streuen, auch über seine Frau Luba und seine sechs Kinder (524). - Dann die Nachkriegszeit: Übersiedlung des nunmehr auf 123 Zentimeter heranwachsenden Oskar in den Westen, nach Düsseldorf (562), Schwarzhändlerkarriere (567 ff.); Debatten über Kollektivschuld und Vergangenheitsbewältigung (570); Steinmetzlehre und dergleichen (574 ff.); Scheitern des Versuchs, in eine bürgerliche Existenz zu finden (603); statt dessen eine Karriere als Trommelkünstler, der seine Zeitgenossen, diese verstockten Kinder des 'tränenlose[n] Jahrhundert[s]' (693), durch seine erfahrungsgesättigten Trommelorgien zum hemmungslosen Weinen bringt, bis er sich schließlich - unter dem Eindruck der Vergangenheit und ihrer Präsenz in der Gegenwart - in eine Situation bringt, die zu seiner Verhaftung und Einlieferung in eine 'Heil- und Pflegeanstalt' führt.

Ich habe dies so ausführlich rekapituliert, um deutlich zu machen, daß die NS-Vergangenheit in diesem Erinnerungsbuch, bedingt durch die Herkunft des Erzählers aus der Frontstadt Danzig, in umfassender Breite präsentiert und in ihrer vielfältigen und massiven, mörderischen und katastrophalen Destruktivität kenntlich gemacht wird, und dies - zum Teil wenigstens - anhand bekannter und geschichtlicher Vorgänge wie jenes Pogroms, das viele Zeitgenossen des Wirtschaftswunderjahres 1954 als 'Reichskristallnacht' noch in deutlicher Erinnerung hatten, sei es aufgrund eigener Anschauung oder aufgrund vielfältiger Berichte darüber. Aber nicht nur Gegenstände und Umfang von Oskar Matzeraths Erinnerung sind hier von Interesse, sondern auch die Modalitäten: die Faktoren, die auf diese Erinnerung einwirken, und die Art und Weise, wie sie inszeniert wird. Acht Momente, so scheint mir, sind in dieser Hinsicht von besonderer Bedeutung:

1.) Die Erinnerung an die NS-Zeit bereitet dem Autobiographen außerordentliche Schwierigkeiten; es scheinen massive Blockaden zu bestehen, die nur durch stundenlanges Trommeln überwunden werden können. Dabei ist es natürlich von Bedeutung, daß er auch jetzt eine

Blechtrommel verwendet: Er braucht ihren Mißklang, um sich an jene dissonante Zeit zu erinnern, und er will Mißklänge produzieren, um seine Umwelt an diese Zeit zu erinnern.

2.) Die Erinnerung ist oft so peinigend, daß der Autobiograph sie nur unter Distanzierung von sich selbst zulassen kann, oder anders gesagt: um den Preis einer Art von Persönlichkeitsspaltung, die sich in dem Wechsel von Ich- und Er-Form (nicht selten innerhalb eines einzigen Satzes) andeutet.

3.) Beide Umstände dieser Erinnerung, die zuerst erwähnte Blockade wie die Persönlichkeitsspaltung, resultieren aus der Normenpflichtigkeit dieser Erinnerung, wie ich später deutlich machen werde. Diese Betrachtungsweise impliziert, daß Oskar als reale oder realistisch gemeinte Person betrachtet wird, wie dies trotz der unübersehbaren allegorischen Konstruiertheit dieser Figur möglich ist: die Verfilmung beweist es. Will man indessen darauf insistieren und betonen, daß Oskar nicht als reale Person, sondern als Konstrukt, als künstlicher Repräsentant von Haltungen und Einstellungen zu betrachten ist, so müßte man eben sagen: Die beiden erwähnten Modi der ihm zugeschriebenen Erinnerung (Blockaden und Persönlichkeitsspaltung) verweisen auf die Normenpflichtigkeit der Erinnerung.

4.) Dabei lassen diese Erinnerungen den Erzähler durchaus als Regimegegner erscheinen. Zwar weist er es - wie beispielsweise Ernst Jünger - von sich, ein 'Widerstandskämpfer' gewesen zu sein (157 f.), aber seine Erinnerungen zeigen ihn zumindest als einen Nonkonformisten, der ganz selbstverständlich gegen die Nazis arbeitete, sobald sich Gelegenheit bot: sei es als störender Gegentrommler bei Aufmärschen oder als Anführer der anarchistischen Stäuberbande. Und die Mitwirkung in Bebras Fronttheater, die ihn letztlich zu einem Teil von Hitlers Vernichtungsmaschinerie machte und ihn zum Zeugen eines veritablen Kriegsverbrechens werden läßt (448: Erschießung der fünf Nonnen), wird von Bebra vorausblickend als Überlebensmaßnahme deklariert (402 ff.) und nachträglich auch dadurch gerechtfertigt, daß sie den Gnomen tatsächlich vor der Euthanasie bewahrte (455). Im übrigen wird Oskar hart bestraft und kann sich geradezu als Opfer betrachten: Er verliert seine geliebte Roswitha Raguna, die einzige Frau (452), mit der er hätte auf Dauer zusammenleben können.

5.) Die Erinnerungen des Blechtrommlers sind die Erinnerungen eines Vorauswissenden. Bekanntlich ist Oskar Matzerath vom Augenblick seiner Geburt an nicht nur mit vollem Bewußtsein ausgestattet, sondern auch mit einer Hellhörigkeit (52), die ihm sagt, daß es besser wäre, nicht geboren worden zu sein. Diese Hellhörigkeit oder Hellsicht bewährt sich auch im Hinblick auf die Nazi-Herrschaft. Denn während 'ein ganzes leichtgläubiges Volk', so heißt es im Rahmen der Schilderung der 'Reichskristallnacht' wörtlich, 'an den Weihnachtsmann glaubte', roch der vierzehnjährige Oskar schon, daß - wiederum wörtlich - 'der Weihnachtsmann in Wirklichkeit der Gasmann war' (261). Das aber bedeutet, daß Oskar die Nazi-Herrschaft, die nun bald auch in Danzig begann, von Anfang an im Bewußtsein des Judenmords erlebte und daß dem Roman schon relativ früh (nämlich nach 260 von 780 Seiten) die historiographisch bekanntermaßen bedeutungsvolle 'Perspektive Auschwitz' eingezogen ist, selbst wenn der Name Auschwitz auch in diesem Roman nicht genannt wird.

6.) Dieser singulären Hellsicht entspricht, daß Oskar in der tränenlosen - und das heißt: verdrängenden - Nachkriegszeit zu den ganz Wenigen gehört, die weinen können (699). Die Erinnerungen von Oskar Matzerath sind mithin nicht nur die Erinnerungen eines Menschen, der das Unheil voraussah, sondern auch eines Menschen, der das geschehene Unheil nicht verdrängt, sondern wirklich wahrnimmt, und zwar nicht erst Ende der fünfziger Jahre, als sich der Blick - mit dem Ulmer Einsatzgruppenprozeß von 1958 - zurückzuwenden begann, sondern gleich in den ersten Nachkriegsjahren. Dadurch aber werden diese Erinnerungen zur Kritik an der Gesellschaft der Wiederaufbau- oder 'Restaurationszeit', der man gegen Ende der fünfziger Jahre vorzuwerfen begann, daß sie die NS-Zeit aus ihrem Bewußtsein verdrängt habe; ich verweise dafür auf Theodor W. Adornos Vortrag 'Was bedeutet: Aufarbeitung der Vergangenheit' von 1959 und auf Heinrich Bölls Aufsatz 'Hierzulande' von 1960, wo schon jene Beobachtungen und Überlegungen anklingen, die von Alexander und Margarete Mitscherlich 1967 in ihrem berühmten und wirkungsreichen Buch *Die Unfähigkeit zu trauern* ausgebreitet wurden.

7.) Anders als die 'biedermeierliche' (604) Gesellschaft der Jahre 49/50 ist Oskar von dem erfahrenen Unheil, symbolisiert in der den Roman durchziehenden Figur der Schwarzen Köchin, so eingenommen, daß er sich in ein normales Leben nicht einfinden kann, sondern seinen Platz in einer 'Heil- und Pflegeanstalt' sucht, um sich dort ganz der exzessiven Erinnerung an die Vergangenheit zu überlassen. Auch dieser Rückzug hinter eine Anstaltsmauer und in ein Gitterbett, auch diese Verweigerung von Normalität ist natürlich ein massiver Vorwurf gegen die Nachkriegsgesellschaft, die wieder zur Tagesordnung übergehen wollte. Sie hätte, so ist die Botschaft, über dem, was in ihrem geschichtlichen Raum geschehen ist, eigentlich den Verstand verlieren oder sich mindestens einem normalen Leben verweigern müssen. - Auch hier sei angemerkt, daß diese Botschaft nicht nur aus der *Blechtrommel* tönte: Sie findet sich auch in Heinrich Bölls Roman *Billard um halb zehn* (ebenfalls 1959), wo eine der Hauptfiguren, Johanna Fähmel, durch das Leid, das mit der NS-Zeit über sie kommt, in ein 'Irrenhaus' (13) getrieben wird: eine Figur nicht der 'Verrücktheit', sondern der gebotenen 'Trauer', die freilich nur 'hinter dicken Mauern' möglich zu sein scheint (196).[2]

8.) Daß jemand mit vollem Bewußtsein auf die Welt kommt, in die Zukunft sehen und Glas zersingen kann, sein körperliches Wachstum anzuhalten und wieder zu beschleunigen vermag, zunächst als Zwerg und dann als Buckliger lebt: das gehört nicht nur in den Bereich des Unwahrscheinlichen, des Uneigentlichen, des Allegorischen, sondern auch in den Bereich des Grotesken, und mit einem Wort, das Thomas Mann für den Expressionismus geprägt hat, kann man sagen, daß die *Blechtrommel* wesentlich 'Groteskkunst' ist. Damit ist zum einen gemeint, daß mit großen Verzerrungen aller Art gearbeitet wird; zum andern, daß diese Verzerrungen dem Ziel dienen, die Dinge, wie Ernst Bloch sagte, 'zur Kenntlichkeit zu entstellen' und sie - jetzt wieder mit Thomas Mann - in ihrer ganzen Wahrheit zu zeigen: 'Das Groteske', so heißt es bei Thomas Mann an der betreffenden Stelle, ist nicht etwa 'das Widerwirkliche und Absurde', sondern 'das Überwahre und überaus Wirkliche'.[3] In der *Blechtrommel* dient die Groteske zwei Absichten: Zum einen soll sie die Ungeheuerlichkeit des Dritten Reichs verdeutlichen. Zum andern soll sie deutlich machen, daß man diese Ungeheuerlichkeit eigentlich nicht als normaler Mensch hätte überstehen dürfen; man hätte über dem, was da geschah, verkümmern und verrückt werden müssen.

Lenken wir nun den Blick auf den *Springenden Brunnen*, so sind manche Ähnlichkeiten oder Gleichartigkeiten festzustellen, aber auch gravierende Unterschiede:

Wie in der *Blechtrommel* wird im *Springenden Brunnen* die NS-Zeit vor Augen geführt, indem die Entwicklung eines vermutlich 1927 geborenen Jungen namens Johann rekapituliert wird. Wir erleben mit ihm - um auch hier die thematisch wichtigsten Momente zu benennen - die von wirtschaftlicher Not erfüllte Zeit des Herbstes und Winters 1932/33, die zum Parteieintritt der Mutter führt und mit der Machtergreifung Hitlers zu

Ende geht. Dann erleben wir mit Johann das Frühjahr 1938: privat die Zeit
der Erstkommunion und einer ersten, noch kindlich gehemmten Liebe zu
dem Zirkusmädchen Anita; in politischer Hinsicht eine Zeit, in der 'alle
wieder verdienen' (275) und der Nationalsozialismus die einen durch
Arbeitsfront-Leistungen und KdF-Angebote besticht (154 und 256), die
andern durch Terror einschüchtert. Von schrecklichen Dingen wird
gemunkelt und 'Dachauer' treten in Erscheinung (122 f.); ein Junge, der
als 'Halbjude' eingestuft wurde, wird aus dem Jungzug, dem Johann
angehört, ausgestoßen und aus dem täglichen Leben verdrängt (133 f. und
170); der dumme August des Zirkus La Paloma wird, nachdem er das
Publikum mit ein paar regimekritischen Witzen zum Lachen gebracht hat,
nachts von einem Nazi-Trupp 'grün und blau geschlagen' (170): ein
Vorkommnis, das die Wahrnehmung Johanns so sehr bestimmt, daß es
noch zweimal reflektiert wird (190 und 251 f.). Schließlich erleben wir mit
Johann das letzte Kriegsjahr und den Zusammenbruch des Dritten Reichs:
Er bringt Flak- und Arbeitsdienst hinter sich und meldet sich, da er für die
Panzertruppe wegen seiner Brille nicht geeignet ist, zu den Gebirgsjägern.
Beim Arbeitsdienst brilliert er als 'Aufsager des täglichen', von ihm selbst
gereimten 'Tischspruchs' (291); auch beteiligt er sich 'am
Gebietswettbewerb für Literatur in der Sparte Drama' und gewinnt für
sein Stück mit dem Titel 'Die Stadt in Nöten' einen ersten Preis (333).
Daß sein älterer Bruder fällt, mindert seine Kriegsbegeisterung und seine
Sehnsucht, zu den Gebirgsjägern einberufen zu werden und an die Front
zu kommen, nicht im geringsten (331, 341 und 348). Er kommt dann mit
dem Schrecken davon, erlebt das Kriegsende unversehrt, entgeht auch der
Deportation in ein französisches Bergwerk (365 und 378 f.) - und wird
dann durch die Erfahrung von Liebe und Sexualität von allem, was mit
dem Dritten Reich zu tun hatte, abgezogen.

    Johanns Entwicklung - und mit ihr die NS-Zeit - wird also nicht
kontinuierlich vor Augen geführt, sondern in drei Ausschnitten oder
Bildern vom Herbst/Winter 1932/33, vom Frühjahr 1938 und vom Herbst
1944 bis Frühsommer 1945; aber es entsteht der Eindruck, daß die NS-
Zeit, wie dieser aufmerksam heranwachsende Junge sie erfuhr, in ihrer
Gänze präsent ist. Und das heißt: Wenn in diesem Roman die
'Reichskristallnacht' keine Erwähnung findet, dann deswegen, weil es in
Wasserburg keine 'Kristallnacht' gab und weil Nachrichten von
woandersher das Bewußtsein dieses Jungen und seiner Umgebung nicht
erreichten. Und wenn das 'Verschwinden' - um mit einem schillernden,
aber historiographisch angebrachten Ausdruck zu sprechen - wenn das

'Verschwinden' der Juden in diesem Roman keine Rolle spielt, wenn Deportationen nicht beobachtet werden (wie übrigens auch in der *Blechtrommel* nicht), dann vermutlich deswegen, weil es - abgesehen von dem Viehhändler Eberhard Wechsler (370), der trotz seines teutonischen Vornamens als Jude zu betrachten ist, und abgesehen von dem als Halbjude eingestuften Mitschüler Wolfgang Landsmann und seiner jüdischen Mutter - weil es, so ist zu vermuten, in diesem äußersten und fast ganz katholischen Winkel Deutschlands keine Juden gab. Man darf ja nicht vergessen, daß der Anteil der als jüdisch geltenden Deutschen an der Gesamtbevölkerung um 1933 nicht mehr als 0,8 Prozent betrug (rund 500.000 von insgesamt 66 Millionen), und daß davon 70 Prozent in Großstädten lebten und nur 10 Prozent, also 50.000, auf dem flachen Land.[4] Natürlich muß sich ein Roman nicht an die Tatsächlichkeit der Ereignisse ('Reichskristallnacht') oder der Umstände (demographische Struktur) halten. Im Gegenteil, er darf sie so ergänzen, daß ein Panorama der ganzen Epoche oder der ganzen Gesellschaft entsteht. Er darf aber auch nahe an der Wirklichkeit bleiben, und dies scheint beim *Springenden Brunnen* der Fall zu sein.

Anders als in der Frontstadt Danzig, wo in der Nacht vom 9. auf den 10. November 1938 mindestens drei Synagogen brannten (259) und wo es permanent zu Aufmärschen und zu nationalistischen Auseinandersetzungen kommt, hält der Nationalsozialismus in Wasserburg auf eine vergleichsweise unspektakuläre, wenn auch beklemmende Weise Einzug und führt keineswegs zu einer eingreifenden Veränderung des gesellschaftlichen Lebens oder gar zu fortlaufenden Terrorakten und Greueln. Gewiß bleibt Wasserburg keine Idylle, wenn es je eine Idylle war: Die Parteiungen, die es selbstverständlich auch in Wasserburg gibt, verschärfen sich in der Zeit der Wirtschaftskrise und bekommen durch den Zusammenschluß eines Teils der Bürger in der NSDAP einen aggressiv politischen Akzent. Symptomatisch dafür ist die Häme, mit der der Obernazi Brugger eines Tages verkündet, daß man nun dem Restaurationswirt, der von Hitler nicht das Heil sondern Krieg erwartet (59), 'den Kragen' zuziehen werde (62). Später erfährt man andeutungsweise, was der eine oder andere in Dachau erleiden mußte (121), treten 'Dachauer' in Erscheinung (122 f.), wird der Zirkusclown für seine regimekritischen Witze verprügelt (170), und auch dem heranwachsenden Johann bleibt nicht verborgen, daß sich 'rundum' 'Entsetzliche[s]' auftut (388 f.). Nachrichten von den Kriegsverbrechen der SS an der Ostfront (345) und vom Judenmord (357) behalten jedoch den Charakter von Gerüchten und bleiben für Johann aus moralischen Gründen unfaßbar. So wird der Nationalsozialismus im *Springenden Brunnen* nicht als 'Zivilisationsbruch'[5] vor Augen geführt, sondern als geschichtlicher Prozeß, der 'mitzumachen' und 'auszuhalten' war. Daß diese Betrachtungs- und Darstellungsweise weder den Opfern gerecht wird noch der Sicht der über den Nationalsozialismus 'aufgeklärten' Nachwelt entspricht, ist deutlich (und dürfte dem Verfasser des *Springenden Brunnen* so bewußt gewesen sein wie seinen Kritikern). Diese Betrachtungsweise ist aber insofern gerechtfertigt und literarisch-historiographisch notwendig, als sie dem Erleben jener vielen Zeitgenossen entspricht, die versuchten, mit den Verhältnissen auf eine einigermaßen verantwortbare Weise fertigzuwerden und die das Glück hatten, vom Schlimmsten verschont bleiben.

Wie im Fall der *Blechtrommel* möchte ich nun auch hier die Momente nennen, die für die Vergegenwärtigung der NS-Zeit im *Springenden Brunnen* von besonderer Bedeutung sind. Zugleich versuche ich, weitere Unterschiede herauszuarbeiten:

1.) Anders als die *Blechtrommel* ist der *Springende Brunnen* ein Roman in der Er-Form, und das heißt: in einer Form, die das Erzählte - oder eben die Geschichte - nicht über einen zurückblickenden, sich selbst reflektierenden Erzähler vermittelt, sondern als gleichsam unreflektiertes Geschehen unmittelbar vor Augen führt. Anders gesagt: Das Bewußtsein des Romans ist das des Erlebenden, oder genauer: will das des Erlebenden sein, und nicht das eines später Erzählenden mit größerer Erfahrung und besserer Einsicht in seine Zeit und in sein Tun. Zwar gibt es auch in der Er-Form die Möglichkeit, eine spätere und andere Sicht der Dinge geltend zu machen, aber sie nötigt nicht dazu, und der *Springende Brunnen* folgt der gegenteiligen Tendenz und versucht, spätere Einsichten und Wertungen so weit wie nur möglich auszuschalten.

2.) Gleichwohl macht auch der *Springende Brunnen* durch die erinnerungstheoretischen Passagen, die den drei Teilen vorangehen, deutlich, daß diese auf eine unreflektierte Unmittelbarkeit dringende Vergegenwärtigung der Geschichte das Produkt einer Erinnerung ist, die ebenfalls - und wie auch nicht! - von späteren Erfahrungen und von mancherlei mehr oder minder bewußten Motiven und Modalitäten der Erinnerung geprägt ist. Der Unterschied zwischen der *Blechtrommel* und dem *Springenden Brunnen* liegt nicht in einer prinzipiell anderen Auffassung von Erinnerung, sondern im intentional unterschiedlichen Umgang mit Erfahrungen und Einsichten, die jenseits des erinnerten

Geschehens liegen: Während die *Blechtrommel* diese Erfahrungen und Einsichten nicht nur in die erinnernde Darstellung, sondern - in Form von Oskars Vorauswissen - in die ursprüngliche Erfahrung der erinnerten Zeit einbaut, versucht der *Springende Brunnen*, diese späteren Erfahrungen und Einsichten so weit wie möglich aus der erinnernden Darstellung oder Rekonstruktion jener Zeit herauszuhalten.

Der Unterschied ist beträchtlich: Die *Blechtrommel* bietet eine Erfahrung der NS-Zeit, die den moralischen Normen der Nachkriegszeit entspricht, oder, wenn dies zu allgemein sein sollte: den Normen der historisch bewußten und ethisch sensibilisierten Intelligenz der Nachkriegszeit. Mit einem Wort: Die *Blechtrommel* bietet wunschgeleitete und normenkonforme Erinnerung. Der *Springende Brunnen* hingegen bietet eine Erfahrung der NS-Zeit, die von den Normen der späteren, sensibilisierten Nachkriegszeit noch nichts - ich betone: *noch* nichts - wissen will - und deswegen mit deren Bewußtsein kollidiert. Mit einem Wort: Der *Springende Brunnen* bietet realitätsorientierte und nicht-normierte Erinnerung. Konkret: Während die *Blechtrommel* zeigt, wie man gerne gewesen wäre: hellsichtig und unangepaßt oder gar widerständisch, zeigt der *Springende Brunnen*, wie man tatsächlich war: ahnungslos und mehr oder minder begeistert. (Das gilt übrigens auch für den Verfasser der *Blechtrommel*, der, wie er selber gelegentlich mitgeteilt hat, natürlich auch kein 'bewährter Antifaschist', sondern ein braver 'Hitlerjunge'[6]: ein Faktum, das, wenn es in Seminaren über die *Blechtrommel* mitgeteilt wird, immer Verwunderung auslöst, weil der Kurzschluß vom Helden eines Romans auf den Verfasser leider gang und gäbe ist). Nur an einer Stelle macht der *Springende Brunnen* eine Ausnahme von dieser Realitätsorientierung: im siebten Kapitel des zweiten Teils, das unter der Überschrift 'Das Wunder von Wasserburg' steht (243 ff.). Aus Liebe zu dem Zirkusmädchen Anita fährt Johann mit dem Rad dem abziehenden Zirkus La Paloma nach, versäumt darüber die Schule, fehlt bei wichtigen Arbeiten im Geschäft und bleibt unerlaubt eine Nacht lang außer Haus. Nach seiner Rückkehr muß er aber zu seiner (und unserer) Überraschung feststellen, daß niemand - außer dem Hund Tell - ihn vermißt hat, weil er anscheinend auch in Wasserburg war, bei verschiedenen Arbeiten zur Freude der Mutter und des Knechts Niklaus tüchtig Hand anlegte und in der Schule den nationalsozialistischen Lehrer mit einem Aufsatz provozierte, in dem er behauptete, daß eine Rasse, die eine andere Rasse vernichten wolle, nicht 'etwas Besseres', sondern 'etwas Minderes' sei (252). Grundiert ist diese Doppelgängergeschichte

durch Verweise auf Swedenborgs Engel- oder Entsprechungslehre, die
Johann über seinen Vater bekannt war (261 f.), und durch die (biblische)
Geschichte von Bileams Eselin, die Johann seinem Vater noch kurz vor
dessen Tod hatte vorlesen müssen (262); sie bleibt aber verwunderlich,
geheimnisvoll und vieldeutig, setzt jedenfalls das Realitäts- oder
Wahrscheinlichkeitsprinzip, dem der Roman ansonsten verpflichtet ist,
außer Kraft und ist vielleicht als Widerstandsphantasie im Sinne der
Blechtrommel zu verstehen: als Artikulation des Wunsches, so gewesen zu
sein, diesen von Karl May inspirierten Aufsatz tatsächlich geschrieben
und vorgetragen zu haben.

3.) Die *Blechtrommel* läßt den Nationalsozialismus - pointiert
gesagt - als eine wenig begründete Veranstaltung wildgewordener
Kleinbürger erscheinen. Warum Alfred Matzerath 1934 in die NSDAP
eintritt, (145) bleibt ein Geheimnis: Er ist völlig unpolitisch und vom
Naturell her gutmütig wie kaum ein anderer; er leidet weder unter
ethnischer Diskriminierung noch unter wirtschaftlicher Not (der 'New
Yorker Börsenkrach' bleibt in der *Blechtrommel* ein amerikanisches
Gerücht (84)). Anders der *Springende Brunnen*, der mit dem frühen dritten
Kapitel 'Zahlungen eingestellt' die Zeit der Wirtschaftkrise und der
vollends verunsichernden Notverordnungen vergegenwärtigt und an
konkreten Beispielen zeigt, wozu die Menschen durch die ökonomische
Gefährdung getrieben wurden: zum Selbstmord (109: Hartmut Schulz),
zur Urkundenfälschung (60: Johanns Mutter) und eben auch zum Eintritt
in die NSDAP (89 ff., 105: Johanns Mutter), sogar dann, wenn dies - wie
im Fall von Johanns Mutter - aus Gründen des Naturells oder der
religiösen Prägung ganz *contre coeur* ging. Ergänzt wird dieser Blick auf
diese wichtige ökonomische Ermöglichung der NS-Herrschaft durch den
Hinweis auf den 1938 deutlich sichtbaren Aufschwung, der bekanntlich
die Dimensionen eines 'Wirtschaftswunders' erreichte.[7] Insgesamt heißt
dies: Die Leute haben im *Springenden Brunnen* triftige, nämlich
ökonomische, Gründe für die Zuwendung zum Nationalsozialismus, und
sie werden in dieser Hinsicht scheinbar nicht enttäuscht: 1938 'verdienen
alle wieder', und zwar so gut, daß sogar die minoritären 'Evangelischen
[...] eine eigene Kirche bauen können' (275).

4.) Wenn die Zuwendung der Menschen zur NSDAP solchermaßen
verständlich gemacht wird, wird *nicht*, wird *keineswegs* zugleich auch
gesagt, daß sie damit gut beraten waren. Vom Ende her wird deutlich, daß
das Gegenteil der Fall war, und von Anfang an gibt es warnende Stimmen,
die - und das ist bedeutungsvoll - mit großer Autorität ausgestattet sind.

Die wichtigste dieser Stimmen ist die des geliebten Vaters von Johann: eines sensiblen, musikalisch und poetisch veranlagten Mannes, vom Weltkrieg her leidend, in jeder Hinsicht ein Anti-Typ zum Nazi, wie der Roman durch die abfälligen Reden des Obernazis Brugger über den 'Schlappschwanz' von Johanns Vater, über diese 'arme Sau', wie Brugger sagt, deutlich macht (62, 151 und 154). Dieser Vater wittert und sagt, daß Hitler 'Krieg' (59) und 'Katastrophe' (87) bedeute, und Johann behält dies im Gedächtnis (151). Aber die Erwachsenen mißachten des Restaurationswirts Stimme, und seine beiden Söhne, die natürlich auch vom Zeitgeist erfaßt werden, können den Fronteinsatz kaum erwarten, ja Johann fiebert ihm noch entgegen, als sein Bruder schon gefallen ist.

5.) Die *Blechtrommel* hat einen Helden, der als dezidierter Nonkonformist auf die Welt kommt und deswegen für den Nationalsozialismus - wie auch für andere Ideologien und Bewegungen - nicht anfällig ist (158). Der Held des *Springenden Brunnen* bringt eine solch nonkonformistische Veranlagung nicht mit auf die Welt. Immerhin wird er von seinem Vater zum Leser erzogen und mit Wörtern geimpft, die von denen, welche die nazistischen Dorfgrößen gern im Mund führen, abweichen. Johanns Vaterwörter heißen: 'Bangigkeit, Kleinodien, Wißbegierde, Übermut, Schaumkrone, Sommersprossen, Trauerweide, Wiedergeburt, Himmelreich, Siebensachen, Denkmal, Beatrijs, Entsprechung' (263 und 273). Die Nazi-Wörter hingegen lauten: 'Männlichkeit, Schuhwerk, Nachspiel, Charaktergröße, Charakterlump, Speichellecker, Lackaffen, Weiberwirtschaft, Bewährungsprobe' (263 und 272). Johann hat für diese Wörter nicht viel übrig, aber er 'bewunderte', wie es ausdrücklich heißt, seinen Schulkameraden Adolf Brugger, wenn dieser 'das Kinn hob' (272) und mit eindrucksvoller 'Ruhe' (263) 'Sätze mit diesen Wörtern hinaussprach' (272 f.). Und das bedeutet wohl, daß die Faszinations- oder Verführungskraft des Nationalsozialismus etwas größer war, als die *Blechtrommel* und, nebenbei, ein guter Teil der Geschichtsschreibung es meinen lassen.[8]

6.) Wie der Beginn der NS-Herrschaft bedeutet auch ihr Ende für Wasserburg keinen spektakulären, tiefgreifenden Einschnitt. Gewiß: einzelne Tote (371 und 387 f.), öffentliche Anprangerungen (367), ein paar Rachemorde seitens polnischer Zwangsarbeiter (380), aber kein Bombardement, keine Straßenkämpfe, keine Vergewaltigungen und keine Vertreibung. Die Franzosen übernehmen das Regiment. Der Viehhändler Wechsler kommt aus Zürich zurück, übernimmt seine Firma wieder und stellt den Sohn des Obernazis Brugger als Lehrling ein (370). Der als

'Halbjude' eingestufte Wolfgang Landsmann wird wieder sichtbar (395 ff.), und im übrigen geht das Leben weiter: Als Johann an einem 'rein goldenen Junisonntagabend' (364) heimkommt, singt in der Kirche zufällig der weltberühmte Tenor Karl Erb ein hinreißendes 'Ave Maria', und nachher steht er auf dem Kirchhof, zwei Damen hinter ihm, 'vornehme Damen, sozusagen', wie ausdrücklich gesagt wird, 'die durch nichts verrieten, daß gerade ein mehrjähriger Krieg verloren worden war' (369). Kriegsende bedeutet hier nicht Katastrophe und Katharsis, sondern Verdrängung, Kontinuität und, wenn der von den Nazis verjagte Wechsler nach seiner Rückkehr den Sohn des Obernazis Brugger einstellt, sogar Versöhnung oder doch den Willen zu einem neuen Miteinander.

7.) Der *Springende Brunnen* beschreibt das, was üblicherweise mit der Vokabel 'Verdrängung' belegt wird, in schonungsloser und bekenntnishafter Offenheit (400 f.): Johann erfährt von der Angst, in der die jüdische Frau Landsmann während alle der Jahre gelebt hat. Diese Angst bedrängt ihn, engt ihn ein, und er wehrt sich, versucht, von Frau Landsmann und ihrer Angst 'weg[zu]denken' (401), will dieser Frau möglichst nicht begegnen. Ähnlich geht es ihm mit den Toten und speziell mit seinem gefallenen Bruder Josef, dessen Tod Johann nicht realisieren will: 'Er sah Josef immer lebendig vor sich. Vielleicht würde er sich im Winter die Toten tot vorstellen. Jetzt nicht. Nicht in diesem glühenden Sommer' (401). Johann 'wollte leben, nicht Angst haben' (401) und nicht an Tote denken müssen. Er verhält sich damit genau so, wie sich viele Menschen, vermutlich die meisten jungen Menschen, damals verhalten haben - und verhalten mußten. Letzteres sage ich mit ausdrücklichem Verweis auf die vielberufene Abhandlung *Die Unfähigkeit zu trauern* von Alexander und Margarete Mitscherlich. Dieses berühmte, 1967 erschienene Buch wird meist nur dazu benutzt, die nach dem Krieg einsetzende Verdrängung, Verleugnung oder Verharmlosung der Verbrechen und sonstigen Schrecknisse der NS-Zeit zu kritisieren und zu verurteilen. Diese Verwendung ist nicht falsch, doch sollte man dabei nicht übersehen, daß Alexander und Margarete Mitscherlich für die unmittelbar nach dem Krieg einsetzende Verdrängung oder Verleugnung zunächst einmal Verständnis schaffen: Nach der Niederwerfung des Dritten Reichs und nach der Aufdeckung der NS-Verbrechen war der Leidensdruck, der aus Verlusterfahrungen wie aus politischer Ernüchterung und moralischer Einsicht resultierte, so groß, daß ein 'Fortleben' der Bevölkerung nur möglich war, wenn die Ungeheuerlichkeiten der NS-Zeit und zumal die aktive Beteiligung daran möglichst verdrängt wurden. Es herrschte, wie es bei Alexander und Margarete Mitscherlich wörtlich heißt, 'ein submoralischer Notstand, in dem nur mehr biologisch vorbereitete Selbstschutzmechanismen Erleichterung bringen können'.[9] Zu diesen 'Selbstschutzmechanismen' gehört auch die Verdrängung, der sich Walsers Johann wie die meisten Zeitgenossen überließ. Als biologisch vorbereiteter Mechanismus ist sie bis zu einem gewissen Grad der Willkür der Subjekte entzogen - und damit zumindest zum Teil auch ihrer Verantwortung. Dies ist zu berücksichtigen, wenn man die Verdrängungsbereitschaft der unmittelbaren Nachkriegszeit und entsprechend, wie es geschehen ist, von Walsers Johann kritisiert. Sie soll damit nicht gutgeheißen, sondern nur historisch, psychologisch und moralisch verständlich gemacht werden - im vollen Bewußtsein dessen, daß diese Notreaktion natürlich nicht unproblematisch war, sondern - im Gegenteil - eine Voraussetzung für den betrüblichen Umstand, daß, wie Alexander und Margarete Mitscherlich schreiben, 'auch später keine adäquate Trauerarbeit [...] erfolgte'.[10]

8.) Johanns Wunsch, von der geängstigten Frau Landsmann und dem toten Bruder Josef 'weg[zu]denken' (401), entspringt nicht etwa einer durch nichts berührbaren Unbekümmertheit und Lebensgier. Im Gegenteil: Die Ängste, die Frau Landsmann ausstehen mußte, gehen ihm nach und bedrängen ihn, formulieren sich in ihm geradezu als 'Vorwurf' (401), und Josef erscheint ihm im Traum als Mann jener Lena, mit der er, Johann, gerade geschlafen hat (403): Ausdruck des Gefühls, daß er sich an dem toten Bruder massiv versündige. Johann weiß also oder spürt zumindest, daß diese Dinge nicht einfach zu vergessen sind. Es wird ihm bewußt, daß er für alle diese Dinge, auch, wie ausdrücklich gesagt wird, 'für das, was Wolfgang [Landsmann] über sich und seine Mutter [...] erzählt hatte' (400), Wörter finden muß, und zwar 'selber' (400), wie betont wird, eigene Wörter, eine eigene Sprache (402). Dafür aber braucht er, so glaubt Johann, eine gewisse Freiheit oder Distanz, und er versucht, sich diese durch eine intentionale Verdrängung, die er sich als zeitlich begrenzte vorstellt (401: 'Vielleicht würde er sich im Winter die Toten tot vorstellen.'), zu verschaffen. Und das heißt: Verdrängung, jedenfalls Verdrängung, wie sie am Ende des *Springenden Brunnen* geschildert wird, erscheint hier nicht nur als überlebensnotwendige Abwehr eines sonst unaushaltbaren Leidensdrucks, sondern auch als Voraussetzung für die schriftstellerische Verarbeitung der NS-Zeit, zu der Johann auf den letzten Seiten des Romans übergeht, indem er die Traumbegegnung mit dem toten Bruder schriftlich fixiert (404). Mit diesem Anfang der schriftstellerischen

Tätigkeit und mit dem Postulat, daß eigene Wörter auch für die Geschichte der Familie Landsmann zu finden seien (400), bekommt Johanns weitere Entwicklung, die im Roman nicht mehr geschildert wird, eine Perspektive, die zwar nicht auf eine 'Heil- und Pflegeanstalt' weist, aber doch von der Verdrängung wegführt.

Ich fasse - vergleichend und pointierend - zusammen:

Die *Blechtrommel* und der *Springende Brunnen* sind zwei Erinnerungsbücher über dieselbe Zeit, die NS-Zeit, doch erscheint diese Zeit, erscheint der Nationalsozialismus, erscheint das Verhalten der Menschen in der NS-Zeit in diesen beiden Büchern sehr unterschiedlich. Das liegt zum Teil an der unterschiedlichen Situierung des Geschehens: Die Erfahrungen, die in der Frontstadt Danzig zu machen waren, waren andere als die, die in Wasserburg zu machen waren. Zum Teil liegt es aber auch an der unterschiedlichen Optik der Wahrnehmung oder - eigentlich - an der unterschiedlichen Vorprägung der Erinnerung:

In der *Blechtrommel* bestimmt das Bewußtsein der fünfziger Jahre, genauer: der Intellektuellen der fünfziger Jahre, die Wahrnehmung des Helden von Anfang an. Gleich bei seiner Geburt wird er mit dem Hang zum Nonkonformismus ausgestattet, der von den Intellektuellen der fünfziger Jahre als Reaktion auf die Erfahrung des Totalitarismus entwickelt und gepflegt wurde, und zudem bekommt er jene eigentlich erst im Rückblick mögliche Hellsicht, die ihn früh schon wissen läßt, daß der Führer, der als gabenspendender 'Weihnachtsmann' verheißen wird, in Wahrheit der 'Gasmann' ist (261). Diese Implantation späteren Wissens und späterer Normen bestimmt des Helden Verhalten gegenüber dem Nationalsozialismus: resistent während der NS-Zeit selbst, verstört und trauernd danach. Die Implantation späteren Wissens und späterer Normen ist aber nicht nur für den Helden der *Blechtrommel*, sondern auch für die Leser, das Publikum, die literarisch bewanderte Öffentlichkeit ein bedeutungsvoller und folgenreicher Anachronismus: Indem nämlich das spätere geschichtliche Wissen über die NS-Zeit (Perspektive Auschwitz) und die spätere moralische Norm für den Umgang mit der NS-Vergangenheit (Aufarbeitung statt Verdrängung) schon in die unmittelbare Erfahrung der NS-Zeit seitens eines Heranwachsenden eingebaut werden, wird die Wahrnehmung dieser Zeit verfälscht und zeitfremden Normen unterworfen, aber in einem Modus, der diesen Anachronismus, diesen Trick verschleiert. Es wird suggeriert, daß man das Wissen der Nachkriegszeit schon 1936 oder 1938 hätte haben können und daß das Aufarbeitungspostulat der späten fünfziger Jahre schon 1945 selbstverständlich gewesen wäre. Die Folge davon ist, daß sich die Miterlebenden, die überlebenden Akteure, die Repräsentanten dieser Vergangenheit vor sich selber und vor andern nicht nur gegenüber dem verantworten, was damals wissensmöglich und verhaltensrelevant war, sondern auch gegenüber dem, was erst später sichtbar wurde oder normative Geltung erlangte. Auf diese anachronistische, zugleich aber normative Überformung der Erinnerung an die NS-Zeit ist es zurückzuführen, daß die Beteuerung von Miterlebenden, sie hätten von dem oder jenem schrecklichen Vorgang nichts gesehen und nichts gehört, als Unwahrheit oder als Folge von Verdrängung abgetan wird, und daß, um in den Bereich der Literatur zurückzukehren, die Verwendung des Namens 'Auschwitz' zum entscheidenden Kriterium der Bewertung von Büchern über die NS-Zeit gemacht wird. Peter Handke hat Ansätze dazu schon 1966 beobachtet,[11] und in jenem 'Literarischen Quartett', in dem der *Springende Brunnen* zur Debatte stand, wurde dieses Kriterium tatsächlich geltend gemacht, und zwar auf eine nachhaltig wirksame Weise, wie man im Herbst 2000 in den Debatten der Sektion 'Gegenwartsliteratur' des Internationalen Germanistenkongresses in Wien erfahren konnte und wie es aus mancherlei Publikationen zu ersehen ist.[12]

Die *Blechtrommel* ist für die normative Überformung der Erinnerung an die NS-Zeit natürlich nicht allein verantwortlich; aber sie war ihr literarischer Pionier und hat zur Popularisierung dieser Art von Erinnerung sicher einiges beigetragen. In ihr erscheint die historisch aufgehellte und normierte Erinnerung an die NS-Zeit in grotesker, aber wirksamer Zuspitzung - mit der Folge, daß die Wahrnehmung der NS-Zeit in entscheidend wichtigen Punkten verfälscht wird.

Demgegenüber tritt der *Springende Brunnen* - bei allem Wissen um die gegenwärtige Motivierung der Erinnerung, um die gegenwärtige Prägung der Vergangenheit - für eine Erinnerung ein, die nicht gleich späteres Wissen und spätere moralische Normen geltend macht, und das heißt auch: für eine authentische, nicht vom Diktat der Gegenwart schon perspektivierte Vergangenheit (282). Das widerspricht, wie einer jüngst erschienenen Studie über den deutschen Umgang mit der NS-Vergangenheit zu entnehmen ist, der öffentlich gepflegten Erinnerung, die solchermaßen auf Verurteilung abgestellt ist, daß eine Erinnerung, die dieser Verurteilung nicht entgegenkommt, störend wirkt oder gar zum Skandalon wird.[13]

Der Verurteilungsdrang ist verständlich, und daß der Nationalsozialismus - und mit ihm das entsprechende Verhalten der

Menschen - zu verurteilen ist, steht außer Debatte. Daß durch diesen Verurteilungsdrang, der bisweilen als Verurteilungsenthusiasmus erscheint, aber die Erinnerung an die NS-Zeit verfälscht, die Rekonstruktion der NS-Zeit deformiert wird und daß manches, etwa die Motivation für den Eintritt in die NSDAP oder auch der Wunsch nach Verdrängung, nach Befreiung vom Alpdruck der NS-Geschichte, nicht mehr in seiner damaligen Dringlichkeit dargelegt und verständlich gemacht werden kann, auch wenn es zu verurteilen ist, das verstellt die historisch-politische Erkenntnis und gefährdet die seriöse Auseinandersetzung mit der NS-Vergangenheit. Die *Blechtrommel* erscheint mir als ein Versuch, für die Beurteilung der NS-Vergangenheit späteres Wissen und spätere moralische Normen geltend zu machen, und dies mag, wie ausdrücklich gesagt sei, um 1959 sehr wichtig gewesen sein. Der *Springende Brunnen* erscheint mir als Versuch, das Verhalten der Durchschnittsmenschen in dieser Zeit ohne Beschönigung, aber auch ohne Verteufelung darzustellen und verständlich zu machen, auch wenn dieses Verhalten in vielen Momenten zu verurteilen ist, und das scheint mir nicht weniger wichtig zu sein. Die Flakhelfergeneration, die den Aufbau der Bundesrepublik ganz wesentlich mitbestimmte, war weniger vom Schlag der allegorisch-grotesken Kunst- und Wunschfigur Oskar als vielmehr vom Schlag der Real- und Durchschnittsfigur Johann, und das ist ein so wichtiges und so erstaunliches Faktum, daß es Darstellung verdient hat und durchaus Gegenstand weiterer Reflexionen sein sollte.

Anmerkungen

[1] Die Seitenangaben beziehen sich im Fall der *Blechtrommel* auf das dtv-Taschenbuch Nr. 11821 (Deutscher Taschenbuch Verlag: München, 1999), im Fall des *Springenden Brunnen* auf die Originalausgabe (Suhrkamp: Frankfurt am Main, 1998).

[2] Die Seitenangaben beziehen sich auf das Knaur-Taschenbuch Nr. 8 (Knaur: München und Zürich, 1963).

[3] Vgl. Thomas Mann, *Betrachtungen eines Unpolitschen*, in ders., *Politische Schriften und Reden*, Fischer: Frankfurt am Main, Bd 1, S. 422.

[4] Vgl. *Deutsch-jüdische Geschichte in der Neuzeit*, hrsg. von Michael A. Meyer unter Mitwirkung von Michael Brenner, Bd. IV: *Aufbruch und Zerstörung*, Beck: München, 1997, S. 37 ff.

[5] Vgl. Dan Diner (Hrsg.), *Zivilisationsbruch. Denken nach Auschwitz*, Fischer: Frankfurt am Main, 1988.

[6] Vgl. Günter Grass, 'Rede von der Gewöhnung", in: Günter Grass, *Über das Selbstverständliche. Reden, Aufsätze, offene Briefe, Kommentare*, Luchterhand: Darmstadt und Neuwied, 1968, S. 162-179, hier 169.

[7] Vgl. Hans-Jürgen Eitner, *Hitlers Deutsche. Das Ende eines Tabus*, Gernsbach: Katz, 1990, S. 201 ff.

[8] Vgl. dazu Helmuth Kiesel, 'Der Nationalsozialismus. Faszination durch Erfolg?', in: Hans Maier (Hrsg.), *Wege in die Gewalt. Die modernen politischen Religionen*, Fischer: Frankfurt am Main, 2000, S. 143-165.

[9] Vgl. Alexander und Margarete Mitscherlich, *Die Unfähigkeit zu trauern. Grundlagen kollektiven Verhaltens,* Piper: München, 1977 (13. Auflage), S. 58; vgl. auch 30, 35 und 38.

[10] Vgl. ebd., 35.

[11] Vgl. Peter Handke, *Ich bin ein Bewohner des Elfenbeinturms*, Suhrkamp: Frankfurt am Main, 1972, S. 31 ('Zur Tagung der Gruppe 47 in USA', 1966).

[12] Vgl. zum Beispiel Michael Bruckmiller u. a. (Hrsg.), *Judentum und politische Existenz. Siebzehn Porträts deutsch-jüdischer Intellektueller*, Offizin: Hannover, 2000, S. 31, wo es in einer Anmerkung des Aufsatzes über Walter Benjamin heißt, daß 'der Protagonist [des *Springenden Brunnen*] mehrfach auch nur die Wahrnehmung des Elends der Opfer verweigert' (Anm. 25). Walser wird hier von jemandem, der entweder den *Springenden Brunnen* nur vom Hörensagen kennt oder eben des Lesens von Literatur nicht fähig ist, ganz offensichtlich als der Prügelknabe vom Dienst angeführt.

[13] Vgl. hier Aleida Assmann / Ute Frevert, *Geschichtsvergessenheit – Geschichtsversessenheit. Vom Umgang mit deutschen Vergangenheiten nach 1945*, Deutsche Verlagsanstalt: Stuttgart, 1999, bes. S. 21 ff.

Matthias N. Lorenz

'Familienkonflikt' oder 'Antisemitismusstreit'?
Zur Walser-Bubis-Debatte

The Walser-Bubis debate, brought about by Martin Walser's 'Friedenspreis' speech about 'the continuing representation of our shame' and Ignatz Bubis's rapid counter, is one of the most strident debates about the past to have taken place in the whole post-war era in Germany. In the following essay this media-driven controversy is presented chronologically and analysed on the basis of some salient events. The investigation shows that the subject of debate developed very quickly from a critique of the media to a confrontation with Holocaust survivors, which included anti-Semitic elements. Particular attention is placed on showing what opportunities for intervention presented themselves to Walser and how he made use of them.

Am 13. August 1999 ist Ignatz Bubis gestorben. Etwas Schlimmeres als Bubis' Tod hätte Martin Walser – in der Logik der Debatte – nicht passieren können. Der moralische Druck, seine Positionierung durch die Friedenspreis-Rede zurückzunehmen, ist jedenfalls seitdem gewachsen. Günter Grass und die TV-Journalistin Sandra Maischberger bedrängten ihn öffentlich, nun, wo Bubis doch gestorben sei, solle auch er etwas Versöhnliches sagen, Bubis posthum die Hand reichen.[1] Hajo Funke überschreibt einen Aufsatz über Bubis' Tod gar mit der Zeile: 'Walsers später Triumph'.[2] Und Claus Koch schrieb in der *Süddeutschen Zeitung*, daß der Streit mit Walser Ignatz Bubis 'der Verzweiflung und seinem Tod näher'[3] gebracht habe. Derartige Zumutungen zu ertragen gehört mittlerweile zu Martin Walsers Tagesgeschäft. Noch dreieinhalb Jahre nach der Friedenspreis-Rede werden seine Lesungen aus dem 'Lebenslauf der Liebe' systematisch gestört. Ein reiches literarisches Leben droht auf wenige Reizwörter reduziert zu werden. Warum?

Die Walser-Bubis-Debatte war – mißt man sie an ihrer Kürze und der Fülle der publizistischen Beiträge – eine der heftigsten Kontroversen um die nationalsozialistische Vergangenheit. Was war das für eine Debatte?

- War sie ein 'Streitritual älterer Herrschaften', ein 'Familienkonflikt', wie Dietrich Schwanitz meint? Es gibt zahlreiche Deutungen in dieser Richtung[4]. Ihr Konsens ist die Einordnung des Streits zwischen Walser und Bubis als Fortsetzung der Vergangenheitsdebatten der Bonner Republik. Die Debatte wird als obsolet oder doch als selbstreferentielle Veranstaltung der direkt Beteiligten angesehen, als ein letzter Versuch der älteren Generation, der fortschreitenden Historisierung des Holocaust ihre jeweilige Deutung einzuschreiben. Tatsächlich waren die bekanntesten Diskutanten Generationsgenossen von Walser und Bubis.

- Oder war die Walser-Bubis-Debatte, wie vor allem Beiträge jüngerer Publizisten und Wissenschaftler nahelegen, der 'erste Antisemitismusstreit der [...] Berliner Republik'[5] – so Lars Rensmann –, also Ausdruck eines unbefangeneren deutschen Nationalbewußtseins ein Jahrzehnt nach der Wiedervereinigung? Nach dieser Lesart wäre die Walser-Bubis-Debatte eine Vergangenheitsdebatte neuen Stils.

In der folgenden Darstellung sollen Hinweise für diese zweite These aufgezeigt werden. Die Provokation in Walsers Rede ist eine dreifache:

- Methodisch spricht er den Intellektuellen und Schriftstellern eine inzwischen eingespielte Zuständigkeit ab, nämlich die des moralischen Mahnens abseits von politisch-konkreten Zwängen.

- Auf der Formebene besetzt er Begriffe anders als üblich, so z.B. das Wegschauen in Bezug auf Auschwitz nicht pejorativ; benutzt er ein längst überholt geglaubtes Vokabular (z.B. die deutsche 'Schande' anstelle von Schuld) und verwendet provozierend scharfe Vokabeln wie 'Moralkeule' oder 'Meinungssoldaten'.

- Inhaltlich kritisiert Walser die öffentliche Auseinandersetzung mit dem Holocaust durch mediale und intellektuelle Meinungsführer, die er auf das Gewissen des Individuums verlagern möchte.

*   *   *

Die heftigen Reaktionen auf den Inhalt dieser Rede verwundern zunächst: Zum einen, weil Walser hier Positionen zusammenfaßt, die er schon häufiger öffentlich vertreten hat. Zum anderen, weil diese Positionen durchaus im Einklang mit zeitgenössischen Entwicklungen stehen. Manuel Köppen und Klaus Scherpe haben bereits 1997 aufgezeigt, daß die 'Instrumentalisierung'[6] einerseits und die 'Befreiung vom Trauerritual'[7] andererseits aktuelle Tendenzen des Holocaust-Diskurses seien. Der Auschwitz-Überlebende Primo Levi schrieb, es gebe drei Dinge, die die Erinnerung gefährdeten: Erstens den Verlust der Erinnerung, zweitens ihre Verfälschung, drittens sei jedoch ebenfalls 'wahr, daß eine Erinnerung, die allzuoft heraufbeschworen und in Form einer Erzählung dargeboten wird, dahin tendiert, zu einem Stereotyp [...] zu erstarren, [...].'[8] Auch das Wegschauen von Bildern des Holocaust – ich lese Walsers Rede in erster Linie als eine Medienkritik – korrespondiert durchaus mit dem Diskurs über ein Darstellungsverbot für das Undarstellbare (z.B. durch Theodor W. Adorno, Elie Wiesel, Claude Lanzmann, Jean-François Lyotard[9]), der derzeit eine Renaissance erlebt. Walsers ablehnende Haltung gegenüber *repräsentativem* Gedenken, sein auch an der Wortwahl deutliches individuelles und ursächliches Schuldverständnis[10] teilt er mit Hannah Arendt, die sich in ihrem berühmten Eichmann-Bericht unter anderem gegen eine Auflösung individueller Schuld im Kollektiv wandte.[11]

Der Skandal, den Walsers Rede verursachte, ist weniger in den genannten Schlüsselbegriffen und Thesen begründet. Die eigentliche Provokation der Rede war ein sich im Sprachgebrauch äußerndes Denkmodell von Inklusion und Exklusion zwischen Täterkollektiv und einem diffusen Rest der Gesellschaft. Ignatz Bubis hat wahrscheinlich deshalb interveniert, weil er persönlich und die von ihm repräsentierte gesellschaftliche Gruppierung in Walsers Erinnerungsmodell nicht vorkommen. Wo die Rede von 'uns' Deutschen als 'Beschuldigten' ist, da ist kein Platz für ein sich als *deutsch* verstehendes jüdisches Opfer. Die Gruppe der Opfer des Nationalsozialismus und ihre Nachfahren sind vom Erinnerungsmodell Walsers per se ausgeschlossen, weil es ein Schuldbewältigungsmodell ist.[12] Wer aber keine Schuld im Sinne tatsächlicher oder moralischer Verantwortung trägt, sondern wem vielmehr das Opferdasein aufgezwungen wurde – bis in die Generationen der Kinder und Enkel hinein –, der ist von diesem Modell, Schuldgefühle mit sich selbst aus zu machen, nicht mehr nur persönlich aufgrund seiner Biographie ausgeschlossen, sondern der ist nun auch gesellschaftlich isoliert.

Es gibt in Walsers Rede einen kurzen Verweis auf die Opfer, nämlich daß die Meinungssoldaten glaubten, sie seien durch ihre moralisierenden Vorhaltungen näher bei den Opfern als bei den Tätern. Und daß es eine 'unerbittliche [...] Entgegengesetztheit' zwischen Opfern und Tätern gäbe.[13] Es gibt aber bei Walsers Erinnerungsmodell kein Miteinander. Ein Miteinander zwischen den so entgegengesetzten Gruppen könnten nur symbolische Trauerakte sein wie das Berliner Mahnmal oder gemeinsam begangene Gedenkfeierlichkeiten. Die 'gegensätzliche Gemeinsamkeit' von Deutschen und Juden, für die beide Auschwitz 'zum Ausgangspunkt ihres Selbstverständnisses' geworden ist, hat der Holocaustforscher Dan Diner als 'negative Symbiose' beschrieben.[14] Wenn sich das Täterkollektiv jedoch hiervon zurückzieht, dann ist die Verbindung zu den deutschen Juden gekappt. Genau diese Vorlage Walsers, die Konstruktion eines homogenen 'wir',[15] die ja nur *ein*

Aspekt der Rede unter vielen ist, setzte sich als eigentliches Thema der Debatte durch. Die Medienkritik geriet sehr schnell aus dem Blick, statt dessen veränderte sich die Rezeption der Rede zu einem Streit über die öffentlich akzeptierte Rolle von Juden in der heutigen deutschen Gesellschaft.[16] Im folgenden werden die wichtigsten Phasen dieser Debatte aufgezeigt und charakterisiert.

*   *   *

Die Debatte beginnt mit Walsers Rede am 11. Oktober 1998 in der Paulskirche.[17] Die ersten Reaktionen auf Walsers Rede sind von allgemeiner Zustimmung geprägt. Die Wirkung der Rede auf die Anwesenden ist eine völlig andere als der spätere Nachhall in den Medien: Mit *standing ovations* ehren die 1200 Ehrengäste den Preisträger für seine Rede. Rhetorisch geglückt ist die Rede aufgrund von Walsers Ausstrahlungskraft und seiner Formulierkunst, die vielfache Identifikationsmöglichkeiten anbietet. Walser hat sein Publikum - wie postuliert - 'auf eine nicht kalkulierbare Weise'[18] angesprochen, auf der Gefühlsebene. Ignatz und Ida Bubis und wenige andere bleiben sitzen und applaudieren nicht, ein Umstand, der nicht weiter auffällt. Am 12. Oktober beschränken sich die großen Zeitungen auf den Abdruck des Redetextes.[19] In den wenigen und kurzen Rezensionen wird der Inhalt der Rede zusammengefasst, das Provokante an der Rede aber kaum erfasst.

Diese erste Phase der unmittelbaren und unreflektierten Rezeption endet mit dem 13. Oktober, an dem die Deutsche Presse-Agentur Bubis' Vorwurf der 'geistigen Brandstiftung' meldet. Bubis kündigt seine Rede zu den Gedenkfeierlichkeiten am 9. November als eine Erwiderung auf die Friedenspreis-Rede an. Er begründet den Vorwurf der geistigen Brandstiftung damit, daß Walser den politisch zulässigen Diskursraum mit seiner Rede für rechtsradikales Gedankengut geöffnet habe: 'Leute wie der DVU-Vorsitzende Gerhard Frey und Ex-Republikaner-Chef Franz Schönhuber sagen es auch nicht anders.'[20]

Daraufhin setzt die eigentliche Debatte ein. Inhaltlich beginnt sie auf zwei unterschiedlichen Niveaus: Einerseits geht es um die Zulässigkeit von Formulierungen, wie 'Moralkeule' auf der einen, 'geistige Brandstiftung' auf der anderen Seite. Darüber hinaus wird ansatzweise über mögliche Formen des Gedenkens diskutiert, zum Beispiel darüber, ob Walsers Innerlichkeit in Bezug auf Auschwitz angemessen sei oder nicht. Daß sich dieser Zweig der Debatte nicht durchsetzen kann liegt wohl daran, daß vor allem in den Diskussionen über das Holocaust-Mahnmal die Frage nach dem 'wie' der Erinnerung intensiv und über lange Zeiträume hinweg kommuniziert worden ist.[21]

Sehr bald erwächst aus diesen Diskursen noch eine zweite inhaltliche Thematik, die sich als dominant herausstellen wird: Die 'Entgegengesetztheit von Tätern und Opfern'.[22] *Wer* darf *wie* über *was* sprechen – teilweise erscheint der Streit nun wie ein Kompetenzgerangel in Sachen Holocaust. Kritiker unterstellen Walser, seine Rede bewußt medienwirksam angelegt zu haben.[23] Der Verlauf der Debatte jedenfalls stellt sich dramaturgisch als überaus mediengerecht heraus: Auf die Walser'sche Provokation folgt die nicht minder provokative Gegenreaktion von Bubis. Damit ist eine starke Polarität und Personalisierung gegeben, die von den Medien anschaulich zu vermitteln ist. Zudem wird eine mediale Spannung inszeniert, indem Bubis seine Gegenrede ankündigt. In der Zeit bis dahin wird in den Zeitungen vorab um die beiden Positionen gefochten. Es äußern sich in erster Linie Publizisten und Prominente, auffallend wenige *Politiker* sind darunter. Ob dies am soeben erfolgten Regierungswechsel liegt oder, wie der amerikanische Politologe Andrei S. Markovits meint, am Antizionismus der 68er-Generation, die nun an die Macht gekommen ist, muß hier offen bleiben.[24]

Joachim Rohloff[25] und Gerd Wiegel[26] meinen zu erkennen, daß die Debatte in dieser Phase von einer breiten publizistischen Zustimmung zu Walsers Rede getragen werde. Jan-Holger Kirsch hat diese Annahme zumindest für die überregionalen Meinungsführer empirisch widerlegt: In den Zeitungsartikeln überwog die Kritik am Redetext.[27] Daß Rohloff, Wiegel und andere einen anderen Eindruck gewonnen haben, hat folgenden Grund: Walser hat *als Person* tatsächlich mehr Zuspruch erfahren als die *Person* Ignatz Bubis. Die Befürworter der Rede verteidigen auch Martin Walser, aber viele Kritiker der Rede üben gleichzeitig Kritik an Bubis' Invektiven.

Das aus früheren Vergangenheitsdebatten bekannte Ritual der politischen Lagerbildung wiederholt sich in der Walser-Bubis-Debatte nicht. In jeder überregionalen Zeitung erscheinen Artikel, deren Autoren sich pro oder contra Walser äußern. Der Schwerpunkt der Debatte liegt bei der *Frankfurter Allgemeinen Zeitung* (im folgenden: *FAZ*), die in der Hochphase der Auseinandersetzung täglich Beiträge druckt. Insgesamt spielt der Streit sich nahezu ausschließlich in den Printmedien ab.[28] Jan-Holger Kirsch hat die gängigen Argumentationsmuster der Zeitungsbeiträge herausgearbeitet:[29] Die Befürworter Walsers verteidigen

ihn gegen den Vorwurf des Revisionismus und Antisemitismus, gegen den
sein ganzes Werk spreche. Ein Schriftsteller spreche mit einer anderen
Sprache als ein Politiker, Bubis' Kritik sei maßlos überzogen. Konsens ist
auch die Abwehr ritualisierten öffentlichen Gedenkens. Die Walser-
Kritiker werfen ihm vor, Stammtischparolen zu verbreiten und die
Empfindungen der Opfer zu übergehen. Eine 'Rhetorik der Anspielungen'[30] provoziere bewußt Deutungen der Rede, die als national-
konservativ oder revisionistisch gelten könnten. Walsers Gewissens-
autonomie sei zwar legitim, aber kein taugliches Modell für die
Selbstverständigung einer Gesellschaft.

Bubis gibt in dieser Zeit mehrere Interviews,[31] Walser veröffentlicht
dagegen nur eine einzige Presse-Erklärung, in der er am 23. Oktober
Bubis' Angriffe 'als das Heraustreten aus dem Dialog zwischen
Menschen'[32] beklagt. Durch sein Schweigen versucht Walser zunächst,
sich der öffentlichen Debatte zu entziehen:[33] '1200 Menschen haben also
einer geistigen Brandstiftung Beifall gespendet. An die muß sich Herr
Bubis wenden.'[34]

Im Prinzip sind fast alle Argumente, die diese zweite Phase der
Debatte bestimmen, bis zum 9. November bereits ausgetauscht. Bubis
wählt daher in seiner Rede in der Berliner Synagoge Rykerstraße eine
gemäßigtere Tonart, ohne an inhaltlicher Schärfe einzubüßen. Er
entwickelt die Geschichte des Holocaust von der Reichspogromnacht bis
Auschwitz. Um diesen Prozeß nicht als abgeschlossen erscheinen zu
lassen, verweist Bubis auf antisemitische Ausschreitungen, die nach
Kriegsende in Polen stattfanden. Aus dem Fortdauern von Antisemitismus
und Fremdenfeindlichkeit leitet er seine Kritik an Walsers Rede ab:

> Die Gesellschaft hat sich daran gewöhnt, daß solche Sätze und Behauptungen
> von rechtsextremer Seite kommen. Wenn allerdings jemand, der sich zur
> geistigen Elite der Republik zählt, so etwas behauptet, hat dieses ein ganz
> anderes Gewicht.[35]

Bubis äußert, wie Georg Pfleiderer herausgearbeitet hat, Angst vor
der Öffnung des politisch korrekten Meinungsspektrums. Durch eine
solche Öffnung könnten problematische Aussagen von allgemein
anerkannten Autoritäten in die Öffentlichkeit getragen und damit
akzeptabel werden.[36] Aufgrund der Exklusion und daraus resultierenden
Isolation, die Bubis nach seiner Gegenprovokation erfahren hat,[37] teilt er
eine weitere Sorge mit, die in seiner ersten Reaktion noch nicht enthalten
war:

> Wir, die jüdische Gemeinschaft, können nicht die einzigen sein, die die
> Verbrechen der Zeit des Nationalsozialismus beklagen. [...]. Es ist die

Gesellschaft, die hier gefordert ist, und es kann nicht sein, daß die Bekämpfung des Rassismus und Antisemitismus sowie der Fremdenfeindlichkeit den Juden überlassen wird, während ein Teil der Gesellschaft sich dadurch eher belästigt fühlt.[38]

Er fordert damit ein, daß die nichtjüdischen Deutschen sich der Opfer des Nationalsozialismus ebenso annehmen, wie es die Überlebenden des Holocaust tun. Nur so kann die jüdische Minderheit mit ihrer vom Täterkollektiv so grundverschiedenen Erfahrung *innerhalb* der deutschen Gesellschaft stehen. Bubis beschließt seine Rede mit den Worten: 'Wer diese Opfer vergißt, tötet sie noch einmal!'[39] Das Thema, das Bubis hiermit anschneidet, ist in der wissenschaftlichen Literatur als 'Zweite Schuld' beschrieben worden. Bubis wirft Walser und dessen Publikum latenten Antisemitismus vor. Aufgrund dieser nunmehr institutionalisierten Provokation – er spricht als Zentralrats-Präsident bei einem offiziellen Akt im Beisein von Medien und hohen politischen Würdenträgern – läutet er die dritte Phase der Walser-Bubis-Debatte ein.

Diese dritte Phase ist dadurch gekennzeichnet, daß sich beide Kontrahenten in Auseinandersetzungen mit Stellvertretern verwickeln, anstatt das direkte Gespräch zu suchen (Bubis entgegnet von Dohnanyi, Walser entgegnet den Professoren Bogdal und Brocke). Aus Sicht der Medien ist dies nur wünschenswert, da der Streit trotz Walsers Schweigen überdauert und an Heftigkeit noch hinzugewinnt. Die fünf Wochen zwischen dem 9. November und der direkten Konfrontation im Gespräch mit Walser, Bubis, Frank Schirrmacher und Salomon Korn in der Redaktion der *FAZ*, das am 14. Dezember veröffentlicht wird, sind die 'heißeste Phase' der Kontroverse. Die meisten Beiträge zum Thema, oftmals mehrere in einer Zeitungsausgabe, erscheinen zwischen der Bubis-Rede und dem Walser-Bubis-Gespräch. Einen dementsprechend 'lösenden' Effekt hat dann das Treffen der beiden, es kann als Höhepunkt des Medienereignisses angesehen werden, wenn es auch zur Debatte nur wenig Neues beiträgt.

Klaus von Dohnanyi ist der Sohn des von der SS erhängten Widerständlers Hans von Dohnanyi, was ihm in Fragen der 'Vergangen-heitsbewältigung' zu einer gewissen moralischen Autorität verholfen hat.[40] Er stellt sich in einer Reaktion auf Bubis' Rede am 14. November hinter Walser und behauptet, Bubis habe diesen nicht nur wiederholt mißverstanden, sondern er könne als Jude den Nicht-Juden Walser gar nicht verstehen. 'Die Schande trifft noch heute jeden einzelnen von uns als Deutschen.' Bubis jedoch sei 'frei von diesem zentralen deutschen Erbe'. Diese aufgrund einer erneuten Trennung zwischen jüdischen und nichtjüdischen Deutschen provozierende Sichtweise wird von Dohnanyi noch gesteigert:

> Allerdings müßten sich natürlich auch die jüdischen Bürger in Deutschland fragen, ob sie sich so sehr viel tapferer als die meisten anderen Deutschen verhalten hätten, wenn nach 1933 'nur' die Behinderten, die Homosexuellen und die Roma in die Vernichtungslager geschleppt worden wären.[41]

Der Subtext ist: Die Juden seien eben nur die Opfer, das mache sie noch nicht besser als andere, weil dem keine eigene Entscheidung oder Tat zugrundeliege. Erklärbar wird dieser an und für sich völlig unergiebige Gedankengang nur aus dem Umstand heraus, daß von Dohnanyi größtes Interesse an einer Stilisierung des deutschen Widerstandes hat. Seine Rede gegen den Historiker Hans Mommsen,[42] der auf problematische Aspekte *auch im* militärischen Widerstand hingewiesen hatte, oder seine erbitterte Forderung, die deutschen Widerstandskämpfer hätten 'mindestens [sic!] so sehr ein Mahnmal verdient wie die Opfer',[43] zeugen hiervon. Margarete Mitscherlich-Nielsen diagnostiziert zu recht: '[...] wenn narzißtische Kränkung die Menschen beherrscht, gibt es keine Einfühlung in Mitmenschen, die nicht Teil des eigenen Erlebens sind [...].'[44]

Hanno Loewy und Werner Schneider haben gezeigt, daß für von Dohnanyi bei der Konstituierung einer sich auf den nationalen Widerstand gründenden Nationalidentität die Juden nur als Kontrastfolie eines deutschen Heldentums vorkommen.[45] Die Juden sind Opfer im kriminologischen Sinne, die Helden des nationalen Widerstandes jedoch *opferten sich*, was nicht ohne Grund religiös konnotiert ist:[46] Durch ihr Opfer retteten sie die Ehre des Vaterlandes und ermöglichen diesem so ein ungebrochenes Selbstbewußtsein.

Jan Philipp Reemtsma wirft von Dohnanyi zu Recht vor, mit seiner Infragestellung der moralischen Zuständigkeit der Juden Ursache und Wirkung zu verwechseln. Es würde

> [...] alle zivilen Maßstäbe auf den Kopf stellen, wenn jemand, der Opfer eines Verbrechens geworden ist, zunächst glaubhaft versichern müßte, er selber sei konstitutionell unfähig dazu, Verbrechen zu begehen – genauer am Beispiel: sei jederzeit bereit und in der Lage, Verbrechen zu verhindern oder sich doch für ihre Verhinderung Risiken auszusetzen, bevor ihm das Recht eingeräumt wird, über Strafe, Entschädigung und seinen Wunsch zu reden, das Verbrechen möge nicht vergessen werden.[47]

Die Auseinandersetzung zwischen Walser und Bubis verlagert sich somit zeitweise auf einen Nebenschauplatz, zumindest werden die Protagonisten vorübergehend ausgetauscht. Dies ist aus Sicht der Aufmerksamkeit heischenden Medien nur gut: Die Debatte erstickt deshalb nicht an Walsers Schweigen, weil sein Fürsprecher von Dohnanyi genau wie Bubis jederzeit zur Stellungnahme bereit steht. Eine Auseinandersetzung hat nur dann Nachrichtenwert, wenn etwas passiert; im Verharren auf festgefahrenen Positionen gibt es nichts zu berichten. Dieser Erkenntnis folgend veröffentlicht die *FAZ* eine Serie mit den Entgegnungen zwischen von Dohnanyi und seinen Widersachern.[48] Der hitzige Schlagabtausch über Bubis' Antisemitismusvorwurf einerseits und über Dohnanyis Relativierung der moralischen Überlegenheit der Opfer andererseits wird von Mitte bis Ende November geführt. Damit ist die Debatte um die Friedenspreis-Rede endgültig verdrängt zugunsten einer Debatte, in der es um das Erscheinen der Juden im öffentlichen Raum geht. Ein von von Dohnanyi eingefordertes klärendes Gespräch beenden Bubis und er mit einer versöhnlichen Erklärung.[49]

Auf diese Auseinandersetzung bezieht sich der Kommentar Rudolf Augsteins im *Spiegel* vom 30. November 1998.[50] Seine Argumentation steht, wie Thomas Gondermann herausgearbeitet hat, in der Tradition antisemitischer Rhetorik.[51] Auschwitz, so Augstein, werde von 'Haifischen im Anwaltsgewand' instrumentalisiert, und die New Yorker Presse übe moralischen Druck auf die Deutschen aus. Im Kontext der gerade laufenden Verhandlungen um die Zwangsarbeiterentschädigungen und das Holocaust-Mahnmal ist die Lesart dieser Chiffren klar: Augstein bezieht Walsers Vorwurf der Instrumentalisierung bruchlos auf die Entschädigungsfrage und das Mahnmal. Er erweitert damit die Debatte erheblich. Jene, die von Deutschland etwas fordern, werden mit den antisemitischen Klischees geldgieriger Raubtiere und einer jüdischen Kontrolle der Medien bedacht. Diese Verschwörung der Weltpresse bedrohe Deutschland in Sachen Mahnmal mit 'Prügel bis ins siebte Glied', womit auf die traditionelle Formel jüdischer Blutrache angespielt wird. Und Augstein zitiert Konrad Adenauer, ebenfalls ungebrochen: 'Das Weltjudentum ist eine jroße Macht.' Daß dieser Artikel unwidersprochen im *Spiegel* erscheinen konnte, – und ein skandalöses Interview mit dem Rechtsradikalen Horst Mahler im *Focus*[52] – zeigt, daß Bubis' Angst vor einer Verschiebung der Diskursgrenzen nicht unbegründet war. Daß diese von den Medien vorbereitete Verschiebung auch in der Gesellschaft angekommen ist, belegt ein Beitrag der 23-jährigen Studentin Kathi-Gesa Klafke im *Spiegel* vom 28. Dezember. Augsteins Argumentation von einer jüdischen Verschwörung gegen die Deutschen findet sich hier ebenso wieder wie von Dohnanyis Unterstellung, daß - so Klafke - : 'schließlich [...] auch nicht alle Juden unschuldig'[53] waren. Wie gesagt: Nicht die

Tatsache, daß es alte wie junge Ewiggestrige gibt, ist bemerkenswert, sondern allein, daß diese antisemitischen Auslassungen an prominenter Stelle erscheinen konnten.

Am 27. November stellt sich schließlich Martin Walser der Öffentlichkeit. Sein beharrliches Schweigen hatte sich als kontraproduktiv herausgestellt, da er immer mehr in die Rolle des Verstockten, Unwilligen und Überheblichen geriet. Um diesem Druck zu entgehen, mag Walser seinen 'Zwischenruf' geschrieben haben.[54] Walser war schon vor der Preisverleihung als Festredner für die Duisburger Universitätstage verpflichtet worden. Dort hält Walser aus aktuellem Anlaß eine Replik auf die Kritik an der Friedenspreis-Rede. Er setzt sich mit einem umstrittenen offenen Brief zweier Duisburger Professoren auseinander, der am 19. November in der *FAZ* veröffentlicht worden war. Auf seinen direkten Widersacher, Ignatz Bubis, geht er dabei nur in einem Nebensatz ein.

Klaus-Michael Bogdal vom Fachbereich Germanistik und Michael Brocke vom Fachbereich Jüdische Studien werfen Walser in einem offenen Brief vor, eine 'erinnernde [...] Auseinandersetzung mit der Shoah' polemisch und pauschal zurückgewiesen zu haben.[55] Walser zeige Züge von 'Besessenheit' gegenüber der Aufklärung der nationalsozialistischen Verbrechen. Diesen Anschuldigungen folgt ein Passus, in dem Bogdal und Brocke ihr Anliegen vorbringen:

> Es gibt keinen überzeugenden Grund, die Aufarbeitung der Shoah in das Private des individuellen Gewissens zu verbannen. Was sollte für die Nachkriegsgenerationen der Gegenstand einer solchen Gewissenserforschung sein? Zur deutschen Geschichte geworden, ist der Holocaust eine öffentliche Angelegenheit.[56]

Auf dieses Schreiben hin veröffentlicht die *FAZ* am 20. November einen 'Zweiten Brief aus Duisburg', verfaßt von Siegfried Jüttner und Gerhard Köpf, beide Professoren des Fachbereiches Sprach- und Literaturwissenschaften. Sie beklagen den Alleingang von Bogdal und Brocke, der 'keine Einladung zu einem Gespräch, sondern "eher schon eine Vorladung zur Therapie"'[57] sei.

Michael Brocke nutzte Walsers Vortrag in Duisburg, um sein Unverständnis für die Friedenspreis-Rede erneut auszudrücken. Walser habe in Frankfurt 'keinen Weg zum besseren Umgang mit der Last der Shoah'[58] gewiesen, vielmehr stilisiere er die Deutschen zu Opfern ihrer eigenen Geschichte. 'Pauschal aber alle halbwegs öffentliche Beschäftigung mit der Shoah [...] unter den Verdacht der Beschuldigung [...] und der Instrumentalisierung zu stellen, ist schlicht eine Verzerrung der Wirklichkeit.'[59] Die jüngere Generation stehe nicht mehr unter dem

Zwang des Wegschauens, 'und man sollte ihr den nicht einreden, sondern sie im Gegenteil ermutigen, sich der Geschichte zu stellen, Formen des Erinnerns für sich zu finden.'[60] Daß darüber hinaus den jüdischen Deutschen das Wegschauen oftmals verwehrt sei, und Walsers persönlicher Umgang mit der Schande sie daher auch ausschließe, möge er doch bedenken.[61]

Walser setzt sich in seiner Antwort mit dem ersten Duisburger Brief auseinander. Bogdal und Brocke hatten Walsers Rede angesichts der jüngsten Forschungen zur NS-Zeit 'polemisch' genannt. Walser entgegnet: 'Ich habe mich aber mit keinem Wort an die Wissenschaft gewendet, Universität kommt nicht vor. Ich habe aufdringlich deutlich gemacht, daß es mir um die Medien geht'.[62] Anhand längerer Zitate aus der Friedenspreis-Rede erklärt Walser sich vor allem zu den angegriffenen Worten 'Schande' und 'Gewissen'. Man verlange von ihm, statt 'Schande' besser 'Scham' oder 'Verbrechen' einzusetzen, doch – so der Titel seines Vortrages – 'Wovon zeugt die Schande, wenn nicht von Verbrechen?'

> Für mich ist Scham an Konkretes gebunden. Ich muß etwas gesehen, gedacht oder getan haben, daß ich mich schäme. [...] Schande ist das Wort für die gesamte geschichtliche Last. Scham ist ein Wort für eine persönliche Reaktion auf diese Last.[63]

Hiermit bestätigt sich die bereits geäußerte Vermutung eines zutiefst individualistischen Schuldverständnisses Martin Walsers, das sich nur auf die Ebene ursächlicher Verantwortung einläßt. Was Walser in diesem Definitionsversuch nicht sagt, ist, daß 'Schande' landläufig als Gegenbegriff zu 'Ehre' gebraucht wird, was im Kontext nationaler Identität – und darum geht es Walser ja – ganz anders konnotiert wird: man denke nur an den Topos 'Die Schande von Versailles'.

Seinen Gewissensbegriff umschreibt der Autor so: Das Wort 'Gewissen' stamme vom griechischen Wort synteresis ab und bedeute dort 'Mitwissen'. Das sei gleichbedeutend mit 'Teilhaben' oder auch 'Teilnehmen'. Ob man gewissentlich teilhabe oder teilnehme, das sei die 'Gewissensentscheidung', die jeder selbst zu treffen habe. Walser verteidigt in Duisburg das Reizvokabular seiner Rede, geht jedoch nicht auf jene Provokation ein, die meiner Meinung nach Bubis' Kritik ausgelöst hat. An einer einzigen Stelle seines Textes eröffnet Walser der Debatte eine Perspektive: Wenn der Holocaust eine öffentliche Sache sei – wie seine Kritiker behaupteten – dann gehöre er in die Medien. Da er dort aber zum Lippengebet verkommen sei, müsse man nach einer Möglichkeit suchen, wie er 'für die Nachgeborenen zum Gegenstand einer Gewissenserforschung werden'[64] könne. Dieses Suchen nach einer

Möglichkeit, das Gedenken weiterzugeben, zeigt, daß Walser keinesfalls die Erinnerung an sich in Frage stellt.

Dieser Punkt ist auch der einzige Konsens, der sich zwischen Walser und Bubis in der Debatte herstellen läßt. Bezeichnenderweise steht das Gespräch der beiden in der *FAZ* unter der Überschrift 'Wir brauchen eine neue Sprache für die Erinnerung'.[65] Noch bezeichnender ist, daß dieser Satz im dokumentierten Gespräch nicht vorkommt, sondern die *FAZ* mit dieser Schlagzeile stillschweigend ein Bubis-Zitat abänderte, das ursprünglich lautete: 'Wir müssen einen Weg finden für ein gemeinsames [sic!] Erinnern.'[66] Statt von der gemeinsamen Erinnerungspflicht ist nun von der neuen Sprache, die 'Wir' benötigen, die Rede.

Der öffentliche Druck auf die Streitenden, sich auszusprechen, ist im Laufe der vergangenen zwei Monate stetig gewachsen. Versuche von Bundestagspräsident Wolfgang Thierse, Südwestfunk-Intendant Peter Voß und vom Börsenverein des Deutschen Buchhandels waren erfolglos geblieben. Walser hatte zur Bedingung gemacht, daß Bubis zunächst den 'Brandstifter' zurücknehmen müsse. Schließlich gelingt es Frank Schirrmacher, Walser und Bubis in die Redaktion der *FAZ* einzuladen. Das Gespräch, das am Abend des 12. Dezember stattfindet, kann der Debatte kaum Neues hinzufügen, gleichwohl sind Walsers Präzisierungen interessant.

Bubis, der in seiner Funktion als Zentralrats-Vorsitzender häufig zur Teilnahme an Holocaust-Gedenkveranstaltungen genötigt war, offenbart im Gespräch, daß er nur ein Buch über den Holocaust gelesen und lediglich drei Filme zum Thema gesehen habe. Mit seiner Tochter habe er über seine Zeit als Opfer der Nationalsozialisten nie gesprochen, privat hätten er und seine Frau die KZ-Gedenkstätten immer gemieden. 'Ich kann da nicht hinschauen, ich würde zerbrechen, wenn ich wieder nach Treblinka gehen würde. Es würde mich zerbrechen.'[67] In Pressekonferenzen und bei Vorträgen werde ihm immer wieder die Frage danach gestellt, wie er als Jude und ehemaliger Häftling überhaupt noch in Deutschland leben könne. 'Ich habe gesagt, es ist eine Zeit, über die ich nicht rede.' In bezug auf Walsers Rede konstatiert er:

> Nur, das ist etwas anderes, wenn ich sage: Ich schalte ab. Wenn ein Film darüber läuft, schalte ich ab oder schalte um. Aber ich stelle mich nicht vor ein Millionenpublikum hin und sage: Ich kann da nicht mehr hinschauen, weil ich mich als Beschuldigter fühle, und ich brauche mich nicht so zu fühlen. [...] Aber was mich, wie gesagt, am härtesten traf, daß man jungen Menschen das Gefühl gibt, ihr werdet beschuldigt, ihr werdet instrumentalisiert, wenn ihr hinschaut.[68]

Walser verteidigt daraufhin sein 'Wegschauen':

> Das Wegschauen hieß: Ich habe mindestens zwanzigmal weggeschaut, wenn
> das Fernsehen Konzentrationslagerszenen zeigte. Warum? Weil ich sie nicht
> ertrage. Es ist mir physisch, psychisch unmöglich, in diesem Falle hinzusehen.
> Daraus habe ich geschlossen, daß diese Szenen vielleicht – was mich angeht –
> zu oft vorkommen. Ich habe aber keinem Menschen empfohlen, das so zu
> empfinden wie ich. [...] Ich wollte nur persönlich zu Protokoll geben: Mir geht
> es in dieser Hinsicht so und so.[69]

Doppelt wird hier Walsers schriftstellerisches Selbstverständnis
deutlich: Er habe nur für sich gesprochen und übernehme keine
Verantwortung für andere. In der Rede hieß das: 'Zuständig ist er [der
Schriftsteller, Anm. ML] aber nur für sich selbst, [...].'[70] Walser verneint
also auch im Nachhinein, mit dem Sprechen über Auschwitz im
öffentlichen Raum in die Sphäre des Politischen eingetreten zu sein: 'Es
ist nicht leicht, in einem politischen Raum mit einer persönlichen
Schriftsteller-Sprache zu sprechen.'[71]

Diese Trennung von politischem Raum und persönlicher Sprache,
aus Bubis' Sicht eine Illusion,[72] behauptet Walser im Gespräch. Daß sein
Wegschauen für eine Schlußstrichmentalität stehe, weist er zurück:

> Ich habe mich vielleicht mehr als jeder andere Autor meiner Generation
> ununterbrochen   damit   [gemeint   ist   die   deutsche   Vergangenheit]
> auseinandergesetzt. [...] Und, Herr Bubis, da muß ich Ihnen sagen, ich war in
> diesem Feld beschäftigt, da waren Sie noch mit ganz anderen Dingen
> beschäftigt. [...] Sie haben sich diesen Problemen später zugewendet als ich.[73]

Bubis hatte seine Traumatisierung *als Opfer* angeführt, die ihm eine
Konfrontation mit den Bildern und Stätten der Verfolgung unmöglich
mache.[74] Wohl im Eifer des Gefechts macht Walser den Fehler, Bubis'
Haltung, sich nicht mit dem Holocaust beschäftigen zu können, zu
verurteilen und statt dessen sich selbst als positives Gegenbeispiel
darzustellen. Damit offenbart sich, daß Walser Bubis' Kritik nicht
verstanden hat: Bubis will klarstellen, daß, wenn überhaupt jemand eine
Berechtigung habe, sich von der Holocaust-Berichterstattung abzuwenden,
dies das Recht der Opfer sei. Und auch, wenn man sich – aus durchaus
lauteren Motiven – nicht mit Auschwitz beschäftigen wolle, so sei dies
doch kein legitimes Modell für die Öffentlichkeit. Walser verkennt in
seiner ungestümen Reaktion die Gegebenheiten: Nicht Ignatz Bubis,
Jahrgang 1927, war mit ganz anderen Sachen beschäftigt, als Walser,
ebenfalls 1927 geboren, sich bereits des Themas Auschwitz annahm.
Vielmehr war Bubis bereits als Kind mit Auschwitz 'beschäftigt', als er
nämlich von 1935 an für ein Jahrzehnt in die Lager der Deutschen
verschleppt wurde, während Walser ein ganz normal heranwachsender

(Hitler-)Junge in der Idylle eines Bodensee-Dorfes war. Und auch in den 60er Jahren, in denen Bubis als Immobilienspekulant in Frankfurt zu einer Haßfigur der Linken wurde – hierauf spielt Walser mit der bösen Bemerkung 'da waren Sie noch mit ganz anderen Dingen beschäftigt'[75] an – war Bubis bereits Gemeinderatsmitglied der Jüdischen Gemeinde in Frankfurt, also durchaus auch mit 'diesen Dingen' beschäftigt.[76] Es ist schwer denkbar, daß der 'Sprachmensch'[77] Walser die oben zitierten Sätze anders als gedankenlos und im Affekt geäußert hat, zu groß ist hier die Kluft zwischen Anspruch und Wirklichkeit.

Walser setzt im Gespräch mit Bubis die Ausgrenzungspraktiken Klaus von Dohnanyis fort: Während der Tenor der *Rede* eher eine Medien- und Intellektuellenschelte ist, fällt auf, daß Walser im *Gespräch* weniger diese These zu verteidigen sucht, sondern vielmehr Bubis als Vertreter eben dieser gescholtenen Instanzen aufbaut und angreift. Daß dieses Muster in keiner Weise auf diesen zutrifft, liegt auf der Hand: Als Opfer steht er sowieso nicht bei den Beschuldigten, seine Kritik kann daher auch nicht selbstgerecht sein. Vielmehr hat Bubis als Zentralratspräsident die Deutschen wiederholt vor dem Vorwurf der Ausländerfeindlichkeit in Schutz genommen. Doch Bubis ist in diesem Streitgespräch für Walser nur der 'andere': daß er *auch* ein deutscher Zeitgenosse ist und in der gleichen Gesellschaft wie Walser lebt, wird ignoriert. Diese Zurückweisung als Gesprächspartner manifestiert sich in der Ablehnung, auf Bubis' Versöhnungsangebot einzugehen und auch in der Bezeichnung der Opfer-Entschädigungsdebatte als 'ausländisches Problem'.[78] Damit aber ist die Debatte an einen Punkt gekommen, an dem eine Schlichtung unmöglich wird: Der Opfergruppe wird nahegelegt, sich ruhiger zu verhalten. Walser setzt Bubis seine Vorbehalte auseinander:

> Ich glaube, ich habe Sie im Fernsehen gesehen in Lichtenhagen bei Rostock. Jetzt frage ich Sie, als was waren Sie dort? [...] Denn ich sah Ihr empörtes, ergriffenes Gesicht im Fernsehen, begleitet vom Schein der brennenden Häuser, das war sehr heroisch.[79]

Walser greift Bubis' öffentliche Rolle direkt an: wenn sich dieser bei rechtsradikalen Anschlägen zu Wort melde, sei dies sofort 'zurückgebunden' an 1933. Versöhnen kann dieses Gespräch nicht, da nur Bubis bereit ist, die öffentlichen Erwartungen zu befriedigen: Er nimmt den 'geistigen Brandstifter' zurück. Walser, der deutlich aggressiver auftritt, erfüllt die an ihn gerichteten Erwartungen nicht: Dass seine Rede mißverstanden worden sein könne, will er nicht wahrhaben. Nicht einmal probehalber versucht er, sich in den Standpunkt des anderen hineinzuversetzen. Er will – so vermute ich – das von ihm verfaßte

Kunstwerk, die Friedenspreis-Rede als *literarischen Text*, nicht beschädigen. Dieser soll ausschließlich ästhetisch wirken und ist nicht hinterfragbar. Bubis – und nicht nur er – hat jedoch eine öffentliche Rede mit politischem Inhalt gehört, die sich deshalb dem Diskurs aussetzen muß. Das Selbstbewußtsein für seine unbeirrbare Haltung nimmt Walser aus der Zustimmung, die er erfahren habe. 1000 zustimmende Briefe habe er erhalten, noch nie habe er so etwas 'Volksabstimmungshaftes'[80] erlebt. Die Wirkung der Rede sei keineswegs auf ein Mißverständnis zurückzuführen.

Wulf D. Hund hat die Briefe, auf die Walser sich beruft, beim Suhrkamp-Verlag eingesehen und analysiert. Das Ergebnis ist fatal: Sämtliche Spielarten des Antisemitismus sind in großer Anzahl vorhanden.[81] Auch in einigen jener Briefe, die Walser zum Abdruck freigegeben hat und auf die er sich ausdrücklich beruft, sind nationalistische und antijüdische Ressentiments wie zum Beispiel die Konstruktion einer Schuldumkehr enthalten.[82] Lars Rensmann kommt in einer Untersuchung der auf die Debatte bezogenen Leserbriefe in der *FAZ* zu dem Ergebnis, daß 42 Prozent davon mindestens latent antisemitische Haltungen verrieten.[83] Selbst wenn man diese Zahl halbiert, wozu nach eigener Lektüre kein Anlaß besteht, bleibt erschreckend, daß derartige Briefe in einer Zeitung wie der *FAZ* ohne Scheu breit dokumentiert werden.

Die Nachdebatte um die Friedenspreis-Rede reicht bis in die Gegenwart, was an der öffentlichen Erregung deutlich wird, die vor dem Treffen des Bundeskanzlers Gerhard Schröder mit Martin Walser am 8. Mai 2002 in den Feuilletons herrschte.[84] Die merkwürdige Ergebnislosigkeit der Walser-Bubis-Debatte ist durch Bubis' Tod nun festgeschrieben. Sowohl zustimmend wie ablehnend wurde Walsers Friedenspreis-Rede preiswürdig: Den Preis der Stadt Halle für 'Das unerschrockene Wort' bekam er nach publizistischen Protesten nicht,[85] doch das von Walter Jens gegründete Seminar für Allgemeine Rhetorik der Universität Tübingen kürte Walsers Rede zur 'Rede des Jahres'.[86] Walsers Wortschöpfung 'Moralkeule' landete auf dem zweiten Platz bei der Wahl zum 'Unwort des Jahres' 1998. Walser selbst dürfte die Debatte um seine Rede eher geschadet als genutzt haben, wie hier bereits geschildert wurde. Der Suhrkamp-Verlag hat versucht, das Bild des Autors in der Öffentlichkeit zu korrigieren, Frank Schirrmachers tendenziöse Dokumentation *Die Walser-Bubis-Debatte* (1999)[87] und das apologetische Bändchen *Martin Walser und die Öffentlichkeit* von Dieter Borchmeyer (2001)[88] zeugen hiervon.

* * *

Abschließend ist festzustellen, daß die Walser-Bubis-Debatte durchaus als Antisemitismusstreit einzuordnen ist: In der Friedenspreis-Rede waren *Medien und Intellektuelle* Objekte der Kritik, die Opfer kamen nur am Rande vor. In der Debatte wurden jedoch *die Opfer selbst* zu Objekten der Kritik. Daß Walser diese Verschiebung auch selbst aktiv mitgetragen hat – im Gespräch mit Bubis – ist das, was ihm eigentlich vorzuwerfen ist. Rudolf Augstein im *Spiegel*, Klaus von Dohnanyi in der *FAZ*, Horst Mahler im *Focus* und andere haben in der Walser-Bubis-Debatte einen Sprachgebrauch etabliert, der offen unversöhnliche Züge gegenüber jenen zeigt, die nicht die nationale Kollektiverfahrung und Kollektiverinnerung der Mehrheit teilen, die nicht im 'wir' stehen. Teile der deutschen Öffentlichkeit und der seriösen Presse haben dies mitgemacht. In zahlreichen Briefen an Walser und an Zeitungsredaktionen wird überdeutlich, daß viele 'ganz normale Leute' ebenso denken.

Bubis selbst, aber auch andere jüdische wie nichtjüdische Involvierte beklagen seit der Walser-Bubis-Debatte eine neue Offenheit der Antisemiten und Revisionisten.[89] Vulgäre antisemitische Höhepunkte während der Debatte waren rechtsradikale Ausschreitungen wie die Sprengung des Grabs von Bubis' Vorgänger Heinz Galinski[90] oder das Treiben einer mit Davidstern und 'Bubis'-Schriftzug versehenen Sau über den Berliner Alexanderplatz.[91] Anläßlich des Todes von Bubis erschienen nicht nur in der rechtsextremistischen Tagespresse verunglimpfende Artikel, sondern auch in linken Blättern wie der 'taz' und der 'Jungen Welt'.[92] Es ist klar, daß Walser hierfür nicht verantwortlich ist. Die Exklusion der Opfer läßt sich nur ansatzweise durch seine Rede begründen, die offene Aggression überhaupt nicht.

Die Zuspitzung seiner Äußerungen in dem Gespräch mit Bubis hat Walser inzwischen – vielleicht – indirekt zurückgenommen. Zwar hat er die Friedenspreis-Rede wiederholt auflegen lassen, doch immer stellt er ihr nun den Essay 'Über das Selbstgespräch'[93] zur Seite. Dieser Anfang 2000 erschienene Essay unterscheidet sich in keinem wesentlichen Inhalt von der Rede, nur in einem: der Mechanismus von Inklusion und Exklusion ist aufgehoben im Selbst des Individuums, das ausschließlich für sich selbst – und damit an alle – spricht: Es gibt hier nur noch ein '*ich*', kein '*wir*' mehr.

Anmerkungen

1   Vgl. *Zweites Gespräch über Deutschland* [Audiokassette], Edition Isele: Eggingen, 1999. *Maischberger* [Fernsehsendung], n-tv, 29.08.2001.

2   Hajo Funke, 'Walsers später Triumph', in: Micha Brumlik/Hajo Funke/Lars Rensmann (Hg.), *Umkämpftes Vergessen. Walser-Debatte, Holocaust-Mahnmal und neue deutsche Geschichtspolitik*, Das Arabische Buch: Berlin, 2000, S. 178ff., hier: S. 178.

3   Claus Koch, 'Da ist nichts zu teilen. Was Deutsche und Juden voneinander trennt', in: *Süddeutsche Zeitung* 03.11.1999, S. 17.

4   Vgl. Dietrich Schwanitz, 'Ein Familienkonflikt. Über die Kreisförmigkeit der Walser-Bubis-Debatte', in: *Der Spiegel* 52 (1998), H. 50, S. 232/234. – Ähnliche Formulierungen finden sich bei: Klaus Georg Koch, 'Wie ich soll. Mehr als ein Streitritual älterer Herrschaften', in: *Berliner Zeitung* 23.11.1998. Joachim Käppner, 'Die Geduld verloren', in: *Deutsches Sonntagsblatt* 4.12.1998, spricht vom 'Streit der alten Männer'. Rupprecht Podszun, 'Geschlossene Gesellschaft. Walser-Kontroverse: Die Senioren bleiben unter sich', in: *Süddeutsche Zeitung* 09.12.1998, S. 16. Der *Tagesspiegel* berichtet, die Walser-Bubis-Debatte sei 'lediglich [...] ein Mißverständnis zwischen zwei älteren Herren' gewesen, zit. n. Lars Rensmann, 'Enthauptung der Medusa. Zur diskurshistorischen Rekonstruktion der Walser-Debatte im Licht politischer Psychologie', in: Ders./Micha Brumlik/Hajo Funke (Hg.), *Umkämpftes Vergessen*, S. 28-126, hier: S. 94f. Uwe Kammann, 'Deutschstunden. Zum Vorletzten: Walser und Bubis jetzt im TV', in: *epd medien* 50 (1998), H. 98, S. 3ff., stellt fest, 'daß die Altersgrenze [der Debattenteilnehmer] bei den 68ern liegt. [...] Jüngere [...] kamen bislang kaum zu Wort.'

5   Lars Rensmann, 'Enthauptung der Medusa. Zur diskurshistorischen Rekonstruktion der Walser-Debatte im Licht politischer Psychologie', in: Micha Brumlik/Hajo Funke/Lars Rensmann (Hg.), *Umkämpftes Vergessen*, S. 116.

6   Manuel Köppen/Klaus R. Scherpe, 'Der Streit um die Darstellbarkeit des Holocaust', in: Dies. (Hg.), *Bilder des Holocaust. Literatur – Film – Bildende Kunst*, Böhlau: Köln/Weimar/Wien, 1997, S. 1-11, hier: S. 1.

7   Ebd., 6.

8   Primo Levi, 'Das Erinnern der Wunde', in: Ders., *Ist das ein Mensch? Die Atempause*, Carl Hanser Verlag: München/Wien, 1988, S. 5-16, hier: S. 5.

[9] Vgl. hierzu den konzisen und kundigen Überblick von Andreas Huyssen, 'Von Mauschwitz in die Catskills und zurück: Art Spiegelmans Holocaust-Comic "Maus"', in: Manuel Köppen/Klaus R. Scherpe (Hg.), *Bilder des Holocaust*, S. 171-175. (s. Anm. 6)

[10] Vgl. auch die Ausführungen zu Walsers 'Zwischenruf' in Duisburg in diesem Aufsatz.

[11] Vgl. Hannah Arendt, *Eichmann in Jerusalem. Ein Bericht von der Banalität des Bösen*, Rowohlt: Reinbek bei Hamburg, 1978, S. 24.

[12] Jan-Holger Kirsch beschreibt dies sehr zutreffend: 'Gravierender ist hingegen der Einwand, daß der Schriftsteller zwischen einem nicht näher bestimmten "Wir" und "ihnen", d.h. "den" Intellektuellen und "den" Medien, einen scharfen Kontrast aufbaute. [...] Ein derartiger Projektionsmechanismus ist aus der Geschichte der Identitätsbildungen hinreichend bekannt. Als Verursacher eigener Schuldgefühle werden "die anderen" gesucht und gefunden, wodurch irritierende Erfahrungen "normalisiert" werden.' In: Jan-Holger Kirsch, 'Identität durch Normalität. Der Konflikt um Martin Walsers Friedenspreis-Rede', in: *Leviathan* 22 (1999), H. 3, S. 309-354, hier: S. 326.

[13] Vgl. Martin Walser, *Erfahrungen beim Verfassen einer Sonntagsrede*, Suhrkamp: Frankfurt am Main, 1998, S. 17.

[14] Vgl. Dan Diner, 'Negative Symbiose – Deutsche und Juden nach Auschwitz', in: Micha Brumlik et. al. (Hg.), *Jüdisches Leben in Deutschland nach 1945*, Athenäum: Frankfurt am Main, 1988, S. 243-257.

[15] Vgl. zur Bedeutung eines homogenen nationalen 'wir' im Werk Walsers die durchaus wohlwollende Rezension der Anthologie *Aus dem Wortschatz unserer Kämpfe* (Suhrkamp: Frankfurt am Main, 2002) von Heinrich Detering, 'Deutsches Herz. Fünfzig Jahre mit Martin Walser: Ein Lesebuch als Selbstporträt', in: *Frankfurter Allgemeine Zeitung* 25.05.2002, S. 54.

[16] Der Verschiebung der Debatte tragen auch die Herausgeber des zuerst zum Thema erschienenen Aufsatzbandes Rechnung. In der Erstauflage (Johannes Klotz/Gerd Wiegel (Hg.), *Geistige Brandstiftung? Die Walser-Bubis-Debatte*, PapyRossa: Köln, 1999) findet sich ein abschließender Aufsatz Lea Roshs ('Die Juden, das sind doch die anderen'), die anhand eines Beispiels konkreter kollektiver Schuld ganz normaler Deutscher als Antwort auf Martin Walsers Ablehnung ritualisierten Gedenkens die Berechtigung eines Mahnmals in der Hauptstadt entwickelt. Dieser

Text ist in der zweiten, veränderten Auflage des Bandes (Johannes Klotz/Gerd Wiegel (Hg.), *Geistige Brandstiftung. Die neue Sprache der Berliner Republik*, Aufbau: Berlin, 2001) einem Beitrag von Wulf D. Hund ('Der scheußlichste aller Verdächte. Martin Walser und der Antisemitismus') gewichen, der den Antisemitismusvorwurf gegen Walser überprüft. Ergänzt wird der Band durch den Beitrag Thomas Gondermanns, 'Ein gewisser Antisemitismus. Rudolf Augstein und die Juden.'

[17] Allerdings hat die Debatte eine Vorgeschichte: Am 4. Juni gibt der Börsenverein des Deutschen Buchhandels bekannt, dass Martin Walser den Friedenspreis erhalten werde. In der Zwischenzeit – im August – erscheint Walsers autobiographischer Roman *Ein springender Brunnen* und wird im 'Literarischen Quartett' schlecht besprochen, unter anderem deshalb, weil in dem Roman – aber auch in Walsers Frühwerk – der Nationalsozialismus und Auschwitz keine Rolle spielten (Sendung vom 14.08.1998). Jochen Hieber geht so weit zu vermuten, daß Walsers Rede das 'Ergebnis eines Verrisses' und die Debatte darum ein 'Abkömmling des literarischen Quartetts' sei; siehe Jochen Hieber, 'Unversöhnte Lebensläufe. Zur Rhetorik der Verletzung in der Walser-Bubis-Debatte', in: Michael Braun et. al. (Hg.), *'Hinauf und Zurück in die herzhelle Zukunft'. Deutsch-jüdische Literatur im 20. Jahrhundert. Festschrift für Birgit Lermen*, Bouvier: Bonn, 2000, S. 543-559, hier: S. 555. Auf den Vorwurf der Kritiker des 'Literarischen Quartetts' hat Walser in der Friedenspreis-Rede geantwortet. Wie schwer ihn der 'Verriss' seines Buches im Fernsehen getroffen hat, belegt auch die Roman-Abrechnung mit Marcel Reich-Ranicki, *Tod eines Kritikers* (Suhrkamp: Frankfurt am Main, 2002.) Für die Betrachtung der Debatte ist die simplifizierende Erklärung aus einer Kränkung heraus jedoch kaum hinreichend.

[18] Martin Walser, *Erfahrungen beim Verfassen einer Sonntagsrede*, S. 28. (s. Anm. 13)

[19] Die Rede wird komplett in der *Frankfurter Allgemeinen Zeitung* und der *Frankfurter Rundschau* dokumentiert sowie auszugsweise in der *Süddeutschen Zeitung* und der *Tageszeitung*.

[20] Ignatz Bubis, zit. n. dpa/FAZ, 'Geistige Brandstiftung. Bubis wendet sich gegen Walser', in: *Frankfurter Allgemeine Zeitung* 13.10.1998, S. 43.

[21] Vgl. Michael S. Cullen, *Das Holocaust-Mahnmal. Dokumentation einer Debatte*, Pendo: Zürich/München, 1999.

[22] Martin Walser, *Erfahrungen beim Verfassen einer Sonntagsrede*, S. 17. (s. Anm. 13)

23 z.B. Stefan Reinecke, 'Unbehagen. Gedenkkultur – Martin Walser und die Politik:
ein Mißverständnis', in: *Freitag* 9 (1998), H. 44, S. 13. Auch Johannes Klotz und
Gerd Wiegel meinen, daß Walser bewußt habe 'Effekte' erzeugen wollen. – Dies.,
'Vorwort. Warum es "geistige Brandstiftung" war', in: Dies. (Hg.), *Geistige
Brandstiftung? Die Walser-Bubis-Debatte*, S. 16. (s. Anm. 16) Selbst Walser-
Laudator Frank Schirrmacher meint, Walser habe 'wohlberechnet' provozieren
wollen. – Ders., 'Seelenarbeit. Zwischenbeschreibung: Walser antwortet seinen
Kritikern', in: *Frankfurter Allgemeine Zeitung* 28.11.1998, S. 33 (auch in: Ders.
(Hg.), *Die Walser-Bubis-Debatte. Eine Dokumentation*, Suhrkamp: Frankfurt am
Main, 1999, S. 249-252).

24 Vgl. Jürgen Elsässer/Andrei S. Markovits, 'Whistling in the Dark. Streitgespräch
über das Versagen von Rot-Grün in der Walser-Debatte und die Bedeutung von
historischen Diskursen für die Republik', in: Dies. (Hg.), *'Die Fratze der eigenen
Geschichte'. Von der Goldhagen-Debatte zum Jugoslawien-Krieg*, Elefanten Press:
Berlin, 1999, S. 72-78, hier: S. 74f.

25 Vgl. Joachim Rohloff, *Ich bin das Volk. Martin Walser, Auschwitz und die Berliner
Republik*, Konkret: Hamburg, 1999, S. 10f.

26 Vgl. Gerd Wiegel, 'Eine Rede und ihre Folgen. Die Debatte zur Walser-Rede', in:
Johannes Klotz/Gerd Wiegel (Hg.), *Geistige Brandstiftung? Die Walser-Bubis-
Debatte*, S. 17-64, hier: 18. (s. Anm. 16)

27 Wenn auch nicht 'bei weitem', wie Kirsch behauptet. Kirsch muß sich im Gegenzug
vorwerfen lassen, die Fülle der Walser zustimmenden Leserbriefe vernachlässigt zu
haben. – Jan-Holger Kirsch, 'Identität durch Normalität', S. 341. (s. Anm. 12)
(Kirsch untersuchte *FAZ, FR, SZ, Spiegel, Tagesspiegel, taz, Zeit*.)

28 Vgl. z.B. Uwe Kammann, 'Deutschstunden. Zum Vorletzten: Walser und Bubis
jetzt im TV', in: *epd medien* 50 (1998), H. 98, S. 3ff. – Kammann stellt die
Dominanz der Printmedien in der Debatte heraus und verweist auf die wenigen und
unzureichenden Bearbeitungen durch das Fernsehen.

29 Vgl. Jan-Holger Kirsch, 'Identität durch Normalität', S. 342-347. (s. Anm. 12) Vgl.
auch die ausführliche Pressebibliographie zur Walser-Bubis-Debatte in: Matthias N.
Lorenz, *Martin Walser in Kritik und Forschung. Eine Bibliographie*, Aisthesis:
Bielefeld, 2002, S. 223-258.

30 'Eine Geschichte bis zum Tode ... und darüber hinaus: Der Geschwister-Scholl-
Preisträger Saul Friedländer und sein Laudator Jan Philipp Reemtsma im
Gespräch', in: *Süddeutsche Zeitung* 24.11.1998, S. 14.

[31] In der *Welt* am 14.10.1998, in der *Frankfurter Rundschau* am 19.10.1998.

[32] Martin Walser, zit. n. 'Kein Brandstifter. Walser wehrt sich', in: *Frankfurter Allgemeine Zeitung* 23.10.1998, S. 41.

[33] Vgl. z.B. Siegfried Stadler, 'Unbenutzte Mikrofone', in: *Frankfurter Allgemeine Zeitung* 24.10.1998, S. 33.

[34] Ebd.

[35] Ignatz Bubis, 'Rede des Präsidenten des Zentralrates der Juden in Deutschland am 9. November 1998 in der Synagoge Rykerstraße in Berlin'zit. n. Frank Schirrmacher (Hg.), *Die Walser-Bubis-Debatte. Eine Dokumentation*, S. 106-118, hier: S. 111.

[36] Vgl. Georg Pfleiderer, 'Gewissen und Öffentlichkeit. Ein Deutungsvorschlag zur Walser-Bubis-Kontroverse', in: *Zeitschrift für evangelische Ethik* 43 (1999), H. 4, S. 247-261.

[37] Vgl. Bubis' Selbsteinschätzung im Gespräch mit Hermann L. Gremliza: 'Die Haare sind mehr geworden', in: *Konkret* 43 (1999), H. 2, zit. n. Joachim Rohloff, *Ich bin das Volk*, S. 129f. – Auch Gerd Wiegel konstatiert eine 'weitgehende Isolierung Bubis' in der Debatte': Gerd Wiegel, 'Eine Rede und ihre Folgen. Die Debatte zur Walser-Rede', in: Johannes Klotz/Gerd Wiegel (Hg.), *Geistige Brandstiftung? Die Walser-Bubis-Debatte*, S. 64. (s. Anm. 16)

[38] Ignatz Bubis, 'Rede des Präsidenten des Zentralrats der Juden', S. 108. (s. Anm. 35)

[39] Ebd., S. 113.

[40] Klaus von Dohnanyi reflektiert diesen Umstand auch selbstkritisch in seiner Verteidigung Walsers. (Vgl. Klaus von Dohnanyi, 'Eine Friedensrede. Martin Walsers notwendige Klage', in: *Frankfurter Allgemeine Zeitung* 14.11.98, S. 33.)

[41] Ebd.

[42] Klaus von Dohnanyi, Eröffnungsrede zur Ausstellung 'Aufstand des Gewissens', gehalten in der Paulskirche in Frankfurt am 25.01.1998.

[43] Klaus von Dohnanyi im Interview mit dem *Tagesspiegel* 08.04.1999, zit. n. Lars Rensmann, 'Enthauptung der Medusa', S. 105.

[44] Margarete Mitscherlich-Nielsen, 'Schweigen, Wegdenken oder Trauer um die Opfer unserer politischen Vergangenheit', in: *Psyche* 54 (2000), H. 3, S. 234-241, hier: S. 239.

[45] Hanno Loewy/Werner Schneider, '"Wir Deutsche" und die "Ehre des Vaterlandes". Über Klaus von Dohnanyis Rede zur Ausstellung "Aufstand des Gewissens" in der Paulskirche', in: *Blätter für deutsche und internationale Politik* 43 (1998), H. 3, S. 359-370, hier: S. 368.

[46] Ebd., S. 369f.

[47] Jan Philipp Reemtsma, 'Laudatio für Saul Friedländer anläßlich der Verleihung des Geschwister-Scholl-Preises', in: Ders./Saul Friedländer, *Gebt der Erinnerung Namen. Zwei Reden*, Beck: München, 1999, S. 24.

[48] 14. Nov.: von Dohnanyi veröffentlicht sein Plädoyer 'Eine Friedensrede'.16. Nov.: 'Ignatz Bubis antwortet Klaus von Dohnanyi: Ich bleibe dabei'. 17. Nov.: 'Klaus von Dohnanyi antwortet Ignatz Bubis: Wir sind alle verletzbar'. 19. Nov: 'Ignatz Bubis antwortet Klaus von Dohnanyi: Über den Seelenfrieden'. 20. Nov.: 'Klaus von Dohnanyi antwortet Ignatz Bubis: Wer das Wir zerbricht'. 26. Nov.: 'Jan Philipp Reemtsma entgegnet Klaus von Dohnanyi: Worüber zu reden ist'. 30. Nov.: Klaus von Dohnanyi: 'Schuld oder Schulden? Ignatz Bubis' unerhörtes Interview'. 30. Nov. [sic!]: Klaus von Dohnanyi: 'Jeder prüfe sein Gewissen. Eine Antwort auf Ignatz Bubis und Jan Philipp Reemtsma'. 4. Dez.: 'Gemeine Schimpfworte. Zur Walser-Debatte: Klaus von Dohnanyi antwortet Manfred Bissinger'. Auf jeden dieser 'Interims-Debattenbeiträge' folgen weitere Kritiken anderer Autoren, zum Teil in der *FAZ*, aber auch in anderen Zeitungen und Zeitschriften. Die aufgelisteten Artikel sind alle in der chronologisch angelegten Suhrkamp-Dokumentation *Die Walser-Bubis-Debatte* zu finden.

[49] Vgl. Albert Schäffer (Kürzel: ff), 'Versöhnliche Worte zwischen Bubis und Dohnanyi', in: *Frankfurter Allgemeine Zeitung* 09.12.1998, S. 1.

[50] Rudolf Augstein, 'Wir sind alle verletzbar', in: *Der Spiegel* 52 (1998), H. 49, S. 32f.

[51] Vgl., Thomas Gondermann, 'Ein gewisser Antisemitismus', S. 231-261. (s. Anm. 16)

[52] Jan von Flocken/Eberhard Vogt, '"Ideologisch vermintes Gelände". Horst Mahler verteidigt Martin Walsers Rede über die Holocaust-Diskussion und warnt vor einer Überlastung der Deutschen', in: *Focus* 6 (1998), H. 53, S. 36f.

[53] Kathi-Gesa Klafke, 'Also doch Erbsünde?', in: *Der Spiegel* 52 (1998), H. 53, S. 148f.

[54] Martin Walser, 'Wovon zeugt die Schande, wenn nicht von Verbrechen. Das Gewissen ist die innere Einsamkeit mit sich: Ein Zwischenruf', in: *Frankfurter Allgemeine Zeitung* 28.11.1998, S. 35.

[55] Vgl. Klaus M. Bogdal/Michael Brocke, 'Offener Brief an Martin Walser', 09.11.1998, zit. n. Frank Schirrmacher (Hg.), *Die Walser-Bubis-Debatte*, S. 119f., hier: S. 119.

[56] Ebd., S. 120.

[57] FAZ, 'Meinung mit Mandat. Zweiter Brief aus Duisburg', in: *Frankfurter Allgemeine Zeitung* 20.11.1998, S. 41.

[58] Michael Brocke, 'Stellungnahme zum Festvortrag von Martin Walser bei den Duisburger Universitäts-Tagen, 26.11.1998', zit. n. Frank Schirrmacher (Hg.), *Die Walser-Bubis-Debatte*, S. 242-245, hier: S. 242.

[59] Ebd., S. 243.

[60] Ebd., S. 244.

[61] Vgl. Ebd., S. 245.

[62] Martin Walser, 'Wovon zeugt die Schande, wenn nicht von Verbrechen.', S. 35. (s. Anm. 54)

[63] Ebd.

[64] Ebd.

[65] 'Wir brauchen eine neue Sprache für die Erinnerung. Das Treffen von Ignatz Bubis und Martin Walser: Vom Wegschauen als lebensrettender Maßnahme, von der Befreiung des Gewissens und den Rechten der Literatur', in: *Frankfurter*

Allgemeine Zeitung 14.12.1998, S. 39ff. [auch in: Frank Schirrmacher (Hg.), *Die Walser-Bubis-Debatte*, S. 438-465].

[66] Ebd., S. 41.

[67] Ebd., S. 39.

[68] Ebd.

[69] Ebd.

[70] Martin Walser, *Erfahrungen beim Verfassen einer Sonntagsrede*, S. 25. (s. Anm. 13)

[71] 'Wir brauchen eine neue Sprache für die Erinnerung', S. 41. (s. Anm. 65)

[72] 'Vergessen Sie eines nicht, vor dem Fernsehschirm saß ein Millionenpublikum. Und es waren viele Leute darunter, die Ihre Werke nicht kennen, [...].' (Ebd., S. 40.)

[73] Ebd., S. 39.

[74] Vgl. Dan Diner, 'Negative Symbiose', S. 244: '[...] bei Juden löst die Erinnerung an Auschwitz einen "horror vacui" grenzenloser Hilflosigkeit aus – eine unfaßbare Leere, die besser mit einer Plombe von Deck- und Ersatzerinnerungen verschlossen bliebe – des Weiterlebens wegen.' (s. Anm. 14)

[75] 'Wir brauchen eine neue Sprache für die Erinnerung', S. 39. (s. Anm. 65)

[76] Vgl. Salomon Korn, 'Im Anderen den Nächsten sehen. Erinnerung an Ignatz Bubis', in: *Frankfurter Allgemeine Zeitung* 18.09.1999, Beilage 'Bilder und Zeiten', H. 217, S. I f.

[77] Martin Walser, *Erfahrungen beim Verfassen einer Sonntagrede*, S. 28. (s. Anm. 13)

[78] FAZ, 'Wir brauchen eine neue Sprache für die Erinnerung', S. 39. (s. Anm. 65)

[79] Ebd., S. 40.

[80] Ebd., S. 41.

[81] Vgl. Wulf D. Hund, 'Der scheußlichste aller Verdächte', S. 183-201. (s. Anm. 16)

[82] Vgl. einige der von Walser für die Schirrmacher-Dokumentation ausgewählten Briefe (Seitenangabe in Klammern): Die Briefschreiber wehren sich gegen die Ansprüche von 'Berufsjuden' (76) und 'gewerbsmäßigen Anklägern' (514); drohen, daß die Vorhaltung der Schande erst den Antisemitismus provoziere (Vgl. 133/275); meinen zur Vergangenheit: 'die allerersten unter den vielen NS-Opfern waren die Deutschen selbst' (171) und zur Gegenwart: 'Opfer können Täter werden' (579); fordern, 'deutsche Politiker' mögen in 'Gesprächen oder auf andere Weise Herrn Bubis u.a. Einhalt gebieten.' (431); Bubis' Ziele seien nur 'Macht und finanzieller oder politischer Einfluß' (468); jüdische Kreise manipulierten 'unser Denken und Äußern in erschreckender Weise.' (Ebd.); 'Herr Bubis und seine Juden' sollten endlich verzeihen (660); das öffentliche Gedenken sei 'von der Volkspsyche' nicht 'verkraftbar' (465); – diese Aufzählung ließe sich fortführen.

[83] Lars Rensmann, 'Enthauptung der Medusa', S. 112. (s. Anm. 5)

[84] Vgl. hierzu die Berichterstattung in allen großen deutschen Tageszeitungen am 10. Mai 2002 und in der Woche davor. An dieser Stelle sei darauf verwiesen, dass der vorliegende Beitrag vor der Debatte um Walsers *Tod eines Kritikers* (2002) verfasst wurde.

[85] Vgl. zur Nominierung Walsers für den Preis 'Das unerschrockene Wort': O.A.d.Verf., 'Unterm Strich', in: *Die Tageszeitung* 14.11.2000, S. 14. O.A.d.Verf., 'Das falsche Signal. Lutherstädte übergehen Martin Walser', in: *Frankfurter Allgemeine Zeitung* 14.11.2000, S. 53.

[86] O.A.d.Verf., 'Doppelter Boden. Ehrung für Walsers Rede', in: *Süddeutsche Zeitung* 12.12.1998, S. 15.

[87] Frank Schirrmacher, *Die Walser-Bubis-Debatte. Eine Dokumentation*, Suhrkamp: Frankfurt am Main, 1999. Dieser von Walsers Laudator zusammengestellte und bei Walsers Hausverlag Suhrkamp verlegte Band beinhaltet neben der Presseberichterstattung 38 Walser zustimmende Briefe, denen lediglich 23 an Bubis gerichtete Briefe gegenüberstehen. – Vgl. hierzu die kritische Rezension des Bandes von Kai Köhler, 'Die Dokumentation eines Vorpostengefechtes. Martin Walser bestätigt seine Kritiker', in: http://www.literaturkritik.de/literaturkritik/2000-02-51.html, S. 1ff. [10.02.2000].

[88] Dieter Borchmeyer, *Martin Walser und die Öffentlichkeit. Von einem neuerdings erhobenen unvornehmen Ton im Umgang mit einem Schriftsteller*, Suhrkamp: Frankfurt am Main, 2001.

[89] Julius H. Schoeps, Leiter des Moses-Mendelssohn-Zentrums für europäisch-jüdische Studien in Potsdam, erhält selbst laufend antisemitische Drohbriefe und befindet: 'Da ist eine neue Qualität.' Die *Süddeutsche Zeitung* zitiert ihn: '"17 jüdische Friedhöfe pro Woche werden zur Zeit in Deutschland geschändet", sagt Julius Schoeps [...]. Als Wissenschaftler müsse er deswegen einmal ganz deutlich sagen: "Die von Walser angestoßene Debatte gefährdet die Juden in Deutschland." Er meine das wissenschaftlich, wertfrei und ohne Schuldzuweisung.' Schoeps pflichtet Bubis' Wahrnehmung eines latenten Antisemitismus in der deutschen Gesellschaft bei: 'Das ist die von der Sozialwissenschaft ermittelte Realität. [...] Es gibt 15 Prozent offene Antisemiten in allen Altersstufen. Dazu kommen noch einmal 30 Prozent latente Antisemiten. Die flippen immer erst aus, wenn so etwas ist wie jetzt gerade. [...] Dann haben wir eben 17 Grabschändungen pro Woche. Normal [sic!] ist in Deutschland ein geschändeter jüdischer Grabstein in der Woche.' (Zit. n. Evelyn Roll, 'Ein Schwein kennt keine Scham. Was es für Juden bedeutet, daß Beleidigungen und Drohungen immer unverhohlener werden – und warum so wenig davon publik wird', in: *Süddeutsche Zeitung* 07.12.1998, S. 3.)

[90] Am 19.12.1998.

[91] Am 28.10.1998.

[92] Die *Tageszeitung* fragte sich: 'Wie böse war Ignatz Bubis wirklich?' (17.08.1999), und die *Junge Welt* befand kaltschnäuzig: 'Wer vom Kapitalismus nicht reden wolle, solle auch vom Faschismus schweigen, meinte Max Horkheimer. Ignatz Bubis aber hat sich nach 1945 für ein Leben in Westdeutschland entschieden, weil es ein kapitalistisches war.' (16.08.1999). – Vgl. hierzu Micha Brumlik/Hajo Funke/Lars Rensmann, 'Einleitung', in: Dies., *Umkämpftes Vergessen*, S. 8f. (s. Anm. 2)

[93] Martin Walser, 'Über das Selbstgespräch. Ein flagranter Versuch', in: *Die Zeit* 55 (2000), H. 3, S. 42f.

Robert C. Conard

Inventing Tradition: the Holocaust and the Walser-Bubis Debate

Martin Walser's *Friedenspreisrede* is an example of how the needs of the present determine how the past is interpreted. Considering the Holocaust in Germany as a tradition that is manipulated (re-invented) for present needs allows one to see how Walser, without denying or changing history, artfully plays with the relationship of the Federal Republic to its recent past by catering to populist demands of the recently unified nation. Walser's inventing of tradition is at the expense of Jews, who are by innuendo accused again as they were in the Third Reich of being exploiters of Germans.

In his seminal 1983 introduction to *The Invention of Tradition*, Eric Hobsbawm claims an invented tradition need not be one conjured out of thin air. It can just as well 'emerge' from a 'traceable' event. In other words invented tradition can be either purely created for a purpose or be derived over time from a historical fact.[1] This method of looking at tradition purely as a sociological reality is also in keeping with Maurice Halbwachs's ground-breaking concept of *mémoire collective*. Halbwachs, says of his method of investigation: 'The essential thing is that traditions simply exist at the moment they come to us. We are not looking to see what is behind them or if they are authentic. We study them for themselves as collective beliefs.'[2]

Hobsbawm in his introduction comments further:

'Invented tradition' is taken to mean a set of practices, normally governed by overtly or tacitly accepted rules and of a ritual or symbolic nature, which seek to inculcate certain values and norms of behaviour by repetition, which automatically implies continuity with the past (p.1).

In other words traditions create identity, serve political purposes, and are, therefore, a kind of 'instrumentalization' of history. To be even more precise, traditions are often the uses of collective memory. Lewis Coser says much the same thing about Halbwachs's methodology. 'For Halbswachs,' he asserts, ' the past is a social construction mainly, if not wholly, shaped by the concerns of the present.'[3]

It is obvious that Hobsbawm's words and Halbwachs's theory, though not written with the Holocaust in mind, speak directly to the Holocaust in Germany, where there are competing historical narratives in public discourse. Days like November 9 (the commemoration of *Kristallnacht*) and January 27 (the liberation of Auschwitz) have been set aside as days of remembrance, and places like Dachau, Buchenwald, and

Sachsenhausen have been maintained as sites of mourning and of education. Cities like Frankfurt and Berlin have Jewish museums with permanent exhibits or galleries dedicated to the Holocaust. Germany is also a landscape dotted with plaques recalling the horrors of concentration camps and Nazi crimes. Other examples of the tradition of the Holocaust in Germany readily come to mind. But the official setting aside of dates and the marking of places do not actually in themselves determine the meaning of the ever-present aspects of the Holocaust. The results of the rituals and practices of commemorations, the laying of wreaths, and the giving of speeches cannot be foreseen and do not always have the effect their supporters hope for. It is, for example, often claimed that too many Holocaust memorials only dull one's sensitivity to the past. Whether these institutions of memory will last, whether they will devolve into empty gestures, whether they will produce undesired effects, or bring forth reactions contrary to the intention of their promoters can not be predicted. Most traditions do in fact become hollow in time, but simultaneously retain the potential to be revived when political circumstances or group identity require it.

While sharing aspects of all traditions, the tradition of the Holocaust in Germany is, nonetheless, unlike most, in that it does more to divide the nation than to unify it. Memory of the Holocaust depends on the fact that there were in the past perpetrators and victims. Accordingly, the nation divides now into those responsible for making amends and those entitled to some form of reparation.

Since the end of World War II there has been an on-going struggle in Germany over the meaning of and the appropriate uses of remembrance of the Holocaust. In general, the Holocaust tradition there is maintained by two opposing groups: by those who seek to define and interpret the Holocaust as much as possible in ways to minimize the burden of guilt and by those who insist that the crimes of the Holocaust must be forever a part of national collective memory. In other words it is a cultural conflict between historicizing the Holocaust, seeing it as a historical event, and memorializing the Holocaust, seeing it as a moral category. To the latter group belong not only Jews, but also those many Germans who also believe that the recognition of the permanent importance of the Holocaust is a necessary element in the concept of a just German state. Over the years various strategies have been designed by both groups to achieve their ends. The Walser-Bubis debate is a product of this struggle.

Besides the insights regarding invented traditions and collective memory provided by Hobsbawm and Halbwachs, Terrence Tilley in his book *Inventing Catholic Tradition* builds on Hobsbawm's insights and provides a few important distinctive observations about traditions which also apply to the Holocaust. Tilley distinguishes between what he calls *tradita* and *traditio,* terms he modifies from Yves Congar's distinction between *tradition active* and *tradition objective*.[4] Tilley's terms provide a helpful way of looking at the Holocaust in Germany and especially at the Walser-Bubis debate. He defines *tradita* as that which is passed on, the basic truth handed down from generation to generation, and *traditio* as the manner in which the truth is passed on. *Traditio* is form; it is not fixed, but mutable; it evolves, and develops. In other words it is the daily practice of passing on the truth. Important in discussing tradition is then the recognition that both *tradita* and *traditio* go together to make up tradition. Applying this distinction to the legacy of the Holocaust in Germany, one identifies the *tradita* as the truth of mass murder, the killing of millions of people, primarily Jews, but also the handicapped, Roma and Sinti, homosexuals, communists, Jehovah's Witnesses, and others, while the *traditio* is the combination of practices that pass this truth on, give it meaning, and provide, by what is often called teachings, understanding of the truth within the community.

In religious terms it is the distinction between dogma and doctrine, the two most fundamental aspects of tradition whether sacral or secular – or in still other words the difference between: what truth is and what truth does. Tilley boldly reports the most important observation that traditions (*traditio*) have political implications:

> We make up traditions as we go along. We pick from the past what we want for present purposes. Traditions are entirely constructs [...] developed for purposes of claiming power and constructing identities. [...] Power elites create traditions that legitimate their power.[5]

In these conclusions the influence of Hobsbawm is clear.[6]

In terms more commonly used in Holocaust discussions, tradition refers to what is remembered and how that historic memory is used. The conservative historian Michael Stürmer expresses this fact apodictically in his comments on the Historians' Debate of the mid-1980s. According to Stürmer:

> Orientierungsverlust und Identitätssuche sind Geschwister. Wer aber meint, daß alles dies auf Politik und Zukunft keine Wirkung habe, der ignoriert, daß in geschichtslosem Land die Zukunft gewinnt, wer die Erinnerung füllt, die Begriffe prägt und die Vergangenheit deutet.[7]

The architect and critic Salomon Korn also sees the essence of the Walser-Bubis debate in the above framework, as the struggle between two prevailing memories or traditions, each seeking dominance over the other. The controversy is, according to Korn, in a letter to the *Frankfurter Allgemeine Zeitung*, 1 December 1998, a battle for a national identity in the form of a clash between collective recollections. It is the conflict between the 'perpetrators, profiteers, fellow travelers and their descendants' seeking a '"normal" life' not burdened by the crimes of National Socialism, and the victims and their descendants insisting on the acknowledgment of mass murder and the assumption of the responsibility that these crimes demand.[8]   In his 1999 book about the Holocaust Memorial planned for Berlin, Korn speaks again with an air of pessimism of this 'divided memory of the Holocaust':

> Es gibt in Deutschland eine zweigeteilte Erinnerung an den Holocaust. Die überlebenden Opfer und deren Nachkommen müssen als 'passiv' Betroffene [...] naturgemäß [...] eine andere Erinnerung haben als die 'aktiv' betroffenen Nachfahren der Täter.[9]

The rhetorical emphasis given by Korn's words 'actively' and 'passively' make the diametrical opposition of these two groups appear irreconcilable, for he insists it is 'in keeping with nature' that these memories differ. In other words, it is both illogical and unnatural that these divergent memories could be brought harmoniously together. The bitter confrontation in 1998 between the positions of Martin Walser and Ignatz Bubis – which is not ended even today – seems to support this despondent view.[10]

Walser's *Friedenspreisrede* in the Paulskirche was understood by Bubis, but not only by Bubis,[11] as just one more attempt in a series of several over the decades to tinker with the tradition of the Holocaust, to slant it in favor of German interests and sensibilities at the expense of Jewish concerns and anxieties. As a result, Bubis, as head of the Jewish Central Advisory Board in Germany, felt compelled to defend the community of victims from what he perceived as Walser's attempts to alter the prevailing Holocaust paradigm. Bubis's opening words when the two finally faced one another a few weeks after Walser's speech indicate clearly how he understood what Walser was doing:

> Ich habe immer gesagt, wenn Deckert, Frey, Schönhüber oder wie immer sie heißen mögen, so etwas sagen, dann interessiert das keinen Menschen, dann hat das keine Wirkung. Wenn Martin Walser so was sagt, dann hat das eine ganz andere Wirkung. (Schirrmacher 438)

Specifically Bubis was referring to Walser's charge that the Holocaust was being 'instrumentalized' 'for present purposes' (Schirrmacher 12) without specifying who was doing the instrumentalizing or what the present purposes were, but implying that these undefined purposes would be costly to Germans financially or emotionally and were intended to create a privileged space for Jews in German society – this understanding of Walser becomes for Bubis the newest version of the Nazi mantra 'Die Juden sind unser Unglück.' This reaction by Bubis was understandable since he was at that time engaged in negotiations to secure reparations for victims who had performed forced labor in the Third Reich.[12] Also upsetting to Bubis was Walser's charge that the planned Holocaust *Mahnmal* in Berlin was an intolerable 'monument to German shame,' a 'cement, football-field-sized nightmare,' an example of 'negative nationalism' and the 'banality of good' (Schirrmacher 13). Walser added to this attack a complaint about the unrelenting Holocaust programing on television, maintained by 'Meinungsoldaten' (Schirrmacher 15) with their raised 'Moralpistolen' (Schirrmacher 15). All of which, he claimed, constituted a 'Drohroutine' (Schirrmacher 13), a 'Routine des Beschuldigens' (Schirrmacher 11) and a painful 'Ritualisierung' (Schirrmacher 13) whose real purpose – though not so explicitly stated – was to harm Germany. The political and cultural importance of these formulations is that they reverse the roles of Germans and Jews. The victims become the perpetrators of a new injustice and the perpetrators become the new victims. One cannot miss that Walser is doing exactly what the Third Reich did, that is, depicting Jews as the oppressors of Germans.

An exemplary illustration of the 'befreiende Wirkung' (Schirrmacher 449-450, 456, 458, 464) that Bubis heard in Walser's speech was the attitude expressed in an article by Klaus von Dohnanyi, the former SPD mayor of Hamburg. Appearing one month after Walser's speech, this article was entitled, revealingly, 'Martin Walsers notwendige Klage.'[13] Like Walser, Dohnanyi referred to his own shame and suffering from living with the inescapable, almost daily reminders of the Holocaust. And like Walser, Dohnanyi admitted to looking away from presentations of the Holocaust: 'Ich, zum Beispiel, habe alle großen Filme über den Holocaust nicht gesehen. [...] Ich verlasse immer den Raum, wenn im Fernsehen solche Schrecken gezeigt werden.' (Schirrmacher 149) Dohnanyi, with his family background of anti-fascism (his father was executed by the Nazis), arguably comes to the debate with cleaner hands than Walser (a teenage soldier in 1945), and provides, thereby, the same kind of encouragement for other Germans to be critical of the effects of the Holocaust tradition on ordinary German citizens. He pleads also, like Walser, for the right of every German to deal with the Holocaust subjectively in the privacy of his own conscience – that convenient place where the reality of history can most easily be ignored.

Dohnanyi's article, however, would be nothing more than a rehash of Walser's speech had it not gone even farther than Walser's *Sonntagsrede* in tinkering with the *traditio* of the Holocaust, by assigning the role of hypothetical perpetrator to the Jews:

> Allerdings müßten sich natürlich auch die jüdischen Bürger in Deutschland fragen, ob sie sich so sehr viel tapferer als die meisten anderen Deutschen verhalten hätten, wenn auch 1933 'nur' die Behinderten, die Homosexuellen oder die Roma in die Vernichtungsslager geschleppt worden wären. (Schirrmacher 148)

What is most striking about this rhetorical ploy made more acceptable by Walser's speech is not its novelty. Ethical people have been asking themselves this question since 1945 in an effort to examine their own consciences. What is alarming here, in the course of the Walser-Bubis debate, is who is posing the question to whom. It is this new boldness that characterizes the new German Holocaust tradition, the one now most prominently represented by Walser. It is also worth mentioning in passing that others employ the same kind of strategy. For example, Bernard Schlink relies on it in *The Reader* (*Der Vorleser,* 1995) when he has the SS guard Hanna ask the judge a similar question during her murder trial for permitting Jews to burn to death in a locked church. She says in her defence to the judge who is also of the perpetrator generation: 'Was hätten Sie denn gemacht   [in my circumstances]?'[14] Dohnanyi's and Hanna's words imply that people who judge are no better than those being judged. Only fate distinguishes one from the other.

Walser's speech was not just a broadening of the topic of Auschwitz to previously excluded German perspectives – an exchange which in different circumstances with different personalities might have been considered a positive development. It was above all a lowering of the standards of public discourse about the recent past and became what Bubis called 'opening the door' (Schirrmacher 464) to changing the accepted way of talking about the Hitler period. For Bubis, Walser's speech seemed to follow a military strategy, that is, the best defense is a stronger offence: strike first, hit hard, show no mercy.

This understanding of Walser's speech as an attempt to redraw the front lines of the Holocaust discussion is supported by other passages in Walser's address, namely those relating to German 'normality.' Bubis, himself, had up to the time of Walser's speech and its affirmative reception a positive view of the new Germany. He believed Germany was in the process of becoming a normal state. He had long been an ambassador of goodwill for Germany, travelling the world, witnessing to the improved relations between Germans and Jews, and praising how far Germany had gone in conquering its Nazi past. He believed, however, that this state of normality when Auschwitz no longer burdened Germans would not and could not be achieved as long as perpetrators and victims were still living side by side. (See his address of 9 November 1998 commemorating *Kristallnacht*, Schirrmacher 106-113). To him normality was, nonetheless, inevitably a matter of passing time. For Walser Germany was already a normal state. He was impatient with the recognition Germany had received for its postwar development. He pointed to the misgivings one aroused by merely suggesting Germany was like other nations: 'Aber in welchen Verdacht gerät man, wenn man sagt, die Deutschen seien jetzt ein normales Volk, eine gewöhnliche Gesellschaft?' (Schirrmacher 13)

For Walser, 'normalcy' had already been earned. It came from acknowledging the Holocaust and accepting its consequences. In his speech he does not retreat from what he wrote in 1965: 'Dann gehört jeder [Deutsche] zu irgend einem Teil zu der Ursache von Auschwitz. Dann wäre es eines jeden Sache, diesen Anteil aufzufinden. Es muß einer doch nicht in der SS gewesen sein.'[15] In his 1998 speech he stated this sentiment again: 'Kein ernstzunehmender Mensch leugnet Auschwitz.' (Schirrmacher 11) The importance of the Holocaust is, therefore, not the main point in the Walser-Bubis controversy. The *tradita* of the Holocaust itself is not in question. The *traditio* of the Holocaust is what forms the essence of the debate – the concern with 'how' and not with 'what.' Walser even added: 'Kein noch zurechnungsfähiger Mensch deutelt an der Grauenhaftigkeit von Auschwitz.' (Schirrmacher 11) While this statement is true, it does not prevent Walser from trying to reshape the reception of the Holocaust. When Walser uttered the above-mentioned rhetorical exclamation about normality, he was pointing directly to what he believed was the lack of respect Germans have received for their postwar achievements: their history of *Wiedergutmachung,* their democratic political transformation, their positive contributions to world affairs – in other words: for their fifty years of good behavior. For Walser these accomplishments form the basis of a legitimate claim to 'normalcy.'

Bubis, on the other hand, did not deny the postwar development and transformation of Germany, but he feared that a return to 'normalcy' before all the victims and perpetrators were dead was a precipitous and even dangerous encouragement of neo-Nazi tendencies readily evident since unification. To Bubis, anyone who declared Germany just like any other country was turning his back on the Holocaust and practising a new kind of 'looking-away' – a *Wegschauen* – from both the past and the present.

This process that frightened Bubis did not begin with Walser. German scholarship charts its long and lively history back to the end of World War II. At the end of the war the acceptance of the burden of the Holocaust, that is, the acknowledgment of guilt and the obligation to make amends, was in large part imposed on Germany from the outside. Even before the war was over, the allies decided to prosecute German leaders for crimes against humanity. This decision to confront the German people with their own history, a kind of victors' justice in the eyes of many, has never sat well with Germans although it has been for political and economic reasons reluctantly accepted. According to the allies, Germans were perpetrators of the Holocaust either directly by having committed crimes or indirectly by having closed their eyes to evil and not having resisted fascism strenuously enough.[16]

In 1946 the philosopher Karl Jaspers formulated a moral position for Germany in response to these accusations. In a series of lectures, given at the University of Heidelberg and published under the title *Die Schuldfrage,* he concluded that Germans could not remain indifferent to public opinion. It was he said 'a question of life and death for the German soul.'[17] Jaspers identified various kinds of guilt: criminal guilt for which there is punishment; political guilt for which there is the obligation to make amends; moral guilt for which the individual conscience is accountable; and finally metaphysical guilt for which solidarity with humanity is necessary.

This Jasperian concept of guilt, responsibility, and human solidarity became the basis on which West Germany, after its establishment in 1949, began its reconciliation with the world. In 1951 Chancellor Konrad Adenauer issued a statement on German-Jewish relations that has had a telling effect on the development of the tradition of the Holocaust in Germany. This statement read in part:

> The Federal government, and with it the vast majority of the German people, are conscious of the immeasurable suffering that was brought to bear upon the Jews in Germany and in the occupied territories during the period of National Socialism. The great majority of the German people abhorred the crimes committed against the Jews and had no part in them. [...] But unspeakable crimes were perpetrated in the name of the German people which impose upon them the obligation to make moral and material amends.[18]

This declaration was followed immediately by negotiations with Jewish leaders and the state of Israel which led one year later, in September 1952, to the signing of an agreement on token restitution for the injuries inflicted on the Jews of Europe.

To understand the development of the Holocaust tradition in Germany, Adenauer's historic proclamation needs close examination. While it states clearly that Germans brought 'immeasurable suffering [...] to bear upon the Jews'– that is, while it proclaims the truth, the *tradita,* of the Holocaust – and while it commits Germans 'to make moral and material amends', it also simultaneously creates the basis of the evasion of guilt and responsibility that has occurred in various ways since the end of the war. Adenauer's statement leaves unsaid that there were other victims besides Jews, groups to whom little or no 'moral or material' restitution has up to today ever been made, and leaves open various other avenues to evade guilt and responsibility.

Firstly, the expression 'immeasurable suffering' avoids mention of what the specific suffering was. The word suffering is so unspecific in this context of World War II that Germans themselves later expanded the understanding of it to refer to their own experiences in the Hitler period. This overly broad interpretation of suffering would not have been possible had Adenauer used specific words like 'mass murder' or 'genocide' to establish German responsibility. The vague expression 'suffering' in the context of the history of the Third Reich allows for the later comparison of death and misfortune experienced by Germans to that experienced by Jews and other victims. Here one thinks of the debate in parliament when the denial of the Holocaust was declared a crime. The support of the law by the Christian Democratic Union was made conditional on including a provision making it also illegal to deny the crimes committed against Germans expelled from eastern Europe. Not only did this provision equate the suffering of Germans to that of Jews and others, it also equated crimes by Germans with crimes against Germans.[19]

Secondly, the phrase 'and in the occupied territories' permits shifting some of the blame for the Holocaust to non-Germans – a tactic that has been used over and over since the war to minimize the degree of German guilt and responsibility. The most recent utilization of this strategy of transfer of culpability is noticeable in the German reviews of Jan Tomasz Gross's book *Neighbors* about the Polish slaughter of the Jewish community in the Polish town of Jedwabne in June 1941. This phenomenon of transferring culpability was also obvious in the German reception of Claude Lanzmann's film *Shoah* (1985) which emphasized the culpability of eastern Europeans, and most recently in reviews of Götz Aly and Christian Gerlach' s study of the destruction of Hungarian Jews in 1944. This volume emphasizes the cooperation of the Hungarian government, its administration, the police, and a large part of the population in the extermination programme in Hungary.[20]

Thirdly, the claim that 'the great majority of the German people abhorred the crimes committed against the Jews and had no part in them' presents as fact a supposition of non-guilt by most Germans, a matter that still today is a point of great controversy. Here the Goldhagen debate comes immediately to mind. If the 'great majority' of Germans is innocent, then all crimes were committed by only a tiny group of perpetrators and by non-Germans, a conclusion which allows 'the great majority' to avoid the problem of passive complicity.

Fourthly, the obligation 'to make moral and material amends' is unspecific regarding how much, how often, to whom, in what form, for how long. Precisely these questions are the ones implied in Walser's 1998 *Friedenspreisrede* with its implication that Jews are still, fifty years after the beginning of reparation payments, instrumentalizing the Holocaust to make demands on the Federal Republic and German industry for the payment of more money and for the construction of a 'monstrous memorial.' Walser is not specific about this charge in his talk, but his remark about '[...] die Instrumentalisierung unserer Schande zu gegenwärtigen Zwecken' (Schirrmacher 12) was generally understood to be a reference to a kind of moral extortion and was especially so understood by Bubis.

Since the mid-eighties these trends have become more noticeable. Edgar Reitz's popular TV-film series *Heimat* of 1984, in nearly 25 hours of TV time, like Walser's 1998 novel, *Ein springender Brunnen,* treated the Hitler years almost without mention of Jews.[21] President Reagan's visit to the Bitburg war cemetery in 1985, at the request of Chancellor Helmut Kohl, honoured fallen SS soldiers along with allied soldiers who died fighting Nazism, thereby blurring the moral dividing line of the conflict; Rainer Werner Fassbinder's play *Der Müll, die Stadt und der Tod* of the same year was labeled anti-Semitic by many, especially by Bubis, who probably served as the model for Fassbinder's Jew in the play.[22] In 1986 Ernst Nolte initiated the Historians' Debate by asserting that the German genocide of the Jews was far from unique and was a consequence of and even modelled on the Bolshevik rule of terror.[23] Since the 1980s German literature has drifted noticeably from social concern to solipsistic inwardness. The ruthless critique after 1990 of East German writers who had supported socialism – the so-called *Literaturstreit* – contrasted glaringly with the acceptance after 1945 of writers who had supported fascism.[24] Botho Strauß's 1993 essay 'Anschwellender Bocksgesang' argued that Germany should look to its future instead of to its past.[25] Hans Magnus Enzensberger's *Spiegel* essay on the Gulf War justified out-of-area German military action on the notion that the Holocaust should not prevent Germany from participating in what he deemed a just war.[26] Since the 1980s many German philosophers and sociologists have found a new place in their hearts for Heidegger, Nietzsche, Ernst Jünger, and Carl Schmitt. The 1996 German critique of Daniel Goldhagen's *Hitler's Willing Executioners,*[27] rejected his sweeping accusation that 'ordinary Germans' were responsible for the Holocaust. The controversy surrounding the publication of Stéphane Courtois's *Black Book of Communism,*[28] the withdrawal of and reformulation of the 1996 exhibit on 'Crimes of the Wehrmacht,'[29] Peter Sloterdijk's 1999 controversial lecture on eugenics, entitled boldly 'Regeln für den Menschenpark', and the continuing attacks on the relevance of the Frankfurt School and Critical Theory,[30] and most recently the controversy over *Leitkultur.* Taken all together these events overwhelmingly document the political direction Germany has taken since the 1980s and especially since unification. All of these events relate directly to the Holocaust and indirectly to the Walser-Bubis debate. They proclaim that a national, militant self-assertion has taken place in Germany in the last few years. It is in light of this cultural shift that the Walser-Bubis debate can best be understood, as part of an ongoing process of historicizing the Holocaust, that is, of not seeing Germany's genocide as a singular phenomenon, but as part of the greater historical context of the 20th century.

Michael Jeismann in his book *Auf Wiedersehen Gestern. Die deutsche Vergangenheit und die Politik von morgen* is correct when he asserts that the German state, while integrating the Holocaust in its political symbolism, has also brought forth a weariness with the

Holocaust.[31] It is this sense of satiety that Walser taps into with his 'Sonntagsrede' and its loud cry of 'enough is enough'. Walser's revulsion over the heavy burden of painful memory and the assumed moral superiority of memorializers of the Holocaust is what explodes out of his address in the Paulskirche on 11 October 1998. His outburst of indignation explains the speech's broad appeal.

Although Bubis remained seated after Walser's speech, the other invited guests gave Walser a standing ovation in the Paulskirche. The positive reception of Walser's speech continues to this day despite harsh criticism directed against it by a few dissenters.[32] Not only many of the intellectual elite but also the political elite also stood firmly behind Walser. Wolfgang Schäuble, at that time successor to Helmut Kohl as head of the Christian Democratic Union, responded to the speech in an interview in *Die Zeit* by saying: 'Auch bei nachträglicher Lektüre der Walser-Rede teile ich Ignatz Bubis' Verständnis dieser Rede nicht [...]. Bei Walser habe ich solche [Schlußstrich-] Töne nicht herausgehört.'[33] Shortly thereafter, also in *Die Zeit*, as if not to be outdone by the opposition, Chancellor Gerhard Schröder (SPD) spoke approvingly of Walser's 'justified objection' to the planned Holocaust memorial in Berlin and echoed Schäuble's understanding of Walser:

> Es wäre falsch, Walser als jemanden zu klassifizieren, der den Verdrängern Argumente liefern will. Bei ihm würde ich – trotz der einen oder anderen mißverständlichen Formulierung in seiner Rede – annehmen, daß er mit allem Ernst auf ein doch bestehendes Problem hat hinweisen wollen.[...] Es wäre ganz unfair, wenn man Walser sagen würde: Weil du von den Schlußstrich-Befürwortern in Anspruch genommen werden kannst, war dein Ansatz falsch.[...] Es wäre zudem falsch, zu bestreiten, daß es ein Problem gibt, auf das Walser hingewiesen hat.[34]

Schröder's analysis is extremely perceptive in that it points directly to some of the things Walser's speech achieved, namely to make public opposition to the Holocaust memorial a popular stance free of the taint of anti-Semitic prejudice. Not even the later vote in parliament to build the memorial contradicted Walser's sentiment. That vote was merely an act of political resignation to get the Holocaust out of public discussion, to be rid of it once and for all – a kind of remembering to forget.[35] The fact is that even today, more than a dozen years after the idea for the memorial was first proposed and a few years after parliament voted for the project, the memorial is not yet completed. But the most important observation by the Chancellor is the realization that Walser does not want to forget the past. Walser's speech is certainly more subtle than that. Walser does not want to abrogate the memory of the Holocaust, but to expand its understanding, to have it recognized that the Holocaust has been 'instrumentalized', that it has been misused to impose an unjust burden on innocent Germans. Walser's speech argues for a broadening of the Holocaust tradition to include not only what Germans did to Jews, but also what Germans have done for Jews. Since Walser's forceful complaint in his speech about the over-abundance in the media of guilt-inducing, painful images of Germany's horrible crimes, much has changed on German TV. Recently these images have disappeared from the airways and been replaced by stories of the German resistance to Hitler and images of refugees and expellees from the East, victims of the ruthlessness of the Red Army and vengeful Czechs.[36]

Walser became for many on that evening in 1998 the hero of the German nation, the defender of the innocent against the continued, heavy-handed accusations of those set on tarnishing the national image and extorting more gain from present-day Germans for the sins of a past generation. Walser, the former champion of 'Vergangenheitsbewältigung,' was now seen as breaking taboos in speaking so openly for the victimized masses and in attempting to save them from the moral tyranny of the media and the 'Treuhänder des Gewissens' (Schirrmacher 9) wielding their 'Moralkeule' (Schirrmacher 13).

What we witness to in Walser's speech may not be 'geistige Brandstiftung' as Bubis charged, i.e., fire bombing the intellect as skinheads do asylum homes, but a populist response to current German psychological needs. Walser is not wrong when he says the Holocaust is used for present-day purposes, but it would be more accurate to say that he, himself, was using the Holocaust to respond to national needs: the desire of Germans for normality, their longing to have their own suffering remembered, and their yearning to be seen as ordinary, moral, and decent people. Walser, as spokesman for the majority of Germans, was struggling in his speech to redefine the tradition of the Holocaust, to have Jews and others see Germans as they see themselves. His speech shows clearly how the *traditio* changes as the *tradita* remains constant, how it is not the past that determines the present, but the present that defines the past. Simply put: the Walser-Bubis debate illustrates 'the present as epilogue', not 'the past as prologue.'

Notes

[1] 'It [invented tradition] includes both "traditions" actually invented, constructed and formally instituted and those emerging in a less easily traceable manner within a brief and dateable period – a matter of a few years perhaps – and establishing themselves with great rapidity,' Eric Hobsbawm and Terrence Ranger, eds. *The Invention of Tradition*, Cambridge UP: Cambridge, 1983, p. 1.

[2] 'L'essentiel est que ces traditions existent, au moment où nous les atteignons. Nous ne cherchons pas ce qu'il y a derrière elles, et si elles sont authentiques. Mais nous les étudions elles-mêmes, comme des croyances collectives,' Maurice Halbwachs, *La topographie légendaire des évangiles en terre sainte. Etude de mémoire collective*, Presses Universitaires de France: Paris, 1941, 1971^2, p. 2.

[3] Lewis A. Coser, 'Introduction,' in Maurice Halbwachs, *On Collective Memory*, ed. and trans. by Lewis A. Coser, U Chicago P: Chicago and London, 1992, p. 25.

[4] Yves Congar, *La tradition et les traditions*, 2 vols., Librairie Arthème Fayard: Paris, 1960-1963: vol. 2, p. 68; English trans.: *Tradition and Traditions*, MacMillan: New York, 1966, p. 300.

[5] Terrence W. Tilley, *Inventing Catholic Tradition*, Orbis Books: Maryknoll, New York, 2000, p. 37.

[6] See 'Mass-Producing Traditions: Europe, 1870-1914,' in *The Invention of Tradition*, pp. 263-307.

[7] *'Historikerstreit'. Die Dokumentation der Kontroversen um die Einzigartigkeit der nationalsozialistischen Judenvernichtung*, Piper: Munich, 1987, p. 36. Quoted from Ralf Schnell, *Dichtung in Finsteren Zeiten. Deutsche Literatur und Faschismus*, Rowohlt Taschenbuch: Reinbeck bei Hamburg, 1998, p. 19.

[8] Letter to *Frankfurter Allgemeine Zeitung*, 1 December 1998. In: *Die Walser-Bubis-Debatte. Eine Dokumentation*, ed. Frank Schirrmacher, Suhrkamp: Frankfurt a/M, 1999, p. 304. Further references to this book will be given in the text as Schirrmacher followed by page numbers.

[9] Salomon Korn, *Geteilte Erinnerung. Beiträge zur 'deutsch-jüdischen' Gegenwart*, Philo: Berlin, 1999, pp. 199-200.

[10] See Amir Eshel, 'Diverging Memories? Durs Grünbein's Mnemonic Topographies and the Future of the German Past,' *German Quarterly*, 74.4 (Fall 2001), 407-416, where Eshel argues that the poetry of Grünbein offers a model of reconciling these opposed memories without slighting either.

That the Walser-Bubis debate is in one form or another still with us seems amply verified by what has transpired since the London Walser Conference (1-3 May 2002). With his speech "Über ein Geschichtsgefühl" delivered in Berlin on 8 May 2002, the anniversary of the German capitulation in World War II, as well as in his discussion with the leadership of the SPD in conjunction with this speech, and with the publication of his contentious novel *Tod eines Kritikers*, published 26 June 2002, Walser has proven himself once again to be the *schillerndste Figur* of contemporary German literature. Several themes of the Walser-Bubis debate (German normality, criticism of the media, instrumentalization of the Holocaust, lack of sensitivity in relation to the victims of the Holocaust, and the resulting charges of anti-Semitism against Walser) continue to echo in these events. This resonance testifies to the protean character of the dispute between Walser and Bubis. (How these topics also relate to the anti-Semitism controversy (May-June 2002) between Jürgen Möllemann of the FDP and Michel Friedmann of the Jewish Central Advisory Board of Germany goes beyond the confines of this article, but this political dispute, nonetheless, is also part of the greater Walser-Bubis debate.)

[11] See note 8, Schirrmacher's documentation of the debate.

[12] These negotiations were completed after Bubis's death in 1999. In 2001 the German government and German industry put aside a sum of DM 10 billion for reparation. It is estimated about 2 million forced laborers will receive DM15,000 (about €7,500) each, 85% of whom are non-Jewish. All payments are expected to be paid by 2003. See the interview with Otto Graf Lambsdorf, negotiator for the German government, *Welt am Sonntag*, Nr. 36, 9 September 2001, p. 38.

[13] *Frankfurter Allgemeine Zeitung*, 14 November 1998, in Schirrmacher, pp. 146-150.

[14] Bernhard Schlink, *Der Vorleser*, Diogenes Taschenbuch: Zürich, 1997, p. 123.

[15] 'Unser Auschwitz' in *Heimatkunde. Aufsätze und Reden*, Suhrkamp: Frankfurt a/M, 1968, Sonderausgabe 1996, p. 21.

[16] See Koppel S. Pinson, *Modern Germany: Its History and Civilization*, MacMillan: New York, 1954, 1959⁴, p. 550.

[17] Karl Jaspers, *Die Schuldfrage: Ein Beitrag zur deutschen Frage*, Artemis-Verlag: Zurich, 1946. Quoted from Pinson, p. 551.

[18] Quoted from Pinson, p. 567.

[19] See Peter Novick's comment on this event in *The Holocaust in American Life*, Houghton Mifflin: Boston, New York, 1999, p. 14.

[20] Jan Tomasz Gross, *Neighbors: The Destruction of the Jewish Community in Jedwabne, Poland*, Princeton UP: Princeton, N.J., 2001. *Nachbarn: Der Mord an den Juden von Jedwabne*, Beck: Munich, 2001. Götz Aly und Christian Gerlach, *Das letzte Kapitel: Realpolitik, Ideologie und der Mord an den ungarischen Juden 1944-1945*, Deutsche Verlags-Anstalt, Stuttgart, 2002.

[21] For one prominent scholar's opinions of what constitutes literary anti-Semitism see Guy Stern's criteria in 'The Rhetoric of Anti-Semitism in Recent American Fiction', in Sander Gilman and Stephen Katz, eds., *Anti-Semitism in a Time of Crisis*, New York UP: New York and London, 1991, 291-310, where one of his criteria is 'the anti-Semitism of silence' (p.303), the absence of a reference to the Holocaust in a novel where such a reference would normally be expected. See also Mark H. Gelber, 'What is Literary Antisemitism?' *Jewish Social Studies*, 47, 1 (1985), 1-20.

[22] By occupying the Frankfurt stage, Bubis prevented the performance of the play, and to this day it has never been performed in Germany although it has been performed in Israel. The dispute raised the question of free speech in Germany as did the debate of criminalizing the denial of the Holocaust.

[23] Ernst Nolte, 'Vergangenheit, die nicht vergehen will. Eine Rede, die geschrieben, aber nicht gehalten werden konnte', *Frankfurter Allgemeine Zeitung*, 6 June 1986. See *'Historikerstreit'. Die Dokumentation der Kontroversen um die Einzigartigkeit der nationalsozialistischen Judenvernichtung*, Piper: Munich Zurich, 1987. Rolf Kosiek, *Historikerstreit und Geschichtsrevision*, Grabert: Tübingen, 1987. Harold James, *Vom Historikerstreit zum Historikerschweigen: Die Wiedergeburt des Nationalstaates*, Siedler: Berlin, 1993. Jürgen Peter, *Der Historikerstreit und die Suche nach einer nationalen Identität der achtziger Jahre*, Lang: Frankfurt a/M, 1995. Since this debate, no responsible historian speaks any longer of the uniqueness of the Holocaust except in the very narrow sense that no two historical events are identical. Since the Historians' Debate, scholars compare genocides in order to discover similarities and dissimilarities to understand better the phenomenon of mass murder to develop strategies for their prevention. The discrediting of the concept of uniqueness of the Holocaust has advanced genocide research.

24 Regarding the *Literaturstreit* see *Kulturstreit – Streitkultur: German Literature since the Wall* (*German Monitor* 38), eds. Peter Monteath and Reinhard Alter, Rodopi: Amsterdam-Atlanta, 1996, pp. 1-92.

25 Botho Strauß, 'Anschwellender Bocksgesang', in *Der Spiegel*, Nr. 6, 8 February 1993, 202-207.

26 Hans Magnus Enzensberger, 'Hitlers Wiedergänger', in *Der Spiegel*, Nr. 6, 4 February 1991, 26-28. Enzensberger's essay is unique in this list in that his comparison of Saddam Hussein with Hitler implies the moral argument that Germany should get over its burden of pacifism imposed by its recent past and participate in wars that have the intention to stop crimes against humanity. Enzensberger uses the similarities between Saddam Hussein and Hitler to justify the U.S. led war against Iraq and Germany's support of it despite German constitutional constraints at that time that allowed Germany only to use military force to defend itself against attack. Enzensberger's argument is simplistically one-dimensional in that it fails to take into account historic factors in the Near East, the likely pretext of using humanitarian concerns to cover the economic-political reasons for the Gulf War, and the history of the failure of the West to intervene militarily against national leaders friendly to the West who have committed crimes against humanity. Nonetheless, despite the shallowness of Enzensberger's essay, it was extremely important in bringing Germany closer to normalization, helping to break down the cultural barriers that had up to then prevented Germany from participating in offensive wars. In this regard see also the article by Christoph Bertram, director of the Foundation for Science and Politics in Berlin, 'Verteidigung braucht Zukunft' (*Die Zeit*, Nr. 24, 6 June 2002, p. 11), in which Bertram argues that if Germany does not amend its constitution regarding the 'altmodischen Verteidigungfall' the nation will never be a normal country and never be able to enter the future with the rest of the western world.

27 Daniel Goldhagen, *Hitler's Willing Executioners: Ordinary Germans and the Holocaust*, Knopf: New York, 1996; German translation: *Hitlers willige Vollstrecker. Ganz gewöhnliche Deutsche und der Holocaust*, Seidler: Berlin, 1998.

28 Stéphane Courtois, *Le livre noir du Communisme: Crimes terreur repression*, Editions Robert Laffont: Paris, 1997; *Das Schwarzbuch des Kommunismus: Unterdrückung, Verbrechen und Terror*, Piper: Munich, 1998; *The Black Book of Communism: Crimes, Terror, Repression*, Harvard UP: Cambridge, London, 1999.

29 The exhibit 'Vernichtungskrieg. Verbrechen der Wehrmacht 1941 bis 1944' first opened in 1996 and toured several German cities. It was accompanied repeatedly by controversy and demonstrations. In 1999 nine photos of the 800 in the exhibit catalog consisting of pictorial and printed documents were discovered to be falsely

labeled. (*Vernichtungskrieg. Verbrechen der Wehrmacht 1941 bis 1944*, herausgegeben vom Hamburger Institut für Sozialforschung, Hamburger Edition, Leitung: Hannes Heer, 1996). The exhibit was withdrawn under pressure of the charge of falsifying history. All the photos and documents were rechecked for authenticity. The exhibit is now touring again. However, the appearances of the exhibit scheduled for abroad prior to 1999 (for example, in Washington, D.C. and New York) have all been cancelled and not rescheduled. What the exhibit proved in its original form as well as in its revised form (*Verbrechen der Wehrmacht. Dimensionen des Vernichtungskriegs 1941-1944*, Hrsg. Hamburger Institut für Sozialforschung, Hamburger Editions: Hamburg, 2002) is that the reputation of the *Wehrmacht* as an honorable institution is no longer tenable, for it, like the SS, participated routinely in war crimes and in the Holocaust. See also Karl Heinrich Pohl, ed. *Wehrmacht und Vernichtungspolitik. Militär im nationalsozialistischen System*, Vandenhoeck & Ruprecht: Göttingen, 1999, also Wolfram Wette, *Die Wehrmacht. Feindbilder, Vernichtungskrieg, Legenden*, S. Fischer Verlag: Frankfurt a/M, 2002, and the book by the Polish historian who discovered the nine mislabeled photos, Bogdan Musial, *'Konterrevolutionäre Elemente sind zu erschießen'. Die Brutalisierung des deutsch-sowjetischen Krieges im Sommer 1941*, Ullstein Verlag: Berlin, Munich, 2000. See also the two-part article by Wolfgang Weber posted on the World Socialist Web Site (wsws.org) 19 and 20 September 2001, entitled 'The Debate in Germany over the Crimes of Hitler's *Wehrmacht*' in which Weber calls Musial's book 'primitive anti-communism' and 'barely concealed anti-Semitism'.

[30] See *Der Streit um den Menschen. Zeit Dokument 2. 1999*, published by *Die Zeit* which contains Sloterdijk's lecture and twenty related articles.

[31] Michael Jeismann, *Auf Wiedersehen gestern. Die deutsche Vergangenheit und die Politik von morgen*, Deutsche Verlags-Anstalt: Stuttgart, Munich, 2001, p. 175

[32] Notable dissenters were Günter Kunert (*Die Zeit*, 22 December 1998, p. 18), Dieter Forte (*Die Zeit*, 18 February 1999, p. 40) and several contributors to the documentation collected by Frank Schirrmacher (see note 8).

[33] *Die Zeit*, 7 January 1999, p. 4.

[34] *Die Zeit*, 4 February 1999, p. 33.

[35] See Barbie Zelizer's treatment of this concept in *Remembering to Forget: Holocaust Memory through the Camera's Eye*, U. of Chicago Press: Chicago and London, 1998. The discussion of the phenomenon of forgetting caused by objects intended to promote memory has a long history going back to Roland Barthes, *Camera Lucida*, trans. Richard Howard, Hill and Wang: New York, 1981, p. 91 and

Susan Sontag, *On Photography*, Anchor Books: New York, 1977, p. 21. It is clear that familiar images can create a false sense of knowledge that separates one from the fullness of a past reality.

[36] Typical examples would be the five-part series prepared for ZDF by the historian Guido Knopp, aired between 20 November and 18 December 2001: 'Der große Treck. Kampf um Ostpreußen', 'Der Untergang der Gustloff. Flucht übers Meer' [The sinking of the refugee ship, 'Wilhelm Gustloff', is also the topic of Günter Grass's latest novella, *Im Krebsgang*, Steidl: Göttingen, 2002], 'Die Festung Breslau. Schlesische Tragödie', 'Die Stunde der Frauen. Überleben in Pommern', 'Die verlorene Heimat. Vertreibung der Sudetendeutschen'. Other examples would be 'Die Vertriebenen – Hitlers letzte Opfer', '"Nein" – Zeugen des Widerstandes in München (1933-1945)', 'Die kleine Schwester. Dokumentation: Die Weiße Rose. Ein Vermächtnis'. How much Walser's *Friedensrede* affected this change in the programming of German television can not be calculated, but it would be foolish to think it played no role.

Caroline Gay

On Pride and Other Pitfalls: Recent Debates on German Identity

The heated debate surrounding Martin Walser's controversial 'Friedenspreisrede' in October 1998 indicated that the newly elected Red-Green coalition had been too hasty in declaring a 'neue Unbefangenheit' with regard to the Nazi past. This essay examines a selection of 'post-Walser' debates to assess how they replicate or build on elements of Walser's speech and how they represent continuity or change in the attitudes to the past in the 'Berlin Republic'. It considers domestic and foreign policy deliberations as well as the 'Leitkultur' and 'Nationalstolz' debates. The conclusion outlines the second 'Walser debate' in May 2002, which focused on alleged anti-semitism, to illustrate a new openness in the German discourse on the Nazi legacy.

Introduction

On 11 October 1998 Martin Walser was awarded the 'Friedenspreis des deutschen Buchhandels'. His acceptance speech, delivered in front of prominent political and cultural representatives and televised live, provoked a heated and long-lasting debate on Germany's relations to its National Socialist past. The carefully constructed speech in fact covered a variety of themes ranging from the expectations placed on a political intellectual and the freedom of literary language to a plea for the release of the former GDR spy Rainer Rupp. Yet the broader picture was lost in the subsequent debate, which focused on Walser's assertion of a 'Dauerpräsentation unserer Schande' in the media which provoked him 'wegzuschauen'[1]. For Walser, the constant reference to the Nazi past was often less about remembering than the 'Instrumentalisierung unserer Schande zu gegenwärtigen Zwecken'[2], reflected in concrete form in the proposed Holocaust monument, which he deemed a 'Monumentalisierung der Schande'[3]. Walser said that the Holocaust should not be used as a 'Moralkeule' to dictate memory to individuals. He asserted the primacy of individual over publicly dictated conscience and warned that public commemoration risked being reduced to mere lip-service and ritualisation.

As is typical in such debates the content and context of Walser's comments were subject to distortion by media interpretation and opinion. This was partly due to the opacity of the speech and the author's reluctance to explain exactly what he meant. Nonetheless, Micha Brumlik was right to declare that a 'neue Seite deutscher Geschichtspolitik'[4] had been turned with the speech, which received a standing ovation from the entire audience bar Ignatz Bubis, the late President of the Central Council of Jews in Germany. Up to then it had been usual for public figures to admonish too little remembrance of the Nazi past, but Walser had broken a taboo in seemingly suggesting that there was *too much* of the *wrong kind* of commemoration in Germany. Commentators were and indeed continue to be divided on whether Walser's remarks represented a positive or negative development in terms of German *Erinnerungskultur*. Proponents of the speech welcomed the chance to openly address the taboos that had previously blocked a genuine debate on the National Socialist past and asserted that Walser did not want to forget but rather to protect memory from being abused by the media and politicians.[5] The critics of Walser's speech however feared that it might fuel the arguments of the far-right – hence Ignatz Bubis' use of the term 'geistige Brandstiftung' – interpreting it as a call for a line to be drawn under the past for the purposes of German normalisation and national reassertion. The vehemence of the debate and those that have followed since has shown that even if the latter were Walser's intention he failed to realise it.

The Walser debate was proof that Schröder's Red-Green coalition, which had assumed power just one month before, had been too hasty in declaring a 'neue deutsche Unbefangenheit'[6] with relation to the National Socialist past. In this respect, it underlined the existence of what can be termed a 'dialectic of normality' in contemporary Germany. The so-called Berlin Republic is a successful liberal democracy, a civil society which respects human rights and plays a significant role at European and global level. And yet it was also built on the legacy of the ultimate crime against humanity in the twentieth century. Whilst Germany can compare itself with other 'normal' nations in the present, it is precisely this present normality that continues to throw the absolute abnormality of the Third Reich past into sharp relief. This 'dialectic of normality' is both the product of and agent for the continued proliferation of debates on the legacy of Nazism in Germany. It is also the reason why the Walser debate was not the last of its kind as many predicted at the time. Though perhaps the last major instance of a generation attempting to work through its personal experience of the Third Reich, Walser's speech heralded a new generation of debates which stem from *interpretation* rather than *memory* of this past.

This essay will examine a selection of 'post-Walser' debates to assess how they replicate or build on the themes addressed in the 'Friedenspreisrede', and how they represent continuity or change in the attitudes towards the past in the 'Berlin Republic'. These 'new generation' debates mirror the Walser debate in being largely media-based, often dominated by emotion rather than context, and challenging former taboos. The difference is that whilst they do refer to the problematic legacy of National Socialism the focus is more often than not on present-day issues.

The internationalisation and layering of recollection of the National Socialist past

As the Third Reich past becomes history rather than memory for most, the issue is not just *what* to remember but also *how* and *how much* to remember. The German discourse on this past should firstly be seen in the context of many layers of recollection and interpretation. One page of a German newspaper today may, for example, contain articles about payments to former forced labourers, the Holocaust monument, some new historical research into National Socialism and a political debate on national pride. The paradox is that it is easy to read a number of co-existing narratives on one page of the newspaper as if they belonged to different histories. Secondly, the German debate should be considered within the framework of an increasingly international discourse, where Auschwitz has become a globally understood metaphor for evil and the Holocaust is, so to speak, 'everyone's history'. Whilst *Vergangenheitsbewältigung* was once a purely German phenomenon, other European countries in particular have now themselves embarked on a process of collective self-examination, deconstructing post-war national myths and at times revealing uncomfortable truths about their own relationship with the Nazi regime.[7] In what Michael Berenbaum has termed the nativization of memory[8] a variety of at times conflicting national memories and representations of the period have thus emerged, reflecting multiple agendas. The UK, for example, introduced an annual Holocaust Remembrance Day in January 2001, the main aims of which are to promote tolerance and good citizenship and oppose racism.[9]

At the same time, there is evidence that memory narratives no longer operate on a purely national level. Natan Sznaider argues that in the globalised world collective memory is beginning to release itself from its previous ethnic limits. He sees the Holocaust as part of a global narrative that can be put to positive use:

> Gerade Erinnerungen an den Holocaust werden in einer Epoche ideologischer Ungewissheiten zu einem Maßstab für humanistische und universalistische Identifikationen. Die Erinnerungen an den Holocaust erlauben zu Beginn des dritten Jahrtausends die Formierung Nationen übergreifender Gedächtniskulturen, die wiederum zur Grundlage für globale

> Menschenrechtspolitik werden [...] Der Holocaust wird so zum Allgemeingut
> und erlaubt es Menschen in den verschiedensten Ländern, sich mit ihm auf
> unterschiedlichste Weise auseinander zu setzen [...] Das Gedächtnis kann sich
> aus den ethnischen Grenzen lösen und bekommt im Zeitalter der
> Globalisierung neue Bedeutungen, mit denen auch Grundprinzipien einer neuen
> Politik im 21. Jahrhundert geschaffen werden können.[10]

Such applied universalisation of the Holocaust discourse became clear at
the international Holocaust conference held in Stockholm in January 2000.
Leading politicians and academics discussed how memory of the
Holocaust could be kept alive and how it could contribute to the campaign
against racism, anti-semitism and ethnic conflict.[11] The past was thereby
used to shape a specific political agenda in the present, which in turn
somewhat overshadowed the authentic memory of the survivors at the
conference, who received scant attention in media reporting on the event.
A global narrative of the Holocaust may indeed be a productive response
to the fear of a constant threat to democracy and civil society, for example
by suggesting common solutions to human rights violations. However, to
use Peter Novick's argument, it can also be instrumentalised as the
'absolute evil' in order to paper over a nation's own shortcomings.[12]

An end to the negative national memory narrative in Germany?
The Stockholm conference did not focus on *German guilt* but
international responsibility. Ironically, it would seem as if Germany has
become part of an international Holocaust narrative, which would indeed
seem to have been sapped of some of its 'German-ness'. And yet at the
same time it remains exclusively German in this country's ethnic ties to
the perpetrator regime of National Socialism and its continuing need to
reconcile present identity with past guilt. These ties were seen to loosen
somewhat with the arrival of the Schröder government, which stands for a
generation whose founding historical moment is 1968 – or even 1989 –
and for whom the Nazi past is perhaps more of an alien baggage than a
moral concern. As such it is also representative of the definitive shift, to
use Jan Assmann's terms, from communicative to cultural memory of the
period.[13] According to this theory, communicative memory is the
exchange of direct, biographical experience in the framework of the
collective. After a period of around eighty years, it fades into cultural –
that is non-direct – memory, which is formal and structured, requiring
'props' to keep it alive, such as monuments, speeches, books and films.[14]
Cultural memory is shaped by elite groups in society such as politicians,
intellectuals and, increasingly, the media. The discourse on the Third

Reich in the Berlin Republic is then about interpretations based on cultural rather than communicative memory. These intepretations are of course subject to instrumentalisation. This can be positive in the sense of a focus on responsibility rather than guilt as well as negative in terms of the excessive media presentation of 'Auschwitz' perceived by Walser. The two sides will be defined here as *Leitverantwortung* and *Leidkultur* respectively.

Leitverantwortung

Walser may have wanted to shift matters of conscience from the public to the private domain. And yet national conscience in relation to the past remains part of the fabric of domestic and foreign policy debates and decisions. One of the first tasks of the Red-Green coalition was to negotiate an agreement on compensation for former forced labourers. This debate had arguably more to do with protecting Germany's image and economic interests in the present than remembering the past. At the same time it showed an approach to history which for Michael Jeismann involves 'Vereinnahmung und Distanzierung zugleich'.[15] The intention is not to draw a line under the past but instead to emphasise present responsibility for maintaining human rights and democracy – rather than past guilt – through open acknowledgement of German atrocities under the Third Reich. The notion could be defined as *Leitverantwortung*. Its parameters were laid down by Schröder in his *Regierungserklärung* just after the move of the government from Bonn to Berlin in April 1999, when he referred to German intervention in Kosovo:

> [...] die Ereignisse der letzten Wochen und Monate [haben] uns dramatisch vor Augen geführt, daß sich Deutschlands Rolle in der Welt verändert hat. Daß wir heute anders und intensiver in der Verantwortung für das Schicksal anderer Völker stehen, als dies in den Jahren der Teilung und unmittelbar danach der Fall war [...] Wir bekennen uns heute zu einem Europa der Menschenrechte, das niemanden auf unserem Kontinent ausschließt.[16]

The debate and decision to deploy German troops marked a caesura in Germany's post-war foreign policy. Germany entered this war not 'gegen' but rather 'wegen' Auschwitz, as an apparently 'normal' nation that however remembers the abnormality of its past, has learnt from it and is now committed to the ensuing responsibility. The Nazi legacy can then be said to have translated into a *moral duty* or vocation to intervene on the world stage and prevent another 'Auschwitz', defined as a violation of human rights.[17]

The notion of *Leitverantwortung* is partly to do with necessity, that
is unified Germany accepting increased responsibility as part of Nato and
the EU.[18] Yet it can also be used in Germany's interests. Schröder and his
Foreign Minister Joschka Fischer are skilled at linking responsibility for
the past with German political interests in the present, for example
eastward enlargement.[19] A good example of the way that an assumed
Leitverantwortung can enhance Germany's image was the opening of the
Jewish Museum in Berlin in September 2001. This museum, which
significantly is about 2,000 years of German-Jewish history rather than the
Holocaust alone, was heralded as a 'Weltkulturereignis'[20] reflecting the
new German responsibility. At the opening ceremony Michael
Blumenthal, the American Director of the museum, said the words
everyone wanted to hear in front of assembled VIP guests from all over
the world:

> Die wiedervereinigte Bundesrepublik Deutschland ist die größte und stärkste
> Wirtschaftsmacht in Europa und eine der wichtigsten Nationen der Welt.
> Dadurch, daß Sie sich der Vergangenheit stellen, Wiedergutmachung
> versuchen, dieses Museum und andere vergleichbare Institutionen in Ihrer
> Hauptstadt fördern, haben Sie ein Zeichen gesetzt und ein moralisches Recht
> erworben, zu den Wortführern im weltweiten Kampf gegen Rassismus und für
> religiöse Toleranz, für die Rechte aller Minderheiten und für die
> Menschenrechte im allgemeinen zu gehören.[21]

His words came just a few days before the 11 September terrorist attacks.
In a speech in support of America delivered at the Brandenburg Gate,
President Rau used phrases that could well have come from the campaign
against Nazi Germany just 50 years ago, such as 'Fanatismus zerstört jede
Kultur' or 'Alle Menschen haben das Recht auf Anerkennung und auf
Würde.'[22] In a seeming metamorphosis in political culture, Germany is
now a country that helps prescribe rather than struggles with values such
as democracy and tolerance.

From the 'Moralkeule' to *Leidkultur*

Leitverantwortung ensues from a narrative based on the values enshrined
in the Basic Law of the Federal Republic, themselves a response to the
negative experience of Nazism. However, it has not replaced the negative
historical discourse which remains apparent – especially in the media.[23]
Henryk M. Broder translates Walser's notion of Auschwitz as
'Moralkeule' into 'Leidkultur', meaning the excessive reference and
instrumentalisation of the Holocaust and German guilt together with
pseudo-identification with the victim narrative.[24] The so-called

'Leitkultur' and 'Nationalstolz' debates on German identity and patriotism in October 2000 and March 2001 respectively bore traits of *Leidkultur* through instrumentalisation at political level. Like the Walser debate they addressed the problem of how to reconcile the negative national memory of Auschwitz with the positive achievements of the *Bundesrepublik*. Yet they were different in having less to do with the direct memory and history of National Socialism than its legacy in present-day political culture; that is they were debates of cultural rather than communicative memory. Moreover, they built on the Walser debate through the stated – rather than implied – desire from some quarters to start identifying with the country again after decades where patriotism could stretch to the constitution but no further.

The 'Leitkultur' debate

The 'Leitkultur' debate was triggered by the CDU politician Friedrich Merz. During the Union's debate on immigration and asylum he said that those wishing to stay permanently in Germany should adapt to a 'freiheitliche deutsche Leitkultur'.[25] The term was from the start ambiguous; it could refer to German culture as the dominant culture or the dominant culture within Germany. This was evident in the definitions given, which ranged from language to landscape. The term in fact comes from Bassam Tibi, a political scientist of Syrian origin. In his 1998 book *Europa ohne Identität?* Tibi states that heterogeneous immigrant societies such as Germany do need a 'Leitkultur' to allow integration. This does not imply specifically German characteristics or symbols but rather the ideas of the European enlightenment.[26] This definition could have sparked a productive discussion on the welfare and integration of foreigners in multi-ethnic Germany. However, it was taken out of context to become a purely national and largely media-fuelled debate on what it means to be German and the aspects of 'German-ness' that foreigners in the country should be expected to take on. *Die Welt*, for example, ran a whole series entitled 'Was ist deutsch?' with contributors ranging from Guido Westerwelle to Gregor Gysi. These followed the ideological battle lines drawn up in the *Historikerstreit*, but with reference to present circumstances, for example, the concern that open promotion of German national identity would be grist to the mill of the far-right.

The CDU eventually pared the term down to the innocuous – and surely self-evident – notion of following the constitution and democratic standards, learning the German language and, most controversially,

adapting to western Christian values.[27]   However, by this stage the
meaning and context of 'Leitkultur' mattered less than its emergence as a
kind of 'Moralkeule' for the CDU to attack the coalition with. This was
not about the representation of Auschwitz as Walser had meant it but
rather the unforgiving narrative of *Vergangenheitsbewältigung* established
by the left liberals in the post-war period. Hence, the Union could claim
itself the party of patriotic national identity whilst accusing the former
68ers for having, as Angela Merkel put it, 'ein gestörtes Verhältnis zu
ihrem Vaterland.'[28]

The 'Nationalstolz' debate

This tactic became apparent in the more aggressive follow-up to the
'Leitkultur' debate a few months later.   The so-called 'Nationalstolz'
debate was triggered by the Green Environment Minister Jürgen Trittin,
who declared that Laurenz Meyer, General Secretary of the CDU, not only
had the looks but also the mentality of a skinhead in response to Meyer's
assertion that he was proud to be German.[29] After initially receiving scant
column inches, the affair was soon blown out of proportion and context,
the media gleefully asking stars ranging from Peter Maffay to Michael
Schumacher whether they were proud to be German, hoping for a good –
or controversial – quote. Yet this debate was not just driven by the media;
it turned into a political affair. Those politicians who did not play the pride
game courted criticism: the CSU and FDP called for President Rau's
resignation after he said that one could be 'froh oder dankbar' to be
German but only proud of one's own achievements.[30] There was even a
Bundestag debate on patriotism, held on the instigation of the CDU.
Although ostensibly about whether or not Trittin should resign, in the end
it was not about him at all. Instead delegates scrambled to outdo each
other on declaring how proud they were of their nation. Friedrich Merz,
for example, was of the view that 50 years after the war Germans had the
right to be a bit proud of their country. Those (i.e. Trittin and his
government) that thought otherwise had a hate relationship with it. This
was a clear case of political instrumentalisation for present aims. Trittin's
remark had been made less than two weeks before Land elections were
due to take place in Baden-Württemberg and Rheinland-Pfalz, the latter
being particularly difficult territory for the Greens. The conservatives
hoped to turn it to their advantage by playing the fatherland card.
      It is of course uncertain whether the public at large feels the need to
reclaim far-right slogans for themselves, or that they are still being

punished for the crimes of the past. One criticism of Walser's 'Friedenspreisrede' was that he was exaggerating the extent and impact of negative references to the National Socialist past in contemporary Germany. During the 'Nationalstolz' debate, FDP head Guido Westerwelle commented that Germans no longer wished to go round with 'schlechtem Gewissen, gebeugtem Kopf und gebücktem Gang' just because they were German. An editorial in the *Frankfurter Allgemeine Zeitung* responded: 'Ach, Westerwelle, zu einem zweiten Walser reicht es nun wirklich nicht. Wo sind denn all die gebückten Kreaturen, die da angeblich die Republik bevölkern?'[31] However, it is worth reflecting on a point made by Herbert Riehl-Heyse in the *Süddeutsche Zeitung*. He saw the 'Nationalstolz' debate as a backlash against what he terms 'Inländerfeindlichkeit':

> In manchen gebildeten Kreisen gehört es seit langem zum guten Ton eines Satzes den deutschen Hang zum Vorurteil zu geißeln, um dann im zweiten Teil das Deutsche als solches grässlich zu finden. Eine ganze Generation ist mit diesen Vorgaben aufgewachsen und hat fälschlich gedacht, es würde ihr die Sünden der deutschen Geschichte vergeben, wenn sie nur auch davon ausgingen, es gebe ein geheimnisvolles Gen, das die Deutschen besonders widerlich-reaktionär mache.[32]

Vergangenheits-'Bewältigung'?

As strong as the call to adopt a more positive stance towards Germany is an increasingly critical tone with regard to the attitude to the National Socialist past in the Berlin Republic. One of the most permanent and pervasive consequences of Walser's speech has been the growing concern over a 'Schlussstrichmentalität' or 'Vergangenheits-'Bewältigung',[33] coupled with fears of an intellectual and political shift to the right and secondary anti-semitism. The criticism is stated explicitly in the book *Umkämpftes Vergessen*, which calls the Walser debate the first 'Antisemitismusstreit der Berliner Republik'[34] and asserts that it helped provoke a wave of anti-semitism unknown since 1945.[35] The authors interpret Walser's 'Friedenspreisrede' as a 'Kriegserklärung'[36] against those who wish to remember the Holocaust and thereby block attempts towards German normalisation and self-reconciliation. Walser is seen as representative of a trend towards intellectual nationalism and subliminal anti-semitism. The Walser debate is placed within the context of a new, self-confident German *Vergangenheitspolitik* that seeks to forget German crimes in the past, focusing instead on collective reconciliation with German history:

> Die Reaktionen, die Walsers Rede initiierte, bezeugten [...] eine neue
> Dimension von Versuchen, Auschwitz erinnerungspolitisch aus dem
> Gegenwartsbewusstsein und dem öffentlichen Raum auszusperren, in die
> private Sphäre eines schweigenden 'Gewissens' einzusperren und damit einen
> Schlußstrich unter die öffentliche Auseinandersetzung mit dem Holocaust zu
> ziehen.[37]

Walser is criticised not only for wanting to forget the Nazi past but also
for refusing to acknowledge the other phenomenon disturbing the
'normality' of Germany in the present, that is the far-right:

> [er] leugnet beides: das Phänomen des Rechtsextremismus – und die
> Notwendigkeit der Erinnerung an den Nationalsozialismus. Denn sie stehen
> dem nationalen Narzißmus der selbstbewußten Nation, trotz aller bisherigen
> geschichts- und realpolitischen Verzerrungen und Verharmlosungen immer als
> Pfahl im Fleisch entgegen.[38]

For the authors of the book *Geistige Brandstiftung: die neue Sprache der
Berliner Republik*, the National Socialist past however still has a pervasive
influence in the present:

> Die NS-Vergangenheit ist nicht 'bewältigt', im Gegenteil, Rassismus und
> Antisemitismus wirken in der 'Moderne' fort bzw. scheinen mit den
> gesellschaftlichen Problemlagen zu wachsen. Es handelt sich um
> Kontinuitäten, die Vergangenheit und Gegenwart miteinander verknüpfen.[39]

A shift in the role and application of memory narratives

Reference to the far-right in the present as a reason not to forget the Nazi
past is increasingly common and indicative of a shift in the priorities and
role attached to this past as it becomes cultural memory. Whilst the
debates on the legacy of National Socialism continue apace, to a certain
extent they are now overshadowed by contemporary concerns. A key
example of this was the 9 November 2000 demonstration 'Wir stehen auf
für Menschlichkeit und Toleranz' which brought some 200,000 people out
onto the streets of Berlin to take a stand against intolerance and racism.[40]
The annual commemoration of *Kristallnacht* on 9 November 1938 (as
well as the fall of the Berlin wall in 1989) remained very much in the
background. The demonstration was largely a response to the increase in
right-wing violence in Germany, which had been a major topic of political
and media debate that summer, and to Gerhard Schröder's call for an
'Aufstand der Anständigen'. People were urged not to look away from or
show indifference to incidences of racism or persecution but to
demonstrate civil courage. In other words, this was a plea to uphold the
values that had gone astray under National Socialism and that had
subsequently been re-anchored in the Basic Law. Michael Friedman, Vice-

President of the Central Council of Jews in Germany, summed up the clear association between past and present when he referred to the demonstration both as a reminder of 9 November 1938 and a symbolic gesture against the recent attacks on German synagogues. As both President Rau and Paul Spiegel, President of the Central Council of Jews in Germany, pointed out in their speeches, it was also about the image Germany wished to project to the outside world.[41] An advert for the *Berliner Morgenpost* at the time quoted Michael Friedman as saying that Germany had to 'show its face' (*Gesicht zeigen*) or else lose face.[42]

The above would suggest that memory of the National Socialist past is now working on two levels. On the one hand there is the ritualised form of cultural memory through speeches, commemorations and so on which remains necessary for formal remembrance as well as to show respect for the victims. Running parallel to – and sometimes crossing over with – this is a kind of 'active' memory focusing on political and democratic education and applying – indirectly or directly – the 'lessons' of the Nazi past to challenges in the present. The 'active' uses of the past would seem to be increasingly dominant, as demonstrated by the emergence of a growing number of organisations campaigning against racism and for tolerance. These include *Gesichtzeigen: Aktion weltoffenes Deutschland* e.V.; the *Noteingang* scheme, where those at threat from racial violence can escape into a public building bearing a special symbol; *Step21*, a youth initiative for tolerance and responsibility; and *Exit*, a programme for neo-Nazis wishing to leave the far-right scene.[43] Moreover, those organisations that aim to keep memory of the National Socialist past alive now frequently place this past into the context of the present as well as providing historical information. The educational programmes of the House of the Wannsee Conference, for example, invite participants to consider issues relating to the Holocaust through the perspective of their own occupation.

Such 'active memory' of the National Socialist past perhaps raises more attention than 'passive' memory and can be a positive way of generating historical consciousness as well as awareness of its application in the present. There is of course the risk of the past being relativised or distorted by aligning it too much with the present: the debates on the far-right and National Socialism should not be fused into one. This is however to a certain extent inevitable, particularly with generational change and increased distance from the past. As a new community of memory, each generation is going to be confronted with the National Socialist past but will place it into a narrative shaped according to its own circumstances.

Conclusion

In the short time since Walser's 'Friedenspreisrede' a 'neue Unbefangenheit' has emerged with regard to the terms if not the themes of the discourse on the National Socialist past. This was exemplified by the debate surrounding the German publication of Norman Finkelstein's *The Holocaust Industry* in February 2001. On the one hand Finkelstein's theses were translated into a criticism of the delay in payments to former forced labourers. Yet at the same time the book was greeted as a 'breath of fresh air' by Lorenz Jäger in the *Frankfurter Allgemeine Zeitung*.[44] It was now seemingly acceptable to refer to a Holocaust industry – albeit existing at international rather than German level. Peter Steinbach points out a more worrying aspect: 'Bis jetzt […] [wurde] nie […] eines in Frage gestellt: die Bewertung des Völkermords an den Juden. Das scheint mit Finkelstein anders geworden zu sein.'[45] A reworking of judgement can also be deduced from the debate surrounding Günter Grass' latest novel *Im Krebsgang*, which focuses on the plight of German *Vertriebene* at the end of the war.[46] In an article entitled 'Die Deutschen als Opfer', *Der Spiegel* suggested that emphasis on the crimes of the Nazis was now *passé* amongst the 'unbelastete nachgeborene Generation' who were more interested in the German victim narrative.[47] This shows how far things have come since the 'Friedenspreisrede', where Walser alluded to the criticism levelled at his novel *Ein Springender Brunnen* for not mentioning Auschwitz despite being set in wartime.

The latest development at the time of writing (June 2002) was the so-called 'Antisemitismus-Streit'. Jürgen Möllemann, FDP vice-chairman and head of the FDP in North Rhine-Westphalia, provoked controversy when he stated that hardly anyone encouraged the anti-semitism that unfortunately existed in Germany more than Ariel Sharon and, in Germany, Michael Friedman.[48] For Paul Spiegel, this was 'the worst insult a political party has delivered in the history of the Federal Republic since the Holocaust.'[49] Moreover, Möllemann endorsed the application of Jamal Karsli to join the FDP parliamentary group in North Rhine-Westphalia. Karsli, a Syrian-born former Green Land MP, is a harsh critic of Israel who has compared Ariel Sharon's policies with 'Nazi methods' and accused the media of pro-Zionist bias. Möllemann's actions led to a bitter dispute with the Central Council of Jews in Germany and also overshadowed the visit of FDP leader Guido Westerwelle to Israel. Following an ultimatum from Westerwelle, Karsli withdrew 'voluntarily' from the FDP in North Rhine-Westphalia and Möllemann finally apologised to German Jews, although not to Friedman. The dispute was however far from over and continued to monopolise the media.

This political squabble was extended into the cultural sphere with the controversy surrounding Martin Walser's most recent novel, *Tod eines Kritikers*.[50] Frank Schirrmacher, editor of the *Frankfurter Allgemeine Zeitung*, declared that the newspaper would not publish extracts from the book as planned, deeming it 'ein Dokument des Hasses'[51] full of anti-semitic clichés and 'Mordphantasien'.[52] The novel deals with the murder (which turns out not to have taken place) of a Jewish literary critic. The character in question is an obvious caricature of the *Literaturpapst* Marcel Reich-Ranicki. Whilst Walser claimed that he had merely written a satire,[53] the *Feuilletons* spent weeks analysing the potentially anti-semitic content and impact of the – at the time still unpublished – novel. Both the political and cultural anti-semitism debates touched on one of the final taboos in Germany's post-war narrative – that is criticism of Israel and Jews – and tested the moral parameters of this narrative to the limit.[54]

Steinbach has voiced the concern that Germany is losing the historical understanding that dominated previous *Vergangen-heitsbewältigung* debates. If opinions start to replace facts then there may be a return to what Adorno called the 'Unbelehrbaren' who in the early post-war period equated the murder of the Jews with the Allied bombing raids on Germany.[55] In this sense, a responsible national discourse on the Third Reich past will continue to have a role in providing a connecting thread to place the increasing layers of memory into their correct historical context. Unfortunately, the many laudable efforts to keep knowledge of this past alive continue to be overshadowed by inappropriate instrumentalisation through unproductive, though headline-grabbing, debates which at the same time block the normalisation they may be trying to promote. In a period of cultural memory the risk of these debates is that, to cite Eva Hoffmann, 'Memory not accompanied by knowledge and thought can too easily become the vehicle of sentimental subjectivism – or of a collective narcissism.'[56] Moreover, they often do their protagonists no favours. As Michael Naumann writes in *Die Zeit*, one should curb the temptation to open the lid on the German past when trying to make a political point; it always slams shut on one's fingers.[57]

Notes

[1] Martin Walser, *Erfahrungen beim Verfassen einer Sonntagsrede. Friedenspreis des deutschen Buchhandels 1998*, Suhrkamp: Frankfurt am Main, 1998, p. 18.

[2] Ibid.

[3] Ibid, p. 20.

[4] Micha Brumlik, 'Vom Alptraum nationalen Glücks', *die tageszeitung*, Nr. 5660, 15/10/98, p. 12.

[5] See, for example, Ulrich Raulff, 'Das geteilte Gedächtnis', *Frankfurter Allgemeine Zeitung*, 10 November 1998.

[6] Gerhard Schröder, quoted in Reinhard Mohr, 'Total normal?', *Der Spiegel*, Nr. 49/98, pp. 40-48, here p. 41.

[7] One example comes from the village of Jedwabne in Poland, where there was a massacre of Jewish inhabitants in July 1941. Until recently the official version was that the Nazis were responsible for the massacre but new research has indicated that the Catholic inhabitants of the village may have been involved. See also Pieter Lagrou, 'Victims of Genocide and National Memory: Belgium, France and the Netherlands 1945-1965', *Past and Present*, 154 (1997), 181-223

[8] Berenbaum's term is used by Isobel Wollaston. See Isobel Wollaston, 'A War Against Memory? Nativising the Holocaust', in John K. Roth and Elisabeth Maxwell (eds.), Vol. 3 'Memory', *Remembering for the Future: The Holocaust in an Age of Genocide,* Palgrave: Basingstoke-New York, 2001, pp. 501-512.

[9] For a critique of the UK Holocaust Memorial Day, see Geoffrey Wheatcroft, 'Holocaust chic', *The Guardian*, 27/1/00, p. 20. The official website is at www.holocaustmemorialday.gov.uk

[10] Natan Sznaider, 'Wem gehört das Jüdische Museum?', *die tageszeitung*, Nr. 6544, 8.9.2001, pp. 13-14. The ideas are expressed more fully in Natan Sznaider and Daniel Levy, *Erinnerungen im globalen Zeitalter*, Suhrkamp: Frankfurt/Main, 2001.

[11] The conference produced an eight-point declaration, stating that the Holocaust would always hold universal meaning and should be retained in collective memory to help understand good and evil. The international community had the responsibility to fight evils such as racism and xenophobia and greater moral and

political commitment was needed so that future generations would understand the causes of the Holocaust and reflect upon the consequences. There was a pledge to promote education, remembrance and research about the Holocaust in all its dimensions and to commemorate the victims of the Holocaust as well as wartime resistance. An international task force on Holocaust remembrance was set up, with international representatives meeting to discuss issues such as Holocaust education. The declaration ends with the stated desire to plant the seeds of a better future in the soil of a bitter past. See 'Declaration of the Stockholm International Forum on the Holocaust' http://www.holocaustforum.gov.se/pdfandforms/deklarat.pdf.

[12] Referring specifically to the situation in America, Novick says the 'talk of uniqueness and incomparability surrounding the Holocaust [...] promotes *evasion* of moral and historical responsibility. The repeated assertion that whatever the United States has done to blacks, Native Americans, Vietnamese, or others pales in comparison to the Holocaust is true – and evasive. And whereas serious and sustained encounter with the history of hundreds of years of enslavement and oppression of blacks might imply costly demands on Americans to redress the wrongs of the past, contemplating the Holocaust is virtually cost-free: a few cheap tears.' See Peter Novick, *The Holocaust and Collective Memory*, Bloomsbury: London, 2000, p. 15.

[13] See Jan Assmann, *Das kulturelle Gedächtnis. Schrift, Erinnerung und politische Identität in frühen Hochkulturen,* Verlag C.H. Beck: München, 1999.

[14] These symbolic or functional forms of memory represent what Pierre Nora would term *lieux de mémoire*, which arise with the disappearance of authentic sites of memory or *milieux de mémoire*. Although no substitute for history, the *lieux de mémoire* play a role in the transmission and material presentation of cultural memory. See Pierre Nora, *Les lieux de mémoire. Tome 1: La République*, Gallimard: Paris, 1989, p. xxiv.

[15] Michael Jeismann, *Auf Wiedersehen Gestern. Die deutsche Vergangenheit und die Poltik von Morgen*, Deutsche Verlags-Anstalt: Stuttgart-München, 2001, p. 174.

[16] 'Regierungserklärung abgegeben vom Bundeskanzler Gerhard Schröder zum Stand der deutschen Einheit vor dem deutschen Bundestag (Reichstagsgebäude Berlin) am 19. April 1999', Presse- und Informationsamt der Bundesregierung, Pressemitteilung vom 19.04.1999.

[17] At the time, Schröder stated in an interview with *Die Zeit*: 'Uns steht das Argument "Wegen der deutschen Geschichte geht es nicht" nicht mehr zur Verfügung [...] Weil wir dort solche vielfältigen Verwüstungen angerichtet haben, sind wir besonders gefordert, Mord, ja vielleicht sogar Völkermord zu verhindern [...]

Normalität kann auch belastend sein.' (Günter Hoffmann and Sigrid Löffler, 'Eine offene Republik. Ein Zeit-Gespräch mit Bundeskanzler Gerhard Schröder über das geplante Holocaust-Mahnmal, die Folgen der Walser-Bubis Debatte und den Wiederaufbau des Berliner Schlosses', *Die Zeit*, Nr. 06, 4/2/1999, pp.33-35.)

[18] Schröder made this clear in his *Regierungserklärung* on Kosovo in April 1999: 'Die Einbindung Deutschlands in die westliche Staatsgemeinschaft ist Teil der deutschen Staatsräson. Wir wollen keinen deutschen Sonderweg. Und wir müssen erkennen: Deutschlands Rolle nach dem Zusammenbruch des Staatssozialismus hat sich verändert. Wir können uns unserer Verantwortung nicht entziehen.' See 'Regierungserklärung von Bundeskanzler Gerhard Schröder im Deutschen Bundestag zur Aktuellen Lage im Kosovo am Donnerstag, 15. April 1999', Presse- und Informationsamt der Bundesregierung, Pressemitteilung vom 15.04.99.

[19] Schröder has gone as far as to say that 'Berlin steht [...] für die Vertiefung und Erweiterung des europäischen Integrationsprozesses'. See 'Regierungserklärung abgegeben vom Bundeskanzler Gerhard Schröder zum Stand der deutschen Einheit vor dem deutschen Bundestag' (see previous note). When Joschka Fischer spoke of the importance of the eastward enlargement of the EU as compensation for the Nazi past during a speech on the future of Europe at the Humboldt University in Berlin, he was surely also fully aware of the economic and political advantages that enlargement could bring to the Federal Republic as a bridge between East and West. See Joschka Fischer, 'Vom Staatenverbund zur Föderation – Gedanken über die Finalität der europäischen Integration, Rede des Bundesministers des Auswärtigen am 12. Mai 2000 in der Humboldt-Universität in Berlin', http://www.auswaertiges-amt.de/www/de/infoservice/download/pdf/reden/2000/r000512a.pdf.

[20] Volker Müller, 'Das möblierte Symbol', *Berliner Zeitung*, 10/9/01.

[21] Quoted in Alexander Reich, 'Mächtig erinnert. Die Berliner Republik im Glanz ihres Jüdischen Museums - und ein kleiner Nachtrag zu den Eröffnungsfeiern', *Junge Welt*, 10/9/01.

[22] See Johannes Rau, 'Wir müssen den Terrorismus bekämpfen', *Die Welt*, 14/9/01.

[23] Walser's criticism of a 'Dauerpräsentation unserer Schande' in the media remains valid in this respect, though not so much with regard to constant presentation of horrific scenes from the concentration camps – viewers are confronted with violent images from the present on a daily basis – than the manipulation of the past to shock or generate publicity. Whether or not one agrees with Walser's aesthetic condemnation of the Holocaust monument, the debate turned into a 'Monumentalisierung der Schande' in 2001 with a controversial poster campaign

featuring the slogan 'den holocaust hat es nie gegeben'. The so-called 'Fall Joseph' in autumn 2000 showed how the media can instrumentalise the Nazi legacy in the present. When a half-Persian boy drowned in an outdoor pool in the east German town of Sebnitz, his mother claimed that he had been murdered by far right criminals. The press was quick to pronounce a far right curse in (east) Germany bearing shadows of the past, although it later emerged that the boy's death had been an accident and that the mother had bribed people to tell her version of events. See 'Die traurigen Tage von Sebnitz', *Der Spiegel*, Nr. 49/2000, 4/12/00, pp. 30-38.

[24] See Henryk M. Broder, *www.Deutsche-Leidkultur.de*, Ölbaum Verlag: Augsburg, 2001.Broder criticises the trend whereby Jewish rather than German representatives are invited to speak every time there is a spate of far right violence. With regard to instrumentalisation, he uses the example of an anti-abortion demonstration in Augsburg which used the slogan 'Ist Auschwitz vorbei?' followed by 'Gestern Holocaust – heute: Babycaust'. See www.Deutsche-Leidkultur.de, p. 45.

[25] Quoted in Guido Heinen, 'Ein Begriff macht Karriere', *Die Welt*, 1/11/00,.

[26] See Bassam Tibi, *Europa ohne Identität? Die Krise der multikulturellen Gesellschaft*, Bertelsmann Verlag: Munich, 1998. Also see Tobias Dürr, 'Der Leitkulturwart', *Die Zeit*, Nr. 45, 2/11/00, p. 7.

[27] See 'Die Wertegemeinschaft des christlichen Abendlandes', *Frankfurter Rundschau*, Nr. 260, 8/11/00, p. 7.

[28] See '"Leitkultur ist eine Chance in einer offenen Gesellschaft". CDU-Chefin Merkel: SPD und Grüne offenbaren gestörtes Verhältnis zum Vaterland', Interview with Roland Nelles, *Die Welt*, 2/11/00, p. 2.

[29] See Günter Bannas, '"Trittin muß endlich den AStA verlassen". Im Bundestag wird die Verrohung der Sitten beklagt', *Frankfurter Allgemeine Zeitung*, Nr. 65, 17/3/01, p. 2. The CDU called for Trittin's resignation, not least because he had associated it with the far right. Trittin grudgingly apologised, although he continued to accuse the CDU of 'deutschtümelnde Töne' and said that in using the pride phrase Meyer was drawing on 'der populärsten Parole auf den T-Shirts von Skinheads' See Werner Kohloff, 'Geschäftsordnung und Geschichte', *Berliner Zeitung*, Nr. 65, 17-18/3/01, p. 6, and Susanne Höll and Nico Fried, 'Schröder lehnt trotz Verärgerung Entlassung Trittins ab', *Süddeutsche Zeitung*, Nr. 62, 15/3/01, p. 6.

[30] See Susanne Höll, 'Union fordert Debatte über Trittin', *Süddeutsche Zeitung*, Nr. 64, 17-18/3/01, p. 5.

[31] 'Sein oder stolz sein', *Frankfurter Allgemeine Zeitung*, Nr. 68, 21/3/01, p. 65.

[32] Herbert Riehl-Heyse, 'Stolz und Vorurteil', *Süddeutsche Zeitung*, Nr. 70, 24-25/3/01, p. 13.

[33] See Norbert Klotz, 'Vergangenheitspolitik. Deutsche Geschichtsdebatten zwischen Schlussstrich und Normalisierung', in: *Tribüne. Zeitschrift zum Verständnis des Judentums*, 39. Jahrgang, Heft 154, 2. Quartal (2000), 166-191, here 166.

[34] Lars Rensmann, quoted in Hajo Funke, 'Friedensrede als Brandstiftung', in Micha Brumlik, Hajo Funke, Lars Rensmann, *Umkämpftes Vergessen. Walser-Debatte, Holocaust-Mahnmal und neuere deutsche Geschichtspolitik*, Das Arabische Buch: Berlin, 2000, pp. 13-28, here p. 25.

[35] See Brumlik, Funke, Rensmann, *Umkämpftes Vergessen*, p. 74.   The book sometimes shocks in the extremity of its criticism. Bubis is for example seen as the 'Objekt der manipulativen Aggression Walsers, des nicht ohne Sadismus betriebenen Antisemitismus eines Deutschnationalen', whilst Walser is accused of 'aggressiv-nationalistischer Erinnerungsverweigerung'. See pp. 24, 65.

[36] Ibid, p. 51.

[37] Brumlik, Funke, Rensmann, *Umkämpftes Vergessen*, pp. 13-14.

[38] Ibid, p. 23.

[39] See Johannes Klotz, Gerd Wiegel (eds.), *Geistige Brandstiftung. Die neue Sprache der Berliner Republik*, Aufbau Taschenbuch Verlag: Berlin, 2001, p. 18.

[40] The demonstration was organised by political representatives from the various parties, the evangelical and catholic churches in Germany, the Jewish community in Berlin and the German Trade Union Association. A statement was produced calling for a humane, open and tolerant Germany, where people could live peacefully together whatever their *Weltanschauung*, religion, culture or skin colour. It condemned hate, violence, racism and hostility towards foreigners, anti-semitism, and attacks on synagogues, religious or cultural institutions.

[41] Extracts from the speeches delivered by Rau and Spiegel can be found in Wulf Schmiese, 'Paul Spiegel attackiert die Union', *Die Welt*, 10/11/00, p.1; and 'Hunderttausende demonstrieren gegen Fremdenhass', *Die Welt*, 10/11/00, p. 1.

[42] See reference for *Gesichtzeigen* in following note.

[43] *Gesichtzeigen: Aktion weltoffenes Deutschland* e.V. was set up in 2000 to help people in Germany to oppose racism and far right violence. Its patron is President Johannes Rau and it is chaired by Paul Spiegel, Chairman of the Central Council of Jews in Germany, and Uwe Karsten-Heye, then press spokesman for the Federal Government.   Details of its aims and activities can be found at http://www.gesichtzeigen.de. Further information about the *Noteingang* scheme can be found at http://www.aktion-noteingang-berlin.de. Johannes Rau is also the patron of *Step21*, details of which can be found at http://www.step21.de. The website address of the *Exit* scheme is http://www.exit-deutschland.de.

[44] See Lorenz Jäger, 'Das Leid, der Kitsch und das Geld', in: Petra Steinberger (ed.), *Die Finkelstein-Debatte*, Piper: München / Zürich, 2001, pp. 33-37.

[45] Peter Steinbach, 'Vorwärts in die fünfziger Jahre', *Der Tagesspiegel*, Nr. 17, 10/2/01, p. 29.

[46] Günter Grass, *Im Krebsgang. Eine Novelle*, Steidl: Göttingen, 2002.

[47] See Hans-Joachim Noack, 'Die Deutschen als Opfer', *Der Spiegel*, Nr. 13, 25/3/02, pp. 36-40.

[48] See Jürgen Möllemann: '"Ich möchte mich entschuldigen"', Die Welt, 7/6/02.

[49] Translated in John Hooper, 'Germany's liberal party flirts with the far right', *The Guardian*, 28/5/02,

[50] Martin Walser, *Tod eines Kritikers*, Suhrkamp: Frankfurt am Main, 2002.

[51] Quoted in Elke Schmitter, 'Der verfolgte Verfolger', *Der Spiegel*, Nr. 23, 3/6/02, pp. 182-184. See also '"Ich war so angewidert." FAZ-Mitherausgeber Frank Schirrmacher über seine Ablehnung des Walser-Textes', *Der Spiegel*, Nr. 23, 3/6/02, p. 185.

[52] Quoted in 'Inszenierter Tabubruch', *Der Spiegel*, Nr. 23, 3/6/02, pp. 32-36. Ironically, Schirrmacher had delivered the laudation to Walser at the 'Friedenspreisrede' ceremony and had supported the author during the ensuing debate. He was also editor of a volume of press comments on the Walser debate (Frank Schirrmacher, *Die Walser-Bubis-Debatte*, Suhrkamp: Frankfurt am Main, 1999)

[53] See, for example, '"Der Autor ist der Verlierer." Der Schriftsteller Martin Walser über die Vorwürfe gegen seinen neuen Roman', *Der Spiegel*, 23, 3/6/02, pp. 186-190.

[54] A few years ago it would have been unthinkable to accuse Israel of a 'hemmungslosen Vernichtungskrieg' as the former CDU Minister Norbert Blüm did in spring 2002. See Michael Naumann, 'Deutscher Tonfall', *Die Zeit*, 16/2002, p. 1.

[55] This concern is stated by Peter Steinbach. See Peter Steinbach, 'Vorwärts in die fünfziger Jahre', *Der Tagesspiegel*, Nr. 17, 10/2/01, p. 29

[56] Eva Hoffman, 'The Uses of Hell', *The New York Review*, 9/3/00, pp. 19-24, here p. 19.

[57] Michael Naumann, 'Ein Land im Rückwärtsgang', *Die Zeit,* Nr. 9, 21/2/02, p. 1

Stuart Taberner

The Triumph of Subjectivity. Martin Walser's Novels of the 1990s and his *Der Lebenslauf der Liebe*

This article seeks to situate Walser's novel of 2001 *Der Lebenslauf der Liebe* within the context of his efforts in the course of the 1990s to rewrite the outcomes of his early work, and in particular to proclaim the triumph of subjectivity over the oppressive banality of social conformity, political correctness and instrumental reason. This entails a sympathetic reading of the author's relegation of social and political 'reality' in favour of an empathetic exploration of the psyche of his protagonist, Susi Gern. In a postscript to the article, I discuss the theoretical difficulties raised by a sympathetic reading of this kind of an author whose very exclusion of such social and political 'realities' as the Holocaust and contemporary racism has provoked such controversy.

In September 1998, only a few weeks before his controversial speech on receipt of the *Friedenspreis der deutschen Buchhandung* in the Paulskirche in Frankfurt am Main, Martin Walser insisted to the *Süddeutsche Zeitung*: 'Politik hat mich nie interessiert'.[1] For the author's critics, in both senses of the word, this statement stretches credulity. In the 1960s, Walser was vocal in his protests against the repression of the Nazi past, and against the Vietnam War and the Emergency Laws,[2] and had ruminated, albeit with some ambivalence, on 'Engagement als Pflichtfach für Schriftsteller'.[3] In the 1970s, his attention turned to the question of German identity. Thus he began to ruminate on the emerging collective fixation on the Holocaust in the Federal Republic: 'Wenn wir Auschwitz bewältigen könnten, könnten wir uns wieder nationalen Aufgaben zuwenden',[4] so an essay of 1979. In the 1980s, in further speeches and articles, he linked Auschwitz to the 'Strafprodukt Teilung'[5] and inferred a global enthusiasm for keeping Germany both divided and down. A novella of 1987, *Dorle und Wolf*, even sent its protagonist out on a daring voyage of the imagination to Memel (Lithuania), Riga (Latvia), and Revel (present-day Tallinn in Estonia) — cities in the east with long German histories in the east but lost in 1945 — albeit with a half-apology: 'Nicht daß er's wiederhaben wollte. Den Verlust bedauern dürfen wollte er'.[6] In 1990, many saw in Walser's open joy at German unification a dangerously nationalist edge; Günter Grass, for example, famously castigated his wayward colleague for possessing 'zuviel Gefühl und zu wenig Bewußtsein'.[7]

As if to confirm his seeming transformation into an arch-conservative, Walser has also time and again protested against the 'Tugendterror der political correctness'.[8] This theme is present in the 1991 novel, *Die Verteidigung der Kindheit*, dominates *Ohne einander* (1993) and *Finks Krieg* (1996), and is at the core of *Ein springender Brunnen* (1998). Division, national identity, the 'instrumentalisation' of Auschwitz, the need for a return to German literary and philosophical traditions, and the banality of the Federal Republic link these four novels to the *Friedenspreisrede*.[9] Here, politics and aesthetics come together in a response to Marcel Reich-Ranicki's accusation that Walser had 'omitted' to mention Auschwitz in *Ein springender Brunnen*,[10] a semi-autobiographical work set in the Nazi period: 'Nie etwas gehört vom Urgesetz des Erzählens: der Perspektivität. Aber selbst wenn — Zeitgeist geht vor Ästhetik'.[11]

Looking back over Walser's fiction in the 1990s, the decade appears to have been an intensely political period for the author, with much to belie the author's claim of not being interested in such matters. At the same time, it would be wrong to reduce Walser to a merely political author; indeed, he has spoken on a number of occasions of the way in which he simply responds to 'provocations'.[12] This chapter will thus focus on the non-political dimensions to his writing. In his latest novel, *Der Lebenslauf der Liebe* (2001), in fact, politics are almost entirely absent. Its protagonist, Susi Gern, is more concerned with the failures of her love-life and the inadequacy of her bank balance than with the monumental events that shaped the fifteen year period in which the novel is set, from the mid-1980s to the millennium. Even when she casts her mind back further, over the twenty years that precede the inception of narrative, hers is a periodisation based on love affairs rather than politics: '1962 bis 1965: Salim. 1965 bis 1968: Shankar. 1968 bis 1972: Lofti. 1974 bis 1977 Dirk Pfeil. Dann bis 1985: Annoncenmänner'.[13] There are allusions to the stock market crash of 'black Monday' on October 19, 1987 (189-190) and to the obsessive 'Marktfundamentalismus' of the late 1980s and early 1990s which allowed currency speculators such as George Soros to make a killing at the expense of the Bank of England during the exchange rate mechanism fiasco of September 1992 (273-274). These finally lead to the ruin of Susi's feckless and faithless husband, Edmund, and perhaps hint at Walser's conservative anti-capitalism. Yet they are background detail in a plot which is primarily about Susi's efforts to compensate for her husband's infidelity, the miserable routine of buying off those inconvenienced by her retarded daughter and the pain caused her by her son's sordid affairs, financial impropriety and prostitution racket. The novel further depicts her emotional dependence on Edmund and her sorry efforts to persuade the men she picks up via small ads to desire her.

In this piece I make two related arguments. First, I sketch the way in which Walser's novels of the 1990s appear to rewrite his earliest work in order now to produce a victory for subjectivity over the banality of the merely 'real'. Second, I argue that this process is continued into *Der Lebenslauf der Liebe*. The life of Susi Gern achieves some degree of significance by virtue of her heroic persistence and unremitting belief in the possibility of intimacy, despite all evidence to the contrary. More generally, *Der Lebenslauf der Liebe* — in common with almost all of Walser's eighteen novels — explores eternal human preoccupations of loneliness, dependence, trauma and memory. From this investigation there emerges the suggestion that even though love, loyalty, fidelity and intimacy appear not to be givens of human affairs it may nevertheless be necessary to invent or perhaps imagine their existence.

As a postscript of sorts to this reading of *Der Lebenslauf der Liebe* follow a number of remarks on the peculiar difficulties revealed by the present attempt to read *sympathetically* an author who claims not to be interested in politics and yet continues to generate enormous controversy with provocative remarks on Holocaust memory and German 'normality'. Some of these comments reflect on the particular difficulties of reading Martin Walser, some are literary-theoretical, whereas others challenge the perhaps normative assumptions that scholars dealing with the post-1945 period bring to the study of contemporary, and especially post-unification, fiction.

The Novels of the 1990s

Walser's work of the 1950s and 1960s is usually considered to present the sacrifice of subjectivity to the pressure to conform to a social and political reality characterised by its mercantilism, philistinism and repression of memory. If we look then at *Ehen in Philippsburg*, published in 1957, we see how Hans Beumann is compelled to sacrifice subjectivity in order to impress his superiors and so that he might survive and even benefit from the political machinations proliferating around him.[14] Anselm Kristlein in *Halbzeit* (1960) similarly represses subjectivity and his quasi-Heideggerian interpretation of *Sein-in-der-Welt* — that is, trauma as the ultimate proof of *being* — for the sake of conformity during the

Wirtschaftswunder. He becomes, in Stuart Parkes' words, the 'archetypal "economic miracle man"'.[15] When faced with Melitta, the embodiment of memory, loss and the possibility of redeeming the past, therefore, Anselm turns away: 'Als ich fast schon bei ihr war, bog ich doch ein wenig ab'.[16] A matching process of abandoning self-discovery in favour of conformity can be traced in each part of the Kristlein trilogy, and in each case this act of self-denial leads to psychic illness and schizophrenia. By the time of the novella *Ein fliehendes Pferd* (1978), subjectivity is an uneconomical distraction unless, of course, it can be marketed for the titillation of mass audiences addicted to the new popular culture of prurient self-confession. In other novels of the late 1970s and early 1980s, *Jenseits der Liebe* (1976) and *Seelenarbeit* (1979), *Das Schwanenhaus* (1980), *Brief an Lord Liszt* (1982), and *Die Brandung* (1985), a certain, limited space is carved out for the protagonists' subjectivity, expressed as a retreat in work, family or *Heimat*, and they certainly enjoy the sympathy of their reader, in spite of, or perhaps even because of, their naïve belief that they can preserve a sense of self by placing themselves at the margins of society. This is especially the case with Zürn in the novel *Seelenarbeit*. Yet such expressions of subjectivity nonetheless remain defensive, even apologetic: it is as if the deviation from the norm of absolute social conformity must be constantly justifed

Walser's 1990s' novels, however, typically reverse the outcomes of the earlier work. In his recent fiction it is subjectivity that wins out. Furthermore, the author's attacks on the banality of the merely immanent in *Ein springender Brunnen*, just as in *Die Verteidigung der Kindheit*, *Ohne einander*, *Finks Krieg* and various essays and speeches, re-present the enduring conflict between the novel form conceived of as an intervention in contemporary society and the novel as an exploration of interiority, individual psychology and perspective. In his earlier novels, it seems that the author, in common with his protagonists, felt duty-bound to subordinate aesthetics to politics, perhaps an indication of the fear he then shared with many intellectuals of the fragility of democracy in the early FRG. Presently, however, it is no longer necessary to place 'Zeitgeist' before 'Ästhetik', and 'Perspektive' — whether the *unzeitgemäss* perspective of his protagonists or the author's own disregard for political correctness — reemerges.

In the 1991 novel *Die Verteidigung der Kindheit*, Alfred Dorn hence refuses to be 'rational', to 'grow up and be a man', as his father urges, and prefers to chase his fantasy of rescuing the baroque treasure of

Dresden from its destruction on February 14/15 1945 and following the best efforts of the GDR authorities. This is a novel in which there are 'major problems of authorial identity', as Stuart Parkes points out;[17] indeed, Alison Lewis argues that the correspondence between author and character is such that Dorn suffers 'like Walser, from the loss of the other half of Germany, continuing [...] to feel its loss in terms of a phantasized, imaginary pain, much like the phantom limb Walser feels at the division of Germany.'[18] Unlike earlier Walserian protagonists, with the exception of Wolf in *Dorle und Wolf*, Dorn refuses to trade the trauma of loss, that is, the transcendent and ultimately impossible remembrance of a German cultural heritage erased in the name of political correctness, for integration into the here and now.[19] As if to prove, moreover, that resistance to the philistinism of the authorities is directed as much against the 'un-German' Nazis as against the FRG and the GDR, the German-Jew Victor Klemperer also features. Indeed, Klemperer's story of tenacity and his refusal to bury Germany's cultural heritage had a profound influence on Walser's novelistic elaboration of Alfred Dorn.[20] Moving on to the 1993 *Ohne einander*, Sylvio, a writer like Walser, desires nothing more than to be the 'Lobredner alles Seienden',[21] that is, to indulge in the subjective experience of *being*, and allows his imagination free rein, uninhibited by ethical contraints.[22] *Finks Krieg* (1996), in similar vein, describes one man's refusal to be cowed into submission by a banally legalistic FRG crisscrossed by alliances of convenience and political cabals.

It is in *Ein springender Brunnen* that subjectivity achieves its greatest victory. Walser would most likely want us to read the novel not so much as a protest against the supposed instrumentalisation of Auschwitz than as an affirmation of subjectivity, the timelessness of the poetic voice and the transcendent potential of self-discovery — whether in the Nazi state or the FRG, or, for that matter, any other political system or era. The 1998 novel thus re-enacts storylines from the early fiction. Most obviously, the motif of the father as a teller of stories and a guardian of memory in an era in which neither has commercial value, had already featured in *Halbzeit* where Anselm's father was 'eine Art Wandervogel'.[23] In *Halbzeit*, Anselm erases his father for sake of conformity with his period; in *Ein springender Brunnen*, conversely, Johann follows his father in his love of poetry and mysticism and is at odds with his era.[24] Johann thus virtually ignores National Socialism and retreats into more 'German' traditions of interiority, Romanticism and transcendent philosophy. He develops a passion for Klopstock, Goethe, Schiller and Hölderlin,

Nietzsche and Stefan George. The latter, of course, went into Swiss exile in 1933 in disgust at the Nazis' abuse of his work.

The issue, for Walser, at least, is thus not so much whether his recent protagonists do or do not respond to political provocations — the philistinism of the GDR and the FRG, political correctness, bureaucratic intrigues or the supposed instrumentalisation of Auschwitz — but rather their determination to survive. Endurance, and the survival of a sense of self, even when the individual is dismissed as irrational, are achievements to be valued. The outcome of the battle fought by each of the protagonists is irrelevant compared with the transcendent victory embodied by the simple refusal to give up, or, more accurately, to give in to the insufferably prosaic authority of mere 'facts'. This is a metaphysical struggle, in which failure may equate to a kind of higher success.

Der Lebenslauf der Liebe

In *Der Lebenslauf der Liebe*, the primacy of the metaphysical over the banality of the political is confirmed. The social and political context, as Martin Lüdke suggests, is 'nahezu vollständig ausgeblendet'.[25] Perspective is everything, specifically the world as seen by Susi Gern. Ingo Arend is incorrect, then, when he claims that this is a work of 'bürgerlichen und psychologischen Realismus' which gives an impression of the 'Dingfetischismus eines Bürgertums [...] das Leben und Tod nur in Ware ausdrücken kann'.[26] This would surely imply a more or less objective narrative voice or perhaps nineteenth-century realism in the style of Balzac. What we have instead is a narrator highly sympathetic to his protagonist, eager to enter into her mind and express the world as *she* experiences and sees it. Any insight that we might gain into the excesses and decline of a particular social class is secondary. In fact, the novel's true themes are not attached to any specific form of social reality, since this is always contingent. The narrative focus is the subjective world of the protagonist, her battles and defeats, and this inaugurates a more comprehensive enquiry into those enduring facts of the human condition: loneliness, dependence, trauma and memory.

Loneliness, of course, is a familiar theme in Walser's oeuvre and one which has a distinctly existential edge. Susi Gern's perspective on her isolation indicates more than a merely quotidian sense of boredom or a simple desire for company. It exposes the wound that is left gaping open after the discovery of the impossibility of truly knowing another person, or being known. Her failed attempts to masturbate indicate both the desire to be self-sufficient and the painful realisation that the self alone can never be enough. Yet real communication appears to be impossible. The narrator reports how Susi imagines telling Edmund of the pain he causes her:

> Ich verrecke vor deinen Augen, sagte sie, und du behauptest, daß du mich liebst. Und ihm kann sie das nicht sagen.Was einer nicht merkt, kann man ihm auch nicht sagen (197).

The existential dilemma of loneliness is transmitted here by the paragraphing. Her statement 'Ich verrecke vor deinen Augen, und du behauptest, daß du mich liebst' is delivered as if actually said, implying the possibility of openness between husband and wife and even the prospect that fundamental mismatches between the promise of consideration that people make to each other and their actual deeds can be resolved. Yet the subsequent line, indented so as to suggest a pause, the moment in which the fact of their non-communication becomes evident, shows this to be an illusion. She has not dared speak these words; rather, she merely imagines them. She will never be able to disabuse him of his belief that he treats her well. The final line, once again indented, offers a more general comment on the impossibility of true intimacy.

Susi's life is characterised by her inability to accept the limits, social, physical and metaphysical, that prevent individuals from true intimacy. This is perhaps most graphically suggested by her only occasional glimpse of the taboo on loving her son 'wie eine Mutter einen Sohn offenbar nicht lieben soll' (332). Susi, the narrator tells us, cannot be alone: 'Nur für sich könnte sie nicht sein' (76); in fact, we are told: 'Am liebsten ginge sie auf in einem anderen' (77). She might expect to satisfy this desire, to some extent, at least, in the sexual encounters, affairs and relationships she has throughout the novel. Yet the way in which she understands sex and the manner in which the men with whom she sleeps view it is quite different. For Edmund, most obviously, to have intercouse with as many partners as possible provides proof of his manhood. In thus far, of course, he is the present-day counterpart of any number of Walser's characters, beginning with Anselm Kristlein. Whenever his wife reproaches him for his affairs, he declaims: 'Soll ich mir deshalb meinen Schwanz abschneiden' (throughout the text). He never associates sex with exclusivity. Thus he attempts to introduce Susi to group sex. 'Ihren Mann fand sie noch nie so gräßlich wie in diesem Augenblick. Aber sie wußte, daß sie sich das nicht anmerken lassen durfte' (121), she says, offering another example of the impossibility of communication and of the extent to which she is forced to disguise her true feelings and play a role. She must not disappoint her husband by being 'spießig' (121). Later, she flees the room when Edmund asks her to watch him having sex with a French woman he has picked up.

Edmund's elaboration of the difference between male and female sexuality — 'Frauen seien, wenn sie mit einem anderen schliefen, untreu. Männer nicht' (122) — is as clichéd and self-serving as his motif of 'Nichts-hinter-dem-Rücken-des-anderen' (141). Yet his words at least acknowledge concepts of loyalty and intimacy. This does not apply to the four Lebanese men who assault Susi in the street (123), Klaus who has sex with her and then leaves a false number (176-7), or Justus, the lover who fantasises about raping her and yearns for her to whip him (148-9). Only Edmund, paradoxically, seems to comprehend that she sees physical intimacy as a prelude, or even accompaniment, to emotional closeness: 'Einfach weil sie einen Mann, den sie lieben konnte, in ihrer Nähe brauchte [...] Aber nicht nur fürs Bett' (169). Indeed, Edmund is strangely sentimental and is probably more attached to Susi than to his three lovers, the alliteratively named, and thus apparently interchangeable, Frau Pudlich, Frau Prellmann and Frau Proll. The potential for intimacy that he represents is never made actual, certainly, and yet his unrealised promise is the reason for her love for him long after his death.

Throughout Walser's oeuvre, virginity possesses a metaphysical quality, and the impossible desire to return to a condition of innocence presents a metaphor for the longing to escape knowledge and memory. In *Das Einhorn* (1966), Anselm Kristlein thus perceives in a representation of a unicorn and a virgin the prospect of unsullied sexuality, innocence and purity — the beast lays his 'Horn' in the virgin's lap. The image, however, is destroyed by the text beneath, which describes the way in which the virgin seduced the mythical creature in order to betray it to hunters in pursuit.[27] Writing hence destroys blissful ignorance, the transcendent delusion of the unicorn as the embodiment of poetry and the imagination, and reveals the betrayal of fantasy, which lacks memory, by reality, which is burdened by it. Similar episodes occur, for example, in *Halbzeit* (1960), in which Anselm, as discussed above, rejects Melitta, and in *Der Sturz* (1973), where he is accused of sexually assaulting the retarded Genovev.

In *Der Lebenslauf der Liebe*, there is no such destruction of the illusion of the possibility of a return to a state of innocence. Susi is happiest at Edmund's death bed. Emasculated and immobilised by Parkinson's disease, he seems 'fast jungfräulich', and she finally feels a sense of their perfect union. 'Jetzt sind wir ganz eins' (343), she rejoices, presumably because his symptoms reduce him physically to the level of abject fragilty that she has always experienced emotionally. Later, with her second husband, the devoutly muslim Khahil, she magically regains her virginity: 'Sie ist vergangenheitslos [...] Khalil ist ihr erster Mann' (406). The word 'Mann', thus both man and husband, is appropriate here. Khahil becomes both her first sexual partner and her first husband insofar as he is the only one of her lovers to realise the ideals of fidelity, intimacy and devotion. At no point in the novel, furthermore, is her fantasy of the possibility of a perfect intimacy, of the possibility of a return to innocence, undermined by the narrative. In this novel, as in all of Walser's recent work, telling the protagonist's tale does not work against his or her self-delusion. It does not serve the purpose of critical enlightenment but is sympathetic to the protagonist's perspective and gives a voice to it: 'Sie brauchte Wörter für ihr Schicksal, sonst hielt sie es nicht aus' (308). In a sense this dissolves the attitude of self-reflexive uncertainty, expressed in the 1966 novel *Das Einhorn* and his well-known essay on Proust,[28] regarding the possibility of recreating the past through fiction as it really was, that is, free of the detriment of hindsight, critical distance or the concerns of the present. The same programme, naturally, also motivates *Ein springender Brunnen*, with its theoretical interludes. In each case, there is a determination to express understanding for the protagonist, to give value to his or her heroic denial of reality.

Empathy is evident in the narrator's envoicing of Susi's dependence upon Edmund and the existential trauma of living in a world in which faithlessness is more common than fidelity and regret a marker of the irretrievability and irreversibility of the past. Hence the narrator describes her bulemia, which is induced and encouraged by Edmund, with compassion. Nor is there any criticism, implied or otherwise, of her desperate efforts to adapt to Edmund. Hence, the addendum 'dachte Susi' after 'man macht sich passend. Dachte Susi' (75) signals empathy as much as it draws attention to her naïvety. In like manner, her craving to 'sich den immerwährenden Zuschauern verständlich zu machen' is presented not as a psychological weakness particular to her but is framed by the narrator as an essential feature of the human condition: 'Noch genauer: Erst durch die Zuschauer begreift man sich' (76). Even when Edmund falls asleep during her rendition of a passage describing the pain he causes, whenever she forgives his infidelities or allows herself to be mistreated by yet another lover, the reader most likely shares her hurt and disappointment that people appear incapable of treating each other well.

Ultimately, we are far more impressed and moved by her dogged refusal to be cowed: 'Sie hatte sich entschieden zu überleben' (320).

This refusal persists despite her ageing and physical decline. Her visits to the plastic surgeon indicate desperation and yet, once more, they also bear witness to her determination to reject the reality that her 'worth', defined both by her and society as the measure of her attractiveness to men, is inexorably diminishing. Hers is a struggle, however, against an inequality that she perceives as 'given' rather than social, that is, as a result of discrimination against women on the basis of looks or age. As such, it is once again an existential struggle, one which she cannot win. Susi's story, in effect, confirms the immutability of the human condition and invites the reader to share in her *Weltschmerz* rather than experience frustration with her internalisation of a social injustice or any desire to bring about change. The narrator depoliticises her situation and invites understanding, even admiration for her heroic denial of reality.

As always in Walser's recent work, empathy presupposes an indulgence of the protagonist's perspective on his or her past. Memory thus no longer disrupts the attempt to forge, in both senses of the word, a persona more in keeping with the spirit of the age, as was the case with Anselm Kristlein. It no longer acts as a repository for those jagged fragments of authentic experience and biographical truth that refuse to be rounded off and incorporated into social conformity. Instead, memory now generates its own kind of subjective authenticity, something which may well be detached from external reality, but which is 'felt' to correspond to the protagonist's perception of his or her story. Susi's attitude to memory recalls Nietzsche more than the enlightenment tradition of sober objectivity. Hence those aspects of her past which inspire her in her heroically obstinate struggle against the realities of betrayal, dependence and ageing are emphasised as the 'more profound truth' whereas those which might undermine her valiant yet marginalised sense of self are played down or even erased. Following his death Edmund thus becomes an example of dogged nonconformity and stubborn eccentricity. She reads with affection the letter sent him by an elderly Jewish man with whom he had played chess (357), recalls the way in which he had protected the bed-wetters amongst the Hitler Youth boys in his charge from the contempt of a Nazi officer (375), and often imagines herself in conversation with him. His infidelities are integrated into her image of a man incapable of conforming to social convention. This relativises his crimes against her as the unavoidable product of his 'nature', balances his transgressions against his acts of kindness and motivates her in her own refusal to conform to a banal reality. At no point does the narrative invite any critique of her creative rewriting of the past to suit her version of subjective authenticity. The same applies on those occasions on which, again in true Nietzschean fashion, she simply omits historical events which threaten her continued existence and vigour, most obviously, of course, her status as a non-virgin when she first sleeps with Khahil.

Loneliness, dependence, trauma and memory — these are the major concerns of Walser's *Der Lebenslauf der Liebe*. At stake is the existential uncertainty of life, its frightful contingency, and the fragility of love and knowledge of one's self and of other people. Yet the stark possibility, perhaps even probability, that existence might be simply miserable and meaningless is opposed by two positives of metaphysical scope. First, Susi's determination to survive and her stubborn denial of unpalatable realities represents a victory of sorts for subjectivity. Even in defeat she is triumphant insofar as our pity is never absolute, but is always tempered both by frustration — our acknowledgement of her disruption of the iron law of reason that we feel bound to obey — and admiration, an implicit admission that we long to emulate her *grand refus*. Second, in a universe in which intimacy and fidelity appear painfully absent, it is necessary to imagine these qualities and bridge the gap between individuals by means of an act of will. This leap of faith may derive from values which transcend social and political realities, as is the case for Khalil, Susi's devoutly muslim husband. The much younger man confounds expectations that he too will betray Susi, calling her at the close of the novel to declare his love into the new millennium. Or, as should be clear from our discussion so far, it may derive from something just as atemporal and transcendent, that is, the human potential for empathy. Indeed, the best friend that Susi Gern — the character in the novel and her real-life inspiration — ever had is probably a man whom she never knew personally, but with whom she spent fifteen years in dialogue, and who gave voice to her aspirations and suffering: Martin Walser.[29]

A Postscript – The 'Difficulties' of Interpreting The Fiction of Martin Walser

In the mid- to late 1990s it was fashionable amongst academic critics, especially in the United Kingdom and the United States, to position Martin Walser as a proponent of neo-conservative thought as it expressed itself, vociferously, in the years following unification in 1990.[30] Whilst there was little of the unsubtle linking of Walser with the neo-Nazi scene which characterised parts of the German debate, in which the author was often accused of providing intellectual succour for skinheads, especially following his *Friedenspreisrede* of 1998, there was a degree of uncertainty over how to respond to his apparent shift from comfortably familiar left-wing stances to the often provocative rhetoric of what Helmut Peitsch has termed a 'kulturell-utopischen Nationalismus'.[31]

The author of the present piece has been no exception to this trend. In articles on *Die Verteidigung der Kindheit* and *Ein springender Brunnen*,[32] amongst others, I attempted to demonstrate at least an intellectual affinity between ideas explored by Walser in his fiction, essays and speeches and the New Right. While Wilfried van der Will's corrective to these pieces, like others in a similar vein by a variety of scholars, probably goes too far in his efforts to 'rehabilitate' Walser,[33] he is right to redress the balance and restate a truism perhaps not emphasised enough elsewhere: 'indem er gegen die Macht der Meinungen die Gegenmacht der literarischen Produktion stellt, lebt [Walser] in der Spannung von Geist und Macht, in der öffentlichen Meinung als dem "Nervensystem der Demokratie", das "eine demokratische Verfassung vor Missbrauch und Verrottung bewahrt"'.[34] Certainly, Walser's frequent contributions to the broadening of debate in the Federal Republic should not be dismissed, nor should the importance of intellectual provocation in a mature democracy be underestimated.

The difficulties faced by an exploration of Walser's fiction, specifically, are as follows. To what extent should, or even must, the critic be influenced by the author's 'extra-literary' activities? Is it possible to exclude the political context from a reading of a work such as *Der Lebenslauf der Liebe*? Or, must we insist that the manifest disregard for politics is in itself political? This, of course, as discussed above, is the criticism most often levelled against *Ein springender Brunnen*. Yet it is somewhat problematic to extend the legitimate concern that a novel set in the Nazi period makes little reference to the political situation to a text set in the FRG, during a period during which social and historical events were surely less overwhelming. This would be to damn *Der Lebenslauf der Liebe* for the 'sins' of *Ein springender Brunnen*. Equally, to argue that the bracketing-out of political context in both novels amounts to a relativisation of Nazism, insofar as Nazism is made to appear as 'normal' as the FRG, is methodologically questionable. This would be to 'read back' from *Der Lebenslauf der Liebe* to the earlier novel.

In essence, the 'difficulty' of reading Walser revolves around the issue of the extent to which we should read his work in the context of debates taking place outside of the fiction itself, most obviously, of course, the *Literaturstreit* of the early 1990s in which Ulrich Greiner condemned the 'Gesinnungsästhetik' he associated with post-war writing,[35] and, along with Frank Schirrmacher, pleaded for a renewed focus on purely aesthetic criteria. Does a 'sympathetic' reading of Walser's fiction of the kind offered in this piece necessarily collude with an agenda which, in seeking to divorce literature from politics, may imply a version of the 'normalisation' of German culture in which the Holocaust would simply be source material for literary *Verarbeitung*?

These questions challenge the often 'normative' agenda of scholars of post-1945 German culture, insofar as they demand a rethinking of an approach in which texts are evaluated as much for their position within debates on facing-the-past as for their aesthetic interest. They raise the difficult issue of 'aesthetic value' which much of German cultural studies, of the kind practised above all in the United States and Great Britain, has sidestepped. They also call into question the adherence to a *Sonderweg* theory of German culture implicit in many critics' reading of German texts. This is the notion that German writing — because of German history — is so different from other 'national' literatures that different criteria and rules of engagement apply. This may be an approach, however, that is no longer entirely adequate to the new diversity of German writing post-unification, and especially since the mid-1990s. It is certainly true, as Johannes Ullmaier insists, that German-language 'Popliteratur der Tendenz nach immer das ist, was Walser nicht ist',[36] and yet whether pop, 'new modernism', urban stories or just 'simple stories', 'minority' writing, 'Kanak Sprak' or *Neue Lesbarkeit*, writing from 'the east' or 'the west', post-feminist women's writing or satires on postmodernism, German fiction now has a variety that requires, firstly, that apostrophes be put around 'German'. With such a multitude of influences can we still speak of a national literature? Might it not be the case that 'German' literature is now shaped less by the Nazi past than by globalisation — whether in its deliberations on identity or its marketing?[37] Secondly, and returning to the topic of this chapter, it may well be time to take Walser out of the ghetto into which critics have placed him — or into which he has placed himself

— and read his fiction not so much in the context of debates on the Nazi past as in the context of the plurality of themes and styles that now, perhaps more than at any other time in the last fifty years, characterises writing in the German language that is actually being read, reviewed and discussed. Whether or not the term 'normalisation' is appropriate, a change of paradigm has probably already occurred that it may make little sense to resist *im nachhinein*.

Notes

[1] Interview with the *Süddeutsche Zeitung*, 19/20.09.98, *Feuilleton*, p.15.

[2] See, for example, 'Praktiker, Weltfremde und Vietnam', in: *Heimatkunde. Aufsätze und Reden*, Suhrkamp: Frankfurt am Main, 1983, 24-35. Walser, of course, also edited the collection of essays by writers and intellectuals published at the time of the 1961 elections, *Die Alternative, oder brauchen wir eine neue Regierung?*, Rowohlt: Reinbek bei Hamburg, 1961.

[3] Martin Walser, 'Engagement als Pflichtfach für Schriftsteller', in: *Heimatkunde, op.cit.*, 103-26.

[4] Martin Walser, 'Händedruck mit Gespenstern,' in: *Deutsche Sorgen*, Suhrkamp: Frankfurt am Main 1997, 213-27 (here: p. 224).

[5] Martin Walser, 'Über Deutschland reden. Ein Bericht,' in: *Deutsche Sorgen, op.cit.*, 406-27 (here: p. 411).

[6] Martin Walser, *Dorle und Wolf*. In *Deutsche Sorgen, op. cit.*, 276-405 (here: p. 305).

[7] Günter Grass, 'Viel Gefühl, wenig Bewußtsein'. In Günter Grass, *Gegen die verstreichende Zeit. Reden, Aufsätze und Gespräche*, Luchterhand: Hamburg, 1991, 13-27 (here: p. 24)

[8] Martin Walser, 'Über freie und unfreie Rede,' in: Martin Walser, *Deutsche Sorgen*, op. cit., 468-75 (here: pp. 473-4).

[9] See my 'A Matter of Perspective?: Martin Walser's Fiction in the 1990s,' in: *German Literature after Unification*, ed. Martin Kane, Peter Lang: Bern, forthcoming.

[10] See my 'A Manifesto For Germany's "New Right"? — Martin Walser, The Past, Transcendence, Aesthetics, and *Ein Springender Brunnen*,' *German Life and Letters*, 53:1 2000, 126-141.

[11] Martin Walser, 'Die Banalität des Guten,' speech printed in the *Süddeutsche Zeitung*, 12.10.98, *Feuilleton*, 17.

[12] 'The Changing Responses to the Provocations of German Society'. Interview with Martin Walser, *debatte*, 1:1 1993, 47-64.

[13] Martin Walser, *Der Lebenslauf der Liebe*, Suhrkamp: Frankfurt am Main, p. 139. Hereafter page numbers in brackets following the quotation.

[14] The abandonment of 'childish' subjectivity is required for Beumann to 'grow up'. Hence the protagonist's name, as Anthony Waine points out, contains an English pun that indicates his transformation from 'boy' into 'man'. Anthony Waine, 'Martin Walser'. In *The Modern German Novel*, ed. Keith Bullivant, Berg: Leamington Spa, 1987, 259-75 (here: p. 262).

[15] Stuart Parkes, 'An All-German Dilemma: Some Notes on the Presentation of the Theme of the Individual and Society in Martin Walser's *Halbzeit* and Christa Wolf's *Nachdenken über Christa T.*,' *German Life and Letters*, 28 1975, 58-64 (here: p. 59).

[16] Martin Walser, *Halbzeit*, Suhrkamp: Frankfurt am Main, 1960, p. 498. See my 'Martin Walser's *Halbzeit*: Stylizing Private History for Public Consumption,' *The Modern Language Review*, 92:4 1997 (here: 913-23).

[17] Stuart Parkes, 'Looking forward to the Past: Identity and Identification in Martin Walser's *Die Verteidigung der Kindheit*,' in: Arthur Williams and Stuart Parkes, eds., *The Individual, Identity and Innovation. Signals from Contemporary Literature and the New Germany*, Peter Lang: Bern, 1994, 57-74 (here: p. 69).

[18] Alison Lewis, 'The "Phantom-Pain" of Germany: Mourning and Fetishism in Martin Walser's *Die Verteidigung der Kindheit*', in: Peter Monteath and Reinhard Alter, eds., *Kulturstreit – Streitkultur*, (*German Monitor* 38), Rodopi: Amsterdam, 1996, 125-44 (here: pp. 132-33).

[19] I examine the national subtext in *Dorle und Wolf* and a number of other texts in '"Deutsche Geschichte darf auch einmal gutgehen": Martin Walser and the "German Question" from *Ehen in Philippsburg* to *Ein springender Brunnen*,' in:

Helmut Schmitz, ed., *The Future of Vergangenheitsbewältigung*, Ashgate: Aldershot, 2001, 45-64.

[20] See my '"Wie schön wäre Deutschland, wenn man sich noch als Deutscher fühlen und mit Stolz als Deutscher fühlen könnte": Martin Walser's Reception of Victor Klemperer's *Tagebücher 1933-1945* in *Das Prinzip Genauigkeit* and *Die Verteidigung der Kindheit*,' *Deutsche Vierteljahrsschrift*, 73:4 1999, 710-32.

[21] Martin Walser, *Ohne einander*, Suhrkamp: Frankfurt am Main, 1993, p. 180.

[22] See my 'The Final Taboo?: Philosemitism, the *Meinungsindustrie*, and the New Right in Martin Walser's *Ohne Einander*,' *Seminar*, 37:2 2001, 154-66.

[23] Martin Walser, *Halbzeit, op. cit.*, p. 78.

[24] Echoes of others of Walser's works abound in *Ein springender Brunnen*. For example, Johann's father breeds 'Angorahasen' (*Eiche und Angora*, 1962) and his mother has an excess of melancholic 'Galle' (*Die Gallist'sche Krankheit*, 1972). A example of this kind of rewriting in another novel can be detected in *Ohne einander*, in which Sylvio re-imagines the male rivalry that was at the centre of *Ein fliehendes Pferd*. Inverting the 1978 novel, the desire of the self to live *jenseits von Gut und Böse* now counts for more than physical strength and social success. Thus Sylvio is able to fictionalise any number of versions of his rival's humiliation and death.

[25] Martin Lüdke, 'Die Frau weint, der Mann schläft,' *Frankfurter Allgemeine Zeitung*, 19.07.01, p. 20.

[26] Ingo Arend, 'Sturzbach des Glücks. Entleerung der bürgerlichen Seele,' *Freitag*, 31, 27.07.01.

[27] Martin Walser, *Das Einhorn*, Suhrkamp: Frankfurt am Main, 1966, pp. 408-9.

[28] Martin Walser, 'Leseerfahrungen mit Marcel Proust', in: *Erfahrungen und Leseerfahrungen*, Suhrkamp: Frankfurt am Main, 1977, 124-42.

[29] For information on the 'real' Susi Gern, see Ulrich Stock, 'Ich war Walsers Susi', *Die Zeit*, 25/14 June 2002 (http://www.diezeit.de/2002/25/Leben/20225_kruell.html)

[30] See Stephen Brockmann for an excellent discussion of the New Right, its sources, influences and protagonists *Literature and German Unification*, CUP: Cambridge, 1999, 109-136.

[31] Helmut Peitsch, 'Vom Preis nationaler Identität. *Dorle und Wolf,'* in: Heike Doane and Gertrud Pickar Bauer, eds., *Leseerfahrungen mit Martin Walser*, (*Houston German Studies* 9), Fink: München, 1995, 171-188 (here: p. 178).

[32] See footnotes 8, 9. 15, 19 and 21.

[33] Van der Will criticised in particular my 'falsche Verortung' of Walser as a champion of the New Right. See his 'Die Unausweichlichikeit der Provokation: Kultur- und literaturtheoretische Anmerkungen zu Martin Walsers *Ein springender Brunnen* und zu seiner Friedenspreisrede,' in: Ronald Spiers, ed., *The Writer's Morality. Die Moral der Schriftsteller. Festschrift für Michael Butler*, Peter Lang: Bern, 2000, 143-178 (here: p. 145).

[34] Van der Will, *ibid.*, p. 145. Quotation from: Martin Walser, 'Über Macht und Gegenmacht,' in: *Werke in zwölf Bänden*, vol. XI, *Ansichten, Einsichten*, Suhrkamp: Frankfurt am Main, 1997, p. 797.

[35] Ulrich Greiner, 'Die deutsche Gesinnungsästhetik,' *Die Zeit*, 9 November 1990. In Thomas Anz, *op. cit.*, 208-216.

[36] Johannes Ullmaier, *Von Acid nach Adlon und zurück. Eine Reise durch die deutschsprachige Popliteratur*, Ventil: Mainz, 2001, p. 12.

[37] See the volume edited by Arthur Williams, Stuart Parkes and Julian Preece, *German-Language Literature Today : International and Popular?*, Peter Lang: Bern, 2000.

Stuart Parkes

Tod eines Kritikers. Text and Context

The year of Walser's 75th birthday was undoubtedly overshadowed by the scandal created by his work *Tod eines Kritikers*, which was seen in some quarters as an anti-Semitic attack on Marcel Reich-Ranicki. This essay seeks to show firstly that much which appeared scandalous or controversial had long been present in Walser's writing, for example his criticism of the mass media. Moreover, his relationship with critics in general and Reich-Ranicki in particular had always been difficult. Thereafter it turns specifically to the reception of *Tod eines Kritikers*, which ranged from fulsome praise to outright hostility. Finally, an examination of the work itself shows it to be a carefully crafted piece of fiction, containing at times very harsh satire, and not a crude anti-Semitic diatribe.

Introduction: the year 2002 as *annus horribilis*

At the beginning of 2002, with his seventy-fifth birthday approaching, there was every reason to think that Martin Walser was about to enjoy a year marked by celebration of his literary achievements. Such suspicions were confirmed at the actual time of his birthday in March, when the *Frankfurter Rundschau*, notwithstanding its general left-of-centre stance and the widespread perception of Walser as an increasingly rightist author and polemicist, published a series of congratulatory comments, with the novelist Georg Klein, for instance, speaking of him as 'einen schmucken, sprachverliebten, blitzgescheiten Kerl'.[1] Similarly, on the day itself in *Welt am Sonntag*, in a by-line with the remarkable title 'Hymne der Woche', Susanne Kunckel spoke of Walser belonging 'zur aussterbenden Spezies der Großschriftsteller in der Tradition von Thomas Mann'.[2] In early May he was accorded what was on the face of it the major honour of a debate with the Federal Chancellor Gerhard Schröder.[3]

However, by the end of that month all had changed. Walser found himself at the centre of a controversy, whose intensity surpassed anything that had gone before and specifically the stir caused by his 1998 Paulskirche speech. The causus belli was his new prose work *Tod eines Kritikers*. Even before its appearance, when the *Frankfurter Allgemeine Zeitung* made known its decision not to publish daily extracts from it, thus breaking with a tradition that went back to the 1978 *novella Ein fliehendes Pferd*, this work was condemned for invoking the possibility of a literary critic being murdered by an author, whose latest work has been singled out for condemnation in a popular television magazine programme. Specifically, the 'murdered' critic was in large part recognisable as none other than the doyen of post-war literary criticism Marcel Reich-Ranicki. In short, given Reich-Ranicki's background, Walser was accused of blatant anti-Semitism.

This essay will seek not only to examine these claims of anti-Semitism, but also to put the debate in a wider context. It will consider Walser's relations with literary critics in general and Reich-Ranicki in particular and also discuss the earlier novel *Ohne einander*, which in many ways can be seen as a forerunner of *Tod eines Kritikers* but which on its appearance failed to excite comparable controversy. Furthermore, given that literary criticism can be described as a media phenomenon, some attention will have to be paid to Walser's view of a part of modern society the significance of which has led to the Federal Republic increasingly being characterised as a 'Mediengesellschaft'.

One comment about the media needs to be made immediately. If 2002 became Walser's 'annus horribilis', then the same term can be applied to the media to describe the same year. In particular, the quality newspapers, suffering from a drop in advertising revenue because of the economic downturn, were forced into making drastic economies. The *Frankfurter Rundschau* announced plans to cut four hundred jobs by 2004, whilst the merging of the Berlin teams of the *Welt* and the *Berliner Morgenpost*, both part of the Springer group, cost 120 jobs. The two newspapers at the centre of the dispute over Walser's alleged anti-Semitism did not escape either. The *Frankfurter Allgemeine Zeitung*, which, as seen above, was in the vanguard of the accusations, was forced not only to cut jobs but also to abandon plans to increase its national profile by ceasing to publish its 'Berliner Seiten'. The *Süddeutsche Zeitung*, which generally adopted the role of the defence, stopped, at least in printed form, the youth magazine *jetzt*, which had appeared as a supplement to its Monday editions since 1993. Given the economic crisis, it does not seem totally unreasonable to assume that the media exploited to the full the Walser debate to maintain circulation. Moreover, in the case of these two leading publications, the situation was complicated by questions of personality. Prominent members of the literary team at the *Süddeutsche Zeitung*, Lothar Müller, Gustav Seibt and Thomas Steinfeld, had moved from the *Frankfurter Allgemeine Zeitung* in what were apparently less than happy circumstances. It seemed that the world of the media was acting out the kind of intrigue so frequently satirised in Walser's fiction.

Walser and the media

The media have been a constant theme in Walser's writing from the outset. Initially, this may be linked to his own biography: the fact that, prior to becoming a full-time writer in 1957, he worked in Stuttgart for the Süddeutscher Rundfunk. However, his continuing concern goes beyond the use of authentic detail as background, extending, especially in his more recent writing, into an almost total critique of everything the media are seen to represent. Even in his first novel *Ehen in Philippsburg*, which would appear to draw particularly on his own experiences, there is wide-ranging criticism. The main character of two of the four parts of the novel Hans Beumann, who has arrived in Philippsburg to embark on a professional career, finds a job running a press service launched by the father of a former fellow-student, a radio and television manufacturer. The aim of the venture is commercial: 'ob durch diesen Pressedienst die Umsätze so sehr steigen würden, wie sie das erwartet und wahrscheinlich auch sehr genau vorauskalkuliert hatten'.[4] Thus, Beumann, against his better judgement, becomes involved in the industry's campaign to remove the *Intendant* of the local broadcasting station, as his high-brow tastes are seen as not being in the interests of manufacturers.

This aspect of *Ehen in Philippsburg* can be ranked among the many criticisms of the materialistic society of the years of the 'economic miracle' to be found in the literature of the early years of the Federal Republic. Thereafter, there are other critical portrayals of the world of journalism. The aforementioned *Ein fliehendes Pferd*, for example, has as one of its main characters the journalist, Klaus Buch. This former friend of the main character Hans Halm, a schoolteacher, with his youthfulness and young wife, represents the exact opposite of the staid middle-aged respectability into which Halm has lapsed. However, by the end of the story it is clear that Buch is acting out a role and that his existence is nothing but a sham. In the context of Walser's other comments, not least in his non-fictional writing, the choice of profession must be more than a coincidence.

Within these comments, the media have been increasingly linked with the domination within Germany of a discourse that precludes differentiated discussion of delicate issues. The attack on 'political correctness' contained in the 1994 essay 'Über freie und unfreie Rede' includes the following claim: 'Frauen, Ausländer, Nazivergangenheit — das wird abgefragt wie bei uns in der Schule der Katechismus'.[5] The catechist, as this particular passage goes on to explain, is unsurprisingly the media:

> Das Fernsehen, mit seiner Macht über die Schläfrigen, zeigt, wie man mit denen umgeht, die von den Zeitungen als inkorrekt ist gleich dumm ist gleich böse zur Weiterbehandlung ausgeliefert werden. Schnitt und Montage nach Goebbels' Art. (ibid.)

The intensity of Walser's invective at this point lies not only in the reference to Goebbels, which is commonplace in post-war polemics, but in the use of a term such as 'Weiterbehandlung' with its echoes of 'Sonderbehandlung', a Nazi euphemism for summary execution or even mass extermination. Four years later in the Paulskirche speech, extremely unflattering terms such as 'Meinungssoldaten' are used of those who proclaim their 'politically correct' views, especially on issues relating to the German past, within the media.[6]

If a fictional antecedent to *Tod eines Kritikers* is sought, then it is undoubtedly to be found in the 1993 novel *Ohne einander*, specifically its first part, which is set in the offices of a news magazine. The title of this publication *Das Magazin der Meinung (DAS)* reveals in itself, given Walser's disparagement of 'Meinung', the critical intent. What the section portrays is the humiliation of the journalist Ellen Kern-Krenn as a result of the magazine's need to stay within permitted limits of public discourse. Specifically, this means avoiding any accusation of anti-Semitism. It is not only this general issue of anti-Semitism which links *Ohne einander* with the *Tod eines Kriikers*. The character, whose journalistic activity leads to Ellen's problems, seems very much a forerunner of the later critic. Not only are the names similar (Willi André König [aka. Erlkönig] and André Ehrl-König), but they share the same flamboyant tastes and have similar abilities when it comes to the art of denigration. The proprietor of the magazine, the appropriately named Dr Spitz, asks 'was wäre DAS ohne Willy André Königs letalen Touch!'.[7]

It is this touch that might cause the magazine problems. König has written an article on Bugsy Malone, which could be seen as anti-Semitic. Although he is able to stifle criticism by stating, it later transpires untruthfully, 'Meine Großmutter hieß mütterlicherseits Hilde Wasserfall' (ibid. p.20), Spitz demands a counterweight, namely an encomium on the subject of the film *Hitlerjunge Salomon*. It falls to Ellen to provide this. Unfortunately, she begins to suffer writer's block, caused by her mixed feelings about the film. She is helped out of this problem by a colleague Wolf Koltzsch, but at the price of succumbing to his sexual advances. She leaves the office in tears, her only comfort being the idea that she will never enter it again. An added irony is that Koltzsch, who has written the article in the required manner, is critical of it for nationalistic reasons. Such a film, he believes, encourages 'Verachtung der Deutschen' (ibid. p.59). He also suggests that the attitudes adopted by the magazine are a sham to hide latent anti-Semitism, quoting Karl Kraus's dictum that philo-Semites are in reality 'Antisemiten, die noch nicht wissen, daß sie welche sind'. (ibid.)

In an essay on *Ohne einander* Stuart Taberner sees it, as his title shows, as a critique of the philo-Semitism which has been a feature of the Federal Republic, but not as a political programme. He considers the novel as a challenge 'to examine the paradigms and limits of intellectual discourse in Germany'.[8] More recently, however, Klaus Briegleb has controversially detected the existence of anti-Semitic currents from the beginnings of post-war German literature.[9] If this diagnosis is correct, *Ohne einander* could be regarded a forerunner of *Tod eines Kritikers* not solely in terms of motifs, but as a less blatant manifestation of the attitudes detected by some in the later work.

Walser and criticism

The major such motif is something that has concerned Walser over many years: namely the role of the literary critic. He himself has been subjected to extremely hard criticism, not solely by Reich-Ranicki. Reviewing *Halbzeit* for the *Frankfurter Allgemeine Zeitung*, the critic, who, in terms of status, might be seen as the forerunner of Reich-Ranicki, Friedrich Sieburg, lamented the signs of moral decay he detected in the novel. His review ends with a heartfelt plea, addressed at least by implication to Walser himself: 'Mit Sitte und Anstand, so niedrig sie auch im Kurs stehen mögen, können Welten im Sturz aufgehalten werden. O rühre, rühre nicht daran.'[10] In that Sieburg was a well-known Francophile and Ehrl-König in *Tod eines Kritikers* is connected to France through his mother, it might well be possible that Walser, forty years later, was still aware enough of this review to include a veiled allusion to it.

Nevertheless, it is undoubtedly Reich-Ranicki's reactions to Walser that remain etched in the public memory. After critical, but at times encouraging, reviews of Walser's early works, he reserved his most scathing comments for his review of the 1976 novel *Jenseits der Liebe*, which, beginning with the following, scores very high on the scale of categorical condemnation: 'Ein belangloser, ein schlechter, ein miserabler Roman. Es lohnt sich nicht, auch nur ein Kapitel, auch nur eine einzige

Seite dieses Buches zu lesen.'[11] Thereafter, the climate changed with the novella *Ein fliehendes Pferd*, which Reich-Ranicki praised to the skies through the use of the term 'Glanzstück'.[12] It was two decades later that major controversy flared again, when in the literary magazine programme *Literarisches Quartett* chaired by Reich-Ranicki (clearly the model for the television show in *Tod eines Kritikers*), it was objected that *Ein springender Brunnen* lacked any reference to Auschwitz. It is hardly surprising that, as will be seen later, Reich-Ranicki was less than enamoured of *Tod eines Kritikers*, claiming that Walser's writing had plumbed new depths.

As significant as the criticisms made of Walser is the fact that he himself has never been one of those writers or performers who claim to ignore their critics, in any case a type of person whose existence might be thought to be more mythical than real. He chose to answer the attack on *Ein springender Brunnen*, for example, in the Paulskirche speech by a specific riposte to the comment about the lack of any reference to Auschwitz. The tone is once again extremely polemical, if not personal:

> Ein smarter Intellektueller hißt im Fernsehen in seinem Gesicht einen Ernst, der in diesem Gesicht wirkt wie eine Fremdsprache, wenn er der Welt als schweres Versagen des Autors mitteilt, daß in des Autors Buch Auschwitz nicht vorkomme. Nie etwas gehört vom Urgesetz des Erzählens: der Perspektivität. Aber selbst wenn, Zeitgeist geht vor Ästhetik.[13]

A, at the time of writing, recent example of such a tone is his response to the claim made by Thomas Assheuer in *Die Zeit* at the height of the 2002 controversies that he had abandoned the principles of western thought. If Assheuer's claim that Walser is relapsing into pre-Christian ideology is hardly sustainable, then Walser's response is also somewhat simplistic: 'Klar. Wenn das Feuilleton träumt, gebiert es Pointen. Im Dienste der Aufklärung. Das aktuelle Vokabular hat sich kurzgeschlossen einem einzigen Wort zuliebe: Antisemitismus'.[14]

The bitter tone of these comments stands in contrast to one of Walser's early pieces about critics and criticism, the satire on the workings of the Gruppe 47 contained in the essay 'Brief an einen ganz jungen Autor'. In this light and at times witty piece (the critics listen 'mit jener trainierten Konzentration [...], mit der etwa ein Dektektiv, der im Urlaub ist, gegen seinen Willen im Bahnabteil zuhört'[15]) Walser portrays all the Group's leading critics, finishing with Reich-Ranicki. Reich-Ranicki, it is said, may criticise but he never does so 'ohne den Oberton einer spröden, fast preußischen Güte' (ibid. p.160). He adds that if ever the Group were to take part in a literary Olympic Games, Reich-Ranicki would be the natural choice of trainer. Similarly playful is the picture of the critic, undoubtedly conceived with Reich-Ranicki in mind, in the 1968 theatrical piece *Wir werden schon noch handeln*, a critique of conventional expectations of drama consisting largely of discussions among actors. These are punctuated by comments from a critic Bindestrich — the name says it all —, who at times speaks in verse and generally puts forward traditional viewpoints.[16]

Walser has also sought to define his view of the literary critic at a more serious level. The title of a piece that appeared first in 1964 'Tagtraum, daß der Kritiker ein Schriftsteller sei' more or less conveys the nature of the argument. Walser wants the critic to eschew clichés and use a more personal style because 'Ganz glaubhaft wird ja nur das, was einer halbwegs rücksichtslos persönlich hervorbringt', a stance, he would claim, that is reflected in all his own writing.[17] The essay ends with a characterisation of the literary critic: 'ein bißchen Amtsarzt, ein bißchen Moses, ein bißchen Verkehrspolizist, ein bißchen Weltgeist, ein bißchen Tante Lessing, ein bißchen Linné, ein bißchen Robert Koch, ein bißchen Mengele, ein bißchen Kaninchen, ein bißchen Schlange, ein bißchen Hausmacher Intellekt on the rocks und kein bißchen Schriftsteller'. (ibid. p.13) A second essay on the same topic is the 1976 essay 'Über Päpste', the year of Reich-Ranicki's condemnation of *Jenseits der Liebe*, which again attacks the rigid conventions of literary criticism.[18]

It almost goes without saying that Reich-Ranicki has rejected this view of the critic. He wrote a response to Walser's first essay, accepting to a large extent Walser's analysis but saying that this was precisely the job of the critic.[19] Elsewhere he states that all literary criticism worthy of the name is 'auch eine Polemik'.[20] At the same time, he has denied personal rancour. Referring to Walser's claim that he was needed by Reich-Ranicki as a victim, he writes 'Ich gebe zu, ich kann es nicht fassen'.[21] Given such a comment, it is perhaps not entirely preposterous that Walser at the time of the appearance of *Tod eines Kritikers* should have spoken of an 'unglücklich verlaufenden Liebesbeziehung' and of his hope that Reich-Ranicki might have written an introduction to the hoped-for serialisation of the novel in the *Frankfurter Allgemeinen Zeitung*.[22]

The reception of *Tod eines Kritikers*

Even well before the novel's planned appearance there was of course in reality precious little love about. The 'scandal' started out of the blue on 29 May 2002 with the paper's literary editor Frank Schirrmacher announcing in the *Frankfurter Allgemeine Zeitung* that he would not permit *Tod eines Kritikers* to appear in serial form in its pages. In this way, the reception debate started before there was anything to be received. Schirrmacher's accusations against Walser are summed up in two short sentences in the article: 'Ich halte aber Ihr Buch für ein Dokument des Hasses' and 'Es geht um den Mord eines Juden.'[23] Moreover, he holds no truck for 'literary' arguments, for example intended comic elements and the fact that the critic is not dead, which are seen as a device to camouflage the real motives behind the book. Although there is no direct accusation of anti-Semitism against Walser himself, Schirrmacher does find evidence of anti-Semitic motifs in the novel, for example 'der hier verbrämt wiederkehrenden These, der ewige Jude sei unverletzlich'.

As stated in the Introduction, it was the *Süddeutsche Zeitung* that came to the defence of Walser. Its first comments appeared two days after Schirrmacher's, the intervening day having been a public holiday, on which most newspapers did not publish. In fact, there were four relevant articles in the 31 May edition, including one by Walser himself, in which he satirically presents his creation André Ehrl-König and all his works. In the two articles by Lothar Müller and Thomas Steinfeld, Walser is explicitly acquitted of anti-Semitism, although neither commentator gives the novel fulsome praise.[24] This was left to the paper's veteran critic Joachim Kaiser, one of the Gruppe 47's star critics satirised by Walser in the essay referred to above, who notes with pleasure: 'da ist wieder jener beschwingte, persönliche, bildungsvergnügte, herzliche Walser-*Sound*, der gerade in ganz frühen Texten dieses Autors mit Charme und Witz amüsierte.'[25] Even if he does not regard the novel as being of the highest class, he does see it in the tradition of such worthy writers as Erich Maria Remarque, Klaus Mann and Evelyn Waugh, not to mention the best-selling Johannes Mario Simmel.

Both newspapers allowed outsiders to comment in connection with *Tod eines Kritikers*. The *Frankfurter Allgemeine Zeitung* afforded a lot of space to Jan Philipp Reetsma, most known for his association with the controversial 'Crimes of the Wehrmacht' exhibition. The title of his article 'Ein antisemitischer Affektsturm' reflects its polemical content, which puts Walser's novel on the level of the crudest National Socialist propaganda by seeing in it 'das Bild vom geilen Juden, der Macht ausübt, die zu haben er nicht legitimiert ist'.[26] If Reetsma was fully in line with the stance adopted in the *Frankfurter Allgemeine Zeitung*, Jürgen Habermas was able, despite the paper's defence of Walser, to leap to the defence of Reich-Ranicki in the *Süddeutsche* Zeitung with his article 'Tabuschranken', as the sub-title 'Eine semantische Anmerkung — Für Marcel Reich-Ranicki, aus gegebenen Anlässen' makes clear. Habermas's article is not a review of Walser's novel, but more an attack on those who defend Walser by stigmatising his detractors through the use of such terms as 'political correctness' or by speaking of unthinking emotional knee-jerk reactions. For Habermas: 'Die heute verbreitete Verurteilung des Antisemitismus ist [...] kein Ausdruck einer blinden, affektstabilisierten Abwehrhaltung, sondern das Ergebnis von kollektiven Lernprozessen'.[27]

It would go far beyond the scope of this essay to attempt a comprehensive review of the reception of *Tod eines Kritikers*. Of the other serious German newspapers, the *Frankfurter Rundschau* was generally unfavourable to Walser's novel with Marius Meller characterising it as 'ein geschmackloses und ein gefährliches Buch',[28] whilst the *tageszeitung* in an article by Dirk Knipphals showed itself to be much more favourable.[29] In that both these newspapers are generally perceived as left-of-centre, the stances adopted clearly cut across the usual ideological lines. Equally varied stances were adopted, where the main emphasis was on the aesthetic. In *Die Zeit* Fritz J Raddatz pronounced, in terms reminiscent of Reich-Ranicki's panning of *Jenseits der Liebe*, 'Keine einzige Zeile gehört in die Rubrik "Literatur".'[30] By contrast, Arno Widmann in his review for the Internet site perlentaucher.de claimed '"Tod eines Kritikers" ist eines der besten Bücher nicht nur von Martin Walser.'[31]

In addition to the critics, the two main figures in the scandal surrounding the novel felt obliged to comment on more than one occasion. Given that, unlike the press, they were not even potentially disinterested parties, it is not surprising that Walser's and Reich-Ranicki's comments were at different ends of the scale. What might be seen as surprising is the violence with which they expressed their views. In an interview with *Weltwoche* Walser took up a stance of what might almost be called truculent defiance, underlined in the printed version by the use of capital letters:

> Ich konnte einfach nicht unentgegnet lassen, was Reich-Ranicki noch und noch geschrieben hat. Nun stehe ich als der böse Wüterich da, und DER tut den Leuten leid. DER durfte mit meinem Lebensstoff dreissig Jahre lang umspringen, wie er wollte. Da begehrte niemand auf. Sie können sich nicht vorstellen, wie froh ich bin, diesen Roman geschrieben zu haben.[32]

In another interview, this time with the *tageszeitung*, he describes Schirrmacher's claims of anti-Semitism as 'verrückt' and speaks again of love. On this occasion, although he claims he himself can only write out of love, he admits that between author and critic, there is   'eine sehr vielstimmige,vielfältige, vielfarbige Liebe'.[33]

As for Reich-Ranicki, his opening salvo made up in directness what it lacked in objectivity. His initial comments included '(m)iserable Literatur' and 'So schlecht hat Walser noch nicht geschrieben.'[34] The award of an honorary doctorate at the University of Munich in July 2002 (incidentally the fictitious Ehrl-König is a collector of such titles) gave him the opportunity to go even further, to speak of 'dieses schändliche Buch' and even to use his age in the service of dubious insinuations.: 'Ich bin nun 82 Jahre alt, doch der Autor vom Bodensee kann sich nicht damit abfinden, daß ich noch lebe und arbeite.'[35]

Another author to show less than charitable feelings towards Reich-Ranicki at the height of the debate was Günter Grass. He not only defended his colleague against the accusations of anti-Semitism, but also attacked the critic for having brought about 'die Trivialisierung der Kritik'.[36] The person of Reich-Ranicki came under even more scrutiny when issue of his post-war involvement with the Polish security services arose again with the discovery of his personal file. It was suggested in the *Neue Zürcher Zeitung*, a paper which had shown a degree of sympathy with Walser, that he must have known of the dreadful fate awaiting repatriated Poles following the communist takeover. In the eyes of his friends, open season had been declared on Reich-Ranicki.[37]

If the question of Reich-Ranicki's past took the debate far beyond a controversy about a novel, the same could also be said about another issue raised by the critic in Munich, namely the status of Walser's publisher Suhrkamp. In his Munich speech, he announced the end of 'Suhrkamp-Kultur', the shorthand term used, sometimes disparagingly, to underline the role of this publishing house in promoting what was 'progressive' in the culture of the Federal Republic. According to Reich-Ranicki, 'der Verlag ist besudelt'.[38] He was not the first to raise the issue of the role of Suhrkamp in the affair. The controversy arose at a time when the gravely ill proprietor Siegfried Unseld, who died shortly afterwards, had handed over to Günter Berg, whose appointment had been welcomed by Walser. There was apparently opposition to Walser's novel within Suhrkamp, but Berg insisted on its publication. Defending his decision in an interview Berg said he was in charge of a publishing house, not a Zensurbehörde', albeit conceding that it was necessary to avoid the impression that the whole affair was 'eine zynische Marketingaktion'.[39]

Cynicism was certainly the order of the day in some quarters. Sigrid Löffler, a former regular on Reich Ranicki's *Literarisches Quartett*, but with whom he had famously quarrelled, saw the *Frankfurter Allgemeine Zeitung* as having stirred up the scandal.[40] Others were moved to satire. *Die Zeit* published a comparison between Walser's novel and Bodo Kirchhoff's *Schundroman*,[41] a work that appeared at roughly the same time and in which the motif of the dead critic is also central, in the form of a consumer report on cars of the kind familiar to readers of the publications of the Consumer Association in Britain and Stiftung Warentest in Germany. In the event *Tod eines Kritikers* undoubtedly won at the quantitative level, heading the bestseller lists for a number of weeks. It is now time to examine its qualities.

Tod eines Kritikers

Tod eines Kritikers is anything but a straightforward linear narrative. It appears for most of the novel that the events are being narrated by Michel Landolf, a colleague of Hans Lach, the writer, who has been arrested on suspicion of murdering the critic André Ehrl-König. He hears of what has happened during a visit to Amsterdam and, convinced of Lach's innocence, returns to Munich to try to find out what really happened. This leads to a series of encounters, for example with Lach himself, with the police officer in charge of the case and most importantly for the satirical purpose of the novel with various figures from the world of literature. Landolf is also at pains to reconstruct what happened on the fateful night when Lach's book was panned on television by Ehrl-König and there was a confrontation between the two men at the post-show party hosted by the publisher Pilgrim.

In the final section, however, it turns out that Michel Landolf is in fact Lach himself. Following his release after the re-emergence of Ehrl-König, he has started a relationship with the wife of the publisher, Julia Pelz, and moved for a time to her house on the Canary Islands. This twist underlines the fictional nature of what has gone before, which was in itself bizarre enough: the resolution of a murder mystery through the return of the 'victim'. The surname of the protagonist (Lach) should perhaps have served as a warning to the reader from the beginning that the events of the novel should not be taken at face value.[42]

Despite the various fictional levels, it is still possible to unravel certain themes within the novel and detect a reflection of Walser's own views. One is undoubtedly the issue of language, specifically the difference between language as a reflection of personal sentiments and public discourse.[43] Landolf and his alter ego Lach are both interested in the development of 'personal' language. On the very first page of the novel Landolf states that his return to Munich means breaking off his work on a volume *Von Seuse zu Nietzsche*, in which he will advance the thesis 'In die deutsche Sprache kommt der persönliche Ton nicht erst durch Goethe, von dem Nietzsche gierig profitierte, sondern schon durch Seuse, Eckhart und Böhme.'[44] This interest in mysticism is set against the Lach affair, which is 'schon öffentlich genug' (T 9). Towards the end of the novel, Lach, now revealed as the author of the book on language, speaks of discovering the Spanish poet San Juan de la Cruz for his project (T 190).

In contrast to this there is the ritualised language of the public sphere, which would appear to confirm the well-known saying 'silence is golden'. Accordingly, when Landolf visits Lach in custody for the first time, it is significant that they do not speak, with Landolf interpreting his own silence as a victory, using the term 'Freibleibend' twice in connection with this achievement. (T 18). Lach himself initially refuses to communicate with the police, specifically to provide the confession expected of him. When he later apparently does so, it is the occasion for a new avalanche of words: 'Jetzt wurde geschrieben, als wäre zu Ehrl-Königs Tod noch nichts geschrieben worden' (T 143), with everyone agreeing on the greatness of the 'dead' critic, who is put on a pedestal as 'das absolute, immerwährende Edeldenkmal der Literatur schlechthin' (T 144).

It is of course in the media, another of the novel's targets, that these panegyrics appear. The following reflection by the narrator would seem to accord entirely with Walser's own views:

> Manchmal beherrscht einen das Gefühl, ganz und gar in diesem Mediengewerbe aufzugehen. Du bist nichts als ein Teil dieses Mitteilungszusammenhangs. Und es gibt außer diesem Zusammenhang nichts. Du wirst beatmet. Das heißt informiert. Du selbst mußt nicht mehr leben (T 178).

Again, as with the comments on language, the contrast is between the authentic and the received. If this statement is of the type one might expect in one of Walser's essays, then elsewhere the novel provides more traditional literary satire to make its point on the media, most specifically in its depiction of the television show *Sprechstunde* hosted by Ehrl-König. This follows a certain ritual. Ehrl-König's entrance is marked by extravagant lighting and visual effects, whilst the show itself always follows a certain pattern with one book being praised to the skies and another lambasted. If it is known before the show which texts are to be discussed, it remains uncertain which one will be viewed in which light. There is also a studio guest, on the occasion when Lach's book is panned an American writer named Martha Friday, who at least on this occasion acts as the foil for the star critic's comments. There can be no doubt that the now discontinued *Literarisches Quartett* has acted as Walser's model, not least because in the show in question the issue of erotic literature is raised.[45] The issue for the reader is how to react to Walser's satire. On the wider question itself, there can be little doubt that the broadcasting media may well trivialise literature because of the requirement for a 'show' format, which has led in recent years in Britain to a search for the 'nation's favourite poem' and the 'hundred greatest books'; however, television can bring a different group of people to literature. As for Walser's satire, however funny, it does seem extreme in as far as it is hard to link anything as crass as the following description of Ehrl-König's sitting down ritual with the reality of the presentation of literature in the media:

> Er (der Sessel) ist schön imitiertes Empire, helles Holz, man soll an Marmor denken, goldene Rillen und Blätter, Zeus-Symbole (Adler und Blitz), die vier Füße auslaufend in Löwentatzen, die auf vier Büchersockeln stehen. Vielleicht Attrappen. Auf jeden Fall sinken die Löwentatzen ein bißchen in die ledernen Buchdeckel ein. Die Buchrücken sind so beleuchtet, daß man lesen kann, worauf Ehrl-König thront: FAUST, EFFI BRIEST, ZAUBERBERG, BERLIN ALEXANDERPLATZ (T 34).

The show, it would appear, is always watched in the villa of the publisher Pilgrim by another target of Walser's satire, the world of literature and publishing (or at least the fashionable parts of this world). Satirical presentations of literary and intellectual circles have long been a feature of Walser's writing, with it being possible on occasion to recognise the model for certain figures. In *Das Einhorn*, for instance, Karsch not only has the name of one of Uwe Johnson's characters, but is also, given his links to both parts of Germany, clearly based on Johnson himself. In the case of *Tod eines Kritikers*, 'insiders' have also been able to detect the models for certain characters. Moreover, on this occasion, this has led to criticism as if Walser were doing something new or unusual for any writer of fiction.[46] Of the figures in the novel from this literary world, the most striking is Julia Pelz with her interest in saturnalia and all things mystical. When Landolf first meets her, he is fascinated by her wallpaper and learns:

> Die stammt aus den Bordüren von *Splendor solis*, die hat im 18. Jahrhundert
> ein Saturnist in Antwerpen weben lassen, ich habe sie in Luzern entdeckt und
> gekauft für weniger, als ein besserer BMW kostet, der nach zehn Jahren nichts
> mehr wert ist. (T 65)

Such passages are surely to be seen as playful satire rather than vitriolic
diatribes of the kind found, for example, in the writings of Swift.

This is not so say that Walser does not wish to make a serious point.
This is a world where true cultural values have been lost. Another
character, the person who launched Ehrl-König's career, Rainer Heiner
Henkel, has only achieved success not with his poetry but with his book
Warum ich keine Gedichte mehr schreibe. It is important to note that
Lach, too, is not exempt from this kind of satire. The work panned by
Ehrl-König has the bizarre title *Mädchen ohne Zehennägel*, which at the
least again underlines the element of farce.

However, it is through the figure of Ehrl-König himself that Walser
makes his points about literature and especially attitudes towards it. Ehrl-
König is a self-appointed arbiter of literary merit and, most significantly, a
stern critic of German literature. He says, for instance, that he envies 'die
Leute von der Müllabfuhr' (T 41), when he has to spend a few consecutive
days reading contemporary German literature. This comment reflects
controversies, particularly prevalent in the 1990s, about the state of health
of German literature, which, with its alleged esoteric concerns, was
frequently criticised for lacking the wider appeal of English-language
literature. It is significant that the book chosen for praise on the show in
which Lach is criticised is by the American Philip Roth. Ehrl-König
significantly champions literature of the type one might associate with
Roth, namely entertaining and easy to read. Referring to Landolf's interest
in Nietzsche Henkel says of Ehrl-König:

> Die Umwertung aller Werte, […] die hat André Ehrl-König vollbracht […]. Bei
> diesem epochalen Reinemachen ist nur ein Wert übriggeblieben als der Wert
> aller Werte, und außer ihm ist nichts: der Unterhaltungswert. Quote, mein
> Lieber. Jeden Abend Volksabstimmung. (T 117)

It is impossible here to rehearse all the arguments of recent decades about
the quality of German literature.[47] Clearly it is unsurprising that Walser
does not side with its denigrators.

Another Walserian theme that forms part of the attack on literary
criticism through the figure of Ehrl-König is the abuse of power. It is in
fact possible to see much of his work as showing the struggle of those
without success or status in the face of powerful forces, a theme
particularly prevalent in such novels as *Seelenarbeit* and *Finks Krieg*. It is

said of Ehrl-König: 'In der ganzen Literaturkritik habe keiner soviel Macht ausgeübt' (T 48). The fact that power, which may be used to praise or condemn, rather than specific judgements is the issue is confirmed by a statement by one of Landolf's interlocutors, Professor Silberfuchs, who describes both positive and negative judgements as 'Anmaßung' (T 51). There is a clear link between this view and Walser's much earlier comments on critics becoming writers in the essay referred to above.

In his professional activity, Ehrl-König is then clearly shown in a negative light. The same can also be said of other aspects of the way Walser presents his fictional critic. At one end of the scale there is his way of speaking, which produces such variations on standard pronunciation as 'Schschscheriftsteller' 'keleinen' and 'Vorzügeliches' (T 40). It is of course the case that Reich-Ranicki, with his Polish background, does not always pronounce words exactly like a native speaker of German, but hardly in the caricatured manner Walser chooses for his creation. At the other end, there is Ehrl-König's supposed sexual preference for much younger women, even young girls, although his mistress during his disappearance can hardly be said to come into this category. He also allegedly enjoys sex with women in the early months of pregnancy (T 115).

Does this portrayal, along with other aspects of the novel, amount to anti-Semitism? There is, for example, Hans Lach's reported threat with its echoes of German propaganda at the start of the Second World War 'Ab heute nacht Null Uhr wird zurückgeschlagen' (T 10) and the comment by his wife 'Umgebracht zu werden paßt doch nicht zu André Ehrl-König' (T 183), which can be interpreted as alluding to the figure of the Wandering Jew.[48] Nevertheless, to come to the conclusion that Walser has written a crude anti-Semitic diatribe is to ignore many significant points. At the basic level of literary criticism, it is surely wrong to take a tasteless remark, like Lach's threat about fighting back, as the author's opinion. If all expressions of violent or odious thoughts by characters were to be removed from literature, one wonders what would be left. Whether giving an unsympathetic character a strange accent is a subtle form of satire can be debated; however, if imitation is the sincerest form of flattery, it hardly amounts to denigration. Of equal significance is the relationship between Lach and his critic, which does appear to reflect Walser's own idea of a failed love affair between himself and Reich-Ranicki. After a friendly conversation with Ehrl-König, Lach was never happier (T 83). Moreover, the critic's friendliness towards Lach shortly before the fateful television

programme appears to be based on something other than cruel calculation
(T 93).

What Walser is in fact seeking to do is to show through his novel
how easily hysterical accusations of anti-Semitism can arise. To do this,
he has to skate on thin ice, firstly because there have to be events or
statements in the novel that can be taken by some as anti-Semitic and
secondly, even though it undoubtedly exists, because there is no foolproof
way of determining what exactly constitutes this phenomenon.[49] The key
passage in the novel occurs when Lach falsely confesses to murder and is
vilified as an anti-Semite, as the media begin to emphasize the issue of
Ehrl-König's Jewish background, although it is not something he himself
has ever stressed. The exception is a journalist Wolfgang Leder, who
would appear to be Walser's mouthpiece by repeating the point from *Ohne
einander* about philo-Semites being closet anti-Semites. He adds: 'Wenn
Ehrl-König ermordet worden wäre, weil er Jude gewesen sei, hätten die
anderen Recht. Aber es sei ja noch nicht einmal sicher, ob Ehrl-König
Jude gewesen sei.' (T 145). Walser's fictional media within the novel,
which at this point repeat Lach's threat of hitting back, prefigure what was
said by parts of the real media about the novel. In this way, the novel
contains its own reception!

Conclusion

The final question that arises is that of Walser's wider motivation. One is
tempted to follow Reich-Ranicki's famous characterisation of him as a
'Provokateur', not least because he himself predicted his book would
create a scandal.[50] At the same time he can hardly have expected or
enjoyed the response he provoked, which was out of all proportion. It was
undoubtedly unfortunate for him that the appearance of *Tod eines
Kritikers* coincided with another scandal, where accusations of anti-
Semitism were more justified: the remarks made by the FDP politician
Jürgen Möllemann about the television presenter and vice-chair of the
Central Council of Jews in Germany Michael Friedman which brought
about his political downfall.[51]

What the novel's reception does show is that even a work with
major elements of farce, which may even be deliberately unsubtle, can
create a major stir in Germany, if it can be (mis-)interpreted as anti-
Semitic. Unfortunately for Walser, this belies his repeated claims about
German normality and the need to look beyond the Nazi past. At the
theoretical level, one can agree with the fictional Leder that the murder of

a Jew is no worse than any other murder, based as it is on the idea that all human life is sacrosanct. In reality, the claim of Walser's fictional media 'daß in Deutschland die Ermordung eines Juden doch wohl ein Faktum ganz anderer Art sei als in jedem anderen Land der Welt' (T 145) reflects a sad reality. As the American poet and academic C.K. Williams put it in an article in *Die Zeit* at the height of the scandal engendered by Walser's novel, both Germans and Jews seem destined to remain 'ein symbolisches Volk', although he does hold out the hope that, at least for the Germans, this might change one day.[52] Whether Walser's novel contributes to or delays the arrival of this 'normality' remains a moot point. If people look back and reflect that the whole affair was 'much ado about nothing', then Walser's aim will have been fulfilled.

Notes

[1] Quoted from internet site: www.perlentaucher.de/feuilletons/2002-03-23.html (accessed 26 January 2003).

[2] Susanne Kunckel, ' "Hymne der Woche. " Martin Walser', *Die Welt*, 24 March 2002. Internet reference: www.welt.de/daten/2002/03/24/0324kli322172.htx?search=Martin+Walser&sea (accessed 29 October 2002).

[3] As was to be the case with *Tod eines Kritikers*, this event was criticised before it actually happened, not least by Chancellor Schröder's former minister Michael Naumann in his new role as editor of *Die Zeit*. Michael Naumann, 'Wie fühlt die Nation? Der Bundeskanzler gegen den Heimatdichter. Ein politisches Verwirrspiel', *Die Zeit*, 20, 8 May 2002, p.1.

[4] Martin Walser, *Ehen in Philippsburg*, Suhrkamp: Frankfurt a.M., 1957, p.67

[5] Martin Walser, 'Über freie und unfreie Rede' in: M.W., *Deutsche Sorgen*, Suhrkamp: Frankfurt a.M., 1997, pp.468-486, here p.476

[6] Martin Walser, *Erfahrungen beim Verfassen einer Sonntagsrede*, Suhrkamp: Frankfurt a.M., 1998, p.25.

[7] Martin Walser, *Ohne einander*, Suhrkamp: Frankfurt a.M., 1993, p.18.

[8] Stuart Taberner, 'The Final Taboo? Martin Walser's Critique of Philosemitism in *Ohne einander*', *Seminar* 37:2 (May 2001), 154-66, here 164.

9 Klaus Briegleb, *"Missachtung und Tabu" Eine Streitschrift über die Frage: Wie antisemitisch war die Gruppe 47?*, Philo Verlag: Berlin, 2002. For a review of the largely negative reception of this work see: www.perlentaucher.de/buch/12750.html (accessed 6 January 2003).

10 Friedrich Sieburg, 'Toter Elefant auf einem Handkarren', in: Beckermann, Thomas (ed.), *Über Martin Walser*, Suhrkamp: Frankfurt a.M., 1970, p.33-36, here p.36.

11 Marcel Reich-Ranicki, 'Sein Tiefpunkt' in: M.R-R., *Entgegnung. Zur deutschen Literatur der siebziger Jahre*, DVA: Stuttgart, 1981 (erweiterte Neuauflage), pp.175-79, here p.175.

12 Marcel Reich-Ranicki, 'Sein Glanzstück', in: M.R-R., *Entgegnung*, (note 11) pp.179-82.

13 Martin Walser, *Erfahrungen beim Verfassen einer Sonntagsrede* (note 6), p.19.

14 Martin Walser, 'Lieber schön als wahr', *Die Zeit*, 4, 16 Jan 2003. Internet ref;: www.zeit.de/2003/04/Walser-Rede (accessed 15 Jan. 2003). Assheuer's original article 'In den Fesseln der westlichen Schuldmoral' appeared in *Die Zeit,* 24, 6 June 2002, p.41.

15 Martin Walser, 'Brief an einen ganz jungen Autor' in: M.W., *Erfahrungen und Leseerfahrungen*, Suhrkamp: Frankfurt a.M., 1965, pp.155-62, here p.156.

16 Martin Walser, 'Wir werden schon noch handeln', *Akzente,* 15 (6) (1968), 511-544.

17 Martin Walser, 'Tagtraum, daß der Kritiker ein Schriftsteller sei', in: Peter Hamm, (ed.), *Kritik — für wen, von wem, wie?*, Hanser: Munich, 1968, pp.11-14, here p.13

18 Martin Walser, 'Über Päpste', in: M.W., *Wer ist ein Schriftsteller?*, Suhrkamp: Frankfurt a.M., 1979, pp.47-54.

19 Marcel Reich-Ranicki, 'Ein bißchen Amtsarzt, ein bißchen Moses. Martin Walser und die deutsche Literaturkritik', *Die Zeit*, 29 Jan. 1965.

20 Marcel Reich-Ranicki, 'Bemerkungen über Literaturkritik in Deutschland', in: M.R-R., *Lauter Verrisse,* Piper: Munich, 1970, pp.7-45, here p. 35.

21 Marcel Reich-Ranicki, *Martin Walser*, Ammann: Zurich, 1994, p.148.

[22] 'Martin Walser über seine Kritiker und den guten Geschmack', *Die Welt*, 8 July 2002.
Internet reference: www.Welt.de/daten/2002/07/08/0708kli.343021.htx ?search =Martin+Walser&sea... (accessed 29 October 2002).

[23] Frank Schirrmacher, 'Lieber Martin Walser, Ihr Buch werden wir nicht drucken', *Frankfurter Allgemeine Zeitung*, 122, 29 May 2002, p.49.

[24] Lothar Müller, 'Der Feind in meinem Buch' and Thomas Steinfeld, 'Die Rache ist mein, spricht der Autor', *Süddeutsche Zeitung*, 123, 31 May 2002, p.18. In the same edition (p.19), Walser himself under the title 'Aus dem Lexikon der Zukunft' provided a portrait of his fictional critic, whilst Gustav Seibt 'In Erlkönigs Armen sterben' (p.19) provides a review of the Walser-Reich-Ranicki relationship, quoting, for example, Walser's comment from 1998: 'Das große Projekt von Reich-Ranicki besteht darin, die Literatur zugunsten der Literaturkritik abzuschaffen.' He also points out that Reich-Ranicki compared Walser's *Der Lebenslauf der Liebe* unfavourably with the work of Philip Roth, the reason perhaps why he is the eulogised author in *Tod eines Kritikers*.

[25] Joachim Kaiser, 'Walsers Skandalon', *Süddeutsche Zeitung*, 127, 5 June 2002, p.15.

[26] Jan Philipp Reetsma, 'Ein antisemitischer Affektsturm', *Frankfurter Allgemeine Zeitung*, 146, 27 June 2002, p.47.

[27] Jürgen Habermas, 'Tabuschranken', *Süddeutsche Zeitung*, 129, 7 June 2002, p.13.

[28] Marius Meller, 'Der Tod eines Autors', *Frankfurter Rundschau*, 123, 31 May 2002. Internet reference: www.fr-aktuell.de/fr/103/t103003.htm (accessed 2 June 2002)

[29] Dirk Knapphals, 'Das große Abräumwerk', *die tageszeitung*, 6763, 1 June 2002, p.3.

[30] Fritz J. Raddatz, 'Das Treffen im Seichten', *Die Zeit*, 24, 6 June, 2002, p.41.

[31] Arno Widmann, 'Vom Nachttisch geräumt. Vögel, die zuhören', Internet reference: www.perlentaucher.de/artikel/418html (accessed 15 June 2002).

[32] 'Der Pegel schwoll und schwoll', *Weltwoche*, 25, 2002. Internet reference: www.weltwoche.ch/ressort_bericht.asp?asset_id=2430&category_id=62 (accessed 5 July 2002).

[33] 'Ich bin kein Möllemann', *die tageszeitung*, 6761, 30 May 2002. Internet reference: www.taz.de/pt/2002/05/30a0103.nf/text (accessed 2 June 2002).

[34] Marcel Reich-Ranicki quoted in Joachim Günter, 'Antisemitismus-Vorwürfe gegen Martin Walser', *Neue Zürcher Zeitung*, 30 May 2002. Internet reference: www.nzz.ch/2002/05/30/fe-Pagfe-article86.V0D.html (accessed 2 June 2002).

[35] Marcel Reich-Ranicki, 'Was ich empfinde', *Frankfurter Allgemeine Zeitung*, 159, 12 July 2002, p.41.

[36] Grass's comments were reported in *Die Welt* on 8 July 2002. Internet reference: www.welt.de/daten/2002/07/08/0708kli343020.htx? (accessed 14 July 2002).

[37] Andreas Breitenstein, 'Ein Mann bewährt sich. Marcel Reich-Ranickis Jahre im polnischen Geheimdienst', *Neue Zürcher Zeitung*, 13 August 2002. Internet reference: www.nzz.ch/2002/08/13/fe/page-article8BR9Q.html (accessed 13 August 2002). A strong reply came the following day in the *Frankfurter Allgemeine Zeitung* under the abbreviation 'igl': 'Marcel Reich-Ranickis Geheimdienstakte', *Frankfurter Allgemeine Zeitung*, 187, 14 Aug. 2002, p.35.

[38] See note 35

[39] '"Walser ist kein Möllemann der Literatur." Suhrkamp-Verlagsleiter Günter Berg sieht in Schirrmachers Vorwurf "Boshaftigkeit". Interview', *Die Welt*, 30 May 2002. Internet reference: www.welt.de/daten/2002/05/30/0530de335008.htx (accessed 2 June 2002). The suspicion that Suhrkamp might have been interested in a scandal that would boost sales of *Tod eines Kritikers* can be connected with the economic downturn in the book industry in 2002, which mirrored the problems of newspapers as discussed in the Introduction to this essay. Subsequently there have been great changes at Suhrkamp, which in part can be related to the scandal surrounding *Tod eines Kritikers*. Berg has moved to Hoffmann und Campe and it caused something of a sensation when Walser announced his move to Rowohlt in early 2004. In an open letter to the staff at Suhrkamp he gives as his reason the attitude of his publisher during the 2002 scandal. This letter can be found in the 10/2004 edition of *Der Spiegel* under the title 'Offener Brief von Martin Walser über seinen Abschied vom Suhrkamp-Verlag.' Internet reference: http://www.spiegel.de/spiegel.de/spiegel0,1518,288445,00html (accessed 1 March 2004)

[40] Sigrid Löffler, 'Geist & Geld. Ein Skandal, der keiner ist. Martin Walsers "Tod eines Kritikers" und die Kritik', in:

www.literaturen-online.de/aktuell/kolumnen.html (accessed 12 July 2002). On the issue of anti-Semitism, Löffler writes : 'Dahinter lassen sich Machtspiele und verkappte Interessen, beispielsweise aus den Häusern F.A.Z. und Suhrkamp, bequem verstecken.'

[41] Jens Jessen, '"Walser TEK" gegen "Kirchhoff SR". Neu auf dem Markt: Hassantrieb mit Kritikermord – Zwei überraschende Gruselmodelle namhafter Produzenten im Leistungsvergleich', *Die Zeit*, 27, 27 June 2002, p.45.

[42] If the protagonist's name Hans Lach is 'translated' into French, it becomes 'j'en (Jean) ris' (I laugh about it). This was pointed out by Jürgen Ritte at a conference in Paris in March 2003.

[43] See, for example, the essay by Hans-Joachim Hahn in this volume.

[44] Martin Walser, *Tod eines Kritikers*, Suhrkamp: Frankfurt a.M., 2002, p.9. Further references to the novel are incorporated into the text under T plus page number.

[45] The issue of erotic literature provoked a celebrated on-screen argument between Reich-Ranicki and Sigrid Löffler, with the latter accused of having no appreciation for this form of writing. As a result, Löffler left the *Literarisches Quartett*.

[46] An overall review of this issue, which concludes by criticising Walser, was to be found in the 31 May 2002 (no. 123) edition of the *Frankfurter Rundschau*: Peter Michalzik, 'Dampf aus einem alten Kessel. Die Neuauflage der Walser-Debatte entstammt einem selbstbezüglichen System'. Internet reference: www.fr-aktuell.de/fr/103/t103005.htm (accessed 2 June 2002).

[47] An introduction to these debates is to be found in the following essay : Stuart Parkes, 'Contemporary German-Language Literature: The Changing Agenda' in: Arthur Williams, Stuart Parkes and Julian Preece (eds), *German-Language Literature Today: International and Popular?*, Peter Lang: Bern, 2000, pp.1-18.

[48] See, for instance, Schirrmacher's comments above (Note 23). A fuller 'case for the prosecution' against Walser can be found in: Wolfram Schütte, 'Der Sommer des Ressentimentalisten', in: www.titel-magazin.de/walser_11htlm (accessed 16 October 2002).

[49] During the period in which this essay was being prepared, it was not difficult to find reports about alleged cases of anti-Semitism. One report in *Le Monde* (Corinne Lesnes, '"Anti-sémitisme" et "délation" sur les campus américains', *Le Monde*, 10 Oct 2002, p.1) which had to do with American universities, started with the key but almost unanswerable question 'Qui est antisémite?'.

[50] In a pre-publication interview with the glossy magazine *Bunte* ('Ein Schriftsteller auf Zimmersuche', *Bunte*, 9, 21 Feb 2002, p.92) Walser said of *Tod eines Kritikers*: 'Schon der Titel ist skandalös', whilst not being willing to divulge this title. Walser was famously characterised as 'Der wackere Provokateur' by Reich-Ranicki in his early work *Deutsche Literatur in West und Ost*, Piper: Munich, 1963, pp.200-215.

[51] See also the essay by Caroline Gay in this volume for more detail. This judgement remains unaffected by the apparent suicide of Möllemann and the conviction of Friedman for drug-related offences in 2003.

[52] C.K. Williams, 'Das symbolische Volk der Täter', *Die Zeit*, 46, 2002, p.37-38. Internet reference: www.zeit.de/2002/46/Kultur/200246_symbol.html (Accessed 14 December 2002)

Contributors

Professor Keith Bullivant
Department of German and Slavic Studies, University of Florida,
P.O. Box 117430, Gainesville FL 32611-7430, U.S.A.

Professor Robert Conard
Department of Languages, University of Dayton, Humanities Center,
Dayton OH 45469-1539, U.S.A.

Professor Gerald A. Fetz
Department of Foreign Languages, University of Montana,
Liberal Arts Building, Missoula MT 59812, U.S.A.

Dr Caroline Gay
Department of Germanic Studies, University of Sheffield,
Western Bank, Sheffield S10 2TN, GREAT BRITAIN

Professor Hans-Joachim Hahn
Obentrautstr. 32/5, 10963 Berlin, GERMANY

Professor Arnold Heidsieck
11, 23rd Avenue, Venice CA 90291, U.S.A.

Dr habil. Michael Hofmann
Germanistisches Seminar, Universität Bonn,
Am Hof 1d, 53113 Bonn, GERMANY

Professor Helmuth Kiesel
Germanistisches Seminar, Universität Heidelberg,
Hauptstr. 207-209, 69117 Heidelberg, GERMANY

Matthias N. Lorenz
Fachbereich III: Angewandte Kulturwissenschaften, Universität Lüneburg,
Scharnhorststraße 1, Gebäude 5.110 UC, 21335 Lüneburg, GERMANY

Dr Roman Luckscheiter
Germanistisches Seminar, Universität Heidelberg,
Hauptstr. 207-209, 69117 Heidelberg, GERMANY

Professor Alexander Mathäs
Department of Germanic Languages, 1250 University of Oregon,
202 Friendly Hall, Eugene OR 97403-1250, U.S.A.

Dr Andreas Meier
Fachbereich 4 – Germanistik, Bergische Universität Wuppertal,
Gaußstr. 20, 42097 Wuppertal, GERMANY

Professor Timm Menke
17 Tonbridge Street, Merivale, 8001 Christchurch, NEW ZEALAND

Professor Volker Nölle
Deutsches Seminar, Universität Basel,
Eulerstr. 53, 4051 Basle, SWITZERLAND

Professor Stuart Parkes
La Vallée, 21 Rue du Vallat, 06250 Mougins, FRANCE

Dr Maurizio Pirro
Via Giovanni Amendola, 174/6, 70126 Bari, ITALY

Dr Steve Plumb
School of Arts, Design, Media and Culture, University of Sunderland,
Priestman Building, Sunderland SR1 3PZ, GREAT BRITAIN

Kathrin Schödel
Lehrstuhl für Vergleichende Literaturwissenschaft, Professor J.Lehmann,
Bismarckstr.1, 91054 Erlangen, GERMANY

Dr Stuart Taberner
Department of German, University of Leeds,
Woodhouse Lane, Leeds LS2 9JT, GREAT BRITAIN

Dr Matthias Uecker
Department of German Studies, The Queen's University of Belfast,
8 University Square, Belfast BT7 1NN, GREAT BRITAIN

Professor Wilfried van der Will
Institute for German Studies, University of Birmingham,
P.O. Box 363, Birmingham B15 2TT, GREAT BRITAIN

Dr Anthony Waine
Department of German Studies, University of Lancaster,
Lonsdale College, Lancaster LA1 4YN, GREAT BRITAIN

Dr Jane Walling
Department of French, University of Durham,
Elvet Riverside, Durham DH1 3JT, GREAT BRITAIN

Dr Fritz Wefelmeyer
School of Arts, Design, Media and Culture, University of Sunderland,
Priestman Building, Sunderland SR1 3PZ, GREAT BRITAIN

Dr Stefan Willer
Zentrum für Literaturforschung,
Jägerstr.10/11, 10117 Berlin, GERMANY

Professor Rhys W. Williams
Department of German, University College Wales Swansea,
Singleton Park, Swansea SA2 8PP, GREAT BRITAIN

Interdisciplinary Perspectives on Health, Illness and Disease

Edited by Peter L. Twohig and Vera Kalitzkus.

Amsterdam/New York, NY 2004. VIII, 195 pp.
(At the Interface/Probing the Boundaries 21)

ISBN: € 40,- /US$ 52.-

The study of health care brings one into contact with many disciplines and perspectives, including those of the provider and the patient. There are also multiple academic lenses through which one can view health, illness and disease. This book brings together scholars from around the world who are interested in developing new conversations intended to situate health in broader social and cultural contexts. This book is the outcome of the second global conference on "Making Sense of: Health, Illness and Disease," held at St Hilda's College, Oxford, in July 2003. The selected papers pursue a range of topics and incorporate perspectives from the humanities, social sciences and clinical sciences.

This volume will be of interest to researchers and health care practitioners who wish to gain insight into other ways of understanding health, illness and disease.

USA/Canada: One Rockefeller Plaza, Ste. 1420, New York, NY 10020,
Tel. (212) 265-6360, Call toll-free (U.S. only) 1-800-225-3998,
Fax (212) 265-6402
All other countries: Tijnmuiden 7, 1046 AK Amsterdam, The Netherlands.
Tel. ++ 31 (0)20 611 48 21, Fax ++ 31 (0)20 447 29 79
Orders-queries@rodopi.nl   www.rodopi.nl
Please note that the exchange rate is subject to fluctuations